苏州寺院名胜

郁永龙 著

文物出版社

图书在版编目（CIP）数据

苏州寺院名胜 / 郁永龙著 . — 北京：文物出版社，
2020.12
ISBN 978-7-5010-6883-8

Ⅰ. ①苏… Ⅱ. ①郁… Ⅲ. ①佛教—寺庙—介绍—苏
州 Ⅳ. ① K928.75

中国版本图书馆 CIP 数据核字（2020）第 221821 号

苏州寺院名胜

著　　者：郁永龙

装帧设计：长　岛
责任编辑：李缙云　刘永海
责任印制：苏　林

出版发行：文物出版社
社　　址：北京市东城区东直门内北小街 2 号楼
邮　　编：100007
网　　址：http://www.wenwu.com
经　　销：新华书店
印　　刷：苏州市越洋印刷有限公司
开　　本：880×1230mm　1/16
印　　张：41.75
版　　次：2020 年 12 月第 1 版
印　　次：2020 年 12 月第 1 次印刷
书　　号：ISBN 978-7-5010-6883-8
定　　价：138.00 元

苏州灵岩山寺山门（全国重点寺院）

西园戒幢律寺牌坊（全国重点寺院）

苏州寒山寺照壁（全国重点寺院）

常熟兴福寺山门（全国重点寺院）

苏州报恩寺塔（全国重点文物）

吴江区圆通寺圆通宝殿

吴中区法螺寺全景

相城区皇罗禅寺山门

高新区文殊寺文殊殿

苏州园区重元寺观音阁

吴江区震泽慈云寺

张家港市香山寺

太仓市同觉寺大雄宝殿

昆山华藏寺山门

相城区圣堂寺念佛堂

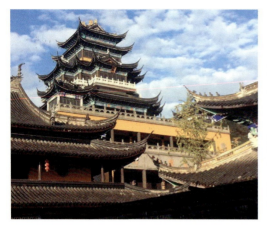

吴中区还带寺藏经阁

常熟市藏海寺山门

苏州定慧寺大雄宝殿

昆山市千灯延福寺大雄宝殿

吴中区石公寺藏经阁

张家港永庆寺文化苑

目 录
contents

第三篇　非物质文化遗产

第四篇　文化撷零

概　述

苏州，北依长江，西滨太湖，风物清嘉，人文荟萃，是吴文化的发祥地。在恢宏博大的吴文化宝库中，苏州佛教文化以其超凡脱俗的韵味和庄严古雅的丰姿为世人所瞩目。早在三国吴赤乌年间，大乘佛教传入苏州。千年斗转星移，古城沧桑几度，保存至今的十余所古刹，历史上曾分别是禅、净、律、天台等宗派的道场。看今日之苏州，宝塔古刹遍布，梵宇道宫相望，梵音袅袅，禅风蔚然，信众云集，遐迩闻名。

巍峨高耸的宝塔在向蓝天白云诉说，庄严肃穆的古刹在向苍松翠柏低语，法相各具的诸佛在向芸芸众生吟颂——苏州佛教悠久的历史、深厚的底蕴以及辉煌的明天！

晨钟依旧，暮鼓依旧，而这古老的佛土却日渐笃厚。历数代沧桑，沐千年风雨，苏州佛教寺院劫后重生，百废俱兴，浩浩雄姿，蔚为壮观。

以吴宫遗迹名闻天下的灵岩山寺值晋代寺院大兴、佛法广传之时，陆玩舍灵岩别业为寺，初名秀峰。其后几经兴衰，20世纪30年代，在印光大师的护法下，成为享誉中外的十方专修净土道场；1980年赵朴初居士题额，名灵岩山寺。从此，"梵呗断还续，慈裒散复来"，宗风大盛，誉满海内外。寺内的多宝佛塔，七级八面，铜铃铁刹，高耸入云，翼角似飞，石雕栏杆，巍峨壮观。寺内西侧山顶花园，有吴王馆娃宫和乾隆行宫遗址。凭吊千年古迹，静听庄严梵音，滤尽人间俗念……

西园戒幢律寺始建于元代，名归元寺。崇祯八年（1635），茂林律师来此主持，弘扬律宗，定名戒幢律寺。其后几经沧桑，到20世纪50年代，明开法师入主律寺，改传法制为十方丛林。戒幢律寺素以其"寺在园中，园即寺景"的独特风格为世人称颂；浩渺长江，缤纷太湖。西园戒幢律寺规模宏伟，布局整饬，具有典型的江南建筑艺术特色。东为殿宇，西为寺园，大雄宝殿高大宏伟，重檐歇山，七楹南向，飞檐翘角，气势非凡。西花园亭台楼阁，错落有致，古木参天，碧水荡漾，鱼鸟成群，生趣盎然。如今，戒幢律寺管理日趋现代化，三坛戒仪，梵音袅袅，戒子云集，遐迩闻名。

"枫落寒山，钟闻天下"，寒山寺则是因为张继那首脍炙人口的《枫桥夜泊》而名播天下的。千百年来，寒山寺就是呼吸在诗的意蕴里。寺内碑廊里最引人注目、最有名的是清代俞樾书写的张继诗碑。枫桥古诗，张继绝唱，俞樾名书，三美兼具，相得益彰。再展新姿的仿唐普明宝塔，腰檐斗拱雄大疏朗，将古代建筑艺术与现代科技完美地结合在一起，体现了中华文明的博大精深。寒山寺半夜敲钟的习俗，最早源于唐代。如今，每年的除夕听钟声活动吸引了无数信众檀越和外国友人，极一时之盛。

还是这通幽曲径，还是这山光潭影，从南齐的"大慈寺"到唐懿宗赐"兴福寺"匾额，恢复寺名一直沿用至今。千载轮回，屡经废兴。唐代诗人常建的五言律诗《题破山寺后禅院》，更使兴福寺声名远播，驰誉天下。今日之兴福寺，草木翁郁，泉石藏趣，沓嶂作屏，灵鸟

啁啾，蕴藏无穷情趣。

在苏州佛教多元发展的今天，报国寺堪称其中的闪光点。报国寺始建于宋咸淳年间，民国十年移建于古城中心饮马桥穿心街。净土宗十三祖印光法师创办灵岩道场及致力于弘法利生是一生最突出的两大伟业，报国寺内的弘化社，就是其中之一。如今报国寺弘化社《弘化》编辑部、弘化艺术院等文化实体的运作，充分体现了文化寺院特色，成为全国首例。

如果以创建时间先后而论，苏州寺院中当首推报恩寺。报恩寺始建于三国赤乌年间，至今已1700余年。寺内的报恩寺塔，又名北寺塔，几经罹难，几经废兴，如今的宝塔依然是八角九层，重檐复宇，栏廊萦绕，集壮阔与秀美、古朴与纤巧于一身，体量为吴中宝塔之冠。

文山寺系南宋古寺，是苏州规模较大的一所尼众寺院。建有韦驮殿、大雄宝殿、西方三圣殿、藏经楼、文山厅等，布局严整，殿宇宏伟，佛像庄严，气象万千。千年古刹圣恩寺，坐落在"远眺近观成画意，俯瞰仰视满风光"的邓尉山中，梵宇巍峨，古木参天，湖光山色，风月无边。殿宇皆顺山岩而建，层次分明，错落有致。大殿坐北朝南，居高临下，大有衔远山、吞太湖之气概。

姑苏大地自古地灵人杰，名僧辈出。

是这灵山秀水，哺育了芊芊佛子；是这甘泉雨露，滋润了芸芸众僧。广慧和尚19岁来吴，严持戒律，历20余年不懈，吴地宗风为之一振。不惑之年承佛意重建西园寺，数十年如一日，心体劳敝，终使江南名刹西园寺重见天日，法雨再施，佛光重耀，普照大千。 净土宗十三祖印光大师是深受海内外信众敬仰的高僧大德。1930年闭关苏州报国寺，1937年移锡灵岩山寺。一生弘扬净土，密护诸宗；通宗通教，著述颇丰，后人辑有《印光法师文钞》《嘉言录》等多种。他宣扬佛教"积极救世"的精神，誉满东南亚，皈依弟子遍及海内外。当代高僧明开法师，1962年，举为西园戒幢律寺方丈。师一生精进不懈，致力于教理教义研习，于律学、禅学造诣尤深，注重僧伽教育，泽被后世，爱国爱教，德望崇高，世所景仰。历任江苏省、苏州市佛教协会会长，中国佛教协会咨议委员会副主席、常务理事。1994年圆寂，享年85岁，僧腊68年。苏州佛教名僧明学法师、性空法师和安上法师，爱国爱教，弘法利生，通过国际文化交流，团结海内外佛教界人士，为和平统一祖国大业做出了巨大努力。如今，苏州佛教又涌现出了一大批青年新秀，他们是苏州佛教的未来和希望！

如果说是环境造就了人类，那么，人类造就的却是文明与艺术。苏州寺庙的佛像艺术源远流长，流派众多，历来享有盛誉。甪直保圣寺残存的九尊罗汉，为唐代塑圣杨惠之所做，捏土为形，丰神为貌，以彩绘勾画，精致古雅，神溢于态，呼之欲出。东山紫金庵的泥塑彩绘佛像，相传为南宋雕塑名手雷潮夫妇历时16年精制而成，罗汉表情细腻，衣褶流转自如，塑造技艺之高令人叹绝。西园戒幢律寺的五百罗汉，神态迥异，构思精巧，蔚为壮观。济公、疯僧两尊立像更是别具风格。疯僧形似丑陋，心现皎洁，憨态可掬；济公表情富于变化，拙中见智，夸张手法堪称绝妙。大型香樟木雕千手千眼观世音金身像，构思奇巧，是木雕像精品。灵岩山寺的释迦牟尼佛和弟子阿难、迦叶，亦为香樟木雕，神态庄严，其慈若喜，面如满月，动感逼人。寂鉴寺著名的石佛、石洞，均系元代制造。石雕阿弥陀佛，深沉雄壮，强健有力，是不可多得的石雕艺术精品。

中国古代僧人，有诗僧、画僧，也有乐僧。吴地佛教音乐发达，与江南民乐相互影响，相互促进。灵岩山寺的"净土宗"法事音乐、梵呗，以及寒山寺独有的佛教钟声音乐，都是我国音乐宝库中的珍品。

青山记着，岩泉记着，流逝的是历史，遗留的是丰碑。苏州多古刹，佛教文物自然也多。今尚完好保存的有唐代以来大量木版印经和多种写经；其中元代的《普宁藏》为国内孤本，最为珍贵；此外，用金、银、血、墨手书的多种经卷也极其珍贵；北魏以来历代用珍贵材质雕造的小型佛像和法器，如北魏铜制如来像、唐代楠木观音、元代三彩瓷观音等，瑞光塔出土的真珠舍利宝幢、虎丘云岩寺塔出土的越窑青瓷莲花碗更是珍贵的佛教艺术品；苏州寺院现存的大量碑刻，均具有极高的史料价值和艺术价值，如隋代上方楞伽寺碑、寒山寺《金刚经》碑、虎丘明代方碑、普门禅寺碑等，寒山寺《枫桥夜泊》诗碑和兴福寺后禅院诗碑更是名闻天下。

历代高僧、社会名流留下的诗词楹联和字画真迹，使得文化苏州更加俊秀与空灵；苏州佛教对外交往的历史源远流长，唐代高僧鉴真东渡日本，便是从苏州张家港出海，开苏州佛教对外文化交流之先河。新中国成立后，苏州佛教界的国际往来日趋频繁，各寺院先后接待了来自美国、日本、加拿大、澳大利亚等 50 多个国家及港、澳、台地区的大批参访者。苏州佛教界也多次组团出国访问，交流经验与佛学，增进合作与友谊。一年一度的寒山寺"除夕听钟声"活动，更是这种友谊之花的象征，各国来宾，在香烟袅袅、梵音回荡的祥和气氛中，共聆祈福钟声，齐候新年到来，多么和谐，多么美好！

日月抖落星辰，岁月摇落四季。悠悠 1700 年，苏州佛教就像一枝清雅脱俗的兰花，在苏州这块沃土上生根、发芽，茁壮成长，以其弘法利生为佛教事业和古城建设做出了巨大贡献。

苏州佛教将本着"继承传统、面向当代、开拓未来"的精神，以弘法利生为己任，与所有关心佛教事业的有识之士一起，满怀信心地迎接更加美好的明天！

第一篇

寺院一览

　　佛教在苏州已有 1700 多年历史。三国东吴赤乌年间，有祖籍西域而长期生活于汉地的高僧支谦来吴译经弘法，佛教于是渐兴。赤乌间苏城首建通玄寺，即今北塔报恩寺。晋朝王珣、王珉和陆玩先后舍虎丘和灵岩别业为寺，晋宋间竺道生在虎丘聚石为徒阐述妙理，遂有了"生公说法、顽石点头"的典故。梁武帝萧衍、吴越王钱镠崇信佛法，吴地寺院大兴，佛法广传。宋代又广修寺庙，禅风繁兴。明洪武初淘汰天下寺院，吴郡仅存十二，后陆续重建。清初对佛教颇多限制，后来国势衰败，佛教也难以兴盛。太平天国时城中寺庙尽毁，虽同治后陆续重建，但难以恢复盛况。日军侵占苏州时，扶植不肖僧人设立多种佛教组织进行活动，风气日颓。日僧频繁来苏，少数僧人卖身投靠，有些寺庙被改作他用，寺院日趋败落。20 世纪 60—70 年代，寺院都被毁，僧人被逐。

　　1978 年中共十一届三中全会之后，党的宗教政策逐步落实，寺院得以复建重建。据统计，截至 2020 年 5 月，苏州市经批准登记的寺院有 160 余处，其中姑苏区（原平江、沧浪、金阊三区合并）9 处、吴中区 49 处、高新区 11 处、相城区 11 处、工业园区 2 处、吴江区 14 处、张家港市 14 处、常熟市 31 处、太仓市 9 处、昆山市 10 处。

　　1983 年，灵岩山寺、西园寺、寒山寺、常熟兴福寺等四座寺院被国务院确定为全国汉族地区重点寺院。

　　苏州的寺院在山系中，几乎无处不有。据统计，目前有 50 余座寺院建在山巅、山腰、山麓，依山势而建，建筑雄伟壮观，所以说苏州的山与佛教文化结下了不解之缘。

　　苏州是百园之城，苏州的寺院不仅满足信众过宗教生活，而且又是旅游胜地。姑苏区西园寺、寒山寺、报恩寺，吴中区灵岩山寺、铜观音寺、司徒庙，常熟兴福寺等 7 所寺院被苏州市人民政府列入《苏州园林名录》。

　　苏州的寺院因历史渊源之长、规模之大、管理之规范，在江南一带颇具影响。

第一节

姑苏区

西园寺退出 4A

西园戒幢律寺，位于苏州市阊门外留园路西园弄 18 号。1982 年 3 月 25 日，被江苏省政府公布为第三批全省文物保护单位。2015 年 8 月 14 日，被列入第一批《苏州市园林名录》。

一、主动退出 4A

2018 年 10 月 29 日，苏州西园寺申请退出国家 4A 级景区获批准。西园寺于 2006 年，被全国旅游景区质量等级评定委员会评定为国家 4A 级旅游景区。

西园寺退出 4A 景区是主动提出申请的，根据省物价局的明确要求，西园寺门票价格于 2018 年 5 月 1 日从 20 元降为 5 元，门票降价并没有增加游客量，说明门票的价格不影响进寺参观的游客数量。除此之外，寺庙的基本功能是满足信众信仰的需求和培养佛教人才，过于喧闹的景区环境不符合清静庄严的寺庙环境，基于这样的考虑，西园寺才主动提出退出国家 4A 级景区行列的申请。西园寺这种明智的做法值得赞同。

二、历史沿革简介

西园寺创建于元代至元年间（1264—1294），始名归元寺，距今已有七百年的历史。明嘉靖（1522—1566）之末，太仆寺卿徐泰时构筑东园（今留园）时，把已经衰落的归元寺改建为宅园，名西园。

徐泰时故世后，其子徐溶舍园为寺，取名复古归元寺，并于崇祯八年（1635）延请报国禅寺茂林律师任住持，改名戒幢律寺，此后，西园寺高树戒律之幢，以戒为本、以律为宗的立寺原则。经茂林律师及尔后数代住持的努力，西园寺成为律宗道场，法会盛极一时，列为江南名刹。惜于清咸丰十年（1860）毁于兵燹。

光绪年间，浙江按察使盛康与吴郡士绅同倡议修复西园寺，请紫竹林寺方丈荣通及其徒广慧来主持此项工作。广慧法师化缘重建戒幢律寺。从43岁到73岁，在30年中先后修建了大雄宝殿、观音殿、罗汉堂、天王殿、放生池及安僧的配套设施，待基本形成全寺的建筑规模，及完成内部塑像，已是民国十五年（1926）。广慧法师重振寺宇，西园寺再度成为吴门首刹。

三、寺院建筑布局

西园寺现存殿宇多为清末民初所建。中轴线上由南至北依次有牌坊、山门、天王殿、香火桥、大雄宝殿、藏经楼。出天王殿东侧有观音殿，西侧有罗汉殿。寺中还有念佛堂、法云堂、客堂、斋堂、库房等建筑。

照壁，位于寺院正门河南边，过福德桥和智慧桥，即为御赐牌楼，建于清朝光绪年间。上部为木枋楼，正中置明楼，左右为边楼。牌楼的中门横额上写着"敕赐西园戒幢律寺"。两边石柱上对联上联是"佛日增辉，重开闾阖"，下联为"宗风振律，大启丛林"。

西园寺新建的山门（山门殿），由三扇门并列组成，山门正上方悬挂"戒幢律寺"匾额，两边的楹联为"一水设双桥广度群生登觉岸，三风垂百世严持净戒证菩提"。这是已故中国佛协副主席、当代著名书法家刘炳森居士的遗墨。

出山门殿为万余平方米的前花园，有香樟树，石板路两侧铺满了青草。在前花园两边的黄墙上有长长的宣传栏，分别是对西园寺和戒幢佛学研究所的全面介绍。

西园寺历史上的钟鼓楼于1860年毁于兵火，其后虽恢复寺院，因财力维艰始终无法重建，直到今天，在方丈普仁大和尚的努力之下，钟鼓楼在沉寂了145年之后，再次敲响了钟声。

天王殿坐北朝南，顶势平坦，飞檐翘角。出天王殿过香火桥为大雄宝殿，它是寺院的中心建筑，兴建于光绪末年，梁枋均施苏式彩绘。檐枋悬有"西乾应迹"匾额。殿内正中供奉三尊佛像，释迦牟尼佛居中，东面是药师佛，西面是阿弥陀佛。背面为海岛观音群塑。

观音殿位于大雄宝殿的右侧。于光绪初年建成，殿内置三座佛龛，供奉三尊坐相观音菩萨，中间一尊高大，端坐于莲花座上，左右各有善财、龙女侍从。此尊观音像是明代巧匠用香樟木雕塑而成，脸部的笑纹、身上的衣褶，线条流畅，反映了当年的工艺水平，具有较高的文物价值。

在观音殿的正对面，是五百罗汉堂。罗汉堂屋宇深广，共3进48间，呈田字形。以佛教四大名山塑座为中心，泥塑金身罗汉五百尊，分单双号相对排列。步入罗汉堂正堂，迎面是一尊用四块香樟木雕刻而成的四面千手千眼观音，观音像共有1000只手，每只手掌中有一只眼睛，象征了观音菩萨无限慈悲和无量智慧。佛教四大名山塑座，罗汉堂以此为中心，呈田字布局。罗汉堂内中心两侧是济公与疯僧。济公塑像歪戴僧帽，肩披破僧衣，手持破葵扇。疯僧癫僧像取材于《说岳全传》中疯僧扫秦的故事。

四、西花园系园林

出罗汉堂往西为西花园，有放生池。放生池呈蝌蚪形，头部在南、尾部在北，并弯向东南。池水绕园一周，再从罗汉堂下部直通大殿前的香积池，九曲三弯，时在明处，时潜暗中，然后延伸到库房后面。在放生池中有湖心亭一座。亭为六角，砖木结构，楼阁形式，双重飞檐。亭以粉墙分间内外，东西两面各设大门，通过九曲石桥与两岸连接。亭外有檐廊，设置靠栏。亭中有亭相套，同是六角，似是外亭的微型，不同者内亭为单檐。

内亭东面供奉阿弥陀佛，西面供奉莲池大师。内亭下部是近年修葺寺宇时，用丰子恺的护生画补绘。

湖心亭东南角有一处黄石垒砌成的假山，山有空洞可穿行，又有石级可攀登，曲径迂回，逶迤起伏。登上假山，赫然又是一座六角亭。前亭在水中，此亭在山上。在池的东西两侧各有一座建筑，西侧的临水建筑名"高云极乐世界轩"，单檐翘角，单间单进，外设檐廊。东面临水筑露台，台上有一古典厅堂，名"四面厅"，四面置大门，墙壁均为镂空窗花。现在是佛经法物流通处，里面有各种佛学书籍。大厅内有一副很美的对联："地拓三弓喜几净窗明柳眼花须齐掩映，塘开一鉴看鸢飞鱼跃天光云影共徘徊。"露台上有两棵紫藤树，为明代时栽种，树龄已达400多年。而在四面厅南侧，有一紫藤，据记载树龄为540年，列为一级文物保护，现已设石柱铁栏围起。四面厅西北侧有一恬静之处，三面环水，中间用石块垒起一平台，一周是幽径环绕，树木扶疏。

西园寺环境幽，草木嘉，银杏、香樟、松柏、枫杨等古树郁郁葱葱，简直像一座园林，而实际上，它确实是建在一座园林里。

寒山寺列为园林

寒山寺，位于苏州市姑苏区寒山寺弄 24 号。1982 年 3 月 25 日，江苏省政府公布其为第三批全省文物保护单位。2015 年 8 月 14 日，被列为第一批《苏州园林名录》。

一、寒山寺沿革

寒山寺始建于南朝梁武帝天监年间（502—519），初名为妙利普明塔院，唐代更名为寒山寺，宋代更名为普明禅院及枫桥寺，此后一直沿用寒山寺之名。相传，唐贞观年间（627—649）天台诗僧寒山、拾得（即民间传说中的和合二仙）曾来此寺居住，后拾得东渡至日本。明代姚广孝《寒山寺重兴记》记载："寒山子者，……来此缚茆以居，暑渴则设茗饮，济行旅之渴；挽舟之人，施以草履，或代共挽，修持多行甚勤。"其后有唐代著名高僧希迁禅师于此创建伽蓝，遂将塔院改额曰"寒山寺"。唐末，普明宝塔被毁。

宋代太平兴国初（976—978），节度使孙承祐在寒山寺重建七级浮屠。南宋建炎四年（1130）金兵南侵，苏州西郊民居被焚，寒山寺幸免，但众僧逃匿。绍兴四年（1134）法迁长老亲自带领徒辈，扶倒补败，重修佛塔，新建水陆院，规模气势，远胜往昔。元末，寺塔俱毁。明洪武中重建，永乐三年（1405）深谷昶禅师修建佛殿、丈室、山门、法堂。姚广孝《寒山寺重兴记》曰："方丈则设寒、拾、丰干之像，不敢忘其所自也。"明正统己未（1439）郡侯况钟整修寺院，万历十四年（1586）又添建藏经楼。清康熙五十年冬（1711）大殿起火，部分殿宇被毁。清咸丰十年（1860）尽毁于兵火。几经兴废，清光绪、宣统时，先后得江苏巡抚陈夔龙、程德全支持，陆续重建。

民国时期，寒山寺入门有御碑亭镌清帝诗，假山亭台，幽雅曲折。"五四"运动时，一日本人来游寒山寺，知住持僧琴川工书法，请书"国亡家何在"五字，一字一金。僧峻拒云："住持亦中国人，岂可侮辱国体！"1923年大休来任住持，1931年寒山寺有殿宇40间。日军侵占苏州初期，高冠吾倡修藏经楼，后寺被日军占为物资仓库。至近1949年时杂草满径，僧人星散，枫江楼成为瓦砾堆。

1949年中华人民共和国成立后，寒山寺进行过两次全面整修。1955年修葺后首次对外开放。1958年将隆庆寺五百罗汉像移此，1966—1976年间佛像被毁。1972年稍加整修作园林开放。1979年7月正式恢复宗教活动并对外开放。同年岁末，寒山寺举办了第一次新年听钟声活动。此后每年除夕数千中外宾客相聚寒山寺，在108响钟声中辞旧迎新，祈祷国泰民安、世界和平。1983年用香樟木重雕如来佛像，新建寒拾殿、霜钟阁、藏经楼、钟房、钟轩等。改革开放30年来，寒山寺古刹逢春，生机蓬勃，殿宇辉煌，香火旺盛，钟声诗韵，名扬四海。

二、建筑布局

寒山寺坐东朝西，建筑面积10030平方米。寺院中轴线上有照墙、山门（天王殿）、大雄宝殿、藏经楼（寒拾殿）和普明宝塔，北侧有霜钟阁、罗汉堂、念佛堂、祖堂、寒拾泉、寒拾亭、方丈书斋；南侧则有钟楼、碑廊等构筑物。南围墙外寒山别院内有悬挂"天下第一佛钟"的大钟楼和"中华第一诗碑"。

寺院布局紧凑，楼堂殿阁等建筑环绕四周，以回廊连接，形成一个整体。既有汉传佛教传统寺院的格局，又有江南园林古朴典雅的特色。重建的普明宝塔为苏州古城增添了一道亮丽的人文景观。钟房悬挂明清以来的多口梵钟，碑廊和殿宇存有宋明以来众多名人的诗文碑刻，以唐张继《枫桥夜泊》诗碑最为出名，展现了寒山寺丰厚的文化底蕴。

山门外照壁黄墙黛瓦，檐脊饰有游龙，壁上嵌有清代陶濬手书的魏体大字"寒山寺"，字体坚劲，笔画老到。天王殿大门上悬挂着清末江苏巡抚程德全手书的"古寒山寺"匾额，字体圆熟稳健。

大雄宝殿为单檐歇山顶，面宽五间18.5米，进深四架14米，高12.5米。当中三间有露台前伸，环以雕栏，露台中央设有炉台铜鼎，鼎的正面铸着"一本正经"，背面有"百炼成钢"字样。殿门上方悬挂"大雄宝殿"匾，系苏州书法家谢孝思所书，殿内抱柱楹联"千余年佛土庄严姑苏城外寒山寺，百八杵人心警语阁浮夜半海潮音"乃赵朴初题写。

与一般寺院的大雄宝殿相比，寒山寺的大雄宝殿在布局上有极大的不同，突出表现在三个方面：一是一般寺院的大雄宝殿在佛祖塑像后壁上往往塑的是"观音渡海"的众菩萨像，而寒山寺的大雄宝殿在那个位置上则是寒山拾得写意石刻像，画像由清代著名书画家、"扬州八怪"之一的罗聘所作。二是此处大雄宝殿东南方的墙壁上嵌有清代郑文焯指画寒山石刻像。三是在大雄宝殿南侧墙壁上镶嵌着晚清江苏巡抚程德全所书的《寒山子诗》36首的石刻、韦应物等名人诗。殿内存放的一口仿唐青铜乳头钟也引人注目，清末时日本人山田寒山听说寒山寺唐钟传入日本后，遍找唐钟而无着，遂重铸一口佛钟赠给寒山寺。

寺内的藏经楼也颇具特色。这是座三间两层硬山造建筑，楼下题额"寒拾殿"，殿中所供寒山、拾得立像袒胸赤足，相对而笑，憨态可掬。殿壁嵌石刻南宋书法家张即之行书《金刚般若波罗蜜经》和董其昌、林则徐、俞樾等名人题跋，共三十八方。藏经楼的屋脊上雕饰着《西游记》人物故事，是唐僧师徒自西天取得真经而归的形象，主题与藏经楼的含义十分贴切。寒山寺在全国所有寺庙中，唯独建有"寒拾殿"。

普明塔院是以仿唐风格的五层宝塔为中心的建筑群。20世纪90年代初，性空方丈率全寺僧众，经六年努力，于1996年建成此塔。塔高42.2米，与大雄宝殿同在中轴线上；塔院北面朝南是法堂，堂前有露台，水池围绕，池上架桥；沿法堂两侧向南有碑廊成环状连接，碑廊内既有王珪、文徵明、祝枝山等名人手迹，也有李大钊、陈云等革命家的手迹和现当代众多高僧、社会贤达、书画家的书画作品。另有一处碑廊，建于1984年，陈列宋、明以来碑刻十余方，其中有岳飞、唐寅、俞樾、康有为、刘海粟的手迹，既为碑刻艺术珍品，又具很高的文史价值。

钟楼位于藏经楼西南侧，为六角形二层重檐亭阁式建筑，造型玲珑俊美，巡抚陈夔龙建于光绪三十二年（1907），几经沧桑，1994年大修，楼门与曲廊连通。楼上悬挂着陈夔龙督铸的大佛钟，寒山寺每年除夕听钟声活动时敲的就是这口佛钟，钟声浑厚悠扬，方圆数里都能听清楚。除钟楼之钟外，寒山寺还保存着明天启铜钟、清乾隆铜钟、仿钟楼钟、南洋叶晨回赠的大铜钟、清康熙铁钟等多口佛钟。2005年精制"和钟""合钟"，"和钟"于2007年赠送给台湾佛光山寺。近年来，寒山寺还从各地收集了230多口不同年代、不同造型、不同材料的古钟，计划建造一所古钟博物馆。

罗汉堂位于大雄宝殿西北侧，殿内供五百尊香樟木雕成的罗汉像，以阶梯式分五层安置在青石须弥座上，座下雕刻有狮子抢绣球图案，精美端庄。罗汉堂中央供观音菩萨铜质立像一尊，乃日本友好人士于1995年赠送。

"天下第一佛钟""中华第一诗碑"以及楠木大钟楼于2008年落成。这是寒山寺新世纪以来的重大工程，大钟大碑已获上海吉尼斯纪录证书。天下第一佛钟，铸造于湖北武汉，仿唐形制，响铜精金，蒲牢巨纽，飞天图案，六铣口裙边，波浪形纹口；高9米，径6米，重108吨；钟面铭《妙法莲华经》七万又二十四字，世间罕见。中华第一诗碑，选料于山东嘉祥，碑座稳重，碑身坚挺，碑冠端庄，九龙纹饰；高16.9米，宽6米，厚1米；碑阳刻俞樾手书张继《枫桥夜泊》诗，碑阴刻乾隆御笔《般若波罗蜜多心经》。诗碑、佛钟、宝塔，南北一线，巍峨壮观。钟声诗韵，流芳百世。

三、寒山钟声

1979年，苏州成功举办首届寒山寺除夕听钟声活动。从1979年开始至今，已经连续举办了41届。首届只有日本游客100多人，后来每年迎来日本、韩国、美国等国家以及港澳台地区的游客都在5000人以上。寒山寺除夕听钟声活动已成为中外民间友谊和文化交流的桥梁、苏州最具特色的涉外文化旅游项目、苏州市民一项新的民俗活动。近年来，除夕听钟声活动内容更加丰富，体现了苏州民俗文化的古韵今风。寒山寺周围的街巷和枫桥景区，处处张灯结彩，民俗表演丰富多样，有舞龙灯、荡湖船、狮子舞、锣鼓、腰鼓、高跷、杂技、大头娃娃、民间手艺表演，有京剧、越剧、昆剧、评弹演唱，有跳加官、抛香袋、猜灯谜等吉祥活动。

1999年，苏州市委、市政府确定将寒山寺作为苏州发展旅游的品牌，这不仅提高了寒山寺的知名度，而且提升了苏州在国际上的形象。为此，寺院完成了建筑景观灯光亮化工程和环境绿化建设，美化了寺院面貌，寺院内文物完好，古树参天，夜景宜人，环境优美。同时，寺院接受捐赠和收集舍利子、古铜佛像、佛塔、古碑、古石钵、古钟、古字画等，丰富寺藏文物。如晚唐时期的汉白玉刻碑已落户在大雄宝殿两侧，碑的正背面及两侧雕刻着精美而又详实的"释迦牟尼说法图"，成为寺院的又一景观。

1983年，国务院批准为全国汉族地区重点寺庙。

2007年3月，登记为寺观教堂。

报恩寺免费开放

报恩寺，位于苏州市姑苏区人民路1918号。报恩寺塔，2006年5月25日，国务院公布为全国第六批重点文物保护单位。报恩寺梅圃，2015年8月14日，被列入第一批《苏州园林名录》。

报恩寺塔

一、免费开放

古刹报恩寺，是苏州最古老的一座佛寺，距今已有1700余年历史，为中国著名的江南古刹之一。报恩寺，俗称北寺。那座高峻雄伟的北寺塔，与虎丘的云岩寺塔同被视为苏州古城的标志。

苏州轨交四号线通车后，报恩寺发生了很大变化：一是免票进入，实行免票的确是上上策，为中外游人提供了方便；二是进寺院门后可以领取三支香；三是轨交四号线北寺塔站4号出口就在报恩寺门前。今日的北塔报恩寺面貌一新，环境干净整洁，梅花芬芳，是姑苏城中一处佛教胜迹。

二、历史沿革

据梁简文帝《吴郡浮海石象铭》称，该寺始名通玄寺，建于三国吴赤乌十年至十三年（247—250）。唐代开元二十六年（738），唐玄宗诏命天下各大郡置寺，以年号为寺名。苏州地方官绅应诏，将通玄寺易名为"开元寺"。北宋崇宁三年（1104）端阳节，报恩寺迎请佛牙舍利，徽宗赵佶写《佛牙舍利赞》一文，并赐寺号"万岁"，寺遂易名"报恩万岁寺"；南宋淳祐五年（1245），奉名为"报恩万岁贤首教寺"。

报恩寺在历史的长河中，几经兴废，饱经沧桑。隋朝灭陈时，寺内刻经石壁和殿堂废毁；南宋时金兵南侵，殿塔俱损；明朝正德年间，宝塔遭雷击起火，殃及卧佛大殿，一夜之间殿塔尽焚坏；清咸丰、同治年间，太平军攻占苏州及李鸿章部下进攻苏城，两次战祸，仅宝塔和寥寥数殿残留在废墟之中，围墙损坏，山门改为经道，寺内一度被驻军占据并作弹药仓库。直到清朝光绪二十四年（1895）天台宗高僧敏曦来住持寺院时，他的弟子们相继募捐修理，收回被占用的殿阁，把报恩寺称作报恩讲寺。

进入民国八年（1919），围墙修葺，但墙内面积仅有60多亩。在墙外东西存有散殿四处，塔后还有二山门。在盛宣怀妻庄氏和李朴诚的资助下，重建大雄宝殿，到1924年才竣工，1928年又修复楠木观音殿。报恩寺在民国时期，常常举行传戒仪式，30年代初，著名人士陈去病也曾在此寺皈依受戒。日军侵占苏州后，大雄宝殿被火烧毁，珍贵文物浮海石像，不知去向，殿前荒地成为日

寇屠杀俘虏和平民百姓的场所，尸骨成堆，惨不忍睹。当解放军接管苏城时，报恩寺由苏州佛教组织接收管理。

1963年，大雄宝殿因坍毁被拆除。1965年，苏州市佛教协会和灵岩山寺出资将宝塔进行大修。1966—1976年间，报恩寺所有佛像被毁，两尊一米高的檀香木佛像被焚烧，一座苏州最大的高一丈六的樟木接引佛，烧了三天才毁尽。这时，破败不堪的报恩寺房屋，由苏州园林局接管。1994年，政府落实宗教政策，将报恩寺归还苏州市佛教协会管理。2003年5月，经苏州市政府批准作为宗教活动场所局部开放。重修了七佛宝殿、藏经楼、楠木观音殿等建筑，重塑了佛像。

三、报恩寺塔

报恩寺塔，俗称北寺塔，是我国现存最高大的砖木结构古塔。据地方志记载，南朝梁代中大通年间（529—534），通玄寺僧正慧曾募建宝塔十一层于寺中，后被焚毁。北宋元丰七年（1084）重建，诗人苏轼舍铜龟盛放舍利供奉塔中。建炎四年（1130），金兵南侵，焚掠平江（苏州），塔与寺同毁。现存之塔为南宋绍兴二十三年（1153）行者金大圆主持募建的九级塔。明清几度修葺，1965年至1967年又全面整修。2006年又进行

整修。

报恩寺塔为九级八面砖木结构，塔身由外壁、回廊、内壁、塔心室组成。外壁挑出木构腰檐、平座、八面辟门。基座与台基石雕精致，覆以外廊，飞檐八出。塔心室等处的砖砌斗八藻井等仿木构装饰，复杂华丽，是研究宋代小木作的珍贵实例。塔高74米，塔基占地900平方米，重檐覆宇，翼角翠飞，朱栏萦绕，金盘耸云，峻拔雄奇，为吴中诸塔之冠。塔内回廊设置木梯，可以层层登临，凭栏俯瞰，古城内外街道屋宇和山水风光，尽收眼底。古人有诗赞曰："巍然一塔逼云寒，绝顶登临眼界宽。浅谈湖山归杖底，参差楼阁出林端。"这是对高耸入云的报恩寺塔的真实写照。

报恩寺塔的东侧是一幢重檐歇山式殿宇，面阔五楹，飞檐四出。山墙中砌石柱，内柱皆用楠木，俗称"楠木观音殿"。现殿系明万历二十九年（1601）所建。殿内顶板有彩绘数十幅，绘有人物、花卉、鸟兽、山水等，画工精细，色彩调和，内容丰富，形象生动，是苏式彩绘的代表作。自明代保存至今，实属罕见。殿正中供奉玉观音圣像，其青石须弥座为南宋原物。2003年7月15日，北塔报恩寺举行了楠木观音殿玉观音圣像开光法会。"华藏世界"，位于寺内中部，乃一封闭空间，是一个寺中之园。石库门朝南开，平面呈正方形，面积约

1000平方米，系该寺原方丈昭三上人于1925年所建。门额正书"华藏世界"，背题"唯心净土"，壁嵌方石6块，凿有"南无阿弥陀佛"6字。精舍八楹将此院落中分为前后两庭。整个院落以清静幽雅见胜。

四、寺院布局

报恩寺现存寺院规模宏大，占地33.3亩，22200平方米。全寺分为塔院、后院、观音院、华藏世界、梅圃五大部分。牌坊、塔院、后院在一条中轴线上。

寺前有一座四柱三门重檐石木结构牌坊，高11米，中间两根石柱高近10米，每根重约8吨。坊顶飞檐翘角，檐下斗拱密集，结构精巧，称曰"网状科"。上下额坊浮雕鸟兽花卉，线条浑朴流畅。牌坊正面中间上下穿枋长度达4米，宽2米，下沿雕刻大型双龙戏珠图案，生动逼真。正中镶嵌匾额，"知恩报恩"四字由原中国佛教协会会长赵朴初题写。山门上方悬挂的"苏州北塔报恩寺"匾额由中国佛教协会会长一诚题写。

进山门后原大雄宝殿遗址上塑一尊弥勒佛像，后面是宝塔。绕过塔往北是报恩讲堂，庭前小院有湖石假山花台，院中植紫薇、绣球、银杏等花木。透过图案各异的漏窗，雄伟古塔映入眼帘，苍松翠竹随风婆娑，堪为寺中之佳景。

绕过讲堂为七佛殿（简称前大殿），西阔七间，清康熙十年（1671），住持一源募建，咸丰十年（1860）"庚申之变"后坍圮，光绪三十三年（1907）住持昭三复建。七佛殿屋脊高耸，正嵌"佛日增辉"，背镶"法轮常转"。明学法师题写了"七佛宝殿"匾额。藏经阁（简称后大殿），是寺内主轴线最北端的一座建筑，清康熙年间由住持一源募建。殿宇为歇山式双层楼阁。其底层阔九间，进深六间；楼层阔七间，进深四间。屋脊正书"风调雨顺"，背书"国泰民安"。

出七佛殿为念佛佛堂，楼上为藏红楼。

五、名碑梅圃

寺院讲堂往东过门有一亭，亭中竖有一块"张士诚记功碑"，被列为江苏省文物保护单位，该碑亦名隆平造像碑，张吴王纪功画像石刻，又称报恩寺石龛造像，俗呼石家堂。碑高 3.06 米，宽1.46 米，厚 0.4 米，青石质。内容为元至正十八年（1358），割据江南的吴王张士诚由反元而降元，宴请元使伯颜的场面。殿宇崇丽，几案罗列，宾主面南而坐，甲士左右拱卫，共 118 人。此碑采用深浮雕手法，琢工精细，构图严谨，建筑布局清楚，层次分明，人物面目清晰，姿态各异，衣褶流畅，是一件有历史价值的元代石雕艺术上品。

寺东北隅的梅圃，面积 5250 平方米，平面为凸字形，东池西山。假山为黄石所叠，东侧高达 8 米，危崖峭壁，下临广池，山顶有六角攒尖亭。山南山北清溪合抱，山坡遍植梅树，颇具天然野趣。

梅圃内景点、花木布置、匾额题名都以梅花为题。从题有"梅圃"匾额的大门入园，迎面是黄石假山一座，将园内景色藏于身后。从左绕假山前行，突然峰回路转，豁然开朗，梅圃景致纷至沓来。梅圃的基本布局为东池西山，目前有假山两座、水池一处，建筑有厅、榭、亭、廊，北处山坡环以树木，形成高大绿墙，颇有气势，又具天然野趣。水池面积约 800 平方米，名为雨花池，虽在园西，却以两条清渠向东延伸，将主山小庾岭合抱，假山上筑平台、下有山洞，山顶上建有六角攒尖亭，名为"疏影横斜"。主厅飞英堂在园的东南部，与小庾岭隔水相对，顺着一条长廊就可到园东水榭处。从水榭处向西遥望，山、水、亭、塔尽在丛林掩映之中。园内游人不多，顺着雨花池岸石子路漫步，阳光在树叶的缝隙里寻找空间，留下斑驳的花纹。

水榭处观景似乎最清凉，游人都会在这里驻足一会儿，或取景拍照，或倚栏凭吊。出了水榭向西行，池边小路曲折延伸，顺着六角亭向西南望，报恩寺塔也入景了。亭、塔、厅皆露出飞檐数角，或远或近，韵味不尽。

六、名僧名人

报恩寺素有吴中"第一古刹"之称，华严宗高僧代代相传，如处薰、传教、广宣、德岩、法律、性月等，其中有些人还得到皇封加号。乾隆二十七年（1762）三月二十七日，清高宗乾隆皇帝第三次南巡至苏州，游报恩寺，赐匾额楹联。乾隆四十五年（1780）三月，第五次南巡至苏州，"銮舆至报恩寺前，士子跪献诗册，上命收进"。

僧人们多才多艺，与文人雅士交游甚多。文人雅士亦把此地作为探幽寻胜的场所，赵孟頫在此作画题诗；高启、杨基、沈周、张凤翼等为寺塔吟咏；阁复、黄晋、宋濂、祝允明、王世贞等为寺作记镌碑。名寺赖名人添色，名人缘名寺增辉。苏州报恩寺塔后的清静大殿，塔周围有翠绿林，仰塔形之秀丽，听塔尖檐下古色古香的铜铃叮当之声，令人有超脱尘俗、乐而忘返之感。

苏州报恩寺不仅拥有古塔、古碑，还有园林，真是一座名副其实的苏州寺庙园林。

报国寺升格文保

报国寺，位于苏州市姑苏区穿心街38号。2019年8月23日，被苏州市人民政府公布为第八批文物保护单位。

一、穿心街名

穿心街名的来历，与它南面的两条街名大新街、小新街有关，系"三新街"讹称而来。《丹午笔记》（嘉庆二十三年即1818年已有抄本）和刊行于道光十四年（1834）的《吴门表隐》都已有穿心街的记载。清末此地为驻军三标司令部驻地，又称"中军衙门"，负责守卫苏州城，故一名城守弄。《姑苏城图》三新街作三心街，后误读为川心街、穿心街。

穿心街长125米，宽4米，原为弹石路面，1984年改为水泥六角道板路面，现为沥青路面。作为一条小街，清代以来，少有居民住宅，1921年起建有报国寺。

二、历史沿革

报国寺原在文庙西，始建于宋咸淳年间，名报国禅院。元至元二十二年由湖道肃政廉访使捐赠重建，普照任住持，一时禅风甚盛。明初禅院录开元寺，景泰天顺年间僧志学请于朝廷改院为寺，遂成丛林。成化年间住侍成钊大扩规模，殿宇、客寮、斋堂、库房等计有数百间，占地47亩，成为巨刹。嘉靖万历年间东南扰乱，佛法逐衰，报国寺亦渐颓废。万历末僧慧如苦行重兴，茂林继之，以慈悲心接物利人，以智慧力敷教弘化，专持阿弥陀佛名号，受法3000余人，受戒万余人，饭僧数十万人，是为报国寺最盛时期。

清咸丰后，佛教复衰，至光绪末，僧楚泉见寺日趋衰败，发心重兴，特赴京请颁藏经。楚泉离寺后，江苏巡抚程德全听信幕僚谎话，言报国寺有寺无僧，遂将全寺没收改建植园。楚泉请经回苏，寺已易主，只得借地安藏以待机缘。民国二年程德全罢官闲居，始研佛学而生信心，深悔当初毁寺之举，乃于民国十年出资购穿心街原中军衙署，重建报国寺，但规模较小，仅四亩有余，延请楚泉住持。楚泉辞世，其徒明道继任。民国十九年（1930）二月，迎请高僧印光来寺掩关。印光法师居报国寺后，弘法利生声名远播，皈依者不下百万，故昔日穿心街上人接不暇，颇具盛况。1936年中日关系紧张，印光法师应圆瑛法师、屈文六居士等恳请，破关而出，至沪说法，恳切开示护国息灾，后因妙真老和尚之请，移居灵岩山寺。明道殁后报国寺改作灵岩山寺下院。

1950年后寺庙被医院和工厂借用，1958年成为民居，1992年秋，苏州市佛协议请收回，创办佛教文化事业，得到支持，归还房产。市佛协筹资300余万元进行重修。修葺后的报国寺占地1300平方米，有山门、大殿、藏经楼、东西厢房、印公关房等主要建筑，具有典型的江南寺庙风格。

三、建筑格局

修葺后的报国寺，坐北朝南，占地1300平方米，有山门、大殿、藏经楼、东西厢房、印公关房等主要建筑。

山门并不显眼，而像一般民居，只是山门上方有砖刻"报国寺"三字。进

山门正中供奉弥勒佛，出山门为院子，院子中间有宝鼎，院中有一棵奇特的槐树横斜在庭院一隅，主干枯木横陈伸向庭院中央，在延展到庭院中央香亭支撑的枯木末端却向上生长出了新的枝干，一路向上竟直插天际。这棵枯后重生的槐树就像是在比喻着当代净土佛法在历经法难和艰苦后，枯木逢春再发新枝弘化众生的过程。

东厢房取名"智慧如海"，西厢房为"慈悲接引"，大雄殿为五开间，建筑面积144平方米，气势宏伟。殿前有一对石狮，殿门上方悬挂"大雄殿"匾，联为"净宗弘化社址愿同万众出三途，印祖掩关道场都摄六根归一念"。点出这里正是印光大师掩关念佛，创立净土宗弘化社的祖庭之地。殿正中供奉释迦牟尼坐身玉佛。

出大雄殿为藏经楼，宽敞明亮。大雄殿西侧为印公关房。

四、印公关房

在报国寺大雄殿西侧有一条廊式甬道，在甬道尽头即是著名的净土宗十三祖印光法师的闭关之地，上悬黄色原木黑字横匾"印公关房"，系原中国佛教协会咨议委员会主席，江苏省佛教协会、苏州市佛教协会名誉会长，灵岩山寺方丈明学大和尚题写。在走廊的

过道门楣上有砖雕"指归"两字，再后侧西墙上挂有一方型字幅，上面是印光法师的闭关宣告文，其下有一如售票处的小窗，其实这个小窗洞就是印公闭关时与外界互通书信和递送每日餐食的唯一通道了。

按原貌修复的"印公关房"，三间，约60平方米。进门处是一座小中堂，中有大幅"佛"字和案几一对，这里是叩关者的休息处。进入正室是印公经堂书房，中间放着阿弥陀佛的宝座，北侧是书桌和书橱，旁边放着一把木制躺椅，估计是印公的读书之地。南侧有小门通一处小天井，侧有照壁一座，上有一横式石刻条幅，上刻《念佛圆通章》是民国二十八年（1939）己卯年夏印公的手迹，这些刻文并不是印公闭关时就有，是后来人补刻上去的。最内一间是印公的起居室，内有带蚊帐的小床一架，附有一小型卫生间。所有这三间房就是著名的净土第十三祖在苏州报国寺闭关7年的关房陈设了。

在印公的经堂书房挂有一组书幅，中有一大字"死"，下面印公写着"学道之人念念不忘此字则道业自成"，据说印公在普陀山闭关时即在斋房书"念佛待死"以自勉，此处亦可见其对勤修净土、参透生死的执着追求。1937年，印公应妙真和尚请移苏州灵岩山寺，并闭死关念佛，于1940年农历十一月初四西逝。火化后，得舍利无数，内有光明灿烂及夜间能放光者。

五、资料辑录

1.《苏州市志》

1986版《苏州市志》载："报国寺本在文庙西，始建于宋咸淳时，又传为宋郑所南隐居处。光绪末年程德全改为植园。民国十年程出资买穿心街原中军衙门重建。民国十七年真达主寺，命徒明道（原名戚则周，同盟会员，日本留学归来后四任县知事）当家并修缮寺屋。民国十九年印光来寺卓锡7年，曾闭关修订四大名山志。寺与锦帆路章太炎宅相近，国学佛学两大师相邻，一时传为佳话。翌年明道将原设于沪的流通部迁此，名弘化社（日军侵占苏州时复迁沪），广印佛书，穿心街上信徒名流络绎不绝。民国二十九年真达将寺交妙真为灵岩山寺下院，一度为该寺住持的清禅同妙真为此涉讼，由伪县、省政府至伪行政院，仍判归妙真。1952年有屋53间，1949年后僧回灵岩山寺，该处先后供驻军、佛教协会、毛巾厂等用，1958年交无线电器材厂使用，现为民居。

2. 重修记

《重修报国寺记》由原苏州市地方志办公室主任徐刚毅于1997年2月3日撰写，全文为：

报国寺原在文庙西,始建于宋咸淳年间,名报国禅院,宋代事迹失考。元至元二十二年由湖广道肃政廉访使捐资重建,普照任主持,一时禅风甚盛。明初,以天下庵院归丛林司经论,禅院隶开元寺。景泰、天顺间僧志学创建法堂,请于朝廷,改院为寺,遂成丛林。成化间住持僧成钊大扩规模,重创山门、天王殿、毗卢殿、方丈室、客寮、养老堂、病室,重修大雄殿、华严堂、静室、斋堂、库房等计有数百间,占地四十七亩,遂成巨刹。嘉靖万历间东南扰乱,佛法遂衰,报国寺亦渐颓废。万历末僧慧如苦行兴复,僧茂林继之,以慈悲心接物利人,以智慧力敷教弘化,专持阿弥陀佛名号,受法三千余人,受戒万余人,饭僧数十万人。刊印经典多种,精究戒律,博通三藏,著《四分律记》《毗尼日用》《五石间经解》等书行世。临终告众曰:"凡我弟子,严持戒律,宗主念佛,深信因果。有不道者,摈之出寺。"是为报国寺最盛时期。

清咸丰后,佛教复衰,至光绪末,僧楚泉见寺衰败日进,发心重兴,特赴京请颁藏经。楚泉离寺后,江苏巡抚程德全听信幕僚谎话,言报国寺有寺无僧,遂将全寺没收,改建植园。楚泉请藏经回,寺已不存,只得借地安藏以待机缘。民国二年,程德全罢官闲居,始研佛学,从而信仰佛教,深悔当初毁寺之举,乃于民国十年出资购穿心街原中军衙署(中军,清代绿营兵制,分督、抚、提等标,各标的统领官叫中军)重建报国寺,但规模已小,仅四亩有余,延请楚泉住持。楚泉辞世,由真达及诸护法请明道主持,真达筹资五千余元,命明道督工修理寺庙,至民国十九年二月迎请高僧印光来寺掩关。印光居报国寺后,修葺普陀、九华、五台、峨眉四大名山志,创办弘化社流通经书,出版弘化月刊并捐资助赈救人苦难。各地信众北至长春,南至闽、广及海内外华侨,每岁梯山航海前来皈依者不下数万人,而大江南北农民皈依者更多,约计不下百万。印光在报国寺弘法利生声名远播,故昔日穿心街上人接不暇,颇具胜况。1937年抗日战争爆发,印光破关而出,至沪说法,恳切开示护国息灾,后应妙真老和尚之请,移居灵岩山,寺又衰落,虽有住持僧人力谋兴复,又经护法居士捐赠书籍筹办图书馆,终因机缘未熟,亦告停顿。明道殁后,寺庙交妙真作灵岩下院,时有房屋53间。

1950年后寺庙被医院和工厂借用,1958年成为民居,1992年佛教界明开、明学、安上、性空、净持诸长老,因见寺庙旧貌依稀尚存,不忍古迹永久湮没,遂议请恢复,创办佛教文化事业,得政府支持归还房产。苏州市诸山出资300余万元,由僧弘法督工动迁居民并予重建,辟为佛教博物馆,内设印光纪念堂和弘化社。

寺庙废兴古来常理,然似此庙机遇扑朔枯荣数度却很难遇见,报国一寺,真姑苏奇刹也!

定慧寺银杏网红

定慧寺，位于苏州市姑苏区定慧寺巷118号。1982年10月22日，苏州市政府公布为第二批全市文物保护单位。

一、历史沿革

据记载：唐懿宗咸通二年（861），吴门名流盛楚创建了"般若院"，这便是今天定慧寺的肇始源头了。

唐朝末期，朋党相争，军阀混战，社会动荡不安，农民起义风起云涌。般若院在这场历史的变动中遭到严重的破坏，于五代十国吴越武肃王钱镠治苏时（907—931）得以修复，易名为"罗汉院"。北宋太宗雍熙年间（984—988），郡人王文罕兄弟出资重修原有的寺院，增建殿宇，于是始有西方院和有藏院。王氏兄弟并添建了东西两塔，相互对峙，即现在的双塔，因此罗汉院又俗称"双塔寺"。双塔为七层八角楼阁仿木结构砖塔，东西并立，形式、结构相同，塔高约33.3米。塔刹约占塔身全部高度

的1/4，这在我国楼阁式古塔中仅此一例。腰檐微翘，翼角轻举，外观玲珑秀丽，乌瓦黄墙与赭红色的砖结构柱额斗拱相映成趣。北宋至道元年（995），宋太宗"敕赐御书四十八卷"，次年，罗汉院改名为"寿宁万岁禅院"。天禧初（1017—1021）西方院与寿宁万寿禅院分开，称"定慧禅院"，这即是定慧寺的前身。

元朝时期，定慧禅院再次被毁坏，明洪武年间（1368—1398）重修，明正统时（1436—1449），苏州郡守况钟重修了大殿，并改定慧禅院为"定慧禅寺"。清康熙年间（1662—1722），里人唐尧仁出资重修了大雄宝殿、观音殿及弥勒殿。道光元年（1821）里人胡珽再次重修。然到了咸丰时期，内忧不止，外患频仍，定慧禅寺再一次毁于战火。同治三年（1864），本修法师募资重建，民国十五年（1926）僧灵馨募资重修，定慧寺才得以遗存至今。但后经战乱，定慧寺又遭劫难，大部分建筑毁于一旦，仅

山门

存山门、天王殿和大雄宝殿，且均已残破不堪。1958年定慧寺被苏州市第七塑料厂占用为厂房。千年古刹，破败不堪，残垣断壁，不忍入目。幸而欣逢盛世，苏州市人民政府在三十七号街坊改造工程中十分重视古刹定慧寺的保护和恢复。1997年，经市政府批准为对外开放宗教活动场所，市宗教局和佛教协会研究决定将恢复定慧寺的重建工作交由西园戒幢律寺负责，并作为其下院。

二、建筑风格

定慧寺的修复工程，在普仁法师率领下，做了大量细致的工作，并投入了巨资700余万元，重建了山门殿、天王殿，修复了大雄宝殿、讲堂、禅堂、斋堂、客堂、库房、僧寮等，各殿的佛像也基本塑成，魁伟庄严。新铺的花岗石地坪宽阔平坦，新筑的竹石小景清雅别致，有着300余年寿龄的古银杏树挺拔苍劲地耸立在大殿前，与黄墙黛瓦的宏伟殿宇交相辉映，蔚为壮观。2000年元月27日，诸山长老、社会各界人士云集定慧寺，举行了隆重的殿堂落成典礼。

修葺后的定慧寺，以大雄宝殿为中心，前有天王殿，后有玉佛殿，侧面辅有回廊相通的斋堂、客堂等建筑，既突出了大殿的雄伟，又保有了各自的风格，且檐额斗角交相呼应，浑然一体，并无杂凑拼合之感，颇得园林造诣之妙。大殿面阔5间，进深5间，为木结构单檐歇山顶，基本上保留了明清建筑风格，古朴而典雅。远观之，庄严雄浑，近审之，玲珑剔透。楹额彩绘，雕兽吞龙，令人叹为观止，实为"檐角飞升蹲猛兽，横脊顶立卧吞龙"。大殿内的塑像端正庄严，令人一望而起敬，尤其是16尊彩塑罗汉，惟妙惟肖，神态各异，其工艺之精巧几能传神，此出自苏州市非物质文化遗产传人朱文茜女士之手。大殿外，两棵银杏古树，郁郁葱葱，又为大殿陡添了三分神韵，七分沧桑。殿前铺以方形条石，宽阔了然，夕阳斜照时，通院洒满柔和的金光，令人心旷神怡，有超三界之感。

寺内布局皆因地而制宜，倚势而就。若地势促狭，则或置石桌一台，石椅数樽，以供游人小憩；或布一假山盆景，以怡眼目。空间稍大，则独辟为别院，绿草石山，雅静怡然，时有游人驻足稍歇，赞叹之辞溢于言表。

原中国佛教协会会长赵朴初先生题写了天王殿和大雄宝殿前面匾额，原中国佛教协会副会长茗山法师题写了"定慧寺"的寺额，并撰联："从方便门入如来室，依大乘法度有缘人"，此外，茗山法师还为山门后面匾额题写了"不二法门"。北京著名书法家李树琪先生也为天王殿和大雄宝殿后面匾额题写了"正法久住"和"佛光普照"，山门两侧的"庄严国土，利乐有情"也是李树琪先生所书。大雄宝殿中还有两副抱柱楹联，外侧上联为"定由戒生戒出五欲六尘方入静"，下联为"慧因闻发得千经万论即生明"，"公元一九九八年夏茗山撰书"。内侧上联为"无我相无人相无众生相无寿者相"，下联为"有慈心有悲心有欢喜心有施舍心"，前后分别有题记："茗山长老撰联""柳倩题时年八十有八"。该联上联取自《金刚经》，意为远离四相心无所著的实相之理，下联则是大乘菩萨利他的四无量心。柳倩先生是我国当代享有盛誉的著名诗人、学者、书法家，曾参加过左翼作家联盟，30年代就与郭沫若等革命文人沉潜于文化艺术，以诗书浸润毕生，所以由茗山法师撰联、柳倩先生题写的这副楹联显得弥足珍贵。

三、银杏相守

定慧寺，环境幽静，自古以来名人

寺内银杏

荟萃，有着深厚的文化底蕴，大雄宝殿前两棵古老的银杏树默记着定慧寺的苍桑变迁。

深秋时节，苏城大街小巷的银杏树换上了金黄的秋装，定慧寺大雄宝殿前并肩伫立着的两棵具有300多年历史的古银杏也不例外。论年龄，定慧寺的两棵银杏绝不是苏州最古老的，一棵342年，另一棵202年，但是姿态却是美的。银杏与千年古寺风雨相守，在幽幽小巷静静伫立，蓝天、白云、黑瓦、红柱、黄叶，美得不似凡物。

定慧寺环境幽静，当你走进定慧寺，便可深深感触到姑苏历史脉搏的跳动；品味定慧寺，方可知苏州不愧是一座历史文化名城。

文丞相弄文山寺

文山寺，位于苏州市姑苏区文丞相弄30-1号。1998年11月24日，苏州市政府公布为第四批全市文物保护单位。

一、寺名由来

文山寺又名文山潮音禅寺，原为文山寺、潮音庵和云林庵合并，系南宋著名古刹。面临中市，背枕桃坞，地处苏州市中心，是姑苏区的一座比丘尼道场。

据文光奇所撰《文山潮音禅寺碑记》及其题额的"云山无恙碑"记载，原潮音庵规模宏伟，"吴中潮音庵，面临中市，背枕桃坞，左邻文山寺，后与云林庵毗连，南宋以来有名之巨刹也"。

文山寺与历史人物文天祥有关。文天祥（1236—1283），字宋瑞，号文山，庐陵人，是南宋著名的民族英雄。宋德祐元年（1275）十月，因元兵南侵，南宋皇帝急命丞相文天祥改任浙西、江西制置史兼平江知府，在苏州组织指挥抗元事宜，据说文天祥就把家属安排在潮音庵内。但文天祥在苏州只停留了40多天，又奉命移守杭州。文天祥离开3天后，苏州就被元军攻陷。虽然文天祥在苏州时间不长，但与苏州人民共同抗敌，深孚众望，结下了深厚的感情。

又据1980年版《苏州史话》载：当元军进逼南宋首都临安时，文天祥曾奉命出使元军，以期通过谈判使元军退兵，不料中了元军圈套被扣押起来。元军要他与宋朝的一些降官一起组织"祈请使"，去燕京投降。文天祥被押送北上，途经镇江时逃出。过苏州时，苏州人民闻讯莫不流涕，并有他的旧部下上船去拜见他，文天祥百感交集，写下一首诗："楼台俯舟楫，城郭满干戈。故吏归心少，遗民出涕多。鸠居无鹊在，鱼网有鸿过。使遂睢阳志，安危今若何？"因此苏州人民为了纪念这位爱国英雄，就在潮音庵附近建文山寺（文天祥号文山），门前的小巷就称作"文山寺前"（现称"文丞相弄"）。因为文天祥的缘故，所以文山寺虽建在小巷内，却有很高的知名度。

大雄宝殿

潮音庵为南宋古刹，清初居比丘尼，嘉庆年间（1796—1820）为僧寺，礼拜华严。1916年，心传法师接任潮音庵住持时，文山寺已日渐衰落，云林庵亦僧徒星散。因寺庙为前代名刹未可湮灭，心传法师兼并寺后云林庵和左邻文山寺，于1925年翻建完成，有殿宇65间。集众议称为文山潮音禅寺，后又简称"文山寺"。寺庙由比丘住持，原云林庵的比丘尼则移居附近前小园上（巷名）"法音庵"。

二、尼众丛林

1958年，文山寺改为比丘尼道场，苏城30余座尼众丛林合并于此。当时有尼师40余人于此安居修持。1966年秋，寺庙被指甲钳厂占用，文山寺佛像被毁。党的十一届三中全会后，如春雨滋润万物，随着宗教政策逐步落实，寺庙相继恢复开放，但唯独没有女众丛林，润田法师提议恢复文山寺，文山寺因此成为苏州古城里唯一的尼众道场。

1988 年 10 月，苏州指甲钳厂等 6 个单位相继搬迁，在市、区等政府有关部门的支持帮助下，文山寺古庙得以归还。于 1989 年 4 月开始重修，历时 5 年，斥资 60 余万元修缮一新，比原来扩大了 2/3。新建了韦驮殿、五观堂、尼众生活区；整修了大雄宝殿、藏经楼、云山无恙厅、西方三圣殿；佛像重新装金供奉，文山寺面貌焕然一新。1990 年，经江苏省人民政府批准同意，恢复开放文山寺为宗教活动场所，苏城内各处尼师亦渐云集，晨钟暮鼓，勤修不懈，香烟缭绕，法轮常转。1991 年四月初八，文山寺隆重举行佛像开光暨润田法师升座住持的庆典。1994 年 8 月 1 日润田往生，由监院照莲法师接管文山寺。

1999 年 11 月 15 日，照莲法师升座，继任住持一职。寺院现有比丘尼 19 人，连同居士、勤杂工共 30 余人，每到释迦牟尼佛圣诞、观音诞辰、七月地藏法会、盂兰盆会、佛欢喜日、自恣日等佛菩萨圣诞日均有法会活动。每月初一、十五，前来烧香的城乡善男信女络绎不绝。

三、寺庙建筑

文山寺，坐北朝南，占地面积 2300 平方米，建筑面积 3000 平方米。文山寺虽经历了 800 年风雨，至今还保留南宋寺庙的建筑风格。进门中轴线是韦驮殿、大殿前有香炉宝鼎，内有释迦牟尼佛、海岛观音菩萨像，后为净业堂（内有一尊 1.2 米高汉白玉观音菩萨立像），楼上是藏经楼（内藏乾隆版大藏经、元代千手观音菩萨像、1 米长白玉卧佛像）。东有文山厅、无量光塔（又名千佛铜塔）、念佛堂、云山无恙堂；西是生活区，有斋堂、五观堂、厨房、花圃、回廊、库房，楼上下设有客房宿舍，特别在花圃曲廊中建了一座"如山居"。

原中国佛教协会咨议委员会主席明学长老题写"大雄宝殿""藏经阁"的匾额，原苏州市佛教协会副会长性空、妙生法师分别题写"文山禅寺""净业堂"的匾额。

文山寺现为江苏省重点寺院。

2007 年 3 月登记为寺观教堂。

环城河畔伽蓝寺

伽蓝寺，位于苏州市姑苏区环古城风貌的娄门桥下。

一、历史沿革

伽蓝寺前身为关帝庙。关帝庙原位于娄门外永林桥堍苏家场 30 号，始建于清顺治初。顺治二年（1645），清军入关后一路南下。6 月初占领苏州，一支清军自娄门入城驻扎，由都督杨承祖统率。杨承祖字大宗，陕西宜川县人。在娄门建将军幕府镇守，三年后政局逐渐稳定，经济有了发展。

关帝庙经战火，寺庙已倒塌，唯有一尊关公圣像丝毫无损，僧人明胜十分奇怪，在瓦砾中请出神像，想要为其单独建祠。于是光头赤脚托钵四处募化，但从严冬至酷暑都没有进展。杨都督被明胜的苦行感动，在将校队伍中捐得白银 300 两。明胜以这些捐款为资金动工兴建，造成三间大殿和后一进三间附房，寺庙逐渐形成。落成的那一天，杨都督亲自光临，认为神像还应该金装，又捐白银 200 两，既为神像装金另又买田 10 亩作为庙产。不幸这座关帝庙在太平天国战争中又遭破坏。

光绪八年（1882）僧人善道和徒弟修觉募化重建，这一年苏州最后一名状元陆润庠为关帝庙题了门额。民国年间殿堂衰败，后改成钮家巷真觉庵下院，尼福安常住，后福安病，徒广兴来庙侍奉，并一面耕作于庙内园地。1949 年后，特别是 1966—1976 年间，有些比丘尼被迫转业，关帝庙几近湮没，田地亦被人占去，仅剩破屋数间。

1978 年后政府落实宗教政策，市内尼众道场首先恢复的是文山寺，聘广兴法师为该寺监院，她为文山寺的建设和恢复宗教生活是出了力的。另一方面由于她长期在关帝庙修持和生活，对关帝庙有深厚的感情，一直关心着关帝庙，不忍关帝庙毁于一旦，于 1992 年开始整修。1996 年 6 月 24 日，市佛协召开会议研究决定关帝庙归属文山寺下院。

山门

1996年9月买下娄江新村住房一套置换后院民房三间，自此，关帝庙从原百余平方米扩大至400平方米的规模。1998年低洼地改造，扩建永林新村，欲将庙拆除，经广兴等据理力争得以保留。2004年因环古城风貌工程，娄门外巨变，将庙拆除，幸政府为保存古迹，在原址以北择地重建，广兴法师以85岁病弱之躯筹款四百余万元，日夜督工，一年而成，重建后命名为"伽蓝寺"。

二、建筑风格

伽蓝寺于2004年原址向北移60米重建，三面环河，西面为莫邪路，坐北朝南，占地近2000平方米，建筑面积1500余平方米，建筑规整，殿宇井然，南北为中轴线，基本对称，从南到北有山门、大雄宝殿、西方三圣殿（藏经楼）和僧寮。

山门殿。南面为河，山门前有一广场，广场沿河边是一排花岗石栏杆。门口一对雄伟的石狮子，殿正门上方的匾额"伽蓝寺"为原中国佛教协会咨议委员会主席、江苏省和苏州市佛教协会名誉会长、灵岩山寺方丈明学大和尚所书。进入殿内正中供奉"弥勒菩萨"，背面是"韦驮菩萨"。南面的墙内镶嵌着两块原关帝庙保留下来的砖雕匾额，东面是陆润庠于光绪壬午年所书的"关帝庙"，西面是善道法师所书的"不二法门"。山门殿面积约70平方米，两侧连接东西厢房和过道。

伽蓝殿。山门后面是一个约100平方米的天井，天井的东侧是伽蓝殿，供奉着"关公"的圣像，"伽蓝殿"匾额为弘法大和尚所书，西侧为地藏殿。

大雄宝殿。过天井上7级台阶便是寺庙的主要建筑"大雄宝殿"。面阔3间，280平方米。大殿上方悬挂"大雄宝殿"匾，为原江苏省佛教协会副会长、苏州市佛教协会副会长、寒山寺方丈性空大和尚所书。大殿正中供奉释迦牟尼佛像，佛像高约6.8米，两边为"阿难""迦叶"两弟子。大殿门口抱柱对为："捨西归捷径，九界有情，上何以圆成觉道；离净土法门，十方诸佛，下不能普利群萌。"大殿内抱柱对为："华表圆因，现如来成始成终之道；严彰实果，示众生心作心是之门。"两楹联为印光法师

撰，书法家费之雄书。大殿的北面为鳌鱼观音、善财、龙女，大殿东北侧是千手观音及幽冥钟，西北一侧为地藏菩萨及大鼓。

西方三圣殿。大殿朝北有一围墙，把寺院的公共活动区与后面的佛堂和生活区分隔开来，围墙东西各有1个月洞门，进门就是天井，两侧是2层楼房，共有8个房间。过天井上4级台阶便是西方三圣殿（供奉阿弥陀佛、观音菩萨、大势至菩萨），大殿约82平方米，"西方三圣殿"匾额为江苏省佛教协会副会长、苏州市佛教协会会长、西园寺方丈普仁大和尚所书，两边是僧房。三圣殿楼上是藏经楼，匾额由中国佛教协会副秘书长、江苏省佛教协会副会长兼秘书长、苏州市佛教协会副会长、寒山寺方丈秋爽法师书写。藏经楼中门中间供奉一尊白玉卧佛。

寺院东面河边南为斋堂，北建有报恩亭，亭中为中兴开山圆寂住持广兴尼师塔。

伽蓝寺现为尼众道场。2007年7月，登记为固定场所。

伽蓝寺在绿树丛中黄墙黛瓦，庄严肃穆，是苏州环古城河的一大著名景观和亮点。

普福寺系葫芦庙

普福禅寺，位于姑苏区山塘街780号。

一、原系葫芦庙

经红学家们考证，曹雪芹的《红楼梦》里的"葫芦庙"即为普福禅寺。《红楼梦》开篇第一回有这样一段文字："这东南一隅有处曰姑苏，有城曰阊门者，最是红尘中一二等富贵风流之地。这阊门外有个十里街，街内有个仁清巷，巷内有个古庙，因地方狭窄，人皆呼作葫芦庙。"

有资料考证，原寺院沿青山浜建造，只有前后两殿，中间是一方狭长的天井，形似葫芦之形。寺门侧开，前有一座名

遗址碑

为"普福桥"的小石板桥，恰似葫芦之柄。《红楼梦》中的"仁清巷"即为青山桥浜，"葫芦庙"系普福禅寺。

重建后的普福禅寺内专门在大雄宝殿后的长廊内，恢复了"红楼"梦幻寻宝、繁华阊门、十里长街、虎丘工艺、姑苏佳人、元妃省亲、慧娘苏绣、宝钗扑蝶、海棠春睡、红楼戏班、元宵书会、贡品花露等十二幅图景，并以石雕线刻的方式布置，使"葫芦庙"更有"红楼"意韵。

二、建筑格局

普福禅寺，始建于宋咸淳年。清末因供奉相传为崇祯皇帝的朱天菩萨，俗称"朱天庙"。1958 年"大跃进"期间，全部遭到毁坏，仅剩"普福禅寺"阳文条石，石上还刻有"住持广慧募建，民国乙亥年荷月立"等小字。条石系金山石，长宽厚分别为 155 厘米、40 厘米和 20 厘米。条石被移入浜内虎丘村 6 组汤姓家的井台边。但在寺的遗址周边，香火一直很盛。

恢复重建后的普福禅寺，坐东朝西，占地面积 1100 平方米，总建筑面积 646 平方米，共五进，恢复了牌坊、山门、大雄宝殿、僧寮等建筑。

门前立有石坊，坊额"慈云普覆"，山门匾额"普福禅寺"。寺院东侧又是一条小河滨，叫青山滨，河滨上有座小石桥，名为"青山桥"。旁边立有石碑，正面刻的大字是"普福禅寺遗址"，下面有几行小字，介绍寺院历史。

在重修普福禅寺时，居住在山塘街道居民汤泉生主动提出要捐出刻有"普福禅寺"的旧石碑。2008 年 11 月 19 日上午，普福禅寺的宏觉、慈光两位法师和有关部门负责人专程来到老汤家中，将刻有"普福禅寺"四字的旧石碑移至普福禅寺内，隔了几十年，旧石碑终于又回到了"家"。

2009 年 7 月 8 日，普福禅寺举行落成开光。

重修后的普福禅寺内，还铺砌了花岗石地坪，沿河道一侧设置走廊，黄墙黛瓦连接起进香区与生活区，既满足了周边居民宗教生活的需要，又成为山塘街上一处亮丽的旅游景点。

2007 年 12 月，登记为固定处所。

苏州佛教居士林

　　苏州佛教居士林，位于苏州市姑苏区临顿路菉葭巷 31 号。

　　居士林是在家佛教徒集体修学的场所。它的宗旨是遵循佛陀遗教，继承和发扬佛教农禅并重、注重学术研究，搞好友好交往。苏州佛教居士林前身是大小各莲社，民国十九年，印光法师来苏后提倡念佛法门，信徒日众，先后成立了觉社、净心、净行、净莲、净业、普仁、香光、清心、圆修、菩提、圆觉、七襄

共 12 个莲社，社员 800 余人。

1949 年后，广大居士为提高佛学知识，渴望居士林，以利修学。1958 年各莲社合并，称苏州市佛教居士林，并召开了第一次林员代表会议，选举谢祖培、吴树人为正副理事长。林址设在临顿路菉葭巷 31 号。居士林定期举行宗教活动，并经常请法师讲经，道场庄严肃穆，颇受佛教界之赞赏，闻名江南一带，慕名参访者甚多。

1966 年秋，林舍被占，佛像被毁，林员星散。1978 年后居士林得以恢复。于 1984 年 5 月借西园寺爱道堂进行宗教活动，广大居士净心修学。同年举行第二次林员代表会议。1987 年 7 月苏州佛教居士林在原址（菉葭巷）举行恢复典礼。同年 11 月，召开了第三届林员代表会议。1994 年召开第四届林员代表会议。

苏州佛教居士林，占地面积 950 平方米，建筑总面积 1000 余平方米，有大殿、观音殿、药师殿、念佛堂、藏经楼等建筑。目前有林员 1200 余人。在居士林大门上方有"苏州佛教居士林"砖刻匾额，为原中国佛教协会会长赵朴初 1987 年手书。

2015 年，苏州佛教居士林顺利修缮翻建，虽然地方不大，但融合了苏州园林粉墙黛瓦的建筑风格，结构与做工精巧雅致。

苏州佛教居士林每天对外开放，现定期举行宗教活动，并经常请法师讲经，道场庄严肃穆，颇受佛教界之赞赏，闻名江南一带，慕名参访者甚多。

2007 年 3 月，登记为固定处所。

第二节

吴中区

灵岩山灵岩山寺

灵岩山寺，位于苏州西南十五公里木渎的灵岩山上。1982年10月12日，被列为苏州市文物保护单位，1983年国务院批准为全国汉族地区重点寺庙。灵岩山寺花园，2017年8月18日，被列入第三批《苏州园林名录》。

灵岩山地处太湖之滨，海拔182米，居高临下，湖光山色，蔚为壮观。相传以前山上多有奇石，犹如灵芝状，故名灵岩山；南列峭壁如城，又名石城山；又因山势右转似大象回顾状，故又名之象山。

一、历史沿革

灵岩山寺，始建于东晋末，由司空陆玩舍宅为寺。山寺坐北朝南，西院为吴王宫遗迹。南朝梁天监年间（503—519）重建寺院，并增建佛塔一座，名秀峰寺。天监十五年（516）智积菩萨应化此山，遂为"智积菩萨显化道场"。唐代称灵岩寺，其时奉律；北宋改禅，名秀峰禅院；南宋初赐韩世忠荐先亲，绍兴年间改名"显亲崇报禅寺"；明洪武初年，又赐额"报国永祚禅寺"。

清顺治六年（1649），三峰弟子弘储住持灵岩，扩建殿阁。明遗民黄宗羲、徐枋等常来寺密谋恢复明室，张有渔、熊开元、董说等俱从弘储为僧。弘储一度被牵连入狱，他说："使忧患得其宜，汤火亦乐园。"康熙年间重修，名崇报禅寺。雍正严禁三峰学派，敕令焚去三峰、弘储等所著书版，寺渐凋零。清道光年间，悟开在山下宝藏庵提倡念佛法门，为灵岩净宗先驱。清咸丰十年（1860）毁于兵火，塔岿然独存。僧念诚住塔中，适彭玉麟来游，得其赞助于同治年间略事修复，称崇报寺。

民国时期的灵岩山寺转入兴盛。1911年，普陀山三圣堂真达法师被请住持本山，致力兴复。时仅剩旧屋10余间，真达出资修葺。1926年开拓为十方净土道场，院事由妙真实际负责。1937年10月，印光法师移锡灵岩，皈依者甚众，仍恢复灵岩山寺旧名。印光曾为灵岩净土道场手订规约五条：住持不论是何宗派，但以深信净土、戒行精严为准，传贤不传法；常年念佛，概不讲经传戒、收徒及应酬经忏。1940年印光圆寂于此，奠定了灵岩山净土道场的特色。其时灵岩所属下院除原在山南麓者外，有尧峰庙、宝藏庵（原韩氏家庵）、放生池、逍遥庵、报国寺和海会寺（在上海，1946年接收）。除佛学苑外，还曾办施诊所、木渎施粥厂、灵岩小学等。

灵岩山寺自开创以来，高僧辈出，晋、唐间的住持已无可考，自宋以后，如宋之圆照、慈受、佛海，元之石湖，清之弘储等，均为中国佛教史上的著名高僧。至民国，印光法师卓锡灵岩，远绍庐山东林，力阐净土宗，宗风日盛，以致被尊为净宗第十三祖。

二、建筑文物

灵岩山寺以大雄殿为中心的建筑群，歇山飞檐，规模宏伟。寺的原有建筑除塔以外已不存在，其余建筑大都为清末民国以来重建或增建。寺院建筑共一万多平方米。山门前松柏参天，"灵岩山寺"的门额为已故中国佛教协会会长赵朴初所题写。进门便是天王殿，亦称弥勒阁，殿中央供奉天冠弥勒，后为持杵坐像韦驮，与其他寺院的站像韦驮有所不同。两侧排列着四大天王。再进为前院，院中有池名"砚池"，池上架有"界清桥"，据说大雨后，桥东之水清，桥西之水浊，故名。大雄殿高25米，宽20米，气势雄伟庄严，正中供奉的释迦牟尼佛像为香樟木刻，迦叶、阿难两弟子侍立两旁，背后为海岛观音，东西两壁排列十六尊者。大殿后壁供奉文殊、普贤二菩萨。

大雄殿后是念佛堂，1932年建造，是僧人念佛修持的场所。正门悬挂着印光法师手书"净土道场"四字。堂内供奉弥陀、观音、势至西方三圣像，四围是僧人打坐念佛的禅凳。楼上是藏经阁，珍藏着清刻《龙藏》7000多册，影印宋碛砂、频伽等藏经和历代佛教文物，共有佛经4.7万多册。还有1933年本寺常明、丰廉两位法师用刺舌鲜血写成的《华严经》。

灵岩山寺东院为塔院，有灵岩塔，

原名"多宝佛塔"。高34米，塔为八角七层，砖身木檐楼阁式。始建于梁天监二年（503），历代屡遭火灾毁圮。其中南宋绍兴十七年（1147）曾将该塔重建，明朝天启年间（1621—1627）遭雷火毁其所有木构部分，成了一座砖壁套筒，从此人们即称塔为"空心塔"。原底层绕有外廊，塔身四面开壶门，其他四面设佛龛，佛像已多数失落。门位上下各层相闪，壁面设柱枋、斗拱，绕有腰檐架平座。塔内原为八边形，内室经后期改为圆形，昂首可直观塔顶。1977年对塔进行了一次大修，并将民国时筹划修塔而备用的石佛，填补进各空缺的佛龛内。在塔内四层壁体内发现八面藏有函的暗室，其内物件已腐朽难认。在清乾隆十五年（1750）修塔记载中，曾提及将明万历时所藏之函按原样藏于四层暗室内，还记载重建年代，由此证实该塔确为南宋所建。1989年9月，灵岩山寺筹集了80多万元资金，对多宝佛塔进行了全面修复，并参照宋代营造法则，恢复了塔刹、塔基、平台和塔檐，于1990年竣工。重修后的宝塔恢复了宋塔原貌，使灵岩山寺更为壮观。拾级登临，可眺望太湖风光，观赏苏州风貌。

寺院钟楼建于1919年，高15.13米，楼上悬挂着清康熙六年（1667）铸造的大铜钟。"灵岩晚钟"被列为苏州十景之一。楼下为千佛殿。宝塔与钟楼之间是1984年新建的智积殿。智积是西域梵僧，南朝时来灵岩山弘传佛教，被尊为开山祖师，梁武帝赐额"智积菩萨显化道场"。智积殿正中供奉智积菩萨画像。寺内有大小碑刻147块，系宋、元、明、清时所刻。其中唐寅书《落花诗》，可谓灵岩山寺"镇寺之宝"。

三、中国佛学院灵岩山分院

灵岩山有佛学院，自著名方丈妙真于1944年创办寺西有佛学研究社起，1948年扩充为净宗佛学苑，以天台、净、律三宗为主课，以法相宗及国语、历史为辅课，以念佛为修持根本，先后学僧百余人。净宗佛学苑接续了宁波观宗讲寺的传统，当时担任教学工作的法师大多毕业于宁波观宗讲寺。1959年后停办。

1980年秋，原中国佛教协会会长赵朴初到苏州灵岩山寺视察工作，提议开办中国佛学院灵岩山分院。赵朴老当年题写的"中国佛学院灵岩山分院"院牌，至今仍挂在灵岩山佛学院门口。1980年12月10日，在获得国家宗教事务局和中国佛教协会的批准后，中国佛学院灵岩山分院正式挂牌并开学，面向全国招生，原设2年制专科班，首届共招收43名新生。2019年8月16日，中国佛学院灵岩山分院举行第19届学僧毕业暨20届学僧开学典礼。学院开设佛学、古汉语、史地、书法、外语、时事等课程，还举办佛教文化、佛经语言、书法美学等专题讲座。

学院"丛林化"，学修一体化，是灵岩山佛学院最显著的特点之一。在这里，寺、"院"一家，学僧们日常起居、功课都必须遵守寺院的丛林规制。灵岩古道场唐时为律宗道场，宋元时改为禅宗，近现代复辟为十方净宗道场。灵岩山寺包括佛学院师生，传承印光净土宗风，学风严正，道风纯朴，勤修"三学"，恪遵"六和"，"专一念佛，除打佛七、随课念普佛外，概不应酬经忏佛事"。中国佛学院灵岩山分院的开办，对弘扬、继承灵岩山寺作为中国著名净土宗道场起了积极作用。开办30多年来，设专科、本科和研究生学制，从第1届至第19届共有毕业僧千余名，为我国佛教事业的发展做出了积极贡献。

四、名胜古迹

灵岩山，本是春秋时代吴王夫差馆娃宫的旧址。据《吴越春秋》和《越绝书》记载，越国美女西施来吴国后，深得吴王夫差宠爱，夫差在风景秀丽的灵岩山，为西施修建了富丽堂皇的"馆娃宫"。相传现灵岩山寺即馆娃宫遗址。灵岩山顶花园，原是吴宫中的御花园。现今尚存吴王遗迹和古迹有吴王井、梳妆台、玩花池、玩月池、琴台、西施洞、智积井、长寿亭、方亭等。清圣祖康熙和清高宗乾隆二帝南巡时，在山顶筑有行宫，清咸丰十年（1860）焚于兵火。

山顶花园内玩花池，相传西施于此泛舟采莲。池西有石城，即山巅围墙，相传为吴王阖闾所筑，以石砌成冰纹形。玩月池曾供西施玩月。吴王井呈圆形，也为吴宫遗井，曾供西施照容。智积井八角形，井中泉水甘洌，煮茗甚佳。井北砌有假山，上有"长寿亭"，传为西施梳妆之所。灵岩山的最高处位于灵岩寺之西的琴台，相传西施抚琴于此。灵岩山南有一条溪水，通向太湖，是专为西施去香山采种香草之用，故名"采香泾"；传说乃依吴王一箭所射的方向而开凿，又名"一箭河"。

历代名人中均有登灵岩山者，如南朝梁简文帝，唐朝大诗人韦应物、白居易、刘禹、李商隐等，宋范仲淹，明朝文徵明、唐寅、高启等，清之康熙、乾隆二帝，历史学家毕沅以及现代田汉、邓拓等，他们都有诗文流传于世。如梁简文帝《登琴台诗》："芜阶践昔径，复想鸣琴游。音容万春罢，高名千载留。弱枝生古树，旧石染新流。由来迭相欢，逝川终不收。"唐白居易《游灵岩寺诗》："高高白月上青林，客去僧归独夜深。荤血屏除能对酒，歌钟放散只留琴。更无俗物当人眼，但有泉声洗我心。最爱晓亭东望好，太湖烟水绿沉沉。"宋释圆照《灵岩山居颂》："潇洒灵峰上，尘虚夏亦寒。松梦敷翠岭，殿塔耸云端。灵洞门高下，山房路屈盘。其中实幽隐，何必画图看。"明文徵明《灵岩绝顶望太湖诗》："灵岩山正当脊口，落日西南望太湖。双岛如螺浮欲吐，片帆和鸟去俱无。闲论往事何能说，不见高人试一呼。慎勿近前波浪恐，大都奇绝在模糊。"

灵岩山向有"灵岩秀绝冠江南"和"灵岩奇绝胜天台"的美誉。灵岩山旧有"十八奇石"之说：灵芝石、石马、石鼓、石龟、披云台、醉僧石、望月台、牛眠石、槎头石、佛日岩、献花岩、袈裟石、猫儿石、升罗石……至今仍能历数种种。沿登山御道拾级而上，首先映入眼帘的是"继庐亭"，取灵岩山一代名僧印光的别号继庐而命名。亭柱上有联："大路一条到此齐心向上，好山四面归来另眼相看"。再上为"迎笑亭"，相传始建于宋代，东坡居士曾在此笑迎释友。顺道盘折再上，约200步有"落红亭"，灵岩有"象山"之称，旧有"象王回顾落花红"之句，故名。

亭东乃印光塔院，供奉印光法师舍利，陈列印光遗著遗物及照片。亭西为观音洞，2018年重修，并在洞前上方建有5间房屋。落红亭左折而上约300余步，人称"百步阶"，为乾隆帝登灵岩时所筑御道的一段，山势陡峻。道旁有一方形砖砌之塔，为梁代灵岩山开山祖师智积菩萨衣钵塔。塔南有一巨石，形似乌龟，昂首面向太湖，故有"乌龟望太湖"之说。石背镌有"望佛来"3字，石上有脚印，人称"西施迹"，据说西施常站在此石上眺望故乡。

灵岩山西南麓有韩世忠之墓，南宋抗金名将韩世忠和夫人梁红玉合葬于此。岳飞被害后，韩世忠斥秦桧："'莫须有'三字，何以服天下？"因此被革去兵权。南宋绍兴二十一年（1151），韩世忠逝世于杭州寓所，时年63岁。10多年后，宋孝宗追封韩为蕲王，划灵岩山为赐山，亲自为他书墓碑，撰写碑文，长达13000余言，世所罕见。此碑至今尚巍然矗立，为碑刻中的巨制珍品。

原中国佛教协会咨议委员会主席、江苏省和苏州市佛教协会名誉会长、灵岩山寺住持明学长老于2016年12月2日圆寂。2017年6月10日，灵岩山寺举行了宏度法师晋院仪式。

山塘街上明月寺

明月寺，位于苏州市吴中区木渎古镇山塘街。

一、木渎山塘街

苏州山塘街是唐代诗人白居易任苏州刺史时为方便城区与虎丘之间的交通而筑。木渎山塘街的形成比苏州山塘街要早得多得多了。其历史可上溯到 2500 年前的春秋时期。春秋末年，吴王夫差为取悦西施，在灵岩山顶建造馆娃宫，又在紫石山增筑姑苏台。各地源源而来的木材堵塞了山下的河流港渎，史称"三年聚材，五年乃成"，以致"积木塞渎"。古镇木渎由此得名。三国时，木渎已是三吴重镇。东晋时司空陆玩为陆逊后裔，曾建宅于灵岩山馆娃宫旧址，后舍宅为寺，木渎成为佛教胜地。

木渎山塘街与苏州山塘街在格局上极为相似。整条街都是街河并行、小桥流水、绿荫绵延、深宅大院、街巷幽深、古迹处处。街的一头枕着幽奇古朴的山墅，另一头连着繁华热闹的商市。木渎山塘街，全长 806 米，原本为乾隆御道。乾隆下江南，经运河，转胥江，折入香溪，在御码头登岸，在虹饮山房游园、看戏、品茶、吟诗，直到夜色降临，沿山塘御道前往灵岩山行宫。

二、明月寺由来

在山塘街的中段，有座明月寺，始建于后唐清泰二年（935），僧明智所创，明洪武初年（1368）归并普贤寺，后荒废。隆庆年间（1567—1572），里人陈伯言、徐栋等募资修葺，殿宇更新，僧人复归。清光绪十二年（1886），道庚主持重建。扩建后的明月寺曲廊幽深，花枝繁茂，颇具园林胜概，吸引了不少文人墨客。附近原有一大片梨树林，每逢初春，"千树万树梨花开"，成为古镇木渎一景。清李果有"梨花明月寺，芳草牧牛庵"之句，传诵一时。清代诗论家叶燮晚年游明月寺曾作诗一首："杖底秋容倦眼收，招寻逸仙胜豪游。地偏我惯闲寻寺，病后人扶怯上楼。衰抑露寒初泣月，古塘蛩老竟吟秋。五湖旧事茫茫里，若固知音共泛舟。"此诗说尽了明月寺的僻静冷寂和诗人内心的隐逸之情。如今，岁月的烟尘早已将镇上其他寺庵庙观封存于古镇的记忆深处，唯有这座明月古寺，穿越了一千多年的历史烟云，依然青烟缭绕，香火不绝。

中华人民共和国成立初期，明月寺保存尚好。1958年"献庙还俗"后，寺庙关闭，僧人还俗。1966—1976年间，寺庙大部被毁，仅伽蓝殿及僧寮数间。1992年，由愿满法师主持修复建有殿房20间，有大小佛像10余尊，当时寺院占地1亩左右。1998年，自筹资金800余万元，再次重建扩建，历时近4年，先后在中轴线上建有山门殿、天王殿、大雄宝殿、藏经楼，两侧建偏殿及附房，有弥勒殿、伽蓝殿、念佛堂、斋堂、僧寮等20余间。2004年10月，明月寺举行殿堂落成、佛像开光暨贯澈长老方丈升座庆典。2016年，进一步完善寺院布局，建有钟鼓楼等。2007年3月，登记为佛教固定处所。

三、建筑风格

重新扩建后的明月寺，至2017年，寺院占地面积8000平方米。建筑面积4200平方米。明月寺内建筑颇具特色，各座殿宇建筑均采用重檐歇山式，戗角上翘，使人有飘然欲仙的感觉。建筑基础也随地势南低北高，渐渐上升，显示出佛教追求超脱的深邃含义。

寺前香溪北为照墙，中间书有"佛"字，从西到东书"南无阿弥陀佛"六个字。山门殿面阔3间，80平方米；西侧为财神殿，20平方米；东侧为玉佛殿，20平方米。山门殿上方悬挂吴中区佛教协会名誉会长贯澈长老书写"古明月寺"匾，山门两边的联由中国楹联学会会员、苏州市楹联研究会副会长陆文贤撰，贯澈长老书"千年明智，贯通天地法；一日道根，澈悟古今禅"。其中"明智"，懂事理，有远见，想得周到。"道根"，大道的根本。此指道行、道联的根基。联语中用纵横法语暗嵌开山祖师"明智"、重兴祖师"道根"、原任方丈"贯澈"三位名僧法名。

出山门殿，左右两侧建有钟鼓楼，在鼓楼南有一口明月寺古井。天王殿（2016年新建），殿面阔5间，220平方米，进入天王殿，大肚弥勒一团和气，端坐正中。四大天王分列两旁，一个个横眉竖目，威武猛厉。出天王殿，东西两侧分别为药师殿、弥陀殿，殿高二层，各为160平方米。

大雄宝殿是明月寺建筑群的中心，殿前露台前供奉一尊高5.8米的观音菩萨立像。过观音像上 8 级台阶为露台，380 平方米，正中有一座 3.8 米高的宝鼎。大雄宝殿面阔 5 间，420 平方米。殿高二层，翘角飞檐，庄严肃穆，富丽堂皇。大殿正中供奉释迦如来，两侧分别是阿弥陀佛和药师佛，合称"三世佛"。大佛背面供奉观音菩萨，脚踏莲花，手持净瓶杨柳枝，神态矜持娴静。大殿两侧是十八罗汉，神态各异，栩栩如生。大雄宝殿内柱联："佛应西乾，度众生以悟证菩提，故感天龙常拥护；法流东土，开文化而震发聋瞆，致令贤智尽归宗。"由印光法师撰、贯澈法师书。"西乾"，西天。我国佛教徒称佛祖所在之处。亦指古天竺。"菩提"，梵语。意译正觉。即明辨善恶，觉悟真理之意。"东土"，古代泛指今陕西以东地区。也用以代指中国。"聋瞆"，喻愚昧无知。

出大雄宝殿为藏经楼，三层，面阔 5 间，1500 平方米。大雄宝殿东为僧众生活区，建有一幢二层，面阔 8 间，800 平方米。

在明月寺大雄宝殿东面围墙建有佛像碑廊"正法行碑"，由吴中区佛教协会名誉会长、西山观音寺住持贯澈长老题写，碑中选录了数十位高僧大德的诗文，从而使明月寺的文化底蕴得到提升。

明月寺是古镇木渎旅游之一景。其东邻木渎镇旅游名胜榜眼府第、古松园等，西靠严家花园、明清商业一条街，是一处旅游、学佛的人间净土。

赤山坞中天平寺

天平寺位于木渎镇天平村照山嘴赤山坞。

据《木渎小志》记载："赤山在灵岩北有坞，明诗人杨基家在其下，东即上沙村。"

天平寺坐西朝东，背靠山，寺北是木渎两山一镇（灵岩山、天平山、木渎镇）环山路，环境幽雅。新建的天平寺就坐

牌坊

落在天平山和灵岩山之间。寺院于2007年奠基，现有建筑天王殿、观音殿、地藏殿，地藏殿楼上为念佛堂（2010年建成）。占地面积4620平方米，建筑面积2400平方米。2008年3月，登记为固定处所。2009年10月25日举行落成暨佛像开光典礼。

从灵天路天平茶场公交站台向西，有一座宏伟石牌坊，刻有"天平寺"额，另有"佛教圣地""净土道场"。楹联："佛道幽深直入圆通妙境；法门广大全彰寂照天平。"明学法师题撰。坊背："弘扬佛法""庄严国土""利乐有情"。

过牌坊，不远处就可看到天平寺山门"天王殿"。天王殿面阔3间，80平方米。殿正中供奉弥勒菩萨，佛龛背面为韦陀菩萨，殿两侧为四大天王。大殿柱联："大地能容包含色相；开口便笑指示迷途。"内中"色相"两字，据僧释疑，此意为"万象"，其意容得天下。

天王殿南北两侧建有钟鼓楼。出天王殿，左手建有一幢二层楼，面阔5间，200平方米，上层为念佛堂，下层为地藏殿，殿前楹联："四生十类沐慈恩；六道三途闻妙谛。"右手建有一幢二层楼，面阔3间，120平方米。一层为观音殿，殿前楹联："即空即色现吴人身而说法；大慈大悲指恒河沙以为期。"天王殿与大雄宝殿之间为开阔院落，居中有一座宝鼎。

大雄宝殿面阔5间，300平方米。殿正中供奉三世佛，正中为释迦牟尼佛；左边是东方净琉世界的药师琉璃光佛，结跏趺坐，左手持钵，表示甘露，右手持药丸；右边是西方极乐世界的阿弥陀佛，结跏趺坐，双手叠置足上，掌中有一莲台，表示接引众生的意思。释迦牟尼佛身旁侍立迦叶、阿难两尊者。大殿两侧供奉十六罗汉，大殿后面为文殊菩萨驾狮子侍在释尊的左侧，普贤菩萨乘白象侍在释尊的右侧，佛祖背后为海岛观世音菩萨，善财童子、龙女侍立两侧。大雄宝殿亦书有两副柱联，其一为："五百年前我辈是同堂罗汉；三千界里问谁能安座须弥。"意境深刻，百思渐悟。另一联为："九品莲花狮吼象鸣登法座；三尊金相龙吟虎啸出天平。"气势澎湃，振聋发聩。无名氏《天平寺》诗曰："金色三千界，瑶台十二重，楼阁半天中，西子送吴王去，残花逐落日红，若当日在玄宗，游什么姮娥月宫。"

大雄宝殿左侧建有一幢三层居士楼，面阔9间，540平方米。位于山崖边的藏经楼于2016年9月奠基（尚未动工）。在藏经楼的左侧建有一塔，右侧有三个偏殿：观青殿、下沙殿、下旺殿。

穹窿福地宁邦寺

宁邦寺，位于苏州西部的穹窿山上。1986 年 3 月 25 日，被吴县人民政府列为第二批文物保护单位，现升格为苏州市文物保护单位。

穹窿山为苏州第一名山，主峰"箬帽峰"，海拔 341.7 米，为太湖东岸群山之冠，因而又有"吴中之巅"的美誉、吴中第一福地之说。

一、历史沿革

据史料记载，宁邦寺始建于梁代，在唐以前称为"海云禅寺"，宋代，抗金名将韩世忠部下在此剃发隐居参禅，赐额"宁邦禅院"。这"宁邦"二字，也就是安宁之邦，希望国家可以和平安宁。宁邦寺虽然隐藏在深深的宁邦坞内，但仍然经历了曲折坎坷的千年变迁。据《吴县志》记载，宁邦寺元末被毁圮，到明代永乐年间始得复建，万历年间重修。明末，宁邦寺又趋衰落。到近代，人们又陆续对宁邦寺做了一些修缮。1966—

大雄宝殿

1976 年间寺院僧众被逐，佛像被毁，法器也荡然无存，只存几间破房。2008 年，经苏州市宗教部门批准同意，恢复开放宁邦寺为宗教活动固定处所。

为了保护这一历史遗存、打造千年古刹宁邦寺的知名度，吴中区政府及有关部门对宁邦寺进行了全面规划，历时一年多的修复扩建，使这座昔日的深山古庙，俨然转身为一座名山雄刹，成了穹窿山景区旅游又一新亮点。

二、古刹雄姿

宁邦寺四周层峦叠嶂，树木葱茏。站在寺前，处身于现实与超世的交接点上，既是人间的，又是朝向圣境的。宁邦寺坐南朝北，中轴线上有山门殿（天王殿）、大雄宝殿、钟鼓楼。从山门殿到山顶海云精舍，整个庙宇最大落差达百余米，这在苏州是绝无仅有的，在国内也是比较少见的。特别是从地面的天王殿到山顶的钟楼，共有台阶500多级，十分雄伟险峻。

山门殿（天王殿）门楣上有"宁邦寺"三字，山门殿内部全部采用纯木结构，最大一根木料直径达60厘米，柱子直径超过40厘米。殿内正中供奉一尊金佛大肚弥勒佛，两侧为四大天王。出山门殿，两侧有卧佛殿、蕲王殿。在卧佛殿内，有一尊卧佛和一尊千手观音，每尊都是信徒无偿捐建。信徒捐巨金200万元如此打造菩萨金身，可见宁邦寺的庄严和神秘。

从卧佛殿南上125级台阶，这里就是海云禅洞，洞建筑面积达400多平方米，内供卧佛一尊，供善男信女朝拜。洞前为一池。殿两侧建有地藏殿、观音殿。

从海云禅洞边登上80级台阶，便来到了大雄宝殿露台。"大雄宝殿"四字匾额是由原中国佛教协会会长赵朴初所题。大殿面阔5间，建筑面积达450平方米，重檐歇山顶，青瓦翘角。殿内正中供奉的是释迦牟尼佛，左尊为药师琉璃光佛，右尊为阿弥陀佛，两边供奉十六罗汉像。仰望这里的佛像，既让人由此得以宣泄攀升的激情，也从中获得宗教与信仰的激励。

出大雄宝殿，再登上327级台阶，便是二茅峰顶，新建有海云精舍（钟鼓楼）。山高声远，自古至今梵钟能给人带来无穷的遐想和美的享受，大凡喜庆盛典、新春佳节，钟声象征着和平、吉祥、如意。在海云精舍钟楼，信徒无偿捐建了重达万斤的梵钟，寓意"敲万斤钟，祈万年福"之意。能在苏州最高的山峰，敲敲梵钟，驱除烦恼，祈福国泰民安，的确是一种美的享受。人置身此地，既有对宁邦寺的崇拜，也有处身佛教胜地的虔诚与宁静，更有一种从下往上逐渐飞腾的灵魂升华。于是，物象、境域、行为与心灵在此交融重叠，成就一段朝圣之旅，一段心境的锻炼之旅。因而，宁邦寺的整个布局，实际上乃是一个信仰与宗教的接引布局，是一个激发宗教体验的结构，随着朝圣者的一步一步攀升，伴随着沿途景物与佛像，在蓝天的接引下，在缭绕的青烟里，在古寺梵钟的韵律中，完成一次灵魂的升华，所谓"足蹑洞天，身游福地"正是其写照。

三、名人与寺

宁邦寺在穹窿山诸多寺观中，因它独与宋代抗金名将韩世忠有关而享誉四方。据传，北宋末年，国势倾颓，金兵入侵时，韩世忠在河北力抗金兵。宋高宗南渡后，金兵长驱直入，建炎四年（1130），韩世忠率800人马至镇江，在金山江面，迫近并10万，又转战南京黄天荡，再挫金军。绍兴十年（1134），在大仪（今江苏扬州西北），又率军大破金与伪齐的联军，功勋卓著，与岳飞同为抗金名将。韩世忠戎马一生，与苏州却有因缘。在岳飞被害后归隐吴中，他的部下剃度出家，隐居于宁邦寺内。韩世忠常去宁邦寺看望老部下，纵论天下，谈到伤心处泪如雨下。

今宁邦寺山门前榉树旁有一块巨石，名为千年石，又叫"拴马石"，是当年韩世忠上山时用来拴马之石。在宁邦寺前有一石狮，也已历经千年风雨。它与一般狮子有所不同，民间传说中，它的特点是贪得无厌，旧时多以此警戒官兵切

勿贪婪。据说这石狮子是当年韩世忠军中竖立旗杆的基座，后被移至寺前，转眼已过千年。寺内原来还有一棵五色山茶花，为韩世忠手植，惜乎在1966—1976年间凋零。

另外，明末清初著名书画家徐枋曾隐居于此，民国时爱国老人李根源、于右任、章太炎等都在此流连。可以说宁邦寺的历史记载的都是一代代杰出的爱国人士衷心报国的忠义之事。

四、古迹景观

宁邦寺的历史文化内涵深厚，寺内历经千年的文物随处可见，俯拾即是。出山门殿左侧竖有一块《宁邦寺重修记》碑，文震孟撰书，赵宧光篆额。另外，惹人注目而又保存得最为完美的明末清初徐枋题刻的"山辉川媚"条石，现嵌在寺前的露台上，与韩世忠拴马石隔路相对。

2010年9月25日，宁邦寺在一个乱石堆里意外发现一块砖雕。砖雕为释迦牟尼浮雕，砖雕高宽各半米多点，厚约十厘米。方砖中央雕刻着释迦牟尼，下为吉祥草金刚座，上为菩提树。虽然佛像面部有些残损，但整体品相比较完整，看上去显得古朴又不失精美。浮雕上的释迦牟尼形体枯瘦，为典型的藏传佛教中释迦牟尼的形象；身形瘦削，肩

宽腰细，特别是衣纹，是典型的印度萨尔那佛像造型样式。苏州碑刻博物馆的专家顾德明看了这方雕刻后，断定这是北宋时期的旧物。此次意外出土北宋佛雕，将宁邦寺有证可考的历史至少推前了100年。

在寺前有两棵古银杏，分处寺门左右，仿佛是宁邦寺守护神。右面一棵，已有千年树龄，而左边一棵也有600多年了。

宁邦寺山门下山谷，称宁邦坞。沿寺前山道蜿蜒而行约60米处，山麓下有承接"百丈泉"的一泓碧潭，此处可见山泉直线而下，每当雨日，飞珠溅玉，或而瀑布天降，蔚为大观。百丈泉是穹窿山古名泉，据传宋代高僧佛慧禅师（善权迪）卓锡"海云禅院"（即宁邦寺）时，因有感于寺庙内僧多而水少，就将锡杖插于山半百丈崖上，有泉水涌出，又将山泉引至庙内香积厨，以为生活用水。学士邵庵虞，为之赋诗，有"道人定起

日停午，百丈崖前泻玉琴"之句，故名。百丈泉潭边有石亭名"问泉"，精巧雅致，最宜休憩。亭柱联为柯继承撰，透露了几分禅机：

百丈泉，泉百丈，韵也，声也；
宁邦寺，寺宁邦，是耶？非耶？

为了让游客能品尝此水，体会山中野趣，宁邦寺特修建了一个茶室，以用穹窿山泉泡穹窿山茶。游客在赏古探幽后身临品茗，确为人生一大享受。正如诗中所言："相如聊解渴，坐听野鸟啼风，悟得几分仙气；谢朓喜凝眸，漫见山花起舞，恍听一点禅心。"

宁邦寺内还新建了香客房、讲经方亭等建筑。这些房屋有的依山而建，有的沿路而筑。每幢建筑之间都有回廊连接，因此宁邦寺不仅气势雄伟，而且曲径通幽，别有景象。

寒山岭上法螺寺

法螺寺，位于苏州市吴中区的寒山上。寒山摩崖石刻，1986年3月25日，被列入吴县文物保护单位，现升格为苏州市文物保护单位。法螺寺所处的寒山别业遗址，2016年5月26日，被列入第二批《苏州园林名录》。

一、佛教胜地寒山

在苏州城西有条天然的屏障，一座座青山紧相连。除了灵岩山、天平山外，还有花山、天池山、贺九岭、鹿山、支硎山（观音山）、寒山等探幽寻胜的好去处。其中的寒山是天平山北麓与支硎山南麓之间山坞中的一座小山，海拔99米。

寒山原本荒芜，据崇祯《吴县志》云："寒山，即支硎右一支。此山先未有名，万历中士人赵宧光为父卜葬，遂隐居于此。宧光胸中富有丘壑，其力亦能副之。凿石为涧，饮泉为池，疏松深竹，可以忘世。王志坚云：'昔宋真宗命人

图写魏野山居，若此例果行，当首及此山。'"《木渎小志》云："寒山，在天平西北章山西，石壁峭立。明赵宧光庐墓隐此，筑寒山别业，因名。山中有千尺雪最胜。（凿山引泉，缘石壁而下，飞瀑如雪。）后改化城庵。清高宗赐名听雪阁及法螺、空空诸庵，皆宧光三径也，（法螺从修篁中百折而上，势如旋螺，故名。）今亦废。由此循御道西行过龙池，通华山。"明人胡胤礼《寒山记》称："山不知何名，字以寒，而碑之志之，自凡夫始。"凡夫是晚明高士赵宧光的字，万历二十二年（1594），赵宧光买下此山，筑茔葬父，题了山名。他利用峰石山野的自然景观，自辟岩壑，叠石造园，凿山疏泉，构屋筑室，修建佛寺，将一座无名荒山打造成了一处山地园林、佛教文化胜地。

现存《寒山别墅全景图》显示，赵宧光当年在寒山建的寺庵有报恩寺、法螺庵、空空庵。法螺庵后改为法螺寺。

二、明清时期法螺寺

1. 为何取名"法螺寺"

法螺寺建于明代,原为庵。《闻见阐幽录》云:"法螺寺在寒山之后,曲径幽邃,愈转愈深,其中流泉绕阶,终日淙淙有声,每至大雨后,瀑布飞行铿锵作金石鸣,支硎之第一幽绝处也。"明代赵宧光《寒山志》:附三寒山胜迹法螺寺,在寒山。旧为庵,山径盘纡,从修篁中百折而上,势如旋螺,故名。径旁涧水潆洄,石梁跨之,名津梁渡。寺中精舍数椽,四山拱翠。庭前树石,皆潇洒有致,位置天成。明天启间,凡夫筑圹于天平山之北,买地二百余亩,建寺于法螺,延僧居以守坟茔。《百城烟水》云:"法螺庵,度岭沿涧,径绝幽秀,曲如旋螺,故名。内有二楞堂。康熙间,僧德坚建大悲殿。"

据清代赵耀《寒山留绪》载:"法螺寺,在寒山,旧为庵,山径盘纡,从修篁中百折而上,势如旋螺,故名。径旁涧水潆洄,石梁跨之,名津梁渡。寺中精舍数椽,四山拱翠。庭前树石,皆潇洒有致,位置天成。明天启间,凡夫公筑圹于天平山之北,买地二百余亩,建寺于法螺,延僧居住以守坟茔。"

至清代康熙年间(1662—1723),有高僧释德深住持,大兴土木,建大悲殿等,在当时颇具影响。清代皇帝乾隆六下江南,六住皇宫岭,六临法螺寺祈福。咸丰十年(1860)毁,光绪八年(1884)僧悟乘重修,屋仅三楹。1926年春,民国元老李根源在《吴郡西山访古记》中载:"下岭入寒山御道,经陆氏坊、毛氏坊、张氏坊、燕子坟,抵法螺寺,凡夫故宅也。旁为行宫遗址。此寺山径盘纡,僻静少游人,无寺产,寺僧无食,下山募化,数日一归。佛龛上供一和尚真身,土人以乾菩萨称之,法名为何,示寂何年,无人可问,憾事也。"

2. 名人诗赞法螺寺

法螺寺在明清时代具有一定的影响,乾隆皇帝竟然六临法螺寺,这在苏州寺庙中是少有的,乾隆还屡屡御出楹联:"一径盘云瞻宝髻;万山飞翠拱螺峰。"据潘贞邦《支硎山小志》载,乾隆十六年,第一次南巡来到寒山法螺寺,作诗《法螺曲径》曰:"支公开山名报恩,二楞伽岩堂尚存。偶寻曲径至初地,随步回转相循环。往往诡石嵌绝壁,风吹欲落惊无根。历危即安契静悟,了不可得难名言。吹大法螺建法幢,觉大千世惟世尊。名山得名此探源,岂谓曲肖螺纹旋。"又作《法螺寺》诗曰:"取胜多因僻,入山不厌深。岩花标法喜,埤竹空禅心。云态任舒卷,泉声自酌斟。华峰窗户里,曾倚笠亭吟。"得天子之气,从此法螺寺香火极为鼎盛。

乾隆二十七年第三次南巡来到法螺

寺,《游法螺寺》诗曰："千尺雪上心已洗,法螺寺中随法喜。肩舆旋转人菁葱,万里之闲论尺。我闻吹螺演三乘,又云佛顶螺髻青。色灭声求尽邪道,如见如来能不能。"又作《法螺寺》诗曰:"甫别高义园,言瞻法螺寺。山路不十里,遂造精微地。何以识精微,水月山复翠。梵宇据深窈,朴鲜庄严事。风幡标法音,云峰矗螺髻。左厢试展步,微嫌饰点缀。徒增净域景,未识如来意。"乾隆四十九年第六次南巡到法螺寺,作《法螺寺》诗曰:"法螺致幽闃,径路亦口口。其傍精舍添,乃自宏谋造。"

乾隆来了,文化精英来了,纷纷诗赞法螺寺。清代进士吴泰来《晚从法螺径待月夜归作》诗曰:"凉风歇鸣蜩,烟霭山欲暮。冥色随孤筇,沿溪信微步。不知西风阴,竹月已流素。青林沉几重,暗泉自奔赴。经声隔翠微,僧房杳何处?归来坐盘石,葛衣洒清露。夜深梦径寒,时见流萤度。"清代文学家洪亮吉《法螺寺》诗曰:"山势既百转,廊形亦千回。人行螺旋中,首俯不敢抬。绝壁下陡风,鹰隼扑面来。半时行空虚,足底扉牖开。浓香带游踪,山腰逗黄梅。颇讶衣袂斑,时时缀青苔。僧雏煮山茶,邀我坐石台。"清代进士范来宗《法螺》诗曰:"登陟凭筇杖,回旋似结螺。修廊缘涧转,岚气染衣多。别自开丹峰,天然引缘萝。愿言频此过,安乐有行窝。"清代进士陆伯

焜《晚憩法螺》诗曰:"侵晨越华跗,毕景向云阙。林壑非预期,秀色纷揽结。丹梯历由旬,碧径知几折。金地围微澜,瑶坛翳深樾。稍闻烟外钟,已露松间月。岚阴夕复佳,定香晚初歇。泠泠千花铃,流向人寥穴。晏坐生道心,习静味禅悦。一鼓风中琴,微云自超忽。"

3.法螺庵听泉记

由于法螺寺所处的地理位置,泉声四发,其声、其境,令人陶醉。清代汪缙《法螺庵听泉记》:"予与念亭从千尺雪归中峰,经法螺庵,径口有僧,席地锄草,见予两人,因招至庵中。先至佛殿侧,为庵主习静处。有屋两间,其中隙地止尺许,然上有一线天,下有一线泉,天光泉声,两相会也。已而庵主导予至佛殿后,则天光四照,泉声四发。地多石坡,泉之所至无梗者,一往奔快而已。坡高下相因,泉亦从之,至高下分流处,有诡状焉,斯亦山泉之佳者矣。予予童年一至庵中,于是闻见未启,无从观山水之窍也。读书中峰时再至,稍识其趣,辄举柳子厚奥如旷如语相品目,今则一望旷如矣。墙外山色多苍荒,墙内楼阁极峻,有切云势,阁前高悟数本出其上,于夕阳欲下时,景益奇。游其间者,倚山则不见山也,然而泉之全势面焉;倚泉则不泉也,然而山之全势面焉。耸身于杳冥之处,山泉之全势毕面矣。予与念亭初出中峰,至千尺雪,喜谈山水间

名理，至此意益远，言益希。遂归宿中峰山房。念亭曰：吾见老于山水者，辄询其所得，仅形势而已。先生终岁闭户，偶经山水间，辄能尽其理趣若此？吾不能测先生之所至矣。予殊愧其言，亦喜赏音之有在也，故系其言于记之末。"

三、今日法螺寺

法螺寺原址在山坞内，20世纪50年代末至60年代全部拆除，仅存遗迹。1990年民间香客移址重建法螺寺在寒山岭。法螺寺的地理位置比较特别，原在吴县市枫桥镇辖区内，1992年批准设立苏州高新区，区划调整，枫桥镇划归高新区管理。由于法螺寺占地1/5在高新区，4/5在吴中区，一寺跨两区，是苏州市批准登记的宗教活动场所中唯一涉及两个区的。1992年后长期处于无监管的状态。2003年作为乱建寺庙被封存。经苏州市宗教部门多次协调，根据寺庙占地情况，2008年明确由吴中区佛教协会接管。2009年，吴中区佛教协会委派贤宗法师负责管理。

2009年，贤宗法师到寺后，看到的景象是破旧不堪，9年来他带领僧众亲力亲为，加快了寺院的修缮扩建工作。翻建了山门，新建了天王殿、大雄宝殿、西方三圣殿、观音殿、玉佛殿、僧寮等建筑，新修的上山道路由东西两边直通寺前。全寺占地面积近万平方米，建筑面积8千余平方米。

法螺寺布局独特。它处于清幽的山坞之中，整个寺院依山而建，寺中的殿堂建筑基本乃顺山势而上，极具立体感。进入寺内出山门殿可看到整块巨石，自然天成，圆通殿东部假山堆砌自然朴拙，亭阁造型古朴生动；步入寺院后部，则随处可见耸立或平卧的山石，每块都显得那么潇洒有致，让人感觉它们皆充满禅意。

（一）殿堂建筑

山门面阔3间，60平方米。重檐歇山顶，山门上方悬挂"法螺寺"匾额。圆通殿面阔5间，300平方米，2016年7月22日上梁。大雄宝殿面阔7间，728平方米，2016年7月22日封顶。

观音殿是原水塔的位置，是寺院的最高处。沿着97级台阶拾级而上，台阶宽5米，两边栏杆为花岗岩石。观音殿宽17.5米，高5.6米，外墙为花岗岩石贴面。站在观音平台向南看，整个寺院黄墙黛瓦，亭台楼阁，气势不凡。

玉佛殿所处位置在寺院最高处的东北面，该殿系在念佛堂旧址上于2014年翻建，于佛历2557年，农历二月十三日奠基。殿面阔5间，长19.6米，宽12.8米，高5.3米，建筑面积250平方米。殿门上方悬挂"玉佛殿"匾。门柱联为"乾坤日月证婆心鹫山鹿苑虽遥济世心千年未息；智慧慈悲开觉路鹤市狮城不近度人路万里何辞"。外联为："一片慈心至善始终怜亿兆；四时法雨大悲纷沾润三千。"殿内正中供奉一尊释迦牟尼玉佛，殿东西两边和北边供奉32尊罗汉立像。前柱联为"念佛吃斋行善能增益，劝人积德修心定息灾"。后柱内联为"莫倚潮音一世闻苦海有缘方可渡，当知心愿千般许慈航无份亦难乘"；后柱外联为"百千写亿众生智慧应修无上道，春夏秋冬要事慈悲须念至高经"。2014年11月29日(农历十月初八)，法螺寺隆重举行玉佛殿落成暨玉佛开光法会。

文化广场东建有财神殿，面阔3间，130平方米，供有五路财神像。财神殿南边为西方三圣殿，面阔5间，200平方米，供奉阿弥陀佛、观世音和大势至菩萨像。

（二）佛像艺术

法螺寺内的佛像有观音立像、玉佛、五方佛。在法螺寺看佛像艺术，既看到了满眼佛教的善朴，也感受到了和平带给人类的幸福。

石雕观音立像。观音殿内，中间供奉青石自在观音像，东西两边壁内供奉800余尊小的自在观音像。出观音殿大门左右两侧上38级台阶便到了观音平台，观音平台北正中供奉一尊高9.19米石雕南海观音像。石雕工艺精致细腻，

将观世音菩萨的神情刻画得大方得体，不失庄严和慈悲。整座佛像轮廓线条浑然一体，气脉相通，具有强烈的艺术魅力。观音露天佛像伫于山间、云祥风和之中，衣带翻飞，慈眉善目垂望着红尘中奔忙辛苦烦恼的万千众生。

镇寺之宝玉佛。玉佛殿内正中供奉一尊释迦牟尼玉佛，高2.4米，重6.3吨，玉佛面如满月，收颔垂目，显得安然、恬静、慈悲仁爱，系新加坡佛心禅寺妙智大和尚从新加坡运来赠送给法螺寺。玉佛为法螺寺镇寺之宝。

大雄宝殿五方佛。殿正中供奉五尊佛像，每尊通高7米多，系五方五佛，分别代表中、南、东、西、北五方。居中的是毗卢遮那佛，靠正中左侧第一位是南方宝生佛，右侧靠中一位是西方阿弥陀佛，左侧最外面是东方阿閦佛，右侧外面是北方不空成就佛。

（三）文化景观

法螺寺内文化景观众多，文化底蕴深厚。

"药师海会"照壁。位于大雄宝殿东，原为一处荒地，杂草丛生。现已建成佛教文化广场。广场北面为长15米、高2.6米的青石雕刻的"药师海会"照壁墙，东西两边为龙柱，中间图案为药师佛率众弟子传法图。图中佛像形态特点鲜明突出，整体画面立体生动，是一幅完美的雕刻艺术作品，更添法螺寺的历

史文化内涵。照壁前为占地 600 平方米的广场。广场南竖有七宝如来石幢。

摩崖石刻展示馆。"赵宧光暨寒山岭摩崖石刻展示馆"位于法螺寺西面的文化苑内，坐西朝东，面阔 3 间，150 平方米。展示馆北面为"寒山别业"遗址，西北方向山岩上有乾隆御碑。展示馆上方悬挂"赵宧光暨寒山岭摩崖石刻展示馆"匾额，由原苏州市文化局局长周文祥书。门联："山涌一泓故迹欣长润，雪飞千尺法螺喜不遥。"乾隆撰，周文祥书。馆内主要以摩崖石刻拓片为主，分为三个部分：一是赵宧光的生平和书写的摩崖石刻；二是乾隆皇帝书写的摩崖石刻；三是李根源、申时行等人的摩崖石刻。另外，陈列实物展示柜，内有龙瓦、砖石等。

（四）寒山摩崖石刻

乾隆下江南，六次到苏州，每次必到寒山，共作 44 首寒山诗。在寒山岭上的 30 多块摩崖石刻中，乾隆留下的就有 15 块之多，其中保存最好的是巨幅摩崖《寒山别墅》御笔，位于法螺寺西部文化苑的东北角山岩上。

在这块摩崖中，共刻有 5 首乾隆诗。其中巨幅乾隆《寒山别墅》诗在摩崖的中间，约似大小四尺与六尺宣纸间。据记载为乾隆二十二年第二次南巡时题。诗曰："泉出寒山寒，秀分支硎支。昔游曾未到，名则常闻之。烟峦欣始遇，林

壑诚幽奇。应接乃不暇，而尽澄神思。庭前古干梅，春华三两枝。孰谓宧光往，斯人如在斯。""孰谓宧光往，斯人如在斯"，虽然此时距赵宧光去世已经 150 多年，但在乾隆心目中，赵宧光从未离开，自己的心灵已经穿越，与赵宧光神交了。在摩崖的左上面，是乾隆《对瀑》诗。据记载为乾隆二十二年第二次南巡时题。诗曰："九叠垂云绅，一泓注石髓；卉物太昌妍，藉兹足陶洗。"在摩崖的左下面是乾隆《对瀑叠前韵》诗。据记载为乾隆二十二年第二次南巡时题。诗曰："石缝飞振鹭，仙浆复道髓；今昔了不隔，那有尘心洗。"在摩崖的左面是乾隆《对瀑三叠前韵》诗。据记载为乾隆四十五年第五次南巡时题。诗曰："山为道人骨，瀑即地仙髓；小对两相忘，无物何持洗。"在摩崖的右面是乾隆《出阊门游寒山即景二首》诗。据记载为乾隆二十七年第三次南巡时题。诗曰："清晓出阊门，轻阴凉变暄；递来将雨意，虑致碍春温。麦叶秀含润，菜花黄较繁；将兴耕作矣，爱听上农论。鸣鞭度庆桥，别墅见山椒；小憩支公阁，闲凭赵隐寮。竹虚原自密，花冶却非妖；欲畅青莲想，法螺喜不遥。"

在法螺寺东部假山北有一块石刻，字迹已被风化，据记载为乾隆二十二年第二次南巡时题《再游寒山别墅》。诗曰："云岩纡罕跸，所为游寒山；春晓宿

雨收，千嶂泮轻烟。遵蹬下高峰，天平在目前；此则姑舍是，已悉率戒盘。过岭不五里，别墅爰至焉；巉辟屏陡壁，逶迤枕平峦。潴为半亩地，激为千仞湍；随宜置亭阁，面势抱林泉。昨去落梅英，今来绽牡丹；今昨信幻耳，来去亦偶然。凡夫果不凡，即境知神仙；中心以藏之，句留苍岩间。"其中有两句"凡夫果不凡，即境知神仙"，可见乾隆游览寒山时那种超脱方外的心情。

在法螺寺东部假山东有一块石刻，字迹已被风化，据记载为乾隆二十二年第二次南巡时题《喜题空谷》。诗曰："幽人昔时隐空谷，与木石居鹿豕游；岂谓高卑起飞阁，更教杂遝鸣群驺。徒观梅竹三春雅，便拟栖迟一刻留；驰烟驿畔多条颖，问尔低枝扫迹不。"

在鹤园南侧有赵宧光题《阳阿》石刻。

（五）古迹假山洞

"人人皆说真的好，唯有假山堆叠妙；寻得山石称假山，再看假山依然巧。"假山是以造景为目的，用土、石等材料构筑的山，一般分布在园林里，如苏州狮子林，以假山出名，洞中有洞，甚为奇观。而在苏州寺院中的假山并不多，我看到过的苏州西园寺西花园中有一处假山，吴中区光福圣恩寺有一处真假山，

其实在苏州西部法螺寺也有一处。

假山洞位于天王殿东，洞内约有四五平方米的空间，有四个出口处，分为东西南北，东面出口为文化广场，南面出口有一亭，西面出口为上山通道，西北出口有一块"佛"字巨石。假山洞系挑梁式结构，即石柱渐起渐向山洞内侧挑伸，至洞顶用巨石压台，既保证结构上"镇压"挑梁的需要，又使洞顶、洞壁的结构和外观都具有很强的整体感。法螺寺的假山洞现已成为寺院一处胜迹景观。

如今的法螺寺绿树成荫，"药师海会"照壁前有四株高大的香樟树，照壁后为一片竹林，玉佛殿前一排桂花树，当八月桂花香时香溢寺院。精致亭台与精美景点或伏于山间，或憩于林中，犹如众星拱月，点点传情。漫步寺中，繁花似锦，疏影横斜的朵朵梅花远离红尘与世隔绝，散落在晨钟暮鼓、梵经声声的寺院中，与山顶的白衣观音交相辉映，觉得一花一世界，一叶一菩提。

法螺寺在恢复重建中已自筹资金数千万元，从原来破旧不堪的小庙，已建成较为完善的寺庙建筑群和完整的管理体系，成为姑苏大地上一方净土。

2008年10月，登记为固定处所。

雨花坞中雨花寺

雨花禅寺，坐落在东山镇莫厘峰下的雨花坞中。

一、莫厘峰雨花坞

莫厘峰海拔 293.6 米。因隋朝莫厘将军隐居且葬此而名，有雨花台、还云亭、古雪居、望越台、纯阳坞、法海寺、古蹬道、清泉流水、摩崖石刻以及莫厘峰眺望等景物景观。莫厘峰与西山缥缈峰隔湖相峙，各显风姿。莫厘远眺，是东山古八景之一。在顶峰远眺，湖中岛屿，状若青螺，邓尉、穹窿、灵岩、清明、尧峰诸山依稀可辨；俯视山下，果林成片，翠竹葱茏，河流萦回如带，稻菽成片，桑柳成行，江南水乡风光集于眼前。每当阳春二月，莫厘峰白云缭绕。此时登临顶峰，置身于悠悠飘动的云中，如履仙境，令人心旷神怡。

"雨花"名源于明代，时山坞中满栽桃林，每至春末，花瓣飘落，似雨花从天而降，"雨花"之名由此而生。

二、沿革及建筑风格

雨花禅寺又名雨花庵，或称雨花台。始建于明万历二十七年（1599），僧松竹建。后毁，清顺治五年（1648），僧戒生重建。咸丰十一年（1861）又被毁，同治六年（1867），禅院智能和尚募修，以恢复旧观。1966—1976 年间，雨花禅寺被拆，佛像被毁，僧去寺空。1985 年经吴县政府批准为佛教烧香活动点，1996 年重建。2007 年 7 月，登记为佛教固定处所。

雨花禅寺居半山之腰，依山而建，坐西朝东，三面环山，占地 15 庙，建筑面积 3000 余平方米，建有天王殿、大雄宝殿、钟鼓楼、厢房、僧寮、醉墨楼等建筑景点，已初具规模。

牌坊。进入雨花景区，沿着古道前行，四周林荫古榆，参天蔽日。在碧螺小筑旁有一座花岗石四柱三门石牌坊耸立在林间，系 2003 年建。牌坊雕刻十分精细，上书"雨花禅寺"，牌坊对联：

宏扬法雨禅深千里润；时现莲花寺出十方揭。陆元贤撰，贯澈书。牌坊背面上书"同登彼岸"，牌坊对联：乃众生心作心是之洪猷；贯如来成始成终之妙道。贯澈书。在牌坊左侧有一块民国七年守愚和尚募捐"敬香大道"指引石碑。

山门（天王殿）。穿过牌坊，沿着敬香大道往上约50米，登30级台阶，即到雨花禅寺山门，即天王殿，系2008年建，耗资80余万元。殿为单檐歇山式，面阔3间，进深三间，全木结构，建筑面积100平方米。殿四周为花岗岩压沿石，廊外侧不加柱，而以挑尖梁直接承挑檐檩。殿上方悬挂"雨花禅寺"匾。殿中央供奉弥勒菩萨，背后供奉手持降魔金刚杵韦驮菩萨，面对大雄宝殿，是佛寺的守护神。因受佛的嘱托，统领东、西、南三洲巡游护法，所以又称为"三洲感应护法"。背面有红底金色边框"三洲感应"匾额悬挂在上方。殿两侧为高2米、宽1.2米四大天王石刻像，东方持国天王手拿青光宝剑，南方增长天王手执方天画戟，西方广目天王手持开山斧，北方多闻天王手托浮屠宝塔。

大雄宝殿。出天王殿再登53级台阶，就到了大雄宝殿前广场。广场北侧为2014年新建的一幢三层附房，面阔5间，建筑面积800平方米，一层为客堂，二层为书画室，三层为僧寮。广场正中有高4.8米的宝鼎一座。广场的南

大雄宝殿

侧为"醉墨楼"。从广场中间再上18级台阶，为大雄宝殿露台，四周为花岗岩石栏杆。大雄宝殿始建于明万历二十七年（1599），由禅宗德师禅能和尚开山创建。后屡建屡毁，清顺治五年（1648）、乾隆四十二年（1777）、咸丰三年（1853）、同治六年（1867）、民国二十二年（1933）、1985年重建。2012年初再次重建。重建后的大雄宝殿双重檐，殿宇巍峨，殿面阔5间，高15米，

建筑面积 280 平方米。大雄宝殿共有 36 柱，其中殿内 14 柱为直径 42 厘米的圆木，殿外围有 22 柱 38 厘米正方形石柱。殿前后 24 扇门窗为海棠花型。

钟鼓楼。从客堂左侧拾级而上为钟楼，六角重檐，木结构，2009 年建造，名"恒远钟楼"。钟楼内悬挂 3 吨重梵钟一口，钟面刻有 5000 余字《金刚经》一部，钟楼内竖有一块《恒远钟楼记》碑。大雄宝殿的南侧是鼓楼。

醉墨楼。位于寺院广场南侧。始建于民国九年（1920），由东山叶氏子弟为纪念其族人叶翰甫兴建。楼匾为南通状元张謇所书（已毁），如今一块匾为东山席时珞所书，悬于观音菩萨坐像上方。据载，原醉墨楼中，环壁书画，清雅绝尘，楼内还有唐代颜真卿真迹"逍遥"二字。壁悬长联云：湖山成千古画图，南望吴江，西延夹浦，北临惠麓，东达金阊，此处足清游，古刹被名僧所占；景物极四时佳景，春风柳岸，夏云峰岫，秋正归帆，冬留积雪，我生厌尘俗，一官为胜地而来。吴伟业联云：秀夺千重翠幕，奇添一片冰壶。

原醉墨楼毁于 1966—1976 年间。1996 年，一位东山旅港侨胞，年已 80 多岁的郑老先生，捐资 60 多万元，重建了醉墨楼。重建后的醉墨楼为上下两层，面阔四间，约 800 平方米。如今，醉墨楼一楼为观音殿。由东山书法家席时珞书写的"醉墨楼"匾额，悬挂在观音殿"慈航普渡"帐幔上方。墙上有席时珞书写的一副对联，录自原雨花台联："一泓秋水当窗见，半岭晴云隔楼看。"

三、古迹景点

雨花禅寺不仅殿堂建筑宏伟，而且古迹景点众多。被誉为镇寺之宝的文徵明唐寅碑嵌在天王殿北墙东侧，碑高 60 厘米、宽 45 厘米，厚 12 厘米。碑的左上方为文徵明书写的《心经》，碑下方由唐寅画的观音像，文徵明、唐寅两位才子同时出现在碑上，实为国内罕见，寺院将这块碑作为镇寺之宝加以保护。

寺院内还有许多石刻，弥足珍贵。在客堂往钟楼的岩石上刻有《心经》一部，边上还有《入三摩地》《佛》《恒远钟楼》等摩崖石刻。

出大雄宝殿左侧有一泉池，名"萃香泉"。泉水从石中流出，终年不绝。"萃香泉"原为明代锡山秦铨所题，里人朱轼书，因年代剥蚀，现由近人王大隆补于石，并识在泉上。阳春三月，煮泉烹碧螺春茶，其色香味更胜一筹。品茗赏景，历来为游雨花台的一大乐事。

雨花禅寺四周林深坞幽，环境静寂，枕山面湖，风光佳绝。其山坞三面列嶂，花木繁茂。每当春夏季节，江南多雨，流泻成瀑，汇于坞中，遂成一潭，待到阵风吹来，落英缤纷，花瓣如雨，飘洒在水潭之上，煞是好看，当地人因此称之为雨花潭。

四、名人诗赞

莫厘峰半山有寺，枕山面湖，风景绝妙。清代吴县探花吴荫培来游，曾赋七律一首，和者甚多，佳句妙语尚留人间。至峰顶，有慈云庵，黄墙垩瓦，危然孤持，隐现于云雾中，幽如仙境。拜佛雨花寺，问道慈云庵。登临醉墨轩，人间逍遥境。

明代吴伟业《登东山雨花台》诗："白云去何处？我步入云根。一水围山阁，千花夹寺门。日翻深谷影，烟抹远天痕。变灭分晴晦，悠然道已存。"清代吴荫培《登东山雨花台》诗："峭石撑天峙碧空，寺楼三面列屏风。林阴雨过

花含翠，涧底泉鸣磴泻红。禅窟烹茶招陆羽，朋交画竹集文同。当筵共话乡关旧，樱笋厨开酒一中。"清代钱谦益《游东山雨花台》诗："拂石登台坐白云，重湖浦溆似回文。夕阳多处暮山好，秋水波时木叶闻。玄墓烟轻一点出，吴江霭重片帆分。高空却指南来雁，知是衡阳第几群。"郑梨村《游雨花台》诗三首："一、风物依稀似昔年，丛丛翠竹拂晴烟。登楼更觉胸怀爽，一片平丛绿映天。二、天涯浪迹总迟迟，八载湖山入梦思。岭上还云亭已圮，壁间犹识旧题诗。三、雨花禅院傍山偎，静对明湖一镜开。涧竹崖松青未减，年年为待故人来。"

雨花禅寺现由通休法师负责管理，他系中国佛学院灵岩山分院第十一届毕业僧，2003 年由吴中区佛教协会委派到雨花禅寺，现为吴中区政协委员。

碧螺峰下灵源寺

灵源寺，位于苏州市吴中区东山镇碧螺峰下。

一、古寺由来

那灵源寺为啥会建在这里呢？因为这个地方山清水秀，是块风水宝地。当你站在寺院中间，背后是高高的碧螺峰，犹如一座巨大的靠椅背，两旁山势斜皱，犹如靠背椅的两个扶手。而灵源寺在三面山围之中，朝西面对着太湖。湖水浩浩渺渺，山风飘飘荡荡。这样的风水也可以说是虎踞龙盘之地。的确，灵源寺所选的地理位置十分理想。

据寺碑记载，梁天监元年（502）由集善高僧始建，灵源寺因灵泉而得名，距今已1500多年历史。明永乐十二年（1414）智昕禅师于废墟中"诛茅寻楚"，重兴灵源寺建大雄宝殿。正统五年（1440），高僧克勤住持续建天王殿、观音殿。崇祯十年（1637）重修。明宰相王鏊退隐还乡后，在寺院东南建"可月堂""得月亭"等景物。清乾隆年间，里人王金增又重修大殿。民国十九年（1930）再修，寺院规模及香火之盛大，占地百亩，僧舍千间。据说，灵源寺与杭州灵隐寺还是姐妹寺，闻名江浙沪。民国十九年近代名士、国民党元老李根源先生题"碧螺春晓"，旁建"碧螺春轩"，并书"灵源禅寺"四字石匾。中华人民共和国成立前夕，遭雷火等灾已毁了古寺大半，后太湖公社办渔民小学拆走了残存的寺屋。20世纪60年代仅存部分殿堂基石，整个遗址改作桔林，而与古寺同龄的罗汉松，虽历经千秋风雨仍依然苍翠茂盛，既已见证了灵源寺过去的兴衰。

2001年2月19日，灵源寺经政府批准，恢复重建。2006年10月17日，秋高气爽，果熟飘香，千年古刹灵源寺隆重举行了恢复重建的奠基仪式。

二、古迹景点

千年古刹灵源寺的古迹依存，有"奉宪永禁碑"、古罗汉松、古井、石刻等。

"奉宪永禁碑"。石碑下方刻有"嘉庆壹玖年"，可见碑的制作时间是清嘉庆年间。石碑上的文字告诉我们灵源寺曾经的沧桑岁月："灵源寺占地96亩，始建于梁天监元年（502），元末时因火烧毁，明正德年重建。"这块碑，为恢复重建灵源寺提供了翔实的历史资料。

古罗汉松（亦称神灵树）。位于原大雄宝殿前，李根源先生称为"奇绝"，有1500多岁了。树干粗壮成虬枝盘绕，像有九龙盘旋而上，贵为稀有之宝。更为神奇的是该古树因寺院的盛衰而生死，被当地人奉为"神灵树"，朝拜者甚多。往昔该树已慢慢地枯死，寺院恢复重建，树又重新发芽，枝叶茂盛，苍劲挺拔。树高20多米，四五人才能合抱。

灵源古井。位于古罗汉松西南角处的桔林里，系东山五大古井之一，古井亦为寺院内泉井之圣水。井水是活水，从来没有干涸过。井水还可治眼疾。传说，梁天监年间，这一带的山民都患上红眼病，有人试着用这口井水涂抹眼睛，眼睛就不红不痛了。从此，灵源寺能治眼病的消息传开了，大家说，这井水通灵性，灵源圣水因此而得名。后来这里建了一座寺庙，就取名灵源寺。程

恩乐诗云："一脉甘泉自有源，清流曲曲绕山门。蒲牢专用禅心定，好向螺峰问本根。"蒲牢即名贵专用，如今钟专用渺茫而众生禅心未泯，每当雨季流水淙淙，如琴如磬，深信终有沙弥扫径烹泉待客之日。葛一龙诗云："一源何处来，却向此中出；一饮疲癃起，方知是灵物。梵构自天监，泉名已先立；山僧广上善，世与人人汲。"古井泉水清香甘美，源源而来。

碧螺春晓（石刻）。"碧螺春晓"是李根源在东山灵源寺，品碧螺春茶后所题。碧螺峰在灵源寺后，碧螺峰盛产碧螺春茶，茶以汤色清澈鲜绿，味道隽永芳香，著称于世。关于碧螺春之得名，相传清康熙初年，碧螺峰上长有野茶数株，山人摘作饮料，竟然色味均佳，并有异香，时人称为"吓杀人香"。圣祖南巡至东山，江苏巡抚宋荦将"吓杀人香"进贡，上嫌其俗，赐名"碧螺春"。灵源寺僧辄以藏茗飨客。以灵源泉泡碧螺春，其味隽永，可谓双绝。明王鏊曾题刻"碧螺峰"于峰上，并咏碧螺峰诗云："俨双峰兮亭亭，忽雾绕兮云横。冈峦纷兮离合，洞壑黯兮峥嵘。望夫人兮不远，路杳杳兮难征。"《吴郡西山访古记》载："二十四日，入灵源寺，小坐可月堂，煎灵泉，试碧螺春，别饶风味。碧螺之美洋溢海内，其名岂浪得者哉！登碧螺峰次，上演武墩，再上程

公墩，终登嵩峰顶。循白豸岭而下，观宋中奉大夫叶程墓程。大雨骤至，返石桥寓所。"李根源登上灵源寺后半山腰，在松林中一堵仰卧的巨石上为寺僧宏度题写了"碧螺春晓"，后经石匠镌刻，如今还完整地保存在原址。

三、文人诗咏

历代文人对灵源寺情有独钟，有诗为证。元叶颙《灵源寺僧求诗从所创韵而赋》："散花丈室静焚香，小小云龛稳胜床。须信定中还有定，莫言方外更无方。青莲满眼非真色，白丹流金只慧光。今日相逢陪软语，尘缘俗虑一时忘。"又作《灵源寺赠友人》诗云："碧螺峰下灵源寺，草木无多屋半荒。一自先生偶居此，山云山雾尽文章。"明文徵明《宿灵源寺》诗："夜随钟梵入灵源，一笑虚堂解带眠。旋接僧谈多旧识，偶依禅榻岂前缘。离离松桧摇山月，兀兀楼台宿蜃烟。尘句何年传到此，烛灯试读已茫然。"记述当年蒲团对语僧围烛，尘缘俗虑一时忘的景况。清孔贞明《入灵源寺》诗云："古寺在境内，来生人外心。岚光雨余谈，树色门前阴。施食舞山鼠，经马川野禽。问春春已去，苔径石深深。"充分表达了当时山门古木参天，虬枝偃赛，老干纷披，荫蔚蔽日，山鼠野鹤有情，必亦时时前来凭吊。徐祯卿有诗云："家城岁晚欲回舟，山寺携衾作夜游；爱月不妨寒步影，举冠微觉露濡头。蒲团对语僧围烛，菊宴分题客咏秋；怪是思清还废寝，钟声为破小堂幽。"静观楼主《游灵源寺》诗云："梵宫深隐翠微东，曲径螺旋路暗通；杖策人来青嶂外，谈经僧往白云中。松涛晴拥风千尺，梅萼寒围雪一丛；拂拭残碑凭吊古，浮生似寄类飞鸿。"

龙头山上葑山寺

葑山寺，位于吴中区东山镇涧桥村龙头山。1986年3月25日，葑山寺被吴县人民政府列为文物保护单位，现升格为苏州市文物保护单位。

一、龙头山

据《东山志》载："龙头山在东山南部，西近涧桥，是东山一支余脉伸向滨湖突起的高地，海拔30米。周围为沼泽，以后淤涨与陆地相连，濒于具区港边。"龙头山最早叫葑山，到了明代万历年间山上造了石龙头，始称龙头山。龙头山极小，是俞坞一支余脉沿九条山脊伸向滨湖的小小突起，海拔仅30.5米，古时被称为"太湖龙珠"。

二、历史沿革

葑山寺始称真武行宫，后称葑山寺（或名葑山禅院），亦称北极行宫。

葑山寺建于明代嘉靖年间（1522—1566），其寺坐北朝南分前后两进。头进大殿塑四大金刚、闪电娘娘、雷公菩萨及风、云、雨三师菩萨。后进大殿祀真武大帝。旁有星宿殿，再向南百米处有蛇王殿。明末星宿殿前建路文贞公祠，清同治七年（1868），祠前又建诉月楼。

20世纪六七十年代，葑山寺佛像全毁，寺内文物古迹大部分遭受破坏，唯明清建筑后殿、星宿殿等15间屋宇保存了下来。20世纪90年代初，后殿内塑三世如来、观音、弥陀及十八罗汉像，蛇王殿塑蛇王像。2000年，重修星宿殿、恢复六十星宿像，重建蛇王殿，修筑了长约百米的寺前通道。

2008年10月，登记为佛教固定处所。

三、古迹景点

龙头山虽小，但古迹甚多，有十二生肖石、路公祠、蛇王殿等明清建筑及古炮台、千年石龟、石龙头等古迹。路公祠祭祀的是明末遗臣路振飞。明末遗臣右都御史路振飞葬母东山时，值湖寇犯境，率众御寇有功，故其逝后，山人在莫山寺旁建祠以祀之，称为路文振公祠。祠内有诉月楼一座。楼名取自路文振游太湖时所作诗句"中藏万顷愁，欲诉湖心月"之意。现祠内存碑 5 块，《明路文振公传》《路文振公简史》《清道光十七年重修莫山寺路文振公祠记》《清光绪五年路文振公墓道记》《修路文振公墓》等。

四、重塑碑记

清代薛寿海《重塑莫山寺神将记》碑："东洞庭山莫山禅寺向有玄天上帝殿及雷祖殿，旁塑诸神法像，规模宏敞，气象森严。每逢夏季，香火尤盛，远近士女陆绎不绝，诚胜景也。自遭兵燹，金身剥蚀，黯淡无光。适太湖水师都督綦公，拈香莅止，见而悯焉，慨思重塑，拟复旧观。爰捐廉俸，以导其先，而都阃张公与吾山诸善士陆续布施，赞成厥志。于是鸠工庀材，镂金错采，丹青重焕，藻耀高翔，洵善作而善成，亦可畏而可象，爰志始末，勒诸贞珉，以垂久远云尔。光绪九年岁次癸未六月，上浣里人薛寿海率子松年启，苕溪寓公纪丰第撰，同乡张坤荫书。"

五、荷花庙会

每年农历六月廿四，是东山人一年一度的荷花节。天还没亮，各村村民就"抬猛将"从水、陆两路赶到龙头山莫山寺附近赏荷花、赶庙会。清晨 5 点左右，在莫山寺的广场上，早早赶到的村民已将道路围得水泄不通。陆路，舞龙、舞狮、扭秧歌组成的队伍先行而至，而"猛将"端坐在队伍中间的车子上，微笑着接受人们的祭拜；水路，村民们担花篮，舞扇子，敲锣打鼓，个个欢天喜地，护送着船上的"猛将"。

"猛将会"是东山传统民俗，兴起于明代。传说东山猛将本姓刘，因捕蝗有功，死后被封"上天王"，尊称为"福神"。明代时，倭寇云集太湖，东山首当其冲遭到抢掠，当时村民想出了一个办法，把刘猛将抬出来"出会"莫山，以神驱盗。乡人抬着刘猛将，前呼后拥，锣鼓喧天，浩浩荡荡。倭寇误认官兵大部队已到，狼狈撤退。自此，东山就定期举行"猛将会"，村民把自己装扮起来，抬着"猛将"，走街串巷。

龙头山中如今遍植梅林。沿盘山公路蜿蜒而上，途中已有暗香浮动，上千株梅树绵延不绝。漫步山间小径，仿佛走在梅海之中，近观疏影横斜，远看迷蒙如雪。在几处探梅胜迹之中，龙头山最有山林野趣。

三山岛上三峰寺

三峰寺，位于苏州市吴中区东山镇三山岛。

一、三山岛

太湖三山岛（又名洞庭山），古称蓬莱，明代始称小蓬莱，又称笔架山、金龟山，位于苏州城西南50余公里的太湖之中。

三山岛因北山、行山、小姑山三峰连缀而得名，面积1.6平方公里。北山为三峰之首，海拔83.3米。三山岛虽无高峻巍峨之态，却有层峦叠嶂之姿。透迤铺展，舒起缓伏，山水契默和谐，情致衍逸。故清代诗人吴庄有这样的赞美："长圻龙气接三山，泽厥绵延一望间。烟水漾中分聚落，居然蓬莱在人寰。"

太湖流域寺庙文化在三山岛上最具代表性，从现存的佛教文化遗物——晋代的铁佛首像、唐代的透雕青石香炉座、宋代的弥勒佛、元代的石敢当及明、清二代的石雕、石碑、石牌、石础等遗物

的精美程度和巨大形制来看，当年寺庙确具有相当规模。仅凭史料所载，在这仅仅1.6平方公里的小岛上，就星罗棋布18座寺庙，其密度在国内罕见，更何况其中有两座寺庙（中峰寺、三峰寺）均有着1000多间的建筑规模。在一个四面环湖的小岛上，僧侣人口数倍于村民，这是相当反常的。可见史书赞其为"水上佛国""蓬莱""小蓬莱"确实不假，如无赫赫声望及鼎盛的香火和众多的信徒，这些寺庙一年也支撑不了，然而实际上却偏偏存在了一千余年。

二、历史沿革

三峰禅寺俗称北寺，位于东山镇三山岛百阶级至五角咀内。

三峰禅寺始建于唐代咸通十三年（872），僧真铨法师开山。宋代为该寺最盛期，据传曾有殿堂、僧寮千余间。据宋曹熙《三峰寺庄田记》云："三峰古刹也，四面皆平湖。遥岑屏列空际，是

山屹立其中，孤绝而巧，世人呼为小蓬莱，以其与人境别也。钟鼓三百年，风雨三万六千顷，胜概甲吴中，高士往往萃焉……"三峰寺部分殿屋毁于清咸丰十年（1860）后又重修。中华人民共和国建立后寺屋仍有数十间，住持为六度和尚。20世纪六七十年代中所剩残屋全被毁。

2004年批准重建三峰禅寺，重建后的三峰寺坐北朝南，现占地面积3300平方米，建筑面积1000平方米。建有大雄宝殿、圆明堂等建筑。2006年后再建菩提塔、寮房、大觉佛法门楼、观音石雕立像等。

大雄宝殿，面阔3间，100平方米。殿门上方悬挂"大雄宝殿"匾。进殿，殿正中供奉一佛二弟子。前柱联为："从方便门入如来宝，依大乘法度有缘人。"

出大雄宝殿为庭院，东西两边为碑廊。在庭院南墙上有一长方形砖雕，刻有《四十二章经》。庭院中有钟、般石、不二门等景观。庭院北面为五开间两层圆明堂，上悬"圆明堂"匾。

2007年7月，登记为固定处所。

三、古迹景观

三峰寺环境幽雅，古迹众多，有唐代古井、洗心池、菩提塔、碑廊、观音雕像、怀恩亭等古迹景点。

唐古井。唐古井，全名叫唐代八角古井，建于公元872年。古井位于寺院的西南农户东果树边上，古井呈正八边形状，井口呈圆形状，符合现代几何图案风格，也展现出古人的智慧。古井完全由自然石头打造而成，坚实而自然，也体现着古人与三山岛当地人的质朴。古井经历了千年的岁月变迁，诉说着发生在她身上的神秘故事，井内依旧有着清澈清凉的井水，造福于三山岛的岛民。

碑廊。三峰寺内庭院东西建有碑廊，东面碑廊内竖有8块砖雕，刻有文殊、普贤、观音、地藏等菩萨像。在廊的北面安放有原寺院《重建三峰寺佛殿记》碑额，原碑毁于20世纪60年代。还有明代鼓墩，系柱础的另一种形式，其形如鼓，故名鼓墩。西面碑廊内也竖有8块砖雕。在廊的北面安放有寺院的明代莲花柱础，系寺院殿堂柱子基础。莲花代表花果，同时，清净不染。中间为宋代石雕香炉，系供奉佛菩萨之物器，雕刻的祥云图案采用浮雕技法，造型精美，匠心独运。再边上是清代舍利盒，用于供奉高僧圆寂茶毗后舍利。

洗心池。位于三峰寺的上方，通往洗心池的那条山路较窄，路被两边的果树交叉包裹着。洗心池由三山岛特有的岩石组成，岩石错落叠置，洗心池被周围的绿树给包裹着，岩石上方有清水自上而下流淌下来，在下方沉积。洗心池的下方有一块较为平整的岩石，上面刻有一个大红的"禅"字，禅意十足，岩石旁边有由岩石堆砌而成的石梯，拾级而上，到达洗心池。

菩提塔。在环山路与进寺院山路北侧，坐东朝西，塔院占地 250 平方米。塔门两边联为："正法久住，法轮常转。"塔高 6.8 米，分三层，下层呈正方形，中间为圆形，上层为塔尖。塔后面为塔壁，中间有 7 块碑刻，正中为文殊菩萨像，南为达摩大师像，最南为三峰禅院新刻佛塔记。壁两边各有 4 块禅师法语碑。塔南路口往东竖有禅宗历代祖师像及佛塔，处处展现了佛教氛围。

大觉佛法。沿着三峰寺东南面的山路往东为五角咀，路边建有山门，上书"大觉佛法"4 个字，进入门洞，迎面是一尊高 8 米由花岗岩雕琢的观音大佛，重 100 吨，法相庄重、栩栩如生。观音像下，围绕着一圈又一圈的碑帖，这些碑帖是信仰的见证，以求保佑全家身体健康，生活幸福。佛坛之下的两侧盛开着几朵睡莲，平添几分佛家的恬淡雅意。岩壁上有一个红色"佛"字，令人不由肃然起敬，佛字由苏州寒山寺楚光书写。

怀恩亭。怀恩亭，与大觉佛法紧邻，临太湖，在环山公路的旁边，地理位置优越。怀恩亭被绿树和石栏围了起来，怀恩亭有观世音菩萨的雕像，龟仙人石碑，不规整的岩石错落有致地交错着，石块奇形怪状，鬼斧神工，显得更加自然，怀恩亭也有人工修葺的石阶，供人们抵达观世音雕像。怀恩亭内有水塘，水塘有小莲花点缀着，与观世音像相映衬。

现在的三峰寺精致典雅，清净庄严，寺内僧人注重静修学习，保持出家人传统古朴形象。当你沿着山径拾级而上，清晨，烟云缥缈，寺院隐约传来钟声，香烟缭绕于静谧的湖山，顿觉心灵的升华；黄昏时分，寺院传出沉稳的敲梆声，一切的虚华浮躁即溶于这片绿水环绕的山色之中。

三山岛上三峰寺真是太湖中的一处寂静禅林。

陆巷古村寒谷寺

寒谷山寺，位于苏州市吴中区东山镇陆巷古村。

一、陆巷古村

陆巷古村位于苏州太湖边，是目前江南建筑群体中质量最高、数量最多、保存最完好的古村落。陆巷古村是明代正德年间宰相王鏊的故里，是全国首批历史文化名村，被誉为"太湖第一古村"。

在陆巷古村落中，有一个"寒山村"，随着历史变迁，尽管有些古老的村名被湮了，但寒山这个小山村一直被保留至今，原因很简单，村里有座不高的小山，叫寒山。山岭主要以泥沙组成，逶迤起伏。整座山被多种果树环绕，村民依山而居，上山路不远，但山坡较陡。特别让人惊奇的是，其中山路处还有一段保存较好的青砖铺成的人字形御道。在寒谷尽头，峭石窿起，层叠有致。

二、历史沿革

寒谷山寺又名寒谷山庵，坐落在陆巷古村的寒山上。始建于明，原系姜氏家庵。清乾隆九年（1744）重建，设"三官殿""斗帝宫""纯阳殿"，时香火鼎盛，占地数十亩。至清末庵院频废。民国四年（1915）又重建观音殿。据2014年版《陆巷村志》记载："寒谷山庵又名寒谷寺和寒山观音堂，位于陆巷古村东面的寒谷山上。其始建于明代，明王鏊《震泽篇编》上就有'寒山之西北，曰寒山庵'的记载。明清两代多次重修。现在的寒谷寺东面院落建筑为民国初期建筑，并属吴中区'文物地图册收录'的古建筑。原寒谷山庵有两处建筑，东面为纯阳殿，西侧为观音殿。纯阳殿庙宇三间，正殿祀道教大仙'吕祖'，即'八仙'之一的吕洞宾，面壁上还塑有'百子图'，惜已毁。观音殿前后两进，山门上端镌刻'观音宝殿'四字，落款：民国已卯年（1915）。前殿面阔

念佛堂

3 间带两厢，深六檩，奉祀'西方三圣'。另外，东侧有附房三间，为庙尼膳息之处。后进亦面阔 3 间带两厢，进深六檩，正中供奉如来，两旁祀普陀山观音、峨眉山普贤、五台山文殊、九华山地藏等佛教四大名山的菩萨。屋架较为古朴，为清代建筑。"

寒谷山庵原已破败不堪，1990 年有上海宽智尼师前来筹备恢复佛庵。1994 年修复观音殿、纯阳殿，1995 年恢复斗帝宫。2000 年重新恢复寒谷山庵。2005 年 11 月，念佛堂奠基，次年一座四上四下的佛堂竣工。2007 年，复建钟亭，内挂一口铜铸大钟。2007 年 7 月，登记为佛教固定处所，并更名为寒谷山寺。2008 年，寺内又修建了门楼、围墙、小放生池。2009 年，整修上山道路。是年，重建斋堂、寮房等建筑。寒谷山寺现占地面积 3300 平方米，建筑面积 1980 平方米。

三、民间传说

由于寒谷寺历史悠久，于吟悟禅之地，是广大善男信女祈福许愿的圣地，因此寒谷寺在民间传说较多，尤其是东山有望名族都要前往寺院烧香拜佛求平安。

倒放牌坊。寺院内有一个倒置的牌坊，这牌坊属于当时陆巷三大姓氏之一叶氏。苏州吴中洞庭叶氏家族是东山望族，世代为官，名人辈出。叶氏家族世居东山蒋湾叶巷，其先造玄公叶达曾任吴越国刑部侍郎。入宋朝，因有别业在洞庭而移居。六世孙叶梦得，徽宗时为翰林学士，高宗时为户部尚书，迁尚书左拯，绍兴元年，为江东安抚制置大使兼知建康府，兼寿春等六州宣抚使、行宫都守等。退老于莫厘峰下，叶氏遂为东山一大望族。到清朝，"环聚于太湖之滨，簪缨阀阅，甲于江左"，历代进士举人十几人，出了100多个官。据说清朝时叶氏家族每天都上山来烧香拜佛，风雨无阻。

纪念王鏊。东山陆巷有明朝宰相王鏊的故居。当年王鏊十年寒窗后连中三元，官运亨通，在京城做官40年，衣锦还乡后又教出了两个有名的学生：一个叫唐伯虎，一个叫文徵明。死后他的墓建在陆巷不远处的山坡上即现在的寺庙不远处。陆巷的三元牌楼都为他一人而树。王鏊本是中了状元，但遭到当时主考官嫉妒，被贬为探花。当地居民为王鏊所不平，所以"探花"上面的"一品"是当地居民加上去的。听居民说王鏊的后人常年上山烧香拜佛求保佑王鏊平安，

所以王鏊才能在京城官运亨通，在京城首辅40年。

姜家师太。民国时代一位姜家老师太，在日本鬼子入侵时保全了陆巷。当时领队的一个日本军官乃儒家文化出身，也信仰佛教，在达到陆巷时并没有挨家挨户扰民，而是住在了山上的寒谷寺里。姜家老师太给日本领队军官传佛授经，最终使得日本领队军官没有扰民杀生。后来这位姜家老师太过世后，坟墓埋在古寺树下。

风水宝地。从寺庙上看左边是山，右边是太湖，正所谓左青龙右白虎。纯阳殿门口原本有一棵巨树，树围需三人合抱才能抱拢，这棵巨树当时名叫"风水树"，现已无存。

出土石碑。2015年在山上还发掘青石石碑一块，距今有265年的历史，对研究寒谷山寺的前身有十分重要的参考价值。石碑上记有"余少时，后诸父老游，一望湖光山色，征帆飞鸟，历落眉睫间。花月良辰登眺者，每于兹憩息，亦吾里一胜地。前有三元大帝神殿一区，远近瞻仰，香火相继极。"

寒谷山寺由于坐落在东山有名的花果山上，四周果树环绕，郁郁葱葱，登临殿楼，凭栏远眺，可一览太湖的湖光山色，俯仰古村全貌，明清建筑尽收眼底，是陆巷古村的一处佛教胜迹。

太湖边上心田寺

心田寺，位于苏州市吴中区东山镇心田村。

2012年12月，心田寺由女众改为男众管理。心田寺原为心田庵，系家庵，自唐朝创建以来，历经宋、元、明、清，几度兴、废、衰、荣，一千多年来，心田古寺一直是吴中大地历史名寺之一。

清代时先有潘氏住庵清修并出资重修，以后又有金氏婆媳常住于庵。日军侵华期间，有周乾隆居士入庵修行。周居士持庵梵行精诚、清净不污，人见钦敬、道俗同赞。继而，有周修明上人偕肖宽正尼师持庵。肖宽正尼师系湖南籍人，民国三十四年（1945），已39岁的她至东山，后入心田庵，先为居士，53岁时出家。中华人民共和国成立初期，所属村落土地改革时明确庵屋大殿还有里三间及灶屋归心田庵所有，由肖宽正尼师接管。20世纪六七十年代时被毁，肖宽正亦至苏州城内草桥弄紫竹庵避祸。

1979年，正法尼师等重开庵门。时心田庵有平房7间，在三圣殿内供奉菩萨。1985年，吴县公证处为心田庵办理产权手续。1987年，常住尼师到庵，初为居士，1992年出家。常住尼师到庵20余年中，历艰辛化缘募资，再经信士捐助，庵堂规模日见发展。其间，造大小客堂、生活附房、居士楼等20余间，请入诸路菩萨金身，栽树种花整治内院，又出资支持村路铺修。1996年心田庵正式对外开放，1999年，又重新修建大殿。2007年7月，登记为佛教固定处所。

2017年12月24日上午举行移建奠基典礼。

移地重建的心田寺以明清建筑风格为理念，吸收本土文化、城市山林特色，建成佛法修学道场、绍隆佛种之梵宇。寺院规划有大雄宝殿、藏经楼、念佛堂、观音殿、地藏殿、斋堂、客堂、祖师殿等。

至2020年5月，心田寺还在建设中。

槎湾村中保安寺

保安寺，俗称保安古寺，位于吴中区东山镇槎湾村。

一、地理位置与沿革

槎湾，现在行政上归属于东山镇双湾村。槎湾位于东山碧螺峰和玉笋峰脚下，入村后继续向里走，地势由高而低，一些古旧民房和现代建筑之间自然形成狭长的小巷，整个村子随处可见百年以上树龄的银杏树。进入村子最深处后，便看见保安古寺的山门。

古时东山有9寺13庵，保安古寺就是其中之一。据传，该寺因春秋时伍子胥的母亲曾在此居住而得名，古时又称胥母庙。传说当年胥母曾避难于此，将中原地区先进的栽桑育蚕、种竹养鱼等技术传授给当地百姓，又帮助当地山农砍竹、伐木，编制成水上的运载工具——槎，槎湾之名亦由此而来。伍子胥在吴国成名后曾在太湖东山的大尖顶迎母，因而东山大尖顶古名胥母峰，东山古时亦称胥母山，这便是保安古寺和东山镇的由来。

2005年12月，东山镇、槎湾村及当地村民共同出资，陆续对保安古寺进行修复。2008年3月，登记为佛教固定处所。2009年，吴中区佛教协会接管，并委派诚心尼师到保安古寺主持寺务工作。

二、建筑格局与古树

保安古寺平时只是初一月半开庙门以便老百姓烧香。诚心尼师来到保安古寺时，当时条件非常艰苦，寺院连住的地方都没有。几年来，诚心尼师带领佛教弟子整修殿堂、重塑佛像，连续征地、建造净苑、设立禅书院等，目前保安古寺已拂去艰涩的斑驳，迎来温润的颜容。

恢复后的保安古寺，坐北朝南，占地15亩，现有建筑面积3400平方米。有山门、大雄宝殿（正殿）、胥母殿、孙武殿、碑廊、净苑等建筑景点。

山门（天王殿）。面阔 3 间，80 平方米。山门上方悬挂"保安古寺"匾，由原中国佛教协会会长赵朴初题写。山门东西两侧围墙上书"佛""禅"大字，由书法家徐伯荣书写。殿内中间供奉弥勒菩萨，面向南；弥勒像后供韦驮菩萨，面向北；两边塑有哼哈二将。

大雄宝殿（正殿）。位于寺院最北面。坐北朝南，面阔 3 间，宽 12.67 米，进深八界 10.56 米，建筑面积 133.8 平方米。建筑为一层砖木结构，屋面上盖小青瓦，两坡硬山屋面。明间前檐为 8 扇长窗，两次间为 6 扇短窗，东侧窗台下有功德碑。殿内正中供奉一佛两弟子，东西两边为十八罗汉像，重塑的佛像系脱胎泥塑，系苏州非物质文化传人民间泥塑家朱文茜收官之作。

大雄宝殿东侧为五官堂。净苑位于寺院的西南角，三层，700 平方米。原本保安古寺里有一棵 500 多年的古香樟树，因为传说这树皮可以治病，因此村里的老老少少经常地去偷刮一小块树皮。日久年长树终于坚持不住，死了！现在寺院山门前西南有一株树身枯干而树梢犹发新枝的古圆柏，已是一千多岁"高寿"的老寿星了，系唐代种植。古柏依偎寺旁，见证着岁月的流淌。出山门殿左有一棵 150 年的金桂，浓密的枝丫探到了屋檐前。保安古寺三宝现在变成了两宝。寺内还有数棵银杏树，深秋时节，银杏飘叶，洒落金黄。

三、孙子故居与碑廊

保安古寺竟然建有孙武殿，原来孙子为逃避齐国内乱也隐居槎湾，他终日研究兵法，时与胥母切磋，后移居穹窿山撰写兵法十三篇。伍子胥受吴重用接迎胥母，相遇孙子并举荐给吴王，最终成就了一代兵圣。20 世纪初文史学家陆澹安在原胥母祠内发掘到书有"胥母孙子，山乡神秀，立祠千载，阅世犹存，山水之美，人神之极"唐代古碑残石。由此上溯立祠在春秋末，可证孙武当年曾隐居于此。

入得寺中，左手一侧便是"碑刻院落"，孙武祠堂就设于院内。院墙大门前有米芾题字"东吴圣贤传兵法，气霁山湖节如松，孙子故居"。院内孙武殿坐北朝南，面阔 3 间，80 平方米，殿内正中供孙子铜像，像上方悬挂"孙武殿"匾。千百年来，续有名人雅士留下墨迹碑刻，凭吊历史，成为保安古寺一道靓丽的人文风景。

进入孙子故居院落门，门东面竖有一块清龚自珍《古槎湾》诗碑："今日闲愁为洞庭，茶花凝想吐芳馨；山人生死无消息，梦断槎湾一角青。"门西面竖有原中国佛教协会会长赵朴初题写的"玉峰奇境，槎湾圣迹"碑。

庭院南面墙上建有碑廊，计有 21 块，碑石题字有唐颜真卿书"兵经传道，永垂贞范"；宋苏东坡书"吹洞庭之白浪，卷震泽而俱还，随属车之鸥夷，款木门之铜环，追范于渺茫，涕夫差之恂鳏，悟人寰之泡幻，藏千里于一班"；赵孟頫书"东山古寺，一方胜境，武子传法，蕴奥佛心，广推其道，饶益众生，建殿安像，福缘殊胜"；明祝枝山书"论道讲书偏仰仁义，逍遥一世睨天地，可以凌霄汉出宇宙，岂羡夫人帝王门哉"；明唐伯虎书"两都踪迹，鞭策风雷，吴越兴亡，苍茫烟梦，碧云楼头，草堂说法，夕阳流水，任其所趋"；清龚自珍书"胥母故里可谓，孙子著兵经根原"。亦有近代名家墨宝，如民国南怀瑾书"霸越存吴事已奇，天才智勇两相宜，湖山古寺空王殿，散落输赢动后棋"；李根源书"奇石参天，怪石峥嵘，兵圣藉以演阵习法，乃成旷代巨典，令人仰止"，及与沈鹏年有关的题笔"钟灵毓秀洞庭东，门口俗勤又采风，千载服膺孙武子，一生低首树人翁"等等。

保安古寺留存了这么多的历代大家名士的墨宝，在东山众多的寺院中绝无仅有，堪称东山碑林、吴中瑰宝。

四、沈鹏年与胥母情结

保安古寺的恢复离不开有识之士的无私奉献。沈鹏年（1927—2013）先生是土生土长的东山槎湾人，20 世纪 40 年代他在苏州东吴大学投身革命，后至沪从事工人运动，迎接上海解放。日后，沈鹏年虽然人在大上海，但心中念念不忘孩童时代故土胥母殿情结，为考证胥母历史掌故，自 20 世纪 70 年代起他就开始四处奔波，收集资料，数十次长途跋涉，历尽艰辛，寻觅胥母与伍子胥及孙武活动过的踪迹。历时数十载，编写了 10 多万字的《胥母情结》一书，并多次重返故里参与古寺的修缮与胥母重塑工程，难能可贵的是他还慷慨解囊，捐资数万元的离休金于古寺。沈先生此举感动了家乡父老，在他的影响下纷纷解囊募捐。2004 年 9 月 21 日，保安古寺终于迎来了胥母、伍子胥、孙武的三尊金身塑像。

胥母殿位于正殿西南，大门上方嵌有"胥母殿"三个砖雕大字。进门为一院子，院内有一口古井为难得的古代遗迹，而尤以两块古代碑刻弥显珍贵。一块是唐代的，上面刻着："胥母孙子，山乡神秀，立祠千载，阅世犹存，山水之美，人神之极"。这块贞观年间的古碑刻，虽久经风雨剥蚀不易辨认，却依然明确地显示我们古寺的悠久。另一块古碑刻是明代唐寅的题字，用以颂扬玉笋峰下的胥母和孙武："一丘谅自足，陆处仍无家，没事庭有厅士，构室栖云霞"。

胥母殿面阔 5 间，110 平方米，清咸丰年间所建。殿内正中供奉着胥母铜像，身披战袍，一手按剑，注视前方。右侧手捧《孙子兵法》竹简的孙武；左侧手是低眉垂目、躬身迎母的伍子胥。细看胥母塑像，虽服饰简朴，却不乏贵族气质，慈祥中又不乏威严。胥母为将门之女，精通武艺，熟谙医学。她自幼随父镇守边关，上过战场，救治伤兵，文韬武略，集于一身。伍子胥当了楚太子的老师，官居相国太傅，常住于国都。胥母携两个儿子居于乡间，把他们培养成了文武双全的国之栋梁，故胥母留给后世的是一女中豪杰的形象。胥母铜像上方悬挂"地母殿"匾，为赵朴初先生手迹。

五、南社禅书院落户古寺

南社是以振起国魂、弘扬国粹为主导文化思想的全国性、近代性文学和文化社团。南社人也是近代中国梦的首先倡导者，他们在中国文化的各个领域取得了丰硕的成果，推动了近代中国时代文化的发展。其中南社禅学文化人物尤为具有影响力，如弘一法师李叔同、曼殊上人苏曼殊、乌目山僧黄宗仰等，他们不仅建构了南社的禅宗文化，还将思想融入到民族民生事业中。

由中华南社学坛与保安古寺携手成立的中国南社禅书院于 2014 年 8 月 22 日在保安古寺挂牌，这是保安古寺近百年来结缘南社文化的新的缘续。

保安古寺目前殿堂虽不是那么宏伟，但走进古寺，首先感到的是宁静。这片不大的寺院，虽少了些香客朝拜的嘈杂，却多了几分历史的沉淀和佛学的清修，让人自然地就生出了敬意。

古镇上的东山寺

东山寺，位于吴中区东山古镇老街东首。

一、历史沿革

据史载：东山寺东面原有偏殿称东岳行宫，俗名张师殿。宋开宝年由里人张大郎舍地而建。明正统间重修。当初寺庙有四进，气势雄伟，东山寺因地处东山交通要塞，以前寺庙前有一河港码头，而港连接渡水桥一直通往太湖，以往行船经常往返江浙沪。明代文渊阁大学士王鏊告老返乡后，一边著书立说，一边悠游于山水之间，有时和其门生苏

山门

州才子唐伯虎、祝枝山等途经此地，会进庙歇息品茗，赋词作诗。乾隆皇帝下江南赴山东，上岸后途经该行宫，姑苏知府先安排皇帝在此小憩片刻，然后再巡游洞庭山。

康熙年间，香火旺盛。至咸丰年间逐渐荒废，仅存张师殿，一度成为乡公所，拯济灾民和僧人布施的场所。张师殿毁于1966—1976年间，20世纪80年代，信徒在此烧香。

二、建筑风貌

2010年6月，吴中区佛教协会委派道悟尼师负责筹建工作，她舍宅自筹资金百余万元，经过3年多的努力，相继修复山门（天王殿）、大雄宝殿、张师殿、观音殿、刘公堂以及僧寮等。现已初具规模，占地近两亩，建筑面积700平方米，更名为"东山寺"。

山门殿面阔3间，中间供奉弥勒佛，东间为禅房，西间为刘公堂。山门上方悬挂"东山寺"匾额，由苏州市佛教协会副会长、吴中区佛教协会会长、包山寺方丈心培法师题书。

大雄宝殿面阔3间，120平方米。殿正中供奉三世佛，后面为观音菩萨，殿北东西供奉文殊、普贤菩萨。出大雄宝殿东为张师殿、观音殿。

三、古迹景观

东山寺的文物古迹众多。在山门殿东间禅房，竖有一块康熙十四年的总督江南部院《右谕通知》告示碑，高1.76米，宽为0.8米。出山门殿右手墙边竖有2块咸丰年间的告示碑，高达1.46米，宽0.66米。寺内还存有当年的"公所"砖雕一块。千年古银杏树一棵，长势茂盛。

莫厘峰巅慈云庵

慈云庵位于吴中区东山镇莫厘峰顶。莫厘峰海拔 293.5 米，它雄踞高山之巅，俯瞰太湖之渺茫，是慈云庵的特色。

一、历史沿革

慈云庵始名莫厘观音庵，建于清康熙九年（1670）。咸丰十一年（1861）毁于兵火。光绪三年（1877）东山席氏出资重建，遂改名慈云庵。据《太湖备考》载："清康熙九年（1670），曾在庙内竖一碑碣，上镌'供奉三界众佛'。"1949 年前，住持僧垒石墙，将庵围住。庵毁于 1968 年。山巅大士殿、三官殿皆荡然无存。2000 年春，民间人士自发组建重建"慈云庵"义建组，筹措经费、策划重建方案，发动社会各界募集善款，购物置料，终于 2001 年 6 月 18 日重建相继完成。竣工之日适逢莫厘峰庙会，新塑观音供奉入庵内，峰巅观者如潮传为盛事。

二、建筑风格

慈云庵取如来慈心，如彼大云，引注世界之意。重修后的慈云庵坐北朝南，有牌坊、天王殿、大士殿、三官殿、右厢房（寮房），外面还有一间客堂等建筑物。

牌坊上镌"慈云庵"，席时珞书。楹联："慈云普护三千界；法座高居第一峰。"天王殿供奉弥勒菩萨、韦驮菩萨、四大天王。庭柱上有对联："慈云普护三千界；法座高居第一峰。"大士殿，右边殿前悬挂匾额"普渡众生"，左边一块"佛日增辉"，门前楹联："法身应观广无边；妙相庄严同瞻仰。"大殿中央观音菩萨神情安详庄严结跏趺在莲台上，双手托净瓶。善财童子双手拱拜、龙女作揖状护持在两旁。供台上两边插满鲜花，中间有蜡烛、香炉、供果，庭前悬挂大红色绣着双龙戏珠的帐幔。菩萨身后墙上的柱子上一副对联："莲枝苍穹与清风明月相际；佛禅尘寰同高山流水共律。"前面柱子上还有一副楹联："紫竹惠风时拂祥云垂世界；玉瓶净水常撩甘露润乾坤。"大殿右侧有东山庙中宝月珍菩萨。有信众送的旌旗"佛法无边，有求必应""有求必应保子孙，一帆风顺来求财"。菩萨左边有送子观音、千手观音、手持净瓶脚踏鳌鱼的南海观音，手指作兰花状观音菩萨立像，下方是阿弥陀佛。左厢房（原名：三官殿），重建后没有命名，1966 年前名"三官殿"。左厢房中供奉五台山文殊菩萨，九华山地藏王菩萨，峨眉山普贤菩萨。

三、碑刻仙池

重建后的慈云庵，山门（弥勒殿）外墙上嵌有两块石碑，右边一块为《重建慈云庵记》，2001 年 12 月莫厘峰慈云庵义建组立。杨维忠文、汤阿二书刻。左边一块为"钦加知府衔署理江南苏松常等处太湖抚府何为出示勒石"，是这次重建时从地下挖出，重现清光绪三十一年（1905）官府出示告示，得东山莫厘峰为太湖胜景勒石严禁事照。此碑至今已逾百年之久。碑文记载，因当时东山席氏无知子弟招摇恫吓僧人，意图渔利，故苏州知府何刚德特立此碑示禁，声明若有再犯，必提案严究，如果地保勾结勒索，也会一并究惩不贷，语气很严厉。此碑立后当时慈云庵

僧人们的日子可能会好过些，因为这些地痞无赖虽然不相信所谓的因果报应，但牢狱之苦应该还是有所畏惧的吧。立此碑的何刚德进士出身，在任 8 年，直到清朝灭亡，可以说是苏州的末代知府了。据记载他在任时颇勤于吏事，关心民生，看来所记不虚，因为他连偏僻的东山莫厘峰顶僧人们受欺负的事情都管了。

庵西侧有"莫厘仙池"，终年不枯不盈，山顶泉水，甚为称奇。从庵后登坡，可即达莫厘绝顶。最高处有巨石，是登高观景的好地方。但见湖水共长天一色，帆影与沙鸥齐飞，远山如屏如障，近山如案如几。明代沈周、王鏊等历代名人都有咏莫厘峰的诗："水色空蒙山色浓，连山青翠尽仓竹；白云迷住山中路，身在洞庭第一峰。"

四、观音庙会

莫厘峰顶的这座慈云庵还有历史悠久的伴观音民俗，延续至今，影响很大。除夕之夜曾随进香的人群登过莫厘峰，平时寂静的山路上熙熙攘攘，摩肩接踵，慈云庵里经声佛号，梵音缭绕，香火通明。庄严的菩萨像前挤满了虔诚的朝拜者，无论是穿着质朴的山民，还是衣冠楚楚的游客，在这一刻，都是芸芸众生中平等的一员，大家都把对新年的美好

希冀在心中默祈，不单单是求菩萨保佑，也是为自己加油。佛教中的惩恶扬善，奖勤罚懒，都是正能量满满，有正信的灵魂就不会感到孤单，有目标的奋斗也才不会跑偏，这也许就是莫厘峰除夕伴观音习俗能够长久存在的内在原因。

每年农历六月十九日是观音日。六月十八日下午 3 点以后朝山进香的队伍不约而同开始攀登东山顶峰，从雨花胜境的雨花台拾阶而上，雨花禅寺也有香烛供奉，香烟萦绕，烛光摇曳。过四角亭再往上是二尖顶，又是一个香烛旺盛的中间站。再往上一段斜坡就是莫厘峰，顶上山高风大，慈云庵高踞其上，历代是香客捐助而建而加固遗留至今。

山顶寺庙围墙内外都挤满了人，小小山顶，涌现了成千上万的人群，不少人随身带了席子、毯子、夜宵，准备留宿山头，而山下的人还在不断上来。山上的烛台都点满了香、红烛，照亮了整个山头，烟雾缭绕。善男信女，求神拜佛，许愿默祷，直到深夜。香客在此通宵达旦，称之为"伴观音"。

零点是"烧头香"的时间。香客中有东山前山后山的本地人，有从苏州、上海、浙江甚至更远的地方赶来烧头香的外地人。有人陆续下山，有的要守到黎明拂晓。

慈云庵为雨花禅寺下院，由雨花禅寺派僧人管理。

临湖湖桥湖嘉寺

湖嘉寺，位于苏州市吴中区临湖镇湖桥村。

一、历史沿革

据记载，湖嘉寺前称吴玠庙，因抗金民族英雄吴玠而得名。

吴玠（1093—1139），字晋卿，宋代抗金名将，一生用兵如神，戎马倥偬；赤胆忠心，同仇敌忾，其史实载于《宋史》，与民族英雄韩世忠、岳飞、刘琦等并称为抗金五员大将。吴玠因长年转辗沙场，积劳成疾，英年早逝，死于西蜀抗金前线，其时年仅46岁。宋高宗念其功绩，劳苦功高，遂追封为涪王，谥号"武安"。翌年，奉诏立庙，供人祭祀铭记，后逐步演变为民间供奉之神祇。吴玠为浙江嘉兴人氏，其后人（约为明末）至苏州为官，遂将家眷族亲迁至姑苏慕容。时隔年余，因太湖常有水患发生，殃及周边村民百姓，民不聊生。后人见状，起念建庙，遂于姑苏城胥门外东太湖边浦庄镇湖桥西南太湖边建造吴玠庙，一则供人祭祀佛祖纪念先辈英雄业绩；二来祈求上苍保一方平安，风调雨顺。吴玠庙建成后，香火旺盛，信众蜂拥，凡东至张家滨河，北至浦庄苏东运河，西至渡村采菱桥壮志桥，南至太湖边，以上范围内有人亡故都要到吴玠庙祭祖，其盛况可想而知。

1949年开始，吴玠庙的殿屋及佛像逐步被拆毁，香火渐衰；到20世纪60年代几近全部拆尽，所幸存几间破屋风雨飘摇；直至改革开放以来，随着时间的变迁，社会的发展，党的宗教政策开放，信教群众宗教信仰的提高，吴玠庙逐渐恢复生机，当地信众利用留存的破殿旧宇，修缮粉刷，重敬诸佛，再燃香火，但旺盛程度已与当年不能同日而语。

随着信众人员日益增加，吴玠庙已远远不能满足当地信教群众烧香拜佛的需求，经批准于2005年将旧屋拆除重建并正式更名为湖嘉寺。2007年7月，登记为固定处所。

香炉

二、建筑格局

湖嘉寺,坐北朝南,寺前有高 8 米牌坊,正中"湖桥霁胜",苍劲有力的大字为大明寺方丈能修大和尚手书。下边为弘法法师所书楹联,左为"桥边一幅小康图是谁信于裁成",右为"湖畔四时长景秀为我和磬盘出"。牌坊背面正中"慧日慈雲"。下边为寒山寺方丈秋爽大和尚所书楹联,左为"今日名蓝估民四季得大恩",右为"宋朝古刹镇怪千年平水患"。

入牌坊可见山门。山门殿上方悬挂"湖嘉寺"匾额。出山门殿,左为财神殿,右为千手观音殿。大雄宝殿面阔 5 间,系砖木结构,面积 450 平方米,双重复檐,檐下斗拱密致。歇山式屋顶,覆盖黄琉璃瓦,翼角悬铃,随风作响。殿内正中塑释迦牟尼、阿弥陀佛和药师佛三尊大佛像,高 6 米,全身贴金。

出大雄宝殿,为玉佛殿。正中供奉的玉佛为四川汉白玉,高 1.38 米,重量为 2 吨,由日本原凌子居士乐助。2015年 4 月 26 日,湖嘉寺隆重举行玉佛殿佛像开光庆典法会。

湖嘉寺整个殿宇布局为长方形,左右殿堂与厢房均建有游廊,在雨天绕殿一周不致湿鞋。

2008 年 6 月,吴中区佛教协会委派莲清法师主持湖嘉寺工作。

玉佛寺院宝寿寺

宝寿寺，位于苏州市吴中区临湖镇采莲村与六湾村交界处。

一、历史沿革

据苏州地方志《渡村镇志》记载：宝寿寺，当地称之为"黄垆寺"，始建于唐朝大中七年（856），宋乾德二年（964），吴越钱氏重建，嘉定年间重修，明洪武初为丛林寺（大寺院）。其时，前庄之姑苏寺（梁天监二年建），归并宝寿寺，至清同治十二年（1873）又重修。原供佛像毁于1950年，寺院内建筑于20世纪50年代中期被拆毁。宝寿寺寺址东西长约200米，南北宽约100米，东、西、北面有转河相通，可见当年宝寿寺"规模宏丽，栖僧半千"。相传乾隆下江南时，有一日船经东太湖，眼见天色将晚，便传旨驾临宝寿寺。寺僧获悉巡幸，欲争相迎之。住持吩咐僧徒各司其职，唯18个当家师获准于山门外迎驾。乾隆登岸，数百护从人员相随，看见18个寺僧分立于寺前，顿觉扫兴，猜想寺内僧人不多，宝寿寺不过空负盛名而已，随口道："好大一座寺，不满20个僧！"一旁的寺僧不解，奇怪皇上怎么会说出这一句话来。皇上怎么不问寺内众僧几多呢？其实当时宝寿寺众僧超过500，香火极盛，单是当家师就有这么18个。岂料皇帝金口，从此宝寿寺日见冷落，渐断香火。1999年，经批准为佛教烧香点。2008年3月，登记为固定处所。

二、建筑风格

恢复重建的宝寿寺，坐北朝南，占地23庙，建筑面积6000余平方米，主要建筑建在中轴线上，附属建筑则在中轴线的东西两侧，建有牌坊、天王殿、大雄宝殿、观音殿、地藏殿、药师殿、财神殿、吴玠殿、钟鼓楼、念佛堂、僧众寮房等建筑。

天王殿前建有牌坊，四柱三门，花岗岩石，牌坊中间横批"净土觉场"四

牌坊

个大字，两边篆体联为："正法久住森然万象响梵音；即心是佛世界十方皆道场。"穿过牌坊是天王殿，面阔5间，长20米、宽15米，300平方米；殿正中供奉弥勒菩萨，背面为韦陀菩萨，两边为四大天王。殿内柱联："笑古笑今，笑东笑西笑南笑北，笑来笑去，笑自己原来无知无识；观事观物，观天观地观日观月，观上观下，观他人总是有高有低。"

天王殿的右侧是财神殿，供奉五方财神像。天王殿的左侧是吴玠殿，原为

祭祀宋朝名将吴玠而建。吴玠（1093—1139）浙江嘉兴人氏，字晋卿，宋代抗金名将，一生用兵如神、赤胆忠心，其史实载于《宋史》，与韩世忠、岳飞等并称为抗金五员大将。宋高宗念其功绩，遂追封为涪王，谥号"武安"。翌年，奉诏立庙，供人祭祀铭记，后逐步演变为民间供奉之神祀。明末，其后人至苏州为官，遂将家眷族亲迁至故苏慕容。因太湖边常有水患，殃及百姓。其后人起念建庙，称吴玠庙。一则供人祭祀佛祖

纪念先辈丰功伟绩，二来祈求上苍保一方平安，风调雨顺。

走出天王殿，右手边是钟楼。钟楼北为观音殿，面阔 5 间，长 27 米、宽 6 米，162 平方米，殿内正中供奉送子观音和十二大愿观音像，柱联为："观世无如观自在，好心自有好儿来。""大慈大悲，到处寻声救苦；若隐若显，随时念彼消愆。"左手边是鼓楼。鼓楼北为地藏殿，面阔 5 间，长 27 米、宽 6 米，162 平方米，殿内正中供奉地藏王菩萨像，柱联为："含藏一切善根，愿力宏深空地狱；成熟众生胜果，悲心广大遍荒田。"

出天王殿沿着中轴线向里走，是一座气势磅礴的大雄宝殿。大雄宝殿面阔 7 间，长 35 米、宽 25 米、高 19 米，面积 875 平方米。殿内供奉玉雕三世佛及文殊菩萨、普贤菩萨、海岛观音。

宝寿寺的特色九尊主佛像：弥勒、韦陀、观音、地藏王、文殊、普贤、释迦佛、阿难、迦叶均为整体汉白玉，其中大雄宝殿正中供奉的释迦牟尼、阿难、迦叶佛像每尊重 38 吨、高 5.8 米。据介绍，由于玉佛体积较大，先将三尊玉佛安置好后，再建造大雄宝殿。为展示佛像的雄伟，大雄宝殿中间三间没有用前柱，屋顶上方悬空，整个大雄宝殿显得雄伟壮观。该殿于 2010 年上半年竣工落成，历时两年。

宝寿寺殿宇雄伟，玉佛是该寺的镇寺之宝。

包山坞中包山寺

包山禅寺位于吴中区金庭镇梅益村包山坞。

地处苏州市南面，距离苏州古城约45公里，四面环山，清静幽雅。西山是烟雾缥缈、浩瀚无垠的姑苏太湖中最大的岛屿，因西山四面为太湖水所包，俗称包山。包山寺规模冠于吴中众寺。据宋代王铚在《包山禅院记略》中称其盛况，"兹院自六朝之后为胜地"。

一、历史沿革

包山寺始建于南朝宋永初年间（420—422），至今已有1500余年历史。梁武帝天监年间（502—519）逐渐扩大，至大同二年（536），正式建寺，定名福愿寺，规模宏丽。唐高宗李治显庆元年（656），赐额显庆禅寺，"为大丛林，庇千僧"，香火极盛。唐玄宗天宝元年（742），由时称"天下七大高僧"之一的神皓卓赐于此，大兴寺院，佛事旺盛，道风远近闻名，一时僧众达千人，僧房1048间，有"百廊千僧"之誉，成为吴中丛林之冠。唐肃宗乾元年间（759），赐名包山寺。宋徽宗政和年间（1111—1117），寺院被毁。宋钦宗靖康元年（1126），开封大相国寺慧林禅院高僧怀深（封号为慈受大士、普照禅师）到此住持重兴，寺院建成后，宋高宗建炎初年（1127），赐额包山显庆寺。元朝末年遭兵火被毁。明太祖洪武初（1368），归并上方寺。明成祖永乐年间（1403—1426）有呆庵禅师住持重建，复名包山禅寺。明神宗万历三十五年（1608），有高僧山晓住持包山寺，先后建大殿、大悲阁、凝香塔院、天王殿、钟楼、大云堂等，香火极盛，重现江南名刹盛况。

明清鼎革后，山晓禅师于清顺治十七年（1660），应诏进京为董鄂妃丧礼主持佛事，深受顺治皇帝尊重，并得御赐亲书"敬佛"两字，成为镇寺之宝（光绪年间，由西山里巡检暴式昭摹刻，放置石公山御墨亭中）。清乾隆六年（1741）有高僧荫南禅师住持，修建了钟楼、祖堂等处。乾隆十八年（1753）兆隆禅师继主，扩建修复了山门殿、天王殿、大雄宝殿、藏经楼、满月阁、空翠阁、大悲阁等近20余所建筑。清末时，寺院僧人分为6房，由下而上依次为静善堂、拈花堂、禅堂、大云堂、下西房、上西房，统称为显庆禅林，其中大云堂部分为主寺。寺院建筑除山门殿、天王殿、大雄宝殿、大云堂外，还有空翠阁、嫩桂阁、祖师殿、香证阁、凝香塔院、闻经山房等，扩大了寺院范围。咸丰十年（1860）因兵戈之灾，寺院毁殆大半，清末衰败。民国时，太虚法师到寺住持，修葺寺庙，并设佛学院，树新育人。民国十六年（1927），太虚去厦门南普陀寺，其弟子大休和尚应李根源等延请，入太湖住持包山寺。4年后，又由其徒闻达继承衣钵，住持寺院。

中华人民共和国成立初期，由云谷住持，后由昌慧等人维持。1958年"献庙还俗"，寺庙闭门。至1974年夏全部建筑拆除殆尽，使这座绵延1500多年悠久历史的江南古刹，从此沉寂20余年。

1994年太湖大桥通车后，包山寺重建工作开始筹备。1995年3月，吴县人民政府同意修复，并礼请灵岩山寺监院贯澈法师主持修复工作。7月，成立了包山禅寺修复筹建组。中国佛教协会会长赵朴初欣闻此事，特地题写了"包山禅

寺"寺名和大雄宝殿匾额，为古刹增光润色。同年10月15日，包山寺修复工程正式开工，工程由苏州香山古建集团公司设计施工。1999年10月23日，包山寺隆重举行殿堂落成、全堂佛像开光暨贯澈方丈升座盛典。

2007年3月，登记为寺观教堂。

二、建筑格局

重建的包山寺改原来的坐北朝南为坐西向东，形成东向地势低坦开阔，其他三面以山为屏，成圈椅状格局。至2017年，寺院占地6.7万平方米，建筑面积1.3万余平方米。建筑风格沿袭旧貌，其殿宇建筑为三路纵向排列。中轴线上依次为山门殿、天王殿、大雄宝殿、藏经阁；北路建筑有僧寮、客堂、钟楼、财神殿、普照塔；南路建筑有安养院、祖师殿、鼓楼、玉佛殿、方丈楼等。整个寺院依山势而建，殿阁参差，层次感强。

包山寺的牌楼建在进山的路口，四柱三门，显得气势恢宏。层层斗拱，承托起黛瓦叠铺的楼檐。飞檐翘角，一大二小错落成品字型排列。中间楼檐的中脊，用堆塑手法做成龙吻脊。两端翘起的龙头，栩栩如生。与楼檐对称的塞板，也镶嵌成品字型。材质为木制，涂朱红漆。塞板正中题额"包山禅寺"，由原

中国佛教协会会长赵朴初题写，字体浑厚，遒劲而大气。匾额下浮雕"凤穿牡丹"图和"五福（蝠）捧寿"图。牌楼的支柱，采用花岗石精心雕刻而成，刻有楹联"禅寺包山山包寺，太湖浴佛佛浴湖"，此为中国书法家协会主席沈鹏题写，清雅飘逸，令人回味。4根石柱构成3间长方形门宕，象征着古寺的昨天、今天和明天。每根石柱的下部，都围聚云头抱鼓石，构成美观雅致的柱基。

穿过牌楼直达山坞深处包山寺。寺前供奉弥勒佛。山门殿前一条蜿蜒的山涧环寺而过，给千年古刹佩上了一条玉带，清澈的山泉依势而行。山溪上的这座香花桥，形制非常古朴。两侧各有六级台阶。桥栏浮雕为荷花图。桥栏望柱顶端则雕凿成莲苞，造型生动逼真。清代朱彝尊在《包山寺题名》中对此有描述："径前而寺门见，石梁覆涧，水流涓涓不绝。"《包山寺文史概述》："前有山溪，终年泉水淙淙，入院有香花桥一座。"现任方丈心培法师2017年6月28日作《山门小溪》诗曰："门前一道小溪流，碧水潺潺无止休；为是奔忙东入海，汇成辽阔展鸿猷。"

山门殿建筑面积为108平方米。层顶为单檐歇山式，屋顶正脊用砖瓦叠砌，两端用堆塑手法塑成起伏的龙头，名"龙吻脊"。此外，还有麒麟、双狮戏球等堆塑造型。檐口花边滴水上，塑有一排微型佛像，神态端庄，惟妙惟肖。入殿，金砖铺地，古朴雅致。殿正中供布袋和尚（弥勒菩萨化身）。

出山门殿至天王殿前为庭院，庭院正中置四角铁铸香炉一只，外观呈长方形。香炉前又置万年宝鼎一座。天王殿面阔3间，203平方米，殿前有花岗岩台阶。殿门上方悬挂"天王殿"匾，由原包山寺方丈贯澈书写。天王殿的屋顶采用单檐歇山式上，正脊两端，一对腾龙昂首而立，构成多姿的龙吻脊。正中塑有"国泰民安"四个大字。龙吻脊前，塑有一幅寺庙罕见的"西游记取经"造型图。四条垂脊上，左右前后两两对称，堆塑出四大天王造型，栩栩如生。四条脊上，还塑有十二生肖造型。此外，前后两条檐口上，还塑有造型生动的微型佛像。飞檐下风铃随风抚动，发出清脆悦耳的声音。殿中间供弥勒菩萨的真身阿逸多，背面为韦驮菩萨，两侧供四大天王。

出天王殿经两层35级台阶，拾级而上，一座气势雄伟的大雄宝殿跃然入目。殿前露台平坦宽展，台周围以透空石栏。露台正中置葫芦型青铜宝鼎一座，宝鼎为六角形鼎檐，为复檐，12条飞龙檐下，悬挂12只风铃，在风中传送着古刹梵音。大殿两侧，各置有一座六角形石经幢，幢身刻有佛号。大雄宝殿面阔7楹，586平方米。殿正门上方悬挂"大雄宝殿"匾，为赵朴初书写。匾额下又有一字排开的金字匾，依次分别为庄严国土、佛日增辉、宗风远播、法轮常转和利乐有情，其中"宗风远播"为茗山法师所书。大殿前有一围廊，廊柱间挂有一副楹联，联曰："金布祇园长证六如非色纷皈佛界；慈施鹿苑辄令五蕴皆空彻悟人生。"大门正中柱上也有一副楹联，其位置与前面的廊柱楹联对映。联曰："宝筏千秋素有迷津易渡；玉毫万丈绝无觉路难开。"上述二联均由吴中陆文贤撰、贯澈法师书。殿内正中供横三世佛，中为释迦牟尼，东为药师佛，西为阿弥陀佛，释迦牟尼左右胁侍为迦叶、阿难；背面为海岛观音，供观音菩萨、善财童子、龙女及二十诸天；两侧为十八罗汉及文殊、普贤菩萨。殿内正中柱上，挂有楹联一副，联曰："以清净果证因护持斯万；现广长舌说法震大千。"两侧柱上也挂有一联，联曰："山叶雨声无我无人境界；月潭云景非空非色襟怀。"殿两侧供奉十八罗汉，横三世佛背后，为海岛观音塑壁，色彩鲜明，结构严谨，布局得体，是一幅气势恢宏的佛教经典图。

包山寺中轴线最高处藏经楼。出大雄宝殿有一条直通藏经楼山道，花岗岩石台阶，共 113 级。以三部分组成三个不同的空间。第一部分 53 级台阶，取"五十三参，参参见佛"的佛教典故。尽头处置一小方平台，平台两侧各立一尊

石狮。往上，又是 53 级台阶，同样又见一平台。平台围以青石石栏，可坐憩。迈上第三部分 7 级台阶，即到达藏经楼。藏经楼，240 平方米，楼内现藏大藏经 11 部，共 9 种版本，另外有大师们的佛学经典、各类传文史哲学典籍。登楼远望，全寺的殿宇楼阁尽收眼底。

在包山寺内，还有一些比较重要的殿堂。其中，有玉佛殿、祖师殿、伽蓝殿、观音殿、地藏殿、财神殿。这些殿堂不在寺院的中轴线上，体量都不算大，但布局得体，内容丰富，大大提高了包山寺在苏州佛寺中的地位。

玉佛殿在大雄宝殿南侧，殿前有一围廊，殿门上方悬挂"玉佛殿"匾，为贯澈法师书写。殿内供奉汉白玉释迦牟尼像一尊，宝像庄严，造型生动，线条流畅。祖师殿位于大雄宝殿东南侧，殿的正中供奉禅宗初祖达摩。

钟楼上层悬挂大钟，重 3 吨，高 2.65 米，口径 1.65 米；钟楼下面为地藏殿，供奉地藏王菩萨。鼓楼为飞檐翘角的歇山式，屋脊塑有双龙戏珠、宝葫芦、仙鹤、梅花鹿等动植物造型。鼓楼下为观音殿，上层放一鼓，各有红底金字匾额。

财神殿位于大雄宝殿北面，殿高 22.88 米，共有 3 座殿组合，主财神金身像高 13 米，像由青石雕刻而成，是目前世界上最高的一尊室内金身财神。主殿供奉的文财神是中国儒商鼻祖范蠡，集

道德、儒雅、财智于一身，世人皆誉其"忠以为国；智以保身；商以致富；成名天下"。2016 年 11 月 19 日，举行建寺 20 周年暨财神殿落成财神开光庆典。

寺院还有僧寮、尊客堂、天香斋、凝香塔院、安养院等建筑物。

凝香塔院内建有普照宝塔，2013 年 3 月 24 日落成，系纪念宋代慈受禅师而重建，该塔为六角砖塔，高约 25 米，内部中空，塔外置 24 个小佛龛，塔内计有 228 座小佛龛，供奉青石刻消灾延寿药师佛大佛一座和 252 个小佛。

钟楼前有古银杏一株。包山寺占地 100 余亩，房屋数百间，总建筑面积近万平方米，整体建筑显得恢弘壮丽，气宇不凡。

三、寺院藏经

包山寺规模宏伟，文物众多，寺中藏有许多经籍，有宋绩砂藏、清龙藏、频伽藏、普慧藏、大正藏，其中最珍贵最有文物价值的，是刻于明万历年间（1573—1619）的方册本"大藏经"，也称"径山藏"，国内仅存两部。明崇祯十二年（1639），包山寺僧人德幢前往杭州化缘，有佛教徒王懋官久闻包山寺是佛教胜地，便出资为包山寺捐请《大藏经》一部，即该"径山藏"。1970 年 8 月 14 日，因包山寺藏经楼面临拆除，根据当时江苏省革命委员会政治工作组的意见，由当时的石公公社、吴县文教局将《大藏经》移交给南京博物院保存。移交时，《大藏经》共有 344 函，2586 册，其中正藏 211 函，1434 册；续藏 90 函，790 册；又续藏 43 函，362 册；其他佛经有 1300 多册。目前这藏经仍由南京博物院收藏，包山寺已向有关部门上书，将南京博物院代保存的《大藏经》请回寺里保存，使这一镇寺之宝更大发挥其作用。

包山寺藏经有名，包山寺僧人在抗日战争中护书更是功不可没。1937 年芦沟桥事变后抗日战争全面爆发，全国局势紧张，为防日本鬼子掠夺国家文物，江苏省立图书馆将 34 箱古籍善本及重要文卷运到西山，藏于包山寺满月阁，并砌复壁隐障。时任住持的闻达上人虽被敌伪威胁利诱，始终不屈，终于在抗日战争胜利后完璧归赵，受到了江苏省政府、江苏省教育厅的嘉奖。

四、名人诗赞

包山禅寺历史渊源流长，骚客名流慕名而至，历代宗师诗篇著作众多，唐代皮日休、陆龟蒙，宋代范成大，明代俞贞木、徐霞、沈尧中、王宠、史玄、释元慈、释山晓，清代沈德潜、张、赵允怀、蒋征尉、释通明、姚承绪、黄子云、金印、释大灯，现代金天翮、田汉、程小青、范烟桥、周瘦鹃、释大休等为包山禅寺题写了诗篇。

唐咸通十一年（870）六月，诗人皮日休、陆龟蒙雨中游览包山寺，兴致勃发，各作《雨中游包山精舍》长诗一首。陆龟蒙诗云："包山信神仙，主者上真职。及栖钟梵侣，又是清凉域。乃知烟霞地，绝俗无不得。岩开一径分，柏拥深殿黑。僧闲若图画，像古非雕刻。海客施明珠，湘蕖料净食。有鱼皆玉尾，有鸟尽金臆。手携鞞铎侣，若在中印国。千峰残雨过，万籁清且极。此时空寂心，可以遗智识。"宋人范成大到此游览，作有《包山寺》，诗云："仙坞逊半坐，精庐迁古幢。槁衲昔开山，至今坐道场。炽然说慈忍，禅海熏戒香。稚竹暗寒碧，飞松盘老苍。船鼓入宴坐，红尘隔沧浪。藤杖懒归去，共倚蒲团床。"明人俞贞木有《寓包山精舍》，诗云："精舍包山侧，缘崖曲路微。到池云弄影，入户月流辉。烟霭青罗屋，山园白板扉。松杉寒愈秀，猿鸟静相依。境胜忻神适，情忘与世违。莫为簪绂累，期与尔同归。"清代释山晓有《题包山寺》，诗云："双塔凌霄不记年，包山入望尚森然。登堂仅识呆庵碣，饮水深思慈受泉。地脉龙蟠收王气，石桶雷动见诸天。漫悉花雨香狼藉，自有披云人再还。"

近年来，包山寺为重显名刹风范，积极开展文教事业，致力提高僧众素质，弘扬佛教文化。1999年创办了香海书画院，2000年创办了包山诗社和包山学社。包山诗社由20多位僧人组成。2006年，包山寺和扬州大学联合挂牌成立"显庆佛学院"。并先后创办《玉毫》《包山诗抄》《显庆佛学》等刊物。2007年，又创办了吴中区佛教文化研究所。

包山禅寺现为吴中区佛教协会所在地。

绮里坞中观音寺

观音寺，位于苏州市吴中区西山岛绮里坞。

一、绮里坞

绮里坞，因汉朝初年著名隐士"商山四皓"之一的绮里季隐居于此而得名，建有四皓祠、绮里草堂等古迹。

此地历史十分悠久，文化底蕴十分深厚，地理条件更是十分优越，坞内四季苍翠，花果飘香，气候宜人，盛产碧螺春、杨梅、枇杷、青梅、板栗、柑桔、银杏等。

整个山坞坐北朝南，三面环山，南临烟波浩渺的太湖，北靠太湖七十二峰之首的西山主峰缥缈峰，东西向分别由形似青龙和白虎状山体环抱，可谓左环右抱北靠南眺，是一处佛教胜地。

二、历史沿革

观音寺，古称花山寺、观音院。据史料记载，观音寺始建于南朝元嘉二年（425），由时任会稽内史张裕奏和立安禅师初建于吴中胥口。其时，寺内连年千叶莲花盛开，且其莲心如水晶般剔透而被名为花山寺，后来成为观音寺的核心。这个道场早于普陀观音道场400多年（普陀观音道场始建于863年），是中国最早的观音道场。惜乎，隋朝大业三年（607）花山寺失火，不幸全部损毁。

及至唐代，观音寺香火极为鼎盛。唐开成四年（839），绮里坞人徐世业捐己山地，于当时高僧契元重建。寺分三房，气势恢宏。唐咸通十五年（874），因观音寺弘法名盛，皇上曾钦赐苏州观音寺为"观音园"，并御笔题写匾额。

观音寺曾毁损严重，北宋崇宁五年（1106），时任观音寺主僧维照募集功德三万两白银进行修复，并用800两紫旃檀塑造了观音像，以黄金、朱砂、珍珠、琉璃加以修饰。菩萨端正庄严，工妙天下，十六诸天，一样惟妙惟肖，庄严必备，成为后世模仿的极品。后又经过20

观音寺

年建造，在原有基础上兴建了圆通殿，成为当时负有盛名的西山十八座寺院中的一座。

明洪武年间（1368—1398），观音寺并入上方寺管理。弘治年间的户部尚书兼文渊阁大学士王鏊，辞官还乡后，于正德四年（1509）伙同友人来到花山寺，称赞花山寺为洞庭诸寺中最好的。他们游赏到太阳落山，仍流连忘返，并挥毫写下"洞庭诸寺之景，花山最胜。游者至暮而不能归也"。花山寺主僧良珙立石镌刻，现此碑仍留存在西山中心小学内。"江南四大才子"之一的文徵明，于明

嘉靖年间的一个早春，约了十余个朋友，来到花山寺游玩，仿佛进入世外桃源。文徵明与朋友一起，读古碑，游三泉（蒙泉、鉴泉、虚泉），不觉日暮，遂留宿寺中，并写下游记："徵明同诸客游花山寺，汎平湖，沿支港而入，长松夹道，万杏明香，怳然如涉异境。寺虽劫废，胜概具存。"在西山"水月坞碑廊"里，至今尚保留着《文徵明游花山寺题记》的石碑。清代顺治皇帝弃帝王不做，遁入空门，曾云游到西山观音院，留下足迹。康熙皇帝接位后，为寻觅父皇下落遍访名山大寺，南寻时曾微服私访西山三庵十八

寺，来到苏州观音院，在寺院的墙上还依稀可见父皇的墨宝，为感恩特赐西山的和尚化缘时能用瓷碗而不用木碗。自南北朝至清朝，花山寺代称江南名刹，宗风远播，高僧辈出。至清末，花山寺逐渐衰落，到民国期间已基本荒废。至20世纪50年代初期，已经破败不堪。

观音寺历经近1600年的历史长河，她的兴衰起落构成了一幅灿烂壮丽的历史长卷。

2007年5月，经江苏省人民政府批准重建观音寺。2008年5月18日举行奠基。

三、建筑格局

观音寺坐落在八百里烟波浩渺的太湖之中，碧波万顷、青山如黛、云雾缥缈，花果飘香，是不可多得的人间仙境、世外桃源。观音寺坐北朝南，依山傍水滨湖而建。距碧波荡漾的太湖仅仅800多米的距离，将风光旖旎的青山绿水、湖光山色尽收眼底。

重建的观音寺采用唐代风格，以寺为核心，气势恢宏、庄严不凡。为了重现这座寺庙在盛唐时期的鼎盛辉煌，同时和苏州这种遍地都是的粉墙黛瓦、小桥流水区别开来，给人耳目一新、眼前一亮的感觉。设计专门请了东方建筑研究顶级专家东南大学的张十庆教授，在

参考了敦煌壁画、五台山、日本等大量唐式建筑之后，设计了现在这座唐朝宫阙风格的寺庙。斗拱硕大无比，达到了力与美的统一。屋顶舒展平远，让人觉得雄浑气派。门窗朴实无华，给人以庄重典雅。鸱吻简单粗犷，体现了大唐的雄风依旧。走廊悠长深远，让人感受到岁月的悠远沧桑。

寺前为广场，广场中间为9.99米如意观音金铜像，于2011年10月15日举行开光法会。在广场的东侧，依照山顶主佛左手所持如意，按1:1比例复制了一柄同等大小的如意。此如意长13.8米，钩头扁如贝叶，头作灵芝形，造型优美、精致典雅。如意是自古流传的祥瑞之物，是菩萨手中经常持有的法器，意在庇佑天下苍生阖家安康、吉祥如意。广场的西侧，依照山顶主佛右手，按1:1比例分别复制了同等大小的佛手，意为佛手灌顶，菩萨加持，增福添寿、四季平安。广场与山门之间有3座桥，东为如意桥、中为万福桥、西为吉祥桥。

过中间万福桥为寺院的山门殿，面阔3间，两边供哼哈二将，山门上方悬挂"大观音禅寺"匾，山门殿两边为客堂和法物流通处。出山门殿院中有放生池，东为禅堂，面阔5间，200平方米，禅堂顾名思义就是打坐修行参禅的地方。古诗曾说："曲径通幽处，禅房花木深。"参禅悟道，自然要找一个清

幽的地方，将红尘俗世的三千烦恼、爱恨情仇纷纷抛下放下。禅堂内壁画取材于杜牧的"南朝四百八十寺，多少楼台烟雨中"。画的是水天一色、禅意悠远、意境空灵的太湖仙境。一尊古佛的剪影，宣示着"色即是空，空即是色"的真谛。西为财神殿，面阔5间，200平方米，财神殿打造得金碧辉煌，招财、招宝、纳珍、利市、正财神等五路财神坐镇大殿，总司天下财源；地面上铺的全是99.98%纯金金箔打造的金砖；屋顶的扣板，中间盛放的牡丹是花开富贵，灯笼形状代表圆圆满满，金象、金元宝、聚宝盆、金鱼、摇钱树，5种最能招财进宝的祥瑞给大家求财，另外还有金色包铜龙柱，梁上画满了铜钱的图案。

过放生池为天王殿，面阔3间，180平方米，山门上方悬挂"天王殿"匾，由中国佛教协会咨议委员会副主席、江苏省和锡市佛教协会名誉会长、禅符禅寺方丈时年90岁的无相法师书写。殿正中供奉弥勒菩萨像，背后为韦陀菩萨像，两边四大天王像立于半像。天王殿左右两边为钟鼓楼。

出天王殿东为三大士殿，面阔5间，200平方米，殿上方悬挂"三大士殿"匾，由中国佛教协会副秘书长、江苏省佛教协会副会长兼秘书长、苏州市佛教协会副会长、寒山寺方丈秋爽法师书写。殿内供奉的观音、文殊、普贤菩萨像，

分别代表着慈悲、智慧和德行，赐予大家善良、才智和意志。最引人注目的就是三尊菩萨的金身，细腻光洁、金光四射。菩萨面部和胸前这种哑光的部位，使用的是从日本进口的1号泥金，也就是纯黄金制作的金粉。菩萨衣服上这些光亮的地方，是故宫使用的99.98%金箔贴制而成。最让人叹为观止的是你几乎在这上面找不到金箔接头的位置。殿内屋顶上瑰丽多姿的敦煌壁画，生动立体地展现了花雨满天的佛国胜境。三尊菩萨分别保佑人们慈悲圆满、智慧增长、践行合一。

天王殿西为地藏殿，面阔5间，200平方米，殿上方悬挂"地藏殿"匾。殿内供奉的地藏菩萨头戴毗卢冠、身披袈裟，一手持锡杖，一手持金珠，如《地藏经》中所记："手中金锡，震开地狱之门。掌上明珠，光耀大千世界。"地藏菩萨在无佛的"五浊恶世"中济渡众生。墙上的大型佛教壁画西方接引图，佛光普照、祥云缭绕、仙乐飘飘、天花乱坠。从天而降的西方三圣——阿弥陀佛与观世音菩萨、大势至菩萨率领众多菩萨，接引从这个娑婆世界里愿意脱离轮回的行善之人，出离苦海，到达西方极乐世界阿弥陀佛国土中去。供奉地藏菩萨可消去业障和恶业，从而逢凶化吉、遇难成祥。

出天王殿一直向里走，即是圆通宝

殿，是寺院的主殿，殿面阔 5 间，480 平方米，双檐。殿门最上方悬挂"大观音殿"匾；中间为"观心自在"匾；东边"妙相庄严"匾，由原中国佛教协会咨议委员会主席、江苏省和苏州市名誉会长、灵岩山寺方丈明学大和尚书写；西边"圆通无碍"匾，由苏州市佛教协会顾问、吴中区佛教协会名誉会长、观音寺住持贯澈长老书写。殿内供奉 33 尊观音菩萨像，中间供奉主佛圣观音，慈悲安详、身材修长、精致华美，背后是纯金金箔和古法琉璃打造的智慧之火，五光十色，流光溢彩；屋顶为佛光普照的千佛灯，精美的飞天塑像在蓝天白云间翩翩起舞。殿两侧创造性地运用了西方油画艺术，描绘出如梦似幻的琉璃净土，并在其中融入观音菩萨三十二化身，白衣观音、杨柳观音、水月观音、鱼篮观音、龙头观音……或坐在万顷碧波之上，或立于蓝天白云之间，或现身于青山绿树之泮，或徜徉在鸟语花香之间，菩萨仿佛从高高在上的莲台飘然而下，来到你的身边，仿佛在对你拈花微笑，走进你的心中。

从圆通殿出为一幢二层的殿宇，上层为藏经阁，下层为大悲殿，面阔 5 间，400 平方米。上层悬挂"藏经阁"匾。下层"大悲殿"匾，由原中国佛教协会咨议委员会副主席、江苏省常州市佛教协会会长、天宁寺方丈松纯法师书写。殿内供奉通体洁白、圣洁无瑕的瓷观音立像，巨大的视觉冲击，让你的心灵受到极大的震撼，气场非常强大。仿佛历经红尘俗世的繁华旖旎，一起终归于平静，四大皆空，落得个一片白茫茫大地真干净。站在这里，放下一切烦恼。殿两边各有 20 幅手绘观音像。

综观观音寺各殿堂里 60 多尊佛像，每尊衣服上花纹都画得极其华美精致、细腻繁复。为了让这座寺院成为世界上独一无二的寺庙，每个地方都做到极致。寺院所有佛像采用的都是彩绘艺术最顶级的工艺——极彩。顾名思义就是将彩绘做到极致，每一公分里都会看到彩绘，所有的彩绘，包括头发丝那么细的，都是一笔一笔画上去的，所有衣服的金边都是用金箔一点一点贴上去的。

整个寺院建筑的北面是礼佛广场，广场周围塑有 10 尊 10 米高的观音群像，都是彩绘的，在国内尚属首创。10 尊喜闻乐见的观音化身，形态各异，各有特色，分别掌管着人世间的吉凶祸福、悲欢喜乐、缘起缘灭。

通往大佛脚下的这道长长的阶梯，称之为"拜道"。"拜道"分为四段，分别代表着春夏秋冬四个季节。佛教常说人的烦恼有 108 种，每段的台阶正好为 108 个。登拜道、消烦恼。每踏一级台阶可消一种烦恼，登完四个 108，也就是 432 个台阶，可以到山顶瞻仰大佛的气势恢宏，还能远眺碧波万顷的烟波太湖。

如意观音像 66.99 米，有 30 多层楼高，重 1000 多吨。观音头戴宝冠，身披天衣，璎珞环佩，衣带飞翻。手捻法印，怀抱如意，慈目低垂，笑而不言。无论你站在哪个角度，都感觉她也在看着你，用眼神和你交流，用心灵和你沟通。可抗 12 级台风纹丝不动，所以这尊如意观音不仅是最大最美的观音，而且是最灵动最飘逸的观音。

四、镇寺之宝

一尊罕见的明代早期骑犼观音金铜像，在流落美国 72 年后，终于回到了祖国，在苏州太湖西山岛找到了她的归宿——苏州观音寺。现这尊观音金铜像供奉在寺院禅堂内。据国内著名文物及考古专家介绍，此骑犼观音金铜像为青铜造的等身法像，在存世的佛像中极为罕见，是我国唯一的一尊，距今已有 600 多年的历史，实属稀世国宝。此观音金铜像面庞和双手鎏金，呈游戏座，高 173.99 厘米，重 816 公斤，整体造型生动，法相庄严。

观音金铜像于 1938 年中国抗战战乱期间由底特律邮报创办人乔治布思从一位中国古董商手中购得，后来将她赠送给美国密西根州的一家艺术馆，被誉为东方瑰宝。2004 年，此艺术馆为了筹款购买一幅西洋油画，欲出售该金铜像。因避免激怒捐赠者布思后人，该馆未将该金铜像送往纽约的拍卖行进行公开拍卖，而是通过加州的一位美国古董商占士私下出让。此时，适逢中国文物收藏家、美中收藏家协会副会长沈方山先生探望老友占士，在他的艺廊入口看到该金铜像，就竭尽全力，以分期付款的方式在两年后把她购买收藏。此后，美国佳士得拍卖行，英国伦敦拍卖行，香港拍卖行等多家拍卖行都动员他拍卖出让，沈先生出于爱国之情执意不肯。2009 年底，将该金铜像运回上海，准备在上海进行拍卖，此事在海内外引起了巨大轰动，当时好多国内著名企业和个人收藏家都前来竞拍。

观音寺王靖娴居士得知此佛像即将在上海拍卖的信息后，立即发愿保护国宝，将国宝请来观音寺，绝不能让国宝再次流失海外。经过不懈努力，观音金铜像在最后一刻从拍卖会中撤拍，最终由苏州观音寺取得了该佛像的所有权，使之成为观音寺的镇寺之宝。2010 年 3 月 26 日美国著名侨领沈方山先生夫妇从美国专程赶回来，护送观音金铜像到苏州西山包山寺暂时供奉。同年 4 月 3 日观音生日当天在包山寺举行了隆重的迎请国宝回归暨开光典礼。

五、名人诗选

历代文人墨客在观音寺留下了大量题咏之作和珍贵墨宝。著名文人如唐代的白居易、皮日休、陆龟蒙，宋代的苏舜钦、范成大、孙觌，元朝的张雨，明代的王鏊、文徵明，清代的王维德、姚承绪、凌如焕等，都曾经在此流连忘返，击节赞叹，留下了263首唐诗、宋词、元曲、游记、题记等诗文。

明代四大才子之一的文徵明行书题写的《游花山寺题记》共102字，文字内容如下："嘉靖癸卯二月八日，徵明同诸客游花山寺，泛平湖，沿支港而入，长松夹道，万杏明香，悦然如涉异境。寺虽劫废，胜概具存。相与读故碑，溯三泉，不竟日暮，遂留宿寺中。客自城中来者汤珍、张瓒、王日都、陆师道、王延昭，山中客蔡范、陆栩、陆鹄、劳珊、蒋球玉。僧大鑫立石。"（录自民国十八年李根源编《洞庭山金石》）。宋代葛胜仲"弱水无风到海山，慈容亲礼紫旃檀。亭亭宝刹凌云近，湛湛清池漱玉寒。枯瘦暗飘红万颗，竹迷曾莳绿千竿。藕花不是南朝梦，真有残香透画栏"流传极广。苏舜钦《题花山寺壁》中的"花易凋零草易生"一句，让后人对于生命探寻真谛引发深思。

宋庆历五年（1045）十月，宋代著名诗人苏舜钦来到西山花山寺，看到因为管理花园的和尚外出化缘，原来繁花似锦的花园已经变得杂草丛生一片荒芜，感触很深，便在寺内德云堂的墙壁上题诗一首："寺里山因花得名，繁英不见草纵横；栽培剪伐须勤力，花易凋零草易生。"该诗是激励人勤奋上进的著名佳句，用来比喻人必须勤劳、努力，才不至于荒芜人生。这首诗被选入五年级小学语文课本，影响深远。

观音寺已成为国内外弘扬佛法、礼瞻观音的著名道场。

缥缈峰麓水月寺

缥缈峰为太湖七十二峰之首,海拔
336.6米。水月禅寺,便位于缥缈峰北麓。
在峰顶下望寺院,常为云雾阻隔,如镜
中花、水中月一般时隐时现,因而得名
水月寺,山坞也因寺得名水月坞。

一、寺院由来

据宋《吴郡志》记载,水月禅寺建于
梁武帝大同四年(538)。南朝梁武帝时
期,西山大兴寺院,有三庵十八寺之景。
其中便有水月寺,时与法华寺、包山寺
齐名,为江南名刹。相传为观音菩萨
三十一相中之"水月观音"造像发源地。
隋炀帝大业六年(610)被毁。唐昭宗光
化(898—901)中,僧志勤"飞锡止此,
爱其山水郁秀",旧址结庐。唐哀帝天祐
四年(907),刺史曹珪以明月名之为"明
月禅院"。宋祥符间(1008—1016),皇
帝宋真宗诏赐改名"水月禅院",并赐
御书金匾。元末毁于兵火。明宣德八年
(1433),住持妙潭重建。清末,损于

战火。1966—1976年间,水月禅寺全
部被毁坏。2006年,于原址重建水月
禅寺、墨佐君坛,立陆羽像。2007年正
式对外开放。2007年7月,登记为佛教
固定处所。

水月观音缘起于一个传说,据元·高
德基《平江记事》载:"洞庭西山水月禅
院,正在缥缈峰下,去吴县百余里,创
于梁天监三年(504),旧名明月禅院,
大中祥符中易今名,故老谓:当时湖中
有木牌为风浪打坏,漂巨木百余根涌至
山下,泛罟船钩致之,每木上刻'水月'
二字,各船以为神木,舍送禅院构为大
殿,寺僧永照神其事,遂改今名。"虽说
是传说,却是由来已久。

民国元老李根源于民国十八年阴历
六月初五日访水月寺,在他的《吴郡西
山访古记》中说:"至水月寺,寺在深
坞中,幽邃绝尘。白居易、苏舜钦、范
存大、李弥大、汤思退、曹珪诸公极赏之,
何近今人只知游林屋、包山、石公而不
至此?正殿恢宏壮丽,惜已失修。主僧

新来，尚知刻励，将来振兴，惟在缘耳！往观无碍泉及墨佐君坛，并谒妙潭、如珪两名僧塔、唐僧志勤塔，及祝延岁月石刻。苏子美《水月禅院碑记》则寻而未获。"李根源当年看到的，今天已成为历史。

二、建筑风格

重建后的水月禅寺，坐南朝北，四面环山，依山而建。至 2017 年，寺院占地面积 1.33 万平方米，建筑面积近 4000 平方米。寺院中轴线有牌坊、天王殿、大雄宝殿、大慈宝阁等建筑，殿堂之间回廊相连。位于天王殿前的牌坊三门四柱，宽约 8 米、高约 7 米，花岗岩石料，2006 年建。天王殿位于牌坊与大雄宝殿间，与山门殿合，殿宽 13 米、深 8 米，3 间，殿正中供奉弥勒、韦驮菩萨像，两边供奉四大天王像。悬挂在殿门上方"水月禅寺"匾由吴中区佛教协会名誉会长、观音寺住持贯澈长老书写。出天王殿，两边为碑亭。距天王殿约 50 米为大雄宝殿，宽 15 米，内径为 10 米，建于 2005 年。大雄宝殿前有宝鼎一座及经幢一对，经幢："一切如来心秘密全身舍利宝箧印陀罗尼经咒"。大雄宝殿柱联：一念回光方能转爱河而成净土；六根返本自可变苦海以作莲池。殿正中供奉一佛二弟子，左右文殊、普贤菩萨，

古碑亭

两旁为十八罗汉，背后为南海观音。出大雄宝殿右手有古井一口。上18级台阶为大慈宝阁，宽16米、内径9米，2008年建。殿内供奉脱胎工艺水月观音、准提菩萨像、观音菩萨三十二化身像。

大慈宝阁正中供奉水月观音菩萨像，此尊观音菩萨像姿势自然优美，呈现水中月姿势，故称水月观音。菩萨头戴宝冠，宝冠上有小化佛，额头宽阔，双目微闭，端正慈祥，气质高雅。右腿支起，左腿盘于座前，右臂放在右膝上，神态优美。观音上身穿袈裟，下身着长裙，胸前及衣裙上饰联珠璎珞，手腕戴臂钏，全身装饰十分繁缛。金铜水月观音像的基本特征是观音菩萨身后有圆形背光，以游戏姿态安生在山岩之间，净瓶置身旁石上，岩前有潺潺流水。

寺院西部有钟楼（钟下供地藏菩萨）、延生堂、玉观音殿及僧众生活区、接待室等。寺外东有吉祥许愿池、普现斋、如是斋、相应斋、安住斋、自在斋。吉祥许愿池原为水月寺的放生池，约始建于唐宋时期，清末后荒废。2006年于原址整修后建成。共4个，分别为福池、禄池、寿池、禧池。池中分别为中国传统吉祥石雕；象征人生中的四大愿望——福、禄、寿、禧，福池中如意弥勒佛，保佑福如东海，四季平安。禄禧池中莲花座鲤鱼，保佑喜结连理，年年有余。

三、寺院碑刻

在天王殿前的左右有两碑亭，亭中竖有大明正统十四年龙集己巳夏四月二十四日，主持沙门如珪等立《水月禅寺中兴记》碑；大清乾隆四十四年己亥春三月《重修水月禅寺大雄宝殿记》碑；袁枚撰写的《水月寺大慈宝阁记》碑。在钟亭南走廊嵌有宋苏舜钦《苏州洞庭山水月禅院记》碑，由时年75岁的洞庭山人严艺林重书，2006年重刻。碑文：予乙酉岁夏四月，来居吴门。始维舟登灵岩之巅，以望太湖，俯视洞庭山，岿然特起，云霞采翠，浮动于沧波之中。即时据栏竦首，精爽下堕，欲乘风跨落景，以翱翔乎其间，莫可得也。自尔平居，然思于一到，惑于险说，卒未果行，则常若有物偪塞于胸中。

是岁十月，遂招徐、陈二君，浮轻舟出横金口，观其洪川荡潏，万顷一色，不知天地之大，所能并容。水程泝洄，七十里而远，初宿社下，逾日乃至。入林屋洞，陟毛坛，宿包山精舍。又泛明月湾，南望一山，上摩苍烟。舟人指云："此所谓缥缈峰也。"即岸，步自松间。出数里，至峰下，有佛庙号水月者，阁殿甚古，像设严焕。旁有澄泉，洁清甘凉，极旱不枯，不类他水。梁大同四年，始建佛寺，至隋大业六年，遂废不存。唐光化中，有浮屠志勤者，历游四方，至此爱而不能去，复于旧址结庐诵经。后因而屋之，至数十百楹。天祐四年，刺史曹珪以明月名其院。勤老且死，其徒嗣之，迄今七世不绝。国朝大中祥符初，有诏又易今名。予观震泽，受三江，吞啮四郡之封，其中山之名，见图志者七十有二，惟洞庭称雄其间，地占三乡，户率三千，环四十里。民俗真朴，历岁未尝有诉讼至于县吏之庭下，皆以树桑、栀、柑、柚为常产。每秋高霜余，丹苞朱实，与长松茂树参差间于岩壑间。望之，若图绘金翠之可爱。缥缈峰，又居山之表。民已少事，尚有岁时织绌、树艺、捕采之劳。浮屠氏本以清旷远物事，已出中国礼法之外，复居湖山深远绝胜之地，壤断水慑，人迹罕至。数僧宴坐，寂默于泉石之间。引而与语，殊无纤介世俗间气韵，其视舒舒，其行于于，岂上世之遗民者邪？予生平病闷郁塞，至此暴然破散无复余矣。反复身世，惘然莫知，但如蜕解俗骨，傅之羽翰，飞出于八荒之外，吁！其快哉！后二年，其徒心源，造予乞文，识其居之废兴。欣其诚，请揽笔直述，且叙昔游之胜焉耳。（录自《吴郡志》）

四、水月贡茶

碧螺春最早见于《随见录》，此书已佚，散见于诸书。碧螺春有确切记载的，

是清王应奎《柳南续笔》。但西山产茶史，可溯至唐代。宋朱长文《吴郡图经续记》云："洞庭山出美茶，旧入为贡，茶经云长洲县产洞庭山者，与金州蕲州味同。近年山僧尤善制茗，谓之水月茶，以院为名也，颇为吴人所贵。"明陈继儒《太平清话》云："洞庭山小青坞出茶，唐宋入贡，下有水月寺，即贡茶院也。"小青茶（又名小春茶），以水月寺得名为水月茶，宋成贡品，蜚声于世。水月寺亦称"水月贡茶院"。水月茶之名声，引来了茶圣陆羽。

唐上元二年（761），陆羽初次至苏，游虎丘，探剑池，品石泉为天下第三泉（一说第五泉）。唐大历五年至大历十年，五年间，陆羽常至苏城。其间，考察了洞庭东、西山茶事。诗僧皎然《访陆处士羽》诗云："太湖东西路，吴主古山前。所思不可见，归鸿自翩翩。何山尝春茗？何处弄春泉？莫是沧浪子，悠悠一钓船。"陆羽将洞庭山茶写入《茶经》。《茶经》八之出云："浙西，以湖州上，常州次，宣州、杭州、歙州下。润州、苏州又下。"唐时，水月茶虽名声殊然，但真正为"吴人所贵"，选为贡品，应在宋代。北宋李宗谔《吴郡图经》、乐史《太平环宇记》均有记载。

宋时"水月茶"是饼茶，与今卷曲成螺、浑身披毛的碧螺春，形态不同。茶界一说，水月茶为碧螺春前身。明王

鳌《姑苏志》云："茶。出吴县西山，谷雨前采焙极细者贩于市，争先腾价，以雨前为贵也。"明代出现炒青茶，水月茶外形变为纤细，跟现代碧螺春形制相近。碧螺春独特的螺旋状形，相传就是明代水月寺僧人，受佛像上螺状头发所启发而创。

五、人文景观

墨佐君坛。明弘治《三吴杂志》（1488—1505）转引《洞庭实录》记载，东汉延平元年（106），道士墨佐君于缥缈峰西北麓，筑坛求仙。坛上有池广约半亩，池下水分南北，百步外有地名"吃摘"，出茶最佳。古谚云："墨君坛畔水，吃摘小春茶。"明宣德八年（1433），西山堂里本村富商徐家出资，水月禅寺方丈妙潭和尚造茶圣陆羽像，立于墨佐君坛边，每年开茶前祭祀，以保佑西山茶业兴盛。清末，水月禅寺、墨佐君坛毁于战火。2005 年，重建水月禅寺，复得陆羽旧像。2006 年遂重建墨佐君坛，重立茶圣陆羽像。陆羽，唐朝人。《旧唐书》言其"不知所生"，为一孤儿被僧寺收养。一生嗜茶、事茶。所著《茶经》，是世界上首部茶叶专著，对中国茶业和世界茶业的发展做出了巨大的贡献。陆羽晚年长居苏州，并于虎丘盖房结庐。

《虎阜志》载："陆羽楼，在山北"。陆羽自称"虎丘寓舍"。墨佐君坛边围廊，有展现碧螺春历史及特色之历代名人诗词石碑，共计 9 块。有唐皎然，宋苏舜钦，清吴伟业、梁同书，当代周瘦鹃、田汉等人诗词，书者皆为当代苏州及西山知名书法家。

无碍泉。水月禅寺东首，有一泉名无碍。明《水月禅寺中兴记》碑上，刻有宋苏舜钦"无碍泉香夸绝品，小青茶熟占魁元"诗句。无碍泉因南宋名臣无碍居士李弥大题诗而得名，与小青茶并称为当时的"水月双绝"。李弥大（1080—1140），字似矩，号无碍居士，曾任户部尚书、兵部尚书、平江知府。与韩世忠同为抗金名将。晚年隐居西山，今西山李姓多为其后裔。李弥大有《无碍泉诗序》云："水月寺东入小青坞，至缥缈峰下，有泉泓澄莹澈，冬夏不涸，酌之甘凉，异于它泉而未名。"绍兴二年（1132）七月九日，无碍居士李似矩、静养居士胡茂老，饮而乐之，静养以无碍名泉，主僧愿平为煮泉烹水月芽。为赋诗云："鸥研水月先春焙，鼎煮云林无碍泉，将谓苏州能太守，老僧还解觅诗篇。"无碍泉在民间被视为吉祥之泉。泉为二口，一雌一雄。相传男性用雌泉水、女性用雄泉水洗手净脸，可使人阴阳相济，消灾灭祸，鸿运高照。

罗汉坞中罗汉寺

罗汉寺，位于吴中区太湖西山岛秉场村罗汉坞。罗汉寺于 1997 年被列为吴县文物保护单位，现升格为苏州市文物保护单位。

一、历史沿革

据清人王维德《林屋民风》记载，罗汉寺始建于五代十国后晋高祖石敬瑭天福二年（937），高僧妙道创建，元末毁于战火。明洪武初归并西山上方寺，明永乐年间僧悟修重修，不久又废，明天启二年（1622）觉空禅师来居，寺始兴。至清乾隆三十二年（1768）该寺又重建，有《重兴古罗汉寺碑记》。清末，罗汉寺渐废，20 世纪 50 年代成为仓库。1984 年由吴县园林管理处重建大殿，增建可乐堂、山门，并有专人负责看管，对游人开放。相传吴王曾驻兵于此，故地名"兵场"，后误写作"秉场"。

2008 年 3 月，登记为佛教固定处所。2012 年，吴中区佛教协会委派僧人管理。

二、建筑文物

在通往罗汉寺的山道上有牌坊一座，额枋刻民国十八年（1929）李根源隶书"古罗汉寺"字体，对联"古树径通幽，梵音风作韵"由沈炳春撰写。山门殿为明代建筑，四小间，不雕不绘，朴实无华。门上方悬挂"古罗汉寺"匾，由李根源题写。门框上刻有对联一副，曰："笑不尽古今事，看得见去来人。"语言通俗浅显，而意蕴丰富深刻，颇有禅味。进门正中端坐大肚弥勒佛（布袋和尚），花岗石刻，身背黄袋，笑脸相迎。上有匾额，名曰"皆大欢喜"；像后屏上有对联数副，为古寺添趣："开口便笑，笑古、笑今，凡事付之一笑；大肚能容，容天、容地，于人何所不容。""大肚包罗，观前住位兜率主；微笑圆融，当来出世弥勒尊。""大肚能容，容天下难容之事；开口便笑，笑世间可笑之人。""笑到几会方合口，坐来无日不开怀。"

出山门殿过天井，为大雄宝殿，面阔 3 间，120 平方米，该殿为清代建筑，1984 年吴县园林管理处整修罗汉寺时，从西山明湾村拆迁而来。大殿正中供奉释迦牟尼及弟子阿难、迦叶像。殿两侧各供奉 88 尊清代童子面罗汉像。罗汉雕凿粗放，造型朴拙，神态各异给人以庄重淳厚之感，有盛唐遗风。因这种特殊的罗汉造型为国内所罕见，为佛教艺术珍品。

三、重兴碑刻

大雄宝殿西侧的可乐堂，为 1984 年增建，堂内北墙藏有清乾隆三十三年（1768）《重兴古罗汉寺》石碑，颇有文物价值。碑文为："姑苏西洞庭山有古罗汉寺，始建于晋天福二年，为妙道法师演天台教观之地。而法师登座说法，辞音朗润，谈辩如云。当其法筵大启有奇伟开士二十馀辈，络绎而至。同来论议，阐发渊微。学侣闻之，叹未曾有，乃至期毕，群贤告辞，法师也不坚留设伊蒲盛馔以饯之。当是时，檀越施净，资以成就道场者咸获胜福。法师示四众曰：此云集法侣，皆从石梁五百声闻中来，应响助宣，佐我弘扬一心三观之旨。四众皆以为异，于是有司上表奏闻，遂得赐额曰罗汉寺。事载僧史，信而可微者也。元末复造，毁于红巾。是永乐间，僧司

修重建，不久又废。天启二上觉空禅师讳道具者亲从天童密云悟老祖捧下得无生，忍来游吴趋。寻山以居，乃得古寺基，遂于荒蓁蔓草之中结茅养晦。远近人士咸敬服其本色住山，遂各施资，于是乎梵寺重兴。本朝顺治七年，洞宗雪山济和尚来往此山，奉养其母，有睦洲织履之风。内秘禅宗，外观净土，智真行实，为太傅息讲金公所敬信。而未尝一登太傅之门也。其徒补石坚，长老事师至孝，缁素叹服，从虎丘佛智孝和尚受具足戒，往来参请，于余座下者十馀年，会得身心一如身外无馀之第一义谛。余乃嘱其禅净美好的修，当于水边林下长养圣公路。长老不负我所嘱，潜踪修净，不露主角，视近世之奔走红尘，趋附势焰，而曲求枉化者，谓之贤矣。其徒道解，福果职住监寺，与其孙祥慧等同心协力，恢复旧业。经营拮据，陆续置办。所有杨梅、枇杷、松竹、茶园、花果、柴山约七十馀亩，刀耕火种，守分住山，可谓后起有人。将来或有志，参究上乘，绍继宗风，未可量也。兹者选石树碑，乞余为文，因叙寺历来始末，并略述其一门，行业清白，勒石永千秋不朽云尔。前往虎丘塔院寓洲寺安隐堂蒿庵本黄撰，楚梦泽山人鹤舟元祈书丹，赐进士出身翰林院庶吉士华亭沈宗敬篆额。"碑正文为行书，笔力雄健苍劲，堪称罗汉寺一宝。

四、古树景点

寺旁有两株明代古樟树，并列依溪。一株盘根错节，屹立长青，茂如翠盖；一株苍劲挺拔，深荫翳日，姿态古拙。两树同被一株径粗60余厘米的古紫藤缠绕，遍体瘤疖，似云龙戏珠，称"藤樟交柯"，蔚为奇观。寺前，罗汉松一株，如金刚屹立，顶端主干折裂，新枝出于枯木，有枯木逢春之意。李根源于民国十八年（1929）游西山至罗汉寺，有"紫藤一柯，夭娇拿空，较拙政园文藤尤奇古可爱，罗汉松一株，亦逾千岁之物"的评述。寺后，有"军坑泉"俗称龙王池，分雌雄两口，紧密相连。该地为吴王驻兵之地，泉即为吴军所开，故得名军坑泉。寺东山腰有宋代奸相黄潜善墓。村中居民多姓黄，系黄氏后人，世代以花果为业，民风淳朴，热情好客。寺旁的山溪为罗汉溪，清澈明洁的溪水从山涧流出，终年不息，为古老的罗汉寺增添了不少情趣。

罗汉寺虽是占地仅三庙的小庙，却尽占山林优势，四周古树成林，恍惚世外。明人谢晋《游罗汉寺》诗云："保恩

古香樟

前代寺，绀宇白云封。凤尾扶摇竹，虬髯古怪松。风清蝉韵咽，日转桂阴重。更待炎威息，来寻物外踪。"周公贽亦有"松缘隔坞涛疑雨，山恰当门翠似屏"的诗句。

石公山麓石公寺

石公寺，位于苏州市吴中区西山岛石公山北麓。

一、石公山

石公山，位于西山（金庭）岛东南角，因昔有巨石如老翁而得名。石公山是一座青石山，背倚丛岭，斗突太湖，山衬水映，美景天成。石公山怪石嶙峋，岩壁陡峭，洞穴众多。明朝万历进士袁宏道云："西洞庭之山，高为缥缈，怪为石公，丹梯翠屏，此石之胜也。"

清朝文人沈盼则说："太湖七十二峰，名者八九。包山之胜数十，石公最著名。"但论山高，石公山是微不足道的，海拔不过 50 米；论山势，石公山也是不足挂齿的，谈不上什么险峻雄伟。然而它却以其特定的地理位置、独特的风姿和海灯法师的名声，成为一处宗教旅游胜地。

进入石公山大门左转 50 米，便是石公寺了。

二、历史沿革

石公寺，原名石公庵，亦称"精舍"，始建于何时，因无史志记载，所以很难说清楚始建年代。只是根据现有资料来推算，至少建于明代之前。明姚希孟《石公山记》载："行数百武，至石公庵。庵面南，湖涌湍迅，状在阶墀外，湖之旷而近，诸刹所不及。"姚希孟，字孟长。数月而孤，事母以孝称。万历四十七年（1619）成进士，改庶吉士。天启改元，授简讨，纂修《神宗实录》。寻出为南都掌院，未几遘疾予告，卒谥文毅。平生为文多华赡，著有《清閟全书》《文毅集》。

清叶廷琯《游石公山记》："石公山，在包山西南，与包山相属而别为一峰。岩石秀异，陡插湖波。余于庚辰仲春往游（1640）。石壁尽处，复登山路，石公禅院在焉。中有翠屏轩，倚绝壁，俯澄潭，境称最胜。山僧煮茗相待，茶烟禅榻，小坐片时，意趣幽绝。"叶廷琯，字调生，廪贡生，候选训导。弱冠，才誉籍甚。淡于荣利，潜心朴学，以考订经史为乐。工诗文，尝甄录同时未刻诗为存残二集，凡百 60 余家。

清金之俊《游洞庭西山记》："康熙六年（1667）丁未闰四月三日，自胥江发棹，由木渎登舆，过下堡，出水东渡口。上有石公庵，庵左有亭，稍憩一餐。亭后石壁耸峙，直插霄汉。"金之俊，字彦章，明万历己未进士，官至兵部右侍郎。李自成破京师，之俊被执受刑。李自成兵败，乃归顺清，仍授兵部右侍郎，调吏部。顺治五年（1648），晋工部尚书。八年改兵部。十年改左都御史，升吏部尚书。十一年晋国史院大学士。乙未主会试。十五年，以更定官制为中和殿大学士，历加太傅，复改内秘书院大学士。康熙元年致仕。

清缪彤《游洞庭西山记》："……予通籍以来至己未春三月具冠服往展祖墓，（康熙十七）得游名胜，凡足迹所至，不可以无记。东行即石公庵，庵面大湖，一望浩渺，前后枇杷樱桃最盛，林木幽深，殿三楹皆石壁如堵墙。折而左，茅屋数椽在石穴中。"缪彤，字歌起，国维孙。父慧隆，以孝友称。康熙丁未（1667），殿试第一，授修撰，升侍讲。

清潘耒《游西山洞庭记》："余舟已徙泊焉。诗人周觊侯隐居于此，偕在兹访之，遂拉以登舟，无何抵石公。石公在西山东南隅，山尽矣……下有精舍，啜茗小休，下观云梯、联云嶂，皆峭壁屏立，作劈斧皴，迥非一拳一笏者比。"潘耒，字次耕。康熙十七年（1678），以博学鸿词征试，除翰林院检讨，纂修《明史》。撰《食货志》，兼订《纪传》，自洪武以下五朝稿皆其所定。耒诗文共 40 卷，名《遂初堂集》。

徐崧、张大纯《百城烟水》："石公山，在明月湾之西，与三山对。山有石公庵，石壁甚高峭。"于康熙二十九年（1690）付梓。清沈彤《游包山记》："太湖之峰七十二，名者八九，包山最著。包山之胜数十，名者六七，石公最著。石公之山，在包山东南隅，少土多石，周可二里，三面湖水环之。有小庵负其西壁……石堂花冠洞在崖下，水方出没其中。又北即小庵也。予以康熙五十九年（1720）孟春，来舍于庵，得周览山之体势与山石怪奇之状，而知其名不妄传。故详记之，以示世之好游者……石公庵，在石公山西壁下，因石结宇，负山面湖，左偏有阁，阁后有亭，皆高敞轩豁。守庵僧三人，咸朴以愿。有啸岩者，多结禅侣，识山路。予寓是庵月余二旬。出游，辄邀啸岩相导，故历奥区僻境而未尝问途。饥而倦，则就其旁寺院而食息焉，亦不及赘。居庵十余日，多在亭阁。阴晴昏晓，雨风雪月，湖山之象变换万千，触目移情。予亦有取焉，故于去之日而并记之。"

石公寺，因为种种原因，曾为寺，也为庵。为此，还留下了浮玉北堂，是昔日石公寺专门接待女宾之地。至今仍然留下李铎名联"烟雨环绕三山外，吴越平分一水间"。

1956年，少林寺高僧海灯法师云游西山，见这里风景秀丽，人杰地灵，就此落脚，在石公寺里当了一名住持。石公寺原址位于石公山顶，现在的地方为上个世纪80年代移建。

三、建筑风格

移建后的石公寺，黄墙青瓦，坐南朝北，面向太湖，南靠山岩，地方不大，占地六庙，建筑面积3000平方米。

山门殿前一对石狮雄镇守此方。门庭横匾"石公寺"，为原包山禅寺住持，现为苏州大观音禅寺住持贯澈所书。偌大"武禅"两个大字醒目地书于墙上。门前一副楹联让你过目不忘：闻钟声、磬声、木鱼声，声声自在；观山色、水色、无相色，色色皆空。无意中，让你进入禅境之中！山门殿面阔3间，80平方米，正中供奉弥勒像。

出山门殿后为院子，西有财神殿，院内露台有铁铸宝鼎，正面即大雄宝殿。"大雄宝殿"匾额为贯澈法师题写，字体刚健有力。迈步入大雄宝殿，面阔5间，

200平方米，见正中供奉释迦牟尼大佛，两弟子阿难、迦叶分立左右。殿内东西山墙塑十八尊者，左右各列9位。殿内悬抱柱对两联，分别是：水净陆净空净净土即在此方，同灵地灵人灵灵心必能成佛。

大雄宝殿西为观音殿，面阔3间，60平方米，供奉观音菩萨像。大殿东为地藏殿，供奉地藏王菩萨。出大雄宝殿为一大院子，东西两边新建的居士楼。南边山崖边是新建的藏经阁。

四、名人诗咏

清代思想家、诗人、文学家及改良主义的先驱者龚自珍于嘉庆二十三年（1818）及二十五年（1820）均曾游太湖之东西洞庭山，去过石公寺，并有纪游诗一卷，叙述当年游历情景。昭代名人尺牍续集卷九有龚定庵小简云："余以戊寅岁来游洞庭两山，有纪游诗一卷。庚辰春又游，补前游所未至，得诗不盈卷也。兹录四章，望舟中雅鉴。廉峰先生大坛坫是正，同岁生龚自珍敬状上。"名左有篆体白文龚自珍印四字图记。小简后附诗。第一首云"舟到西山岸，寻幽迤逦斜，居然六七里，无境不烟霞，遂发石公寺，言过神女家，云和风静里，已度万梅花。"第二首云："风意中流引，香烟古屿迟，悠扬闻杜若，仿佛溯娥眉，

白日怀明镜，春空飘彩旗，湖东一回首，万古长相思。"第三首云："西山春书别，两袖落梅风，不见小龙渚，犹闻隔渚钟，尊前菰叶白，舵尾茗华红，仙境杳然香，酸吟雨一蓬。"

五、绝技梅花桩

寺内院子的西面，共竖有 12 根梅花桩，又名梅花拳，简称梅拳，系海灯法师三大绝技之一。梅花桩每根直径 3~5 寸，下半栽埋在地下，上半截高出地面 3 尺 3 寸，桩与桩间距前后为 3 尺，左右为 1 尺 5 寸。布桩讲究上应天象，下合地时，中合气节。梅花桩，因立于桩上练习，远非地面练习可比，注重实战，熠技击见长，步法奇巧，瞬息万变，脚随手出，步里藏拳。

1956 年，少林寺高僧海灯法师来到石公寺里当住持。这一住就是 10 年，直到 1967 年被迫离开石公山。在此期间，海灯法师除了习武弘法以外，也热心为本地农民抓药治病，深得当地人好评。时隔 20 年后，1987 年冬，海灯法师故地重游，特地在石公山住了 10 天，并在此处竖立了梅花桩。1989 年春初，海灯法师辞别人世，终年 87 岁，在圆寂之前立下遗嘱，要"归骨石公"。

海灯法师驻锡石公寺 10 年，弘扬武德，深研佛理，爱国爱教，世人敬仰。

淀紫山麓实积寺

实积寺，位于苏州市吴中区西山岛淀紫山麓。

一、淀紫山

淀紫山，原为太湖七十二峰之一。据清代王维德《洞庭七十二峰》载："太湖三万六千倾，中有峰七十二。……石公之北更有淀紫山、屏风山……"

淀紫山是一座砂岩中形山，峰顶名攒云岭。高约 200 米，上有大小不等密集型土墩石室，"春秋"时为军事要地。

二、历史沿革

据《洞庭西山志》载："实际寺在崦边北二里（今金吴村吴村头）。南宋端平二年（1235）僧智明建，明洪武初归并上方寺，清乾隆五十五年（1790）由报忠寺僧凌云重建，1966—1976 年间中废。尚存民国建天王殿三间，已成仓库。"

西山实积寺又名实际寺。始建于南宋端平二年（1235），由僧智明建造，当昔全盛之时，金刹梵宇，峻极云表，实为爽垲栖心之所。经今近千年，兴衰之迹，记载厥佚，未由详考。清代弘历五十五年（1790）由西山后埠黄檗山报忠寺僧凌云法师重建。民国二十七年（1938）再重建时日本入侵，当时只将天王殿建好还没来得及油漆等而被迫停建。可惜 1966—1976 年间寺院主体及书房与寮房被毁于一旦。

2009，批准恢复重建。

三、寺院格局

实积寺，坐西朝东，现占地 20 亩，目前有建筑面积 1000 平方米。天王殿的砖雕门楼不同于别处，十分考究。殿面阔 3 间，110 平方米。殿正中供奉弥勒佛像，两边供奉四大天王像。天王殿两旁建有钟楼、鼓楼。

出天王殿为院子，院子四角竖有 4 个经幢，刻着楞严咒。出天王殿左手为

天王殿（砖雕）

地藏殿，面阔5间，100平方米，殿正中供奉地藏王菩萨像；出天王殿右手为观音殿，面阔5间，100平方米，殿正中供奉观音菩萨像。

出天王殿正面为大雄宝殿，面阔5间，220平方米。殿正中供奉毗卢遮那佛，殿两边16尊罗汉像按照东山紫金庵罗汉像雕塑。

实积寺内所有佛像的贴金也与一般见过的不同，颜色深褐。这是贴金后用一种特殊的保护涂料刷过。据说这是传统的技术，以后这些佛像的金身会越来越亮，越来越黄。

2013年4月14日（三月初五），实积寺隆重举行大雄宝殿毗卢遮那佛装藏法会。

四、古迹景观

一座寺院古老不古老，由于历史的变迁，说也说不清楚，但不管怎么变，只要它古迹在，那就是古老。实积寺就是一座古老的寺院。

古银杏树。实积寺现有3对6棵百年以上的银杏树，这在吴中区的寺院中是罕见的。位于天王殿前的银杏树，看似一棵，其实是雌雄两棵合在一起，称为夫妻合抱，这棵 500 年夫妻树，体型壮观，枝叶茂盛，树冠如盖，雌雄两棵紧紧合抱。犹如龙凤呈祥，在苏州独一无二，令人称奇。位于大雄宝殿西南有两棵百年雌雄银杏树，其中雌树中生有儿子孙子树，甚为一奇，被称为子孙满堂。在寺院的西南也有两棵雌雄银杏树。金秋季节，银杏树叶散满寺院，遍地是黄金叶。

古井。在天王殿前东有一口"弥勒井"。因井的位置在天王殿前，再加上基建，井被填没。2014 年，为保护好这口古井，实积寺专门请人清理了这口井，并做了青石井圈，外面为六角形护栏，因与天王殿弥勒菩萨近，故取名"弥勒井"。

古瓷香炉。大雄宝殿毗卢遮那佛背面的海岛观音下的供台前有一对瓷香炉，系民国五年实积寺流失的瓷香炉，于 2016 年重回寺院。

实积寺中的"三古"充分说明了这座寺院年代悠久。

实积寺现为吴中区尼众丛林。

涵村坞中资庆寺

资庆寺，位于苏州市吴中区西山岛上的涵村坞。

一、地理位置

涵村坞北濒太湖，南倚缥缈峰，三面环山，北侧有环山公路穿过，内有涵村、梅堂坞、孙坞、待召坞4个自然村，有常住居民1000余人。涵村坞坞口地势较开阔，山坞内沿展较深，分出梅堂坞、孙坞、待召坞、资庆坞等支坞，山坞总面积约4平方公里。涵村坞南面的缥缈峰、笠冒顶，东面的凉冒顶、东胡山，西面的笠帽山、涵头山，均山高林密，植被茂盛。

资庆寺，在涵村的资庆坞中，三面环山，环境幽静。

二、资庆寺由来

"法际文双王，东西上下方，花罗包水石，资福报忠长"，这是南北朝时对于苏州金庭名寺的概括。金庭原为西山，因此西山被称为"江南佛教名山"，其中诗中第四句第一个字"资"，指的是资庆寺。

据记载，资庆寺始建于五代后唐清泰年间（934—936），为西山古代的"三庵十八寺"之一。明文徵明游资庆寺曾留诗："老衲深居湖上山，松扉斜掩磬声寒。袈裟对客妨秋定，蔬笋开厨破晚餐。未愧逡巡留偈子，自缘疏野恋蒲团。归来烟月篇章富，乞与幽人得细看。"原寺中的匾额"恩深四化"是由许瑶光所题，许瑶光是道光二十九年拔贡。历任桐庐、淳安、常山、诸暨、仁和等县知县。任嘉兴府知府前后十八年。"静善堂"堂名为陆润庠所题，陆润庠是同治十三年状元，历任工部尚书、吏部尚书，曾任溥仪老师。寺中楹联"青松影里天常寂，翠竹林中月亦香"为张照所题，张照是康熙四十八年进士，雍正十一年官至刑部尚书。曾预修《大清会典》。清末后寺渐荒废，1966—1976

大雄宝殿

年间被毁。2006年，于原址重建资庆寺，并于2007年对外开放。2008年3月登记为佛教固定处所。

新建的大雄宝殿雄伟壮观，面阔5间，建筑面积600平方米。进入大殿，柱联"山清鹿清资福祥和地，天高云霭庆显本来心"由法慧法师撰，苏州市佛教协会副会长、吴中区佛教协会会长、包山寺住持心培法师书。大殿正中供奉三世佛，两边为十八罗汉，三世佛背后为海岛观音，殿后两侧为普贤、文殊菩萨像。

2016年5月15日上午，资庆寺举行大雄宝殿落成暨佛像开光庆典法会。

明月湾里明月寺

明月寺，位于苏州市吴中区西山岛的明月湾。2014年6月30日，明月寺被苏州市人民政府列为第七批文物保护单位。

一、明月湾

明月湾在太湖西山岛南端、石公山西边，距离石公山1.5公里。濒临太湖，山抱水湾，水衔青山，波光荡漾，环境美丽。据旧志记载，这里曾是春秋时吴王夫差携美女西施共赏明月的地方，而得名明月湾。唐代，明月湾已闻名遐迩，大诗人白居易、皮日休、陆龟蒙、刘长卿等，都曾到此，留下了赞美明月湾的诗作。皮日休《游明月湾》诗云："晓景澹无际，孤舟恣回环。试问最幽处，号为明月湾。半岩翡翠巢，望见不可攀。柳弱下丝网，藤深垂花鬘。松瘿忽似狄，石文或如戱。钓坛两三处，苔老腥编斑。沙雨几处霁，水禽相向闲。野人波涛上，白屋幽深间。晓培橘栽去，暮作鱼梁还。

清泉出石砌，好树临柴关。对此老且死，不知忧与患。好境无处住，好处无境删。赧然不自适，脉脉当湖山。"

明月湾的历史遗存丰富多彩。弯弯地伸入太湖的古码头，曾是村民走向外部世界的主要通道；高高的古樟树，如伞似盖，已逾千年历史，是古村的标志；明月寺是农村乡土信仰的实物例证；多处宗祠建筑，是古村多家姓氏和睦相处、世代传承的文化载体；敦伦堂、礼和堂、瞻瑞堂、裕耕堂、汉三房等多处明清宅第，是村民居住、生活的真实记录。正是这些历史文化遗存，组成了一幕幕水乡山村田园生活的生动场景。

二、明月寺由来

明月寺的创建时间已无从考证，相传明正德年间从明月湾西侧的庙山嘴搬迁而来。明代有诗人描绘道："金碧芙蓉映太湖，相传奇胜甲东吴。渔家处处舟为业，农事年年橘代租。流水平地横略约，林深古寺出浮屠。一从皮陆题诗后，多被人间作画图。"

清初称明月庵，民国时曾维修并增建楼房，改今名。内设弥勒、观音、城隍、关帝、猛将、蚕花等神殿。神像系当地村民崇敬偶像，佛教、道教等宗教观念被淡化，为原始乡土信仰文化的例证。

1949年后该寺曾用作集体的生产、办公用房，包产到户后成了村民的柴草仓库。1966—1976年间，村民们为了保护历史文化遗产，在寺院里堆满了杂物，被当作仓库紧闭，这才使得里面的多尊神像得以还生。

2005年，被批准恢复开放。

三、建筑格局

明月寺坐北朝南，依山面湖，景色秀丽。明月寺现占地面积4亩，三进院落，建筑既有清代的，又有民国的。寺庙规模很小，但建筑古朴，采景布局，不次园林。该寺在清代就曾多次重修，先前最近的一次重修是在民国十四年（1925）。

明月寺前有古码头，延伸至太湖中，为古代西山村民和洞庭商人出入的水路交通要道。

山门前供奉一尊高5.8米的观音立像。门两边为一对门当户对青石，门上方"明月禅寺"为砖刻。进山门右边"珍藏"门进为钟亭，亭内悬挂铜钟一口；进山门左边"聚宝"门进有鼓。出山门上4级青石台阶为天王殿，20多平方米，中间供奉弥勒菩萨像，两边挂四大天王画像。殿左为伽蓝殿，15平方米，供奉伽蓝菩萨像。

出天王殿，上五级青石台阶往左为大雄宝殿，面阔3间，80平方米。殿内柱联"救苦声中观自在，随缘赴感度群迷"由吴中区佛教协会名誉会长、西山观音寺住持贯澈长老书写。殿正中供奉毗卢遮那佛，毗卢遮那佛两边为地藏、观音像。殿两边供奉十八罗汉像。从大雄宝殿东边门进有3间房，30多平方米，中间供奉大悲观音像。

出天王殿往右为城隍殿，面阔3间，80平方米。殿东为僧众生活区，南面新建念佛堂。

现寺内保存有多方清代和民国年间的碑刻，多为重修和禁采及募捐纪事碑。

明月湾里明月寺，真是苏州太湖边上的一处佛教胜迹。

邓尉山麓司徒庙

司徒庙，位于苏州市吴中区光福镇邓尉山麓香雪村。1960 年 3 月 17 日，被列为苏州市文物保护单位。其中楞严经石刻（包括金刚经石刻），1957 年 8 月 30 日，被江苏省政府公布为第二批全省文物保护单位。司徒庙后花园（邓尉草堂），2017 年 8 月 21 日被苏州市政府列入第三批《苏州园林名录》。

一、邓尉山

邓尉山离苏州 30 公里，在吴中区光福镇西南部，相传东汉太尉邓禹曾隐居于此，故名。唐《吴地记》："光福山，山本名邓尉山，属光福里，因名。……其玄墓山，亦名万峰山。"万峰和尚曾居此山，故名万峰山。《姑苏志》："邓尉山，在光福里，俗名光福山，在锦峰西南，与玄墓铜坑诸山联属。"习惯上称北峰为邓尉山，称南峰为玄墓山。南北走向，长 2 公里余，由石英砂岩构成。邓尉山海拔 169 米，其北峰名妙高峰。

二、历史沿革

据记载，相传为东汉大司徒邓禹归隐处，后人礼祀奉为神明，日久成庙，称为司徒庙。旧时又称古柏庵，又称"柏因精舍"。庙素以古柏闻名遐迩。据《光福志》记载，明宣德十年（1435），里人顾进倡捐重建。清光绪年间，有高僧常悟、宏海、书诚、觉性等住持此庙，属圣恩寺别院。庙内构筑多为清及民国所建。

1949 年中华人民共和国成立后，融宗法师来司徒庙负责，成立"文管所"，收集整理文物，并修建司徒殿、藏经阁、碑廊等。

三、建筑格局

司徒庙坐北朝南，整体分为寺庙建筑、古柏碑廊、邓禹草堂三部分。寺庙建筑在一条中轴线上，建有山门、天王殿、大雄宝殿等。山门于 1998 年重修。

天王殿由原茶室改建，面阔3间，80平方米。殿门前楹联："弥勒慈眉领众生同归净界；白阳善目引万民共登乐土。""揽胜探幽，梅芳馥郁，何如佛国一炷香；抚今追昔，古柏苍虬，可知禅门五蕴空。"殿内柱联："一团和气，常向众人开笑口；包罗万象，自然百事放宽心。"浦东周文祥沐手葆书。殿正中佛龛供奉弥勒菩萨正身像，菩萨头戴金冠，正襟危坐，面目慈祥，佛龛上方题书"皆大欢喜"。弥勒菩萨背面佛龛供奉韦驮尊天菩萨，殿后横匾上书"三洲感应"，韦驮菩萨佛龛前柱联："心发菩提德被羣机登净域；手擎宝杵护持正法。"殿两边为四大天王像。

出天王殿，右为二层建筑，面阔四间，上下两层各100平方米，下层为石佛殿，上层为藏经楼，上有赵朴初所书"藏经楼"匾额。左为伽蓝殿，3间，100平方米。

大雄宝殿。2004年把观音殿拆除，新建大雄宝殿，单檐歇山顶，四面石柱，面阔18米，进深12.60米，面积240平方米。殿门上方悬挂"大雄宝殿"匾额，由茗山法师所书。殿门两边联为："柏因古柏千载雷震狂风磨难现长青，精舍持法万卷经典研诵弘扬今流传。"外联为："大乘小乘逗机根以演教，半字满字遂确实而相晓。"再外联为："空色圆融何有去来之路，我人顿

息本无生灭之门。"均由贯澈法师所书。殿内正中供奉释迦牟尼佛，两边是十八罗汉，两侧为文殊、普贤菩萨，背后供观音及十四尊大悲咒尊像。佛像全是香樟木雕，传统工艺，生漆麻布，贴真金。整个殿堂，清净庄严，古色古香。2007年举行佛像开光庆典。

整个寺庙区域有通廊与古柏园、碑廊相接，使庙与园相结合，成为园林特色寺院。

四、清奇古怪

司徒庙里最出名的是邓禹手植的千年古柏，乾隆帝南巡来此，被古柏吸引而叹为观止，分赐四棵树为"清、奇、古、怪"，在寺庙东面的古柏园内。

据《资治通鉴》记载，一千九百七十多年前，邓禹协助刘秀平叛王莽篡政后被封为大司徒。邓禹晚年放弃功名隐居光福，后人据此建司徒庙祭祀邓禹，在庙内，邓禹所植四棵古柏遭雷击之后，历经千年风雪雨霜，而呈四种姿态。清者，碧玉苍翠，挺拔清秀；奇者，主杆折裂，一空其腹；古者，纹理迂绕，古朴苍劲；怪者，卧地三曲，状如蛟龙。顾震涛《吴门表隐》记道："一株直挺而青葱；一株木干皆作螺旋；一株皮秃，中裂分两株，而竟茂盛；一株中折坠地，复挺而荣；另有小柏，枝分浓淡，他处

"清奇古怪"

无有，堪称中华一绝的自然奇观。""清奇古怪画难状，风火雷霆劫不磨"，是它们的真实写照。在风吹雨淋、霜欺雪压的环境里生活千百年的古柏，是大自然留下的宝贵财富，不只是因为它们具有使人难以忘怀的自然美，给人们增添生活情趣，还在于它们是活的文物，是研究古植物、古气候、古水文、古地理的珍贵遗存。

司徒庙之古柏，历代文人题咏颇多，尤维熊《司徒庙古柏诗》曰："古庙舞古柏，青青倚廊庑；大干已千年，其一劫雷斧，至今神物留，数协星聚五。或升如虬蟠，或偃如虎卧，或亭如散盖，或屈如控弩，黛色染霜皮，一二久而怒，微雨乍经过，日光漏卓午，神灵倘来栖。肃清屏戏侮，石磴坐盘桓，逼视敢轻抚，神异表寰中，谁当并千古，忽忆武侯祠，高吟动梁甫。"许玉瑑《司徒庙古柏行》："奇士苦无偶，泛交持难久。异哉一亩间，四柏宛四友。虬髯驼背皆成翁，五岳位置视三公。或坐或卧或僵立，或生或枯或戢畜。各有千秋不坏身，未肯苟同貌相袭。有如古直臣，强项不屈柴立身，袍笏怒卷趋紫霞；有如老将健，解衣盘礴来，酣战力尽犹持枪。半假树人树木天，无私豪杰际会良有时，萧曹佐命出同闬，绮季偕隐还采芝，此柏托生亦如之。吁嗟乎！需才世已久，谋野转有获。安得挺生如此树，岩廊顿变风云色。"陆润庠《司徒庙古柏用杜工部古柏行韵》："我生爱梅兼爱柏，嗜癖不数米颠石。梅花点雪几万株，柏树干霄数千尺。春来会作邓尉游，梅未全开殊可惜。憩足司徒古庙前，四柏参天压云白。虬枝兀立西复东，森然雷雨腾蛟宫。一如饿虎奋爪踞隙地，一如苍龙斗险凌长空。其间两株鳞鬣互纠葛，但见纵横剑戟摇天风。培根抉土想当日，栽植疑有神鬼功。我思此本明堂栋，遗泽长流倍珍重。如何埋没空山坳，不同杷梓相输送。即今风雪伴梅花，高冈常得栖鸾凤。和羹他日会调盐，此材柱石宜为用。"田汉诗咏"清奇古怪"《司徒庙古柏》："裂断腰身剩薄皮，新枝依旧翠云垂。司徒庙里精忠柏，暴雨飚风总不移。"近代李根源先生将这四株古柏与拙政园文徵明手植紫藤、环秀山庄假山、织造府瑞云峰称为苏州"四绝"。

五、文物碑廊

古柏园内环柏有廊，碑廊内，置有两部佛经分别刻在84块青石上，一部是

《楞严经》，一部是《金刚般若波罗蜜经》，简称《金刚经》。壁嵌明王时敏手书石刻《楞严经》全部，堪称珍品。

《楞严经》石刻。刻于明崇祯年间，由明代著名娄东画派王时敏等书写，章懋德刻，笔力遒劲，刀法娴熟。碑文67000多字，分刻于84块青石上，每块石长95公分，宽33公分，平均每块青石刻字800左右。原本运往北京房山藏经楼洞收藏，由于战乱，未能成行，便藏于光福下绞狮林寺内。1966—1976年间散落民间，后由融宗法师收集整理，现整部经文石刻，嵌在廊内墙壁上。《楞严经》，全称《大佛顶如来密因修证了义诸菩萨万行首楞严经》，共有10卷。第1卷为崇祯元年（1628）秋亦非居士张炳樊书，第2卷为明崇祯二年（1629）闰四月清凉居士张鲁唯书，第3卷为明崇祯元年（1628）云栖广雅侯峒曾书，第4卷为娄东佛弟子王时敏书，第5卷为归昌世所书，第6卷为明崇祯四年（1631）九月佛弟子大副顾锡畴所书，第7卷为明崇祯七年（1634）建申朔东吴凤里弟子王瀚上化熏沐稽首书，第8卷为明崇祯二年（1629）仲夏望后一日古娄佛弟子弘节顾同德书，第9卷为大童菩萨戒弟子通皎诸保寅书，第10卷为明崇祯十年（1637）冬月昆山弟子闻樨居士张立平书。

在碑廊内还有一块《金刚经》宝塔

碑，刻于明代万历年间，全经镌刻精巧，整部经文刻于一座线刻型七级宝塔图案上，碑长192公分，宽63公分。首卷从第一层宝塔中心开始，整部经文可以顺序读诵，每一层宝塔角上的铃铛，以及塔檐的花柱上，都巧妙地嵌刻一个"佛"字。整座宝塔，没有一个多余虚设文字，宝塔与经文，排列整齐，而富有对称性。经文用工整的蝇头小楷书写，精刻细镂而成，实属书法篆刻珍品。

1957年8月30日，这两组碑刻被列为江苏省重点文物加以保护。另外还有明永乐十七年（1419）《圣恩禅庵开山祖师万峰时蔚公传》碑、清康熙巡幸圣恩寺御书的"松风水月"碑，民国时期林森手书的"般若船"碑。"般若船"是林森于民国廿四年（1935）所题书，"般若"在佛学中谓"智慧"之意。1932—1943年，林森任中国国民政府主席，因积极主张抗战，深受社会的好评。

六、邓尉草堂

司徒庙环境幽雅，庙中有司徒殿，还有邓禹草堂，坐落在古柏园之北，面积60余亩，1998年依书载想象后所新筑，这里再现邓禹隐居光福的概貌。

邓禹（2—58），南阳新野人，博览群书，兼通六艺，文武双全，与刘秀建立非同寻常的关系，并助刘秀建立东汉王朝。公元25年刘秀登上帝位，封邓禹为大司徒，辅佐皇帝，治理朝政。邓禹功成名就后，他急流勇退，在此隐居，安度晚年。后人在这里建起苏州园林风格的司徒庙纪念他。司徒庙内的邓禹草堂梅林环抱，九曲桥、数鱼亭等分布在草堂之中。

邓禹草堂实际上是一个规模宏大的苏式私家园林，大片的梅树园，小桥流水，亭台楼阁，置身其中仿佛能感受到古时文人在此吟诗作画的场面。总的来讲你可以在司徒庙烧香祈福，还能欣赏到大自然造就的奇特景象，更加能在邓禹草堂感受到世外隐居生活的宁静与惬意。邓禹草堂的亭子也有联："卧地擎天成四势，撕身裂胆各千秋。"费之雄撰并书。"草堂竹掩映，花园树扶疏。"

司徒庙四周青山环抱，与香雪海遥相呼应，实是寻幽访古、诗画礼佛之佳境胜地。

2007年3月，登记为寺观教堂。

玄墓山麓圣恩寺

圣恩寺，位于苏州市吴中区光福镇玄墓山南麓。1960 年 3 月 17 日，被列为吴县第一批文物保护单位，现升格为苏州市文物保护单位。

一、玄墓山

玄墓山在邓尉山西南，两山相连不断，本为一山，因东汉司徒邓禹隐居于此而得名。至正年间，杭州天目山僧时蔚——万峰祖师来此开山中兴，故又名万峰山。玄墓山因背连邓尉，面临太湖，左为米堆山，右为长圻山，三山蜿蜒连缀，故有"玄墓形势，三龙三凤，胜绝天下"之誉。"南来仙灵窟，元墓居称首。"玄墓山列群峰之环抱，临太湖之汪洋，山麓天寿圣恩寺群阁巍巍，佛像庄严，正是湖山灵秀。

二、古寺沿革

玄墓山圣恩寺原为两寺，唐天宝间（742—756）创天寿寺；宋宝祐间（1253—1258）建圣恩禅庵，寺庵为上、下道场。元天顺元年（1328）敕赐"天寿圣恩禅寺"匾额后，寺庵归一。元至正九年（1349），杭州天目山僧、临济宗二十一世传人万峰时蔚，由浙入吴，卓锡此山，"缚茆居之，讲经说法"，"人渐信向、缁素奔凑"。圣恩寺名声日显。明洪武间，太祖朱元璋诏万峰法嗣无念禅师进京，"应答法要，龙颜大悦"。洪武九年（1376），建观音阁、大殿及诸殿室，使圣恩寺初显规模，遂成临济祖庭之一，万峰禅师被尊为临济正宗、圣恩禅寺开山初祖。

万峰开山之后，其徒普隐建大殿、筑斋橱、三塔院；普持铸巨钟，建钟楼。永乐七年（1409）智璿禅师重修大殿，建藏经阁、天王殿、方丈室、船舫、山门、寮库等寺殿；辟伽蓝、祖师二祠，并培建接待香客的诸客署——碧照轩。永乐十四处（1416）冬，诸殿告成。经过数代禅师的努力，当时的圣恩寺"丹藿绀宇，文棋华榱，山涌翠飞，人天瞻骇，而山川改观。四方游览而栖止者，常以数百计。有万里而至者，咸谓之胜迹宏模，虽宿号名刹，未易过之"。圣恩寺成为江南的一大名刹。

明正统八年（1443）英宗敕建"天寿圣恩禅寺"；景泰六年（1455）代宗又诏建"保国道场"。明嘉靖（1522—1566）后赋役繁重，虽僧家不能幸免；梵宇荒落，"幽构均为势家所据"。直至明崇祯元年（1628）三峰法藏前来住持，重建寺殿，法席才得以恢复。经过三峰禅师的努力，圣恩寺佛灯重灿，纪荫《宗统编年》曰："禅宗莫盛于临济，临济之禅莫盛于三峰，三峰之禅莫盛于圣恩。"圣恩寺成为明清之际临济宗三峰派的重要道场。

清康熙、乾隆年间，圣恩寺发展到又一个高峰。清圣祖康熙帝南巡二次驻跸，住寺中四宜堂，作诗并亲书"松风水月"四字，以赞美圣恩寺的湖山风光。清高宗乾隆帝南巡，六次来到圣恩寺，御书"梵天香海"匾额和"万顷湖光分来功德水，千重花影胜入旃檀林"对联以赠，还为圣恩寺、邓尉梅花写下许多美丽的诗章。清咸丰年间，太平天国战争焚寺倒庙，圣恩寺一度寺门关闭，僧人出逃。直到同治初年（1862），才有真照禅师住持，重开寺门。

清末，翁同龢、俞樾、郑文焯等均到寺游访。高僧谛闲来寺讲经，陆润庠、程德全等要员都到寺听经。民国初年，得铁桥、中恕操持，古寺重新。于右任、李根源等多次来寺访古。1937 年日寇侵华，苏城沦陷后，圣恩寺山门封闭，寺僧星散。1942 年，苏城士绅申子佩等公推融宗诣山，融宗住持后巧与日寇周旋，保护了寺中邾公轻钟等大批文物。

中华人民共和国成立之初，圣恩寺为部队借用。1966—1976 年间，寺院建筑年久失修，禁不起风雨虫蚀而倒塌，仅存主体建筑。1986 年 3 月，圣恩寺被列为吴县文物保护单位。1987 年初，部队将圣恩寺部分庙产归还地方，融宗重回圣恩寺住持，开始修筑殿堂，塑立像设，重铸大钟。嗣法弟子真法继融宗遗愿，继续圣恩寺的复兴再灿事业。

2007 年，登记为寺观教堂。

三、寺宇建筑

圣恩寺现存古建筑已不多，但主体建筑保存完好。牌楼、石坊、山门、天王殿、大雄宝殿、藏经楼处在南北纵轴线上。依峦而建，层层高起，犹显宏伟。伽蓝殿、祖师殿居大雄宝殿露台东西两侧。印经楼位于天王殿之东。西方三圣殿、念佛堂位于大雄宝殿正东。圣恩寺在融宗、真法法师的努力下又相继建造了牌楼、藏经阁、五观堂、证心室、大法堂、还元阁、钟楼、香积橱、塔院等建筑，使寺院旧观渐复，雄姿再现。

牌楼。3 间，花岗石砖木混合结构，琉璃瓦庑殿式顶，1998 年建成。明间较宽并高爽，开间 3.45 米。次间肩落，开间 2.7 米。花岗石柱，前后两侧立整体抱鼓。斗盘枋上为木构。设斗拱，层层出跳。明间平身科 5 攒，11 层；角科 2 攒，设象鼻昂。次间平身科 4 攒，9 层；角科 1 攒，也设象鼻昂，为苏南通用做法。额枋以花岗石凿就，镌二龙戏珠图案。牌楼前有吴木先生题"三吴古刹"匾额，背面则为谢孝思先生题"邓尉胜迹"四字匾额。牌楼为龙吻兽戗，雍容华贵，是为圣恩寺前第一幢建筑。

石坊（山门）。步入"三吴古刹"牌楼，可见圣恩寺石坊。原为五间，后一间，青石、花岗石混建，明显为两个时代的遗物。石坊下为青石地坎，原在此设门。两侧立花岗石柱，比较粗糙。石坊形似皇宫的"五朝门"，为别处所少见。正门两侧，设龙凤纹冲天柱，正中楹联："天寿无疆万里山河宏寿域，圣恩普及众生今古沐恩光。"右边楹联："禅净双修如虎添翼生极乐；万外教行本是一家归寂光"。横额："真空妙有"。左边楹联："点星之火可以燎原续慧命；不磨古刹常转法轮度群述。"横额："三谛吉空"。门楣青石凿就，有龙吻、狮子滚绣球；中间饰莲花净瓶，瓶中流水不绝，融为云海；海上有童子拜观音。云中有飞天及鹤舞凤翔的吉祥图案。上下枋之间，嵌真书镏金"圣恩禅寺"额。背面则有"阿弥陀佛"4 字，两端饰"二龙戏珠及八吉锭胜"图案。山门左右次间分别嵌"圣恩禅寺山居图"及"华藏法界安居图"。门前雄狮耸立，两侧影壁森然。山门跨立于"御道"之上，道旁古柏盘然。

天王殿。在石坊后。明景泰七年（1456）五月住持道清创建。崇祯八年（1635）十二月二十六日，住持法藏同门人弘璧、监寺济教等重建，洞庭优婆法名济复捐资协建。中奉弥勒像，旁列四天王。弥勒像后原立皇帝赐御制诗碑。殿明间正梁上悬明天顺三年（1459）五月吉日题"敕赐圣恩禅寺"匾。清雍正十二年（1734），原有的天王殿失火，化为灰烬。雍正十三年（1735）住持裕远圆鸠工耗 2200 余两重建，即现存之寺殿。殿面阔 5 间，进深四间，单檐歇山式。下有 45 厘米高的台基，四周有花岗岩压沿石。梁架为 11 架前后三步廊。中部施金柱，木质，用材较大，下有鼓墩形柱础。檐柱及部分山柱已接入方形花岗岩石柱。廊外侧不另加柱，而以挑尖梁直接承挑檐檀。殿门上方悬明天顺三年（1459）"敕建天寿圣恩禅寺"匾额。殿内有大肚弥勒，护法韦驮、四大天王各持法器，仪容威严。殿前壁间，嵌"常住田免役碑""寺产不许贴赎碑"和"永

古牌坊

免徭役坐扣军储碑"，详细记录着寺庙的历史，及寺庙享受恩典豁免徭役杂赋的存照。

大雄宝殿。在天王殿后，地势高宏。拾级而上，殿前有宽大的露台，中间立宝鼎。边上植古柏三棵，与司徒庙古柏类似，传为晋代之物，最粗的树干周粗5.2米。大殿于宋宝祐间（1253—1258）初创。明江武十二年（1379）四月开山始祖时蔚鼎新建造。正统元年（1436）闰六月住持智璿重修。崇祯八年（1635）

七月法藏又主持重修。清顺治十四年（1657）七月十一日住持弘璧同监寺济如、照闻等重新建造，此即为现存之建筑。大殿面阔7间，进深4间，四周立回廊，单檐歇山式。台基高80厘米，有青石、花岗岩压沿石。大殿梁架亦为11架前后三步廊，柱用材也很精壮。柱下设复盆式青石柱础。明间稍长，边长80厘米，盆径68厘米，次间边长72厘米，盆径62厘米。上施花岗石鼓形石础。柱头直接承檩，不施斗拱。檐柱与外金柱之间，以抱头梁穿插枋连结。大殿前的明、次间及梁后明间均设有豆腐格子门6扇。梢间与天王殿次间相同。后檐墙上嵌有明正统八年（1443）九月十九日礼部僧录司给予白马寺住持道清的札付，碑文中准众所请，请道清到圣恩寺当住持。大雄宝殿，面阔7间，进深11架前后三步廊，单檐歇山式，用材精壮，饬角龙吻，煞是壮观。殿内"三世如来"法相庄严，端坐于仰莲须弥座上。"飘海观音"雍容大度，立于鳌头，度一切苦厄。"十八罗汉"分列两侧；"文殊、普贤"塑立后壁前。

大法堂、藏经阁。面阔5间，宽31.4米，深九檩11.5米。砖木混合结构。1993年禅师融宗鼎建，次年落成。寺中旧有藏经阁，为吴梅村母朱太夫人施建于清顺治十年（1653），"列楹三间，广延九丈"。1966—1976年间被拆。这次新建是阁，耗资人民币63万元。阁前有宽广的露台，并设宝鼎。楼下法堂，明间悬挂光绪皇帝御笔"沛泽流慈"、刘海粟先生手书"历劫不磨"、谢孝思先生手书"梵天香海"三块匾额。楼上即为藏经阁，明间悬郑板桥手书"藏经楼"匾额。阁前有晒台，阁中樟木柜橱排放有序，为供奉法宝之处。阁之东西，各有厢房两间，有回廊与阁贯通。阁之回廊尽端，设月洞门，东其额为"祇园"，西为"兰若"。东厢房前檐墙上嵌石刻经碑

3块，西厢房前嵌有《邓尉山圣恩寺中恕和尚塔铭》等碑刻。2000年3月真法法师对藏经楼进行翻修，5月底告竣，并安装空调、除湿机等设备，使藏经不再有霉变蛀虞。

伽蓝殿在大雄宝殿露台东，三间一落檐，5架梁前后双步廊。单檐歇山式顶，中供伽蓝执书卷像。祖师殿在大雄宝殿露台西，三间一落檐，与伽蓝殿相对称。中高级佛龛，供禅宗初达摩祖师像。西方三圣殿在伽蓝殿北，大雄宝殿东。面阔5间，进深11檩。明间供西方三圣像。殿内十分宽敞。殿后有小屋，高龛坛，以供牌位之用。2000年后改建成五观堂。印经楼在伽蓝殿南，天王殿东。面阔3间，五架梁前双步廊，后单步廊，两层楼，下为僧舍，上为方丈诸客之所。院中植枇杷、丹桂，十分幽静。2001年11月改建为僧寮及碧照轩。还元阁在祖师殿南，天王殿西。面阔3间，二层，落成于1996年，现为诸客之所，依山面湖，为游憩寺中的好去处。五观堂、证心室、香积橱、斋堂别为一院落。在祖师殿北，大雄宝殿西。四周有回廊贯通，五观堂、香积橱、斋堂面东，证心室面南，融宗重回圣恩寺之初建造。2003年后，五观堂、香积橱、斋堂移至大雄宝殿东面原西方三圣殿处。此处改建成念佛堂。方丈室在证心室北。面阔3间，东为方丈起居之所，中间设佛

龛供佛像，是为方丈早晚功课处所。塔院在方丈室后山西北角，别为一院落。2008 年建。新塔院面阔 5 间，名"天圣塔院"，恢复的万峰大师、历代大师及融宗灵塔置于塔院内。2001 年 4 月置新塔院宝鼎。

钟楼在大雄宝殿露台东，地势高宏，居高而临下。钟楼前为花岗岩石坪广场，广场中间置宝鼎，周围为长廊。钟楼面阔 3 间 12.2 米，进深三间 12.2 米，高 14.65 米。楼为外三层，内二层，以便于悬钟和撞钟。整座楼为砖木结构，基础开深 5.2 米，明间四立柱，以钢筋混凝土现浇，上悬圣恩寺大钟，柱径 40 厘米，足以承载楼身自重及融宗法师募化的六吨大钟。钟楼顶作九脊龙首吻重檐歇山式；戗角起翘，饰有护法天神及座狮戗兽，敷古铜色琉璃瓦。整座楼华栱靓瓦，黄墙红窗，蔚为壮观。圣恩寺之钟，初有万峰时蔚嗣法弟子宝藏于明洪武二十一年（1338）铸就，同年建造钟楼。圣恩寺"蒲牢震吼，觉尘梦，荡幽谷"。惜大钟于明嘉靖间，为奸相严嵩所掠。至万历间，高僧紫柏入主圣恩寺后，作偈授昙旭云："沿门乞得万斤铜，次第灵文铸七重。一撞一声经一部，天寒莫怯五更风。"昙旭入蜀 20 年，获铜万斤以归，经三铸方成之，钟体镌刻整部《法华经》计 6 万余字，钟声"清脆洪亮，远震三州"。民国年间于右任曾

莅寺听钟，即景挥毫"钟催明月上，风送太湖来"。惜此钟又于 1966—1976 年间被毁。钟楼现挂的大钟，由融宗之徒真法主事，在浙江瑞安冶铸，用铜 6 吨有余，亦经三铸，方得钟声殷远。钟体刻《法华》《金刚》《心经》等 3 部经典，共计 8 万余字。巨钟口径 2.15 米，高 3 米。1999 年 7 月 8 日动工，次年正月告竣。2002 年 5 月 4 日，举行钟楼落成，及毗卢遮那佛开光庆典。

望湖亭、闻钟亭、喝石亭 2000 年 11 月建，念佛堂 2003 年 3 月建，居士楼在大雄宝殿西北，2001 年 3 月建。观音殿。在法雨堂之东，拾级上山，可达"观音殿"。这是苏吴地方信众于 2008 年捐资兴建的建筑。建的观音殿又名圆通宝殿，殿廊四周镶嵌有汉白玉"善财童子五十三参图赞"浮雕；殿内为坐式四面千手千眼铜观音像，铜像净高 8 米，直径 6 米，用纯铜铸造，耗铜达 30 吨。观音殿雄立山中，高入云端。登临宝殿，八百里太湖尽收眼底，令人心旷神怡。

四、皇帝探梅

玄墓山古有"三龙三凤，人天朝拱"之誉。寺背山坐坎而向阳，居山之"明堂正位"。米堆山逶迤其东，青芝、长圻绵亘西南，左右岗陇，势若环抱；岩岫联属，昂伏千态；山中层楼，各据幽胜。

寺前万顷太湖萦带，七十二峰沉浸其间。凭高远眺，湖面飞帆往来，凫鸥起落，烟云明灭，顷刻变幻。圣恩寺一直是皇帝、名流逸士、探奇选胜者流连忘返的地方。他们游历之余，赋诗作画，书题刻碑，展示了邓尉山圣恩寺丰厚的文化底蕴。

邓尉山的梅花驰名天下。这里种梅的历史已有二千多年。《光福志》载：邓尉山区"望衡千余家，种梅如种谷"。花开时节，"入山尽花枝，芬芳令人醉"。明代大画家文徵明曾在《邓尉山探梅唱和诗序》中称道："邓尉山在郡西南，临太湖上……冬夏之交，玉梅万树；花香树色，郁然秀茂。与断崖残雪，上下辉焕……真人间绝境也。"每年春季，邓尉探梅，极一春之盛。《清嘉录》也记载：春季"邓尉梅花吐蕊，迤逦至香雪海。红英绿萼，相间万重。郡人舣舟虎山桥畔，襁被遨游，夜以继日"。届时，人潮如涌，摩肩接踵；车来舟往，不绝络绎；名人骚客，或寻胜或探梅；高兴而来，尽兴而归。

清初，康熙、乾隆两帝多次入山探梅。康熙探梅后作《御题一律》，诗云："邓尉知名久，看梅及早春。岂因耽胜赏，本是重时巡。野霭朝来散，山容雨后新。缤纷开万树，相对惬佳辰。"乾隆南巡，六次进山，次次都留诗作。其他文人墨客，探梅寻胜之后，也都乘兴进行各种创作，留下了许多珍贵的佳作与墨宝。圣恩寺旧藏的《一蒲团外万梅花》长卷、《邓尉山圣恩寺志》中精选录入的二百余首探梅诗章，就是其中的代表之作。人们把梅花与圣恩寺联系在一起，使圣恩寺魅力倍增；圣恩寺自然融入当地的赏梅文化，极大地丰富了圣恩寺的人文历史内涵。

五、名人诗咏

《过邓尉山》杨基："随意扶筇入远林，紫藤花落径苔深。山中莫道无音乐，一片莺声在绿阴。"《舟中望邓尉山》郑元祐："卧枕船舷诗思清，望中浑恐是蓬瀛。桥横水木已秋色，寺倚云峰更晚晴。翠羽湿飞如见避，红藻香袅似相迎。依稀渐近诛茆屋，鸡犬林萝隐隐声。"《邓尉山道中》徐崧："贪看山色变阴晴，好鸟留人未忍行。细野花松径落，凄凄暮蟪蛄鸣。"《雨中口占》徐崧："万峰居后有三峰，涧水桃花渐落红。细雨无人山径湿，林端时度一声钟。"《高妙峰静室》徐崧："林深不道有春来，犹见桃花一树开。松径竹篱惊犬吠，孤筇若个点苍苔。"《葵亥二月望日光福看梅喜遇秋远禅师》徐崧："雨雪交加幸未残，几回独步望林端。冷香风引沾罗袂，疏影光浮映筇冠。村店春和茶市早，寺山日霁席场宽。"《锦上人西堂有作》陆百川：

"满山微雨竹烟昏，路转桃萝又一村。石燕避寒春落子，箨龙惊暖夜添孙。危峰压殿天初迥，缺沼当岩水半浑。愿向西堂分半榻，禅翁莫厌客敲门。"《玄墓赠智璨禅师》："金问昔年湖上极跻攀，万壑千岩紫翠间。风便有时闻梵呗，云深无处觅禅关。鹿眠过午花阴合，鹤梦惊秋草色斑。何日相逢重着屐，放舟依旧到前湾？"《登万峰绝顶》："周用久办登山兴，万峰劳一攀。天低云阁雨，地迥水浮山。"

六、古迹景点

在圣恩寺内外，还有许多"奇石古泉"的珍闻。寺内有方石，当地人唤它"喝石"，相传寺内穿井时，有一方巨石从山上坠下，千钧一发之际，被万峰和尚喝住故名。寺的西南首有一股清泉，终年潺潺不息，名字叫"八德泉"。"八德泉"的泉水像佛珠一般，故又叫佛珠泉。佛珠泉水味甘甜，煮沸之后有异色，当地有农取泉水缫丝，缫出的茧丝光洁亮丽。

在观音殿东北面一百多米处山腰上有一块巨石，俗名"真假山"。据《吴门表隐》载："真假山在元墓山，明天顺元年（1457）土崩，露出玲珑湖石2座，高广10余丈，中虚，杲兀。"卢熊题"神狮出岫"。何谓真假山？就是一处山石连体山根，又独立成形，似乎若凤，孔隙曲折，玲珑剔透，敲之有声，抚之温润，恰似园林中人工堆砌的假山，因它石根连山，搬之不动，故有人名之为"真假山"。这"真假山"是山上原生的石头，所以是"真"的。但它无论是颜色还是形状，都跟园林里的假山一模一样：颜色是灰白色的，上面有许多洞穴，又符合透、瘦、漏、皱的太湖石假山形态特征，缝隙里还长出了许多杂树，看上去非常自然。东西是真的，看上去又像假山，所以叫"真假山"，这是苏州地区非常少见的。据说这"真假山"的青石是在明代天顺年间（1457—1464）的一次山洪暴发时从山脚下的泥土里冲露出来的。它体连山根，又独立成形；它势若游龙，曲折盘旋在山根与旷野之间，它背后大山虽各自成体系，却又根基相连，故人们唤之为"真假山"。后来"真假山"又被山洪暴发后再次显露真容。明代吴县教谕卢熊曾在假山石上题刻了"神狮出岫、海涌门、汲砚泉、涵辉洞、峭壁岩、螺髻峰、流云洞、凌空桥"等真假山八景。王渔洋《邓尉竹枝词》有诗云："绿黛遥浮玉镜间，峰峦千叠水弯环。居人却厌真山好，玄墓南头看假山。"民国六年，康有为去玄墓山揽胜，欣然为"真假山"挥毫题写了"寿洞"两字，并作诗抒怀。

龟山上铜观音寺

铜观音寺，坐落在吴中区光福镇西街龟峰山之上。光福寺塔（包括寺前桥），1995年4月19日，被列为江苏省文物保护单位。铜观音寺花园，2017年8月18日，被列入第三批《苏州园林名录》。

龟峰山，简称龟山。一说起龟山，人们便会油然想起这座山麓的寺、山巅的塔。寺和塔组成了一处绝佳的佛教胜地。因山巅上有塔，龟山又称塔山。塔内收藏着《大方广佛华严经》和光福寺开祖师悟彻和尚的舍利，又有人叫它舍利山。

一、历史沿革

铜观音寺，原名为光福讲寺，创建于梁大同年间（535—546）。光福寺原系私人住宅，为梁九真太守顾氏之家，顾氏舍宅为寺，使之成为吴中早期的园林寺院。唐武则天当政时期（685—704）改为光福讲寺。唐会昌末年（846）废佛，

寺殿焚毁。咸通年间（860—873）重建。

宋仁宗康定元年（1040），在寺旁废墟中挖得铜观音像一尊，引得苏、常、湖三州一带佛教信徒纷至寺院礼拜，出现了人流如潮、焚香如雾之盛况。自此，改称为"铜观音寺"。明宣德五年（1430），郡守况钟率众施财，修葺殿宇。万历初，礼部尚书董份又修建。清道光十二年（1832），巡抚林则徐奏请重建。惜几经废兴，现存大雄殿、西方殿、嘉应堂等建筑都是清朝道光十二年重建。

铜观音寺自宋以来，声名日隆。明知府况钟、礼部尚书董份，清巡抚林则徐，直至康熙、乾隆帝，都前往祈雨、烧香，大加推崇。道光帝赐"慈云护佑"匾额，光绪帝赐"香雪慈云""沛泽流慈"匾额等，由是著于吴中。在1949年以后铜观音寺内仅存了唐朝方塔、宋元碑刻以及清代的大雄宝殿等古建筑，整个铜观音寺非常破败。

1994年落实宗教政策后，经过20多年的努力，铜观音寺已先后重建修复

了钟鼓楼、观音殿、铜观音殿、大雄殿等多处建筑和古迹，使这座千年古刹重放光彩。

2007年3月，登记为寺观教堂。

二、寺院建置

铜观音寺坐北朝南，寺院建筑依山而建，殿宇宏伟，建有牌坊、山门（弥勒殿）、钟楼、鼓楼、大雄殿、铜观音殿、西方殿、牧溪草堂、送子阁、藏经阁等，全寺占地60余亩，建筑面积6000多平方米。

牌坊。位于寺院河对岸，四柱三门。正面横额："铜观音寺"。柱联："禅地非常深生祖道，法门无尽大振宗风。"背面横额："慈云护祐"。柱联："烟霞清静尘无迹，水月空灵怀自明。"牌坊横额"慈云护祐"，据《吴门表隐》载："光福山铜像观音殿中楹上悬道光十六年（1836）六月初三日御书'慈云护祐'匾，并上谕一道。"明宣德五年（1430），苏州知

铜观音殿

府况钟率众施财修葺光福寺殿宇。清道光十二年（1832）秋雨连绵，大水成灾，铜观音像抬入城内祈晴。不久即雨过天晴，老百姓感恩不尽。时任苏州巡抚林则徐，特向朝廷奏请重建铜观音寺。由于铜观音神通灵验，道光十六年六月初三日，道光帝敕赐"慈云护祐"匾额。

山门（弥勒殿）。过寺桥，即是山门。山门前有唐代陀罗尼经幢一对，石狮一对。山门亦称弥勒殿，1997年重建，门上方悬挂原灵岩山寺方丈明学法师题"铜观音寺"匾额。门楹联："虎溪圣迹野王捨宅处；光天福地观音古道场。"弥勒殿面阔3间，60平方米。殿内正中供奉弥勒菩萨，背面为韦驮菩萨，两边四大天王。

出弥勒殿，两边为钟、鼓楼。钟楼下面为地藏殿，供奉地藏王菩萨。过钟、鼓楼，中间有香炉、鼎，鼎高6.8米。

大雄殿。大雄殿面阔3间，进深11檩。明间宽5.10米，左右次间宽度各为4.50米，进深13.80米，近似方形。单檐硬山式，山头施砖博风。前有廊，施船篷杆。殿内"澈上明造"，不施斗拱，檐檩直接按于檐柱头上。檐墙砌至额坊，檐枋与檐檩之间，施檐垫板。殿门上方悬"大雄殿"匾额，门两边楹联为："光天映祥云；福地传梵音。"1995年重修大雄殿。殿内正中供奉"一佛两弟子"；背面为南海观音；大殿后边，右边供奉

的是文殊菩萨，左边为普贤菩萨；大殿两旁则为十八罗汉。大殿西庑墙内，嵌有元至正十八年（1358）平江路达鲁花赤总管根据皇帝圣旨所撰的《免役文榜》和其他碑刻。殿前有宋时香樟一株，周长4.20米，枝叶茂盛，树冠葱郁，生命力十分旺盛。

铜观音殿。出大雄殿，上七级台阶为铜观音殿，殿前有铜香炉、宝鼎，还有一对佛顶尊胜陀罗尼经幢，其高达6.69米，系由木渎天平戈春南用青石仿古制造，用时年余，于2010年农历九月十九日竣工。这一天正好是观音菩萨出家日。立于殿前之经幢，气势庄严、古朴，不失唐时风貌。殿门上悬"千光百福"匾额，楹联为："极清净地是兰若；观自在春抡竹林。""千光百福"原为清道光十六年（1836）六月初三日由按察使额腾伊题匾，原本殿楹上还悬有道光帝的御书"慈云护祐"、巡抚林则徐的题匾"惠庇民天"、布政使陈銮的题匾"慈庇"。铜观音殿于已卯年（1999）重建，门楼上悬"铜观音殿"匾额，大红底、金色边框、金字。"除此外，还有几副对联。大殿内上方有信众敬献、释慧通书匾额"得大自在"。铜观音像供奉在殿内金碧辉煌的佛龛中。此尊铜观音造像，高3尺2寸，于宋康定元年（1040），从废墟中掘得，为镇寺之宝。南宋淳熙年间（1174—1189）被盗，14年后复得。

该像面容丰满，体态腴润，头戴华饰，身佩珠玑，安详地站立在莲台之上，神情娴静自然。一手下垂，一手轻抬，裸露的双足微微弯曲，踏步轻盈，随和而亲切。观音的衣服轻薄紧窄，衣褶婉转流利，如刚从水中出来，衣服贴体而优美。这种造像风格出自北齐（551—580）著名画家曹仲达之手，被艺术界誉为"曹衣出水"。不同于100年后唐代吴道子的"吴带当风"。这尊铜观音造像是我国古代艺术匠师们勤劳和智慧的结晶，也是研究我国雕塑艺术的珍贵实物资料。

这尊铜观音像还流传着与况钟、林则徐有关的传奇传说。明宣德五年（1430），苏州知府况钟率众施财修葺光福寺殿宇。清道光十二年（1832）秋雨连绵，大水成灾，铜观音像抬入城内祈晴。不久即雨过天晴，老百姓感恩不尽。时任巡抚的林则徐，特向朝廷奏请重建铜观音寺。由于铜观音神通灵验，三年后，道光帝敕赐"慈云护佑"匾额，旁悬林则徐题"惠庇民天"匾额，布政使陈銮题"慈庇下民"匾额。林则徐所题楹联中上联为"大慈悲能布福田，曰雨而雨，曰旸而旸，祝率土丰穰，长使众生蒙乐利"。楹联中再次赞扬了铜观音为民造福的功绩，因此铜观音寺身价倍增，邻近老百姓都把这尊铜观音看作救苦救难的菩萨。铜观音殿内左、右两侧玻璃橱窗内，陈列着众佛门信众捐赠的

紫砂观音、仿古铜观音、玉石观音、汉白玉观音、青石看山观音、红木观音、青铜观音、瓷观音等。造型各异，慈祥和蔼，全都是佛像雕塑的艺术珍品。

西方殿。位于大雄殿西，系硬山式楼房，西阔5间，楼上九架前后双步廊，"彻上明造"。楼下前边加双步廊，施船篷轩。明间宽4.55米，次间3.95米，梢间3.90米，进深12.20米。殿上方悬挂"西方殿"匾额，楹联为："无机不被千江有水千江月；有感即通万里无云万里天。""苦海常作渡人舟；千处祈求千处应。"殿内正中供奉西方三圣，即观音菩萨、大势至菩萨、阿弥陀佛。阿弥陀佛为西方极乐世界的教主，他以观世音、大势至两大菩萨为胁侍，在极乐净土实践教化、接引众生的伟大悲愿。

西方殿南侧廊墙内嵌有张默君《西崦梅花诗》碑，青石质，长118厘米，宽44厘米。诗碑书于1934年，录有七绝探梅诗四首，全碑诗文精美，书法造诣也令人赞叹。这种书体因受汉章帝的喜爱而命名为章隶体，由汉隶发展而来，故而此碑书体的气势及用笔仍带有隶法，但又开始向笔势连绵、纵横舞逸、速赴急就的草书字体发展。《西崦梅花诗》碑，正体现了这样的风格。该碑是一块很有价值的章草书法艺术碑刻。

送子阁。出铜观音殿，上30级台阶为送子阁，面阔3间，45平方米，殿内

正中供奉观音菩萨像。

三、古迹胜景

铜观音寺不仅建筑雄伟，而且古迹胜景众多，有宋代香花桥、碑廊、佛塔、洗砚池等。

香花桥。寺前有一座光福寺桥，俗名香花桥。《吴县志》古迹门记载，"光福寺前桥扶栏有石，琢凿甚工，宋时旧物"，故该桥以其历史悠久、雕刻精美而闻名吴中。光福寺桥初看并无独特之处，得细观方悟。原来，古桥北堍石阶正与铜观音寺前的石阶对照连接，相映成趣，桥和寺中间的通道，形成了一座翻转桥桥面。于是，初看时桥连寺，细看则为正桥接反桥，反桥连古寺。翻转桥的形态十分逼真，一经说穿，目睹者无不为设计者独具匠心的构思安排拍案叫绝，古代称之"隔河照墙翻转桥"。光福寺桥始建于宋代，几经兵燹，历代重修，仍完好地保持了宋代古桥的基本风貌。现存的光福寺桥，由明代里人募助重建，全桥以武康石为料，桥长 16.10 米，宽 3.03 米，跨径 4.5 米，古桥两旁有狮头图案。此桥还有一个特点，用一块小石在桥南堍栏杆上轻轻扣击，这时，侧耳于桥北堍石栏杆上，便能听到清晰响声，故光福寺桥又叫"响石桥"。该桥上浮雕二龙戏珠，若飞若游，姿态生动，

刻工精细，线条流畅，堪称宋代石雕艺术中的杰作。

碑廊。大雄殿左侧辟有碑廊，内有珍贵古、近代石碑一块连一块布满整条走廊。有南宋绍定四年（1231）九月"行在尚书礼部"记事碑、元至正十八年（1358）岁在戊戌九月皇帝圣旨"免役文榜"、元大德三年（1299）平江路总管祈请光福铜观感雨诗、至正大事记残碑等。其中"光福寺铜像观音灵应"碑：范金瑞相出泥塗，曰雨曰旸信不诬；具足神通周法界，何言灵感著姑苏。只为吴人多敬信，凡有祷祈无不应；邦石以事达於朝，故遣微官来审证。微官奉檄欲行时，岂期大士已先知；预戒僧徒缓行化，侵晨悉俟水之涯。以兹一事今亲见，昔人所言诚可验；稽首皈依观世音，应身得度随诸念。嘉定辛未仲春上瀚，被檄而来，得详铜像观音灵感事迹，饶盖居有，赞叹不已，敬用数语以述所闻。宣教郎无锡县丞赵善重敬书，知殿僧师琬立石。

在碑廊的东面还建有长廊，镌刻以陀罗尼经之大悲咒 84 尊圣像为主题，整幅长卷共 97 块。由慧通方丈布景、戈春南等操刀。以仿各大名家笔墨之精华，集人物、山水、花卉、动物、书法为一炉。整幅壁画体现了以大力弘扬观音文化。观音菩萨大慈大悲寻声救苦，以陀罗尼经之大悲咒最为殊胜。又为信众提

供如此精妙的书法艺术珍品。碑廊的另一面还以十八罗汉为主题，镌刻了形色各异的十八罗汉，人物个个刻画得惟妙惟肖，并为每个尊者配了诗文说明。如：第十二那迦犀那尊者"只知挑耳者，谁识痴聋佛。虽有是非言，左入而右出。"第十三因揭陀尊者"大腹便便貌亦奇，身旁布袋日无离。其中试问藏何物？但笑摇头三不知。"

在长廊中间建有"圆通亭"，柱联："杨柳枝头甘露洒；苦海常作渡人舟。"

舍利佛塔。过寺院，经墨沼，拾级而上，便是舍利佛塔了。该塔矗立于龟山之巅，高高在上，给人气度不凡之感。舍利佛塔，俗称光福塔。始建于梁代大同年间（535—546），唐朝会昌末年（846）塔毁于火，咸通年间（860—874）重建。唐代进士顾在镕《题龟山诗》中有"倚天高塔势翻空"之句。唐朝崔鹏在《光福讲寺舍利塔记》中云："塔著凌云之势，亦有飞阁围绕，回廊接连。石工呈奇巧之才，梓匠治雕镂之妙。壮观而龙蹲虎踞，巍峨而仙掌峰秀，柱矻矻而星攒，雕梁艳而虹脂，掩映而初唇吐，峻嶒而欲鹏飞。"极尽赞美之意。

据考证，今塔为唐制宋建，明万历二十年（1592）再建，至清朝乾隆年间徐坚募资又重加修葺。1998年新修。塔呈正方形，四面七级，砖木混合结构，高约35米。底层仅西北一面辟门，二至七层四面有门，风格古朴潇洒。光福塔踞山临湖，景色旖旎，遥观犹如一幅洗练的中国画展现眼前，具有"不在画中已入画"的意境，给人以简洁、明快、庄重之感。光福塔以其巍然挺立、耸入云霄的雄姿而令人胸怀开阔。登塔放眼穷窿、灵岩诸山，近在咫尺。环顾洞庭诸峰，涌现在水天一色的太湖之中，如青螺浮空，气象万千。塔内供奉49尊佛像，有88级台阶。顾野王后裔唐代中书顾在镕的《题光福上方》诗："苍岛孤生白浪中，倚天高塔势翻空。烟凝远岫列寒翠，霜染疏林坠碎红。溪渚呈栖彭泽雁，楼台深贮洞庭风。六明金磬落何处，偏傍苇丛惊钓翁。"

墨泉。在龟山的东麓有墨沼，又名墨泉，或称洗砚池。相传南朝梁、陈间著名画家、史学家、文字训诂学家顾野王著《地记》《玉篇》时，曾在那里洗砚得名。

铜观音寺内殿宇宏伟，古色古香；亭台池榭，点缀雅致；奇卉怪石，罗列其中；树林青郁，景色迷人，是吴中光福一处寺观园林。

蟠螭山上永慧寺

永慧禅寺，位于苏州市吴中区光福镇蟠螭山顶。1960 年 3 月 17 日，被吴县人民政府列为文物保护单位，现升格为苏州市文物保护单位。

一、光福蟠螭山风光

蟠螭山，为太湖七十二峰之一。山不甚高，是穹窿山的余脉，离古镇光福 8 里左右，因一头向南伸入太湖，如蟠龙作蜿蜒状而得名蟠螭山。蟠螭山，北倚铁山、西碛山，东北为查山、潭山，东、南、西三面临湖，目之所及，渔洋山、东山、西山和漫山、冲山等，或远或近隔水连绵环抱，故而清人有"三面青山三面水"之咏。蟠螭山的山体由火山岩构成，南北长仅 0.8 公里，东西宽只 0.2 公里。

山有两峰，相距 0.2 公里，主峰南山在东北，海拔 44.5 米；次峰憨山台在西南，海拔 46 米。据徐傅《光福志》记载，蟠螭山巅洼然中虚约 3 亩，称石壁窝，四壁如削，高五六寻（旧时一寻等于八尺），大如数千石囷，所以也叫石壁、大石壁或石壁坞，俗称南山，近年称南山公园。南山这个名字，一个极平常的名字，却很能引起文人雅士的兴趣。陶渊明的"采菊东篱下，悠然见南山"，写出了诗人心中的悠闲散淡，同时也使南山这个名号赋有了远离喧嚣的意蕴。山在太湖之滨，不远处便是有名的太湖渔港，每天日出日没，桅林森森，帆影片片，渔舟唱晚，古寺晨钟，相映成趣，是这里的一道亮丽风景。清人孙原湘《石壁》诗，为我们描述了如入仙境般的画意："苍苍绝壁瞰湖边，万顷琉璃照眼前。风雨欲来云满地，人烟何处水浮天。松声时作空中乐，鸥影都成世外仙。七十二峰看不了，一峰诗思一飘然。"

光福诸山奇石较少，石壁虽地处僻远，却以陡峭奇险引人入胜，备受文人青睐，留下许多题咏。明末进士、官至礼科给事中、明亡后流寓苏州的姜埰，有《石壁庵》咏道："六朝遗迹倚崔巍，欲削芙蓉护讲台。山色晴空还易雨，人家桑拓更宜梅。佛香入院双林净，水天湖遥百道回。几处登临看不尽，清川华薄又相催。"顾汧《石壁》诗："石台踞坐晚风清，落落烟波钓艇横。七十二峰收一望，凭虚真欲驾天鲸。"清汪芑《石壁》诗："憨公栖隐处，山背精舍辟。峭壁疑削成，晴峦太古碧。茶烟扬禅榻，竹色照岸帻。空翠不可扪，青寒落几席。夕阳半岭秀，云气全湖白。悠然埃瑲外，高吟愧谢客。"

光福赏梅自古出名，不仅香雪海，石壁也为佳处，清人邵长蘅说其地春时梅花烂漫，望之如残雪满山，与湖光相辉映。康熙五年（1666）二月二十一日，归庄与光福友人俞南史、葛芝、筇在同游石壁，见梅杏千株，白云紫霞，一时蒸蔚。石壁数仞，巉岏硉矹，前俯太湖，长松万株，风至涛作，声与水波相乱。倚绝壁，坐长林，瞰大泽，尽享山游之快致。

民国五年（1916）正月，钱基博先生偕友探梅到此，"山之上为平地，有寺焉，石壁四周，奇峭崭截如削，独其南面湖，豁然开朗，向水环山，所谓石壁坞也。寺曰石壁精舍，门外石台斗入太湖，登眺极畅，风涛澎湃，声起足底"（《邓尉山探梅记》）。

民国十八年（1929），汪东与友人在邓尉探梅之后来到石壁，发出由衷的赞叹："邓尉最胜处，为从石壁眺太湖诸峰，

湖波万顷，漱荡几席，烟云杳霭，时见远帆，同游者皆徘徊不忍去。"当梅花落尽，桃花可称石壁又一绝，烟雨三月，如锦步幛，郑逸梅在《谈山家十八熟》中，将石壁桃排在第二，仅次于梅，可想而知当时的景致之胜。

蟠螭山不高也不大，却名声远播。山上有建于南宋的永慧禅寺、憨山台、梅林泉、摩崖石刻、植物三绝，以及憨山上人、王穉登、翁吴梅村、吴慈鹤、虚谷、李根源、江寒汀等历代传奇人物在此留下的遗踪，不仅为蟠螭山增添了文化底蕴，也为苏州历史锦上添花。

蟠螭山不仅景色秀丽，而且是吴中佛教胜迹之一。

二、寺院由来和布局

永慧禅寺又名石壁窝、石壁寺、石壁精舍，因寺庙背靠一百仞石壁而得名。寺始建于明嘉靖年间（1522—1566），相传为明高僧憨山大师结茅之地。据《光福志》载："寺为明隆庆三年（1569）僧憨山复创"，于清道光中（1821—1850）重修山门、韦陀天王殿和西方三圣殿等建筑。寺内殿宇20余间。1949年后重建念佛堂、龙王塔等。20世纪80年代整修天王殿，1998年修建藏经楼。2006至2008年，于湖滨造观音殿，筑观音殿至寺庙的石磴；2010至2012年，

在寺东南部建传播佛教文化的多功能法堂，还于石壁之巅原有的一层僧寮上再建一层，供奉药师佛像。2014年12月修缮日渐破败的两进清代殿宇及周边配套设施。

永慧禅寺坐东朝西，寺庙占地约1万平方米，建筑面积3000平方米。现有山门、弥勒殿、西方三圣殿、观音殿、大雄殿、藏经楼等建筑。

山门于2018年重新改建并向南移在寺院的中轴线上，山门前建有千余平方米平台，有百年以上的朴树、麻栎、榉树、圆柏、黄连木、榆树等6棵古树。山门前有一对石狮，门右边平台上竖有文物碑，门上方悬挂"永慧禅寺"匾，由北京故宫博物院古书画部副主任、中国书法家协会理事金运昌先生书写，进门左边建有碑廊，墙壁嵌有10多块古碑。

弥勒殿位于中轴线上，面阔3间，130平方米。殿正中供奉弥勒佛像。弥勒殿南为观音殿，94平方米，正中供奉千手观音像。弥勒殿北为西方三圣殿，94平方米。三圣殿北为一幢二层楼，面阔5间，700平方米，底层为念佛堂、上层为藏经楼。

出弥勒殿为一小院子，左侧为祖堂，供奉憨山大师像。大雄殿面阔5间，200平方米，匾额为赵朴初手书，正中供奉释迦牟尼像。

观音殿东侧为接待室，面积40平方米。接待室东北角为僧寮房，三层，面阔8间，1000平方米。接待室东南角为法堂，面阔四间，100平方米。观音殿南侧为五观堂，面阔四间，100平方米。

永慧禅寺虽占地只有十亩地，但殿堂功能布局合理。

三、摩崖石刻称一绝

永慧禅寺"大雄殿"的后门，便是石壁，山岩陡峭似刀削，石壁高出地面八九米，上布满名公巨卿、文人墨客的题咏等。

永慧禅寺的摩崖石刻堪称一绝，李根源功不可没。石刻均刻于清末民国初，有李根源题"蟠螭"及章炳麟、吴湖帆、于右任、孙光庭、陈夔龙、弘一法师等石刻二十六方，还有近人石刻数方，含篆、隶、行、草、楷各书体。据李根源《吴郡西山访古记》记载，摩崖题名分七段：一隶书，道光庚子春二月十日，元和韩崇自石楼探梅至此，登览竟日，题名壁间；二行书，道光庚子初秋，南海吴荣光解组归里，道出吴郡，游木渎灵岩，光福香雪海、玄墓山，登蟠螭山，西望太湖诸胜，同游者有乌程王渔、长洲顾沄、嘉定瞿树辰，吴荣光题记，子尚忠侍；三隶书，咸丰元年正月二十二日，吴县汪楏、汪锡珪、汪藻、汪玉鸣，释杲朗同游；四篆书，同治庚午初夏，望

摩崖石刻

江倪文蔚、湖口高心夔、独山黎庶昌、秀水杨象济同游，署名"长洲潘钟瑞书"；五隶书，同治九年二月二日，元和顾文彬挈子承探梅邓尉，冒雨到此，时将北行，于故乡山水不能忘情，扪壁记此；六行书，民国八年，偕张耀曾、孙发绪、李为纶来游，谷钟秀题；七谷钟秀书"饮渌"。摩崖石刻含篆、隶、行、草、楷各书体，堪称艺术佳品

憨山台也有摩崖石刻8方，有李根源浑厚安详的书法，有章炳麟含蓄凝重的书法，有吴湖帆刚柔相济的书法，有谷秀钟潇洒飘逸的书法……山上，还有于右任书"曲石台"和谷钟秀的"饮绿"等题刻。这些题刻来自各地的名人，以不同笔调和不同形式，记载了各自的游感，歌颂了蟠螭山的自然风光。

四、植物三宝甚罕见

寺院虽小，湖光山色，祥云萦绕，别有洞天。明代吴门画派创始人沈周曾言其：屋上有山屋下水，开门波光眼如洗。寺内有植物三宝：

第一宝为前院有一对树龄500年的"银杏树"，庞大的树冠绿荫苍翠，令人叫绝的是这两棵树还是风雨同舟的雌雄"夫妻"档。每到秋天，银杏树叶如小扇，随秋风渐渐飘落，一地金黄，煞是醉人。游人纷纷来寺中上香，香烟缭绕中，两棵相互依傍的银杏树，又添几分宗教色彩。

第二宝在壁岩间有一株千年的"古石楠树"。相传元朝时，石楠天然出自岩石缝之中，树身紧贴陡峭石壁，如苍龙卧伏，又似巨蟒盘旋，沿峭壁蜿蜒曲折，向上爬攀8米左右，上崖顶，展开一片苍翠，是为树冠。树冠四季常青，充满生机，丝毫不见苍衰之态。此石楠形如卧龙，故又称"困龙"。它不仅非常珍贵，而且给人以不屈和力量，在江南也仅余数棵。

第三宝为寺院内的"镶金碧玉竹"。竹枝翠绿，嫩黄相间，犹如翡翠。相传，憨山高僧修炼得道进京受封时，御赐金银珠宝，翡翠玛瑙，高僧视而不见，唯独受就两株镶金碧玉竹，带回蟠螭山移植于寺内。这碧玉竹仍青青翠影，穿溜于壁里缝间，这竹在大江南北倒是罕见。

五、憨山大师结茅地

距永慧禅寺西100米左右有座憨山台。憨山台相传是明嘉靖年间（1522—1565）憨山大师修炼打坐、结茅之地。据史记载，憨山和尚法号德清，与云栖、紫柏、藕益齐名，为明末四大高僧之一，故石壁精舍又称憨山寺。他一生坎坷，50岁时被当局逐岭南20年，垂老始遂山居幽怀，著有《憨山老人梦游集》。他不仅文章、道德冠于一时，而且还精于

书道，可惜他的作品大多佚失，中国佛教文物图书馆藏有其《山居诗》条幅，为罕世之宝。中国书法协会名誉主席启功先生盛赞其书法艺术，认为大师的书法成就超过明代大书家文徵明和董其昌。憨山台侧有一清澈见底、终年不涸的梅村泉。梅村泉因纪念清代诗人吴伟业而命名。

在永慧禅寺祖堂对面室内竖有一块"憨山大师生平记事"碑，碑文为："憨山大师（1546—1623）名德清，字澄印，明金陵全椒县人。父蔡彦高，母洪氏，生平敬奉观音大士。初梦大士携童子入门，母接而抱之。遂娠及诞，白衣重胞。室内充溢异香。是年明嘉靖二十五年（1546）十月十二日子夜。幼年大师性情好静，常喜独自静坐思考。7岁入学，出口成诵，文辞诗赋皆悉通精。然大师宿根深厚，淡泊无为，不喜世乐。大师12岁，父母送至报恩寺学佛，两年内能背熟一般流通的经论。19岁，恭请西林和尚为其剃度，年底受具足戒。西林和尚予示，大师能担负弘法大业。20岁，大师参加云谷大师禅七专修活动，一心参究一句佛号，念念专注，力究向上一著后。报恩寺设立义学培养僧徒，大师任教师，教授诸子百家、四书史记。次年，又应聘至金山寺教课。28岁，大师参学五台山，登北台临憨山，见山色奇秀清幽，非常高兴，便以憨山作号，且

初证色空。后朝少林寺、白马寺拜焚经台，能融贯诸法。30岁，再上五台卜居龙门，摄心归一圆满湛然，智慧朗然彻悟心性，并作偈曰：瞥然一念狂心歇，内外根尘俱同彻。翻身触破太虚空，万象森罗从起灭。明隆庆三年（1569），大师云游吴中至蟠螭山结茅净修，使石壁永慧禅寺祖庭法脉延续至今。大师32岁，刺血泥金抄写华严经，上结般若殊胜因缘，下酬父母及一切有情之深恩。并为皇太后建无遮大法会，祈得皇嗣。38岁，去东海牢山建茅棚，勤苦修行，教化众生及外道教派明白真正佛法的修行意义，然后，相继皈依佛门。44岁，奏当朝请大藏经，亲送家乡报恩寺。时大师静坐中以神通力回家见母祭祖。大师已明三界唯心万法唯识的深妙道理。大师48岁为法忘躯流放雷州，建盂兰盆会，教化众生、斋僧、放生，从此，广东好杀之风得止，佛法的慈悲救世精神逐步发扬。大师一路到曹溪，将满目疮痍的六祖道场辛劳修整，改路径、建祖殿、辟神道、移僧居、拓禅堂、创清规，使曹溪祖庭慧炬重明，并常为弟子说法。从此，大师长在岭南弘扬佛法。大师71岁云游江西、湖北，到黄梅礼四祖、五祖，又登九华，抵金沙，渡梁溪，达惠山，过吴中、泛震泽，一路上，会好友，谈佛法，最后到径山寂照庵，为大众说戒。次年临杭州，汇集全国名德建殊胜法会，盛况空前。时大师功夫日臻，他到处弘法，面色如玉，眼光似电，身体强健。跏趺坐禅，二六时中，常在定中。上堂说法，辩才无碍。声若洪钟，震动堂外。神通显现，无数人言活菩萨。应老怀虔诚之心拜见大师，一时礼拜人群如烟似云。从大师的道德风范，看到佛陀的伟大，领悟到佛法之博大精深。大师73岁，在庐山精造西方三圣佛殿。追效慧远大师六时念佛芳规，一边为大众讲法华、楞严、华严、圆觉、金刚和大乘起信、唯识诸经论，待讲经法会圆满则闭关静修，六时念佛，专意净土。77岁，由弟子三请返曹溪祖庭为大众讲经、谈法、说戒。78岁，大师示疾，对大众言：'你们当念生死事大，无常迅速，切实念佛！'十月十三日，人天限目，三界导师端坐而逝，是夜，大师身上毫光烛天，众鸟悲鸣，缁素弟子哀恸之声震撼山谷。大师圆寂后，面色玉润，肤柔唇红，手足如绵，20年后，大师端坐灵龛，如生似平时人定一般。400余年之今天，大师依然以他坚固不坏的金刚之体端坐在那里，接受四众礼拜。大师还是那样慈悲地关注着人间，他上求佛道，下化众生的普萨精神时刻教化着芸芸众生。"

永慧禅寺掩映于苏州太湖岸边的山岩林木之中，现为苏州市吴中区一处佛教旅游胜地。

潭山南坡石嵝庵

　　石嵝庵，位于吴中区光福镇西南潭山（又称弹山）的南坡半山腰。1986年3月25日，被吴县人民政府列为文物保护单位，现升格为苏州市文物保护单位。

一、历史沿革

　　据原《光福志》记载：石嵝庵始建于元末（1367）。明代文徵明、赵宧光、李流芳，清代陆润庠、张大绪等名人曾为石嵝庵题写过匾额。又有一说：明代前嵝上建有"留余庵"，但均无从考证。黄安涛道光年间的"吴下寻山记"是关于石楼的最早记载，明朝嘉靖和隆庆年间，石楼庵由净土宗第八代祖师杭州云栖寺莲池大师的高徒养素法师重修，并退隐于此静修，在年代上和隶书"碧梧栖"匾额的文徵明比较吻合。可见明朝嘉靖和隆庆年间及以后一段时间石嵝庵应是净土道场。明末随着圣恩寺三峰派的兴起，石嵝转为临济宗，这和篆刻"石楼"的赵宧光的年代比较相符，根据"石楼庵记略"，清初无声禅师居此，但"庵止败屋五楹渐圮，无公稍修葺之"。无声禅师后，有临济宗三十三代的不群禅师住持，圆寂后葬于此。此后直至抗日战争初，石嵝庵的历任住持情况不详。抗战初期，石嵝庵住持云游他方，交由脱尘禅师继任。脱尘禅师原从军，剃度皈依佛门后住持石嵝庵，不负前代重振山寺的托付，筹资重修山庵，还从缅甸请来玉佛卧像一尊，历经磨难仍一心事佛，2002年圆寂，应当是石嵝庵始建以来不能忘却的一位法师。中华人民共和国成立后，县政府两度拨款修建。1966—1976年间石嵝庵由林场接管，现由吴中区佛教协会派僧人管理。

二、建筑特色

　　石嵝精舍依山构室，幽隐佳处。庵门前筑有石台，台左右两侧各有六级石阶上下进出庵门，这种形式在寺观建筑中颇为少见。门额石刻"石嵝精舍"

四字，撰写人和重立年代难以辨识清楚。门后正上方的"松风水月"四字是临摹康熙南巡驻跸圣恩寺时面赐的御书手迹。庵现有正殿三间，大殿亦不高大，如民居一般，门上方悬挂"放大光明"四字一匾，殿内曾供奉缅甸信徒赠送的玉佛（现保存在光福司徒庙），两侧偏殿可供游客休息。正殿和南侧偏殿中的佛像不大，殿内稍显拥挤。当地民间传说，圣恩寺的游方和尚有空，是乾隆皇帝的生父，就隐居在北偏殿。抗战时期新四军太湖游击队也曾驻扎在两偏殿。庭院一丈见方，由石板铺成院中数株芭蕉，一架紫藤，像是一户书香人家。正殿后院宽不足3米，与左右侧两院连通，由于是在山坡上"凿石驾危楼"，护院高墙由石块和许多雕琢过的条形石构件垒成，后院护墙的正中是一青石构件，上面是八仙过海浮雕，已断成三截，据说是明代之物。青石条左右两侧的墙根有两口条石砌成的方形泉井，约一人多深。北清南浊，岁旱不竭，两口泉统称留余泉。脱尘禅师诠释：留余泉，饮之余和留"我"在此之意也。2010年由于滑坡，后院护墙中部垮塌，坍塌在地的一石条有榫头和云山鸟等浮雕。

1926年春李根源来石嵝访古时，庵门额为清末代状元陆润庠所书"石楼古刹"四字，入门有明赵宦光篆书"石楼"石刻，旁砌行书书条一方，上刻"不作

五湖客，争到万峰台，何年一片石，次日扫莓苔，道光壬寅寒食北野山人。"文徵明隶书"碧梧栖"匾额，吴荫培撰书楹联"一径泉通下藏壑，万峰高耸上登台"。寺后有"留余泉"题刻。根源先生所见的上述诸物，对石嵝弥足尊贵，如今均不知下落，着实令人叹息。

三、石嵝庵记

清代葛芝《石嵝庵记》："无声禅师居之，绕庵树枇杷数十本，当其实时，若金丸错落于翠叶之中，极可观。西南望适当震泽，恶其显也修竹蔽之。从下而望，不知其内之有居人。庵止败屋五楹渐圮，无公稍修葺之，遂萧然闲素。下有泉，试之甘芳，岁大旱而不竭。从左级而登，方广数十亩，皆有怪松巨石错立步武间。近望犀脊蟠螭诸山蜿蜒相向，槎山仅一培塿然。绕山之麓遍植梅花，方其花时积雪数里。远则巨浸渺然所谓震泽也。风帆水鸟上下其间，若动若静。而七十二峰离立波际皆有情态，数百里外铜官诸山明灭烟霭中。余告无公曰，仆常北涉淮南，至于四明自是以往不能游也。然吾友有好游者，足迹遍域中，告仆曰吴中山水之美，或海外蓬莱方丈之属，过之他州不能及也。昔年朱山人白民结庐莲子峰下，以泉石取胜，然出户而望，四山障之不可以眺远。岂

若兹数百里内外若在衽席，参差掩映，近延野绿，辽郭超忽，远混天碧哉。地之胜槩尤宜于月之夕，风涛之晨而恒为雨露风日之所侵，不能久立。她日当构一亭于上，翼以小屋三楹，负一囊粟致之。公以为，朝夕之膳披败衲而默坐其中，虽瞿硎先生之石室孙氏之苏岭岂能过哉。无公曰，子故记之，俟她日落成而陷置之壁间。"

四、万峰台

出庵，一片翠接青云的竹林，绿茵霭霭，翠气溶溶，浓荫蔽日，萧影袅姿，生机旺盛。庵左侧有一株明代古木香树，枝叶茂密，萦绕曲折，缘树而上，高达三丈余。顺古木香树旁的石径，拾级而上至万峰台。台上有明赵宧光题刻"万峰台"三字。相传，万峰台是万峰和尚打坐修炼之处。当年，江南名僧万峰和尚遍游邓尉山水，到玄墓山圣恩寺，驻足石崚，对石崚情有独钟，决意在此打坐。因山势险陡，无处打坐，遂运气发功，将万千巨石聚集成堆、成台。更奇者，台侧尚有巨石一块，皮皱中空，镂若窗牖。每当皓月当空、月光掩映之夜，或阳光灿烂、日光映射之时，巨石忽明忽暗，如同楼阁烛光。原《光福志》称："在弹山南万峰台，在庵之前崖，尤据极胜，望太湖诸峰，历历可数，当仲夏之际，登此台者，览桃李之皆花，闻鸟声之迭和，漱泉枕石，翠竹四围，物外之景，顿忘身世。"登上万峰台，南望太湖，浩渺雾漫，远帆无尽，太湖七十二峰尽收眼底。

铜井山巅金月寺

金月寺原名天寿禅寺，在吴中区光福香雪村铜井山巅。

一、铜井山

据《苏州山水志》载："铜井山在邓尉山西。山顶有岩洞，其下有池，名铜泉。明徐枋《铜井山记》云：'其顶高出诸山，原有二大树，远见三十里。石磴盘纡，拾级而上，陟其巅，有巨峰横偃，大如十间屋，其高几丈。下有二泉，俱在石隙中。石皆青碧色，其质细润如古铜器，而泉深如井，故名铜井。一云泉底有铜，故水味常涩。峰侧有二大树居古庙下。庙旁精舍三四楹，坐卧食息与奇峰对，而烟云出没皆在足底，真殊境也。'"

陈瑚《坐铜井石台》诗云："千山松色万山梅，鸟道篮舆取次来。为爱五湖波上好，石台盘坐几忘回。"顾沂《咏铜井山》诗赞道："蜡屐探幽路逶迤，花枝低亚总相宜。主僧引领高巅去，纵目湖光叹绝奇。"诗人对铜井山的美景赞叹不绝。

二、寺院变迁

据清《光福志》载："天寿禅寺在铜井山，绍兴间建，元末至正间，毁于战火。明洪武初重建，隆庆间修。"又一云：天寿禅寺，始建于晋代。今铜井侧巨岩上，仍留着镌有"晋·王祥题，灵（灵）泉"字样。王祥西晋琅琊（今临沂）人，系王羲之五始祖王觉的同父异母兄，以孝著称，谓二十四孝之一"卧冰求鲤"之孝子。

天寿禅寺历来高僧辈出，据清《光福志》载，天寿禅寺是北宋绍兴年间（1130—1162）僧法琳募集所建。天寿禅寺向为历代文人云集之地。明李流芳《登铜井访三乘上人》云："山僧出迎我，问姓始相识。谁言三度游，已作七年别。"崇祯年间，西华秀峰，云行玮禅师，居吴之铜井山。

天寿禅寺，据传鼎盛时期规模宏大，有5000多间殿宇，抗战期间，日渐冷落萧条，1966—1976年间被毁。

改革开放后，由里人募集建陋室数间，供奉"大王爷"神像，香火渐盛。

三、恢复重建

2007年1月，经批准，恢复重建天寿禅寺，易名"金月寺"。2008年10月，登记为固定处所。

2008年，吴中区佛教协会委派本静法师负责管理。金月寺坐北朝南，占地面积9亩，建筑面积1000多平方米。现建有大雄宝殿、观音殿、老爷殿、宿舍、膳房等建筑。从防火通道向西，中间为大雄宝殿，于2009年建成。大雄宝殿面阔3间，120平方米，殿正中供奉释迦牟尼佛像及二弟子阿难尊者、迦叶尊者像。在释迦牟尼佛像背后塑立海岛观音。大殿后墙则是文殊菩萨和普贤菩萨像。殿东西两侧为十八罗汉像。

大雄宝殿东为韦驮殿，西为五上五下的僧寮。

四、古迹铜井

说起"铜井"并不是铜铸成的井，而是一口石质色如古铜器，泉深如井的天然泉潭，称为"铜井"，实际上是灵泉。这口铜井位于苏州光福铜井山上巅。

铜井位于现大雄宝殿北面的岩石下，井垂直而宽敞。井口上方悬着巨岩，清澈的泉水从巨岩壁缝中潺潺滴入井中，周而复始，终年不息，大旱不涸，却又不满溢，甚为铜井山一奇。

今铜井侧巨岩上，仍留着镌有"晋·王祥题，靈（灵）泉"字样。王祥（185—269），字休征，东汉末年隐居20年，仕晋官至太尉、太保。以孝著称，为二十四孝之一，"卧冰求鲤"的主人翁。"书圣"王羲之五世祖王览的同父异母兄。因此，铜井的历史年代悠久。

冲山岛上云峰寺

云峰禅寺坐落在吴中区光福镇冲山村北山顶。冲山为太湖七十二峰之一，谓云峰，故寺以峰名。

云峰禅寺始建于清末明初，早期为尼姑庵，已有 380 多年历史。云峰寺原有大雄宝殿、观音殿、三官殿、念经堂，香火历来为盛。香客来自太湖周边信徒。每年农历初一，进香者逾万人。云峰禅寺几经兴废，太平天国年间遭损。1966—1976 年间，寺庙被拆毁，仅存庙基。改革开放后，上海、苏州、无锡等地的居士、贤达、富绅，络绎不绝到云峰禅寺进香、相助。至 20 世纪 90 年代中期，寺院恢复初具规模。2000 年建成大雄宝殿，时任江苏省佛教协会会长茗山法师曾专程到云峰禅寺考察。2003 年批准为佛教烧香点，2008 年 3 月登记为固定处所。

由于大雄宝殿房屋已属危房，云峰禅寺于 2017 年 7 月 23 日（农历丁酉年六月初一）上午，隆重举行重修大雄宝殿奠基庆典仪式。

云峰禅寺濒临太湖，三面环水，地处幽静，风景如画，与周边的湖光山色融为一体，是太湖之滨的一处佛教胜迹。

重新规划的云峰禅寺坐北朝南，至 2020 年 5 月还在建设之中。

平台山夏禹王庙

夏禹王庙，位于苏州市吴中区光福镇平台山岛。

一、平台山岛的由来

太湖之美，美在太湖中的岛屿，号称 3 万 6 千顷水面，约 2300 平方公里的太湖，共有大小岛屿 50 座左右（有的说 48 个，有的说 51 个），大的有吴中区的西山岛、三山岛、漫山岛。无名岛屿也有无数，其中有一个鲜为人知的小岛——平台山岛，由于它处的特殊的地理位置，一直被人们关注。

平台山是太湖中一座无人居住的小岛，远看似浮在湖面上若隐若现的鳌鱼，近看如倒扣的铁锅，因地势平坦，无青峰突起，宛如一座漂浮在太湖波浪上的平台，故名平台山岛。

平台山岛位于太湖中心偏西，离陆地 25 公里，离西山岛 19.04 公里，全岛面积约 0.2 平方公里，海拔 5.6 米。清《吴门表隐》称："山甚小而不没，称地肺……有砂如铁，大禹铸铁釜，覆孽龙于此。"据《太湖备考》载："平台山，无巨石，四地皆鹅卵石，石有光润可爱者，人不敢取，取者则行舟有风涛之患。"

二、正式批准的宗教固定处所

夏禹是太湖渔民心目中的"保护神"，因此，太湖中曾建有多座禹王庙，平台山禹王庙是太湖中众多禹王庙中香火最旺的地方。据传，平台山的禹王庙是公元 537 年建造的。平台山岛上的夏禹王古庙，2008 年 3 月被苏州市民族宗教事务局批准为宗教固定处所。

平台山夏禹王古庙，渔民视为不可侵犯之圣地，历来香火为盛。禹王古庙背山朝南，绿树成荫，气势宏伟。现存清嘉庆十九年（1814）蔡九龄撰《重修禹王庙记》碑。庙内原有明代大学士王鏊所题"功高底定"匾额，已在清咸丰年间毁于兵灾。至民国年间，禹王庙有殿宇 20 余间，占地近 2000 平方米。

禹王古庙正殿为禹王殿。禹王塑像系木骨泥雕，身穿龙袍，足蹬乌靴，红脸戴冕，长髯垂胸。上悬"功高底定"匾额。香案前，有一长方形青石，中间微凹，称"猪羊石"，为摆全猪、全羊祭品的供台。禹王左右，塑有皋陶、伯益两神像。传说前者司农，后者司林，均是禹王治水的助手。

禹王古庙东殿为猛将殿，殿中供有两个猛将，大者穿盔甲，手持宝剑，为武将；小者头扎红巾，双脚赤露。

禹王古庙西殿供奉天妃。天妃戴凤冠，穿霞帔，眉秀目清。相传天妃系北宋都巡检林愿之女，天生哑巴，故又名默娘，福建莆田湄洲岛人。生有特异功能，能乘席飞翔水面，每遇风浪大作，便挥动红灯，舟船就能化险为夷，被人尊为"天后圣母"。清康熙三十九年（1800）由太湖营游击胡宗明（浙江晋江人）在西山建天妃宫，后"北洋船"渔民将其并入平台山禹王庙一起供奉。天妃旁塑有掌管巡视江、河、湖、海水域的晏公大元帅。

大殿东厢房供奉"东廊三相"（吴相伍子胥）等神像。西厢房供奉"岳、韩两王"（南宋抗金名将岳飞、韩世忠）。

后殿供奉着观音、三官、祖师。观音是佛门菩萨，三官、祖师是道教神仙，祭祀时用素供，故后殿又称"素师殿"。面对大殿还有一座砖木结构戏台，供庙会演戏时用。庙东侧有5间生活用房。

平台山一度香火冷落，庙宇失修、坍塌，传统庙会不再。1958年，有人上岛扒砂，庙宇殿堂损坏尤为严重。1962年太湖公社将庙宇拆除，在庙基上建渔船导航灯塔，使禹王古庙仅存部分遗址。1994年，当地渔民在旧址上自建，1997年复建正殿5间、辅房7间。

香雪海般若禅林

般若禅林，位于苏州市吴中区光福镇香雪村。

一、般若由来

般若禅林是一座新建寺庙，般若系印度梵语的译音，意译"妙智慧，微妙智慧"，由涤华禅师嘱咐而始造，1998年筹建，1999年12月落成。寺庙坐北朝南，占地面积3300平方米，建筑面积1500平方米，建有山门、玉佛殿、三圣殿、尼众寮房等。

山门飞檐翘角，门上方"般若禅林"四字由原中国佛教协会咨议委员会主席、江苏省和苏州市佛教协会名誉会长、灵岩山寺方丈明学长老书写。门两边对联为："倘若百草能治病，烦恼本来是菩提。"背面上方为"觉照圆满"4字。

玉佛殿前有宝鼎一座，高3.8米，玉佛殿前东南有一口"智井"，西南竖有一块般若禅林建造碑记，北面刻有"摩诃般若波罗密多"8个字。玉佛殿面阔5间，160平方米，殿门上方悬挂"般若禅林""玉佛殿"两块匾，均由明学长老书写。殿正中供奉释迦牟尼玉佛坐像，两边联为："一切有为法如梦幻泡影，如露亦如电应作如是观。"明学书。殿两边墙上悬挂六祖画像。

玉佛殿西为涤华禅师纪念室，30平方米，门上方有"波罗密"3字，联为"烧火煮饭明祖意，拾柴运水真功夫"。殿正中供奉涤华禅师塑像，墙两边陈列纪念涤华禅师书画。

在纪念室西为尼众寮房。2008年3月，登记为固定处所。

二、涤华禅师

涤华禅师，自号无名僧，江苏淮安人，生于清宣统己酉年腊月（1910），寂于1996年农历四月，享年86岁。师父是一位日食一餐、常趺不卧、生活极简陋的修行人。传说师父梦中得释迦牟尼亲赐一茎草，醒来即彻底明了《金刚经》

大雄宝殿

之义，后闭关数年撰写《金刚经注解》和《心经感关房般若觉》，发愿其著出现世间，度一切相，永无截至，向人揭示如来禅之真义及修行法，真心实愿诸后学人能明其心而见其性。

涤华禅师去世一月余，其体置于江南暖湿空气中，身上毫无异味，肢体柔软如生。遗体在炉中焚化时，围观者清晰看到，火光中依次显现他本人坐像、释迦牟尼头像、弥勒菩萨像、达摩祖师像、六祖大师像、观世音菩萨像、济公活佛像……骨灰冷却后，找到许多白色、黑色、紫色的舍利子，颗粒饱满，质地坚硬。尤为奇特的是，发现一块骨片上有个凸起的"泰"字，字迹端正，精致无比，似神雕仙刻，令人叹为观止……金山寺慈舟方丈看后说：千百年才出这么一个"泰"字，因此被称为"千古一泰"无名僧。

般若禅林虽面积不大，但布局合理，环境幽雅，是光福一处佛教胜迹。

凤凰山麓宝祥寺

宝祥寺，位于吴中区光福凤凰山麓。

凤凰山，亦名城隍山，是光福、东渚两镇的交界线，南北走向，长约1200米。北峰海拔148米，南峰海拔115米，山体由右英斑岩构成。

一、寺院由来

宝祥禅寺原名凤祥寺。晋代（265—420）始建时，盘踞整座山峦，从前山至后山，盖有18殿，供奉着18尊罗汉（每殿供1尊罗汉），规模宏大，香火极盛。

据传，明代，周公孟君，光福南塘泾人，祖以养蚕、种田为业。周公24岁中进士后，先在湖南料理公务，后任杭州县令6年，再调任江南苏州。周公在任九年，为官清廉，百姓安居乐业。期间，太湖地区时有旱涝，他奏明皇上，开挖河道引水灌溉，带来农业丰收。因周公为官清正，除恶惩暴，为民除害，使那些暴贼恨之入骨。有年秋，周公乘船去湖南，到九里江口，遭暴贼奸党暗算，

全舟28人仅有4人生还，周公未免厄运。当地百姓为纪念他，就在家乡凤凰山建城隍庙、塑周公像，由此凤凰山亦被里人易名城隍山。

中华人民共和国成立初期，住持一仙僧病逝后，凤祥寺香火日渐萧条。1966年，凤祥寺被拆除，仅存庙基。1988年始，香客自发募资，在旧庙基上重建民居式佛殿数间。1996年形成正式烧香点。2007年，正式恢复为宗教活动场所。2009年5月，凤祥寺改名宝祥禅寺。

2008年10月，登记为固定处所。

二、建筑格局

恢复重建的宝禅寺坐北朝南，依山而建，建有天王殿、念佛堂、三圣殿、财神殿等，大殿宝殿正在筹建之中。目前寺院占地面积10560平方米，建筑面积3300平方米。寺院前东西两面有两棵古银杏树。从进门上19级台阶为天王殿，殿面阔3间，80平方米。殿门上方

天王殿

悬挂"宝禅禅寺"匾额，由原江苏省佛教协会顾问、苏州吴中区佛教协会名誉会长、西山观音寺住持贯澈长老书写。殿内正中供奉弥勒、韦驮菩萨像，两边供奉四大天王像。天王殿东西两边为三间二层楼，东为观音殿。出天王殿上29级台阶，东西两边各三间，80平方米，分别为财神殿和三圣殿。中间为大雄宝殿地基。在寺院的西侧建有一幢九间三层楼，为念佛堂、僧寮。

澄湖北岸延圣寺

延圣寺，位于吴中区甪直澄湖北岸。

一、澄湖由来

据资料介绍，澄湖又名沉湖或陈湖，由吴中区、昆山市、吴江区三地共辖。《太平广记》云：因"该地古为陈县（或云陈州）而名陈湖"。湖畔寝浦禅林寺内清顺治十八年（1661）铸钟刻有"天宝元年地陷成湖"，故名沉湖。属泻湖型，为古太湖一残迹。湖盆近三角形，水位 2.66 米，长 10.4 公里，最大宽 6.8 公里，平均宽 4.32 公里，面积 45.0 平方公里；最大水深 3.15 米，平均水深 1.83 米，蓄水量 0.82×108 立方米。

二、寺院沿革

碛砂禅寺在甫里（今甪直）之南，陈湖（今澄湖）之北，旧名延圣院。萧梁（502—557）创造，规模宏敞。此后兴替，史载阙如。宋乾道八年（1172），寂堂禅师至自华亭，得湖中费氏之洲曰碛砂，乃庵其上，经营有年，寺宇复兴，仍故额，元僧圆至有记。寺有藏经坊，相传鸟雀不入坊中。宝祐六年（1258），延圣大火，独忏殿与寂堂之塔不火。咸淳初，住山可枢按火所毁，募其徒分而构之。惟吉继而葺治，崇丽乃逾其旧。明永乐十五年（1417），僧志端重修。嘉靖初，大殿及僧寮、藏经阁火，止天王殿不毁，内惟一二僧居之，旁构一堂，供大士香火而已。崇祯中圮。领庵三：曰集福，元至正间僧古铭建；曰集庆，元至正间僧本达建；曰迎福，宋淳祐间僧性顺建。今皆不存。寺有灵槎亭、文笔峰诸景，今俱废。康熙六七年间（1667—1668），僧狮侣复创数椽于旧址。康熙末僧祖圆来住，复有修建。泊乎晚近，寺宇颓废，僧徒星散。

国朝受命，有司移寺中莲花青石柱础置于保圣寺，见存。2006 年，碛砂村人呈《重建甪直碛砂延圣寺报告》于苏州市吴中区民族宗教事务局，旋蒙依准。

延圣寺

由于常嘉高速公路昆山至吴江段从用直枢纽延伸，延圣寺向东南移建了100多米，目前移建的延圣寺坐北朝南，南临澄湖，西靠常嘉高速，东面临河，是一处生态寺院。

寺院于2016年12月18日举行了移建奠基仪式暨《碛砂大藏经》始刊800周年纪念庆典。延圣寺现占地近10亩，建筑面积2000余平方米，建有天王殿、大雄宝殿、附房等建筑，天王殿面阔3间，80平方米，大雄宝殿面阔5间，300平方米，附房为面阔5间的二层楼。

2008年3月，登记为固定处所。

三、历代名僧

延圣寺历史悠久，名僧辈出，记有师原、圆至、魁天纪、初本元、尊杰、祖圆等名僧。

师原：号寂堂，华亭（今上海松江县）人，俗姓祝。多灵德异迹。尝学于水庵师一、密庵咸杰，戒律甚严。笃行念佛三昧，感金甲神自天而降，梦红莲花从地而出。由是十州行化，大阐莲宗，普劝一切人念佛往生，感验者不可胜数。创白莲寺于湖之弁山，又创延圣院于苏之陈湖碛砂。遂终碛砂焉。有名宋孝宗时。

圆至（1256—1298）：字天隐，号牧潜、筠溪。高安姚氏。咸淳十年（1274），年19，出家依仰山慧朗祖钦脱发。务进退，寡交识，怡然以道味自尚。历荆、襄、吴、越，体禅理而外，工诗文。元至元、元贞间，住建昌能仁禅寺，其说法亦禀于钦。不两年，弃去。大德二年戊戌（1298）寂于庐山，年43。

魁天纪：元初僧。与圆至善。至尝注周伯弼所选《唐人三体诗》，魁割赀刻，置寺中。方万里特为作序。由是三体诗盛传海内，吴人所称《碛砂唐诗》是也。魁读儒家书，尤工于诗。生平崖立绝俗，品行甚高。

初本元：元时寺僧，工诗游学。与当世宗工钜卿如承旨长沙欧阳公玄、侍讲金华黄公溍、学士豫章揭公傒斯友善。江浙儒学提举郑元祐有《送初上人游方序》。

尊杰：字狮侣，浙江人。临济三十四世。康熙六七年间（1667—1668）来住，修葺殿宇。

祖圆：字生若，号佛日，太仓璜泾人，俗姓唐。康熙二十三年（1684）住持海藏禅林，地故为许氏梅花墅。康熙末来住碛砂寺，修葺殿宇。

四、寺僧救人

延圣寺院南咫尺处是烟波浩渺的陈湖，院西宽阔的碛砂江是陈湖东南来往的最捷水路。陈湖南北长24里，东西长18里，无风无浪时光亮澈透，风急浪高时险象环生。延圣寺中和尚相继，都持"救人一命，胜造七级浮屠"信念，遇陈湖中落水者前去营救，最险不辞。

一日，陈湖风暴浪涌，湖心一官船被掀翻。船上两只白鹤飞到延圣寺经幢上，苦苦哀叫，嘴点湖心。寺僧见白鹤飞来，以是瑞兆。然朝鹤嘴方向一看，见一船翻于水面，边有数人挥手呼救。几名寺僧于是疾速救援。

奄奄一息的8人被救到寺内安顿，寺僧熬姜汤，煮莲心粥服侍。待众人醒来，问明此8人中有5人是一家人，为父、母、儿、媳、孙，长者名叫姚如山，另3人是船夫。姚家是当时苏州府府台的亲家。他们前往松江白鹤镇探亲。回来时，亲戚送他们两只白鹤。谁知湖中突遇旋风，翻船落水。

在寺僧的热心照顾下，第二天，落水8人身体恢复。寺边停放着从湖中拖回的失事船，已经整修如昔。8人感恩不尽。姚如山跪叩拜："众僧之恩，当以重报。"姚家起程回苏。

时隔三日，延圣寺码头上停靠一艘豪华官船。船上走下一班人马，吹吹打打，爆竹脆响。苏州府台亲自带着亲家前来送匾。众僧大悦，急急迎至大堂。大堂上揭开红绸遮掩的大匾，上书："普救众生"。住持跪谢接匾。众僧念经以贺。

3个月后，一艘精打细造的救命船驶到延圣寺码头。大船用整支圆木作架，舱平宽且是全封闭的，就是翻船也不会沉船。船舷四周装有铜质扶手，便利船上人和落水人抓住扶手抵风浪。船置大、小风帆 2 桅。船头、船尾各安大橹两支。船舷两侧还各置大划桨 4 支。船上又配 16 条粗棕索。众僧围船而观，啧啧称赞。住持唤回众僧，入大雄宝殿做谢恩道场，回谢苏州府台。

苏州府派人私访延圣寺周边农村，得知寺僧每年要救起落水人 20~30 人，捞起溺亡死尸数十具，还对被认领的尸者奉送棺木，对未认领的尸者则安葬寺西墓地。

苏州府就把延圣寺僧的义举奏报当时的武（则天）周皇帝。武则天阅奏后，便下旨："延圣寺众僧，好行四乡，积善积德，赏金五百两，以贴佛身、扩建寺院之费。"武则天的圣旨原藏于延圣寺中，为院之一宝。

五、名人诗咏

碛砂延圣院曾经是江南名寺。南宋惟吉禅师《碛砂禅寺记略》载："寺建有天王殿、白衣观音殿、大雄宝殿、观涌堂、藏经楼等百余间，特别是大雄宝殿，雄视千顷碧波，壮观嵯峨。吴中寺院无能有与殿比隆者，蔚然是一大丛林，与云岩寺、保圣寺、灵岩寺并称'吴中四大禅刹'。"历代文人多有吟咏，元倪瓒、明沈周、祝允明、归有光、吴宽、冯梦龙等均有诗篇传世。

元僧圆至《赠天纪》："拈笔诗成骨骨（一作首首）新，兴（一作喜）来豪叫欲扳云。难医最是狂吟病，我恰才痊又到君。"倪瓒《送霞外师过碛砂寺因寄郑博士毅长老》："湖水东边碛砂寺，翻经室里看争棋。食驯沙鸟巢当户，坐爱汀云影入帷。惠远何修为律缚，康成终老只书痴。寄语山灵莫疑怪，松阴好护中兴碑。"明赵文《重过碛砂寺》："春半始归东郭，夏初重到南溪。孤花待客徐发，幽鸟惊人乍啼。"陆南《重过碛砂寺》："已向山家醉，还寻野寺游。倚松禅意静，隔竹磬声幽。避日频移榻，乘风独倚楼。危廊充释部，敝氅杂仙流。东望难为别，西沉不可留。明朝更相约，放桌抵青丘（时寺未火）。"吴宽《过碛砂寺》："日斜湖上过，野寺倦登临。老树风声合，颓垣雨迹深。蛟龙潜近浦，鸟雀避丛林。不见筼溪叟，诗坛（一作禅）久绝音（寺西有蛟龙浦，中有藏经坊，僧云鸟雀不入坊中。元诗僧至天隐自江右来居此，号筼溪，有诗集）。"明祝允明《送万寿恩住持碛砂》："东郭名区号碛砂，主持欣得大方家。芰芎不碍旁牵蔓，蔷葡能开到处花。玄鉴杖头酬象马，归宗拳下辨龙蛇。真经古集充三藏，愿假翻寻助五车。"沈周《过碛砂寺》："双幢落日倚渔汀，北下孤舟此暂停。野客偶惊云外犬（一作火），老僧随掩石边经。沙洲古寺（一作树）藤萝紫，宝（一作石，一作火。）殿遗基荞麦青。今夜试留湖上枕，疏钟高浪不堪听。"归有光《碛砂寺》："望见石柱立，知是招提址。莲宇已燹荡，土墙何迤逦。淡淡远天色，梅花带寒雨。溪回竹树交，风吹鸟雀起。日暮湖波深，苍茫白云里。"释智及《法城禅人化缘修碛砂经坊》："城禅切忌堕疑城，施受论功只碍膺。大法本来无一字，释尊方便说三乘。辉天鉴地光明藏，塞壑填沟烂葛藤。随顺世缘平等化，道人行处火烧冰。"

金露《碛砂怀古和吴匏庵韵》："惆怅湖边寺，今秋始一临。卧碑蝌影断，埋屋草痕深。龙出云生钵，僧归月满林。芳踪如可继，千载结知音。"清陈时鹏《过碛砂废寺》："湖滨萧寺感沧桑，洗墨池边野草黄。鸟啄钟虡（疑为"簴"之讹）声寂寂，风翻贝叶树苍苍。千秋香火留余烬，几处寒烟带夕阳。只有断碑埋古墓，年年不换旧时妆（时鹏即金露婿也。幼颖敏，成童时即善属文能诗。惜赍志早没。所著有《仿若耶吟》）。"

六、《碛砂藏》

《碛砂藏》，全称《宋碛砂延圣寺刻本藏经》，是一部闻名中外的佛教诸藏汇编。初刻于南宋理宗绍定四年（1231），到元英宗至治二年（1322）完毕，由宏道、法尼二尼发愿，僧人法忠、清圭等人先后主持，在平江（今江苏吴县）碛砂延圣禅院雕印，历经宋元两朝，历时长达 91 年。全书 1532 部，6362 卷，装为 591 函，采用梵夹装，又称经折装。以《千字文》编册号，始"天"字，终"终"字。

书原藏西安卧龙寺、开元寺，后移至陕西省图书馆。1931 年，朱庆澜将军与叶恭绰、蒋维乔等发起"影印宋版藏经委员会"，影印《碛砂藏》，计 593 册，总共影印了 500 部。

全藏经共分为 5 大部：大唐三藏、大唐龙兴三藏、大周新翻三藏、大唐中兴三藏、大宋新译三藏。大唐三藏是全书中内容最大的一个部类，占总数的 1/2。收入佛典 621 部，2887 卷，内容主要讲论大乘佛教的各种主要法门。其中，堪为大乘佛教的代表著作有：唐玄奘译《大般若波罗蜜多经》600 卷，译自显庆五年（660）到龙朔三年（663），是全书最大的一部研究大乘佛教的基础理论著作。其次，原本分量与《大般若经》相等。唐菩提流志等译的《大宝积经》120 卷，姚秦鸠摩罗什译《大智度论》100 卷，均为研究大乘佛教的重要资料。大唐龙兴三藏收入佛典 35 部，250 卷，内容主要记述佛教为佛德制定的戒律、戒规，即"三藏"中的律藏，以及印度所传的佛教戒律佛典等。其中《四分律藏》60 卷，是中国古代最有影响的佛教

经书

戒律经典。大唐中兴三藏收入佛典 20 部，37 卷。大周新翻三藏收入佛典 442 部，1945 卷。主要记述研究部派佛教的理论。主要代表作是唐方炎译《阿毗达磨大毗婆沙记》200 卷，为研究部派佛教理论的重要资料。大宋新译三藏收入佛典 419 部，1191 卷。主要为宋代人研究佛教理论的辑录。全藏经共分 59 函，591 册，1532 部，6362 卷，10300 余细类。

碛砂藏内容弘富，卷帙浩繁，例目清楚，便于查阅，是佛教研究全面、系统的经典汇编。该书集后汉、晋、隋、唐、宋、元历代翻译、撰写佛著的学者名流约 400 名，其中，唐玄奘的译著数目最为显著。唐玄奘从贞观十九年（645）

到龙朔三年（663）近 20 年间，先后译出大小乘经论 75 部，1319 卷，占全书总数 1/6 以上，是佛教东渐，进入中土，为中印文化交流、佛教经典研究做出突出贡献的主要代表者。

在叶恭绰等影印《碛砂藏》的前几年，约 1926—1927 年，北京大悲寺收藏了几百年的一部抄配、配补的《碛砂藏》，被一个美国人吉礼士（Gillis）买去，并偷运到加拿大的麦吉尔大学，后又被美国的普林斯敦大学收藏。日本奈良西大寺也收藏有 600 卷宋刊原版《碛砂藏》，据此可知实际开刻时间在南宋嘉定九年（1216）。日本大阪"杏雨书屋"存有 4888 卷。

延圣寺现为澄湖边上一处佛教胜迹。

张陵山侧张陵寺

张陵禅寺，位于苏州市吴中区甪直镇张陵山侧。

张陵山原名张林山，东西2座小山，实为2个高30多米的土墩，位于吴中区甪直镇西南。

一、寺院演变

张陵寺位于甪直镇西南2公里处，在寺院东张陵山侧有西汉丞相张苍的陵墓（省级文物保护单位）而得名，因此张陵寺始建于晋代。

张陵寺毁于20世纪60年代中期，80年代中期在张陵公园东恢复张陵寺，建有天王殿、大雄宝殿，后被吴县市批准为佛教烧香点。2008年10月，登记为佛教固定处所。2014年张陵公园更名为张陵禅寺，并移交吴中区佛教协会管理。

二、张苍其人

张苍是阳武县（今河南原阳县）人，做过秦朝主管文书的御史，他为人很有正义感，对秦朝的残暴统治非常不满，经常发表一些抨击朝政的议论。秦王对张苍恨之入骨，准备派公差逮捕他。朋友向张苍报信后，他逃回家乡阳武，躲过一劫。后刘邦率反秦义军路过阳武，张苍便毅然参加了起义军。随军前往攻打南阳时，张苍因自作主张行事违反军令犯了罪。刘邦指派王陵（后西汉宰相）负责审讯，决定将其处斩。行刑之日，张苍被脱去衣服，赤身裸体伏刑案上，眼看将成为刀下鬼。监斩官王陵一看，张苍身材高大魁梧，全身皮肤白皙润泽，是十分难得的美男子，杀了实在可惜。于是，王陵动了恻隐之心，即向刘邦作禀报，求宽大处理。刘邦准了王陵的请示，张苍遂被赦免不死。从此之后，张苍处事谨慎，恪守法纪，忠于职守，因之不断得到提拔和重用，最终官至西汉丞相。

张苍注重道德品行修养，且懂得知恩必报。王陵是他的救命恩人，他始终

山门

铭记于心，毕生"以父事陵"，像孝敬父亲一样敬重王陵。王陵死后，又像孝敬母亲一般侍奉王陵的夫人。此时的张苍，已官至丞相，属国家重臣，但他却没有因为官位升高而有丝毫的傲慢和懈怠。每天清晨，张苍必梳理整齐，毕恭毕敬前去看望王陵夫人，向她请安问好，待亲眼看到她吃完早饭之后，才赶赴朝廷处理各种政务。张苍如此尊敬老人，以身作则，使得家人及其下属官吏也都纷纷效法他，以孝顺、敬爱、尊崇的态度来对待他。

三、三教同存

佛教最初传入我国时，致使释、道、儒三教之间存在分歧和矛盾，时烈时缓。唐宋之后，这种现象逐渐得以改观，佛教逐渐与我国传统文化相融合，各地出现了儒、道、释"三教并驾齐驱"的态势。尽管如此，三教同处并存于一寺，即所谓的"一寺三教"，还是很少的，而张陵寺便是这种"模式"的典型。

张陵寺的功能，由于历史延续和当地风俗，寺院以佛教为主，兼顾儒教、道教，尽管三教同存一寺，但相处融洽水乳，相安无事，这里既有体现儒教的二十四孝宫，还有代表道教信仰的用以供奉守护城池之神的城隍庙，这在全国也属少见。

张陵寺之所以能使三教同处并存于一寺，相安无事，和睦共处，也许是因为张苍的人格兼具了三者正面的主旨精神，即儒教的仁爱天下、道教的天人合一和佛教的慈悲为怀吧。

四、寺院规模

张陵寺山门前为一片广场，山门重檐戗角，门前有一对石狮。山门上方悬挂"张陵禅寺"匾，由苏州市佛教协会副会长、吴中区佛教协会会长、包山寺住持心培法师书。出山门为福字壁，后有一殿供奉张苍塑像。过殿，东面为原烧香点位置，树木参天，环境幽雅。西面为客堂、僧人寮房。客堂北为一池半月潭，半月潭造型十分独特，像弯弯的月牙，这个水塘据说是沈万三（他是用直人的女婿）建的！沈万三当年得罪朱元璋以后，是这里的老和尚给他指了一条活路，让他逃到云南那个地方，然后他就在这里建了一个半圆形的水塘，取起"月盈则亏、水满则溢"的意义。

沿着中轴线一直到底，便是天王殿，面阔 3 间，60 平方米。出天王殿沿着围墙是一组彩塑的二十四孝故事，称为二十四孝宫。出天王殿院子中间为放生池，过放生池为大雄宝殿，面阔 3 间，120 平方米。大雄宝殿门上方悬挂"佛光普照"匾，联为："三支福香解千灾百难，一盏清灯照无量前程。"殿正中供奉"一佛二弟子"。大雄宝殿东为观音殿，面阔 3 间，80 平方米。殿门上方悬挂"观音殿"匾，由心培法师书。联为："善恶因果自修持，吉凶祸福凭造化。"大雄宝殿西为财神殿，面阔 3 间，80 平方米。在寺院的西北面为城隍庙，面阔 3 间，80 平方米。

整个寺院地势开阔，有山有池，遍地芳草绿树，为用直的一处佛教旅游胜迹。

浦港村里清隐寺

清隐寺，位于吴中区甪直镇浦港村。

据史料记载，清隐寺始建于后唐，距今1000多年，里人俗称陶浜庙。20世纪50年代初，寺院有山门、大雄宝殿、地藏殿、城隍殿等建筑，庭院内有古井1口、古柏3株以及记载寺院历史的石碑1方（长1.8米、宽0.8米）。1955年，居士林改作陶浜村小学。1958年，寺内3株古柏被砍。1992年，陶浜小学移址搬迁，寺庙又作个体企业厂房，使古井填废、石碑遗失。

1976年后，村民自筹资金搭起几间简房供奉佛像，香火渐盛。2006年，里人捐资11.5万元重建200平方米大雄宝殿一座。是年7月，由居士陈兰娣主持道场，改称为吴中区佛教居士林，正式成为佛教活动场所。2007—2008年，四方信徒及居士相继捐资，重建殿宇和辅房，并置法器、法物等。2010年8月，举行全堂佛像开光仪式。2020年1月6日，经吴中区民族宗教事务局批准同意，正式更名为清隐寺。

清隐寺现占地面积3200平方米，建筑面积2500平方米。

2007年7月，登记为固定处所。

香山嘴上还带寺

坐落在苏州市环城高速公路胥口出口处的香山嘴上还带寺，北靠香山山脉，南临太湖之滨，东邻古镇胥口，西邻苏州太湖国家旅游度假区，是苏州太湖边上的一处宗教和旅游胜地。

一、历史沿革

还带寺始建于唐朝初年，距今已有一千三百年历史。唐代以前称之为"香山寺"，寺旁有"观潮亭"，亭旁配有井两口（传说是龙的眼睛），历史上香火鼎盛，在江南一带颇具影响。据《香山小志》载："还带庵在香山咀，唐裴晋公有香山寺还带故事借以命名。"裴度是唐代元和、长庆年间（即806、821）人，是唐宪宗皇帝的宰相。在年轻时，裴度家境贫穷。一日到香山寺游玩，顺带拜拜菩萨，不意间在地上拾到3条极为贵重的犀玉带，他等到天色已晚，仍不见失主。第二天，他又去香山寺寻访失主，终于物归原主，还谢绝失主的任何酬谢。

事后，裴度在唐贞元五年（789）考中进士，官运逐步高升，任宰相，督师破蔡州、平潍西。晚年辞官居洛阳。裴度不忘香山寺菩萨灵护，把寺重新修葺一新，香山寺从此改为"还带寺"。

京剧"还带记"就是讲的唐朝裴度还带的故事。还带寺在唐代就是江南一带颇具影响的寺院，建有门楼、大殿、偏殿、厢房等，自唐宋以来，先后有十几位高僧驻锡于此，如唐代的贯休禅师，宋代的梵超禅师、静目禅师，近代的寄凡禅师等。还带寺坐落在香山山脉，面向太湖，凭栏眺望，风静湖面如镜，浪起波涛滚滚，七十二峰出没烟雾，湖光山色美不胜收。历代文人雅客到此一游留下墨宝，民国元老李根元先生曾亲题"还带观潮"碑刻于观潮亭内。还带寺历经唐宋元明清，几次被毁、几次重建，其布局更为严谨，工艺绝伦。1966—1976年间，寺庙惨遭厄运，所有殿堂被拆毁殆尽。随着党的宗教信仰自由政策的贯彻落实，为满足信教群众的宗教生活需要，2003 年，经吴中区人民政府批准为佛教活动场所，由吴中区佛教协会委派明诚法师负责筹建工作。

二、恢复重建

还带寺的工程建设历时 10 年完成。第一期工程从 2004 年开始至 2008 年，相继建成天王殿、大雄宝殿、地藏殿、天云殿、观音殿等殿堂和僧寮总建筑面积 7500 余平方米。第二期工程从 2009 年开始至 2013 年，建成了藏经阁和迎请了 380 吨玉佛。2014 年 4 月 26 日上午，举行了藏经阁落成暨卧佛开光庆典。

重建后的还带寺，坐北朝南，占地 60 余庙，建筑面积 20000 余平方米。殿宇依山而筑，梯次渐进。山门殿（天王殿）、大雄宝殿、藏经阁在一条中轴线上。大雄宝殿两侧配殿，东侧为伽蓝殿、五福殿，西侧为三圣殿、祖师殿。殿堂建筑均采用仿江南晚清式建筑，飞檐翘角，雄伟壮观。

山门（天王殿）上方的"还带禅寺"匾额由中国佛教协会咨议委员会副主席、江苏省和苏州市佛教协会名誉会长、灵岩山寺方丈明学法师手书。山门联为："祥云拥莲座，妙华普观音法筵自在；花雨施檀林，犀带长悬佛日共辉。"天王殿面阔 3 间，400 平方米。殿正中弥勒慈颜常笑，两侧四大天王法威庄严，手中

所执的宝剑、琵琶、雨伞和黄绢等法器，象征着风调雨顺，国泰民安，为民造福。

出天王殿上 20 级花岗岩石台阶，便是大雄宝殿前 540 平方米露台，四周砌金山石栏杆，地面亦用金山石铺就。露台正中为七层高 16 米的宝鼎。露台东侧广场并是浮雕，人物像为裴度，手中持"玉带"。雕像在诉说着一个久远的故事。雕像东为伽蓝殿、五福殿，面阔 5 间，上下两层，900 平方米。露台西侧为三圣殿、祖师殿，也是面阔 5 间，上下两层，900 平方米。雕像南有 7 座用金山石制作的宝塔，6 面 7 层，每层镌四尊佛像，七层共 28 尊。佛像为阿弥陀佛，意为无量光、无量寿。

大雄宝殿气势雄伟，面阔 7 间，高 32 米，建筑面积达 1318 平方米。门上方悬挂"大雄宝殿"匾额。门前楹联："华表圆因显如来成始成终之道；严彰实果示众生心作心是之门。""晨钟暮鼓警醒世间名利客；经声佛号唤回苦海迷路人。"殿内正中供奉三世佛。殿内柱联："佛应西乾度众生，以印证菩提，故感天龙常拥护；法流东土开文化，而震发聋聩，致令贤智尽归宗。""一尘不立得真圆通，现随类逐形之身，寻声救苦；五蕴皆空证大寂灭，依即心自性之道，说法度生。"大雄宝殿后门楹联："有感即通，千江有水千江月；无机不被，万里无云万里天。"在大雄宝殿东为观音

殿，上下二层，面阔5间，900平方米。

出大雄宝殿，从两边上30级台阶为450平方米露台。露台西为天云殿、地藏殿，上下3层，1300平方米；露台东为妈祖殿。高48米的藏经阁共5层，3100平方米，其建筑为江南寺院罕见，系明诚法师亲自设计。

藏经阁第1层为玉佛殿。玉佛殿外柱联："龙归法座听禅偈；鹤傍松烟养道心。"门前楹联（内）："印不即离间，是相非相；悟最澄明处，内空外空。"系故宫博物院苗永华书写。门前楹联（外）："万古是非即是梦；一句弥陀诚作舟。"玉佛殿内供奉了一尊长16.8米，高度4.8米，重达380吨的卧佛，系汉白玉雕刻而成。佛像的材料全部是产自湖南的汉白玉，从开采石料、运输石材、雕刻安装，花了整整五年时间。据明诚法师介绍，玉佛的毛料600多吨。殿内东西两边墙上系人大木雕佛像，栩栩如生。殿内柱联："法宇开世间悲愿接引，为万民祈福；灵纵耀上方礼佛供养，报三宝深恩。"系香港佛教联合会觉正长老书写。殿内侧联："一梦永无惊直睡到海枯石烂，依然高枕；万缘都了却任凭他龙虎争斗，再不抬头。"系吴中区佛教协会名誉会长、西山观音寺住持贯澈长老书写。第2层为七佛殿，供奉七世佛。"七佛殿"匾额由贯澈长老书写。殿内正内联："勤读佛经自当止恶行善深研三藏断三惑，精心教典还应弘法利生共秉一心证一乘。"系中国佛教协会副会长、江苏省佛教协会会长、镇江焦山定慧寺方丈心澄法师书写。殿正内侧联："佛子高擎永作人天榜样，宗风重振会看龙象滕骧。"系中佛协理事、江苏省佛协副会长兼秘书长、苏州市佛协副会长、寒山寺方丈秋爽法师书写。第3层为"太子殿"，匾额由贯澈长老书写。殿内供奉"太子佛"，樑顶绘飞天像。太子殿门联："山静尘清水参如是观，天高云浮月喻本来此。"系苗永华书写。殿内联为："香花供养合掌静心原求众生幸福，山寺庄严诵经念佛祈祷世界和平。"第4层安放珍藏的书画文物。第5层为藏经阁，匾额由明学长老书写。殿内正中安放龙藏一部。

整座藏经阁建筑雄伟，屋脊上4条铜铸金龙重达3.8吨。站在藏经阁上凭栏眺望，风静湖面如镜，浪起波涛滚滚，湖光山色美不胜收。

如今的还带寺，是一个修行学佛的场所，一个净化心灵参佛祈福的场所，一个承传佛教文化的重要对外窗口，一个培养佛教僧才的基地，一处太湖边上的宗教旅游胜地。还带寺向世人展示了一幅佛教胜地的优美画卷。

渔洋山麓昙花庵

昙花庵，位于苏州市吴中区太湖旅游度假区渔洋山北麓。1986 年 3 月 25 日，被列为吴县第二批文物保护单位，现升格为苏州市文物保护单位。

一、地理位置

昙花庵，所处地理位置在姑苏城西郊 30 余公里的太湖渔洋山北麓的昙花坞中，山中有王妃郑旦墓、法华寺和明朝大书画家董其昌墓等。其北临浩瀚太湖，与光福守望衔接，坞深林茂，鸟语花香，溪清环流，曲径通幽，系上乘修行佳境。历史上属南宫乡香山境域，1949 年后为吴中区胥口乡辖区，现归苏州太湖国家旅游度假区香山街道管辖。

二、历史沿革

昙花庵原名昙花禅院，最早称谓觉诚禅院，据清徐崧先《香山小志》记载，曾是明成祖朱棣身边的心腹重臣姚

广孝和尚之别业。1402 年，明燕王朱棣攻陷南京即位，称明成祖。建文帝朱允文下落不明，成了历史上一大悬案。据传，建文帝化身和尚出逃，在太子少师姚广孝监护下，隐匿吴县渔洋山觉诚禅院。先因恨而认定篡位夺权者将昙花一现，后因昙花之机开悟，即世间万事万物迁流变幻，一刻不住皆如昙花一现而已，从此一心向佛潜修佛法，并改觉诚禅院为昙花禅院，为掩人耳目，于公元 1404 年改名为昙花庵。这亦是昙花庵迄今保存着一尊明肃贞皇太后御赐的"鱼篮观音"九龙碑之原因。姚广孝于永乐十七年病逝前，已将建文帝转藏于吴县穹窿山皇驾庵内，直至建文帝病故，享天子礼殓葬。

昙花庵有一墓呈一主二仆之形状，主墓碑刻有"寂凡和尚"字样。据《香山小志》记载，嘉道年间系和珅一党化名寂凡和尚，寄居在这荒废冷落的庵中。据传，寂凡和尚就是和珅的化名身份。当年，为避免政坛风波，嘉庆帝赐和珅

狱中自尽，宣布对能弃恶从善和珅余党一律免于追究。而和珅上有太上皇乾隆御赐免死诏书，下有贵为嘉庆帝皇妹的儿媳求情，于是找了一个替身上吊，带着两个随从，匆匆逃到曾陪乾隆下江南时到访过的昙花庵出家为僧，清修20年，最终神秘地来，默默地去，仅留下一首《绝命诗》："五十年来梦幻真，今朝撒手谢红尘，他时水泛含龙日，认取香烟是后身。"这首绝命诗暗藏玄机，内有乾坤，它实际上暗含了和珅并未上吊身亡，而是逃出升天，出家成为和尚。诗中还留下了到何处出家的线索，以便让后人能够找到他。

三、建筑文物

昙花庵坐南朝北，依山而建，现占地面积约为13亩，建筑面为3234平方米。

历经沧桑600余年，几经兴衰，昙花庵仅遗残屋数间。1987年，永乐师太发心修行前来住持，集毕生积蓄并多方募集资金，前后28年，几乎年年兴土木，岁岁大变样，重建了天王殿、大雄宝殿、大悲殿、药师殿、圆通殿、财神殿、卧佛殿、地藏殿、韦陀殿、念佛堂、四面观音院及附房等建筑。昙花庵内文物古迹众多，最著名的有鱼篮观音像碑、四面观音像碑、绣绘十八罗汉等。

鱼篮观音像碑。庵中保存的"鱼篮观音"像石碑，雕工精细，造型优美。碑上镌有"御敕"二字，且有两龙护卫。菩萨右手提鱼篮，左手掠提衣衫，赤足正欲离开莲花池，周边有八龙环护。赞曰：大士应迹普济群生，串锦就市，飘然浪行，圣心广运，勒石疏通，以绵祚亿万斯龄。下面方框为印文："慈圣宣文明肃贞寿端献皇太后之宝"。（慈圣皇太后为明朝万历皇帝朱翊钧的生母，神宗即位（1573），上尊号曰慈圣皇太后。万历六年（1578），神宗大婚，太后遂返回慈宁宫。加尊号曰慈圣宣文皇太后。万历十年（1583），加尊号曰慈圣宣文明肃贞端献皇太后。万历三十四年（1606），加尊号曰慈圣宣文明肃贞寿端恭喜皇太后。万历四十二年二月崩（1614），上尊谥曰孝定贞纯钦仁端肃弼天祚圣皇太后，合葬昭陵，别祀崇先殿。）

四面观音像碑。据《香山小志》记载，其始建于萧梁时期，因供奉着由佛祖护法大鹏金翅鸟变成的大青石雕刻成的四面观音像而闻名。1500年来，四面观音住法渔洋山，护佑着太湖百姓生活安宁。惜1966—1976年间遭到破坏，仅存遗址和被毁坏的文物。现在的四面观音院亦是由永乐师太率信众募捐重建，于2000年落成。每逢观音菩萨圣诞之时，更是人山人海，颇为壮观。

昙花庵门口匾额"青莲现身"系乾

隆皇帝御赐"老名士"尤侗所题。圆通殿前一对历经千年湖水冲蚀的太湖石狮属珍贵文物。大雄宝殿内所存绣绘十八罗汉，神态各异，栩栩如生，此乃民国十八年（1929）谢门高氏郭莲敬献。寺院殿前有围径粗约 3 米的古银杏树，其势仿如撑天的巨伞，春夏时节乘一袭凉爽清风，品一杯碧螺春茶，诵经礼佛参悟佛法玄义。还有 3 棵百年桂花树，成"品"字型植于古银杏旁侧，金秋时节满院桂花飘香，浸人心脾。更有古井边两株古牡丹，初春三月盛开时更是国色天香，端庄美丽。

四、《重修昙花庵记》

在庵门前竖有一块《重修昙花庵记》：昙花庵始创于明代（1403—1425），原名昙花寺。史载系明朝永乐皇帝朱棣之御弟所建。自明迄今 600 余年，饱经沧桑，其间废兴成毁，相寻于无穷，岂可一一尽述。溯民国时期，主持仁山（明贞）师太潜心向佛，结缘乡里。奈何十年浩劫，断垣残壁中仅存破屋一椽，兀立于荒烟野蔓间。幸喜 20 世纪 80 年代苏州佛教协会延请释姓法师永乐前来主持。永乐法师受命于危难之际，心怀宏图，含辛茹艰，倾毕生积蓄，苦心孤诣，集各界捐资，数十年如一日敬佛向善，次第重修与扩建了大雄宝殿、念佛堂及其配套设施，于是现今庵堂格局，方始重现名山古刹灿烂、炳焕之雄姿。

莅斯庵也，可见雕工精细、造型优美的"九龙观音"石碑。乃清康熙大帝所御敕。殿内现存之绣绘十八罗汉像，神态各异，栩栩如生，为民国十八年（1929）谢门高氏（法名）郭莲所敬献。又庵后山珍藏之石雕精品"四面观音"，据《香山小志》记载，系南朝萧梁时期（502—557）遗物，距今整整十五个世纪。惜乎 1966—1976 年间破坏甚巨，面目非昔。现存殿内之"四面观音"为虔诚复制，仅供观瞻，幸喜当今构筑和谐社会，俾古刹重辉，佛光普照，善信之士，多方来仪。

拾级而上，总览叠翠抱环，殿内青灯古佛，暮鼓晨钟，经诵不绝于耳。至此顿悟佛家庄严肃穆，令人不禁感叹，吾佛慈悲！或云：昙花永现！

登斯庵也，湖光山色，尽收眼底，树木葱茏，果实欲滴，朝霞乍映，晓岚氤氲，夕阳睥睨，归帆旌动。青山不墨，峦峰尽染；碧水无弦，粼粼有声。待到慈航普渡，众生近乎平等，试问造访诸君，其心境又如何耶？

昙花庵，是渔洋山的一处佛教胜迹，现为吴中区一处尼众丛林。

白马岭下白马寺

白马寺，位于苏州穹窿山香山街道香山村。东临胥口中，南近太湖，西接渔洋山，北靠香山。

白马岭，原建白马寺，此岭乃名。据《光福志》载："白马寺在穹窿山阴，址即穹窿所析。相传东晋支道林在此开山。又相传萧梁时伐梅兹山，作钱塘禹庙，其梅有神异，祀白马于坞，遂可伐，故名。明万历间圮，崇祯剖石禅师重建。"

白马寺于宋景德四年（1007）重建，元季年间毁，明永乐元年（1403）重建，正统二年（1437）建法堂，成化二年（1465）僧约庵修，其徒宝峰禅师建藏经楼。清嘉三十三年（1554）修。民国初年由僧古严重建。寺庙建成后，一直香火鼎盛，香客信徒众多，成为当地信众虔诚供奉之地。20世纪50年代起，日趋衰败，香火渐熄，至20世纪六七十年代，又严重遭毁。后因地处偏僻及信徒保护，白马寺还留下多间庙屋。20世纪80年代后期，白马寺得以重生，当地村民利用留存庙屋，捐资筹款，修屋敬佛，重燃香火。2002年，还带寺住持明诚法师秉承人间佛教精神，续佛慧命，带领四众弟子恢复古刹胜迹，至今部分殿堂已建成，规模略显。

恢复重建的白马寺，坐北朝南，占地10余亩，建筑面积1000余平方米。天王殿面阔3间，全木结构，240平方米，双重檐，2015年农历己未年四月十六奠基动工，时年六月初七上梁，年底圆满竣工。天王殿门上方悬挂"白马禅寺"匾额。殿内正中供奉弥陀佛，背面为韦陀菩萨。殿两边供奉3.5米高坐式四大天王像，殿堂宏伟壮观，自建成以来受到各界人士赞叹！

白马寺于2008年10月，登记为固定场所。

合丰村里静正寺

静正寺，位于吴中区胥口镇合丰村。

一、始建年代

静正寺建于何年？版本不一，一说建于晋代，还有一说为唐代。对于第一种说法，经查阅清冯桂芬主编的同治吴县志，曹允源、李根源编纂的民国吴县志，张郁文编辑的民国年间《木渎小志》和《光福志》等文献，都没有关于静正庵的文字记载，因此静正寺建于晋代，纯属村民们的口口相传，并无真凭实据。

依据寺院保存的《静正庵记》碑文记载，庵建于唐代天宝年间，到了清同治元年法华寺僧人心慧重新建造，光大寺院。静正庵于1966—1976年间被毁；20世纪90年代经众弟子募捐重建，并恢复为佛教活动烧香点；2007年7月，更名为静正寺。

二、建筑风格

恢复重建后的静正寺，坐北朝南，占地面积2000平方米，建筑面积1320平方米。山门（天王殿）面阔3间，80平方米，山门上方挂"静正寺"匾，山门联为："弥陀誓愿洪深不遗一物，净土法门广大普被三根。"由苏州灵岩山寺海晏老法师书。殿正中供奉弥勒佛。天王殿东侧为伽蓝殿，一间30平方米。天王殿后门对联："住童子地而护法，现宰官身以降魔。"

出天王殿为一天井，中间为一鼎，高4.5米。过鼎为大雄宝殿，面阔3间，200平方米。殿门联为："东晋法旨传千年庄严利乐情，藏书古刹还本来再续法缘地。"殿正中供奉一佛二弟子，两边供奉十八罗汉，一佛二弟子后面为海岛观音，殿后两侧角供奉普贤、文殊菩萨像。

大雄宝殿前东墙上竖有一块《重建静正寺碑记》。寺院天井东于2008年建有一幢700平方米的3层楼房，第1

大雄宝殿

层为财神殿，门联为："梦幻泡影应作如是观，信解受持亦无非法相"，第2层为僧寮，第3层为念佛堂。

三、镇寺之宝

静正寺最有宗教和文物价值的寺院之宝就是天井西面碑廊里六方古碑，这在吴中区众多规模较小的寺庙中是绝无仅有的。

民国十六年至十八年，当时的住持法名广通和尚在此留下了几块石刻书条石。这些石刻如下：1.民国十六年广通嘱李根源书《暗香疏影》；2.民国十六年广通上人属书《般若》；3.民国十七年"委托管理墓地凭证"；4.民国十七年孙光庭撰写的《静正庵记》5.民国十八年广通上人属剑川周锺岳书《天宝遗迹》；6.大明嘉靖五年"十四都十一图里社碑"。

这些碑文充分反映了静正寺的历史，也是静正寺的镇寺之宝。

舟山村净社精舍

净社精舍，位于苏州市吴中区香山街道舟山村。

据记载，净社精舍，始建于明末清初，早年为尼姑庵，后废。经里人自行募集辟"财帛司堂"，建"三世主"殿供"三世主"神像。净社精舍专斋财神，香火鼎盛。1958 年，拆除"财帛司堂"，改为生产队仓库。

1988 年起，精舍旧房有僧驻入，初挂神像纸码，成为村名焚香点烛、许愿、还愿场所。1990 年，村名自募资金恢复"财帛司堂"，形成周边村民正式烧香点。日成规模后，2002 年归属光福铜观音寺下院，改名"净社精舍"，专作念经场所。

净社精舍，坐北朝南，占地近 1 亩，建有山门、佛殿、观音殿、地藏殿，及附房。山门上方有"静社精舍" 4 个字，

背面为"莲池会海"四字。佛殿面阔 3 间，80 平方米，殿上方悬挂"同登净域"匾，殿门两边联："四八愿普贤被机决定万备万人去，驮五有同生正信合当一念一如来。"均由苏州佛教协会副秘书长、吴中区佛教协会副会长、光福铜观音寺住持慧通法师书写。殿内正中供奉三世佛。殿西侧为地藏殿，面阔 3 间，60 平方米，供奉地藏王菩萨，殿上方悬挂"利国利民"匾，由原江苏省佛教协会顾问、苏州市佛教协会顾问、吴中区佛教协会名誉会长、西山观音寺住持贯澈长老书写。佛殿东面为观音殿，地藏殿西为 1 幢 2 层 5 间的附房。

净社精舍虽地方较小，但布局合理，环境幽雅，是一处静修念佛的道场。

2008 年 10 月，登记为固定场所。

舟山东隅同安寺

同安寺，位于苏州市吴中区香山街道舟山东隅。舟山是一座似一条船的小山，北连穹窿山，南接太湖，地理环境十分优越。

一、历史沿革

2500 年前，舟山还是太湖半岛，相传因春秋战国时吴王在舟山建造战船和训练水师，舟山村名由此而得。随着岁月的流逝，当年的船坞已无丝毫印痕，但由于依山临水的优越地理位置，当年吴国的子民便留在了这个宁静的村庄。这便是今天舟山村民的祖先。

同安禅寺位于香山街道舟山村窑头，原名龙王庙，俗称大王庙。据《香山小志》载："龙王庙在舟山窑头，旱年祷雨有灵，乡人欲火举龙灯，必先郑杯交卜神……"龙王庙始建于明代，是时，祈雨辄应，名驰吴郡，进寺信士络绎不绝，香火极盛。庙内原有青石碑刻一方记述龙王庙史实，惜乎此碑已于 1958 年烧制石灰被废。

龙王庙原有 6 座大殿，计屋 20 余间，另有斋房、辅房，建筑面积近 900 平方米。1958 年，龙王庙被用作舟山粮库，部分辅房留寺僧 3 人居住。1966—1976 年间，殿房拆毁，仅存 4 间龙王殿作生产队（舟山 5 队）仓库。1986 年起，村民自发募集将破旧龙王殿翻建，定为烧香点。1995 年后，社会贤达富绅、护法居士、信徒香客集资，日渐恢复。2007 年更名为同安寺。2008 年 10 月，登记为固定场所。

二、建筑规模

恢复重建的同安寺，坐北朝南，占地面积 6600 平方米，建筑面积 3000 平方米。山门上方为"同安禅寺"四字。

天王殿，面阔 3 间，60 平方米，2011 年正月二十八奠基，年底竣工。殿门上方悬挂"天王殿"匾，殿内正中供奉弥陀佛，背面为韦陀菩萨。殿两边供

铜钟

奉四大天王像。殿门前有1棵榆树，据传是国母宋庆龄之保姆（大姐）蒋阿八信女修路行善所栽，已是上百年的古木。

　　大雄宝殿，面阔3间，120平方米。殿门上方悬挂"大雄宝殿"匾，两边联为："山叶两声无我无人境界，月潭云景非空非色襟怀。"殿内正中供奉释迦牟尼佛。2007年9月1日，同安禅寺大雄宝殿举行上梁仪式。2008年5月竣工。出大雄宝殿，建有放生池。鼓楼于2017年闰六月十八奠基。寺院北面建有一幢三层九间僧寮。

城南街道白云寺

白云寺，位于吴中经济开发区城南街道东湖社区，与吴江区一路之隔。

一、寺院变迁

白云寺的前身为白云庵，始建于南宋年间，距今已有 700 多年历史。庵内原殿屋四进，院内古木参天，当地一位老人回忆，当年院内有两棵古银杏树，枝繁叶茂，树干粗大，需 4 人围抱始能手手相连。中华人民共和国成立后，白云庵恢复成庙，敬奉土地神。几经变迁，故里人对其又称土地庙。每逢农历 8 月 16 日，白云庵更是信徒蜂拥，香火鼎盛。

白云庵在 1966—1976 年间遭到摧毁，所剩破屋移作它用。1997 年批准为佛教烧香点。2008 年 3 月，登记为佛教固定处所，更名为"白云寺"。

2006 年，由吴中区佛教协会委派能静法师主持白云寺恢复重建工作。2009年着手规划重建，2010 年元旦，白云寺举行大雄宝殿落成暨佛像开光典礼。

二、恢复重建

恢复重建的白云寺坐北朝南，占地面积近 4000 平方米，建筑面积 2000平方米。山门殿（天王殿），面阔 3 间，100 平方米。山门上方悬挂"白云禅寺"匾，由原中国佛教协会咨议委员会主席、灵岩山寺住持明学长老题写。山门两边联："能忍方安只是四生情重，随缘自在谁知三宝恩重。"由苏州市佛教协会副会长、吴中区佛教协会会长、包山寺住持心培法师题写。进天王殿，殿内中间供奉弥勒菩萨，面向南；弥勒像后供韦驮菩萨，面向北；东西两旁则供四大天王像。天王殿背面门上方悬挂"三洲感应"匾，明学题。两边联："用心要正作事自能清楚，存念不邪为人还怕无名。"心培题。

出天王殿为一院子，占地 1800 平方米。院子中间有座七层宝鼎，过宝鼎上平台为大雄宝殿，殿面阔 5 间，550 平方米。大雄宝殿为二层，翘角飞檐，庄

雪景

严肃穆，富丽堂皇。殿门上方悬挂"大雄宝殿"匾，由明学长老题；东"周边法界"匾、西"无边自在"匾、门联"清静庄严十方善信菩提愿，随缘自在九界含灵无碍心"、殿内柱联"一乘法界深研方入真如境，五蕴无明察觉才知究竟心"，均由心培法师题写。进大殿，殿前东西有钟鼓，殿正中供奉释迦牟尼佛，两侧分别是阿难和迦叶。俗称"一佛二弟子"。大佛背面供奉海岛观音，脚踏莲花，手持净瓶杨柳枝，神态矜持娴静。殿两侧是十八罗汉，神态各异，栩栩如生。殿后东西两边供奉文殊菩萨和普贤菩萨。大殿下面是念佛堂，供奉"西方三圣"佛像和地藏菩萨像，并设立往生堂供奉往生位。整个大殿建筑雄伟，佛像庄严。

在天王殿西为财神殿，供奉五方财神菩萨像。院内西面建有一亭，亭中竖有一块重修白云禅寺碑记。

七子山巅乾元寺

乾元寺，位于吴中区越溪七子山巅。

一、七子山由来

七子山，在苏州城西南约 7 公里处，其最高峰海拔 294.6 米，属苏州吴中区。山体由石英砂岩构成，大致呈北东走向，长约 6.5 公里，最宽处约 4.5 公里，面积约 25 平方公里。七子山旧名横山；山上 7 个高墩，为春秋战国遗迹，俗称七炮墩、七子墩，相传山顶 7 墩是古人埋葬 7 个儿子处，故名七子山。南临太湖，若箕踞之势，又名踞湖山；山有 7 条支脉和芳桂、飞泉、修竹、丹霞、白云五山坞，亦名七支山和五坞山。吴越时建荐福寺，故又名荐福山。唐《吴地记》："横山，又名据湖山。在吴县西南十六里，中有朱植坟，及晋门下侍郎陆云公坟。……顾野王坟在横山东。"

七子山三面抱山，山峦起伏，它的东北面有上方山，东南面是吴山岭，南面有清明山、旺山，西南面为尧峰山。

二、乾元寺变迁

乾元寺位于七子山山顶，是一座具有千年历史的悠久古寺。据史载，钱元璙（887—942），初名传璙，字德辉，临安人（今浙江省临杭县）人。吴越王钱镠之子。五代时，天下大乱，军阀割据，吴越王钱镠拥兵江浙，统十三州，定都杭州。乾化二年（912），钱元璙以功迁苏州刺史，累擢中吴建武军节度使，率兵驻守苏州。后又被封为检校太尉、中书令、广陵王等衔。治理苏州 30 年，促使当时的农业、手工业得到一定的发展，死后由其子文奉继任。钱元璙父子统治苏州 60 年，使当地的老百姓安居乐业，因此父子同祀沧浪亭五百名贤祠。

乾元寺乃钱文奉在七子山顶月光滩所建的祀墓之所。宋治平年（1064—1067）赐"寺圣广福禅寺"。明洪武、永乐元年（1403）僧善胜重修，改称为乾元寺。清代又改名"三官行宫"，三官行宫尊奉天官、地官、水官三官大帝。据清

大雄宝殿

《横山志略》卷二记载："三元殿在横山藏兵没事旁，本朝康熙二十四年（1685）建，史官冯勖题额'云台分胜'。"据清道光顾禄《清嘉录》卷一云："郡（吴郡）西七子山有三官行宫，释氏奉香火，至日，与舫络绎，香湖尤盛。"乾元寺的三官殿是中云台主要祭奉地宫，大云台祭奉天宫在连云港海州，小云台祭奉水宫在浙江。每到三官生日，百里内外的人都会来"朝山进香"，争相为三官老爷烧头香，以求太平，保幸福。三官信仰兴盛于魏晋南北朝，唐宋犹存余绪，之后又变为寺庙。根据众多史料证实，乾元寺先道教后佛教，然后两教合一，并以佛教为主。民国二十一年十月（1932），国民党元老李根源先生上七子山乾元寺进香许愿。据李根源记载，当年乾元寺"殿宇恢宏，七月香期人山人海，今之胜刹也"。他还书乾元寺碑。

由于时代的变迁，寺庙在1966—1976年间遭受破坏。2001年后修复三官殿等建筑。2008年3月，登记为佛教固定处所。

三、建筑规模

重建后的乾元寺南北长约 230 米，东西平均长约 60 米，总用地面积为 5000 多平方米，计 7.48 亩，寺庙整体布局精致并富于特色，采用中轴线的手法布局。整体建筑采用古建风格最为成熟、传统工艺最为细腻的明末清初风格。主大殿采用印度佛教圣地的建筑风格，苏州乃至江南地区都属首创。工程分三期进行，第一期工程为天王殿、大雄宝殿；第二期工程为钟鼓楼、祖师殿、伽蓝殿、三观殿、僧寮；第三期工程为藏经楼、方丈院。于 2018 年全部竣工。

上山路口建有牌楼，正面上方"乾元寺"为李根源题写，内联："朝雨轻尘秀色山岚我到自然增景象，秋光远帆边城水郭君临还不其风烟。"苏州市佛教协会副会长、吴中区佛教协会会长、包山寺住持心培法师撰，西山观音寺住持贯澈长老书。外联："白云芳草满岁松色寻春去，禅意溪花古寺水源来路困。"心培撰、贯澈书。牌楼背面内联："开权显实即观即照智者大苏妙悟无生，说有谈空为俗为真牟尼树下圆融立教。"外联："薄暮浮潭曲无我方能证性空，青山徒对人谁到此识真趣。"

天王殿前左侧有一棵千年古银杏树，山门（天王殿）面阔 5 间，300 平方米，大雄宝殿 3 层，高 29 米，面阔 7 间，4000 平方米，第 1、2 层正中供奉三世佛，两边供奉十八罗汉像；第 2 层前东西两边供奉观音、地藏王菩萨像，后两边供奉文殊、普贤菩萨像；第 3 层为万佛阁；第 3 层上面圆顶供奉佛舍利。大雄宝殿地下层为讲经堂。

重建后的乾元寺，寺宇巍峨，殿阁庄严，钟声清越，山寺丛林之盛。对于广大旅游者、信众来说，七子山上的乾元寺无疑是充满神奇色彩和绮丽风光的佛教旅游胜地。

宝华坞中宝华寺

宝华寺，又称宝华禅寺，位于苏州市吴中区越溪街道旺山村薛家湾宝华坞。

一、历史沿革

宝华寺，始建于南朝梁天监二年（503），距今已有1500年的历史。据说天监二年，有位憨憨尊者，从天竺（印度古称）远游震旦（中国），一天路过尧峰，见这儿山势奇特，展开的山脊，左三右四，像枝盛开的莲花，心中万分喜欢，于是就在这儿驻足停留。当地有位叫吴广的人将宅院捐献给他为寺号宝林。五代十国时吴越王钱镠将"宝林寺"改成了"宝华寺"，"华"在古代和"花"字相通，从此，这儿的山峰、山坞也就有了宝华山、宝华坞的美称。宋代，因智显禅师曾在此居住，因此又称"智显禅院"。

宝华寺几经兴衰，到宋代大中祥符年间（1008—1016）已年久失修。当时郡守秦羲曾重建殿堂、经藏，将殿宇修建得飞檐翘角，金碧辉煌，被人们称为胜刹。清末民初，宝华寺又日势颓败，庙址为豪家所占，改成了坟墓，后来在原来寺庙的东面重建了一座小庙，但不久连这座小庙也逐渐荒废了。宝华寺原有的憨憨井、憨憨桥、憨憨塔、智显塔等古迹已荡然无存，只有憨憨泉仍清流不衰。

1996年，原吴县市批准为佛教烧香点，并恢复重建。

二、殿堂建筑

宝华寺地处七子、尧峰山南的吴中区旺山，地势呈坐北朝南怀抱形。从公交首末站下车，过桥、穿过竹林便到了宝华禅寺，寺院既借助山势，也地处风水宝地，寺名还带了个宝字开头，真是又旺又宝，吉利有加。寺前成排成排的竹子，像护法神一样守着宝华寺的大门，从这里走过，还未进入寺内，心仿佛就已经趋于宁静。

宝华禅寺，坐北朝南，占地面积26400平方米，建筑面积13200平方米。

山门殿面阔5间，120平方米，正上方悬挂的"宝华禅寺"匾，由吴中区佛教协会名誉会长、包山寺法主、观音寺方丈贯澈长老书写。进入山门，与一般寺庙不同的是，左右书架上摆满了经书，佛教光碟，广结善缘。墙上告示，每人免费领取3支香。

憨憨井

出山门殿，寺院庄严的建筑立马映入眼帘。寺内有山茶花、樱花等草花，环境幽静整洁。天王殿面阔5间，120平方米，正中供奉弥勒佛，笑口常开，殿内为泥塑四大金刚像，殿内佛像前鲜花供养。

出天王殿，西为万佛楼。再向前上7级台阶为大雄宝殿前露台，周边为青石栏杆，露台约350平方米。大雄宝殿面阔5间，300平方米。殿门正上方悬挂由赵朴初书写的"大雄宝殿"匾。念佛堂位于天王殿西侧，3幢女众寮房位于寺院西北角。整个寺院建筑借助山势，错落有方。

三、古迹景观

宝华寺不但建筑宏伟，而且古迹众多，历代名人参访题咏。

寺门前东有一口憨憨泉，又称颌颌泉。据说天竺颌颌尊曾手携锡杖，云游四方。一日来到尧峰山下，见这儿山清水秀，风光旖旎，便将锡杖插入泥中，决定在此筑庙驻足。谁知当他拔起锡杖时，地下就有一股清泉涌出，从此永不干涸，被人称作"颌颌泉"。也有人说，有仙人路过此地，被宝华寺僧人助人为乐的精神感动，留下了这口井。这儿的泉水，天旱不竭，天涝不溢，甘甜清冽。

憨憨泉西边为观音池，亦为放生池。

因池内有观音雕像而得名。观音，又称"观世音"，是佛教四大菩萨之一。观音以慈悲为怀，誓言要普救世上所有受苦众人后才成佛。观音信仰，在民间的影响甚大。池中汉白玉观音塑像，手持净瓶，通体洁白无瑕，象征观音菩萨的慈悲之心和无私胸怀。

"万竿绿竹影参天，几曲鸟鸣入山幽。"寺门前的竹海微风吹过，竹子如同海洋波涛起伏，修竹翩翩起舞，使人犹如置身于竹林的波峰与波谷之间。竹海空气清新纯净，竹子的制氧量是常绿阔叶林的 1.5 倍，空气负离子含量达 9.8 万个／立方厘米。空气负离子对人体的保健、养生、净心、调神自怡、强身壮体，效果十分明显。在竹林中徜徉，就是在天然氧吧呼吸着 10 万吨新鲜纯氧，令人身心清爽，精神倍增。

明朝赵宽《送僧住宝华寺》诗："宝华禅院五湖东，隐约层台俯碧空；一曲烟村孤屿外，数声仙梵夕阳中。天花已悟根尘绝，水月真看色相同；莫怪道人归兴早，朝来燕树起秋风。"元代陈基《宝华寺》诗："上冢桃花源，寻僧宝华麓；舟泛石湖清，著茗憨泉绿。山空木已落，天高气弥肃；松月有余晖，共向西严宿。"

宝华寺之所以对参访者有一种吸引力，也许是因为那种与自然和谐共处的气息无处不在。它是一座寺庙，它也像散发光芒的明珠，嵌在自然的怀抱里。

宝华寺，现为吴中区的一处尼众丛林。

横泾老街义金寺

义金寺原名义金庵，位于苏州市吴中区横泾街道上塘桥中段，寒桥东侧。

始建年月无考，明天顺三年（1459）重建，嘉靖五年（1526）改为城隍庙，万历丁亥年（1587）重修。日久倾圮，清康熙壬子年（1672）里人钱舜正等复修，乾隆四十三年（1778）僧慧通筹资重建，辟庵之西侧为城隍庙，庵之东土建观音殿。民国十九年（1930）时香火极盛，有房 26 间，前有 3 间门楼，设戏台，中间场地置铁香炉，大殿 3 间，置四大金刚塑像，占地约 5 亩。

20 世纪 70 年代义金寺被毁，1978 年后里人捐资重建。

2009 年 1 月，登记为固定场所。

石湖东岸观音寺

古观音寺，位于苏州市吴中高新区长桥街道，苏州石湖景区东岸。

一、石湖

石湖属于太湖支流，苏州风景名胜。石湖南北长 4.5 公里，东西宽 2 公里，周围 10 公里，面积 3.6 平方公里，是一个以吴越遗迹和田园风光见称的风景区。石湖历史悠久，相传范蠡就曾带着西施由此入太湖，从此隐居。石湖的风景秀丽，别具特色，它的风景"石湖串月"更是一绝，吸引了很多游人前往。

石湖景区内还有许多吴越古迹，并有众多的古寺、古塔、古墓等。但石湖东岸有座佛教寺院古观音寺却很少有人知道，它位于石湖东岸滨湖区域，可从石湖景区东门进入沿湖边往南即到。

二、历史沿革

古观音寺，前身为古观音堂，初名观音禅院，亦名永莲庵。相传始建于南朝萧梁时期，因寺内供奉一尊异常灵验的观音宝像，故而千百年来沿用古观音堂名称。据寺内原有碑刻记载，隋朝末年杨素移姑苏城于新郭，寺院得以重修。唐建中元年（780）重修。五代吴越王钱镠崇信佛教，大兴佛寺，宋元之后，多有兴废。明朝嘉靖三年（1554）倭寇入侵苏州，途经石湖，寺院被焚毁。万历乙亥年（1575）僧人重修寺宇。清顺治元年（1644），当时为庵堂，名永莲庵。清朝咸丰年间（1851—1861）毁于洪杨之乱。光绪年间（1875—908）寺僧募化重建，民国时期亦有增建。共有殿堂僧舍 4 进 3 路 80 余间，占地 10 亩。民国以后，由于兵荒马乱、征战不绝，几遭侵袭，法器尽失，遂日渐衰败，后经庵主莲生师太经营支撑，竭力修葺，才得以保存部分旧貌。

民国初年寺院辟东厢房开设私塾教育贫家子弟，1951 年中华人民共和国成立初期，借寺院僧房开办红蓼小学。

1958 年，寺前一棵 1000 多年树龄的古皂荚树被砍伐，拉去造船。寺院建筑逐步被拆除，至 20 世纪 70 年代末，除清代所建观音殿及山门（两处移作他用）外，其余均遭毁坏。20 世纪 90 年代末，当地村民自发在原寺址烧香拜佛。2005 年，获批为佛教烧香，名称为长桥念佛堂。2008 年 10 月，登记为固定场所，恢复寺名古观音堂。寺院占地面积 700 平方米，建筑面积 400 平方米。2010 年冬举行佛像开光法会，灵岩山寺方丈明学长老主法。

2011 年 3 月石湖景区改造，古观音堂迁移至石湖东岸，距寺院原址约 500 米。2012 年 3 月，破土动工新建寺院。2017 年 8 月正式更名为古观音寺。

三、建筑格局

移建后的寺院坐北朝南，占地面积 3300 多平方米，建筑面积 1600 余平方米。寺院布局为三进三路，中轴线依次为天王殿、大雄宝殿、藏经楼；东路为观音殿、客堂、僧寮；西路为地藏殿、接待室。整个寺院皆有回廊连接。

天王殿面阔3间，砖木结构，单檐硬山式，进深5米，东西长7米，高7米，正面为八字像屏风式，后面为六扇花格落地长窗，两边各为六扇半窗。天王殿正门上方"古观音堂"四字，由原中国佛教协会咨议委员会主席、灵岩山寺方丈明学大和尚亲笔。殿内正中前供奉弥勒菩萨，后供韦陀菩萨像，殿两侧为四大天王像。

大雄宝殿面阔3间，全木结构，单檐歇山式，进深9米，东西11米，总高10米。殿内正中高1.6米清水砖贴面须弥台上供奉木雕释迦牟尼佛，左为迦叶、右为阿难两位佛弟子。后面中间为铜质西方三圣，两侧为石雕观音、地藏王菩萨像。大殿前面皆为花格落地长窗，后面中间六扇花格落地长窗。大殿前左右各植一棵银杏树，周边为桂花海棠四季花卉。

藏经楼上下两层，为硬山式。上为藏经楼，藏有《乾隆大藏经》一套。下为念佛堂。念佛堂两侧为延生堂和祖师殿。

古观音寺不仅殿宇宏伟，而且文物古迹众多，有唐代砖刻铭文1方，明代石碑4块，清代石碑3块，民国石碑1块，由于年代久远多数字迹不清。

2013年12月21日上午，古观音寺举行"迁建落成暨佛像开光庆典"，这标志着古观音寺历经沧海桑田的兴衰变迁后，重新焕发出璀璨的光辉。对于广大游客来说，在欣赏石湖美丽山水的同时，更能领略千年古刹的风采。

长桥街道长贤寺

长贤寺，原名贤圣寺，位于吴中高新区长桥街道，友新路及旺吴路交叉口东侧 200 米处。

据记载，贤圣寺，原为贤圣庙，相传为纪念唐朝大将张巡而建，距今 1300 多年历史。贤圣庙原有大雄宝殿、四大天王殿、观音殿、地藏殿及僧寮几十间，国民时期（1922）曾立石碑一块，鉴证此庙曾经修缮一新过，但在日本侵华战争时期受到损毁，在"破四旧"活动中被全部拆毁。20 世纪 80 年代，当地信众为作纪念，搭设了几间小房子并请进佛像，自此香火得以延续，但在 2000 年由于苏州市规划建造高架桥被拆除。

2005 年，为满足信教群众的宗教活动需求，经吴中区宗教事务部门批准为佛教活动点，占地面积 5335 平方米。

2016 年正式批准为佛教寺院，更名为长贤寺。时年 12 月举行奠基仪式，2019 年 12 月竣工。

郭巷尹山崇福寺

崇福寺，位于苏州市吴中区郭巷街道尹山湖畔。

一、寺院沿革

据记载，崇福寺为"当梁天监二年（503）僧左律建。元丙申年（1356）毁。明洪武间有僧永隆运巨木重建，有来木池存焉。化成十六年（1408）后裔从训重建塔院，享堂有帮。天启四年（1624）大风，寺圮。至康熙壬（1628），里人顾士祯倡建，云开方禅师开山。旧有澹台灭明书院，尹和靖慕其胜，曾侨寓焉"。（《百城烟水·长洲》）清乾隆五十七年（1792）崇福寺僧于平桥募缘重修各殿廊。"咸丰十年（1860）毁。同治十三年（1874）始结茅三楹以供香火。"（民国《吴县志》）卷三十八）崇福寺曾占地50余亩，外围有周河。寺前两放生池亩余，四置石栏杆，上跨2座武康石拱形小桥。寺后土山（亦称大寺山或尹山）若覆笠，高15米，植松树数百，山巅有座方型石亭，后山离地2米处面北有一青石叠洞。清末寺屋渐塌，民国十九年（1930）4月尚有屋舍8间，至20世纪60年代所余残屋全部拆除，土山也于1976年烧窑制砖挖尽。

明初，崇福寺高僧永隆曾为求牒受罚诸僧焚身求免，得明太祖朱元璋御诗表彰。崇福寺为南朝江南四百八十寺之一，历代诗文及地方志对其均有记载。崇福寺迄今已有1500余年历史，今仍可查阅的元、明、清、民国以来留下的相关诗、文篇目众多。崇福寺后尹山（大寺山）之巅原有澹台书院、练剩义塾，清代澹台灭明、南宋尹焞（和靖）也曾于那里讲学和寄寓。

崇福寺于2013年11月恢复重建并举行奠基典礼，吴中区佛教协会委派法雨法师主持崇福寺工作。

二、建筑规模

恢复移建的崇福寺位于郭巷街道苏

大雄宝殿

嘉杭高速公路西侧。

崇福寺坐北朝南，现已建成照壁、山门、天王殿、大雄宝殿、观音殿、地藏殿、药师殿、祖师殿、钟鼓楼、念佛堂、斋堂、僧舍、居士楼、办公房等。

山门前为 800 平方米的广场，广场东西两侧各放直径为 2.8 米的圆形万年香炉。山门面阔 3 间，80 平方米，双檐，山门内供哼哈两将塑像。出山门殿，东西为钟鼓楼。中轴线上天王殿，出天王殿往北竖有 9.19 米高，重 380 吨的四面观音像，面东送子观音、面南滴水观音、面西如意观音、面北智慧观音。绕过放生池观音像，上 16 级台阶为大雄宝殿平台，约 500 平方米。大雄宝殿面阔 7 间，

480 平方米。飞檐翘角，殿门上方悬挂"大雄宝殿"匾，殿内正中供奉"一佛两弟子"，背面为海岛观音，两边为十八罗汉像。

三、文化底蕴

崇福寺的历史文化底蕴深厚。一是崇福寺本身的历史价值和文化价值，中华民国十九年十月十五日（星期二）江苏省政府公报中有"吴县县长请保护尹山崇福寺遗址古迹"的提案。二是尹山又名古寺山，澹台子祠旧在尹山巅，祀先贤澹台灭明。宋南渡后尹和靖读书其中，遂以和靖先生附祀。明练塽设义塾于其

中，改名澹台书院（宋濂记），后毁。清康熙年间尹山寺僧明宗谋重建而未成，雍正初始落成。乾隆十六年，高宗南巡，诏以明姚安太守施悌配享，咸丰十年毁。同治中移建今所。崇福寺与澹台子祠、尹和靖读书处是分不开的。三是崇福寺有两位高僧值得记载，徐祯卿在《剪胜野闻》里记述苏州尹山寺高僧永隆的"永隆雨"故事。晚明四大高僧之一真可，在《紫柏尊者别集》"跋照公墨书华严楞严"也记载了尹山永隆菩萨的故事。如惺大师（1567—1638），明朝人，生于1567年。为天台宗僧人，万松行秀禅师法孙、千松明德禅师法嗣。博学多闻，尤善文笔。偏好史乘、传记之学。钟情并弘扬弥勒法门。明万历二十三年，幻为如惺禅师住吴门尹山寺。

四是有关崇福寺文献记载及诗词有：

1. 清代翟灏等辑《湖山便览》中描述：尹山，在宝带桥东南6里。周大夫尹吉居，实一土阜耳。梁建崇福寺。明洪武间，圣僧永隆运巨木重建，今木池尚存。旧有澹台灭明书院，尹和靖慕其风曾侨寓焉。有诗曰：古阜犹留尹吉风，□木池遗构灵宫。永隆而后天花散，都在神僧感应中。

2. 长洲彭绍升允初著《一行居集》卷第五募修尹山崇福寺引：尹山居府治之南。其俗朴愿务耕作。文献之徵。罕有闻焉。顾其地独有澹台书院。祀澹台子

羽。而以先曾祖南畇府君祔。葢院尝中废。府君为文募新之。故既殁而上人为主以祀。予尝一至其地。院虽故在。而絃诵之声阒如也。院之邻有崇福寺。创建于梁之天监，复兴于明之洪武。岁久不治。殿堂日圮。祖善上人住其地。乞诸仁者以恢复为己任。而属于文其卷。昔程伯子入一寺。观众僧饭。叹曰三代威仪。尽在是矣。予每过僧居。闻梵唱声。察其饮食进退之节。未尝不慨然长思也。呜呼。三代威仪。其去于今也远矣。于兹寺之成。伯子之言其有徵乎。遂书以俟之。

3. 中华民国十九年十月十五日（星期二）刊行（568）江苏省政府公报"吴县县长请保护尹山崇福寺遗址古迹"。

4. 《尹和靖先生文集》十卷附录一卷，（宋）尹焞撰，民国二年（1913）尹焞裔孙尹恭寿据明嘉靖本刻，原装白纸四册。是书首有和靖公遗像一幅，后收《附录》一卷。尹焞（1071—1142），字彦明，一字德充，宋代河南省洛阳人，靖康初召至京师，不欲留，赐号和靖处士，人称和靖先生。是河南先生尹师鲁的父亲，北宋理学家程伊川的弟子。金兵攻陷洛阳，他的全家被害，只剩他一个人流到四川，以布衣任太长少卿，不久改任礼部尚书、侍讲。著有《论语孟子解》《和靖集》等。

5. 明代胡应麟《少室山房笔丛》中记载：薛素素诗："少文能卧游，四壁置

沧洲，古寺山遥拱，平桥水乱流。人归红树晚，鹤度白云秋。满目成真赏，萧森象外游。"宋朝释崇《尹山接待》诗："岳千古尹山寺，家风不厌贫。只将这个意，接待往来人。"元朝郯韶《题尹山寺》："王师昔度江南日，曾驻旌旗江上林。劫火不随人幻化，箭锋应与塔销沈。咸池几见天鸡出，蕙帐空闻夜鹤吟。白发老僧谈往事，青山依旧白云深。"清朝袁学澜《尹山崇福寺》："停桡古寺绿阴遮，僧院泉香坐试茶。比户蚕眠桑叶老，隔壁人语爨烟斜。读书台寂泥衔燕，斑竹厅荒草吠蛙。绣伴同来闲伫立，春庭默看做丝花。"

四、历史古迹

崇福寺属移建，照理不会有什么有价值的历史文物了，想不到在寺中有两件宝。

第一件：二方古碑，临时竖立在寺北小庙群的塘东"大王庙"的廊下。一方是"东山海镇"碑。我们以前曾见过"山海镇""八风山海镇"等，"东山海镇"还是首次见到。第二方是清嘉庆年间的"特调江苏苏州府元和县口口加五级纪录五次李"碑，事为养鸭殃稻苗，不许养鸭放出践损稻苗的布告。看来过去当官的对农业生产也是够重视的，连鸭践苗吃谷此等小事，知县大人也要亲自出马写告示勒石严禁。

第二件：清康熙五十年（1711）的铜钟，置于一佛堂内的供台上。钟体上有铭文"高口高口（二字难辨）。康熙五十年七月亥日造"距今已300余年了。

崇福寺巍峨壮丽，环境幽雅。

独墅湖畔东吴寺

东吴寺，位于苏州市吴中经济开发区郭巷街道东部独墅湖西岸的浮桥村。

一、历史沿革

东吴寺，相传建于明代，当年的庙基之大，吴地罕见，香火之盛，可敌西园寺。东吴寺的北面是沪宁大运河，它把京杭大运河和独墅湖连接了起来，是明代苏沪水上商贸的重要航道。然而直到明代中叶河上无桥。当地人去东吴寺进香都得摆渡，所以东吴寺的所在位置又名"摆渡口"。太平天国时被毁，直到辛亥革命后浮桥人集资重修了东吴寺。淞沪战役，日寇飞机啸鸣在独墅湖上空，俯瞰古朴美丽的东吴寺，一如镜匣里的标本，他们的心灵失却了平衡，兽性发作，一枚枚的炸弹丢下来，夷平了那座古刹。20世纪60年代中期被毁，20世纪90年代中期有信徒在庙基上搭建平房烧香。

二、恢复重建

东吴寺坐北朝南，山门前为河，两座新建的大浮桥横跨南北两岸。山门殿面阔3间，100平方米。出山门殿右手为观音殿，左手为地藏殿、万佛殿。大雄宝殿面阔5间，占地250平方米，殿正中供奉三世佛。大雄宝殿南为文殊殿，北为普贤殿。东吴寺最大特色四大菩萨供奉在4座殿中，这在苏州各寺庙中是独有的。

东吴寺大雄宝殿后还将建藏经楼和宝塔，寺院规模将更趋完善。

三、大浮桥

东吴寺旁的大浮桥历史悠久，每个故事都非常动人，这座桥也是中国桥梁史上唯一一座具有三个名字的桥，即大年桥、大牛桥、大浮桥，这座桥在我国史记上有据可查。在改革开放发展经济的时候，为了加速城乡经济的发展要建设一条东方大道，当地政府为了保护好这座具有历史意义的古桥，按照这座桥的原样搬迁至苏州东吴寺的北面。

大浮桥，为花岗石三截梁式桥。桥长 32 米，宽 2.4 米，中孔宽 5.1 米、边孔宽 4.6 米。桥两侧各有外伸 0.8 米桥耳 4 只，每节桥面均搁 4 块完整条石，两边所置石板桥栏高 0.4 米，厚 0.2 米，中间均嵌 6 只栏柱，南北台阶都为 12 级。该桥所在处早先设渡口，后曾造起多节木桥，清乾隆年前里人朱国梁在该处建大牛桥（乾隆二十六年刻本《元和县志》卷二载：牛桥里人朱国梁建）。现存大浮桥为民国三年（1914）募资重建，民国五年（1916）农历五月落成。桥东、西两侧各有桥联一副。

四、东吴寺碑记

碑记："浮桥村前村港独墅湖相接处原有大牛桥为明代东濠里村朱国梁建此事清乾隆元和县志有载桥北塊有清建武平大王土地庙及早于建桥而立的玉皇大帝庙其玉帝庙有屋六间前挺柏后长榉侧墙砌二米余高青石碑刻两块其时帝像威仪香火隆盛遇村落庙会地方诸路神灵过往均须停轿拜谒低抬缓行岁月更迭牛

大雄宝殿

桥倾圮至民国初年里人钱鼎又发起于原址重建花岗石三截梁式大浮桥以后世事变迁神像毁于文化大革命中剩余庙屋悉改粮饲加工厂后尘灰飞扬日夜噪响1980年代起境内信众自发修庙立像再行佛事又经多年吁请吴中区民族宗教事务局于2012年10月批准修复该庙并改名东吴寺古刹新生恃拨款募捐加之明琦法师捧前积蓄投缘共襄法师住持后大雄宝殿天王殿玉帝殿文殊普贤地藏殿三圣殿万佛殿照壁牌坊先后修复重建佛像得以再塑又开通进寺道路辟停车场搬老桥建新桥至此东吴寺已朝晖映照重拾辉煌为记功德盛举故今特述颠末以昭世代"。公元2015年4月郭巷街道办事处，乡人陆复渊撰，姑苏殷琦勒。

第三节

高新区

支硎山上中峰寺

中峰寺，位于苏州高新区枫桥街道支硎山上。

一、历史沿革

中峰寺的前身为东晋名士、高僧支遁创建的支遁庵。据《吴郡志》载："支遁庵，在南峰。古号支硎山，晋高僧支遁常居此。"唐代时曾改名为支硎山寺，唐景龙中赐诏更名为报恩寺。唐大中宰相裴休曾书额"南峰院"（已散失）。北宋真宗祥符五年间，皇朝诏书赐名"天峰院"。北宋神宗熙宁、元丰间，高僧德兴始传法于天峰院（即中峰寺），负有盛名。继有住持文启、慧汀、赞元、维广等十多位法师持之以恒，在各方捐资助缘下，对古寺大增葺之。基土架木，

上瓦下甍，堂殿庖库，廊无寮间，门庭若街，次第完洁，东有浴室，西有憩庵，佛貌经藏，无不严具。《支硎山小志》中记载："报恩山一名支硎山，在吴县西南二十五里，昔有报恩寺，故以名云所谓南峰东峰皆其山之别峰也，今有楞伽天峰中峰院建其旁……"又载："支硎为姑苏诸山之一，古色苍苍中外皆知，自晋迄今未有山志之辑……"

唐宋年间，还在山麓下兴建了楞伽寺（后改名观音寺）等。《苏州府志》云："府西二十五里有支硎山，以山之东趾有观音寺，故又名观音山。"长元《吴志》皆云："二月十九日为观音圣诞。支硎山，士女联袂进香。"徐崧、张大纯《百城烟水》云："支硎山俗称观音山，三春香市最盛。"黄省曾《吴风录》云："二三

月，郡中士女浑聚至支硎观音殿，供香不绝。"上述古寺变迁历史，史料虽有某些众说不一之处，但有一个共同点，即一致称渊源于支遁庵。而至今尚能正宗后嗣支遁庵者，则是唯一幸存的中峰寺。

中峰寺曾遭多次大火焚毁。就明清期间，较大的就有两次。一次是明嘉靖进士章焕，历官都是御史，为谋山葬坟，假火焚寺遭毁；另一次是太平天国时又遭焚毁。但毁后都有寺院僧众及虔诚信徒，捐资助缘，兴建修葺。据记载，仅明清期间，在明永乐十年、正统年间、崇祯二年，清康熙二十二年、四十六年间，有住持雪浪、巢雨、苍雪、晓庵等大德高僧，陆续捐资修葺，使古寺风貌依然，香火旺盛。

中峰寺同时还称"中峰讲院"，最初是清代僧人德兴来此传授禅法，神价收学生，讲授佛学，所以又称"中峰讲学院"，德仲法师初来乍到，中峰寺仅是茅屋士阶。自明代以来，古寺几位佛学造诣深的高僧，袭承支公宗旨，着力培育弘法僧才，着重于传法讲经，为佛日光耀，续佛慧命，法轮常转，法炬常明发挥了很大的作用，成为当时江南地区两座著名佛教讲经院之一（另一座是华山讲经院）。中峰寺有住持者十多人，前赴后继，他们中有文启、慧汀、赞元、维广、雪浪、巢雨、苍雪等大德高僧，一代接一代对寺院进行大力修葺，"基土架木，上瓦

下键，堂殿扈座，廊在家阁，门庭街田，决第完洁。东有浴室，西有慈庵。佛貌经藏，无不严具。以其治之非一人，积之非一日，而能终始如一，故赖以成就。

明弘正间，中峰寺破败不堪，地基归了王文恪公鏊，即明朝宰相王蕾，不想这一归属倒成全了中峰寺的延续。到了天启中，王鏊的玄孙永思临死时留下遗嘱，将中峰寺归回僧界。由此，当南峰诸寺一个个湮灭于荒郊野草中，了无踪影时，中峰寺却有条件重新振兴。崇祯己巳年（1629）正月，住持释明河与读彻（即苍雪）在中峰寺立下一碑，为《重复晋支公中峰禅院记》，是国史官湛持居士文震孟撰写的，其中有这样的描述：

事矣，余有较重有感焉。吴中诸山，始辟于王夫差，田山之台，馆娃之宫，采香之迳，锦帆之泾，与天郊台酒城，贺九谢宴之岭，消夏之湾，名胜满目，风流照耀，宁非百代之雄也哉！曾不一，传庆游鹿走，固已荡为冷风飘尘，徒增吊古之悲。乃支公道踪，所在不沉，久矣弥新，以至废者兴，湮者复，即人人喜踊，不啻身自有之，斯岂独清规茂赏能击人怀，亦足做法界之广大，宗风之弘远，成住之相，真实之理，使人悠然有可思矣！且不观失分之南峰矣乎！华表凄凉，马莱颓己，樵呼牧卧，鬼泣于幽，

而王氏独能保百年之度之梵宫，又以做文信公之深仁厚德有余泽也，积金至斗，身死之后，岂复相关？唯此胜，因历劫不坏，大学君可谓知取舍，识空有矣！……

王鏊公的高风令众生感动，苍雪何尝不是如此！他含辛茹苦，历尽艰难修复讲院。在中峰寺大殿落成时，他写下了一首诗《中峰大殿落成呈文湛持相国诸檀护》："双松依旧殿门前，但见松高不记年；始自云根开白石，刚齐山背负青天。针磨件尽功非易，周到池成事偶然；万古题崖谁篆额？雁门相国笔如椽。"知名于吴中。

明崇祯中（约1636），一雨润公到华山（即今花山）讲席，一雨润公住在华山，支硎山就是他的静室。润公通晓样理，有一颗虔诚之心，全力恢复中峰古寺，他的坚定决心使人感动，因而能得以"佛光再朗，宝地重新"。

彼时，一雨润公的两位同门子弟苍雪住支规山讲席，汰如何随一雨润公住华山，两山对峙不足三里地，钟梵之声遥相呼应，其盛大的状况空前绝后。两公相与弘法，魅力四射，上至名公贵人，下及闸门士女，无不摩肩继路往来于支删、花山之间。因而人称"吴中讲堂，唯中格、华山最盛"。

苍雪法师圆寂后，二有玄道、晓庵两位高僧相继住持中峰寺。清康熙二十二年（1683），中峰寺又有石碑立下，是翰林院编修长洲汪碗撰写的《中峰讲院晓庵法师碑文》，从残剩至今的断方戏章上，依然留着这样的字迹：……施非了师主之不可，素以槽柱大法为己任，即空两手入院，师曰：其不自力，则先祖一灯熄矣！住院，十有六季，师之至也！一室弟然，食无盐效，卧无相褥□。□师发明彻公之道，及其暮年，□□复基缮垣，□□复饭增田若干，□□远近哗曰：苍雪法师复出矣！……晓庵法师的殚精竭力，毕竟使中峰寺再度复兴。

但后来，中峰寺"浸衰不振，华山遂为家门所有，中峰儿灭"。想当初在规、华山两师在时，两山道场威盛，两师相继去世后，不仅梵音难觅，就连寺院，也在一片凄凉中日渐倾塌。

康熙四十六年（1707），民间居士陶接、徐堂、朱楷等，自发组织捐资，协助住持比丘贻瑞将废颓的中峰寺又一次修缮，立下了《中峰讲院修造碑记》，该碑拓斑斑驳驳，字迹难辨，但断断续续中，可以看出，众生为中峰寺的修造和风沐雨，万难不辞。功德明上的名字一个个都极其陌生，连他们的后辈都不知道了。

时至清代，中峰寺已经零落难堪，清代文人李果有一篇《淤支规中峰记》详细记载了当初所见：……此峰在山之半，望之隐然出山麓，循路而上，细涧有声，汩汩与落叶相乱，寺初名楞伽院，入门有石幢一，清罄道人所建也，西南有南来堂，前明万历中，苍雪彻师从滇南万里而来，因以名之。苍公博涉内外典，曾于中峰建殿、买田，其诗笔妙天下，一路北为宝月堂，有泉曰寒泉，在南来堂之前殿毁于火，其庭传有双松，苍秀，殿成而松势难容，伐之；今殿基为菜圃矣……

多灾多难的中峰寺，曾经有不堪目睹的一页，民国时期李根源曾访中峰寺，见到的景象更是萧条：中峰寺只剩了一个寺基，空空的寺基上，有着隶书书写的重修中峰禅院碑记，康熙四十六年（1707）翰林院检讨潘来撰写，另有一石碑仆在地。字迹已经风化蚀灭。旁边尚有佛幢一座，是清罄道人所建，四级高约两丈；在荆莽中，又看到北宋时期的残刻一石，一尺见方，又获得造佛像砖两块；而中峰前的大池塘依然还在，池水清冽只是人影寡少。按照另几处古建筑的旧基方位，"南来堂""冬青轩""军思室"历历可辨。中峰所有寺院的地基广约一百余亩。站在中峰寺旧共上，黄山、何山、狮山诸峰罗列阶下。李根源断言："将来必有复兴之日。"然而，"唯寺基旁从葬不少，因法下院僧曰前日何不以中峰寺基见告？僧曰：寺基百余亩，光绪十九年寺僧渊泉以百金卖与观音街人朱、范、吉三姓，今僧发取赎，朱、

范不允。既非寺产，告君何为？余为之叹息，如此名山，如此胜迹，岂容私人占有耶！余当力任请赎之。"显然，李根源心情沉重。

寺院毁弃，人情冷落，还不止于此。在李根源的这次来访中，还有一段记录："又吾乡太仓学正文介石（祖尧），甲申国变，妻女投水而死，孤身逃至中峰寺，依苍雪师，服僧服，隐云阳庵。问寺僧、乡人，均无知云阳庵之名。"

中华人民共和国成立以后，在"宗教信仰自由"政策关怀下，长期以来，广大信徒到中峰寺朝拜活动络绎不绝。不幸的是，1966—1976 年间两寺俱遭毁。中峰古寺幸存了 3 间小屋和 6 方珍贵古石碑。然而广大信徒、香客深受古寺宏大佛力感召，古寺虽严重遭毁，但进山朝拜者仍然未有过间断。1994 年，从苏州灵岩山寺请来法庆法师恢复修建工作，师自来中峰寺荷担如来家业，经各方积极筹资，得到各界贤达擅越，十方善信乐助净资，慷慨捐助，得以修复天王殿、大雄宝殿、念佛堂。

2006 年，中峰寺由原苏州市民族宗教事务局代管，改由高新区民族宗教事务局管理，2007 年由苏州市民族宗教事务局批准为固定处所。2012 年，年已 76 岁的法庆法师退居，由云泉寺住持慧亮法师兼管。2019 年慧亮法师不再兼管，由原灵岩山寺监院悟戒法师接任。

二、山麓观音院

原观音寺，现改为观音院，坐落在支硎山东麓。

据《吴县志》载："观音寺在支硎山东麓。山亦名报恩寺也。晋支遁于此因石室林泉以居。梁天监中建寺，唐景龙中赐寺额亦称支硎山寺，会昌中废。大中十二年刺史庐简求重修，周显德中（约958），钱氏移唐氏额置旧开元寺基。宋乾德中，钱氏复于报恩寺基作观音院，亦名楞伽院，人犹谓之支遁庵云。明洪武初归并白云寺。清康熙重修，乾隆南巡，六次临幸，赐联额。"乾隆皇帝诗云："枣叶须弥复义寻，支硎奚碍号观音；春山依旧开图画，平石何曾识古今。当户松揩千丈盖，落溪泉奏七弦琴；马嘶墙外鹤笼院，似疑云岩有道林。"可见其对观音山的喜爱。

观音寺前身即是支遁庵，因明朝时曾归并白云寺，因此曾经作为范氏的香火院。观音寺内曾有"两宝"，一是"转藏"，这是一木制的物体，高约两丈左右，插入两尺左右深的潭中，可以四面旋转。"转藏"六面六佛，袅袅香烟，徐徐转动。据《止观辅行传弘诀》说，取意有两层，一是说佛法能推破众生烦恼恶业，犹如轮王之轮宝，能辗转推平山岳岩石；一是说佛法不停滞于一人一处，辗转传人，犹如车轮之常转。清代风俗诗人袁

学澜有一首词《浣纱溪》这么写："风暖支树晔路长，酒炉茶馒赶春场，转轮法藏礼空王，山轿驰烟磐石蹬，花枝出色妓家扶，进香尼作女陪堂。"二是石观音，真人大小，青石雕塑，藏在寺内的石室中。这两件宝，后来都被破坏消失，石观音于1966—1976年间被石炮炸碎，至今只剩下一个美丽的头颅。

由于支硎山上开辟了经院、道场，传教弟子，远近闻名，于是观音寺的香市渐渐形成热点，并很快成为吴中一大景观：观音山香市，甚至再后来人们将支硎山也叫作"观音山"了。林则徐在担任江苏巡抚时，还为苏州观音庙题写了这副充满佛性的对联："大慈悲能布福田，曰阳而阳，曰雨而雨，祝率土丰穰，长使众生蒙乐利；诸善信愿登觉岸，说法非法，说相非相，学普门功德，只凭片念起修行。"

20世纪50年代末，观音院逐步拆除，旧址成开山宕口，仅留中峰岭，可达中峰寺。20世纪90年代香客捐资重建。

现今观音院坐北朝南。山门殿前有四柱三门石牌坊一座，牌坊南有石桥，曰香花桥。牌坊南面正中书"中峰寺"三字，两侧的横额分别为"佛教胜地"和"弘扬佛法"。楹联：古刹悟禅机才知色相本是空，深山参佛理大觉是非无挂碍。牌坊朝北正中书"净土道场"四字，两侧的横额为"普渡众生"和"利乐有情"。

柱联为"救百千万劫具大慈悲湖山无恙，现三十二身说妙功德物我同春"。

山门殿即天王殿，面阔3间，80平方米。山门上方悬挂原中国佛教协会咨议委员会主席、苏州灵岩山寺方丈明学长老书写的"观音禅院"匾额。出山门殿，两边各为五间平房对称，西面为大悲殿，东面为客堂。"圆通殿"，面阔5间，280平方米，殿上方悬挂"圆通殿"竖匾，蓝底金字，下有横额"姑苏珞珈"匾，殿内供奉观音菩萨。"圆通殿"西侧为"转经殿"，殿内有转经台。院东北角建有白塔一座，四面有佛龛，内有金佛各一。出"圆通殿"为藏经楼，上下二层，面阔7间，建筑面积380平方米。整个观音院布局合理。

三、山上建筑格局

中峰寺的原址位于支硎山的中部。

现今中峰寺山上的建筑格局，山门是一座悬山式的建筑，面阔5间，进深3间，与天王殿相衔接，气势雄伟，别具一格，为国内外佛教寺院所少有。

天王殿门额上方，是原中国佛教协会咨议委员会主席、江苏省佛教协会名誉会长、苏州灵岩山寺方丈明学大和尚撰写的"中峰禅寺"4个大字。

进入山门，迎面端坐着大肚弥勒，其法相庄严、笑容可掬。在弥勒菩萨头顶的上前方，悬挂着一块匾额，上面是苏州观音寺方丈贯彻大和尚撰写的"弥勒住处"四个金黄琉璃大字。殿内正中供奉的是弥勒菩萨，看到大肚弥勒，人们常常只神往那袒腹欢颜的豁达气度，品味"大肚能容容天下难容之事；开口便笑笑世上可笑之人"两句，而常常忽略了弥勒佛身后所倚搭的大布口袋，其寓意为：只要你烧香礼佛，就会进入口袋，成为护法的檀越施主，得以转世弥勒净土。与弥勒坐像隔着繁板、背面对着大雄宝殿的是韦陀，他左手握杵拄地，右手叉腰，十分神武，异常威严。天王殿左右是一字排开的约3米高的四大天王彩塑。"四大天王"分别为：东方持国大王、南方增长天王、西方广目天王、北方多闻大王。

出天王殿是放生池，即原来的方池。放生池水明澈如镜，即使是枯水季节，也是清澄满溢。天暖日朗的日子，放生池内众多乌龟便会缓缓地漾上水面，其悠然之状，正是康泰安详的象征。放生池上架着一座香花桥。香花桥由花岗岩凿成，古色古香。香花桥北侧题栏为"随缘悟性"，南侧题有"明心正道"。香花桥是通往大雄宝殿的必经之地。善男信女，四方游客，成群结队前来朝山进香，瞻仰古迹，走上香花桥，就有了一种"咫尺西天"的感觉。

穿过天王殿，跨过"香花桥"，踏上

10 级台阶，迎面是寺院的主要建筑——大雄宝殿。大雄宝殿是砖木结构，双层殿顶，在两层殿顶中间，悬挂着已故中国佛教协会副会、上海市龙华古寺方丈明旸大和尚撰写的"大雄宝殿"4 个苍劲有力的大字。在大殿门边的石柱上，镌刻着对联："睹明心而悟道说法三百余会大千佛子复本性以彻证唯心；下兜率而降神住世八十有年令九界众生出迷途以证登觉岸。"大雄宝殿面阔 5 间，高 19 米，建筑面积 450 平方米，重檐歇山式建筑。殿内供奉的三尊佛像，正中即为释迦牟尼佛像，左边是佛陀弟子中号称"头陀第一"的阿难，右边是"多闻第一"的迦叶。三尊佛像全部由香樟木雕刻而成。大雄宝殿两侧还有 16 尊罗汉像，多姿多彩，生动有趣，极富艺术感染力。有盘脚端坐冥思苦想，有开读经卷如醉如痴，有的掏耳挠腮怡然自得，有的斩妖驱魔处处透露出力的雄浑，有的正襟危坐合掌参禅，有的张口振臂谈笑风生，有的怒目圆睁握拳扬威，有的憨态可掬令人捧腹，真是惟妙惟肖，入木三分，极有古风遗韵。

主持恢复重建中峰寺为法庆法师，他 1988 年礼明开法师剃度出家，1989 年在浙江天童寺依明肠法师受具足戒，1991 年至 1994 年任灵岩山寺大殿殿主，1997 年受市佛教协会委派负责中峰寺，2012 年退居。

如今的中峰寺，殿宇雄伟，佛像庄严，晨钟暮鼓，香烟缭绕。寺院三面环山，一面临市，远离尘嚣。北侧有一条盘曲山道，竹径蜿蜒，酷似青龙卧伏，沿着山道拾级而上，道边松竹翠绿，流水溶漏，仿佛有种"曲径通幽处，禅房花木深"的感觉。

高景山上白鹤寺

白鹤寺，位于苏州高新区枫桥街道高景山上。

一、高景山

高景山，位于苏州高新区支硎山北端，南与大禹山相连。海拔107.7米，北东走向。《姑苏志》载："高景山，在定山、羊山北三里。自天平来，漫衍数里，至此而止。"《越绝书》载："高颈山。其西麓，对花山、觉林。厓谷盘拱处，曰金盆坞，宋魏文靖公墓在焉。"其南为"斜堰岭"。高景山山体均由花岗岩构成，有萤石矿点。清雍正年间，巡抚张楷令石工采石，山多残毁。乾隆三年（1738），巡抚许容勒石永禁。同治十一年（1872），苏州知府李铭皖普禁诸山违禁开采。

高景山有清雍正帝禁山碑，有4000多年前商周文化遗址——茶点头文化。高景山景色秀丽，宋范成大《夜过高景山》诗曰："伊扎蓝于草露间，夜凉月暗走屠颜。忽闻坡水清如镜，照见沉沉倒景山。"这里距离苏州市区不过20余公里，地理位置非常优越，交通相当便捷。

二、寺院沿革

历史上的白鹤寺却是在阳山的白鹤峰下，又称澄照寺，始建于唐会昌年间，距今有千余年历史，为当时吴中胜地。据《许墅关志》载："澄照教寺，在阳山东白鹤峰下，先是唐会昌中，丁氏施白马涧宅建白鹤寺。后龙兴寺僧智义募曹元祚祠堂基建于此。吴越钱氏时，有泉出于寺，因改仙泉。宋祥符初（1008）赐今额。有别院曰白莲禅院，以池生千叶白莲故名。宋端拱初，谢涛尝讲学于院之西庑，明年登第。其子绛刻石为记。"

曾经的巨刹白鹤寺建制恢宏，殿宇显敞，佛名远播。可惜在历史前进的长河中湮没。为恢复名寺，发展高新区的宗教旅游文化，在苏州寒山寺的支持下，高新区佛教协会积极筹备，将重现白鹤寺当年盛况。2006 年 6 月 8 日上午，白鹤寺举行移建奠基典礼。

2008 年 3 月，登记为固定处所。

三、建筑格局

寺院建筑，要么在山顶、山腰、平地，要么在河边、湖旁或半岛，而在苏州真正依照山势而建的布局和层次，只有白鹤寺最为独特。

依山而建的白鹤寺，其中轴线呈东北走向，建筑分布从山脚到山顶最高处达 108 米，依次为照壁、山门、三门殿、钟鼓楼（僧房并排分列）、天王殿、大雄宝殿等，沿山而筑、层层叠加。由于高景山东北坡为坡度约 35°~55° 一自然斜坡，地势较陡峭，依势而筑的白鹤寺也被称作苏州的"布达拉宫"。有人说，这是山寨布达拉宫，或布达拉宫山寨版。

在施工过程中，建筑公司面对基础陡峭、地基坚硬、山体覆土量大、高海拔带来的不均匀风荷载及材料运输难度大等一系列困难，进行了探索式的技术攻关，成功实施了重型井架传递运输、岩石地基基础砂浆锚筋、重檐戗根节点改进等多项技术，从而在科技创新方面获得了一定成绩，包括荣获全国工程建设优秀质量管理小组称号、江苏省学术论文交流二等奖、实用新型专利、江苏省省级工法等，不仅确保了工程质量与安全，而且赢得了良好的社会信誉。

白鹤寺的牌坊在马涧路南，这是白鹤寺的入口。牌坊三门三重檐，牌坊正背面"白鹤寺"三字，由寒山寺性空长老题。正面两边楹联为："鹤影苍茫千载上，鲸音缭绕六时中。"由华人德题写。背面两边楹联为："布金吴岳袈裟地；分焰寒山般若灯。"由性空法师题。

进入牌坊，路右侧沿石阶可攀上高景山山顶。白鹤寺坐西向东，面向寒山寺和云岩寺，南有灵岩山，西临寂鉴寺、铜观音寺，视野开阔，群山秀丽，风光绝佳。寺院格局采用纵轴式的布局，依山而上的分别是照墙、山门、钟鼓楼、天王殿、传心洞、妙法洞、护法殿、佛殿（大雄宝殿），落差 108 米，为苏州寺院之最。

山门前为"白鹤寺"照壁。路西为上山进寺院台阶，台阶中间的长方形为"九龙壁"，台阶有 29 级。正面有"同登彼岸" 4 字，两边分别上 40 级台阶为一平台，四周为花岗石栏杆。山门殿面阔 3 间，80 平方米。殿门上方悬挂"白鹤寺"匾，由传印长老题写。出山门殿向上中门为砖刻门额"传心洞"，楹联："白云既开远山齐出；清风所至流水与遭。"传心洞中供奉达摩祖师。

再上 8 级台阶，两边为两层重檐式钟鼓楼。桥式回廊像过街楼，也是白鹤寺的特有亮点。再上 39 级台阶，正面为妙法洞。两边上 23 级台阶左右为寮房。再上 23 级台阶为"护法殿",从护法殿两边上 60 级台阶到了寺院的天王殿。天王殿为两重檐,面阔 5 间,200 平方米。"天王殿"匾由沙曼翁题,"大欢喜地"匾由健剑题。殿内前柱联:"笑非常笑,笑世间左前右后;亲非常亲,亲天下南北东西。"由柯继承书。后柱联:"心肠一向奉菩萨,手段从来行霹雳。"由周文祥书。

出天王殿,左边石刻"菩萨心"。上 15 级台阶,正面对联由秋爽法师题:"开张慧眼来初地,荡涤尘心礼上方。"再上 47 级台阶为放生池平台,东南北为花岗石栏杆。向上又挺 44 级台阶,终于来到了佛殿(大雄宝殿)。殿前平台约有 400 平方米。殿面阔 7 间,350 平方米。"佛殿"二字系弘一大师字,殿南面为禅廊,殿北面为偏殿。殿正中供奉"一佛二弟子",两边为十八罗汉像。

整个寺院依山而建,气势雄伟,是苏州的一座山体寺院,风格独异。

四、和合安养院

在寺院的东北角有一座占地 10 余亩,建筑占地面积 3000 多平方米的和合安养院。2011 年 12 月 31 日上午,苏州和合文化基金会暨寒山寺和合安养院,正式在白鹤寺内揭牌成立。

和合安养院设有 48 个房间,80 个床位,有套房、单间、标间三种类型。公共设施有食堂、医务室、健身房、阅览室及多功能活动大厅等。安养院还配有生态菜园,为安养老人营造可耕、可读的生活环境;在日常生活中,安排法师带领大众举行诵经、抄经、禅修、书画、古琴等文化讲座,以丰富老人们的精神需求。

白鹤寺,这座山林寺院,当你远远望去,白鹤寺层峦叠嶂,又如一瀑而下,气势滂沱。爬上山顶,极目驰游,寺院全景图浮现:湖湾北岸,群山秀丽间,一座座殿堂精致优美,高大恢宏,让人仰止。白鹤寺在依山含水、祥云缭绕、曲径幽深、湖光塔影的顾盼间,呈现出气象万千、宝相庄严的风姿……

鹿山山麓兰风寺

兰风寺地处苏州高新区景致优美的鹿山北麓，鹿山因春秋战国时期吴王在此建皇家鹿苑而得名。

一、兰风寺沿革

兰风禅寺又名兰凤塔院，原名景福寺庵，始建于元代大德二年（1298），与阳山北（阴）的尊相寺的始建，是相同年月。"南北益彰，相映成辉"，由主持道宏所建。据史料记载：在清乾隆年间，有一高僧名曰兰风禅师，当时他静修于此，面壁十年，得佛点化，乃成神凤，从别处驮来了小鹿山。从此，福禄（鹿）祥和，保佑一方百姓，故后人将兰风禅师仙逝后纳骨于后院，今寺后面有其化塔，殿前有其遗像，故庵又名兰凤禅寺。

据《地方志》记载：鹿山乃吴国养鹿之地，吴王为宠妓西施养鹿千头，采其茸成药，来调养西施身体，此时吴王沉迷其中。有诗曰："山下花开一色红，花下千头鹿养茸。衔花日献黄面老，夹

群时入青莲宫。"鹿山之下，一派祥和之景，太平盛世之兆，千头鹿茸滋润出一方风水宝地，从此以后，该地成为历代名人墓葬的宝地。

该寺到了永乐二年（1404）得以重建，至清嘉庆时又废，到了清初时，有一位名叫见月的寺僧，他在耙石岭上练就了一身精湛的武艺，即"耙石岭僧见月居岭间，景福善武事"。同时，他又刻苦诵经，精研教理，这位善武竭文的见月和尚，就是后来的兰风禅师。志书有载："兰风禅师，耙石岭景福庵高僧也，其有道行，今寺有化塔，殿前有遗像……"

据李根源先生当年对"兰风塔院"的记述：兰风寺内存有明代碑刻三块，都是万历年间之古碑。三块碑刻分别由袁祖庚、烟霞老人及昆山张宪文撰写并书。清碑有一，其为乾隆三十三年（1768）二月长洲县袁宪文的山主碑。另有乾隆四十七年（1782）"费福造钟"一口，乾隆戊寅（1758）仲秋"张继善额，张俨联"（木榜），咸丰八年（1858）

僧闻声联额。寺院门左尚有"正心性祖"僧于乾隆甲申年（1764）葬立的墓碑。由此可见，昔时塔院遗有明清之碑记、古钟、匾额、榜联等文物古迹。

据历史考证，原兰风禅寺规模宏大，有"田地上百亩，房屋上百间"，寺院结构为纵轴式。不幸的是，1966—1976年间塔院遭毁。然而广大信徒、香客深受古寺宏大佛力感召，古寺虽严重遭毁，但进山朝拜者仍然未有间断。

二、别具一格

兰风寺自2001年法航法师住锡以来于原址重建。重建后兰风寺占地60庙，半隐庙宇以及居山钟楼，别具一格的布局，令人耳目一新。现主要建筑有大雄宝殿、天王殿、二偏殿等，在四殿之间，有长回廊沟通，中间为一院落，种植有花草树木，不但美化了环境，而且也净化了空气。在大殿前侧东南角，是一座新建的服务接待大楼，一楼是法物流通处，流通有法宝、手珠等珍品，以方便广大香客、游客、信徒等烧香、拜佛之需要；二楼是宽敞明亮、四边置窗的接待室，室内桌椅古朴、盆景典雅，所有设施一应俱全，以满足各界人士之需要。大殿南侧是一排僧人寮房，建筑结构全部是歇山式砖木结构，木制结构全部采用杉木，基础部分采用的是上等金山石，

显示出佛门的庄严雄伟。越过大雄宝殿至西南角，是万佛楼、念佛堂、居士楼等建筑，这些建筑，给十方善信、僧人居士等念佛共修、生活住宿提供了方便，同时也为祈佛光普照、菩萨护佑、风调雨顺、国泰民安！另外寺内还建有"地藏宫"一所，此宫为安放骨灰祭祀先人之场所，延续了兰风禅寺"普度众生、福佑后辈"的家风。寺内池园相邻，长廊相连，结构如古典园林一般。通往大雄宝殿的路皆由古石板铺制，宝殿两侧移栽了两棵数百年的青松，殿内宽敞宏伟，建新如旧让千年巨刹的风姿得以尽情展现。

一般寺院的钟鼓楼大都建在大雄宝殿后的东西两厢，唯独兰风寺的钟楼高出大雄宝殿盘踞山上，且不见相应的鼓楼。钟楼为三层歇山结构，飞檐雕栋，楼内置有千斤唐式古铜钟，是清乾隆年间费福钟的重铸。在钟楼俯瞰，寺内有天然石佛、石龟，呈现出栩栩如生的"石龟拜观音"之圣景。石观音合掌趺坐，法相庄严，善男信女称之为"鹿山大佛"，因其未经过人工雕琢，可谓佛门奇景……这一套完整的建筑构造，充分透示出吴地宗教文化与古典园林的和谐结合，也再现了昔日兰风塔院的英姿。

三、风物宜人

兰风寺幽雅恬静，没有丝豪尘世间

的浮躁和喧哗。佛殿、照壁、宝鼎、钟楼在朗朗乾坤下明晰、祥和、令人过目不忘，心静神凝。若颐步登高，则可尽曲径通幽之奇妙，步步高升之惬意；若入园寻趣，则可享沁人心脾之芬芳，满园春色之艳丽；若一心礼佛祈福，则可应心想事成之圆满，佛法广大之神明。

凤鸣泉。山岭之地，水源奇缺，兰风禅师遂祈上求泉，以救草木生灵。终得佛点悟，于鹿山山脚凿地 10 丈，得一泉眼，泉水清澈且极有灵验，传说：且闻凤之鸣声，泉水迅即上涨，以保障百姓饮用，故名"凤鸣泉"。

鹿山赐福石刻。从寺院后墙沿曲折的御道而上，只见两边奇石嶙立，为经历数千年风吹雨打自然形成的。半山处有一石象静卧于此，象与详音似，乃吉祥之意，此石传说系女娲补天遗留，后被二郎神装上翅膀后云腾至此，护佑一方平安，上有"鹿山赐福"石刻。

景福钟楼。位于海拔 81 米的景福钟楼为三层歇山结构，飞檐雕栋，从山下看则更是气势万千。钟楼内二层铸有 6081 斤重的唐式古铜钟一口，为盛名远播的清乾隆年间景福钟之重建。铜钟四周遍刻楞严神咒，字迹沉稳凝重。每逢佛教及传统节日，景福钟楼的祈福钟声回荡在鹿山山谷，令人心旌神摇。

2007 年 3 月，登记为寺观教堂。

箭阙峰下文殊寺

文殊寺位于苏州高新区大阳山国家森林公园内。

一、阳山

阳山,《越绝书》称秦徐杭山,《郡国志》称万安山,又名蒸山、四飞山、白墰山。在高新区浒墅关南,南北走向,长 5.75 公里,宽约 1.5 公里,北部最宽处约 3 公里。山体东南端为花岗岩,西南部为砂页岩,中南部为石英砂岩,北部为火山岩。主峰箭阙峰,海拔 338.2 米,为苏州境内第二高峰。箭阙峰北峰称北阳山,南峰称南阳山。箭阙峰,一名箭缺峰,相传秦始皇在此射箭,箭镞啮岩,故名。

二、历史沿革

文殊寺原在阳山主峰箭阙峰文殊岩下,因附近有巨石形似天狗,亦称"天狗庙"。又因其依托文殊岩而构,殿庑高险,重檐翼然,有"悬空寺"之誉。文殊寺位置接近山顶,海拔 300 米,地理位置为苏州寺庙中最高。

据明《阳山志》载:"文殊寺,在前阙峰。元至正间,僧法海开建。或云:泰定四年(1327)蔚禅师建也。国朝天顺中,僧顺请额再新之,山东鹿以升,悉如石磴,盘折而上,随有平台茂树以憩。至则殿宇依石壁而构,古树藤萝,垂覆其上。东望城郭隐然而见"。《百城烟水》载:"岩有文殊、下有文殊寺,传支道林创,又名观音,上即长云韦驮。"又据清《浒墅关志》载:"文殊寺,在阳山东文殊岩下。岩又名观音。长云、韦驮二峰在其后。晋支道林创。道林弟子屿云海禅师遗塔在其处。寺后有巨人迹。寺中有香炉石,高数丈,明陈仁锡有记。"明代岱《阳山志》认为文殊寺始建于元至正间,一说建于元泰定四年(1327),而清《浒墅关志》则认为系晋时支遁(道林)所建,莫衷一是。

古时文殊寺规模宏大,历史文化底

牌坊

蕴深厚。明徐枋《吴山十二图记》载："阳
山为一郡之镇，亦名秦余杭山，鸟道盘
空而上，不啻数折。至支公道场古文殊寺，
寺故与支今硎、华山称鼎足者也。"由于
地势险峻，风景绝佳，文殊寺在明代就
蜚声四野。明代大文豪吴宽游寺后作
《赠释定鄂住阳山》诗："文殊兰若今何
在？说在阳山箭缺傍。人定不知风雨过，
白龙应向钵中藏。"由于历史原因，文殊
寺于1958年被毁坏。

三、恢复重建

2009年2月，文殊寺批准恢复重
建，得到了当地政府和护法居士的大力
支持，2009年12月1日，文殊寺举行了
恢复重建奠基仪式。2012年4月28日，
文殊寺隆重举行落成庆典。2013年10
月5日，文殊寺举行全堂佛像开光庆典
暨开光法会。

重建后的文殊寺坐西朝东，依山而
建，分山下、山上两部分。山下建有

牌坊、天王殿、观音殿、地藏殿及僧寮等附房。山上原文殊寺遗址上建有文殊殿。

牌坊位于天王殿前，四柱三门正面上书"文殊启慧"，意思就是"文殊启智开慧"。背面上书"支公道场"就是明徐枋所指"至支公道场古文殊寺"也。是东晋高僧支遁当年在此地修行学道之处。牌坊前有7层9米高宝鼎一座。

过牌坊上31级台阶为天王殿，面阔5间，220平方米。殿门上方悬挂"文殊殿"匾。殿前楹联：（中右）爽气澄秋般若传心开五智；意思是指气爽神清，秋色明澄，般若的大智慧如实了解一切；传到心里就能开启五大智慧。般若是指智慧。五大智慧即大圆镜智、妙观察智、平等性智、成所作智、法界体性智。（中左）蒸云浴日菩提耸翠镇三吴。意思指阳山云气如炊，能沐浴日月（阳山又名蒸山，山顶有浴日亭。）；阳山如觉悟的菩提树四季常青，是吴地的镇山（阳山为吴之镇）。（外右）法象重光智慧开三千世界；意思是指重建后的文殊寺佛力无边，它的无穷智慧，开启三千世界。（外左）佛门复盛慈悲救亿万苍生。意思指它的大慈大悲能拯救亿万百姓。殿内正中供奉弥勒菩萨，弥勒菩萨背面供奉的是韦驮天。东西两旁供奉四大天王像。

出天王殿迎面是一个"禅"字，上31级台阶，右手是观音殿，面阔3间，180平方米，殿门上方悬"观音殿"匾，殿内供奉七尊观音像。观音殿的对面是地藏殿。上悬"地藏殿"匾，殿内正中供奉地藏王菩萨像。

从明代古道一直向上过文殊岩即为文殊殿。坐西朝东，殿高三层，楼阁高耸，飞檐斗角。底殿内供奉"四面文殊菩萨"像，殿上方四周为彩绘。登上三层，正中供奉文殊菩萨像，绕着殿外走廊步行一圈，果然悬空耸立，举目阳山美景尽收眼底。不远处还有浴日亭在山间伫立，平常日子里，在亭内晨可观东方日升，晚可望太湖日落。农历九月三十日凌晨5点，还能见到日月同升的天象奇观，颇为惊叹。

四、摩崖石刻

文殊寺自古就是人们喜欢探古访幽的好去处，文殊广场上竖有"吴之镇"石，上山的古道边，沿途石刻不断，有"万松涛""鸟道百盘"等石刻。最著名的是文殊殿北的文殊岩，壁立千仞，横亘百丈，悬壁呈罩形突出，壁上古树藤萝，苔痕斑驳。崖面如削上面至今还留有5处前人的摩崖石刻。自南而北，依次为明代的王鏊石刻、顾元庆石刻、夏禹锡石刻，清代的西白龙僧人石刻，民国的李根源石刻。

摩崖石刻

1. 王鏊石刻。字迹斑驳，经详细辨别，识得全文如下：正德丙子四月庚申，少傅王鏊、少卿都穆、经府、王铨、正衍、空鏐、诸生顾元庆、庐恩同游。共 5 行 33 字。从内容上看，只是记载了一起游览文殊寺的时间和人物。时间是明代的正德丙子年四月庚申，即公元 1516 年农历四月庚申日。人物共有 8 人。其中王鏊、都穆、王铨、顾元庆 4 人有史可考，其余 4 人无法考查。

2. 顾庆元石刻。主要是三个楷书大字"常云峰"。由于山石风化厉害，字迹已漫漶不清，须仔细辨认才可看出云峰二字，"常"字已经无法卒读。落款字也模糊不清，经泼水洗净后仔细辨认，读出是"明顾元庆题" 5 字。过去志书上记载是明韩馨所题，现在看来，也许清代时这些字已经风化厉害而看不清了，才导致古人读错的现象。常云峰也称长云峰，是阳山众多山峰中最为奇险的峰峦，位珠冠峰和箭阙峰之间，因长年云雾缭绕，故称常云峰。

3. 夏禹锡石刻。在顾元庆石刻的右上方，共三行，字形较小，字迹更是难读。用水泼洒后字现出是庚申石刻，全文为"庚申五月，顾孟林、沈尧俞、夏禹锡同游"，计15字。石刻内容也为游览文殊寺后在寺后石壁上题名。但庚申五月，到底是哪个年代的已无法考证，因为每隔60年就有一个庚申年。而三个同游者的生平事迹也无从查考，只能留下一个谜让后人去考证了。

4. 西白龙僧人石刻。由于年代较明代稍近，文字还能完整解读。题刻文字如下："乾隆戊午仲冬，西白龙僧师韶全、陈凤翔、林东候、叶建功吟玩于此。"内容浅显易懂。首先交代了去文殊寺的时间，时在乾隆戊午仲冬，即1738年的冬天；接着说明了游赏的对象，4位在阳山西白龙寺的僧人，名叫师韶全、陈凤翔、林东候、叶建功；最后讲了去文殊寺的目的"吟玩"，即吟诗玩赏。看来这几位僧人很风雅，能吟诗赏玩，一定很有学问。只是吟了什么诗无从知晓，不然更添雅趣了。不知为什么僧人不题上自己的法号，全部题刻了自己的俗名。

5. 李根源石刻。主要是为文殊岩壁下的一潭清泉题名。"文殊泉"三字为隶书，古穆朴茂，苍中涵秀，线条挺拔，笔力超群，极有功底。这都与他平生喜爱金石文物有关。李根源曾以小舟一叶，深入吴郡西部诸山，登阜陟岭，搜蒙翳，

驱狐狼，得一碑碣，就摩挲辨认，详为记述。1926年5月30日，李根源登箭阙峰，访文殊寺，当时僧人曾向李根源索字，李根源写了"箭阙""文殊泉"等胜迹之名，现在见到的"文殊泉"即为当时题写的真迹。

文殊寺的摩崖石刻具有极深的文化底蕴，不仅有史料价值，还有观赏价值，为文殊寺镇寺之宝。

五、古迹景观

从明代古道上山，古道幽深，一路古迹景观众多，有半山亭、文殊泉、舍身台、养心阁、秦余积雪亭、四飞致爽阁、浴日亭、箭阙峰。

半山亭。沿古道石级台阶盘空而上，行至半山，可见一亭耸立在山道上，亭上匾额上书"半山亭"，亭柱上有一副对联："深宫解梦一时恨；空谷回音千古冤。"

半山亭为纪念春秋时期被吴王夫差冤杀的公孙圣而建。据《阳山志》载："夫差既杀子胥，游于姑苏台，昼寝而梦。召公孙圣问焉，圣直言之，遂怒，杀圣，圣仰天言曰：'天知吾之冤乎？忠而获罪，身死无辜，葬我深山，后世相属为声响。'于是夫差投之蒸丘。及越入吴，夫差昼驰夜走达于秦余杭山，采生稻而食，伏地而饮，曰：'是公孙圣所言不得火食，

走偟偟耶？'因三呼公孙圣，圣从空中三应之。须臾，越兵至，擒夫差于干隧。'"此事《越绝书》和《吴越春秋》亦均有记载。亭旁南侧山涧传为公孙圣被害抛尸处，后人怜其直言，称其为直臣。

文殊泉。文殊岩下有长圆形龙池一潭，池水清澈见底，池中游鱼怡然悠哉，当地人称水中有龙，古称龙湫。李根源题"文殊泉"。

舍身台。在文殊殿前有台卓立云际，名曰舍身崖。《阳山志》云："又有一台，前临深壑，势若千仞，令人莫能下视。昔有人好西方者，于此舍身，故名舍身（台）。"其实，可登其上能极目远眺平畴千里，依稀可看到苏城的倩影。

养心阁。到文殊殿必经之地，专供游客休憩之处。在这里可以品茗到阳山产名茶《白龙茶》，当你坐在养心阁，临风品茗，笑谈人生，当可极天地之大观矣。养心阁中一副对联："听泉崖壁悟禅味；品话茶烟养性灵。"就是很好的写照。

秦余积雪亭。沿着全部用木板铺成的木栈道盘曲而行，途经一亭，亭额："秦余积雪"。为清代浒墅关八咏之一，因阳山别称秦余杭山而名。因阳山海拔高 338.2 米，山顶气温低于山下，雪后初晴，红装素裹，分外妖娆。往往山下雪已融化，而山顶依旧白雪皑皑，每至冬雪初霁，日出东方之际，看阳山积雪，别有一番情趣。

四飞致爽阁。当行至珠冠峰顶，又见一别致的小亭，亭额书"四飞致爽"。阳山亦名四飞山，亭柱有楹联："登高尘虑一时净；望远清风两腋生。"从这里看阳山，阳山四面开张，极东西南北三大观，雄奇卓秀，在这里观景品茗，实为人生致爽最佳之体验。

箭阙峰。《浒墅关志》载："大峰十有五，而箭阙最高，相传秦始皇射于此，阙为箭镞所穿，故下有射渎。顶有浴日亭，亭下有白龙洞，箭阙之旁有巨人迹，长五尺许。"《百城烟水》云："大峰一十有五，箭缺居绝顶、形两岐，谓之缺，为始皇箭镞所穿。下名射渎，语殊不经。顶有浴日亭，亭下有白龙洞。"

浴日亭。现在的浴日亭比原址要低得多。按《志》记载，箭阙之上有浴日亭。据道光《浒墅关志》云："浴日亭，在阳山箭阙。鸿胪徐某建（少泉），黄门张某（睿）题额，徵士王穉登记。郡人于九月晦日群集亭间，俟寅宾时观日月合璧于此。"

阳山之东白龙寺

白龙寺，位于苏州市高新区鸿禧路阳山环路青年公园内。

一、寺院历史

山不在高有仙则灵，水不在深有龙则灵。苏州大阳山东面白鹤峰下有一座古老的寺院白龙寺，建于东晋隆安年间，到现在已有1600年历史，寺院不大，但香火很旺。

庙的兴建起源于民间的一则传说。东晋隆安年中（397—401），阳山下有一缪家女，日暮时砍山柴回归。途中遇一白衣衫白髯须的老人，给缪家姑娘吃了一包点心，谁知就此腹内有孕。左右邻舍议论纷纷，父母十分恼怒，终把缪姑娘赶出家门。从此缪姑娘露宿阳山山崖觅食野果，到了第二年的三月十八日在春雷滚响的滂沱大雨中产下了一条小白龙，当缪女见白龙举爪向她拜恭时惊得昏死而逝。那小白龙入小池沐浴后即巡天而去，在天宫任潇湘官职。白龙尽孝，

每岁必来探母，又为当地百姓赐福，卸下"龙精龙屑"，即为当今取之不尽的高岭土白泥矿。

由此乡民建白龙庙以纪念白龙之母，原名灵济庙又称为"显济庙"。本来此庙在东晋时建于阳山之巅，到了宋太平兴国年间移建到现在的阳东村。明宣德五年（1430）苏州知府况钟、弘治三年（1490）知府孟俊、嘉靖四十一年（1562）知府徐节数次重修，清代后也屡次兴修。1949年后寺院逐渐荒废，直到改革开放，这里才气象一新，环境也变得十分优美。

2008年，登记为佛教固定处所。

二、建筑规模

从苏州高新区阳山环山公路进入青年公园，公园门口竖有四柱三门牌坊，牌坊正面"白龙寺"三字，由原中国佛教协会咨议委员会主席、苏州灵岩山寺方丈明学长老题写；牌坊背面"白龙遗

韵"四字由苏州市书协常务理事、高新区文联副主席、高新区书协主席、中国南社书画院副院长钦瑞兴题写。穿过牌坊，一条柏油马路直达寺门口。

2009年11月1日，白龙寺重建落成，坐北朝南，占地8亩，建筑面积2000平方米，建有天王殿、白龙殿、龙娘殿、静心苑、僧寮等殿堂附房。

天王殿前有一对石狮子和一对石础。殿面阔3间，60平方米，殿门上方悬挂"白龙寺"匾，由明学长老题。进入殿中，正中佛龛供奉弥勒菩萨正身像，它的背面佛龛供奉韦驮尊天菩萨。

出天王殿为放生池，过香花桥便来到了白龙殿。殿面阔5间，220平方米。

殿门上方悬挂"白龙殿"匾。殿正中供奉白龙公子像。出龙王殿为龙娘殿，面阔3间，80平方米，殿门上方悬挂"龙娘殿"匾，殿内正中供奉白龙之母像。白龙殿西边为地藏殿，60平方米，供奉地藏王菩萨。

在龙娘殿北为"静心苑"，由钦瑞兴题。静心苑内建有念佛堂、僧寮等建筑。

苏州高新区钦瑞兴专门撰写了《白龙寺重修记》："阳山为吴之镇，自古风物清嘉，寺庙林立。山之东白鹤峰下有白龙寺，始建于东晋隆安年间，迄今1600余年，初为乡民祀龙母而建，名曰白龙庙。史载，宋太平兴国间，庙在山南曹巷。熙宁九年，迁于现址。庙建之后，乡民遇旱则祷雨，祷之则应验。宋绍兴间，庙赐号灵济，乾道间赐号显灵夫人。元明之际，朝廷有司每春秋必祭，祀典极盛。自宋至清，庙屡加重修并作记，出资者有明苏州知府况钟，作记者有明尚书吴宽，皆一代人杰也。迨及近代，白龙寺渐加式微，20世纪50年代，庙堂移作学校，至70年代末，历代碑刻均被凿毁，一代古寺，烟消云散。物换星移，否极泰来，2008年，浒墅关经济开发区顺乎民心，决计重建白龙寺，恢复旧观。鸠材聚工，费时数月，于原址重起灵济玉宇，四方乡民莫不称颂。2009年古寺落成。

三、善隆和尚

白龙寺高僧辈出，最著名的有善隆和尚。据《净土圣贤录》记载："善隆为苏州白龙寺往生比丘第一，台州临海人。年十六，出家于苏州白龙寺，参念佛是谁话，有省。夜坐不卧，过午不食，茹淡斋三年。刺舌血，书华严、法华二经。日持佛名六万，法华经一部，礼佛一千六百拜，准为定课。冬夏一衲，不妄谈。力行致疾，益加精进。一夕于禅观中，闻空中报曰，汝当得中品生，慎勿退息。遂屏诸药石，一心西迈。至四月六日，端坐而逝。时在道光二年，年二十六。"

四、文物石碑

白龙寺现存的文物古迹说明了寺院的历史。寺院门口的两个石础原件十分巨大罕见，用手稍加测量直径大概在120厘米，估计旧庙宇的殿阁柱子在90厘米左右，这就不能不令人惊叹。门外还有一块青石碑，字迹模糊，已经无法弄清碑文，但最后的落款年代尚能看清是南宋绍定六年，距今也已870多年了。

寺院里还保存着一块重修寺院的募捐人名单石碑，落款的年代是明万历年。这些石碑确凿地证明这个白龙寺，也就是灵济庙是一座十分久远的寺院。

阳山半腰凤凰寺

凤凰寺，位于苏州高新区阳山东半山腰，系高新区唯一的一座女众道场。

一、悠久历史

《浒墅关志》载：凤凰峰下有凤凰台。台如凤凰之冠，两侧山峰如凤凰展翅向东张开。其地势犹如凤凰之形，故得名凤凰台，凤凰寺雄踞台上。

凤凰寺初建年代无考，岳岱《阳山志》记述："半山寺，在山之东。宣德间，僧信所建。山半耸一峦，寺踞峦上，一名源隐，今已废。"考阳山之东地形，惟凤凰台之势符合"山半耸一峦"之说。山半其余他处均无耸起之峦，更不要说在峦上建寺。故基本可确定，今之凤凰寺就是明代的半山寺。

凤凰寺建于宣德间（1426）距今已达580年，寺在嘉庆庚寅（1530）岳岱撰《阳山志》时已废，当时仅存百余年。寺废后，曾有人看中此宝地作墓葬处，明昭勇将军何子诚及其家人均葬于此。

1966年寺毁，2004年5月，重建大雄宝殿时又掘出何子诚之墓，并得其铜印、毛笔、砚台诸文物。验证了志书上关于何子诚及其家属墓葬阳山凤凰峰的记载。

凤凰寺在民国初曾建过，李根源1962年5月30日游阳山时"登凤凰台，至山庙，屋宇数檐，新建也。寺僧不在，门闭无从人。新庙后旧寺基，广约四五十丈。"这新庙之后的旧寺基广约四五十丈，可见历史上的凤凰寺规模很大，气势不凡。凤凰寺在民国期间有南北两处寺庙，北为凤凰寺，南为天云寺。

广修法师（1907—1966），江苏常熟人，从小出家。1924年到凤凰寺修持，在一年的冬天，广修法师在凤凰台给观音除尘上香，发现观音像前有一净水杯未曾冻结，遂断定此处必有灵气，于是发宏愿立志兴寺，短短一年多时间，就立屋数檐，成为凤凰寺中兴的一代住持。1966年遭劫难，寺院拆毁，广修活活气死。广修之徒正清法师，18岁时随广修遁入空门，凤凰寺拆毁后被安置于山林大队副业队劳动。自1966年至1991年20多年间，她一直为凤凰寺被毁痛心疾首，决心继广修之志，重兴山寺。1992年，正清法师募集善款数万，重建观音殿，一了数十年之夙愿。2001年，在当地村民的支持下，又扩建天王殿、西方殿、重建山门，山寺稍现起色。至2004年，凤凰寺终于迎来了新的鼎盛时期。是年5月，新建大雄宝殿举行隆重的奠基仪式。2005年3月，整个凤凰寺扩建首期工程初告段落，大雄宝殿终告落成，两旁又新建云房和功德碑，西方殿西侧新建杨氏墓园及凤凰阁，在原天王殿正门外，新建花岗岩平台及石坡台阶。煌煌山寺，重新焕发出光辉。

2007年3月，登记为寺观教堂。

二、古刹风貌

进入凤凰寺有条山道，中间石碑坊系全花岗石结构，四柱三门，高达5米，宽8米，正面坊刻"风调雨顺""国泰民安"8字，寓祈福苍生之意。

过石碑坊，花岗石山道一直伸向山脚，路面石块呈菱形庄铺设，纹路清晰。路中铺一浮刻石块，石块长1米，宽60厘米，上刻精美图案，有蝙蝠呈祥、喜鹊登梅、鸳鸯戏水、吴牛喘月等等，诸多石刻造型逼真，寓意隽永，足见建造者匠心别具。

山道两侧，竹林成片，幽密成荫，修篁深处，可闻溪声，游人至此，见修竹万竿，无不称妙。春日至此，可饱览雨后春笋竞争雄。夏日至此，则容凉风扑面，避世消暑。秋日高远，观竹林摇曳多姿，悠然自得。而大雪隆冬之日，则愈现竹傲挺立，不畏严寒之高风亮节。路至山门而止，山门左为停车场，右为财神殿奠基之地。山门上悬"凤凰寺"匾额，山门内两侧过道悬书法镜框，左为"般若波罗蜜多心经"，右为"凤凰寺简介"。

过山门拾级向上，见右面削壁上镌刻着三个大字"吴之镇"。此语出于明代顾元庆《阳山新录·序》，顾氏明嘉庆年间居阳山大石坞，建大石山房，著书刻书数十种，对阳山情有独钟，与岳岱交往甚密，他认为"阳山乃吴之镇"，意思是阳山能镇住吴地。

前行不久，见道旁耸一六角飞之亭。悬"报恩亭"。悬"报恩亭"额，落款大意是，柴氏兄弟为了却母亲遗愿故捐资建亭。从此亭之由来足见凤凰寺在信徒心目中的地位何等重要。道旁还有新镌石刻数处，分别为"福""禄""寿""送子石"，过送子石再上，为新建石坡台阶，达一百多级，两旁都围以栏杆。全用精细磨平的花岗方石镶砌，颜色呈汉白玉色，远望如白龙蜿蜒而上，颇具雄姿。

台阶尽处是天王殿正门前的大平台，有100多平方米。天王殿面阔5间，内正中供奉弥勒佛，左右供雨、云、风、雷四大天王，背后供韦陀天尊。

天王殿后为一宽阔大院，院内广场有铁铸镀铜宝鼎，正面即大雄宝殿，重檐飞栋，雄踞在高1.5米的台基上，气势十分雄壮。"大雄宝殿"匾额为茗山大师题写，字体刚健有力、古朴苍劲，在高达15米的屋脊上熠熠生辉。

经露台迈步入大雄宝殿，见正中供奉释迦牟尼大佛，两弟子阿难、迦叶分立左右。殿内东西山墙塑十六尊者，左右各列8位。释迦牟尼佛像后背居中为鳌鱼观音像，善财童子侍西，龙女侍东。殿内悬抱柱对两联，分别是：五蕴皆空何处无真身示现，一尘不染此中有妙相庄严；道场遍十方无人无我，佛法超三界非色非空。

出大雄宝殿左望，可见云房新构，楼上楼下，宽敞明亮。云房指僧人生活起居之所，外人不得入内。右望可见二层碑廊，漏空而筑。下层内置功德碑数块，碑上密布善男信女姓名，上层为游客通道。碑廊下层靠南有一块热奇石，上留"悟"字，颇具禅意。上层靠北处立"重修凤凰寺记"碑一座，碑高1.7米，宽0.8米。文为殷岩星撰，钦瑞兴书。

沿碑廊上层西趸上台阶数步，即西方殿。西方殿供西方三圣，中为阿弥陀佛，东为观音菩萨，西为大势至菩萨。殿内后墙东西两角有设佛像，东为观音教像，系原观音殿移来之物，西为地藏王菩萨，西方殿居最高敞之地。西方殿靠西，为一方阁，浑重古朴，内亦设佛像三尊。再移步西往，为云天寺创始人杨师太墓园。墓居亭中。墓园西为新建凤凰阁，飞檐翘角，故去盎然，阁分上下两层，内置红木桌椅，游客至此，品茗赏景，亦可观楼外满目青山，而可赏楼内名人字画。实为凤凰寺一道亮丽的风景。2007年后，在山下又恢复财神殿，兴建放生池。

凤凰寺分为山上和山下两个部分。山上有天王殿、大雄宝殿、将军殿、凤凰阁茶楼；山下有山门、凤凰别院、放生池、翠竹林等，一步一景，移步换景，山水风光，尽收眼底。可以说凤凰寺的重建如同凤凰涅槃一般，不失其名之雅。

观山东麓观山寺

观山寺，位于苏州市高新区经济开发区境内。

一、观山来历

观山系阳山东北支脉，走向北西，长 0.7 公里。西南峰称观山，海拔 73 米；北峰凤凰山，海拔 97 米。由火山岩构成，怪石嶙峋，巉岩壁立。

观山原称管山、管峰，一称獾山，相传秦时有管霄霞在此修道炼丹，故名。明《长洲县志》："阳山，……东北有山名白鹤，……又逾金芝岭，有山曰獾山，其西为阳抱山。"道光版《浒墅关志》载："管山为阳山之门户，而众山之或起或伏，若由此而收束者，然名之曰管。"

观山东南一角，怪石嶙峋，巉岩壁立，上镌明清题刻十余处，最显眼者共有四处：一为"仙人洞"，嘉靖壬寅夏中州胡善书；二为"来鹤峰"，嘉靖壬寅夏五月沈弘华书；三为"积翠峰"，沈弘彝题；四为"管山"，道光二十七年华亭张

祥河书题。书体均为楷书，内容大多与道家学说有关。观山摩崖石刻现已列为市文保单位。山麓有东岳庙，庙后有清嘉庆年间重建的三官殿。相传丁令曾在此取水炼丹，得道成仙后，化鹤渡海，故称为白鹤道人，称管山为白鹤峰。峰下有澄照寺，又名白鹤寺，有仙泉、白莲二院。

二、历史沿革

观山寺原名东岳庙，约创建于五代，宋皇祐二年（1050）重建。金兵南渡，庙毁于兵燹。明嘉靖丙午（1546）、丁未（1547）年间，由榷关蒋宗鲁、王询及邑人陈鎏、袁祖庚等人助以重建。明万历癸未（1583）、清康熙六十年（1721）、嘉庆四年（1799）多次重建。嘉庆十年（1805）因雷尊殿火灾又重建，并增建花神殿。道光六年（1826）又重修。

东岳庙内左为三法师庙，后有三官殿，右侧为药王殿，相传为管霄霞成仙

处。半山为来鹤道院，供奉玉皇大帝。旁有吕祖宝阁。观山庙宇供奉的神灵还有伏羲、神农、黄帝、岐伯等。正月初九为玉帝生日，吴地风俗这天是"天生日"。在农耕社会是靠天吃饭，而"玉皇大帝"又是天上的最高主宰，旱天求雨，雨天排水，都要求玉皇、雷公等诸神恩赐，因此，观山的道士要在这天设道场，斋天"烧天香"，四面八方的村民为保丰年，都要来观山朝拜，场面十分热闹。吴地民间信仰正月十五又是天官生日，七月十五是地官生日，十月十五是水官生日，合称"三官"。天官管赐福，地官管赦罪，水官管消灾。虔诚的信徒在农历正月、七月、十月的初一至月半要连吃十五天素，谓之"三官素"，并成群结队朝山进香，更有甚者端着小凳，插香点烛，一步一拜上山，称为"拜香"。下山时，请一盏写有"三官大帝"的灯笼，回家插在门上，据说可以消灾。二月十二是百花生日、四月十四是吕仙生日、六月二十三是火神生日、六月二十四又是雷神生日。因此，观山的进香队伍一年四季络绎不绝。历代浒墅关权使认为观山的山形像"家"，言此山为浒墅关署之来龙。因此，每任关官"每以修举山之神祠为己任"。他们视观山为"神山"。明嘉靖甲辰（1544）乙巳（1545）年，苏州连年大旱，民不聊生。浒墅关关官、户部郎蒋宗鲁、王询率众到观山为民祈祷求雨，结果老天果然下起了大雨，一时传为美谈。

明代袁祖庚《重建管山东岳庙记》："尝闻之，明则有礼乐，幽则有鬼神。盖中和位育，理本相通，而昭格感乎，机非有二。今天子御极，雨旸时，若百榖用成，虽至德格天之验，而川岳之效灵，鬼神之助，顺为之阴扶而默佑者亦不可诬也。惟阳山为苏郡之镇，惟管山为阳山之支。绵亘蜿蜒，出云蒸雾，隐然为西北之具瞻。山故有庙神，曰：东岳。东为生物之方；岳为四镇之一。所以节宣寒暑鼓舞阴阳万物，资之以生成。四民因之，以顺动境宇，刺之以宁谧黍稷，藉之以丰登，其为功亦懋矣。庙之后，复有雷神真武及土谷神祠，皆分职以听而各有司成者也。其宏庇于一方而血食于兹土者，非一岁月朝夕。建置已无可稽考，宋南渡时毁于兵燹，至淳熙元年（1174），平江总管开赵为重建焉。历代因之，香火不替。至我明嘉靖甲辰乙巳，连岁亢旱，时户部郎蒋宗鲁、王询権税莅止，为民祷雨辄有应，乃捐俸修葺，庙貌一新。余与陈方伯鎏实赞成之"。

清代杜诏《重建管山东岳庙记》："阳山系古秦余地，蜿蜒绵亘，诸山四出，为古吴一郡之镇。逶迤而东，其为山不一而灵石嵯峨，面南壁立崿然特起者有管山焉。斯盖阳山之门户，而众山之或起或伏，若由此而收束者然，名之曰管，或有取于是也。夫山故有庙，神曰东岳，岁时之祭享不绝，而岳诞之辰，四方士女无不朝拜其下，虽世俗媚祷之常情，实阴驱默率之。况神为四镇之尊，其所以节宣寒暑、鼓舞阴阳者，尤为万类成成之所赖乎。"

历代诗人对观山情有独钟，明王穉《重游獚山庙》："祝融焚尽碧桃花，东帝何年返翠华。欲辨劫灰人不识，断碑空记管霄霞。"

1958年，东岳庙被拆毁。2010年，经批准恢复重建，并更名为"观山寺"。

三、建筑规模

恢复重建的观山寺，坐北朝南，占地5亩，建筑面积2000平方米。建有天王殿、大雄宝殿、观音殿、地藏殿、僧寮等建筑。

从苏州高新区环阳山路进入观山寺，有一座牌坊，正面"观山寺"三字、两边联："阴阳鼓舞仙人洞外飞来峰，寒暑节宜积翠峰中出白云"均由苏州市书协常务理事、高新区文联副主席、高新区书协主席、中国南社书画院副院长钦瑞兴题写。过牌坊右侧有一块大石头，刻有钦瑞兴撰写的《观山寺重修记》。

天王殿面阔3间，90平方米。殿门上方有砖刻"观山寺"3字，由钦瑞兴题。进入殿中，正中佛龛供奉弥勒菩萨正身像，它的背面佛龛供奉韦驮尊天菩萨。

出天王殿过香火桥左右两边各五间为原民间信仰。大雄宝殿前院子中有一鼎，高3.8米。绕过鼎上6级台阶为大雄宝殿前露台。露台面积约180平方米，周围花岗石栏杆。大殿面阔5间，220平方米，全木结构，殿门上方悬挂"大雄宝殿"匾，殿正中供奉"一佛二弟子"，两边为十八罗汉像。

大雄宝殿东侧建二层，面阔3间，建筑面积200平方米，底层为地藏殿，上层为念佛堂。殿西侧也建有二层，面阔3间，建筑面积200平方米，底层为观音殿。另还建有附房十余间。

观山寺，地方不大，但清静雅致，是一处理想的佛教清修之处。

阳山北麓云泉寺

云泉寺，位于苏州高新区阳山山系的树山大石山坞。

大石山，在阳山北部，一石耸出半山，怪石嶙峋，壁立千仞。山高仅 80 余米，《浒墅关志》："大石峰涌出山腰，如莲花。"云泉寺与拜石轩、毛竹磴、招隐桥、仙桥、宣晚屏、玉尘涧、青松宅、杨梅岗、款云亭、凝霞楼、石井、石龙、玉皇阁、夕照岩、观音阁、见湖峰为大石山十八景。

一、寺院沿革

据《阳山志》记载："云泉庵，在山北深坞中。元大德间，僧觉明自尊相入大石岩创置。国朝，匏庵吴宽曾记之，但未及详始。欲循径以入，茂林幽涧，若将迷焉。行渐深，有台，至是少憩，仰望楼阁，胜不能图。攀磴再上，即之，有长松美竹列映石门，有佛阁、轩亭，皆因宜构架石上。前临深堑，松竹森郁于下，太湖远峰可收一望。"又载：吴宽

《大石岩云泉庵记》为僧智韬作，中云："山之有庵，相传为宋珍护禅师所创，其匾为银青光禄大夫齐国公得刚所题，则云泉庵由来旧矣。而大石之名暴著于时，自原博诸君子题咏始，宜智韬之复请吴为记也。"

云泉寺原名云泉庵。云泉庵是元代的觉明高僧迷恋大石山风景，留下来后承建的，以"云泉"主名，后来逐年发展到庙房 1048 间，到了太平天国时期被太平军占领而烧毁，后重建，在抗日战争期间，寺内的僧人为了保护新四军被日本侵略军又一次烧毁。抗日战争胜利后，当地百姓自发构架重修，自此改名为云泉寺。1949 年后又重新修复，取名为"云泉寺"。在 1966—1976 年间，又毁于一旦。

云泉寺在周边地区信教群众中影响根深蒂固，在宗教政策未恢复落实和破除迷信时，群众自发乱搭乱建，政府拆除，几经三番，但屡禁不止，香火常年不断，随着改革开放和宗教政策的贯彻

落实，信教群众在云泉寺旧址上，自发搭建了房屋，供奉了佛像，特别是年逢初一、十五和观音菩萨生日时，香火更旺。2001年9月，经苏州市宗教事务局审核，批准修复大石山云泉寺。2007年7月，登记为佛教固定处所。

二、建筑风格

恢复重建后的云泉寺坐南朝北，背倚大石山，视野开阔，前虚后实，寺院正对的鸡笼山，好似浑然天成的照墙。云泉寺占地约10亩，建筑面积约3000平方米。整个云泉寺依山而建，分为中央礼佛区、文化墨香园及云泉别院三个功能区域。中央礼佛区位于云泉寺的中轴线上，包含生态菩提广场、山门（天王殿）、钟鼓楼、云泉池、大雄宝殿。石坞墨香园是书法文化聚集之地，主要有书缘舫、画韵轩、翰墨阁、醉墨楼、方丈院等构成。云泉别院位于大雄宝殿西侧，有卧佛殿、观音殿、千佛殿、佛荫阁、斋堂、云居楼等殿堂建筑。

云泉寺山门前有7级台阶，台阶两旁有石碑2块，镌古诗2首。右手为唐常建《题破山寺后禅院》诗："清晨入古寺，初日照高林。曲径通幽处，禅房花木深。山光悦鸟性，潭影空人心。万籁此俱寂，但余钟磬音。"左边一块为唐刘长卿《寻南溪常山道人隐居》诗："一

路经行处，莓苔见屐痕。白云依静渚，芳草闭闲门。过雨看松色，随山到水源。溪花与禅意，相对亦忘言。"

山门（天王殿），面阔3间，180平方米。上方有"云泉寺"3字，两边联为："大石山峰见高见远见净土，云泉水畔洗耳洗心洗凡尘。"进入殿中，正中佛龛供奉弥勒菩萨正身像，它的背面佛龛供奉韦驮尊天菩萨，只见韦驮菩萨金盔金甲，年轻英俊，威风凛凛，右手擎降魔金刚杵，左手施大无畏印，面对前方大雄宝殿，是佛寺的守护神。佛龛上有楹联赞："赤子心、将军体、摧邪扶正；如来使、菩萨行、护法安僧。"殿两边供奉四大天王像。山门背面楹联为："云泉成寺，水如经声，朗朗诵千年；大石为山，身似钟鼎，巍巍立万古。"

出天王殿，中间为云泉池，池中供奉观音菩萨立像。池东、西两侧为钟楼、鼓楼。寺院每于晨昏击钟敲鼓，以警行者当勤精入，慎勿放逸，称晨钟暮鼓。通常说法，寺院中早起夜寝时，规定击钟鸣鼓作为号令，于是便有"晨钟暮鼓"之称。钟楼底层供奉地藏王菩萨，鼓楼底层供奉观世音菩萨。

从钟、鼓楼边上台阶为大雄宝殿前露台，露台周边栏杆均为花岗岩石。大雄宝殿于2008年4月动工，面阔5间，700多平方米。2010年4月2日，举行大雄宝殿落成暨佛像开光仪式。大雄宝

殿正中供奉三世佛，正中央为释迦牟尼佛；左边是东方净琉世界的药师琉璃光佛，结跏趺坐，左手持钵，表示甘露，右手持药丸；右边是西方极乐世界的阿弥陀佛，结跏趺坐，双手叠置足上，掌中有一莲台，表示接引众生的意思。大殿两侧供奉十八罗汉，大殿后面为文殊菩萨驾狮子侍在释尊的左侧，普贤菩萨乘白象侍在释尊的右侧，佛祖背后为海岛观世音菩萨，善财童子、龙女侍立两侧。

大雄宝殿西侧有卧佛殿，释迦牟尼佛身呈侧体睡卧状，佛面露微笑，慈目低垂视，俯视度众生，大显慈悲智。观音殿正中佛龛供奉东、西、南、北各一尊造型各异的千手观世音菩萨，左面佛龛为送子观音，右面佛龛还有一尊千年石观音，异常珍贵，被视为寺院之宝。每逢农历二月十九、六月十九和九月十九，有众多远近信众都要赶来为石观音做生日。2008 年农历七月初七，建云泉别院，中为庭院，布以清池假山。云泉别院楼上为"佛荫阁"，楼下为斋堂。后为总管堂，柱联为："东望虎丘，总管诸佛被花锦；西依阳山，云泉仙境闻莲香。"

整个云泉寺建筑雄伟，佛像庄严。

三、名人诗赞

云泉寺与秀美的大石山招来众多文人墨客的游览并留下了许多的诗词。郑善夫《云泉庵》诗："幽寺住云泉，湖光远接连。寺钟山色里，林雨鸢声边。盘曲松垂地，崔嵬石倚天。中原尚多垒，此地合蓑禅。"苏州明代的大臣吴宽就留有"循径以入，茂林幽间，若将迷焉，行渐深。有台，至是少憩。仰望楼阁，胜不能图。攀登再上，即之。有长松美竹，列映石门，有佛阁轩亭，皆因宜构架石上。前临深壑，松竹森郁天下，太湖远峰，可收一望"的记载，把大石的岩泉、景庵、径壑、竹林、石台、山峰远近苍翠景色和盘托出。唐珤《云泉庵大石》："云泉奇胜处，大石最知名。风磴回青汉，霞标拟赤城。平湖光似镜，幽籁响如笙。到此浑忘返，尘缘顿觉轻。"薛章宪《阳山大石》："陨星自天着山巅，与天作石知何年？玲呀巀屼断复裂，欲堕不堕相钩连。硉兀蹄股躩且跧，霜饕雪虐成顽坚。夸娥负山趺一足，罔象拔河耸两肩。嵌空窒鳞鬼手刑，蜂房联络僧庐悬。峻层石磴蛇倒退，决往未省愁攀援。还从青衣驾赤犊，更觅小有穷兜玄。"吴一鹏《登大石》："大石巍巍郡郭西，登临此日酒重携。烟中鸟没千峰暝，象外天空万物低。田舍筑墙堆乱石，僧厨剥笋落黄泥。兴游未尽忘归去，一路垂鞭信马蹄。"

沈周《游阳山观大石》:"问寺松篁里,芒鞋苦未停。蒸云山似甑,隐石树为屏。鸟啄台中食,僧翻几上经。闲来复闲去,空损石苔青。"僧善住《游阳山北阜至云泉亭二首》:"一掬云亭漱齿凉,小亭幽绝背山阳。道人自向峰头住,闭户不知春日长。""雨余春涧水争分,野雉双飞过古坟。眼见人家住深坞,梅花绕屋不开门。"皇甫汸《朱大理邀游大石》:"振策凌霄上,留筵拂石开。峰悬疑峭出,崖断似飞来。云气晴交雨,涛声昼引雷。危梁倘可度,扶醉隔溪回。"皇甫汸《雨后舟行望大石诸山》:"暝游清溪上,虹雨开西岑。纤月照幽意,虚舟鸣夜琴。寥寥翠微静,霭霭芳树深。云径空如此。弥年违素心。"

四、古迹景点

云泉寺周围景色迷人,古迹众多。寺内大雄宝殿西南有一石牌坊,正面上方有"大石胜境"4字,楹联为"山含图画意;水洒管弦音。"背面镌"丘壑风流"4字,楹联为"古壁云归岫;仙坪日丽天"。

山上复建"涵岚""挹翠""款云"三亭。涵岚亭联:"云雾缭绕日僿可隐;烟树葱茏唤鹤于飞。"挹翠亭联:"苍崖老树掛云薄;翠谷泉清绕石喧。"款云亭联:"云雾长萦山居浮动处;阴晴时易湖望有无间。"

山上的摩崖石刻"仙桥""大块文章"由李根源、吴荫培题书。"唯和呈喜",旁边是"拜石"。作者独出心裁,构思巧妙,4字利用上、下、左、右结构,合用一园框。"仙砰"为明代浒墅关官员户部郎中袁枢题,礼部尚书王铎所书。明人好奇字,"砰"实乃"坪"也!仙坪常有仙人来,明邹迪光《登大石》诗,证明这一点:"巨灵何事者,凿石表三吴。地割烟霞境,天分日月都。断岩雕栏接,飞磴曲栏扶。长啸松风下,郡仙若可呼。"明朱天成《游大石》专为夕照岩而写:"入山寻大石,楼间望中分。水响林梢出,钟声天半闻。松亭藏鸟雀,竹坞宿烟云。独立高岩上,苍茫对夕曛。"

云泉寺对于广大游客来说,在欣赏大石山美丽山水的同时,更能领略千年古刹的风采。

真山山麓甄山寺

一、真山由来

在苏州市西北部地区，太湖与大运河之间，有一座风景秀丽的小山丘，海拔只有76.9米，名为真山。真山虽然海拔不高，但却是附近的制高点，站在真山顶峰远望，周围阳山、鸡笼山、凤凰山，群山环绕，是不可多得的风水宝地。

真山原名甄山。据《吴县志·舆地考·山》载："甄山在阳山北，山有三

山门

峰"。道光年间,《浒墅关志》的作者凌寿祺有诗《甄山》:"山体不在高,云雾兴即灵。兹山有七穴,气蒸接杳冥。何当傍松湫,山中结茅亭。早晚看云气,勿侠岩户扃"。甄山山巅有七穴,如瓦甄,故名。每逢气候变化即有蒸气升腾,类似古陶甄蒸煮时上逸之气雾。民国李根源《吴郡西山访古记》:"登甄山,土人呼曰珍山,山起三峰,登遍,寻七穴,一无所获。是山葬坟甚稀,皆土丘。"因苏州方言"甄""真"不分,乃误成"真"山。

二、甄山寺简史

真山周围现已建成真山公园,它作为一个功能多元化的公园,不仅提高了城镇环境质量、美化环境,大面积的绿色植物还能够吸收有害气体、净化空气,调节城市温度,全面改善人居环境。

甄山寺位于真山山麓,真山公园内。据载,甄山寺始建于五代时期。20世纪90年代中期,由村民自发建造3间平房,2003年被封存,2008年甄别为佛教固定处所,原在真山南麓东面的山坡上。2010年8月移建至真山南麓中间的山坡上。

移建后的甄山寺,坐北朝南,建有山门、观音殿、大雄宝殿等建筑,占地8亩,建筑面积3000余平方米。山门(天王殿)面阔3间,80平方米。山门上方悬挂"甄山寺"匾,由中国佛教协会副秘书长、江苏省佛教协会副会长兼秘书长、苏州市佛教协会副会长、高新区佛教协会会长、寒山寺住持秋爽法师题写。观音殿面阔5间,100平方米。圆通宝殿五间,面阔240平方米。

2010年,高新区佛教协会委派能安法师主持甄山寺工作,多年来他带领僧众遵法守法,谨遵佛制,严守教规,庄严国土,利乐有情,把甄山寺建成了一座精进的道场,受到社会各界的好评。

位于真山公园里的甄山寺,是苏州高新区一座极为幽静的寺庙。古朴典雅的寺院外墙,高高挂起的大红灯笼,点缀在山水生态公园之间。当你行走在林中道上,仿佛沉浸在一片原汁原味的山水倩影中,可以切身感受到自然与城市的交融渐变。

南宋名刹万佛寺

万佛寺，位于苏州高新区镇湖西京村。寺内的万佛石塔1956年被列为江苏省文物保护单位，2013年5月3日被列为全国重点文物保护单位。

一、历史沿革

万佛寺，因万佛石塔得名，脉承历史悠久的南宋名刹——秀峰寺。秀峰寺，在当时的佛教界也曾辉煌一时，今却早已被夷为平地，片瓦无存。据《续灯录》记载，同样建于南宋绍兴年间的（1131—1162）秀峰寺，"兹寺次于五山十刹，其盛可想见已"。民国年间，李根源偕同吴荫培、张壬士、吴荫培之孙女也曾到此访古，并立一斋匾，可惜被毁。

万佛石塔自建成后经历了多次重修，几次大修，万佛寺随之也重建兴起。石塔的第一次重修在明朝成化年间，高僧昕日将塔进行了洗刷整修。至今，也已经历700多年的风雨。建国初期，万佛寺还住有僧人，观音殿、弥勒殿等建筑尚保存完好，后因扩建西（泾）京小学被逐步拆建。塔前原有鼎，于"大炼钢铁"时被毁。20世纪80年代，石塔有过一次重大的重修工程，包括对其进行维修和加固，并建围墙保护。1997年，批准为佛教活动场所开放。

万佛寺最近的一次重修是在2008年，经政府有关部门审批，正式拉开重修大幕。同时配合国家级重点文物保护单位的申报，古寺开展了一系列保护工作，以石塔为中心，划出了绝对的核心保护区域，并由专人进行管理。此外，对万佛寺外墙、院内建筑均进行了修缮，大殿保留了宋代建筑的风格，体现与石塔的风格一致。场所内外、房前屋后及庭院内外、空闲地都栽植上花卉、树木等绿化景观。

重修后的万佛寺已初具规模，2008至2012年，渐次兴建大雄宝殿、藏经阁、杜鹃楼、山门、观音殿、五佛殿、法堂诸佛筑。其间住持释果延筚路蓝缕，仗三宝力，参十界因，募化功德，得四方信众乐助，毕五年功于一役，终使万佛寺梵宇僧楼重光焕彩。

重修时，万佛寺特邀灵岩山寺方丈明学法师书写吴荫培题秀峰寺的"照世真灯"一匾挂于澄觉轩以此留念，中国佛教协会会长传印长老题写对联"湖映秀峰山自观自在，云飞万佛塔如见如来"讲述万佛寺和秀峰寺的前世今生。

二、镇寺国宝

万佛石塔，顾名思义有万尊佛，原名禅师塔，始建于南宋绍兴年间（1131—1162）。

位于寺院东南的万佛石塔别具一格，自成一体，它既不同于我国传统的重檐宝塔，也不同于从印度传入我国的瓶形塔（即喇嘛塔）。整座石塔由条形纯青石块垒砌而成，塔基呈长方形，塔身呈外方内圆形，塔高11.4米。因为既没有宝塔那种挺拔高耸的雄伟，也没有飞檐翘角、漏窗叠檐的玲珑，万佛石塔浑然一方砖垛。

塔刹由石刻宝瓶、覆钵、相轮组成，略施翘角的四方形顶层塔檐下，衬有长方形石座，四周壶门内刻浮雕的坐相如来，下层"塔檐"上刻有"古塔重新""阿弥陀佛"字样。拱式门呈火焰状，两侧也都刻有一副门联："造塔功德普愿众生，发菩提心同成佛道。"

万佛石塔

环顾佛塔，外观似乎并不起眼，入内才知别有洞天。内里为筒状石窟，高4米，下有近2米高的须弥座，正中束腰处有修塔题记"澄觉精舍记"字样，为考证建造年代提供了线索，旁侧有"吴门石匠吴德谦昆仲造"等石刻题记。墙壁上密密麻麻地排列着高不满5厘米的佛像浮雕，共60排，每排平均刻有小佛像180尊，总计有佛像10800尊，是为"万佛"。

全塔佛像均为浮雕，全刻有莲花托，

一个个衣冠清晰，五官可辨，人工雕琢的精细程度仿似用模具复制。但因年代久远，几乎下部的每一尊佛像都已没了佛头。原来旧时乡人迷信传言取小佛像面首石粉煮汤代药，能治头痛等疾，致使佛像有身无首，几乎损坏殆尽。不过，塔内上方的部分佛像还是得到了保存，实为难得。

万佛石塔现已成为万佛寺的镇寺国宝。

三、古迹建筑

塔身后方的银杏树，乡人多称其为"千年古树"，但据树龄推断在450余年，树身三人合抱，高30米，古树将宝塔紧拥身下，画面意境悠远。万佛石塔在旁边一株古银杏树的庇护下，尤显宝相庄严，真正应了那幅对联："云中高树绿扶塔，雨后秀峰青到门。"

寺院一角，散落着一些石刻和柱基，都是一些老物什。塔前原有寺屋，内壁上嵌有元代大书法家、湖州刺史赵孟頫题写的"万佛宝塔"石刻，是他在见了石塔内的佛像后赞不绝口，挥笔题写的，惜此碑早佚。不过，此事却已然为石塔增添了无尽的文化底蕴，也可看出当时万佛寺及万佛石塔在江浙一带的知名度。如今，寺院依据拓文已将此碑修复，并竖在石塔的入口处。

古塔后方的"澄觉轩"取自修塔题记"澄觉精舍记"，"昕日斋"是为了纪念重修万佛寺的高僧昕日，命名为"岫云泉"的千年古井则是为了纪念秀峰寺的岫云法师。

作为千年古寺的留存，万佛石塔对整个宗教界的影响深远，深厚的文化底蕴也足见其作为宗教文化要地的不可撼动，未来的传承和保护自然将继续并深入下去。

2008年3月，登记为固定处所。

太湖之畔莲华寺

莲华寺，当地习称莲花寺，位于苏州市高新区通安镇西部金市街西端，太湖之畔。

一、寺院由来

始建于唐神龙二年（706），距今1300年，据明文震孟《重修莲华寺大佛殿记略》载：茂苑西镇名金墅，有寺曰莲华，系先朝里人刘文隆舍宅为寺，以井现青莲而得名，故又名青莲寺。历经数朝，多次修葺，清末后失修，毁于20世纪70年代，只遗留下门前两棵大银杏树。这两棵银杏树我是1997年为批莲花寺为佛教场所第一次看到。时隔20年，看到这两棵金灿灿的银杏树，在寺院黄墙的衬托下，是那么漂亮，那么养眼。

因史料记载甚少，倒是民间的传说记录了寺院由来。据传，唐朝神龙二年（706）中原征战频繁，刘文隆为唐大将军带兵出征转战疆场18年，屡建战功，

班师回朝，遂得唐皇钦命，带兵3000回至家乡金市省亲。谁知，他临近家乡之时，却为其妻改嫁他人之日，悲痛欲绝之际，他只得下令兵马停至家乡后面的一个村上（即现在的东泾村，因当时停驻兵马3000，又称三千浜），自己即脱下战袍，微服回至家中察访，当他归至家中，掏出18年前与妻分手时的信物——一雄性玉蝶与其妻相认时，其妻因自惭不已，而当即投井自寻（此井名为八角井，位于该寺大雄宝殿西北侧）。夫妻分离18年，见面却以悲剧告终，面对此情，刘万念俱灰，心想：自己艰苦征战18年，功成名就，衣锦还乡，想与爱妻家人欢聚一堂，共度余生，现实对他太无情了，是爱乎？是恨乎？真乃百感交集，然而，最为可悲的是：被千年封建意识所束缚的刘文隆却不以妻亡的悲剧为训，竟又愚昧无知地自导自演了一则"亲父葬女"的悲剧，他固执地认为，有其母必有其女，母不守节其女也会不贞，会再给他刘家伤风败俗，留下千年笑柄，

于是他将两亲生女儿活埋在一枯井内，枯井内装着两缸果子，点上灯草，待其两女在地下活满七七四十九天后自动饿死。（此坟位于莲华寺西北侧，民间称"小娘坟"）后来传说每逢阴雨天可听到"油干灯草尽，两缸果子都吃尽"两姑娘的哭声，此举真可悲可泣。刘文隆自导自演了家庭悲剧后，自喻清高，看破红尘，遂向皇帝御请，要求舍宅为寺，削发为僧。唐朝皇帝念及刘文隆转战疆场的功业，于是下诏书"敕建莲华寺"，并钦辖望亭迎湖寺，县西北三都陆香寺，苏州齐门外陆墓白莲教寺及寺田数百亩。并将 3000 兵丁分散居住在三千浜、大车渡、扬巷等一带，刘文隆本人就在莲华寺削发为僧。

二、莲花传说

而提到莲华寺，不得不提至今依然兴盛的"轧莲花"风俗。相传莲华寺内有一大池，池里藏匿一条吞噬人畜的蛇妖，每年农历七月三十，蛇妖吐出长长的红舌，缠绕成莲花状，引诱虔诚的信男信女坐莲升天，跻身极乐。待人坐稳在"莲花"上，"花瓣"慢慢卷拢，将人吞噬。而一旁无缘坐莲花之人，也以目睹凡人升天为荣，因此，每逢坐莲花日，四面八方的人也要来"轧闹猛"，这就是延传千年的"轧莲花"的由来。是日，寺内香火旺盛、烛光映天，烟雾缭绕，盛况空前。

而"轧莲花"还有一段令人动容的孝子故事。据传，"坐莲花、上西天、成仙人、登极乐"之事，传到了苏州城王状元母亲的耳里，这位老人便嘱咐儿子一定助其"坐莲花"，王状元事母至孝，拖延时日，思忖对策。翌年七月三十日，王夫人来到了莲花池，王状元为其母准备了"大礼"，叫侍从放至"莲花"上，只见那"莲花"急忙缩入水中，没多久，只见池中翻滚，接着满地污泥浊水之上，腥臭异常，不一会儿，水中浮起一条头若笆斗、眼如铜铃的巨蟒，肚子爆裂而死，这时人们方知王状元放置"莲花"上的为生石灰，斩杀了蛇妖，为民除害，众人皆对状元感恩崇德，莲华寺因而名声大噪。

三、建筑规模

重建后的莲华寺，现有建筑有天王殿、大雄宝殿、观音殿、地藏殿、厢房、斋堂等。

进入莲华寺，首先看到的是照壁，正面中间有砖雕"古莲华寺"4字，有原中国佛教协会会长传印长老题写，背面为"正法久住"4字。过照壁，东面墙上有一幅莲华寺规划设计图，北面有一石，上刻"禅"字。天王殿前有长方形放生池，池中种植莲花。池中间架有琵琶桥,过桥左右边竖有一块《重修琵琶桥记》碑,东面竖有一块"青莲喻法"碑。

桥正面为天王殿,面阔3间,60平方米。殿前左右有一对石狮。殿门上方悬挂"天王殿",由原中国佛教协会副会长、江苏省佛教协会会长、镇江焦山定慧寺方丈茗山长老题写。殿门西边墙上挂有国家宗教事务局监制的宗教活动场所"莲华寺"铜牌。殿内正中供奉弥勒、韦驮及四大天王像。出天王殿,东西两边建有钟鼓楼,天王殿北门两边有两棵百年以上的银杏树。

从天王殿到大雄宝殿中间是宽敞的庭院,两边一排房子分列各殿。大雄宝殿前露台中间有宝鼎,高3.8米。绕过宝鼎,大雄宝殿面阔5间,380平方米,重檐,上方悬挂"大雄宝殿"匾。殿内正中供奉三世佛,中间为一佛两弟子,两边供奉十八罗汉像。

大雄宝殿东面圆洞门上方有"生活禅院"匾,也为传印长老书写。进圆洞门的庭院像园林,有假山、池子。这里是举行禅学的地方。莲华禅寺设立"生活禅院"以"生活禅"的修行理念为宗旨,全力挖掘和整合佛教优秀的禅文化传统,引导广大住众爱国爱教、正住正行,充分发挥佛教在修身养性、道德教化、心理调适、扶贫济困、维护稳定、促进和谐和构建核心价值理念等方面的积极作用,从而彰显佛教优秀的文化传统理念在当今时代的积极作用,并进一步为构建社会主义的和谐社会,促进经济社会发展,实现伟大的中国梦做出应有的贡献。

2007年7月,登记为固定处所。

第四节

相城区

相城区皇罗禅寺

皇罗禅寺，位于江苏省苏州市相城区阳澄湖镇北段，埝浜村，北靠湘城，东邻阳澄湖，并有官泾江流经寺后，寺院三面环水，寺内长廊水榭，风景秀美。

一、历史沿革

皇罗禅寺始建于唐朝中叶时期，原名为积善庵，当时香火兴旺，香客遍布于江南各地，南宋建炎元年（1107），创自西域僧人德胜，时名为"积善庵"。后元兵内侵，土地荒夷，僧众散去，庵废。明神宗万历三十八年（1610），僧心光法师重修积善庵，心光法师圆寂后，醒泉法师重振积善庵为己任，力募修葺，并复置义田，四处讲经，使四方信众无不

肃心瞻礼，此庵再度兴盛。

清乾隆年间，此庵再度修复，改名"王路庵"，意思是此处有王官、贵族曾停留过，故至今还有官泾桥、官泾河之名。后相传清乾隆皇帝下江南寻父，曾在此留宿一夜，故改名"皇罗庵"，几经兴废。至民国七年（1918）村里人施北麟重修，并呈吴县知事、吴其昌颁布告，告诫民众："须知此庵之属古迹，自应保存，尔等不得任意糟蹋、侵损致害……违者严惩不贷。"全文见第四节"碑文"吴县志。

民国二十年（1931），有上海圆明法师带二徒来此发心重建寺院，修建有大雄宝殿、观音殿、地藏殿、寮房24间等，庵外有田，占地面积10000平方米左右。20世纪50年代，大部分建筑被拆除，

只剩下观音殿，六七十年代时连观音殿也被破坏。

1995 年，在苏州各界人士及当地政府的支持下，由隆学法师（苏州枫桥人）募捐陆续建成了天王殿、观音殿、西方三圣殿、伽蓝亭、妙法桥，及僧众寮房，更名为"皇罗禅院"。1999 年（农历乙卯）12 月 16 日上隆下学法师圆寂，由净慧法师（河南卢氏人）继任，2013 年 6 月 19 日升座方丈。

2007 年 3 月，登记为寺观教堂。

二、投入抗战

在抗战期间，皇罗庵内有常德和其徒两位比丘尼，曾配合中国共产党地下抗战工作，并积极参加抗日活动，把庵当作革命秘密交通联络点，直到抗日胜利。

广为流传的《沙家浜》原故事就发生在此地。但不为人知的阿庆嫂原型菊英烈士和其子陆义烈士由于叛徒出卖，于 1940 年初月被汉奸在庵内抓捕，后就义牺牲。沈菊英烈士和其子陆义烈士被苏州军分区称为"母子英烈"，常德师徒被抓入湘城警局，3 年内相继圆寂。（《湘城镇志》）陆义烈士之妻石雪珍，在丈夫和婆婆遇害后，也参加党的地下工作，为苏州抗日工作做出巨大贡献，被誉为当今的"阿庆嫂"。她在 1949 年后政府建造的"阳澄湖抗战事迹史料陈列馆"内当义务讲解员，为大众广宣爱国主义教育。

三、建筑格局

皇罗禅寺，坐北朝南，现占地 64 亩，建筑面积 38400 平方米，建筑风格参照北方皇家寺院，宏伟壮观。

皇罗禅寺的墙面涂上的不是江南寺院习见的明黄色，而是泛暗红的杏黄色，也就是北京故宫墙面的那种颜色。不但如此，江南寺院，一般都是素净的明黄色，而皇罗禅寺则在杏黄色墙面上还配以鲜艳的蓝白彩绘，那风格就如颐和园、雍和宫那些皇家御用之地的彩绘。如果在封建时代，仅此彩绘和杏黄墙面，就是"僭越"。

在皇罗寺山门最前面，建有一座四柱三门的牌坊，气势雄伟，中间刻有"皇罗禅院" 4 字。穿过牌坊有一条 5 米宽的小河，类似于城墙外的"护城河"。小河上架设 3 座白石拱桥。正对正中拱桥的山门呈拱形，宫门正对宏大的天王殿。那格局，就是天安门前的样式。

过桥山门前有 4 只石狮，山门面阔 5 间，重檐。山门上方悬挂"皇罗禅寺"匾，中门东面墙上挂有国家用宗教事务局监制的宗教活动场"皇罗禅寺"铜牌，中门一般不开，参访者都从东边门进入。

出山门，东为客堂、佛教协会办公地；西为净素堂、法佛流通处。从中轴线进为天王殿，面阔5间，重檐，殿门上方悬挂"天王殿"匾，殿前有宝鼎一座。殿内供奉弥勒、韦驮及四大天王。

出天王殿，东为钟楼、观音殿、药师殿，西为鼓楼、地藏殿、祖师殿。具有皇家建筑最叫人震惊的是大雄宝殿。大殿雄踞在汉白玉的基座上，基座正前方是汉白玉台阶，台阶正中饰以汉白玉七龙蟠翔的巨型雕版；雕版上一层树立双龙抢珠汉白玉雕——合成九龙！

大雄宝殿面阔九间，最上面悬挂"大雄宝殿"匾。殿内佛像造型极其精美，为重修庙宇中罕见。无论三世如来，还是二十诸天、文殊普贤，无不形神兼备，虎虎有生气。特别是三世如来背面的鳌山，佛像众多，却一一如有个性。这些佛像塑艺高超。大雄宝殿与天王殿，以及地藏殿、观音殿、祖师殿、药师殿都是重檐歇山顶，气象恢宏。尤其大雄宝殿，高踞基座之上，居然有高耸入云之慨。

出大雄宝殿为藏经楼，雄伟壮观，面阔九间，三层，中门前有一对白象，门两边砖刻佛像图。底层门上方悬挂"玉佛殿"匾，殿内供奉卧式玉佛一尊；二层为乌木佛像馆，珍藏了百余尊乌木佛像，雕刻得栩栩如生，是皇罗寺的镇寺之宝；第三层中间悬挂"藏经楼"匾，楼内珍藏龙藏等佛经。

大雄宝殿东建有弥陀村，原中国佛教协会会长赵朴初题写"弥陀邨"3字。进入弥陀村，是一个带有花园式庭院，它专为老年人设计，以保持他们的心灵和思想，在长江以南的寺院中很少见到这种建筑布局。在寺院最东部过河九层琉璃宝塔，2015年12月27日举行了奠基法会。

皇罗禅寺一贯秉乘佛陀慈悲济世的本怀，积极支持社会慈善事业的开展，每年为福利院、养老院、希望工程、助残救灾以及其他寺院修建等，捐献捐物约数10万元。这种为了他人排忧解难的慈悲义举得到了社会各界的普遍赞誉。

皇罗禅寺殿堂雄伟，雕花精美，彰显皇家风范，是长三角地区唯一具北派建筑风格的寺庙。

相城区圣堂寺

圣堂寺，位于苏州市相城区湘城凤阳路 106 号。

一、历史沿革

圣堂寺前身称圣堂庙，史名慈圣庵，位于长洲县蓝地乡东十八都十二图驴西圩内湘城中行街东首（即今阳澄湖镇湘城人民街东首）。始建于明代万历三十四年（1606）秋，由"募缘领袖黄有仁捐资而建"，占地 10 余亩，殿宇建筑 4 进，前为东岳行宫，中为季王公祠堂，后为观音殿，连成宫、殿、祠、所为一体，"观于相卅之形"，十分雄伟。庙前有照墙，内壁朔有"风""调""雨""顺"四个大字，照墙前高立旗杆，大香鼎，庙门两旁塑有 2 匹高头大马，马夫站立一旁。前殿中央供奉东岳大帝，两旁站立行牌、执事、衙役、皇班等神像，十分威严。

圣堂庙，后因水患，殿宇有损。住持僧沈沁空将多年所蓄诵经之资，捐助修葺。明姜家正有记，记云："圣堂之永镇，分一镇三区，足可以入烟安堵耳。即今守堂住持僧沈沁空志澄造轩，立墙筑垣，且夕勤劳修葺。"想创始之难、况地方清苦，量后人莫能安守，发原买田置产，以待后人传留用度，使其且夕勤修。"清代里人几经修缮，直至中华人民共和国成立初期。

圣堂寺几经兴衰，多次修缮，广增殿宇，整肃寺规，一时香火旺盛，僧侣云集。苦于咸丰战火，寺遭兵戈，寺废僧散，毁坏殆尽，千年古刹不复存焉！此后，屡有修建，终未恢复旧观。沧桑变迁，世事更迭，往昔圣堂寺的佛殿、藏经楼、禅房等建筑早已片瓦无存，空留古人题写"势慢去汉千寻直，影落烟村四面同！"的眷恋。

1957 年 7 月，圣堂庙改建为湘城中学。1980 年改革开放，党的宗教政策得到进一步落实，由于因缘不就，时隔 18 年后（1998）的秋天，地方信教群众慨叹邑里寺院久荒，发心申请重建，经原吴县市人民政府批准。仰仗政府关注，社会赞助，善信财施，未及三载，独具古典园林建筑的圣堂寺山门殿、天王殿、大雄宝殿、藏经楼、僧房等巍然而起。各殿佛像栩栩，相好庄严。

2001年6月举行了"重建圣堂寺落成暨佛像开光仪式"。

2007年3月，登记为寺观教堂。

二、建筑布局

圣堂寺现占地30余亩，坐北朝南。主轴线上共四进，分别是山门殿、天王殿、大雄宝殿与藏经楼，两侧皆有偏殿。后花园中建有弥陀村，内设有念佛堂。

山门殿上方悬挂"圣堂寺"匾。出山门为天王殿，面阔3间，60平方米。殿内正中供奉弥勒菩萨，背面为韦驮菩萨，两边为四大金刚。

出天王殿为大雄宝殿，殿前中间有宝鼎，高4.8米，两边有香炉。殿面阔五间，180平方米，单檐。殿门上方悬挂"大雄宝殿"匾，殿内正中供奉释迦牟尼佛像，两边供奉十八罗汉像。

在大雄宝殿的西侧，有独立的一座殿，面南，名仁圣宝殿，供奉的是东岳大帝。寺中有碑介绍说，圣堂寺历史上也称东岳行宫，为明代万历三十四年秋始成。

大雄宝殿后，有环廊，廊中有月门，题"般若"，内有一幢建筑，为藏经楼。廊左围墙之西有小道继向北。小道边植竹与芭蕉，人行其中，幽静之感徒生。小道终端，亦是一月亮门，攀满了爬山虎，唯深秋到早春这段日子，能见其额题"弥陀村"。

三、安养胜地

在寺院的北部，于2006年建有弥陀村，这是圣堂寺住持行慈法师提倡净土理念的具体体现，其主要是按照中国传统丛林制度和《无量寿经》的原理原则助力居士修学的场所。圣堂寺每月月末都在此举行念佛共修。

弥陀村内现有近百位居士常住寺中，每日修心养性，念佛不止，安度晚年。中国已进入了老龄化社会，寺庙广纳居士，既是应顺了他们的信仰需求，也为养老分了一份担子，堪为大善举。

进入月门洞，踏进弥陀村，里边豁然开朗。有池、假山、亭子，透过柱之空隙，更见里边恍若园林。中间是一广场，广场东西两边各有4座经幢，正中是一尊白玉观音站像。南边放水池，池中又一尊白玉观音站像伫立在池南的平台上，与广场上的观音像遥相呼应；水池东侧有水榭与曲廊，西侧有小桥接入门处的小亭继通月亮门。北边一幢体量极大的建筑为念佛堂，台阶前有白象一对。广场两侧是两幢附房，均有廊与念佛楼相接。

放生池

在弥陀村的西面又见一园，从通道进去，毛主席的白玉塑像也耸立着，台基上是熟悉的"为人民服务"五个手书体。"西院"的南边为菜地，最北端与念佛楼平行的一幢建筑为佛教学堂；中间东部是庭院，中部是四面观音石雕像。向西是报恩苑。北面为河道。

弥陀村东北两面环水，环境幽雅，农禅并重，安养终生。

相城北桥觉林寺

觉林寺，位于苏州市相城区北桥街道公交首末站对面。

据清同治《府治》载："觉林寺历史悠久，始建于唐广明元年（880），原名义安寺。宋观文殿大学士尤辉致仕回到故乡后，见寺破败倾圮，便于大观四年（1110）修葺一新，并扩大了规模，朝廷因赐名为觉林教寺，占地4040平方米，有屋六七十间，香火一时极盛。"觉林寺始于唐代，原名义安寺，僧真应清开山。后梁开平元年（907）改名永安寺。大观四年（1110），永安寺改名，赐寺额"觉林讲寺"，并赐主持妙禅"演说法真宗"匾额，悬于法堂。到南宋，高宗又赐额"金粟法界"。

元朝末，觉林寺毁于兵燹。明洪武中重建。内有"清远轩"，与明初期僧姚广孝有关。姚广孝法名道衍，是入册觉林寺的和尚，当年即居于此轩。后来道衍因助燕王朱棣夺得帝位，以功进太子少师，觉林寺也沾了光，寺产田地皆免赋税。又因该讲寺为教寺，长洲县寺庙僧众都要到觉林寺来听经受教，故而当时有千僧进餐的宏大场面。自此一直香火鼎盛，有苏州名刹之誉。清顺治十一年（1654）重修山门。将复制的南宋匾额挂于山门正中。康熙十一年（1672）又建造了大悲阁。寺旁建有"陈武烈帝庙"，祀隋朝陈杲仁（民间称"三老爷"）。明朝《楼澄记》有记载。嘉靖庚申年（1880），陆文化重修殿宇。庙内原有雌雄银杏二株。距今有一千多年历史。一株曾遭雷击，损坏主干小爿后仍能活。另一株主干粗有八围，参天耸立，树桠间寄生楝树、槐树、杨树等七种以上树木，亦皆枝繁叶茂，为天地间奇观。可惜毁于十年浩劫中。

觉林寺在明朝经尤著重修扩大后，并置田三顷供寺僧耕食和香火之用，改称为"觉林教寺"，附近寺庙众僧均到这里来诵经和听讲受教（即培训），故而当时有千僧用餐。厨房宽敞，灶头特别大，据说有一只千人锅，民国前遭大火焚毁，千人锅被扔于血河池里。

大雄宝殿

中华人民共和国成立初期，为解决校舍问题，将觉林寺正殿西侧用房改造为北桥小学校舍。1952 年，北桥成立粮食收购站，站址就设在觉林寺内，大殿改造为仓库用房。

1998 年经吴县市人民政府批准，移地重建。

觉林寺于 2008 年立项扩建，坐北朝南，占地面积约 40 亩。2013 年重新规划新建了天王殿、大雄宝殿、弥勒宝殿、照壁等殿堂，截至 2019 年底，觉林寺其他殿堂及僧众生活区还在建设之中。

重新规划建设的觉林寺，建筑雄伟、布局合理，是苏、锡、常地区一处佛教圣地。

相城区白马禅寺

白马寺，位于苏州市相城区黄桥街道河西岸。

一、历史由来

白马寺，位于苏州市相城区黄桥街道河西岸。

白马寺始建于南宋，兴盛于清代，原名白马庙。相传康王被追杀逃到江边，眼看金兵追到，焦急成分时，见崔府君（北宋名臣）牵着一匹马，请康王蒙着眼睛骑马渡江，得到对岸，拂去蒙面再看，人马全无，只有泥土一堆，乃知是先贤神马相救。平定金兵后，康王遂下令于此建造白马庙以兹供奉，并封崔府君为"白马老爷"，将其塑像安置大雄宝殿中央，让后人祭拜。

清顺治年间，一位僧人途经黄土桥，只见白马庙霞光瑞气，就驻足此地，四处化缘，翻造扩建白马庙。此时，白马庙占地50余亩，寺内有大雄宝殿、戏台、楼阁、花庭、画舫、龙船，园中有2棵参天银杏树，树粗有两人合抱有余。园内左边塑有高头黑马一匹，两侧有两位小太监侍候。从此以后，白马庙香火旺盛，尤其是白马老爷生日和农历二月廿八这两天，更是人山人海，场面热闹非凡。

抗战期间，战火纷飞，穹窿山道观大法师曾在白马寺庙隐居数年，白马庙一度成为道观。1952年，白马庙被国家征用，改为粮管所仓库和碾米厂，1958年，庙内塑像、戏台、楼阁、龙船等被毁。

1966—1976年间，主要建筑被毁。改革开放后，宗教政策逐步落实，民间宗教活动逐渐恢复，白马庙遗址香火一直不断。为了方便当地信教群众过宗教生活，经上级批准从2003年开始筹备，2004年在白马庙遗址上重建，2005年全部竣工，并将白马庙改为白马寺。

2007年7月，登记为固定处所。

大雄宝殿

二、殿堂布局

2005年，礼请泓光法师来主持寺院工作。重建后的白马寺，坐北朝南，占地面积两万平方米，建筑面积二千余平方米，建有山门、天王殿、大雄宝殿、念佛堂等。

山门（天王殿）上方有"白马寺"三字，殿前有一对石狮。殿门西墙上挂有国家宗教事务局监制的宗教活动场所"白马寺"铜牌。

出山门殿中轴线上有天王殿。殿面阔3间，80平方米，殿门上方挂"天王殿"匾。原大雄宝殿露台前面中间有宝鼎一座，高4.8米，两边为香炉。大雄宝殿面阔5间，220平方米，殿门上方悬挂"大雄宝殿"匾。

黄桥街道河两岸正在整体改造，给白马寺带来了机遇，现任住持泓光法师提出了向西移的建设规划获得批准。新建的大雄宝殿于2015年4月18日奠基，现基建已完工，准备内部布置。新建的大雄宝殿面阔7间，380平方米，重檐，殿最上面有"大雄宝殿"四字。

按新建方案,将重建天王殿、观音殿、藏经楼、钟鼓楼、僧寮、斋堂、居士楼、放生池。

重新规划建成后的白马寺，将成为幽静念佛清修道场。

相城区太平禅寺

太平禅寺，位于相城区太平桥街道北浜北岸利民桥堍。

一、历史沿革

太平禅寺原为猛将庙（堂），当地归称"上天王刘承忠庙"。猛将的由来，《畿辅通志》说是"元末有指挥官刘承忠，驻守江淮，有猛将之号。会蝗旱，承忠督兵捕逐，蝗殛死殆尽。后元亡，承忠自溺死，土人祀之，称为刘猛将军"。

历史文献记载刘猛将是驱蝗神。又据《会典》说："清雍正二年（1924），奉旨祭刘承忠于各首府州县。"据此，苏州各地都建起了猛将庙，太平桥镇也不例外，在市镇北浜北岸利民桥堍将永里庵内银杏树前的三间庵房改建成猛将庙（堂）。

庙向朝南，正堂三间，堂前两边在偏房；民国时，正堂后建有边长为15余米的方形放生池，池底四周挖有四口深井，故池水常年丰满清澈，池面四周铺设了近1.2米宽的木板走廊，池中心建有一座六角形凉亭。堂内猛将坐身高达1.2米，是位眉清目秀、鼻正口方的青年神，是太平桥一带供奉的主神。在太平地区和阳澄湖一带民间信仰中称"南猛将"，他不止于驱蝗，或者说主要不是驱蝗，而是一位颇具特色的民间祝福神，是位热心为民、有求必应的消灾降福的吉祥神，民众祈求之，会风调雨顺，五谷丰登，六畜兴旺，又会保境安民，国泰民安。

中华人民共和国成立初期，池被填，亭被拆，但猛将堂正堂三间在，现成为太平禅寺的天王殿。20世纪后期在禅寺天王殿后重建了猛将堂，供奉上天王刘猛将，香火很旺，信民在每年农历三月二十八日均在太平禅寺举办"上天王刘猛将庙会（出会）"，届时，商贾会聚，烧香拜佛，露台表演，人来人往，热闹非凡。

据太平桥中沙王氏后人说，传世的《王氏宗谱》（此谱已遗失）中云，太平禅寺最早为南宋太尉王皋次子王铎（中沙支祖）子孙的家祠。至元朝，《相城小志》记载为"元王总管贵三祠堂"，王贵三为太原王氏南渡世祖王皋云 8 世孙。明朝起，祠堂改为中沙王氏的家庵，称永里庵。至清雍正年间才在永里庵内建猛将堂，故《相城小志》记"永里庵在太平桥，即猛将堂"。现禅寺天王殿三间旧时屋架和进门踏石，均为宋祠故物。

二、建筑格局

太平禅寺于 20 世纪 90 年代后期重建，坐北朝南，占地 21.4 亩。建筑有天王殿、观音堂、西方三圣殿、上天王刘承忠堂、陆神、土地堂等。

进山门（天王殿）有长 1 米、宽 0.8 米的踏石一块，上刻"实面" 2 字，传即宋祠故物；面阔 3 间，基本为祠庙旧时屋架，殿正中供奉着笑口常开的弥勒佛坐身，身后有护持韦陀立身。

出天王殿往东为大雄宝殿，殿前高出地面 1 米左右 300 平方米的露台，中间有宝鼎和香炉，大雄宝殿面阔 5 间，500 平方米，于 2006 年底建成，内堂高 23.1 米，正中供奉高 1.6 丈的释迦牟尼如来佛金色坐身及两弟子，东西两边为十八罗汉；背面供奉南海观世音菩萨，两侧朝南供奉文殊和普贤菩萨。

三、古银杏树

古银杏树位于相城太平禅寺天王殿前，挺拔耸立、金色参天的古银杏，树高近 20 米，树根周长 5 米多，要数人才能合抱。

传说在南宋绍兴年间，太平镇上有一王氏女，梦中见一神在家祠前，手托绿光闪烁的银杏小树说"此树为天地之灵"，说完就放于地而去。王氏女一觉醒来，觉得奇怪，就到家祠前（后改为猛将堂）寻找，果见祠前 5 米处有一棵葱绿的小银杏，她回家拿了锄头，在原地挖开地泥，将小银杏植于土中，培好土后用清水浇下。不几天，小银杏迅速长大，不几年，就长成一棵大树，称它为灵岩树。

数百年后，银杏树长得树高干粗，枝叶茂盛，在古银杏中实为罕见。传说它的根系发达，四通八达，其中有一支粗根穿过阳澄湖底到油泾。有一家勤劳朴实的老夫妇，一天活干得很累，回家还要到灶前烧火做饭，突然从灶前头露出一个银杏树根墩，老人很高兴地坐下去烧火，全身顿觉舒服，疲劳全消。

银杏树灵，人们传说树根通地泉，在旁建池，鱼儿嬉游，清澈见底。在侧开井，水清味凉，用之不尽。河浜干涸，但池井水丰。

树灵神护，传说在抗战时，有一年

千年古银杏树

春节，村民集中在古银杏树下摊牌九，日本侵略者的一架飞机飞经上空，误认为是年初抗日集会，飞回来时对准银杏树抛下一颗重磅炸弹，此时，树前庙内猛将神一见，顿觉庙前的灵树危险，急用左小指把正在落下的炸弹拨向北面的河中，保护了灵树，也使人们避免了一场灾难。从此猛将堂香火日旺，古树越长越旺。

相城区北雪泾寺

北雪泾寺，位于相城区渭塘镇湘渭路。

一、历史沿革

北雪泾寺，位于相城区渭塘湘渭路上。

据记载，古称城隍庙，始建于明洪武二年（1369），为纪念唐代抗击安史之乱叛军的民族英雄张巡而建。明洪武元年（1368），朱元璋追想到前朝历代的忠君爱国之臣，在洪武三年（1370）正月，重新钦定和分配各地城隍的封号和庙址。为纪念张巡在"安史之乱"的英勇，封张巡为江南苏州府北雪泾城隍，受百姓香火供奉。朱元璋亲笔御赐一块双龙戏珠金匾"敕封江南苏州府城隍司张巡加封英济王兼理水火二部"。此匾已在1966—1976 年间被毁不存。

1999 年，由吴县政府正式批准为烧香活动点，2000 年底建成，为原吴县西山包山寺下院。

2007 年，甄别为固定处所，并更名为北雪泾寺。北雪泾寺现任住持为传平法师。

二、寺院格局

北雪泾寺，坐北朝南，西为河，北为湘渭路。寺院中轴线依次为山门、天王殿、大雄宝殿。

山门上砖额"北雪泾寺"四字为常熟当代书家张浩元先生手书。进山门，过院子为天王殿，面阔 3 间，60 平方米，殿门上方有"天王殿"3 字，两边联为："北雪净土，仰天恩浩荡，共沐日霖，万里东风春之霭；姚村福地，承国运昌盛，喜逢今世，四海升平德泽长。"在东外墙上竖有"清同治柒年三月廿八日所立告示碑"一块，读此碑知此地为城隍庙所在地"下十四都二十四图姚家村"。殿两边有"吉祥""如意"圆洞门可进入到大雄宝殿。

出天王殿，东侧有一钟亭，飞檐翘

古桥

角，为"太平钟亭"，太平者，当是寓意太平盛世耳！亭中挂有铜钟一口，亭周围放有桌椅，供信众休息。大雄宝殿前有一鼎，高3.8米，绕过鼎为大雄宝殿前露台，大殿面阔5间，220平方米，殿门上方悬挂"大雄宝殿"匾。大雄宝殿东为观音殿，面阔3间，80平方米，殿内两侧有抱柱楹联，乃吾师沙曼翁先生楷书手迹，其联云："莲座护祥云，百福屏开，佛门九天迎瑞霭；禅林施法雨，曇霞景丽，人间万象入春台。"西为地藏殿，面阔3间，80平方米。地藏殿北面为城隍殿。

纵观目前北雪泾寺的占地，面积不大，但整体建筑格局较为合理。

三、寺西古桥

北雪泾寺西是一片湖面，绿水荡漾，湖面开阔。明代初年造好城隍庙之后，有好心人就造了一顶桥，以方便村民摆渡过湖烧香。这座三孔石条桥，名"万安桥"，始建于明洪武二年（1369），与原北雪泾城隍庙同时，时为木桥，此桥至民国二十三年（1934）重建三孔花岗石质梁桥，桥全长25米，其中中孔桥面长6.9米，中孔桥墩两侧刻有"放生官河""禁止采捕"等字样，桥两侧留有体篆桥联两副，桥身尚有船缆石等物。边孔桥面各长5.1米，桥宽3米，高2.9米，桥面石用长方形石板铺就，桥墩壮实。桥栏之间还有一种较特殊的定胜糕型铁钉，十分牢固、别致。整桥坚固实用，挺拔美观。万安桥现为苏州市文物保护单位。

苏州相城区北雪泾寺，真是"水乡泽国，湖光桥影，古寺梵音，风景迷人"。

相城北桥樊店寺

樊店寺，位于苏州相城区北桥灵峰村。

据《北桥镇志》记载："樊店寺，寺址在葛家浜，明代建筑。"民国《吴县志》记载："寺房有 18 间，占地一亩半，有贵重物件 14 件，住持和尚法号明秀。原有正殿、观音殿、雷神殿等。正殿上坐隋朝清官陈大成塑像。"1966—1976 年间

山门

被破坏。1990年，樊店村投资35万元修理正殿，建附房18间，增建荷花池，恢复前后二进房，设东西山门，有如来佛殿、观音殿、弥勒佛殿等。寺院占地面积5.8亩。

相传，天灾瘟疫不断，清官陈大成面奏朝廷要求减免赋税。皇上辨别真伪，备下鹤顶红鸩酒，如若有灾，饮下毒酒；若无灾，赋税照收，免饮毒酒。陈大成为了百姓，饮下毒酒从容就义。朝廷为表彰其忠烈，加封陈大成为武力大帝，瘟部大堂。传说，陈大成的外婆在常熟市姚家桥，每逢牡丹花开，樊店大老爷陈大成要出会，届时人山人海，历时三天，先将陈大成神像抬至姚家坐斋，结束后，进行演戏，划龙船各种文艺活动，日夜不停，盛况空前。

樊店寺于20世纪六七十年代被毁。1990年恢复重建。2008年甄别为佛教固定处所。

恢复重建的樊店寺，坐北朝南，占地近4000平方米。建有山门、观音殿、地藏殿等建筑。

山门，飞檐翘角，设三门，中间门上方有"樊店寺院"四字，内门联为："慈悲喜舍广度樊龙迷津，住解行证共入华藏玄门。"

进山门为约600平方米院子，中轴线上有一长方形香炉，绕过香炉，中为宝鼎，高3.8米，东西两边为观音菩萨、地藏王菩萨立像，高4.8米。绕过殿为大殿，面阔3间，80平方米。院子东西两边为厢房。

寺内还有古碑一方，字迹已不清。院内有古井一口，银杏两株，高3.4米。

樊店寺虽地方不大，但环境幽静，也是我参访农村寺院中感到比较理想的布局，建筑沿袭江南一带特有的园林式风格，寺在园中，园即寺景。

相城区迎湖禅寺

迎湖禅寺，位于苏州相城区望亭镇迎湖村。

一、历史沿革

据相城《望亭镇志》记载："迎湖寺在原彭华乡五都三图（今迎湖村），西晋永宁元年（301），僧大通建，占地千亩，有寺舍 5048 间，禅寺范围南至浪浒桥，为寺院正山门，北抵丁家桥，东及寺东桥，西临陆家桥、蒋家桥。寺内有东西向小河，两侧有青龙桥和白虎桥，寺门前一条侧砖人字形铺设的御道街，寺门外并列 4 株沙芳树，系汉代时种植。在浪浒桥正山门有古松柏树，树旁有青石凳台（树、石台均于 1958 年被毁）。至 1930 年，还剩 20 间寺舍，20 多尊佛像，由宏宽和尚当家。1938 年，由地方绅士出资，重建迎湖寺大殿，并铸铁钟（铁钟已毁）一座，上镌刻出资者的姓名。1949 年后，寺舍为迎湖小学校舍。迎湖寺与金墅莲花寺、无锡静慧寺并称苏南三大名寺。"

明隆庆五年（1571），迎湖寺辖广济庵、崇福庵（《长洲县志》）。迎湖寺建寺后千余年间，屡经兵燹天灾，至清末，寺院几近毁殆。民国初，寺院浪浒桥山门尚存照墙门头、古松柏、石台、石凳和做斋饭的五眼灶等。寺东桥西，迎湖寺大殿门外两边有两棵古沙芳树，胸径均 1 米多（1958 年被伐）。民国十九年（1930）《吴县国民经济调查》一书记载，迎湖寺有房舍 20 间，佛像 20 尊，寺田 10 多亩，云演和尚为寺院住持，期间曾为南浜乡乡政府治所。民国二十七年，寺东桥西侧大殿遭火灾后，地方绅士出资重修大殿，并铸铁钟（后毁）一座，铭文为出资者姓名。民国三十四年，寺内设迎湖国民小学。民国二十三至民国三十七年，为迎湖乡乡政府治所。

中华人民共和国成立后，迎湖寺有十多间寺舍（在舍东桥之西），为迎湖小学校舍。1952 年，尚存菩萨塑像均被毁，时任住持为宏宽法师。1983 年重建迎湖

小学，所有尚存房舍被拆除。2005年，312国道改道，寺址被征用。2007年，民间集资在原寺址东重建迎湖寺。2009年9月，上海玉佛寺慧忠法师来迎湖寺主持寺务。2010年，相城区佛教协会委派果照法师主持寺务。2011年8月25日，迎湖寺被批准为固定处所，并成立迎湖寺筹建委员会。

二、规划重建

迎湖禅寺的重建，一是根据它的地理位置重新进行了规划，并确立了以皇家寺院格局重建。二是采取分期实施，第一期工程念佛堂于2013年11月竣工。占地500平方米，共四层，建筑面积1500平方米。一层为斋堂，可供500多人用餐；二层为念佛堂；三层为讲经堂；四层为万佛堂。后楼居士寮，建筑面积720平方米。2013年11月26日，苏州市佛教协会副会长、相城佛教协会会长净慧法师主持念佛堂开光仪式。第二期工程大雄宝殿和放生池工程于2014年5月2日奠基。大雄宝殿正在内装修，面阔7间，建筑面积5000平方米，大雄宝殿前面只有两根柱子，这也是迎湖寺大雄宝殿的独特之处。

重建后的迎湖禅寺，坐北朝南，占地20亩，目前已有建筑面积达10000多平方米。

迎湖禅寺殿宇宏伟，环境幽静，现已成为苏州北太湖畔的一处佛教胜地。

相城澄阳普渡寺

普渡寺，位于苏州市相城区澄阳街道徐庄社区澄阳路西。

相城区有座普渡寺，其前身是三乡庙，原坐落在吴县陆慕徐庄村三组。传说为吴泰伯的后裔季札所建，称季王庙，或白鹤仙王三乡土地庙，俗称三乡庙。三乡庙于 1964 年被拆除，只留 2 间房，20 世纪 90 年代由徐庄村建了几间平房。2005 年，由道隆法师接手管理，将"三乡庙"更名为"普渡寺"，普渡即"普渡众生"，普渡的普就是普遍，无论是冤亲远近，无论是善缘还是恶缘，都平等地去救度他。无论是人还是非人等等也都一视同仁地去帮助。

普渡寺，坐北朝南，目前还在建设之中，占地 28 亩，建筑面积 5000 多平方米。在进入寺院的澄阳路口，竖有牌坊，飞檐翘角，牌坊中间"普渡禅寺"四字，由中国佛教协会副秘书长、江苏省佛教协会副会长兼秘书长、苏州市佛教协会副会长、寒山寺方丈秋爽大和尚书写，两边正面联："寺创东吴香火千年光佛日，灯分南海慈悲一念廓天心。"背面联："般若法门无内外，菩提大道无遮拦"。穿过牌坊，一条大路直通普渡寺。

山门面阔 3 间，山门上方悬挂"普渡寺"匾。山门前有石狮一对。出山门为放生池，一架小拱桥就骑跨在池水上。水池的东边，立观音像，西边相对称的地方是一座经幢。过香花桥，两边伫立着两座如来塔，正对面是天王殿（在建），东为观音殿，120 平方米，西为地藏殿，120 平方米。天王殿北为大雄宝殿（在建），面阔 7 间，建筑面积 766 平方米。

寺院东部建有两幢楼，前面一幢一层为斋堂，二层为办公区域，三层为念佛堂；后面一幢三层为法堂，四层为藏经楼。

放生池的东南为园林小品，建有亭子，还有"静观石""常随佛学"等石块刻字。

普渡寺，2007 年登记为佛教固定处所。

莲花岛上药师庙

药师庙，位于苏州市相城区阳澄湖莲花岛上。莲花岛面积约3平方千米，形似一朵盛开的莲花镶嵌在湖中，因此得名"莲花岛"。

药师庙，原名法善庵，重建于清顺治十四年。相传明朝建文帝靖难之役后，经姚广孝秘密安排隐居在与世隔绝的莲花岛"法善庵"，几年后朱棣夺取江山，日益稳固，光复无望后干脆削发为僧，继承了祖业，过上了吃斋念佛的生活。

同时在岛上利用当地的草药为村民解除风湿病，赢得了当地村民的赞誉。过了若干年后，莲花岛上的居民得知建文帝在此避难的消息后，人们为了纪念他，并将其经常走过的两座桥命名为"金龙桥""庙皇泾桥"（现改名为庙横泾桥）。

村民嘲笑朱棣派遣郑和一次次下西洋，搜寻建文帝的下落无功而返，后人便把建文帝避难的村庄命名为"西洋村"，以示对建文帝的同情。

顺治十四年（1657）重建法善庵，僧三德，善岐黄术，尤精外症，求治者无不立效。三德圆寂后，民众为纪念他，改法善庵为药师庙，并立塑像于后殿。

2013年经政府批准重建，建有大雄宝殿、地藏殿、观音殿，建筑面积1300多平方米。大雄宝殿前竖有8米高露天药师佛像。2017年4月20日，莲花岛药师庙举行佛像开光法会。

药师庙，已成为莲花岛上一处佛教胜迹。

相城黄埭兴国寺

兴国寺，位于苏州相城区黄埭镇。

据清同治年间的《苏州府志》载："三国吴赤乌四年（241），郡人叶氏梦僧求一锥地，遂舍宅建。唐大中三年（861）重修。宋绍兴六年（1136）重修。元代，寺毁。明洪武、永乐年间，相继重建。清康熙元年（1662）复修。至咸丰十年（1860）再毁于太平天国。同治初，僧德祥慨然以重兴自任，历二十年始竣。"民国《黄埭志》载："《汉书》第五伦传曰：因僧徒倡法于群山而人尚佛，黄埭推兴国寺最古。"

又据《重修黄埭兴国寺记》载：距望齐门一舍有镇日黄埭，相传楚黄歇所筑，因以为名焉。镇西有兴国寺，本出郡人叶姓舍宅建，自吴主赤乌四年迄今千数百年，经兴废者屡矣，自遭庚申之劫，殿宇倾圮，佛像摧残，不复有游人膜拜之迹。同治有东南院上人德祥者，传禅灯智慧，具佛子心肠，睹此荒凉，慨然以重兴自任，僧众不知者咸揶揄之。盖寺中仅有香火田一区（计食田四亩五分），

糜粥且不给，而上人不为回惑，矢心募化，历20余寒暑不替，不但佛像殿庭以及庖湢墙门渐复旧观，即旷基隙地或价买以架屋，或沿屋而树艺（计价买西北院余地1亩4分7厘8毫，又于大殿前后山门内外添盖平屋21间，补种菜榆松柏300余株）。香界经营不遗余力，遂使琳宫再焕，偕梵刹以增辉，宝相重新，随法轮而常转。瞻斯寺者，无不讶先后之异，赞上人之功不去口，而上人曰："是非老衲之功，皆诸居士护法之功也。"居士为谁？本镇吴庆亭、吴仁夫、朱研香、朱星轩、王蓉齐、毛朴齐是也。璐虽非镇人，知上人最深，故不嫌僭笔，爰述斯寺重修颠末而记之，时光绪十一年岁次乙酉，长洲陈璐记于埭川寓庐，吴县佛弟子程桐谨书。

另一《重修黄埭兴国寺记》载：埭川太平兴国禅寺系吴主权赤乌四年敕建，历今2000余年，几经兴废，自咸丰十年遭粤匪乱，大殿诸佛圣像均属倾颓，暨偏殿火神雷祖等像及一切装摺亦

均被毁，寺僧德祥目睹伤心，矢志兴复，遂于同治三年经本镇护法吴仁夫、吴庆亭、朱研香、朱星轩、王蓉齐、毛朴齐等公议东南院，德祥于二月中接管大殿并火神雷祖殿等处，德祥不辞辛勤虔募，诸大护法既助囊金重新大殿，修理火神雷祖各殿，合寺佛像装金、开光灵相，佛之法轮自是略转。惟缘常住，缺乏恒产，但有收租四亩五分，以故僧人难以供奉。嗣后德祥刻苦勤心谨慎维持，栽种树木二百余株，重浚寺浜河，又得西北院隙地一亩四分七厘八毫，新筑四周围墙，建造山门口市房四间，复于大殿后东西廊下建平屋十余间，并厨房茶房等所及一切需用物件，又于光绪七年八月间禀请县宪给示添造寺内东西平屋六间。十一年秋，德祥又出香火资重修，山门屋面焕然一新，殊增佛家光彩。自同治三年始至光绪十二年，计阅二十三寒暑方遂夙愿，深校感佛佑。窃思正殿素无恒产又乏常供，因此无僧常管，今则略为置办，稍有生息，俾其佛门种子常住香火，则德祥之功岂浅鲜哉？是为记，时光绪十二年杏月，佛弟子顾大经撰，周国咸书。

民国五年（1916），在兴国寺创办乡立第四初等小学校，后更名为兴国初等小学。民国十七年（1928）并入吴县黄埭小学。民国十八年（1929），吴县县立中学附设师范班从沧浪亭北迁到兴国寺，改名为吴县县立乡村师范学校，俗称"乡村师"。民国三十五年（1946）改称吴县简易师范学校。

1950年，改称吴县初级师范学校。1954年暑期，师范班全部并入常熟师范学校，原学校改名为吴县黄干群关系初级中学。1958年秋，学校增设高中部，改名吴县黄埭中学。

1973年6月，兴国寺大雄宝殿被拆除，在寺址兴办了吴县塑料三厂。2000年前后，厂房全部拆除扩建为黄埭中学校园。

兴国寺历史悠久，文化底蕴深厚。据当地群众相传，兴国寺曾几度佛事兴盛，信众云集，香火旺盛，名重一时。虽几经废弃仍不灭，深得本地信教群众崇信。为尊重历史，传承文化，满足信教群众宗教生活需要，被苏州市民宗局批准为合法宗教场所予以恢复重建。目前整个地块拆迁工作进展顺利，寺院筹建工作正式启动。

第五节

工业园区

苏州园区重元寺

重元寺，位于苏州工业园区内风景秀丽的阳澄湖半岛。

一、历史沿革

重元寺初名重玄寺，原寺残址在今苏州姑苏区东中市承天寺前36号。始建于梁武帝天监二年（503），与寒山寺、灵岩山寺及保圣寺同时代。

据记载，梁武帝欣然同意，并赐匾表示嘉许，匾额题为"大梁广德重玄寺"。"重云"被误为"重玄"，是奏章转抄上递过程中的差错。

重元寺一直兴盛到中唐时代。270多年后，时任苏州刺史的唐代大诗人韦应物曾有一首《登重元寺阁》写重元寺："时暇陟云构，晨霁澄景光。始见吴郡大，十里郁苍苍。山川表明丽，湖海吞大荒。合沓臻水陆，骄阗会四方。俗繁节又喧，雨顺物亦康。禽鱼各翔泳，草木遍芬芳。于兹省畋俗，一用劝耕桑。"唐代诗人李嘉佑、皮日休、陆龟蒙等也有描写重元寺的诗作。公元842年，唐后期武宗会昌二年，中国历史上最大的一次"灭佛"运动突然爆发。朝廷对僧人展开了残酷的迫害和杀戮。

苏州城里的寺庙大量被毁，僧人纷纷迁出城外，有的在别处另建新寺。离苏州城30里的唯亭草鞋山便出现了一座新的重元寺。吴越钱镠时代（908—932），曾对重元寺进行过大规模的修葺。重修后的重元寺，仍是一座"巨刹"，规模宏大，殿阁崇丽，寺前有2座土山，2块异石立于庭前，1尊高丈余的无量寿

佛铜像屹立于中央，16尊罗汉环立两侧。另有别院五座。

宋初改为承天寺。宋太宗曾御书经文敕承天寺刻印，颁布全国。宋真宗大中元（1008），一个叫男师贞的人与宗族里的人们商量后，买下一块地，将已被废弃了的重元寺里的一座石幢重新竖立了起来。成书于清道光年间（1848年左右）的《元和唯亭志》说："（重元寺）今遗迹俱湮，唯寺前石幢一躯，犹唐时建。"石幢是寺庙的纪念性标志物，韩崇等清代诗人都有感于历史的沧桑，为这座石幢写过诗。

元代建万佛阁，铸铜钟重1.8万斤。

元末张士诚据苏之初为其王府。元代至顺年间（1330—1333），重元寺曾毁于火。元至正年间（1341—1368），由悦南楚和尚重建，再次恢复一新。

清代因避康熙帝玄烨之讳，改"玄"为"元"，重元寺名就一直沿用至今。这时的重元寺，寺内除有无量寿佛铜像外，还有盘沟大圣祠、灵佑庙和万佛阁。1966—1976年间，重元寺被毁，石幢被砸碎。唯亭陵南小学校建于寺基之上。

2003年11月经江苏省人民政府批准恢复重建。

2007年11月17日，移址新建的重元寺隆重开光。

2007 年 3 月，登记为寺观教堂。

二、殿堂布局

重元寺于 2003 年开始奠基建造，至 2007 年 11 月落成开光。在建造过程中坚持继承佛教传统，遵循经典上有依据、历史上有传承、方便上有特色、艺术上有创意、功能上有感应等五项原则。

重元寺坐北朝南，四面环水，殿宇规模宏伟，楼阁壮丽精致。寺院占地面积 300 余亩，建筑面积 20000 多平方米。

中轴线上有广场、山门殿、天王殿、大雄宝殿、多宝楼，东西两边有钟鼓楼、文瑰殿、普贤殿、大雄宝殿、地藏王殿、虚空藏殿、多宝楼、藏经楼。

山门殿前的广场上树立着刻有佛顶尊胜陀罗尼经的两座经幢。陀罗尼能起到令善法不散失，令恶法不生起的作用。佛顶尊胜陀罗尼是佛陀为救拔善住天子将受畜生恶道身之业而讲说的。因此受持、书写、供养、读诵此陀罗尼，或安置于高幢、楼阁等处所，可以清净一切恶道、消除罪障、增长寿命、往生极乐。

山门殿前蹲有石狮，以显示寺院的尊贵、庄严和神圣。山门殿上的匾额"正法城"是由台湾星云法师题写。殿内塑有哼哈二将。

出山门殿左右为钟鼓楼。东侧的钟楼，脊高 20 米，大钟亦很特别，称为"唐朝第一声、第一律梵音大钟"。这口钟重约 12 吨，高 3.8 米，口径为 2.19 米，采用现代高科技铸造而成。钟声仿唐代十二律，第一律之黄钟；五声，第一声之宫声，铸成黄钟之宫声。经敲打之后，空灵的钟声可长达两分多钟，雄浑天厚，余音绕梁。钟楼一层供奉"地藏王菩萨"。西刚为鼓楼，脊高 20 米，鼓非常特别，直径 2.19 米，腹径 2.8 米，用铜 4 吨，是国内罕见的铜腔皮革鼓。重元寺首创以铜打造鼓身，鼓面则使用牛皮，克服了木质鼓容易虫蛀、腐烂的缺点。鼓楼一层供奉准提菩萨像。

天王殿面阔 5 间，500 平方米，重檐，脊高 21 米，殿门上方悬挂"天王殿"匾，由书法家沙孟海先生所题。殿中供奉弥勒佛。

出天王殿是一座活水放生池，与阳澄湖水系相通。池上设有能仁、智慧、福德三座桥，能仁桥由国学大师、红学专家冯其庸先生所题写，智慧桥与福德桥分别由寒山寺、重元寺现任方丈秋爽大和尚亲笔题写。越过放生池，便来到宽阔的花岗岩广场。

广场的东边是大智文殊菩萨殿。文殊殿的匾额"智妙广大"，是一诚长老题写。文殊菩萨的造像顶戴五髻，表示佛教五智；呈童子形，表示纯洁健行；左手执般若经卷，表示清净智慧；右手执金刚宝剑，表示大智慧能断一切魔障；

乘狮子座，表勇猛威严，为法中之王。殿内两壁刻有精美的木雕，内容分别是"末世护法""演说般若""十地圆觉""维摩论道"，表现了文殊菩萨的智慧和慈悲。文殊殿与普贤殿脊高 25 米，面积 800 平方米。

广场的西边是大行普贤菩萨殿。普贤菩萨殿的匾额"行愿无穷"，是由惟贤长老题写。殿中所塑的普贤菩萨像头戴宝冠，身披法衣，手持如意棒。普贤的坐骑是一头长有六牙的白象。殿两壁的木雕表现的是普贤的十大行愿。

大雄宝殿屹立广场正中央，建在寺院中轴线中心部位的高台基上，为三重檐歇山式建筑风格。大殿脊高 36 米，建筑面积 2100 平方米。"大雄宝殿"四字为赵朴老题写，"无上清凉"是近代高僧弘一法师的手迹。大殿内所供奉的是横三世佛：中间供奉释迦牟尼佛，其手心是佛教的法轮，寓为法轮长转、因果循环；左为东方琉璃世界的药师佛，手中托着药师宝塔，以消灾延寿；右为西方极乐世界的阿弥陀佛，手中托有九叶莲台，以接引众生。每尊佛像高 18.5 米，佛身高 7.5 米，为青铜铸造，表面贴金，总用铜量为 112 吨。大殿两侧供奉十八罗汉像。重元寺的第 17 尊、18 尊罗汉分别是难提密多罗和我国唐代的玄奘法师，与其他寺院不同。殿内供奉的罗汉像高 3 米，青铜铸造，采用传统的贴金

彩绘工艺。在罗汉像的身后是金箔变相画，描绘庄严辉煌的彼岸世界场景。壁画的中心是须弥山，根据佛教的宇宙观念，须弥山是世界的中心，场景选用飞天、铁山、宫阙、宝塔、海涌等景点佛教变相画元素，场景大面积使用沥粉贴金的技法，使画面具有辉煌明丽的艺术美感。大雄宝殿的后部，是海岛观音群雕，此群雕采用的是传统生漆脱胎制像工艺，总长度 25.8 米，高 12.2 米，面积 300 多平方米，塑造了大大小小的佛教人物 150 多尊，其中每个人物均按照真人比例塑造，形象逼真。雕塑分为天、地、海三层，主要讲述的是善财童子五十三参的故事。

走出大雄宝殿，是重元寺的最后两个配殿，地藏王殿和虚空藏殿。两殿脊高 24 米，建筑面积 910 平方米。位于西侧的是大愿地藏王殿，殿内供奉的是地藏菩萨像，为青铜打造。像高 5 米，结跏趺坐，手中持摩尼珠，坐骑为谛听。地藏殿墙刻漆壁画，描绘的是明王尊相，通过精湛的刻漆工艺，明王身相线条流畅，形象生动，色彩富丽，勇猛庄严。东侧为虚空藏殿，脊高 24 米，面积 900 平方米，供奉虚空藏菩萨。虚空藏掌管福德、智慧二藏，犹如虚空，因此而得名。殿中所塑虚空藏菩萨像高 5 米，为青铜铸造。虚空藏殿刻漆壁画描绘的是虚空藏菩萨出香集世界，布施六道，无

照不遍，无求不闻，福德无量的慈悲法相。壁画线条流畅，造型生动、色泽均匀、富丽堂皇。

在地藏王殿和虚空藏殿北面是2012年奠基建造的多宝楼。主要功能为讲堂、展厅、教室、阅览室、禅堂、珍品库房。多宝楼高39.350米（檐口），屋脊高约52.750米。分为下部台基和上部殿阁两部分。台基高度13.650米，台基一至二层，讲堂可容纳1500人。台基上部为一正殿和两厢房，正殿外部三重檐内部五层，九开间，使用功能自下而上依次是大厅、大型禅堂、中小型禅堂、会议接待、珍品库房。两侧厢房左右对称，均为外部三重檐内部四层，七开间，东厢房为阅览室，西厢房为佛学院的教室。

三、礼佛大道

由于重元寺的殿堂建筑在阳澄半岛南部靠湖，因此重元寺的大门在寺院的东面，到山门殿有一段距离，在这当中建起一条礼佛大道。

当你从东面进入，首先映入眼帘的是一座牌坊，穿过即是一条长200米的礼佛大道。礼佛大道的两侧是阿弥陀佛四十八愿石壁画。屹立在礼佛大道中间的是重元寺独有的"七莲祈愿柱"，每根柱子高5.7米，由整块青石雕刻而成。前6根柱子上的浮雕所展现的是佛教的六度修行法门，即布施、持戒、忍辱、精进、禅定、般若，具体阐述了释迦牟尼修行的经过。第7根柱子所表现的是礼佛的场面，它是对释迦牟尼安然于涅槃寂静境界的赞叹和礼敬。

七莲祈愿柱的设计理念与建筑方式是重元寺所独创的。在礼佛大道的尽头，是一座仿古的城门，依据清代的建筑风格建造。城门中间的"重元寺"3字是由赵朴初先生亲笔题写。两侧城门上的"江南大观，萧梁遗迹"则是季羡林先生的手迹。

四、水天佛国

在重元寺广场的南侧是一座仿古牌坊，中间的"水天佛国"由茗山长老题写。牌坊高13米，宽33米。连接观音阁和寺庙区的是一座石拱桥，称为普济桥，桥长99米。桥身共有19个桥洞，代表观音菩萨纪念日的3个"十九"：即二月十九观音的出生日，六月十九观音的成道日，九月十九观音的出家日。桥的两侧种植了成片的白莲，象征着纯洁和高尚。

走过普济桥，是一座人工填湖而成的小岛，这座小岛如同一朵盛开的莲花，高46米的观音阁位于莲花的中心，从上往下看，犹如莲心一般。观音阁造型古朴庄严。在岛周围设有现代光电造雾系统，开启的时候，云雾缭绕，营造出一个唯美的观音莲花界。

来到观音阁的正门，可以看到"观音大士阁"的匾额，由当代禅门泰斗本焕长老题写。观音阁的地宫内壁有观世音普门品示现图。整张图由传统的手工煅铜工艺打造而成，讲述观音的化身在人间普度众生的事迹，共有40幅画面。地宫中还供奉释迦牟尼卧佛像。这尊玉佛像是清朝乾隆年间制造，由整玉雕刻而成，玉质晶莹剔透，造型庄重典雅，工艺精湛，华丽的袈裟上镶满了云南上等的宝石与琉璃。在玉佛的右侧供奉着重元寺唯一的一尊木雕观音像，为鳌鱼观音。观音像由一整块树龄已有近千年的香樟木雕刻而成，栩栩如生。

沿地宫台阶走上二楼，可以看到"澄心观道"的匾额，由杭州灵隐寺已故方丈木鱼长老题写。观音阁所供奉的是杨柳枝观音像，像高33米，寓意是观音的三十三应身；重88吨，全部由青铜打造，表面贴金箔而成。此尊观音像神态安详，手持杨柳净瓶，具有无量的智慧和神通，生动地表现了观音大慈大悲、拔苦救难的品格。观音冠上所呈现的是其法身像，而其眉心中间是一颗完整的水晶，从东海采集而来，因体积之大而显得非常珍贵。观音手中所持的杨枝也是由青铜打造，表面采用的是现代彩绘工艺，栩栩如生。

观音阁四周的墙壁上所供奉的是9999座小观音像，跟大观音是由同一炉铜水浇注而成。小观音形态和大小都完全相同，是大观音以100:1的比例缩制而成。在观音阁的四周还设有六座配殿，为了满足民众的不同需求，分别供奉着送子、千手、水月、如意、龙头以及大悲观音，他们是观音三十三应身中比较典型的六个应身。

僧众生活区位于寺院的东部，建有方丈院、僧寮、斋堂、佛学院、图书馆等。

地处风景秀丽阳澄湖半岛上的重元寺，再现了当年的风采，成为一座佛法僧三宝俱足的佛教道场，也是苏州工业园区一道靓丽的风景线。

苏州园区积善寺

积善寺，位于苏州工业园区娄葑街道群星二路东端。

一、历史沿革

据娄葑镇志记载：积善寺原名陈公祠，位于群力村庙桥西南，村民俗称陈太爷庙。神姓陈名鹏年（1663—1723），清康熙四十七年（1708）任苏州知府。陈鹏年任内在群力村一带施药救人，救活 500 余人家，百姓受感动而为他立祠，祠中有药签济世。陈公祠最盛时占地 9 亩多，有大小房屋 40 余间。1949 年后陈公祠主房、附房被用作娄葑供销社群力分社店面、仓库及群力小学一至三年级教室，后不慎被火烧毁。1994 年村民募资在原址重建，有房屋 9 间，庙中有红木轿板、光绪二十五年（1899）石碑等旧物，并恢复药物供应。1999 年 2 月 1 日经苏州市宗教部门批准，苏州工业园区娄葑镇群力社区筹集善款，对在社区内的"陈太爷堂"进行扩建修

缮，并更名为"积善寺"。每逢农历三月二十七陈鹏年生日，前来叩拜的人络绎不绝。2006 年 7 月，为配合苏州南环高架路建设，搬迁至群星一路东首、界河西岸临时过渡。

2013 年 5 月 17 日，正值农历四月初八佛诞日，上午 8 点，积善寺举行奠基法会，寺院信众与侨商、台商代表 600 余人参加了奠基活动。

二、建筑风格

移建的积善寺，坐北朝南，分为寺院区和教育禅修区。其中寺院区建筑为四合院式，面积 536.60 平方米，建有山门、观音殿及陈太爷堂；东西两排各五间房屋为地方诸佛殿。

教育禅修区，总建筑面积达 8900 平方米，集办公、培训、僧众宿舍等功能。

整座积善寺的建筑设计结合了现代人特点，本着经济实用、注重功能服务的原则，不追求恢弘古刹建设风格，采

用传统与现代相结合手法，暨体现传统寺庙之庄严氛围和苏州古典园林之意境，又使寺院建筑亦是公园地景元素，融于水天碧绿之中。

2018年9月27日，苏州工业园区积善寺竣工暨佛像开光庆典。

三、陈鹏年其人

积善寺西侧的陈公祠，正中供奉了陈鹏年塑像。据记载：陈鹏年（1663—1723），清代名宦。字北溟，又字沧州，湖南湘潭人，康熙三十年（1691）科进士，以清廉闻名，有"陈青天"之称。

康熙四十七年（1708），陈鹏年由武英殿纂修出知苏州府。吴地百姓听说他要来，鼓舞相庆。到达后他屏绝苞苴（指贿赂），清廉勤勉地带领属下办事，不到一个月，就判决了以前遗留下来的案件三百多桩；又革除钱粮耗羡，抵制滥差，力戒奢侈，驱逐流娼，惩罚赌棍、讼师、拳勇、匪类；还大力疏浚城河，

修建郡学，创兴义塾，得到士大夫与老百姓的拥戴。

陈鹏年在娄葑地区影响也很大。他任苏州知府时，荡里村（今群力）流行瘟疫，陈鹏年拿出公款购置药品，公款不够，又劝富户出资，终于换到了足够的药品，然后发放给荡里村村民，救活了五百多户人家。村民们感恩不尽，便在村中为他立祠，祠内有药签济世。

陈鹏年去世后，清世宗（雍正）见到他的遗疏，非常感动，下诏说"此真鞠躬尽瘁、死而后已之臣"，于是谥以"恪勤"之号。崇祀沧浪亭五百名贤祠，赞语是："治河有策，采风有诗；政通人和，来者之师。"所著有《恪勤集》三十九卷、《道荣堂文集》六卷及《历仕政略》《河工条约》等。

苏州积善寺独特的建筑风格将进一步丰富苏州工业园区人文景观，也将对苏州寺院建设起到一定示范引领作用。

2008年7月，积善寺登记为固定处所。

第六节

吴江区

吴江区小九华寺

小九华寺，位于苏州市吴江区平望镇小九华寺路1号。小九华寺地藏井，2009年，被列为吴江第五批文物保护单位，现升格为苏州市文物保护单位。

一、古镇平望

平望古镇历史悠久，始于西汉年间。相传古时此地自南至北有塘路鼎分于菱苇之间，湖光水色，一望皆平，故得名"平望"。

镇南小九华寺濒临的莺豆湖，相传为范蠡所游五湖之一，又为唐代张志和隐居成仙飞升处。唐代造的古石桥安德桥，历经沧桑，至今保存完好。宋明清时著名的"平望八景"：远浦归航、元真仙迹、驿楼揽胜、桑磐渔舍、莺湖夜月、殊胜晓钟、禅院荷风、頔塘柳影。自唐以来，四方文人墨客如颜真卿、杨万里、赵时远等径行流连，寄情题咏。

平望镇地理位置优越，既是华东地区的水陆交通枢纽，也是"苏杭天堂走廊"上的一颗璀璨明珠。有语云"上有天堂，下有苏杭，中间有平望"。这里的古镇名刹、古宅小街，相映成趣；小桥流水，渔舟唱晚，深具江南特有的水乡风韵。

小九华寺南濒风光旖旎的莺豆湖，东沿京杭古运河，北与唐代造的安德桥为邻，古刹虹影，相映生辉。

二、历史沿革

寺院创于唐代，明万历四十四年

（1616）大规模扩建时，掘出一口泉井，深十余米。相传地藏菩萨在此显灵，以禅杖杵地，顿见清泉涌出，甘甜清洌，后人遂称为"地藏泉井"。此后改称九华禅院，亦名小九华寺，与安徽九华山相呼应。

清康熙二十四年（1685），当地信士吴国忠、僧圆通募建后殿，奉祀地藏菩萨。其后康熙四十三年（1704）至乾隆五年（1740）间数次扩建，规模宏大，成为一方名刹，香火颇旺。道光《平望志》称："香火特甚，自七月一日起至十月一日止，远近毕集，游人填咽，谓之香市。"清咸丰十年（1860），太平天国战乱期间，小九华寺毁于兵燹。光绪四年（1878）至十年（1885）期间又五次重修，建山门、观音殿、方丈室、客堂、斋堂等，至民国年间业已基本恢复旧观。

小九华寺于明末时改属地藏道场、禅宗丛林，清时有僧人明俭善书画，书摹晋人法帖，画工山水花卉。曾有《雁山双锡图》，雪瀑云岚，涌现纸上，一时推为奇作；又有《芦荡晚清秋》，绘渔夫两两，白鹭阵阵，远山与天空，斜阳一抹，极富诗意。画上诗曰："秋意深森翠叠横，渔舟唱晚隐无中；沙鸥点点斜阳暮，寄迹西湖白云峰。"

抗战时期，日军入侵，再度毁于战火，僧众星散。抗战胜利后，曾在原址局部恢复佛寺活动，但旧观难现。中华人民共和国成立后，小九华寺原址被粮食部门征用作为粮库。1970年又改建平望面粉厂。

1997年6月，经吴江市政府批准恢复。

2007年3月，登记为寺观教堂。

三、高僧太虚

太虚大师纪念堂设于地藏阁主厅墙壁衕一间宽阔房间，一尊黑色石质、戴眼镜、新僧袍，神态安详、闲逸的望着远方的太虚大师塑像位于释迦佛旁边西首。

小九华寺与我国现代名僧太虚法师有着一段情缘。太虚法师（1889—1947），法名唯心，字太虚，俗姓吕，本名淦森，祖籍浙江崇德（今桐乡市），生于海宁，父亲为泥瓦匠，5岁时依外祖母，寄于大隐庵，自小受到佛学熏陶，种下了"善根"。他早岁出家后，师事宁波天童寺寄禅和南京扬仁山居士等，研究佛学。中年时，他主张革新佛教制度，被称为佛教新派代表人物。1947年，圆寂于上海玉佛寺。

据记载，光绪三十年（1904）四月，当时还为俗家少年的太虚法师怀揣着私蓄七八银元欲去普陀山出家，不想误乘上了去苏州的航船。中途在平望舍舟登岸，彷徨无主，来到小九华寺，见了，顿有似曾相识的感觉，依稀记起他在9岁时跟随外祖母前往安徽九华山进香途经平望寄住在小九华寺的情景。说来真是有缘，心有灵犀一点通的他随即跨进山门，遇到了住持士达法师。当时，士达法师正在院内挖坑准备将一棵桂树种下去，太虚法师向前施礼，说明来意。士达和尚见他长得慈眉善目，又为其虔诚感动，便欣然决定接纳他，说道："来早与来迟，都是种树时；缘生有情地，花开自有期。你也来种一棵吧！"于是，太虚法师栽下了一棵桂花树。

太虚法师16岁时曾在平望小九华寺皈依佛门，依平望小九华寺士达和尚出家为僧。士达是禅宗临济派僧人，给他取法名唯心，表字太虚。同年11月送往宁波天童寺受戒。近年来，小九华寺为纪念太虚，开设了"太虚大师事迹和资料陈列馆"，塑造了太虚坐像供瞻仰，并收藏太虚墨宝，其中有一幅书曰："恒守正念，常行大悲，绝世贪爱，趣大菩提。"

四、殿堂布局

小九华寺，坐北朝南，现占地百余亩，建筑面积20000余平方米，殿堂楼阁300余间，规模宏敞，殿宇嵯峨，格局规整。寺院殿堂建筑中轴线上依次为山门、天王殿、大雄宝殿、地藏阁，东为钟鼓、药师殿、观音殿、罗汉堂，西为鼓楼、莺湖轩、地藏殿、圆通殿等。

山门于2019年重建，四柱三门，飞檐翘角，龙凤雕刻。山门石柱前有两对石狮。山门正面中门上方刻有"小九华寺"四个大字，东门上方为"清静"，西门上方为"庄严"。中门两边联："莺湖波栏通玄境，安德桥联小九华"。外联为："古刹梵呗传三界，荻塘清流越千年。"山门西面也有一扇铁门，上方为"无上菩提"四字，两边联："远离一切放逸行，当发无上菩提心"。最西边墙上是"庄严国土"四字。铁门背面门上方为"广种福田"，两边联："勤修长护福田根，妙谛远空华海藏。"西面墙上是"法轮常转"四字。

山门背面中门上方为"选佛道场"四个大字，东门上方为"自在"，西门上方为"真如"。中门两边联："梵呗永怀救世心，平波色对慈愿佛"，外联为："风漾铃声迎朝霞，塔藏舍利耀夜月。"天王殿古式双檐，气势雄伟。殿前中间有宝鼎一座，高3.8米，门两边有铜狮一对，雌雄相对，惟妙惟肖，工艺精美。殿门上方横悬长方形黑金字匾额"小九华寺"，由原中国佛教协会会长赵朴初题写。上檐悬挂"天王殿"匾，由原中国佛教协会副会长、江苏省佛教协会会长、镇江焦山定慧寺方丈茗山长老题写。殿内供奉弥勒、韦驮及四大天王像。

出天王殿，东为钟楼，与对面西侧

鼓楼遥相呼应。微翘的屋檐上覆盖深灰色瓦，重檐斗拱，古朴庄严。钟、鼓楼下部为砖石结构的正方形基座，基座之上为两层木结构楼体。楼内青砖铺地，设有楼梯可盘旋而上。钟楼二楼有铜质大钟于楼顶当中悬挂，鼓楼有巨面大鼓置于二楼当中。二楼四面皆木质格子窗棂，推窗鸣钟、击鼓，无论是白天还是夜晚，悠扬的钟声与振奋的鼓声在小九华寺上空回荡，传向遥远的天际……闻钟声，烦恼尽，听鼓鸣，智慧增……钟楼底下供伽蓝菩萨，联为"钟声常鸣有情烦恼断，佛法宏宣含识智慧生"；鼓楼底下供地藏王菩萨，联为"法鼓震动十方人天悉醒悟，圣号称扬三界凡众皆欢喜"。

在钟楼与药师殿之间为济公殿。药师殿位于济公殿北侧，与观音殿毗邻。殿内正中供奉药师佛。

观音殿在大雄宝殿东侧，与地藏殿相对应，双重重檐，2层，上下各5间，下层3间为主殿，殿外柱联："莲座涌祥云，甘露洒遍三千间；慈航渡迷津，普载众生赴莲池。"殿内柱联："有感即通千江有水千江月，无机不被万里无云万里天。"殿内正中供奉观音菩萨坐像。

地藏殿位于大雄宝殿西侧，上下两层，重檐，与观音殿相对。殿外柱联："慈因积善地狱未空誓不成佛，吉祥云中众生度尽方证菩提。"秦快仁书。内柱联：

"现慈悲法身多方济渡，作广大教主到处津梁。"殿内正中供奉地藏王菩萨像。

在大雄宝殿前，寺院中心广场中央，矗立着地藏王菩萨石雕立像，高4.8米，站立于石雕莲花座上，手持锡杖，高大庄严。

过立像为大雄宝殿露台，前面中间竖有"开经偈"坊，底有荷花雕刻，坊后宝鼎，高3.8米，两边有香炉。1998年4月29日大雄宝殿在原址奠基动工，同年落成。殿面阔5间，764平方米，高19.8米，气宇轩昂。三开门式格局，重檐庑殿顶黄琉璃瓦绿前边。殿门上方中间悬挂"大雄宝殿"匾，亦赵朴老所题，东为"佛日增辉"、西为"法轮常转"匾。殿门下方有三块匾，中间"德庄严"，东为"琉璃世界"，西为"光寿无量"。殿内正中供奉释迦牟尼、药师佛、阿弥陀佛三尊巨大坐像，三尊佛像法相庄严，木质雕刻，贴金工艺精妙，佛像后为南海观音。殿内两侧为贴金十八罗汉，殿后门两侧奉普贤、文殊菩萨。2000年4月2日举行佛像开光典礼。

大雄宝殿前柱联："若复有人爱持读育，已非于三四五佛种善根，当知是处恭敬供养，不可以千万劫说其功德。"亦有茗山长老撰书。联柱子还刻有八十一尊神态各异的佛像，甚为少见。殿内后柱联："觉路广开兮，度无量无数无边众生同离苦海；迷途知返矣，愿大雄大力大慈诸佛常转法轮。"

出大雄宝殿为地藏阁，2010年春拆除原来面粉厂车间建造，是一幢庄严宏伟的江南楼阁式建筑，三重檐，飞檐斗拱，四角翘起。地藏阁彰显巍巍古阁韵味。阁占地1600多平方米，高27米，木质砖瓦混合结构。屋脊角镇有小兽，下挂风铃。四面百格木质门窗，造型古朴典雅。正面阁上中有"地藏阁"竖匾。一楼为弘法、诵经、接待、书画之用。正南门上方有砖雕"地藏法界"四字，花名未闻旁小门为"同觉""同悟"，用笔浑厚、古朴，出自名家手笔。两侧壁供8幅地藏菩萨像尊，树脂贴金，法相庄严、造型精美。东、南、西、北各门可自行出入。一棵十几公分粗的白玉兰倚地藏阁西南角生长，一棵香樟高大茂盛，树荫将南门遮掩了许多夏日的骄阳。绿树、黄墙掩映下地藏阁颇有城堡的意味。进入地藏阁一楼主厅，迎面为弥勒佛。绕过屏风，眼前豁然开朗，约400平方米的大厅呈现眼前，可供千余人进行佛事活动。正中高台上供奉释迦牟尼像。一楼四面外楼梯皆可通往二楼。拾阶而上，二楼露台明亮开阔。露台四边角处各建凉亭一座，作探出欲飞之势。另南北各有台阶通往二楼楼内。上得二楼，有大理石围栏绕阁一周。围栏石壁雕刻出水莲花图，石围栏与地面青石砖相得益彰，更加衬得二楼廊柱气势非凡。进入二

楼，迎面为9.9米高地藏王菩萨金身法像，并于四壁造小尊地藏王菩萨、观音菩萨像千万尊。两侧各有楼梯盘旋通往三楼，顶层存放由十方善住抄写的地藏经九千九百，共取地藏之缘。站于三楼可平视地藏法像。四面皆窗，推窗临风，晨起楞观日出，暮至可赏夕阳，整个小九华寺及平望风光皆纳入眼中，正是风景绝佳处。

地藏阁内还设有图书室、书画室、太虚大师纪念堂，集共修、礼佛、藏经于一体，为寺院的重要组成部分。

五、古迹景点

小九华寺不仅有古井名树，还有水天佛国、药师佛塔、药师碑坊、小九华寺历史长卷图等景观。

整个水天佛国建筑群在莺脰湖面上，在寺院山门前，马路对面，推土而成，至湖深处悬空而起，下有石柱托于水中。自南至北依次排列为照壁、汉白玉水上观音像、牌坊，左右傍以凉亭。

照壁有3块，一主二从——中间大两边小，呈品字形分步。青砖砌成，上面铺筒瓦，中央有屋檐，正脊两端有正吻，垂脊两端有小兽，四角起翘，古色古香。面南中间"小九华寺"四字由原中国佛教协会会长赵朴初题写；背面中框芯用一尺见方的方砖斜身45度铺砌，砖

雕一个"佛"字，由中国佛教协会副秘书长、江苏省佛教协会副会长兼秘书长、苏州市佛教协会副会长、寒山寺方丈秋爽法师书写，两边有"慈光普照"四字。西侧照壁有"苦海无边"，东侧照壁有"回头是岸"四字。照壁后台阶沿东、西方向围栏延伸至水下。照壁两侧各有一游廊通向牌坊。

照壁北面为一座高近 10 米雕有观音像的石碑，北面在水中竖有一尊高 8 米的缅甸白玉观音全身雕像，踏于水中莲台之上，捏手诀，慈目低垂，嘴角含笑，面对小九华寺山门，与寺内大雄宝殿前地藏王菩萨遥遥相对，接闵众生，为众生祈福纳祥。此观音塑像跋山涉水从缅甸运来，应是功真法师及信众精诚所至、感天动地，历经千辛万苦缘驻小九华寺莺脰湖畔，守护一方百姓安康。观音像两侧各有一圆状大理石围栏，围栏内自成两个小水池，池内水与外界水域相通。清风微启，水草荡漾，映衬得白衣观音更加莹洁端庄，白衣胜雪，慈心如母。

牌坊为石质四柱三门，亭阁式斗地拱建筑，木质檀色飞檐翘角。牌坊造型雄奇高大，石柱图案考究、雕工精美。牌坊南北两侧白底绿色草、篆书法均名家手书，文辞华美，意境优雅，行草大气，古篆圆润。无不透露出佛家慈悲、清幽、自在与出尘。牌坊面南中间有"小九华寺"四字，两边联："佛号观音南

无时闻耳畔，寺名九华地藏即在眼前。"徐容深书。外柱联："塔影回悬霄汉上，佛光常现水云间。"凌在纯书。背面中间额书"慈航普渡"四字，两边联："天郎气清慧日普照国运隆盛，莲香叶落和风送暖民生乐极。"严首人书。外柱联："湖波澄静琉璃界，古镇隆极极乐苑。"徐圆圆书。

整个水天佛国景区青砖铺地，古朴浑厚，牌坊下方地正中铺砖雕含苞待放水中莲花图。在莺脰湖水滨的平台上侧看，高大的观音汉白玉侧像及周边亭台扶栏等建筑一览无余，衬托于像功德牌坊，像莺脰湖潋滟波光，此处景色绝佳。

位于大雄宝殿后的"地藏泉井"为寺院一宝，今地藏泉井犹在大雄宝殿后，井口为六边形，青石为圈，井深 10 米。明万历年间，小九华寺大规模扩建，并兴建地藏阁。地藏王菩萨在空中显灵，用杖杆地，空涌泉水，其水甘甜，被后人称为"地藏泉井"。现为苏州市文物保护单位。当年太虚大师手植的百年金桂，依然挺立在"地藏泉井"边，树高丈余，茎如碗口，枝繁叶茂。每逢金秋时节，就可闻到满院飘散的桂花香。

寺院东北新建一座"药师佛塔"，塔门上方砖刻"药师佛塔"四字，赵朴初题，估计是集字。两边联："清心尚善全家福，岛泽玉液共岁华。"塔的北面还建有假山、池、亭，塔西北侧竖有地藏王

菩萨立像。北面沿河建有廊、假山等景观，在中轴线的最北面建有地藏王菩萨事迹碑坊，雕刻精细。

一幅砖刻长 88 米、高 2 米的《小九华寺历史长卷》图嵌在念佛堂四周外墙上。小九华寺经历了风风雨雨，方寸之间都留有岁月的痕迹。制作者采用散点透视的构图法，将繁杂的平望人文风情、历史烟雨和小九华寺的香火变幻、建筑更迭纳入统一而富于变化的画面中。整个构图布景修短合度，描写了寺院人文历史，记录了寺院的沧桑经历，展示了新时代底蕴深厚的佛教文化，波澜迂回，气韵生发。这是一幅色彩浓艳、激情泼墨的历史长卷，学习历史，重要的是铭记历史，不忘初心，传承精神，激励志气。

六、文化设施

小九华寺在弘扬佛教文化方面还成立了小九华寺书画院、小九华寺教觉书院、小九华寺佛乐团、江南佛教与文化研究学会，建立了小九华寺图书馆等文化设施。

图书馆位于地藏阁主厅西侧，由西南角门进入，主厅亦有门相通。图书馆于 2012 年正式启用。书架上有寺院平时所用经咒、课诵等书，还有碟片、图片，内容丰富。还设有佛学修养、佛学讲座、佛学问答、人生智慧启迪、素菜养生知识多个区域。为方便信众阅读，寺院派有专人管理。图书馆自开放以来，寺院内外四众弟子经常光顾图书馆，普及佛学知识，提高图书利用率，让更多的人认识佛教，让更多的人走进寺院。

书画室位于地藏阁图书馆北侧，由西北角门进入，与图书馆相连。书画室是为了方便书画家作画写文的雅室。除笔墨纸砚之外，备有多个长几林案。难得功真法师淘到这罕见木材，将直径一米至两米左右的百年大树树干部分纵切开来，长约 10 米，厚约 10 多公分的木板经过处理上漆横亘在树柱上，一股纯天然的木质清香散发开来，来自木材的古朴、浑厚展现面前。与大自然接触，仿佛回到了森林中。自 2012 年 9 月 20 日举办首届书画展以来，已举办了多次小型书画作品展。

小九华寺规模宏伟的建筑、庄严的佛像和历史人文景观，成为江、浙、沪交汇处的一处著名佛教胜地。

吴江松陵圆通寺

圆通寺，位于吴江区松陵镇体育西路（原松陵镇吴模村）。

一、寺院由来

圆通寺前身"圆通庵"，当地村民俗呼"大庙""吴模庙""十样景庙"。据传始建于唐代，但无法考证。有记载的是建于明天启元年（1621），清光绪七年（1881）重修，民国时尚在，毁于20世纪60年代。据本地年长者称，中华人民共和国成立后仍有寺庵痕迹，信众逢初一、十五及佛诞皆聚集于此烧香拜佛。

20世纪90年代，随着宗教政策的逐步落实，佛教信众因原寺庵荡然无存，就在古银杏树旁借用村里民房烧香拜佛。2001年，经吴江市政府批准复建圆通寺。复建之"圆通寺"，命名取自《楞严经》义："人人本自圆通，如十方击鼓，一时并闻，是圆也；隔墙听音，远近能悉，是通也。"

二、建筑风格

2001年12月，圆通寺开始复建。现已建成寺前广场，周边为法物流通处。中轴线上依次是牌楼、天王殿、大雄宝殿、放生池、观音阁、藏经楼；两侧为钟楼、鼓楼、东西配殿、东西厢房、斋堂、伽蓝殿、金刚亭、居士楼和辅助房等建筑，在寺院西面建有景观公园，寺院西北面有圆通坛。寺院占地64余亩，总建筑面积1.9万平方米。

现今整座寺院初具规模，布局合理，气势恢宏，庄严古朴，清静幽雅。寺前广场三楹石牌楼，中间匾额"圆通寺"三字为著名国学大师南怀瑾先生手书，两侧楹联"梵音钟声寂寂惺惺观自在，江枫渔火尘尘刹刹见如来"亦系南怀瑾撰写，将佛学哲理和江南水乡景色融于一体。沿中轴线过牌楼进山门，回头可见牌楼同侧有一块匾额"回头是岸"，由吴中区西山包山寺法主贯澈长老书写。山门前侧还有两副对联，一为"一尘不染片净地，万善同归般若门"，另一联为"无时不在现身说法随方便，有感遂通救苦寻声听自然"。

沿中轴线过牌楼进山门是天王殿，"天王殿"三字由江苏著名书法家徐利明先生撰写。走出天王殿回头见到的匾额是由中国书法家协会前会长启功所题写的"三洲感应"。

出天王殿两侧是钟鼓楼。东面钟楼下供地藏王菩萨像，上层悬挂着 2.8 吨重铜钟。西面鼓楼下供观音菩萨像，上层安放直径 1.8 米大鼓。大雄宝殿前香炉、宝鼎均为纯铜铸造，造型古朴，工艺精湛，香客赞不绝口。香炉为长方形八龙柱双层屋顶式，重 3.8 吨。宝鼎为三层圆形加镂空莲花底座，高 6.6 米。

大雄宝殿匾额由浙江著名书法家俞德明先生所题。大殿内三世如来佛庄严慈祥，金光闪耀，祥云缭绕。两旁十八罗汉形态各异，栩栩如生。殿后鳌鱼观音，净瓶杨枝遍洒人间，泥塑彩绘三十二应身活灵活现，生动逼真。大雄宝殿后门上方有"慈航普渡"匾额，由中国佛教协会副秘书长、江苏省佛教协会副会长兼秘书长、苏州市佛教协会副会长、寒山寺住持秋爽法师所题。

大雄宝殿后过放生池为观音阁。"观音阁"匾额由原中国佛教协会副会长、浙江省佛教协会会长、普陀山方丈戒忍法师所题。两侧对联为："五蕴皆空自在恒时存妙观，众生普渡慈悲随类演圆音。"此阁为二层建筑，内供奉千手观音四面像，为香樟木雕成，高 11.38 米，妙相庄严，功德殊胜。楼阁可登绕回廊，四周瞻观。

观音阁后为藏经楼，分为上下两层，占地 750 平方米，建筑面积 1500 平方米，于 2010 年 6 月 18 日奠基，2011 年 8 月 20 日竣工。底楼为卧佛殿，进入殿堂大门，左右塑有韦驮菩萨和伽蓝菩萨（关公）两尊护法神，殿堂正中供奉 9.9 米金身卧佛一尊，其两边有两棵娑罗树，周围有众多的佛弟子各具神态栩栩如生，天上有众会菩萨、四大天王、天龙八部神等。东西两边墙上是以普陀山观音菩萨、九华山地藏王菩萨、五台山文殊菩萨、峨眉山普贤菩萨为代表的四大名山缩影。二楼为藏经阁，东阁藏有乾隆藏、嘉兴藏等四部大藏经及三藏十二部经典，中间可容纳 500 余人，设为水陆法会道场的内坛。佛法殊胜、道场庄严，共祈风调雨顺、国泰民安！

藏经楼西为圆通宝坛。圆通宝坛是圆通寺最高的建筑。其建筑风格既有天坛的宏伟气魄，又有江南建筑的精秀美伦，二者巧妙结合相得益彰，坛身高 43.6 米。坛基栏杆由汉白玉雕塑而成，坛身为外五层，内三层。观音菩萨号"圆通"，坛内供奉观音菩萨，一楼供的毗卢观音高 3.6 米，二楼供奉水月观音高 4.2

米，三楼供奉正法明如来高 3.4 米。现二楼三楼，游客可以上去，登高远望。宝坛四周的外墙壁上，有很多石刻画，每一块都刻着一个佛教传承的故事。

三、园林特色

寺院西侧为西花园，仿苏州园林建筑特色，占地 40 多亩。景观有莲花池、莲花喷泉、待月楼、回廊、水榭、旱船、九曲石桥、观湖亭、慈孝亭、假山洞天等，景致优雅，一派江南园林特色。莲花池中，水上观音屹立其中。水上观音为花岗岩石雕像，高 15 米。待月楼上可听佛教梵呗声、钟声、鼓声、鸟语声、莲花喷泉水声……还可以尽情地踏月、迎月、赏月、画月、咏月……

西花园以江南水乡自然环境彰显其独特的风韵，绿花覆盖率达 40% 以上，植物品种繁多，有五针松、罗汉松、香樟、朴树、白玉兰、桂花、厚皮香、黑松、绿梅、红梅、孝顺竹、红叶李、红枫、雪松等 60 多科 120 余种植物。

西花园内小桥流水，水榭楼阁，绿树成荫，鸟语花香，移步即景，集休闲、游览于一体。寺院与园林融合，互应生辉，相得益彰，紫烟缭绕，梵音和鸣，置身其中，心旷神怡。

四、寺院"三绝"

圆通寺的四面千手观音像、"十样景"银杏树、金刚经塔碑，可称为三绝。

第一绝：四面千手观音像。在寺院观音阁内，此四面千手观音像为立像，香樟木雕。面向四方，每面塑有三面佛，每面三头，三面头上又有三头，最上一头，已至屋顶。每面的十只手各执法器，或铃、或杵、或幡、或瓶，另有上百只手成散射状在体侧，三面就有了上千只手，雕琢精巧，构思精奇，寓意精妙。

第二绝："十样景"银杏树。两棵千年"十样景"银杏树，位于圆通寺天王殿后左侧。金黄色美丽的英姿，片片落叶，片片柔情，孟冬时节，万物凋零，唯有她，傲然挺立，将秋与冬完美交接，满目金黄，一点一滴揉碎在枝叶阑珊里。

何为"十样景"？因为这两棵银杏树的枝干中长出了榉、朴、槐、榆、柏、枫、杉、桃、柞、香椿、枸杞、乌桕、冬青、盘杨等 10 多种花果树木。一到春天，全树五彩缤纷，万紫千红，形成了奇妙的"十样景"景观，被称为"十景奇观"。据说是在许多年前，由黄莺、喜鹊、白头翁、画眉、鹦鹉、麻雀、猫头鹰等飞鸟前来栖息，在树上分层筑巢，繁衍后代。鸟儿同时从各地衔来各种花果和种子，于是就在这棵大树的枝干中长出了十种花。如今，古景存名，古树依然苍翠。

这两棵"十样景"银杏树，经鉴定，至 2019 年已有 995 年树龄，并列入江苏省名木名单。明朝初年，开国功臣常遇春，慕名前来圆通寺烧香拜佛，将所骑那匹宝马就拴在这银杏树上。现在树身直径均在 1.5 米以上，高度 8~9 米，两株均已中空，侧枝茂盛，虬枝盘旋，古香古色，有点像甘肃天水伏羲庙的虬龙柏，这可是圆通寺的一大景色。有意思的是这两棵古银杏树的根上发孽出不少小银杏树，其数为 18，与十八罗汉正好吻合，此景称为"二九幼株"。

两树中间仁立一方吴江收藏家陈金根先生捐的太湖石，上有苕翁吴民先的篆书"静通"。古景今景，相融相通，衔接着时间，延续着祝福，见证着寺的变迁、庙的兴衰、世道的演化。

第三绝：金刚经塔碑。耸立在观音阁左前方。原立于吴江圣寿禅寺内，这碑传为"吴江三宝"之一，系明代刻碑圣手章藻书刻，上有明末"四大高僧"之一的紫柏大师（即真可）题铭，距今 400 余年。碑上经塔、佛字、佛像设计奇巧，题写精妙，为不可多得的寺藏宗教文物。惜原碑断裂并风化，字迹漫漶。现由圆通寺法师及居士发心重刻金刚经塔碑，碑高 4.5 米，妙相庄严。

圆通寺自恢复开放以来，提出了"梵呗钟声观自在，江枫渔火见如来"的服务口号和"一流的敬香祈福圣地，一流的宗教文化底蕴，一流的休闲旅游环境，一流的文明诚信服务"的质量目标，积极争创和谐寺观教堂，充分挖掘佛教文化资源，强化服务，规范管理，提升僧众素质，受到了社会各界的好评，现成为吴江一处佛教旅游胜地。

2007 年 3 月，登记为寺观教堂。

吴江震泽慈云寺

慈云禅寺，位于吴江区震泽镇宝塔街111号。慈云寺塔，2013年5月3日，被国务院公布为全国第七批重点文物保护单位。

一、历史沿革

据文献记载，慈云寺始建于南宋咸淳年间（1260—1274）。明正统（1436—1449）年间僧道泽重建，旧名广济寺。明天顺年间（1436—1464）钦赐"慈云禅寺"额。明万历五年（1577）董守伯和吴秀修重修。万历四十三年（1615）僧慈林增建大悲阁。

清康熙七年（1668）僧净眼修大殿。清康熙二十年（1681），康熙二十二年（1683）、康熙二十三年（1684）僧超伟和里人沈国忠、黄一夔等重建天王殿。由于建寺前先有塔，故历来通称塔寺。清康熙二十四年（1685），增建且住、大树两轩及续灯堂。乾隆五十三年（1788），知县孟芮，里人沈竟、程诜，僧法鉴重

修，并增建钟楼、凿洗钵池。

清道光三年（1823）大水成灾，在寺内施米赈灾。饥民无食，路旁时有弃婴。里人徐学健借积谷仓作临时育婴堂，出资雇妇收养弃婴，道光四年在驴下圩建保赤局迁出。清道光十六年，里人徐学健、谭琨等和僧日新重修。清乾隆五十三年（1788）多次重修重建。

清咸丰十年（1860），寺毁于兵燹，唯塔尚存。清光绪九年（1883）里人庄人宝等募捐重修。清宣统元年（1909），里人龚树勋、徐宝田、谈麟书等重修。

民国二年（1913），倡办新学，借寺内积谷仓创立震泽市乙种师范讲习所。民国十三年，省立女蚕校费达生会同震泽丝业公会，借寺内积谷仓创办土丝改良制造传习所。是年，僧顺宝募款，里人徐彦宝遗孀徐毕氏重建大殿三楹，共耗银8000余两。工程落成，佛像塑齐，住持僧顺宝率僧侣用肩舆相请施主徐毕氏，举行佛像开光仪式。抗日战争期间及至抗战胜利后，塔寺曾被汪伪水警、

放生池前观音菩萨立像

国民党军警驻扎。

1950年，寺为震泽粮库征用。1974年，大殿、天王殿、洗钵池被毁坏。1986年寺院仍为震泽粮库占用，仅有慈云塔耸立在旧址。

1997年6月25日，吴江市政府批复同意恢复慈云禅寺。2007年4月2日登记为寺观教堂。

二、重建规模

2004年末在原址上重建后的慈云寺坐北朝南，至2013年末，慈云禅寺占地面积54亩，建筑面积3000平方米。建有天王殿、大雄宝殿、药师殿、地藏殿、财神殿、三圣殿、钟楼、鼓楼、洗钵池、了凡净院、五观堂、法物流通处等殿堂和附房。

寺前河埠文石砌成台阶，可停舟登岸。正山门黄墙黑瓦，嵌砌"南无阿弥陀佛"6个砖刻大字。整个寺院大树蔽荫，庄严肃穆。宏伟佛寺，殿宇宽畅，重檐复宇，翠飞轮奂，极土木之胜，完美地显示了古代宗教建筑的艺术风格。寺中佛像，金身重塑，形态逼真，栩栩如生。这些宗教雕塑艺术品，都出于古代劳动人民能工巧匠之手。

山门（天王殿），面阔3间，60平方米。山门上方悬挂"慈云禅寺"匾，系原中国佛教协会会长赵朴初题写。殿内正中佛龛中供奉金身坐像弥勒佛，笑脸相迎。背后佛龛中金身立像韦陀面北站立，精神威武。东西两壁前，四大金刚分列左右各两尊，佛身高大倍于常人，彩塑木雕威灵显赫。

步入庭院，板石铺地，花木扶疏，银杏参天。慈云宝塔矗立庭中。塔东为客堂，面阔3间，80平方米，联为："佛慈震九界，法云泽三千"。塔西为观音殿，面阔3间。钟鼓楼位于塔后的左右两侧，钟楼下设伽蓝殿，鼓楼下设祖师殿。

绕过宝塔在庭院正中塑有一尊观世音菩萨石雕立像，高8.8米。观音像后为洗钵池（放生池），始建于寮咸淳年间（1265—1274），2004年修复。此池为当年僧人们洗钵所用，后被称之为莲花池或放生池。池东为药师殿，面阔3间，80平方米。池西为三圣殿，面阔3间，80平方米。

大雄宝殿面阔5间，280平方米，重檐。殿门上层悬挂"大雄宝殿"匾，由原中国佛教协会咨议委员会主席、苏州灵岩山寺方丈明学长老题写。殿门下层匾额分别为：大智寺慧、大行大愿、圆通自在、佛光普照、华开见佛、正法久住。

进入殿内宽敞高广，方砖铺地，细砖砌墙。画栋雕梁，前庭翻轩，悬挂幡幢。殿内正中供奉佛祖释迦牟尼，左侍文殊，右侍普贤。东西两排分列十八罗汉，鎏金塑像，神态各异。面北大悲阁供慈航观世音菩萨。正殿佛座前烛台香炉，

香烟缭绕，上悬常明琉璃灯。案头放置钟鼓、木鱼、引磬、铙钹等法器。大殿是和尚身披袈裟，诵经拜忏，替施主做道场超度亡灵等法事的场所。案前席地放置蒲围、拜台。每于农历初一、月半，佛门信徒烧香点烛、顶礼膜拜，虔诚祈祷四季平安。殿内柱联为："四十万亿化身何妨有何妨无有，一千七百公案非必真非必不真。"

大雄宝殿东为药师殿，面阔3间，80平方米，殿内柱联："天机清旷长生海，心地光明不夜珠。"北面为财神殿，面阔3间，80平方米，财神殿内匾为"福国利民"。大雄宝殿西为三圣殿，面阔3间，80平方米。北面为地藏殿，面阔3间，80平方米。

寺院内左右还有住轩、大树轩、续灯堂、饭僧堂、钟堂、方丈及僧舍等建筑。

三、文物碑廊

寺院东面还建有碑廊，内有唐代吴道子所绘的《孔夫子与十弟子》画像碑及宋代王安石撰写的碑文。碑廊中还有一块《重建慈云寺记》的石碑，碑上文字曰："镇东之有慈云寺，由来久矣；寺与塔创于孙吴赤乌间，迭经兴废，迨咸丰庚申（1860）毁于兵燹。嗣后，塔几经重葺，独未及建寺，致数十年巍然石佛仅有一之庇，岁以颓圮……"

2003年10月，在挖洗钵池时还发现了18尊石身古罗汉像。据苏州考古专家考证，系明代文物。所出土的罗汉像中，有一尊伏虎罗汉较为完好，身上袈裟和足下伏虎，雕刻纹理清晰。像身通高1.65米，肩宽0.64米，胸背厚度0.56米，重量达千斤。同时出土一块莲花石座，长0.83米，宽0.75米，高0.30米。背面刻有阴刻文字"十都沈姓施主所捐弥勒像一尊，烛台一副。万历二十二年二月吉日"。在挖掘过程中又发掘到一"洗钵池"，为长方形，四角都有1.8米长石条截角。东西长14.5米，南北宽9米，池深2.2米。池北角左右有两个1米宽的踏步，池四周雕刻精美的图案。系建于清乾隆五十三年（1788），知县孟芮，里人沈竞、程洗、僧法鉴等增建钟楼时所凿。

在重建工程中出土石佛头像1尊，颇具北魏石雕风格。虽残，但依然可见当年之风采。

四、诗咏慈云

古刹名寺，必然引来文人墨客的游踪，留下动人的诗篇。明代《了凡四训》一书中就有提及慈云寺。明末清初文学批评家金圣叹在《寓慈云寺旬日留别》一诗中写道："震泽多精舍，慈云师子林。家私惟古佛，眷属总玄心。后汉人何在？微言乃至今。相逢随欲别，舍此更何寻？"

清康熙年间僧释超伟曾赋诗两首。其一《建且住轩漫赋》："筑室仍居此，移门又向东。远村云树隔，曲水贾船通。去住身无定，从违事不同。书空成独坐，矫首羡飞鸿。"其二《赋得大树轩诗》："锡飞来此地，飘忽七年余。未得山中去，还从树下居。悔心多事后，畏客闭门初。生计谯云拙，松窗夜月虚。"

清《百城烟火》两作者也为慈云寺题诗。徐崧在《康熙辛酉天谷禅师重修慈云因赠》云："咸淳古寺久将芜，此际凭君愿力扶。日炙风吹空石像，铃声鸟语自浮屠。池含夜月谁捞得？雁过秋天有字无？不意故乡重觌面，葺成犹胜旧毗卢？"张大纯在《游慈云寺》一诗中说："传闻寺建赤乌初，佛法重兴劫火余。梵呗清人来五夜，机缘化俗演三车。续灯堂上灯光遍，大树轩前树影疏。从此便应联白社，不妨身世等空虚。"

慈云禅寺常年香火鼎盛，以农历正月初一的祈福消灾大会、元宵节灯会和一年三度的观音法会（每次持续一周）为最盛。香客来自铜罗、青云、桃源、庙港、七都、八都以及浙江南浔、织里等地。

慈云禅寺，水陆交通方便，周围环境独特，清静幽雅，花围曲径，佛寺宏伟，佛像庄严，是吴江西部一处佛教胜迹。

吴江芦墟泗洲寺

泗洲禅寺,位于苏州市吴江汾湖经济开发区芦墟镇新友路。

一、历史沿革

泗洲禅寺创建于唐景龙二年(708),有1300多年的历史,经过多次修建、扩建、修缮。南宋开喜(1205—1207)僧人法行重建后,历来名僧辈出。南宋绍定年间(1228—1233)僧清杲又修建。元朝至正年间(1341—1368)僧文玖亦募资修造。至正九年三月(1349年4月)杨维桢等名士游汾湖时,曾在泗洲寺里看《题竹》(壁画)。

明初洪武年间(1368—1398)吴江东部地区的钱圩、德庆、流庆、南洵、善聚、法华、圆通等七所庵庙归属泗洲寺门下。永乐元年、三年(1403、1405),户部尚书忠靖公夏原洁治水江南,几度驻跸泗洲寺,下塌禅房数月,与曾珵瑄诗词唱和,并赠诗云:"行尽吴山逸不浓,却从萧寺访瑄以。未论石

上三生约,且喜山中一宿同。诗句新题蕉叶雨,茶香熟送藕花风。明当八百蒲牢吼,重整云帆向五茸。"不久,珵瑄徒弟行璇发起"修翼殿,以壮雄观"。正统年间(1436—1449),寺院遭受盗窃,损毁严重。景泰年间(1450—1456),僧道珩又募资重建。可惜,不久主要建筑毁于天顺元年(1457)的火灾,仅剩僧人起居房舍,勉强维持。弘治初年起,寺僧慧鉴和"倡首施主"屠以德、沈德中、曹廷礼等人募集资财,于弘治十年(1497)开工重建大雄宝殿,历时5年竣工。刑部之事赵宽(字栗夫)为之作《泗洲寺重建大雄宝殿记》,并刊刻碑石。天启年间(1621—1627),增建观音殿。崇祯已亥年(1635),里人叶绍袁,叶绍颙和寺僧鉴远发起增建禅堂。

清朝康熙已卯年(1699),里人徐绥等人发起集资大修建。"大殿更而新之",利用旧料"改作山门,高、广倍昔。禅堂、两廊、斋厨诸屋,次第整修。兴作于已卯之东,落成庚辰之春"。

翰林院检讨潘耒撰写《重修泗洲寺记》碑文。清咸丰（1851—1861），太平军占领芦墟时，大殿被拆，余房所剩无几。

民国七年（1918）春，住持悟明与里人陆拥书、刘荣华、王国光等人发起募资重建大雄宝殿。民国九年（1920）11月30日柳亚子等人游汾湖时，为前殿拍了照片。

1950年以来，该寺余残房舍，一直被粮管所占用，1960年拆掉大殿。

泗洲寺是芦墟—汾湖地区最古最大的佛教圣地。1997年，芦墟镇政府考虑到信教群众的需求，但限原寺已颓废，土地被占用单位开发房地产，建造居民住宅楼，故决定迁移到芦墟镇草里村庄稼圩重建佛教活动场所。

2001年1月10日，经吴江市民族宗教事务局批准，"芦墟镇庄稼圩佛教活动点"正式定名为"吴江市芦墟泗洲禅寺"。

2007年，登记为寺观教堂。

二、规划重建

泗洲禅寺，坐北朝南，占地60余亩，建筑面积10000多平方米。中轴线上建有山门、钟鼓楼、天王殿、大雄宝殿，以及药师殿、观音殿、三圣殿、财神殿、玉佛楼、正觉楼、僧房、居士寮等。

山门两边竖有两根高12.6米的阿育王柱，柱头上有狮子，雄伟壮观。山门重檐翘角，门上方嵌有"泗洲禅寺"，山门两边有一对石狮，山门内两边为哼哈二将。

出山门正面是天王殿，面阔5间，300平方米，殿门上方悬挂"天王殿"匾，殿内供奉弥勒、韦驮及四大天王像。

出天王殿，东为钟楼，与对面西侧鼓楼遥相呼应。从中间大道向前为大雄宝殿，殿前有露台。大殿面阔7间，480平方米，殿门上方悬挂"大雄宝殿"匾，殿内正中供奉"一佛二弟子"，背面为南海观音。殿内两侧为十八罗汉，殿后门两侧奉普贤、文殊菩萨。

大雄宝殿西侧为各配殿、僧房。寺院东南角佛教安养院。

泗洲禅寺，建筑宏伟，环境幽静，是一处念佛参禅的清净道场。

吴江同里观音寺

观音寺，位于吴江区同里湖中的罗星洲上。

一、同里湖罗星洲

同里湖是一个位于中国江苏省苏州市吴江经济技术开发区（同里镇）的湖泊，面积约为 2.4 平方千米。位于同里镇东部，2005 年 2 月，列入江苏省湖泊保护名录。

罗星洲为同里湖入口的一个小岛，浮现在约四平方公里的湖面上，以烟雨景观见胜。同里湖以周围芦丛形似罗星得名，环绕小岛的堤岸芦苇摇曳，垂柳依依，漫步其上能尽情饱览湖光水色。每到夏秋时节，池中亭亭玉立的荷花引来众多的游人。

罗星洲最迷人之处还是听雨。在罗星洲听雨是古代文人最向往的一种享受。罗星洲的雨声时而苍凉，时而圆润，时而如泣如诉，时而高亢激昂。小雨轻轻敲打湖面和洲上的芭蕉、瓦棱时，犹似一支滋润甜美的圆舞曲；大雨狠狠抽打湖面和洲上的芦苇、树木时，就像一支悲壮雄浑的交响乐。到罗星洲听雨定会给您带来无限乐趣。柳亚子先生曾写过《罗星洲题壁》一诗："一蒲团地现楼台，秋水蒹葭足溯回；猛忆船山诗句好，白莲都为美人开。"

罗星洲是一块集佛教、道教、儒教三教合一的圣地，位于同里镇东，是浮现在湖面上的一个小岛，乘小船前往只需数分钟便抵达。沿途可欣赏同里湖烟波浩渺、鱼帆点点的水乡景色。放眼望去，眼前就是以烟雨景观闻名的罗星洲寺庙，像是浮在碧波上的仙境。现时，罗星洲上有城隍殿、文昌阁、斗姆阁、旱船、曲桥、游庙、荷池、鱼乐池等，建筑布局紧凑，集庙宇、园林于一身。每当夕阳西下，由岛上可远望同里湖万家灯火，别有一番意境。

据史书记载，同里湖罗星洲上最早的建筑始于元代，清光绪年间重建。小岛四周同里湖长堤环绕，南部是园林，北部是寺庙。山门面对古镇，上悬门额"罗星洲"，两侧有"蓬莱仙境"的砖刻阴文大字。山门前有石级码头供船舶停靠，两棵数百年的大榉树郁郁葱葱，巍然挺立。罗星洲以烟雨景观见胜，其"罗里听雨"在历史上被列入同里二十景之一。

罗星洲不幸于 1938 年 4 月被日寇焚毁。当时一支 100 多人的国军便衣队偷袭驻扎在同里的日军，后旋即撤退，增援的日军抓不到人便迁怒于罗星洲上的葱郁树木，说是这些树木挡住了视野，下令焚烧。于是，小洲上的树木、建筑物毁于一旦。

观音寺始建于元代，扩建于清代，是一处佛教圣地，方圆几十里的信教群众，每逢初一、十五都到观音寺拜佛。可惜在抗日战争初期被日寇烧毁。1996年 4 月，恢复重建罗星洲，1998 年 4月，罗星洲上观音寺恢复重建对外开放。2007 年 7 月，登记为固定处所。

二、寺院建筑格局

重建后的观音寺坐北朝南，面向浩瀚的同里湖面。中轴线上建有天王殿、大雄宝殿、藏经楼，西面为星洲僧寮，东面为罗星花园，建筑面积 1600 平方米。天王殿前有一鼎，高 4.8 米。

天王殿，又称金刚殿，面阔 3 间，80 平方米。殿门上方悬挂"观音寺"匾，由原中国佛教协会咨议委员会主席、苏州灵岩山寺方丈明学长老题写。殿内正中供奉弥勒佛，两侧为四天王塑像，弥勒菩萨背后是韦驮菩萨。

出天王殿为大雄宝殿，面阔 5 间，220 平方米，殿门上方悬挂"大雄宝殿"匾，由原中国佛教协会会长赵朴初题写（真迹）。殿正中供奉"一佛二弟子"，背后为南海观音大士塑像，殿两侧供奉十八罗汉，殿北壁之东为文殊菩萨，西为普贤菩萨。

出大雄宝殿为院落，东为观音殿，面阔 3 间，80 平方米；西为财神殿，面阔 3 间，80 平方米。北面为藏经楼，双重檐，面阔 7 间，420 平方米，一层为三圣殿，上层为藏经楼，"藏经楼"匾为竖式。藏经楼后为一幢二屋附房。

罗星僧寮位于中轴线西面，有院子和二层僧房。

三、罗星洲东花园

罗星洲东部之花园，以荷花池为中心，池面积近八亩，池上跨有九曲板桥，楼阁游廊皆环池而筑。既再现原罗星洲的特色，又体现了江南园林素雅、古朴的艺术风格。

出寺庙东侧门为文昌阁。文昌，星官名，属紫微垣中六星之一。又名"文曲星"，是中国神话中主宰功名、禄位的神。文昌阁为两层三檐（现亦称钟楼），阁居岛之中央，三面临池，形制古朴，气势恢宏。登临此阁，俯瞰，则全岛风光尽收眼底；远眺，则极目同里湖全景，古镇远村如在咫尺。

与文昌阁隔池遥对的为斗姆阁（现亦称鼓楼）。斗姆，为道教所信奉的女神，亦称"斗姥"，传说是北斗众星之母。斗姆阁坐落在洲之东侧的堤岸上，依池临湖而筑。阁为上下两层，四面置窗，为赏景最佳处。如登楼击鼓，怡然自得。凭栏远眺，但见同里湖烟波浩瀚，渔帆点点，村树依稀，田陌纵横，水乡景色尽收眼底，仿佛身临"蓬莱仙境"。

四、罗星洲的传奇

在碧水连天的同里湖中，有一个仙境般的小岛，其形似天上之罗星，故名罗星洲，俗称"芦千墩"。很早以前，罗星洲上已建有寺庙，庙前立有一石碑，由名匠雕凿，上刻"罗星洲"3字，乃镇庙之物。有一年，发生兵事，罗星洲被付之一炬，镇庙石碑也不知去向。

时光流逝，60年后深秋的一个早晨，雾气朦胧。一位渔民在罗星洲附近的湖里撒下渔网，可怎么拉也拉不起来。他正想松网时，突然跳起了许多鲤鱼。渔民以为网中有大鱼，就叫家人一起拉网，费了九牛二虎之力，终于将网拉起，定睛一看，原来是一块石头。渔民垂头丧气，他从网中翻出石头，正想把它丢回湖里算了，可发现石头上有"罗星洲"字样，就和家人一起把石头弄到岸上，刷掉表面的青苔，请人识辨，原来正是那块失踪60年的镇庙石碑。镇庙石碑重见天日，古镇百姓奔走相告。"六十年风水轮流转"，这也许是佛之真理吧。

就在这一年，里人重修罗星洲。在修建过程中，出现了三桩奇事。一是在建造大雄宝殿时，正值清明时节，阴雨连绵，可在上大殿正梁时，天空突然放晴，架好正梁，雨又下了起来，并有许多燕子在空中盘舞，蔚为壮观。二是观音殿开光那天，人声鼎沸，连同湖中的红鲤也欢腾起来，跃起水面。三是荷花池中的陈年莲子竟长出新荷，荷花绽放，分外妖娆。所有这些，似乎都在庆贺罗星洲的新生。

观音寺在寺院管理上按照苏州灵岩山寺印光大师的净土道场，以戒为师，僧众做到"正法、正气、正人"六字方针。

观音寺在同里湖的碧波烘托下，景色旖旎，真是一处水上佛国。

吴江横扇报恩寺

报恩寺坐落在吴江区横扇叶家港村。

一、报恩寺前身为"娘娘庙"

报恩寺，旧称观音娘娘庙，始建于北宋景德二年（1006），距今有1000多年的历史。太湖一带渔民为了出入太湖平安，祈祷风平浪静和消除太湖洪涝灾害，由众人募资在太湖南岸修建起观音娘娘庙，并于浙江普陀山迎请观音菩萨像，当时寺庙规模宏伟，殿宇建筑多达百间。也有相传此娘娘庙的娘娘菩萨是西施或吴妃，民间还有说成是吴王阖闾之女儿胜玉公主。

娘娘庙离太湖仅几百米之遥，清静优雅，香客云集，香火鼎盛，诵经声不绝，梵香四野，名声远播。现今庙所坐落的村庄和边上的小河，均以此庙而得名，曰"娘娘庙港"。大马路上指路的大石块上，也毫不客气地写上"娘娘庙港"四个金色大字。

据村上老人回忆，古"娘娘庙"山门前，有一条约二米宽的小溪。这是元末明初，姑苏王"张自诚"挖"运粮河"，筑"湖塘"的遗物。此溪也属当时"运粮河"的一段。想当年，应该是水面宽阔的大河，日久被太湖泥沙湮没，才成为一条小溪。庙西有个池塘。此池塘水深面阔，当地百姓叫它为"运粮河"。可见这也是原来古"运粮河"的一段。现在已经被填没，但是轮廓尚存。从湖塘到庙内，要过一座架在这条小溪上的石桥，桥宽约一米，长不足三米，及其简陋。上面铺三条简单加工过的粗糙条石，二石之间的缝隙，足可伸入一个大人的手臂。过桥，是一只坐落在高坛上的黑色铁制香炉，做工精巧，上下分别由翘脊的顶，和中间的筒状，及下面的焚香炉组成。

在香炉后面，就是整个庙宇的第一部分——"前山门"。"前山门"，气宇轩昂，由三间飞檐翘脊的房屋组成。这三间房屋，面对着"湖塘"，分别开有三个上部圆形的庙门，中间的更高。进得大

大雄宝殿

门，是二米多高的佛坛。佛台上，三个"三世如来"的造像端坐在莲花上，身子向前仰，仿佛在注视着下面来往的香客。佛像金身，这也是"娘娘庙"中体积最大的菩萨。据说，这代表了佛祖的前世、今生和未来。这三尊佛像并没有占据整个"前山门"，只占殿中间的前部约三分之二的地方。后有照壁夹开。后面部分和庙中的戏台相连，作为出将入相的后台。

娘娘庙正殿的建筑风格却和前山门截然不同。它不像前山门那么气宇轩昂。它的特点是——古朴。正殿上部是铺以筒瓦的屋面，和近乎垂直的山脊。屋顶约占此殿总高度的2/3，这使下面的墙体显得有些低矮。正殿上之屋脊，高近1.5米左右，这也是整幢建筑最精华之处。它用糯米和石灰，制成粘合剂，用砖和瓦片巧妙地塑造出了万顷太湖的滚滚波涛。在波涛中簇拥着"顺风大利"4个大字。这4个字，雕刻在四块方形大砖上，采用了欧阳询的笔法，笔力刚劲，入木三分。砖之正反二面字相同，取朱文，四周有花边。鎏金的字和花边镶嵌在宝蓝色的底板上，使它更为壮重。有人曾在屋脊上用身子量过这几个字，1.7米个子的人，举手不能及顶。足可见此砖之大，无1.5米见方不成。人走在湖塘上，远望这四字，清晰可见，历历在目。"顺风大利"，这四字的下半部没入脊之浪花中，上半部高高地突兀在空中。与二边山脊上突起之龙尾状相平。整个屋脊以宝蓝色彩为主，黑色描线，白色为浪花。另有朱红点缀。墙体用"土褐"涂色，整幢建筑显得更加雄伟庄严。

正殿共有5间。边上2间是山墙外飞檐的下部，故而宽不过2米。中间3间过丈四，前后有九根梁，中间五根用肩梁架空，这使大殿显得更加宽畅。椽长近3米，粗壮如一般的栋梁。大殿四周无窗户。光线从中间的门洞和四面的椽和梁之间的空隙中注入。在东北角，有一个单扇的门洞，它是僧人从大殿到生活区的通道。大殿正中，筑有一个约1.5米高的佛台。佛台上放着宫廷状的佛龛，佛龛四周挂有绣花的绸幕，门前是左右分开的帐面。"娘娘菩萨"彩塑，头戴凤冠身穿丝绸霞帔，大小如常人。在殿内，不论你在哪个方向，她的一双凤眼仿佛总是在正视着你。屋内光线昏暗，更增添了几分神秘的色彩。

据史料记载，当时寺院规模雄伟，殿宇多达百间，寺内三棵银杏树高大葱郁，清净优雅，千百年来高僧辈出、香火鼎盛，香客云集，声名远扬。也是明朝四大高僧（真可、紫柏大师）的出生地。由于年代久远，几度沧桑，物业殆尽，不复昔日之辉煌。20世纪的50年代初，"娘娘庙港小学"就设在这"前山门"里。1958年的"人民公社时代"，因为要做"大队部"和"大会堂"，"娘娘菩萨"和佛像被全部捣毁。大殿在20世纪70年代中期被拆除。20世纪后期，当地的百姓筹资重新建起了"娘娘庙"。

二、寺院建筑格局

2005年2月，经吴江市人民政府批准，观音娘娘庙更名为"报恩寺"，成为合法的佛教活动场所。报恩寺，坐北朝南，占地60多亩，建筑面积3080平方米。重建的报恩寺目前建筑有天王殿、钟鼓楼、大雄宝殿、娘娘殿、观音殿、地藏殿、斋堂、客堂、念佛堂、居士楼、僧寮等。

天王殿2015年启动建设，面阔3间，200平方米。殿门上方悬挂"天王殿"匾，联为："慈化大德人间净土欢喜佛，龙华菩提弥勒三尊兜圣天。"殿正中供奉弥勒菩萨像，背后为韦陀菩萨像，两边四大天王像。天王殿北门上方悬挂"三洲感应"匾，由中国书法家、书画鉴定家启功书写。出天王殿，左右两边为钟鼓楼，2016年启动建设，300平方米。从天王殿出后过香花桥，前面就是大雄宝殿。

大雄宝殿前露台200平方米，露台正中有一鼎，鼎高5.8米。大雄宝殿2010年启动建设，面阔5间，485平方米。殿为二层，翘角飞檐，庄严肃穆，富丽堂皇。殿上层悬挂"大雄宝殿"匾，由赵朴初题；殿门上方中间悬挂"佛光普照"匾，由茗山长老题；东"万德庄严"匾，赵朴初题；西"正法久住"匾，启功题。门内侧联："微笑拈花佛说雨般世界，拨观照影我怀一片冰心。"殿门外侧联："誓愿宏深处处现身说法，慈悲广大时时救苦寻声。"进大殿，殿前东西有钟鼓，殿正中供奉释迦牟尼佛，两侧分别是阿难和迦叶。俗称"一佛二弟子"。大佛背面供奉海岛观音，脚踏莲花，手持净瓶杨柳枝，神态矜持娴静。殿两侧是十八罗汉，神态各异，栩栩如生。殿后东西两边供奉文殊菩萨和普贤菩萨。

地藏殿 2017 年五月启动建设，二层，面阔 7 间，建筑面积 960 平方米；观音殿 2017 年启动建设，二层，面阔 7 间，建筑面积 960 平方米。娘娘殿 2011 年启动建设，建筑面积 135 平方米；斋堂 2013 年启动建设，建筑面积 300 平方米；居士楼 2013 年启动建设，建筑面积 300 平方米；客堂 2014 年启动建设，建筑面积 200 平方米；僧寮 2014 年启动建设，建筑面积 200 平方米。

整个寺院建筑雄伟，布局合理。

三、寺院一绝银杏树

报恩寺内现有 3 棵百年以上的银杏树，高大葱郁，这在吴江区寺院中堪称一绝。天王殿前两棵已有 120 岁高龄，两两相望，情意绵绵。寺院东南一棵树干周长 3.54 米，树径 1.13 米，根部周长 4.72 米，根径 1.5 米。这棵古银杏树已阅 580 年沧桑，苦心孤诣，目光西凝，因为在西面相对的位置肯定有过一棵它的姊妹或者结发之魂，本来它们共同承担着撑起娘娘庙天空、阅读时光的重任，可惜只剩它孤独的躯干接受了先逝者的灵魂，合二为一地恪守使命，承继遗志。

银杏树还有三个特色，树梢上有喜鹊窝，中间有枸杞树，树根部有蜂窝。

报恩寺地处吴江区滨湖新城的太湖绿洲腹地，不仅紧靠太湖第一闸的节制闸、太湖大学堂，还紧靠格林公园。重建后的报恩寺，既使滨湖新城多一个佛教胜迹，更增添一道美丽吴江、太湖旅游的景观。

吴江七都双塔寺

双塔寺，位于吴江区七都镇双塔桥。1997年9月15日，双塔桥被公布为第三批吴江市文物保护单位，现升格为苏州市文物保护单位。

一、千年七都

七都，初次听来，以"都"命名地名会觉得有些稀奇。其实"都"为宋、元时期地方的一级建制，范围级别比现在的乡略小。如今的七都，便是宋时吴江的二十九都之一留世古称（目前还有"八都"等）。时隔近千年，七都依旧保留着精致小镇的文化底蕴和一份古朴。

从地图上看，七都位于浩瀚太湖东南岸，有着三十余里的湖岸线，可谓水乡泽国。古时的七都庙港一带更有着七十二港之说，除了船外，桥便是最最重要的交通线。桥，在水韵江南，在太湖七都也便多了一份沉淀和意义。

七都不仅水多、桥多、庙也特别多。旧时七都庙港沿湖一带就曾有"一港一庙"之说，曾有张老太庙、东岳庙、永定寺、土地庙、观音庙等。随着时代变迁，七都境内最富香火的便是那位于双塔桥村李家港的双塔寺（又名"浮碧庵"）了。

走在太湖水畔，回望精致小镇七都。这里有你喜欢的太湖大闸蟹、腌桂花（桂花糕）和庙港香青菜等美食，也有你难得一见的世界非物质文化遗产昆曲的艺术延伸，人称"江南文化活化石"的七都木偶昆曲。你可以摸摸"绍定"东庙桥的沧桑，倾听费老曾经探访的江村故事和南怀瑾老先生与他的太湖大学，更可走走双塔桥，仰望双塔寺，体验一下"拜阿太"风土人情……

太湖七都是一个景色秀丽、民风淳朴、人杰地灵的精致小镇。

二、历史沿革

双塔寺原名浮碧庵，据《七都镇志》记载：浮碧庵在双塔桥（今李家港村）

水中一洲。建于明洪武（1368—1398）中，前临稽五漾，后濒倪家漾，烟波浩荡，左右两桥，辅以石塔，上有高阁，可登临眺望。清风帆影，夜月钟鱼，荻渚鸣榔，苔矶垂钓，为六都第一胜景。万历（1573—1619）时，南浔董宗伯份重修。清乾隆九年（1744），寺僧以阁将杞拆下改建平屋。后在内构筑楼房三间，庵内香火不绝。

双塔寺虽占地较小，规模不大，但寺院建筑紧凑，原浮碧庵有三进，第一进供奉王灵官，第二进供奉圣帝，第三进供奉观音菩萨，历来香火极旺，声名远扬。

明万历（1573—1619）时，护法善信者浙江南浔人董份重修。清乾隆九年（1744），寺僧以阁将杞拆下改建平屋。后在内构筑楼房三间。寺内香客香火不绝。一洲一寺，双塔双桥双井，寺古景幽，碧水蓝天，水中倒影，构成了清净的寺庙景观。在20世纪中叶，桥头堡的两座石塔因年久失修而倒塌，20世纪70年代"人民公社化"时，寺庙曾拆卸前埭房屋移作他用，开办了小型村办企业。90年代初，当地信众出资出力，自行组织，募捐修缮。2005年2月，经批准恢

双塔寺

复重建，并更名为"双塔寺"。2009 年 8 月，登记为固定处所。

三、寺桥相连

恢复重建的双塔寺，黄墙绕寺，整体庄严。现建有天王殿、观音殿、大雄宝殿、法堂等建筑，观音殿为二层建筑，可登临眺望。大雄宝殿匾额系赵朴初书法墨迹，殿内正中供奉释迦牟尼塑像，两边为阿难、迦叶两弟子像，殿左右两侧供奉十八罗汉塑像。法堂回廊墙壁用青砖雕刻三十二身的观音像。

双塔寺的山门殿与天王殿合为一体建筑，山门前跨左右两座石桥，左前方为三孔石拱桥，名"双塔桥"（又名双石桥），原东西两桥俱三孔，镇以石塔，明万历七年（1579），浙江南浔人董份重修。后两桥俱圮，清雍正七年（1729），里人盛宣令、邱美中募捐重建，而东仍建以三孔，西则易以石块板桥矣。系明代洪武年间（1368—1398）建造，为寺庙、石桥同时代所建，桥体三孔，中孔大两边孔小，河面宽阔，水过急流。南向桥联："唯上上田，农桑不大利；活泼泼地，兰若宛中央。"右前方为单孔梁式石板平桥，两座石桥东西相连，一平一拱，起伏有致，寺桥相间，横跨七都、八都两地，并辅以东西桥头堡两座石桥，整体建筑呈稳重与亲水。

双塔寺寺桥相连，寺前水面开阔，水质清澈，清风帆影，夜月钟鱼，荻渚鸣榔，苔矶垂钓，双塔飞峙，双桥彩虹，水天一色，为当地"第一胜景"。1980 年有潘虹主演的电影《杜十娘》就是借用双塔寺剩余楼房（现在的观音殿）和双塔桥及其周围的湖面作为外景地拍摄的江南水乡，美景无处不在。

四、名人咏诗

双塔飞峙，双塔彩虹构画出江南仙岛佛国——双塔寺，吸引了众多文人学士前来参访，并作诗咏诗。清代金莱诗曰："双虹横跨处，塔影吊晴澜。佛屋春风古，蟹篱秋月寒。僧归荷月渡，鸥梦蓼花滩。犹喜添幽致，土人尽布冠。"清代沈裕云诗曰："佛日卓孤洲，双桥锁碧流。稻香篱蟹户，柳系网鱼舟。塔影波心动，钟声浦面浮。我知身可寄，方外傲王侯。"清代孙起鲲诗曰："怒流东注去，陇口束双虹。地僻人稀到，溪宽楫易通。寺居红蓼内，塔对碧云中。偶借禅房坐，渔榔响晚风。"清代孙展儒诗曰："地偏分漾五，水急锁桥双。碧玉浮萧寺，清风冷佛幢。彩虹联巨塔，文笔卓长杠。艇系河洲夕，钟声带月撞。"

吴江桃源普慈寺

普慈寺，位于吴江区桃源镇铜罗社区。其中汾阳王庙于 2008 年 12 月被吴江市人民政府公布为文物保护单位，现升格为苏州市文物保护单位。

一、古镇铜罗

铜罗是吴江最美的六大古镇之一。位于苏州吴江区，2003 年并入桃源镇。铜罗又名严墓，元至正年间（1341—1368），张士诚与朱元璋相抗衡，后被朱元璋俘获自缢。其部下一个姓方的术士逃到铜罗，隐姓埋名，以酿酒为生。一日，在取土封酒坛时，发现一座地下墓穴，察看碑文，知墓内所葬者为西汉辞赋家严忌。为纪念这位西汉辞赋家，当地人士便将铜罗改名为严墓，此名一直沿用。1957 年，吴江全县撤区并乡，复原名建铜罗乡。至此，严墓地名延续 600 余年。历史上的严墓，商业繁华，800 米老街，街面宽阔，枫桥河两岸廊棚连贯，民居宅房贴水而建。在铜罗老镇区，有一条

小河，名叫迎春河，河上躺卧着一座梁式古石桥——迎春桥。

"百载陈坛满古镇，九重香气郁铜罗"，铜罗历来还有一个身份，那就是"酿酒之都"。铜罗镇传统工艺的酒类，以质量醇香而驰名。据苏南酒文化馆中有关资料记载，酿酒是铜罗的传统产业，其历史可以追溯至 2500 多年前。早在吴越时期，吴宫老酒就已成为宫廷酒。据介绍，旧时的铜罗几乎家家户户都有酿酒作坊，盛产的严墓米酒和桂花冬酿酒在江浙沪一带久销不衰，被公认为苏南三个酿酒发源地之一。

在古镇的西南方向，有 800 余年历史的汾阳王殿，也就是如今的普慈寺，还有一个传说。相传唐德宗初年，江南大水，郭子仪奉旨代天巡视，到达铜罗（古称澄源）一带时，听说当地突然出现了一对野猪精，残害庄稼、伤及百姓，当地人胆战心惊。郭子仪用竹木搭了一个数丈高的观望台，并定铸了一面大似圆桌的铜锣挂在观望台中央。几天后，

野猪精出来了,观望台上的将士一起敲响铜锣,展开了斩妖大战。当地百姓纷纷举起火把观看郭将军斩妖。后来,为报答郭将军之恩,当地百姓保留了观望台和大铜锣,并每逢初一、十五敲锣三声。后来人们干脆就把澄源改称为铜锣,后又建起汾阳王庙。

二、历史沿革

普慈寺原名普慈庵,在铜罗镇区中心,始建于宋建炎年间(1127—1130),由僧志勤建造,明洪武年间(1368—1398),归并明庆教寺。万历年间(1573—1620),僧人祇圆重建,清乾隆四年(1739),由僧人天澄、法济再建。普慈寺历经宋、元、明、清,至今已有880年,因代代干戈、朝朝烽火,受战火蹂躏,后毁于战乱之中。

2007年10月,登记为固定处所。

三、建筑规模

重建后的普慈寺坐北朝南,建有天王殿、大雄宝殿、藏经楼、钟楼、鼓楼、五百罗汉堂、放生池、斋堂等,建筑面积近2000平方米。

天王殿面阔3间,80平方米,殿门上方悬挂"普慈寺"匾,殿正中供奉弥勒菩萨像,两边为四大天王像。出天王殿西为"江南第一铜锣"楼,东为五上五下一幢楼,约350平方米,一层为五观堂,二层为三学堂。

从中路进入为一圆扁香炉,香炉东面为一座报恩亭,亭中竖有"知恩报恩"碑;香炉西为一小壁,刻有"般若波罗多蜜心经"。绕过香炉为放生池,香花桥横跨南北,过桥为大雄宝殿前露台。大雄宝殿高大雄伟,为庑殿式,重檐,九扇褐色大门敞开着,与两侧的黄墙交相辉映,门前的阶石全是好几米长的条石,为以前汾阳王庙前殿所遗之物。大殿面阔5间,400余平方米,殿上方悬挂"大雄宝殿"匾,下方中间悬挂"慈航普渡"匾,左右两边为"正法久住""花开见佛"匾。殿正中供奉"一佛两弟子",两边供奉十八罗汉塑像。

大雄宝殿东侧为观音殿,二层,面阔3间,240平方米。一层为观音殿,殿中供奉5尊玉观音。观音殿北也是一幢二层楼,底层为客堂。大殿西侧南为般若堂,面阔六间,200平方米。般若堂北为文殊殿,一间,30平方米,殿内供奉文殊菩萨。文殊殿北为面阔5间的五百罗汉堂,300平方米,内有栩栩如生的五百尊罗汉像。殿前面北建有两座自在、大得亭。

位于般若堂南为"江南第一铜锣"楼,楼上挂有"普慈寺"三字的铜锣一面。

大雄宝殿

四、汾阳王庙

位于寺院大雄宝殿后面的是汾阳王庙，原为郭氏家庙，后逐渐被当地民众视为保护神，奉之极虔。每逢汾阳王神诞和驾前各将军诞辰，乡人总要献戏庆贺，每年献演戏剧有几十场。当地以有汾阳王庙，乡境称为汾阳境，又分为汾阳大社、汾阳祖社、汾阳东社，合称汾阳三社，境内许多东西以汾阳命名，如汾阳溪、汾阳亭、汾阳井、汾阳桥、汾阳公园、汾阳市场、汾阳新村、汾阳酒坊、汾阳日杂店等，旅居美国的长乐人还在

美国建立了汾阳会馆，汾阳王成为联结海内外长乐人的纽带。

汾阳王庙传说很多，有的传说耳熟能详。长乐岱峰学者、诗人李永选在《公余汾溪晚步》诗所云："水关门外立多时，榛莽丛中读断碑。忆昔破倭神力助，而今里巷尽传奇（明代倭寇犯长乐，汾阳王曾于水关外显圣退敌事，载邑乘）。"此传说指郭子仪显圣惊破倭寇胆："嘉靖间，倭薄孤城，从高瞰下，靴尖可踢，围中数万生齿，谁不岌岌者？王显其灵，旌旗于壁垒，金鼓以齐步伐。夜则灯火明灭，行枚杂沓，隐见庙中。倭以有备

也，惊而宵遁。此城守人所共见，传至今不衰。"（《长乐县志》）

据史料记载，郭子仪（697—781），华州郑县人。出身武举，累官至天德军使兼九原太守。唐天宝十四年（755），安史之乱爆发，明皇入蜀，太子李亨即位灵武。朔方节度使郭子仪奉命讨伐叛军，平定安史之乱，收复西京长安、东京洛阳，功居平乱再造唐室之首，封汾阳郡王。代宗时叛将仆固怀恩勾引回纥、吐蕃进犯关中，郭子仪率数十骑兵入敌营，采取结盟回纥、孤立吐蕃之策，再次收复两京。德宗朝，晋太尉中书令，获称郭令公，赐号尚父。郭子仪身系唐室安危二十余年，为唐玄宗、肃宗、代宗、德宗四世重臣，一生忠勇爱国，宽厚待人，东征西讨，屡建奇功，享有崇高的威望和声誉。建中二年（781）六月十日年85而终，德宗痛悼，废朝五日。诏群臣往

吊。赠太师，陪葬建陵。赐谥曰忠武，配飨代宗庙廷。后世君王视郭子仪为忠君爱国的典范。郭子仪有8子7婿，皆贵显朝廷。

汾阳王郭子仪的庙宇大多建在北方，因此坐落于吴江市桃源镇铜罗古街区西端的古建筑——汾阳王庙，在江南一带显得颇为珍稀。该庙初建于宋乾道七年（1171），清康熙十年（1671）重建，至今已有830多年历史。现存后殿五间、偏屋两间，后殿上塑有彩绘神像。2007年启动了维修工作。修复前，汾阳王殿的框架木雕等保存完好，并在汾阳王殿的3间西偏屋墙壁上发现了明代壁画。除了明代壁画外，修复时，还在殿内发现了部分彩绘横梁。

汾阳王殿东为郭子仪纪念馆。西为三圣殿，殿内供奉3尊玉佛。

吴江盛泽明庆寺

明庆教寺，位于吴江区盛泽镇坛丘社区清风北弄。寺前的莲云桥，2008年12月22日，被列为吴江市文物保护单位，现升格为苏州市文物保护单位；清风桥和明月桥，2019年8月23日，被列为苏州市第五批控制保护建筑。

一、历史沿革

明庆教寺（俗称大庙）。明庆教寺位于清风北弄（现没门牌号，民国是叫大庙场），初建于宋朝嘉定中（1208—1224），事奉东岳泰山之神，取名为岳祠禅院。据清乾隆《吴江县志》记载，岳祠禅院始建于南宋嘉定中，咸淳中（1270）中年僧杲重建；明洪武中（1382）归并明庆教寺；宣德三年（1428）僧广润修；清康熙二十一年（1682）僧元素重建；雍正三年（1725）僧道源修。民国时的岳祠禅院东有"老塌堂"，西有"岳祠"，正殿即"大雄宝殿"，可与苏州市玄妙观相媲美。岳祠禅院最南面是戏

台，免费做戏时朝外演，其他则朝内演。进了山门第一进为"天王殿"，中坐弥勒，背有韦驮，边有四大金刚。二进为"大雄宝殿"，正中置释迦牟尼，文殊、普贤侧立左右，东西两旁置有十八罗汉。西厢房是"十殿阎王"，东厢房为"颂经堂"。三进是大楼，楼下"大悲阁"，置有雷公雷婆佛像；楼上"千佛阁"；殿东侧是"钟楼"，西侧是为宿舍、藏经阁。总占地面积达3000多平方米，香火很旺。东面老塌堂里置有坛丘大老爷佛像。坛丘人认为"大老爷很灵，处处有份"，即啥地方有事，它总有到场。清末民初，渔民们从太湖里请来一僧二老爷佛像也置在老塌堂。老塌堂在民国二年（1913）2月改为国民小学。中华人民共和国成立后仍为小学校舍，1981年改建为教师宿舍，2007年恢复明庆教寺时拆除。西面的岳祠置放着关公的佛像，人们称之为"关老爷"，"关帝菩萨"。岳祠禅院在1958年被拆除，改建为坛丘公社人民大会堂兼影剧院，1999年2月8日被吴江

市建委定为危房，2003年底拆除。2005年，经吴江市政府批准为佛教烧香点，并命名为"明庆教寺"。2007年10月，登记为固定处所。2008年农历九月十六日，明庆教寺举行大雄宝殿、天王殿落成暨佛像开光庆典，苏州、吴江等地法师应邀参加。

二、建筑风格

恢复重建后的明庆教寺，坐北朝南，占地7亩多，建筑面积6800多平方米。明庆教寺坐北朝南，临河而筑。整个寺院建筑为明清风格，布局稳重，有照壁、山门、天王殿、大雄宝殿、观音殿、伽蓝殿、斋堂和僧寮。

从清风街进入，过清风桥，在桥西山门前临河建有长19.8米、高12.8米的照壁，照壁为明清风格，清水砖雕，双檐角上有4条龙，正面中间有"南无阿弥陀佛"6个大字，背面中间有一个大"佛"字，由吴中区佛教协会名誉会长、包山寺贯澈长老书写。东西两边雕刻有文殊、普贤菩萨图案。整个照壁气势雄伟，风格独特。山门前广场上安有铜香炉一座，高6.8米。

明庆教寺的山门为三孔，建筑为明清风格。山门口有对大石狮子，山门上方砖雕中"明庆教寺"4个字及山门左侧"净土"，右侧"圣地"，系中国佛教协会

咨议委员会主席、苏州灵岩山寺方丈明学长老题写。

踏上五级花岗石石阶进入山门，第一进是"天王殿"，面阔3间，200平方米。殿上方悬挂"天王殿"匾，系贯澈长老书写。殿正中供奉弥勒菩萨，两边是四大金刚，为东方持国天王、南方增长天王、西方广目天王、北方多闻天王，朝北是韦陀菩萨。柱联："慈颜常笑笑古笑今凡事付之一笑，大肚能容容天容地于斯何所不容。"贯澈书。踏出"天王殿"回头往上看有块"威震三洲"匾，原灵岩山寺海晏法师书。

出天王殿右为"伽蓝殿"，面阔3间，60平方米，供奉"伽蓝菩萨"。伽蓝殿匾额由南浔瑞风斋书画家邵阿才题书。左为观音殿，面阔3间，100平方米，观音殿匾由苏州寒山寺方丈秋爽法师书写。柱联为："千江有水千江月，万里无云万里天。"殿正中供奉观音菩萨像。

大雄宝殿前露台占地300平方米，露台朝东、朝南、朝西各有5级台阶。大雄宝殿外墙和露台青石栏杆中间有60幅雕花。露台正中有高6.8米三层宝鼎。露台前东西两侧竖立两块石碑，分别由贯澈长老所书"常随佛学"和明学大和尚所书"知恩报恩"。

大雄宝殿于2007年农历九月十六日奠基，工程历时一年竣工。大雄宝殿十分雄伟，面阔5间，长32米，宽27米，

高 13.6 米。殿正面上层悬挂"大雄宝殿"
匾，下层"万德庄严"匾，东侧"佛日
增辉"匾，西侧"法轮常转"匾，对
联"念念相续无有间断恒不忘失菩提心，
如如不动具足圆满普为利乐众生界"，均
由贯澈长老所题，其书法笔力刚健遒劲，
与寺院浑然一体，和谐协调。殿正中供
奉"一佛二弟子"，释迦牟尼佛像，高 9.8
米。两侧供奉十八罗汉像，"一佛二弟子"
像背后供奉观音菩萨像，两边为善男善
女像。殿后东西两侧供奉文殊、普贤菩
萨像。殿东南角有一口钟，西南角安放
一只鼓。殿前柱联为："慈起无缘悲运同
礼恩偏圣凡含识中，圆悟藏性徹征自心
道通天地有形外。"明学长老书。后柱联
"大发慈悲威妙功德恒沙世界宝莲开，誓
深似海善应诸方杨柳枝头甘露洒。"贯
澈长老书。大雄宝殿西侧为三层僧寮。

2007 年 5 月，吴江市佛教协会委派
通修法师到明庆教寺后，在明庆法师的
带领下，自筹资金 2000 余万元，经过
8 年的努力，对寺院的建设，寺外场地、
景点、桥梁、驳岸的修建，使明庆教寺
成为吴江的一处佛教胜迹。

三、古桥碑亭

明庆教寺，南、西两面环河，寺周
围有古石桥三座，桥名曰清风桥、莲云
桥、明月桥，以方便香客而至。

进寺为清风桥。跨市河清风港，南
堍对着耻字圩上的吴家弄，北堍对着献
字圩上大庙场（原南庙弄）。初建无考，
但《屈志》上已提到，《震泽乾隆志》中
也提及，估计初建与莲云桥不相上下。
该桥清雍正元年（1723）仲春修建。
1969 年 7 月清风桥顶部石头断裂，后
来预浇水泥石板在桥面铺设，现为单孔
石桥，同年，桥两侧安装铁栏杆。1984
年南、北两坡的两侧浇上水泥自行车通
道。2009 年明庆教寺出资派员去掉水泥
斜坡，两侧安装花岗石花式栏杆。栏杆
顶端为圆柱体，其余为正方体，并雕有
花纹。桥顶面铺花岗石。该桥堍宽 2.8
米，桥面宽 2.2 米，全长 14.5 米，桥顶
面石跨度 5.5 米。南坡 11 级，北坡 12
级，每一踏级南坡宽 35~37 厘米，北坡
宽 35~40 厘米，老石为金山石，凿有防
滑槽。现靠顶南面 1 级北面 2 级铺花岗
石。桥东向柱石上刻有桥联"划水漾边
□□□，花园堤畔白龙眠"（这三空格为
河桥砌满而看不出）。"划水漾边"说的
是该桥西南面有一"华祠漾"，也有人叫
"划水漾"；"花园堤畔"说的是清风桥
的东南面有一只"花园浜"，全是河道名
字。桥西向柱石上刻有的桥联是"北带
连云双架鹊，西联明月并垂虹"。意为西
偏北有一座莲云桥，西偏南有一座明月
桥，全为桥名。

山门往西为莲云桥。东首起端处在

清风北弄（原火通街），西首在明月北弄莲云楼门前，跨献字圩、烟字圩，单孔拱形石桥，东西走向。元延祐四年（1317）建，名莲云桥。清雍正元年（1723）修建，名莲花桥。光绪二十三年（1897）重建，翌年告竣，复原名。民国十七年（1928）增建栏石、望柱，两侧栏石下面用大青砖砌满，桥顶朝南两望柱中栏石上写有"民众安行"四字，朝北写"工程完善"。1966年后，改为"人民桥"。1976年后恢复原名至今，但南北两个"人民桥"至今还留着。该桥堍3.7米，桥面宽3米，桥长24.55米，桥顶面跨度3.85米，东、西各28级，每一踏级东侧35~47厘米，西侧32~48厘米，全是金山石，凿有防滑槽。南向柱石上刻有桥联"路达东西，相界盛湖笠泽；波萦左右，常依明月清风"。前句说出走向及相近的邻镇名，后句交代水流走向及边上两桥的名字。北向柱石上刻有桥联"白莲池边，龙鱼俱跃；碧云深处，霞鹜齐飞"。该桥2008年12月全国第三次文物普查时被列为吴江市文物保护单位，现升格为苏州市文物保护单位。

过莲云桥往南是明月桥。跨市河明月港，桥南堍对着熟字圩上的明月弄，北堍对着烟字圩上明月北弄"洋泰"南货店的过堂屋。该桥初建无考，但与清风桥一样，《屈志》及乾隆时的《震泽县志》中全有记载。该桥其中一个重建的日期写于桥梁上，但难以看清，重建后的桥为拱式单孔石桥。1963年因破旧危险而重建为梁式单孔石桥，并在桥顶两边安装铁栏杆。1984年两坡浇有水泥斜坡，便于自行车推行。明月桥堍宽2.8米，顶宽2.2米，全长13.5米，顶长5.5米。桥南坡、北坡各12级，每一踏级南侧37~43厘米，北侧35~41厘米。级全是金山石，凿有防滑槽。桥东向柱石上刻有"东酬台畔清风韵，西搠亭心泉水香"。意为东面有清风桥，西面有泉水漾亭心桥。桥西柱石上刻有"肩摩踵接人居密，□□□□□□"。意为这地方人流量大，人员居住密集。在寺前西南角河边上建有一亭，命"清风亭"。八角二层，亭中竖有一块九龙碑，碑正面刻有《千手千眼无大悲心陀罗尼》经，背面刻《明庆教寺碑记》。

吴江盛泽圆明寺

圆明寺，位于吴江区盛泽镇。

一、圆明寺沿革

据方志中记载，圆明寺，原称白马寺，始建于宋乾德年间（963—968），由僧月觉创建。洪武十九年（1386），僧蒙极捨衍庆庵基拓建，"永乐初（1403），僧德诚奏请今额"，正式称：圆明禅寺。

"永乐十五年（1417）僧宗焕重建"圆明寺，《盛湖志》中记载了这一段历史，主要说明由白马寺到圆明寺的传承关系，因此也留下了这几位僧人的法号。

"正统初年（1436），僧祚移建于盛泽，在小氏圩"，这段记载说明了两点：首先，这僧祚，乃盛泽圆明寺的第一任住持，其次，从这一年起，盛泽在南宋报慈禅院废弃若干年后，有了第一座禅寺，而禅寺的出现，也进一步证明了这里的人口和经济都达到了一定的规模，这可远不是几所小小的祠庵所能比拟的，可以毫不夸张地认为，圆明寺的出现，在盛泽的发展史上具有很重要的象征意义。

"正德十一年（1516），僧如琼修，嘉靖中（1545）僧寿源捨地拓之，崇祯间（1628—1643）僧牧山修"，"清顺治中（1653）修，康熙戊寅年（1698）僧尔初修，乾隆三十二年（1767）修，嘉庆十五年（1810）僧显成修，道光十三年（1833）、同治十年（1871）均修"（《盛湖志》）。

当年的圆明禅寺殿宇轩昂，佛像庄严，尤其是钟声名闻遐迩。《盛湖志》上说："万籁俱寂时，铿然一声，声越麻溪、平望、黄家溪、王江泾。""圆明晓钟"跻身"盛湖八景"之列，颇具盛名。

"这样一处受人偏爱的佛门胜地，不料在日寇侵华时期惨遭损毁。1941年，巨钟被日军掠夺，寺宇随之被毁。

二、原寺院布局

圆明寺原为二进制建筑布局，山门

兼作前殿，弥勒佛坐像居中，四大天王站两厢，弥勒佛后为护法神韦驮金色塑像。据传四大天王像初塑时，为使人有栩栩如生之感，增加其威灵显赫的效果，双眼均以猫眼宝石镶嵌而成，惜抗战前被人挖去（一说为日寇所盗）。过山门有石砌丹墀直达大雄宝殿，殿内有释迦牟尼巨型坐塑像，佛后为南海观世音普渡众生群塑，大殿两侧为十八罗汉站像，整个大殿给人以庄严肃穆之感

大雄宝殿后有天井、池塘，传说即为白马泉（一说白马泉在圆明寺桥前数丈处），志书云："月夜波静，泉涌可辨。"池内有一玉蟹，亦与佛眼同时被盗。

圆明晓钟古景观由圆明禅寺、钟楼、东旸桥（俗称圆明寺桥）、行行且止亭及施相公祠等建筑为主构成，是盛湖八景中最负盛名的景观之一

钟楼，是一方形砖木结构的三层飞檐攒尖顶亭型建筑，名忉利天宫，第三层为钟楼，钟悬其内。据说钟为五色金属铸成，其间融入大量善男信女所捐赠的金银首饰，因此钟声特别激越悠扬，每当晨、暮钟鸣，东方前窑、下窑，南方茅塔、圣塘，西至坛丘，北达小圩，人们都闻钟而动，或以钟声定起居。盛泽沦陷后此钟被日寇盗走，钟楼也被锯断二柱后拆毁。

相传寺成之日，缺钟一座，众僧为此正心内焦急，独方丈面无忧色，似成

竹在胸。某日黄昏，但见大雾弥漫，雾中赫然现一庞然大物，那物轻轻漂浮在水面徐徐余至河埠，方丈见之心中明白钟已到，即命众僧将钟抬出水面运往钟楼。那钟直径4~5尺，高7~8尺，抬上钟楼后，在钟架上安放就绪，居然不偏不倚正合适。那钟敲之声音低沉洪亮，悠远久长，其音可传至镇内。此等美好传说流传至今。

东旸桥即圆明寺桥，跨充字、小氏两圩，为古时盛泽陆上对外的主要通道，始建于明崇祯二年（1639），清康熙三十六年（1697）及乾隆三十三年（1768）二次修葺。同治三年（1864）清兵水师驻扎在圆明寺，倚桥为关隘，晨夕演炮，震塌桥基，桥毁。不久江陵人万青选来盛主政，力主建桥，并亲自向各方募捐，同时采取"凡断民讼曲直，曲方输款以助桥资"。同治十年（1871）冬动工重建，历时三载，"耗工14590余工，钱11246千有奇"，建成"长六丈六尺，高三丈三尺，广三丈四尺"的三孔环桥一座。1949年4月盛泽镇解放前夕，该桥被国民党飞机炸毁。

圆明寺一带景色秀美，它前揽西白漾波涛、后衬红梨荡烟霞，寺前桥下是西白漾7000余亩碧波经全长近1公里的直港泻入红梨荡，港中水流湍急，特别是在东旸桥前，港道本已变窄，水流又为桥墩所阻，急流在桥下回旋，形成

许多旋涡、暗流，当这一急流穿过桥孔时，南北的水位差达 1 市尺以上。若遇春汛，水流汹涌奔腾直下，轰然有声，这时桥南桥北的水位差比平时至少增加一倍以上，很是壮观。

20 世纪 80 年代前，尚存两棵五百余岁的古银杏，后因商业公司建设需要而被伐去，圆明遗迹彻底消失。

三、今原址重建

重建后的圆明禅寺坐北朝南，已建成的牌坊庄严巍峨，四柱三门，正面中间匾额题字"圆明禅寺"，背向为"文殊道场"，两侧分别是"清华"和"庄严"。中间对联"红梨万树一泓湖水映虹，白马千年百八晓钟声传越吴"；外侧对联为"碧波欢跃锦鳞无数，玄寺静观沙界三千"。"清华"喻意寺院周边景物清秀美丽；"庄严"指寺庙和佛像端庄威严；"文殊道场"指寺院是求智重要场地；"红梨万树"意为元末明初江南首富沈万三植万株红梨于水滨，以点缀景色，有"红梨晚渡"一景之说；"虹公式"借指圆明寺桥（亦称白马桥）；"圆明晓钟"为盛湖八景之一，盛名遍及吴越。山门（天王殿），面阔 3 间，80 平方米。

在重建挖地基时出土了有着 580 多年历史的柱础，在沉睡了 70 多年后终于又重见天日。其中的 7 块巨石就是当年盛泽圆明禅寺大殿的柱础，该柱础长、宽约为 140 厘米，高 60 多厘米，柱础的重量在 3 吨以上。据文物专家考证，大殿的柱子就安放在柱础中间凸起的圆形部分，从这柱础可以得知，大殿的柱子直径在 78 厘米左右。可见当年的圆明寺气势十分宏伟。

吴江梅堰秋泽寺

秋泽寺，位于吴江区平望镇梅堰社区秋泽村。

一、秋泽古村

在吴江南部有个北麻漾，坐落在北麻漾东北部有个叫作"秋泽"的古村落，当年是一个较有规模的小集镇，与周边的震泽、盛泽、蠡泽，堪称吴头越尾的四个泽地。

据明崇祯《吴江县志》记载："秋泽村，又名秋溪，《西村日记》云：王莽始建国二年，会稽（今绍兴）太守秋君避居于此，故名。前后有湖，居民耕织兼渔，有席草、柑桔之利。"民国十八年（1929），秋泽村乃秋泽乡驻地。1949年5月到1950年7月隶属梅堰乡；1950年7月到1956年3月隶属梅塘乡；1956年3月到1957年10月隶属盛泽区梅塘乡；1957年10月后又隶属梅堰乡，之后一直隶属梅堰乡人民公社、乡、镇，到1983年恢复秋泽村名。

秋泽村内小河纵横，流过门前、绕过屋后、穿过田野，与震泽、南麻、坛丘三地同饮麻漾水。秋泽村里有座古石桥——宝龙桥，还在向人们昭示着这个村落的悠久。

二、寺庙变迁

秋泽，一方佛教胜地，曾经大小庙宇好几座，《梅堰镇志》上也有记载，最大的一座庙就是东岳庙，坐落在秋泽村部的北面，建造于宋朝，明朝修建过，距今千年。

历史上东岳庙，一度远近闻名，香火旺盛，特别是每年大年三十和每个月的初一、十五，朝拜的人络绎不绝，有些人都是从很远的地方慕名而来，祈祷风调雨顺、健康平安。如今，这些特定的日子里，依然是香客云集、香烟缭绕。寺庙内原有一棵五人合抱的古银杏，在20世纪60年代中期。

秋泽寺原名东岳庙。2005年，吴江

市政府批准为合法的佛教活动场所并更名为秋泽寺。2006年通过地方信众募捐，投资120多万元重新修建。现重建的寺庙坐北朝南，占地面积不足3亩，小巧而精致。寺庙山门临河，门前有一排郁郁葱葱的12株香樟树。

山门（天王殿）。山门殿上方悬挂"秋泽寺"匾额，系中国佛教协会咨议委员会主席、江苏省和苏州市佛教协会名誉会长、苏州灵岩山寺住持明学大和尚书题，笔力遒劲。山门外东西两边深黄色外墙书写：南无阿弥陀佛，诸恶莫作，众善奉行。山门殿联为："秋呈九洲丰硕之祥瑞，泽佑八方有缘之众生。"山门殿面阔3间，60平方米。

出天王殿后即是大雄宝殿，匾额"大雄宝殿"为赵朴初先生字迹。大殿外柱刻有苏州相城区白马寺泓光法师题写的"放大光明敢向无生说妙法，得其解脱须从华里认如来"楹联；大殿内柱楹联"诸恶莫作众善奉行已了如来真实意，四大本空五蕴非有是为波罗蜜多心"系苏州寒山寺秋爽法师题写。正殿内中间塑有释迦牟尼佛像及二弟子阿难尊者、迦叶尊者像。在释迦牟尼佛像背后塑立海岛观音。大殿后墙则是文殊菩萨和普贤菩萨像。大雄宝殿东西两侧为十八罗汉像。

在大雄宝殿外东侧是"三圣殿"，匾额书法系浙江永嘉无相寺济明法师所题，内塑"西方三圣"像，中间主尊为阿弥陀佛，左右分别是观世音菩萨和大势至菩萨，皆立于莲花座上。大殿西侧是"地藏殿"，匾额由苏州相城白马寺泓光手笔，奉立地藏菩萨塑像。

2011年9月3日（农历八月初六），秋泽寺举行释迦牟尼及十八罗汉佛像开光法会，苏州、吴江等地寺院高僧、信众参加了本次法会。

秋泽寺为吴江区唯一的一座尼众丛林。

吴江庙港老太庙

老太庙,位于苏州市吴江区七都镇庙港社区庙震路318号。

一、老太庙由来

据清乾隆《吴江县志》记载,该庙始建于元代至正四年(1344)。从康熙年间的《吴江县志》、乾隆年间的《吴江县志》及《道光震泽镇志》等史料记载来看吴江境内曾存在三座老太庙,分别位于七都镇、震泽镇、庙港镇。今庙港老太庙仅存。

原老太庙内供奉邱老太一门三代。据清代乾隆年间编撰的《儒林六都志》风俗卷载:"里中出行与嫁娶必祭邱老太,盖神为五都人,封平沙侯,最著灵异者"。邱老太爷绰号(邱癫痴),本为庙港人,于镇江为官,殁后为神,相传船入太湖,遇大风大浪,只需呼喊几声"邱癫痴",即可安然无恙。因广为灵验,明代万历年间敕封为平沙侯,后加封为平国王,周边乡民称为"老太菩萨"。

山门

老太庙原有三进，庙前建有戏台一座，楼台翘角，极尽工巧，戏台悬对联一副，楹颇耐人寻味，据说是明代举人赵鸣阳所撰："上联：做出真如是假如是世事从来如是；下联：看到这其间那其间人情亦在其间。"

1958 年，庙港的寺、庙、庵、亭在农业集体化的大环境下，被当时的农业产业合作社拆除或移作他用，老太庙原址仅剩下一颗古银杏树。这颗古银杏至今已有 600 多年的历史。1958 年前，当时是有一雌一雄两棵银杏树。后来，原老太庙被拆除，雌株被砍伐，雄株挺立至今。这棵银杏树鉴证着老太庙的历史。

2012 年 9 月，由南怀瑾先生首倡恢复重建老太庙，并捐地 18 亩及稿费 100 万元，还为老太庙题写匾额两块，礼请宗性法师为筹建委员会主任，2015 年复建工程基本完成，并于 2016 年获批为宗教活动场所，中国佛教协会副会长、中国佛学院副院长、成都文殊院方丈宗性大和尚兼任老太庙住持。2017 年 9 月 28 日，老太庙举行重建落成暨佛像开光祈福法会。

二、建筑格局

恢复重建的老太庙依照"庙中有港，港中有庙"的思路，整体呈现苏式古建筑风格。庙堂周边三河围绕，外圆内方的设计理念，独具一格。

老太庙坐北朝南，占地 11.2 亩，建筑面积 3200 多平方米，建有山门、文化广场、戏台、德泽殿、钟鼓楼、大雄宝殿、禅堂、财神殿等殿堂及附房。

山门上方悬挂"老太庙"匾，进山门，左边为古银杏树，走过小桥为文化广场，前有戏台，第一进为德泽殿，供奉的是邱老太及其子孙像。德泽殿两边为钟鼓楼。第二进为大雄宝殿，面阔五间，380 平方米，飞檐翘角，殿门最上方悬挂"大雄宝殿"竖匾，由国学大师南怀瑾手书，殿门两边有联，殿内正中供奉"一佛二弟子，两边为十八罗汉塑像。第三进为善贤殿，面阔七间，700 多平方米，两重檐。大雄宝殿东面为财神殿。

三、周围环境

围绕老太庙寺院主体建筑，在老太庙东侧建有"怀轩"，为南怀瑾学术研究会办公场所。老太庙的西侧，便是群学书院，为南京大学乃至全国社会学界实地研讨、调研开展各类学术活动的基地。最西面是太湖大讲堂。

老太庙开办的"净素斋"位于河西侧一楼，方便了香客、游客就餐。

老太庙，殿宇雄伟、亭台楼阁、小桥流水，禅林风光，是吴江庙港太湖畔的一处佛教胜地。

吴江佛教居士林

吴江佛教居士林，位于吴江区盛泽镇目澜洲公园南侧。

一、历史沿革

吴江历代居士为弘传佛法，使近代当地佛教得到兴盛和延续。民国十三年（1924），盛泽成立佛学研究会。会员有潘伯谦、姚俊先等，在仲家弄小学内敦请嘉兴范古农演讲《大乘起信论》。

20世纪30年代初，盛泽的佛教居士们成立了舜湖觉社念佛林（简称"觉社"），会址初设西庙，创办人有姚氏、仲沈氏（仲少梅妻）、龚一峰、吴老泉

山门

等。该社为吴江县唯一的佛教组织，曾受灵岩山寺印光、妙真法师指教。民国二十五年（1936），绸界顾桂庭、丁明甫在路头堂出资建房，社址遂移至此。佛教徒定期集聚念经，谓之佛期。每月初一、初八、月半、十八、廿八为佛期。日军占领吴江后佛事停顿。抗日战争胜利后复兴，林员发展至300余人。1966—1976年间，佛像、法器被捣毁殆尽，觉社瓦解。

二、人事变动

1981年，吴江县落实宗教政策，是年底觉社恢复，隶属于苏州西园寺。西园寺方丈明开法师、雪相法师等参加复社典礼。周莲康为林长，马文达、陈馥英为副林长。雪相法师撰佛殿抱柱联云："祖国展宏图百族皆欢，两个文明同建设；如来宣大法三根普被，十方善信共修持。"

1983年，黄国华为林长进居士林，与其他信徒向政府提出申请要求恢复居士林。1984年，正式批准恢复更名为吴江佛教居士林，这在当时为全县第一家合法的佛教活动场所。1984年4月，黄国华皈依苏州灵岩山寺明学和尚。1985年，盛泽、黎里、平望等地佛教信徒70人申请设立"佛教居士林"，并由优婆夷（即在家女居士）薛志源负责成立"佛教

盛泽居士林理事会"筹备小组。

1986年3月29日，盛泽佛教居士林召开会议，选举薛智愿、卜仁衍为正、副林长，除佛诞外，择定农历初一、十五、十八这三日的下午为念佛日。同年，盛泽佛教居士林成立理事会，司管理之职，共有林员68人。1986年，苏州市佛教协会会长、西园寺方丈明开法师，苏州市佛教协会副会长兼秘书长安上法师到盛泽莅临庆贺，后安上法师又亲自送来全套《大藏经》赠予居士林。法会后选薛智源担任林长（1986年农历二月二十二日至二月二十九日往生，为期七天）。

1986年农历三月初六后选卜仁衍为林长（于当年农历十二月十五日往生，为期三个月）。1987年黄国华、郑馥英为副林长。1988年周莲康为林长，至1990年退休。1991年农历九月初五日，苏州寒山寺性空老和尚到居士林举办讲经法会，法会结束为黄国华授五戒，同时选黄国华为林长，一直到2013年农历十二月初七日往生。

1996年，由原江苏省佛教协会会长明学老和尚帮助主持居士林恢复十周年庆典法会。1996年后一方面着重自身建设，一方面到各寺院参加各种护法活动，帮助平望小九华寺建寺，出资四十几万元。

2007年7月20日登记为固定场所。

三、移地重建

由于居士林地处盛泽中浜北岸33号，地方太小，随着林员队伍的不断扩大，容纳不下，再加上房屋破旧，居士林提出申请移地重建，得到政府有关部门的大力支持。

2000年后移地重建的居士林，位于目澜洲公园南侧，坐北朝南，占地3000平方米，建筑面积1880平方米，建有山门、大雄宝殿、三圣殿、地藏殿、伽蓝殿、药师殿、圆通殿、念佛堂、斋堂和客房等。

山门（天王殿）。门前有石狮一对，山门为飞檐翘角，面阔3间，80平方米。中门上方为"居士林"竖匾。殿内供奉弥勒、韦驮及四大天王像。

出天王殿，东面为伽蓝殿，面阔3间，80平方米；西面为地藏殿，面阔3间，80平方米。大雄宝殿前有宝鼎，高3.8米。大雄宝殿面阔5间，180平方米。殿门上方悬挂"大雄宝殿"匾，由原中国佛教协会会长赵朴初手迹，殿门两边联为："大雄雄居三吴，泽润五湖四海；宝殿殿辉百世，盛世万户千家。"殿内供奉释迦牟尼坐像，大殿东西两侧为十八罗汉。殿内前柱联为："盛世盛时盛事，宝刹重辉居士林；梵山梵水梵地，莲灯再耀黄智因。"后柱联为："玉应降魔真应验，金身护法益庄严。"

大雄宝殿西为圆通殿，门上方悬挂"圆通殿"匾，由中国佛教协会副秘书长、江苏省佛教协会副会长兼秘书长、苏州市佛教协会副会长、寒山寺方丈秋爽法师题写。两边联"观音菩萨妙难酬，清静庄严累劫侑"，由原吴江佛教居士林林长黄国华题写。

圆通殿北为三圣殿，面阔5间，120平方米，殿门上方悬挂"三圣殿"匾，由吴中区佛教协会名誉会长、西山观音寺住持贯澈长老书写。门前联为："宝殿称大雄，雄踞吴越福庆地；佛地号盛泽，泽被天下善缘乡。"门两联为："念佛一声盛世中华，礼圣三拜泽被天下。"

三圣殿北为念佛堂，殿门上方悬挂"念佛堂"匾，由原苏州市佛教协会名誉会长、寒山寺性空长老书写。联为："誓愿宏深十方共赞，慈悲广大九界同归。"由秋爽法师左笔书写。

居士林内还保存着一块清代所刻的"普济田记"石碑，甚为珍贵。

盛泽佛教居士林移建分二期进行，第一期建造山门（天王殿）、大雄宝殿、地藏殿、伽蓝殿等，2005年3月20日举行盛泽佛教居士林落成暨全堂佛像开光法会。第二期工程于2006年开始动工扩建三圣殿、圆通殿、念佛堂，于2008年5月竣工。2010年6月4日，举行开光典礼庆典法会。

第七节

张家港市

张家港市香山寺

香山寺，位于张家港、江阴两市交界处的香山。2007年7月20日，被张家港市人民政府列为第三批文物保护单位。

一、香山宗教

香山大部分属张家港市金港镇，西坡与江阴市接界，北临长江。北西走向，与长江走势平行。西北至东南长5公里，东北至西南宽2公里，东部山体向南北两翼延伸，长1.9公里。平面呈菱形状，全山总面积4.37平方公里，主峰海拔136.6米。北坡险峻，南坡平缓，顶部开阔。

据清乾隆《江阴县志》载："香山突出平壤，高峻磅礴，甲于他山。"这种独特的自然风光优势，使得香山很早就成为佛教与道教的传播之地，名扬江南。

香山的寺庙道观建筑始于春秋，盛于梁唐，以后代有兴废，至近代渐趋衰微。纵观这一地区的寺庙道观，其特点，一是多。当地群众有"一观二院三寺四殿五庙六堂七庵"之说，即：女贞观，兜率禅院、采香禅院，毗陵寺、关帝庙、武庙、娘娘庙，素堂、财神堂、火圣堂、土地堂、朝北三官堂、朝南三官堂，都天庵、西宝林庵、东宝林庵、柏林庵、渡船庵、镇海庵、大悲庵。实际还远不止这些，有30多处。以香山之麓南沙镇面积26.55平方公里计，平均每平方公里就有一座寺庙，真可谓多寺庙神灵之山，遍香火兰若之地。

古，是香山寺庙道观的第二个特点。

据有关人士考证，在 30 多座寺观中，建于唐宋以前的千年古刹有 16 座之多，占到一半以上。真是"山幽禅窗静，香凝古殿深"。相传最早的禹王庙建于周幽王时代，距今 2700 多年。由此，香山被敕封为禅地。以后历经战乱，禹王庙大部分建筑毁于兵燹，唯玉皇殿得以幸存，可也是历尽磨难，屡毁屡修，直延续至中华人民共和国成立初期。又如位于香山顶峰的兜率禅院，相传建于晋太康年间，宋朝改为兜率宫。"隆石林立，松荫蔽日，黛色参天，幽异莫可状"，生动描述了这座千年古刹幽深莫测的历史原貌。光绪《江阴县志卷三·山川》又云"祖师殿绕而东为兜率院，有最胜塔，土名瘗狮窟"，但顾名思义可以想见，塔下曾经埋葬猛狮以祭天祀地，登塔可饱览香山胜景。宋朝诗人蒋静（宜兴人，官直学士，后迁居江阴）在游览兜率宫后，写下《登兜率寺塔》一首："扰扰人间世，稀逢物外游。独将无尽意，一瞬白云头。"（明崇祯《江阴县志卷七·艺文》）。

第三个特点是雄，亦即有一些寺观规模宏大，且结构雄奇。据有关人士考证，位于香山西北麓的古毗陵寺建于西汉新莽间，占地 500 亩，内有 36 殿、72 堂、生活用大井 9 口，僧人 500 名，膳房 7 所，有百幢千楹之称。在近代修筑的庙宇中，结构之奇，陈设之雅，又以三官堂为最。《江阴续志卷十八·寺观》载："大圣殿，在香山东岳殿之下，向无平坦之区，仅有破屋三楹，土名三官堂。光绪十四年，僧智刊来修于此，因岩筑室，凿石为垣，陆续建屋三十余间，又砌石为园，分层栽布花木。"据当地老人回忆，这座寺观除了有灵宫殿、大圣殿、猛将殿等殿宇外，东面有荷花茶厅，陈设雅致，西有小楼 2 座，供远客住宿；后有采香花园、月洞门，园如梯形，广植花木，曲径通幽。更有观音殿依香山南崖而筑，上载危岩，下临深谷，犹如玉宇仙客，凌空危挂。清代有诗人赞美："飞宇丹崖上，白云凡度封，蜃楼疑海上，谷道没云中。"

第四个特点是奇，即奇闻轶事甚多。有的见之于史志记载，有的流传于口碑资料。如，与香山连岗的镇山，山北有镇海庵，史载昔有虹蚓出，天落陨石以镇之，故名镇山，建镇海庵。庵西有桃源洞，洞外有和尚石，庵南有解祟泉，旧名弥勒泉。"梁大同中有樵夫采药识金银气，掘之为石所压，故以贪名山。"乡人为祓除不祥，将泉更名为解祟泉。（见《江阴续志卷四·山川》）又如香山北麓惠凝庵，本名清福寺，清道光年间，江苏学政周石芳之女陪同翰林院编修季芝昌之母往清福寺进香，寺中一沙弥暗窥周女之足，遭怒斥。其父闻之，即上书抚台，贬寺为庵，更名惠凝，由尼姑主持。

此外，在民主革命时期，香山的寺庙道观曾是革命活动频繁之处。1927年的后塍农暴运动，玉皇殿是香山一带农暴队员出发前的集中地之一；在土地革命时期，香山周围有十多个村定为苏维埃村，其成立大会就在祖师殿召开，后来江阴东乡革命力量成立红17军，成立大会在张公殿召开。在抗日战争时期，革命前辈包厚昌与焦康寿等曾先后在山上隐蔽，开展抗日救亡工作。

"千古兴亡多少事，不尽长江滚滚流。"香山原有的寺庙道观，在历史沧桑中已经湮没，而今一座规模宏大、江南一流的香山寺雄踞香山巅。

二、历史沿革

据《江阴续志》卷十八记载，位于香山西北麓的古毗陵寺，始建于东汉，即如今香山寺的前称。

宋靖康二年（1127），白马寺锡杖和尚云游香山后，带领弟子在山上建造"南北山观堂""东岳殿""玉皇殿"等殿堂，计有房屋数百间。因其建在香山精华之地，故以香山寺命名。在过去漫长的岁月里，山上香火时断时续，香山寺名称在历史上经过了数次变更。从较近的明代算起，先后有门寿寺、孝先禅院、采香禅院等名称。

一代又一代僧侣，曾为修复和扩建香山寺，付出了大量心血，其中有个名叫智坤的清代高僧，更为当地家喻户晓。同治年间，他为避战乱，从苏州灵岩山寺来到香山。当时，山上仅有一所小庙，香烟衰微，佛门清冷。"寺古留云封涧壑，僧闲随日坐莓苔。数声幽磬松窗冷，一点清火鹤梦寒。"清代江阴文人马捷元咏香山的诗句，形象地反映了寺庙荒凉的情景。为了振兴香山佛教，智坤和他的弟子因岩筑室，凿石为径，经过20余年的辛勤努力，先后建造殿宇30余间。

1966—1976年间，香山寺庙彻底被毁。1993年，张家港市人民政府批准恢复重建香山寺。

2007年7月，登记为寺观教堂。

三、建筑规模

1994年3月8日，在原南沙镇人民政府大力支持、帮助下，开始了重建香山寺的工作。在选址重建的问题上，经过专家反复论证，最后确定了香山寺的重建位置。香山寺的重建位置得天独厚，既保护了香山原有的十八景，又使香山寺融入了香山十八景之中，为香山风景区的进一步开发奠定良好基础。香山寺建筑结构雄奇，布局协调，远而视之，恍如匠心独运的崖浮雕。1995年8月，香山寺正式对外开放，时任苏州灵岩山寺方丈明学长老为佛像开光。

香山寺，坐落在主峰老虎嘴中腰海拔约 125 米的山坡上，坐北朝南，背靠古代军事设施藏军洞，前临风景如画的采香径和听松吟。整个寺院占地 20010 平方米，建筑面积 5592 平方米。殿宇依山而筑，梯次渐进。

山门上方的"香山寺"匾额由原中国佛教协会会长赵朴初手书。西侧围墙有"庄严国土、利乐有情" 8 个大字，是原江苏省佛教协会会长茗山法师题写的。从山门花岗岩台阶拾级而上，便到天王殿。居中弥勒慈颜常笑，两侧四大天王法威庄严，手中所执的宝剑、琵琶、雨伞和黄绢等法器，象征着风调雨顺，国泰民安，为民造福。走出天王殿，左右两侧分别是地藏殿和观音殿。

由天王殿再向上拾级登攀，就是大雄宝殿，匾额也是赵朴初手书。大殿为双层楼阁，长 21 米，宽 13.8 米，脊高 15.5 米，建筑面积为 282 平方米。整个大殿檐牙高啄，雕梁画栋，气势恢宏。殿前平台置一铜鼎。殿内正中供奉释迦牟尼佛和阿难、迦叶二弟子，两边是文殊、普贤两尊佛像，两侧为十八罗汉。释迦牟尼佛的背面则供奉着海岛观音、善财童子和龙女。大雄宝殿后面则为藏经楼，楼内供奉西方三圣。山门的西侧是吉祥门，殿内供奉着自在观音、韦驮菩萨。沿着台阶向上攀登，过财神殿后面则是大悲殿，殿堂内供奉着七尊千手观音菩萨。

四、寺景交融

整个香山寺的建筑群与"香山十八景"融为一体，香山寺成为香山旅游风景区对外开放的一道亮丽风景线。优美的自然风光，悠久的历史文化，加上现代化的设施，香山成为广大游客观光、香客向往的胜地。一年四季呈现出一派佛音萦绕、香火鼎盛的兴旺景象。

山门的东侧建有香山寺宾馆，一共有 18 个标准间，其装潢设计既有现代宾馆的气息，又保留着寺院建筑艺术的特色。山门西侧，紧挨着寺院吉祥门，有素菜馆和茶室，取名叫"一品斋"。素菜馆以其素菜的"形、仁、味、清、淳"吸引着八方宾客。二楼的茶室窗明几净，整洁古朴，室内摆古色古香的红木八仙桌，悬挂的是丝竹窗帘。坐茶室中雅座，既可以品茗畅谈，又可以透过窗户欣赏到寺内外的风景。

五百罗汉石窟和放生池就在茶室的北面。五百罗汉石窟依山傍水，与香山之巅聆风宝塔遥相呼应，气势恢宏，佛韵非凡。

如今，站在香山脚下向上仰望，翠绿丛中云蒸霞蔚，殿宇生辉，梵呗盈耳，美不胜收。

张家港市东渡寺

东渡寺，位于张家港市塘桥镇东渡苑内。

一、寺院由来

东渡寺的名称历史上没有，而是依托鉴真大和尚第六次东渡成功恢复建设的一座仿唐佛刹。

东渡寺其前身为位于古黄泗浦港口附近的尊胜禅院，据专家推断，尊胜禅院建于南朝、毁于唐朝、复兴于宋朝。尊胜禅院俗称大慈寺。根据《吴郡志》记载："净居禅院，在常熟县西北八十七里，旧尊胜禅院也。"尊胜禅院，"始于梁大同二岁，唐会昌废。大中初，诏复天下精舍，院复兴。广顺中，钱氏有土，仆射陈满悯其隳陋，首出己财，集群庶同作佛殿。其后始获禅子尧锄荒以广其地，端径以辟其门。圣宋咸平六纪，遍募豪族，以重新之"。

鉴真和尚发心东渡始于唐天宝二年（743），此后 10 年间五渡重洋，均以失败告终。天宝十二年（753）鉴真和尚从扬州顺江而下，挂单在黄泗浦附近的尊胜禅院筹备东渡资粮。相传尊胜禅院内供奉着一尊庄严的药师佛像，因为十分灵验的缘故，所以远近善信常来此礼拜药师如来，屡有神验。在鉴真东渡的那个夜晚，江涛依依，月光皎皎。大师率领众弟子来到院内，竟拜在药师如来佛像前，焚香祷告，顶礼祈求东渡顺利平安。这一次虔诚的礼佛，让在场的每一个人都信心百倍，欢喜无量。

天宝十二年（753）十一月十六日，年已 66 岁的鉴真和尚率领 24 位弟子从黄泗浦扬帆起航，经过一个多月的海浪颠沛，终于到达日本，东渡成功，实现了东渡扶桑传道授戒的夙愿。从此黄泗浦和鉴真和尚的名字紧紧地联系在一起。

1994 年，经张家港市人民政府批准修建东渡寺。2007 年 3 月 30 日，经苏州市民族宗教事务局审核并报江苏省宗教事务局批准，确定东渡寺场所类别为寺院。

二、寺院格局

东渡寺，坐西朝东，这是新建寺院中的特例，面朝大海。至2014年末，东渡寺占地13340平方米，建筑面积5335平方米。从1994年动工修建至2014年，仅仅20年时间。东渡寺规模宏伟。整个寺院建筑仿唐代建筑风格，殿宇巍峨，佛像庄严，佛音盈耳，美不胜收，呈现出一派古朴、明洁、幽静的景象。

寺院中轴线上建有牌坊、山门、天王殿、大雄宝殿，两边建有钟楼、转藏楼、药师殿、三圣殿、观音殿、祖师殿、圆通殿、传灯大讲堂、香积院、方丈院、寮房等。

矗立在东渡寺山门前牌坊，四柱三门重檐，中门石柱前有一对石狮，门上方中间"东渡苑"3字，由原苏州市佛教协会名誉会长、寒山寺法主性空长老书写。中门联为："扶桑远渡恩泽百业，鹿苑留芳德沐千烁。"外联："紫气祥台东渡苑，惠风福址黄泗浦。"牌坊背面中间四字为"鉴真遗风"。中间石柱联为"沧溟水淼漫何惜已命，目瞽躯表远惦他生"。外联为"六渡不移弘法吉，百摧狃固济民心"。走过牌坊，两边有一排银杏树。

山门，面阔3间，80平方米。2005年3月21日举行奠基仪式，同年上梁。山门上方悬挂"东渡寺"匾，由原中国佛教协会会长赵朴初手书。殿内供奉哼、哈二将，形象威武勇猛。

出山门，为院子，南为香积院，北为方丈院。通往天王殿中间路上有香炉、宝鼎。天王殿面阔5间，重檐，160平方米。2005年3月21日举行奠基仪式，同年上梁。殿门上方悬挂"天王殿"匾。殿内正中供奉弥勒菩萨像，背面为韦驮菩萨像，两侧供奉四大天王塑像。天王殿后门上方悬挂"梅檀海岸"匾，于佑仁题。天王殿北为圆通殿，圆通殿西为药师殿，圆通殿和药师殿悬挂的匾均由赵朴初书写。药师殿西为传经大讲堂。

出天王殿，中轴线南北建有钟楼、转藏楼，为唐式三层重檐，2011年9月18日奠基。由秋爽大和尚、法禅大和尚、传喜大法师、昌贵住持共同主持洒净、奠基仪式。钟楼、转藏楼高21.6米，占地面积300平方米，二层116平方米，三层83平方米。

钟楼。鉴真大师是文化传播的先驱，是中日友好交往的使者；古黄泗浦是传统文化国际传播的策源地，因此东渡钟声也具有深厚的文化内涵和历史底蕴。悬挂在钟楼二层的钟是张家港第一大钟，钟高3.9米、直径1.9米，重9吨，每年的元旦与苏州寒山寺、日本唐召提寺三地联动敲响新年祈福钟声，撞击后发出的洪亮钟声被誉为成功的钟声，是起航的钟声、走向辉煌的钟声。东渡的钟声是吉祥、成功、友谊、和平的象征，更是和平、友谊、离苦得乐的钟声，寓意深远。钟楼三层为财神殿。

转藏楼。三层置放一个直径 3 米、高 6.6 米的轮藏，佛教徒认为转动此轮藏可获得和念经同样的功德。轮藏装饰华美，顶上饰以天宫楼阁。轮藏源于一种宗教法器的建筑形式，其建筑本身既具有建筑的美感，又包含了对佛教教理、教认的领悟，是宗教文化物化的表现形式。一般来说，轮藏有二个用途，一是收藏经书，二是做法事时，可以边转动法轮边育经，取其"法轮常转"的寓意，佛教徒认为转动轮藏可获得和念经一样的诸胜功德。此楼因有这轮藏，并可转动而称为转藏楼，在苏州寺院中独一无二。二层为文昌阁，转藏楼南为地藏殿、三圣殿、罗汉堂。三座殿于 2005 年秋季动工建造。地藏殿内供奉地藏王菩萨，三圣殿内供奉西方三圣，罗汉堂内供奉五百尊罗汉造像。

东渡寺的主体建筑为大雄宝殿，面阔 7 间，380 平方米，重檐。2003 年 3 月 4 日举行奠基仪式，时年 9 月 12 日上梁，2004 年佛像塑造全部竣工。殿门上方悬挂"大雄宝殿"竖匾，由赵朴初手书。殿内供奉华严三圣，佛像采用生漆脱胎工艺，佛像庄严慈祥，工艺精湛。两边十八罗汉用泥塑彩绘而成，造型各异，生动活泼。海岛上的观音手持金瓶显得特别慈祥，童子拜观音的历程错落有致分布在海岛上，二十四诸天分列在两边。

东渡寺不但建筑雄伟，而且寺内还珍藏着一尊十分罕见的蚌壳观音和一幅长达 18 米的五百罗汉图。这尊观音是 1992 年由江阴市顾山一位姓郭的养鸭人发现的。他经常捉蚌喂鸭子，有一次他破蚌时，发现了这尊栩栩如生、质如珍珠紧贴蚌壳而形成的观音。五百罗汉图为享誉画坛的著名画家李耕（1885—1965）所创作。

张家港市永庆寺

永庆寺，位于张家港市凤凰山麓。2007年7月20日，被列入张港市第三批文物保护单位。

一、凤凰名山

据《苏州山水志》载："山形如丹凤展翅，故名。又称河阳山。位于张家港市凤凰镇境内。北西走向，主峰海拔86米，东西长1.5公里，南北宽0.5公里，周围4公里。山上六月雪漫山遍野，有大片松林、竹林和桃树、李树等，出产的水蜜桃汁多味甜。"

凤凰山没有泰山之雄伟，也没有黄山之峻险，然而凤凰山从一望无际的广阔平原上拔地而起，雄踞于坦荡无垠的田野之上，这给凤凰山增添了神圣的色彩，加上山上众多的美景，自古至今吸引了无数的文人墨客来此休憩养心、赋诗泼墨，为凤凰山留下了许多名言佳句。

元明间著名诗人、书法家杨维桢游河阳山（凤凰山原名）所作诗曰："河

山门

阳山色画图开，绝壑悬崖亦壮哉。华表不闻仙鹤语，醴泉曾引凤凰来。玉鱼金碗埋黄土，石兽丰碑长绿苔。独有恒恒丘陇在，秀峰相对读书台。"《水浒传》作者施耐庵曾隐居于该寺文昌阁内写作，留有洗砚池、磨剑石、衣冠等遗迹，并作诗："年荒世乱走天涯，寻得阳山好住家。愿辟草菜多种树，莫教李子结如瓜。"

二、历史沿革

"千里莺啼绿映红，水村山郭酒旗风，南朝四百八十寺，多少楼台烟雨中。"这是一首脍炙人口的唐诗《江南春》，描绘了千里江南的大好春光，既有春和景明，也有烟雨朦胧。读之，仿佛让人身临当年的繁华中。而凤凰山永庆寺，就是诗中"南朝四百八十寺"之一。

据《河阳志》载：凤凰山永庆寺始建于梁大同二年（536），侍御司陆孝本舍宅建寺，名声大振。寺内建筑有天王殿、弥勒殿、大雄宝殿、观音殿、三圣殿、东岳庙、关圣殿、文昌阁、藏经楼、罗汉堂等殿堂和金仙塔院。大中祥符元年（1008）九月改今额"永庆寺"。

唐朝是佛教大兴时期，永庆寺在此期间邀请"塑圣"杨惠之和"画圣"吴道之同时为大殿塑造了十八罗汉，成为当时名闻遐迩的江南"二堂半"中的一堂，

因而慕名前来瞻拜的人络绎不绝。"萧萧风艇下寒河，古寺晨钟喜再过。山涌橘楼高庙柏，泉分醴井落禅窠。""岩扉开早凉，谷鸟远纷翔。花气湿幽径，磬声清上方。"古诗是一扇窗，可以清晰地看到当年永庆寺的繁盛兴旺和声名远扬。宋政和四年甲午（1114）改名大福寺。元朝末年，寺庙损毁。明洪武初年，如海和尚重建，不久毁坏。明朝正统九年（1444）再建。明朝成化庚子（1480）工部右侍郎徐恪出资修缮，明朝万历庚子（1600）辽海道兵备萧应宫、都察院监察御史钱岱重新修缮。到了清朝顺治初年，寺庙又毁废。清顺治十四年（1657），梁溪僧人宗智（字朗月）住持永庆寺，发愿重兴寺庙。都察院左副都御史钱朝鼎带头捐资，当地众姓自愿助力。经过四年努力，寺庙面貌焕然一新。建地藏殿，造藏经楼，拓寺旁山地为菜园。康熙八年（1669），宗智住持寺庙期间，戒行精严，法缘辐辏。殿宇房廊，焕然重整。40余年辛苦，造就了永庆寺历史上的鼎盛局面，后人奉他为永庆寺中兴之祖。乾隆五十九年（1794），僧人际元（字卧云）募致饭僧田百亩，进一步扩大了寺产规模。其后寺庙年久失修，又经庚申之劫，即清咸丰十年（1860）太平天国战争，永庆寺寺败僧散，山孤地僻，虽未被全毁而破坏特甚，惟存大殿、山门、地藏殿、魁星阁并附属的关

帝殿、东岳殿及旁屋数间而已。庚申劫后，永庆寺幸得藏海寺祖英（字庚阳）和尚住持，废者复兴，圮者重修。同治年间（1862—1874），庚阳重修殿宇，募建客堂三间。道机（字澈尘）和尚继其师庚阳住持永庆寺，诚修谨护，于光绪年间（1875—1908），逐次更新装塑佛像，并铸大钟一口，院宇始恢复原来景象。澈尘圆寂，其徒戒墼继任，后由志德、小福、慧远、本慧和尚住持永庆寺，直至1950年。千余年间，永庆寺几经兴衰。明清两朝，曾六次修缮，寺基最广时达86亩。

永庆寺于20世纪50年代遭毁坏，寺废僧散。据《沙洲县志》载："1968年，永庆寺全部拆除，现存青石墩四个、古银杏两株。永庆寺内外八景'三潭''四井'两景尚存两潭、一井。"

1991年，当地信众在今永庆寺放生池北山地上建5间小庙，1993年2月批准为佛教活动点。1993年8月，张家港市人民政府批准恢复重建永庆寺，同年，举行了"重建永庆寺奠基仪式"。上海华东师范大学教授，已届86岁高龄的苏渊雷老先生，亲临祝贺，并作诗一首："伽蓝千四百年兴，永庆升平佛历新。山色凤凰今胜昔，民丰物阜万家春"。又撰寺院楹联一副："古刹重兴阅尽沧桑开霁宇，佛光普照长流福慧遍尘寰"。1995年7月，秋林法师任永庆寺监院，主持寺院工作。1997年1月10日大雄宝殿奠基，一年后举行大雄宝殿落成典礼。1998年3月18日举行玉佛殿、三圣殿、观音殿、生活用房奠基，2003年举行天王殿、钟鼓楼、会贤楼、惠风楼奠基，2004年4月11日举行念佛堂、安养院奠基，2007年5月放生池改造，2008年6月15日举行佛教文化广场奠基，2008年7月25日举行文昌阁奠基，2010年12月30日文昌阁落成开放。

2007年3月，登记为寺观教堂。

三、建筑格局

恢复重建的永庆寺坐北朝南，占地面积100亩，建筑面积15000平方米。其建筑格局依山而建，山门、天王殿、玉佛殿、大雄宝殿、文昌阁在中轴线上，东路为安养院、佛教文化苑，西路为伽蓝殿、财神殿、后花园。

永庆寺的山门，面阔3间，80平方米。山门上方悬挂"永庆寺"匾，由已故前全国政协副主席、前中国佛教协会会长、著名诗人、书法家赵朴初亲笔题写。

进入永庆寺山门后，左侧有一片樱花树，这是日本樱花代表团于1998年5月到寺参访时种植的27棵樱花，象征着中日友好。右侧为佛教安养院，以发扬佛教慈悲济世精神，关怀老年弱势群体。

出山门向北为放生池，池四周为汉

白玉栏杆，上架两座汉白玉香花桥，古色古香。"香花桥"三字出于寒山寺退居方丈、"佛门铁笔"性空长老之手。

过香花桥，左右两边为钟鼓楼，每年除夕夜永庆寺都要举行隆重的听钟声活动，让信众在悠扬的梵钟声中消除烦恼，去除旧年所有不祥，迎接新的一年到来。永庆寺的钟声远近闻名。在古永庆寺的"河阳十景"中，就有"晓寺钟声"景而被歌颂。据《河阳永庆寺志》上记载，永庆寺的大钟建于梁大同二年（537），筑有钟楼一座，钟声能远播十里之外。引杵宜缓，扬声欲长，抑扬顿挫，煞是动听。如唐李湛的"钟声清上方"句，明钱朝鼎的"古寺晨钟喜再过"句，清代钱陆灿的"空山宫殿古洪钟"句等，都是反映永庆寺钟声的诗句。现在张家港市凤凰镇一带的居民中，还保留着每逢岁末元旦时，进永庆寺守岁听钟声的习俗。

从钟鼓楼中间向前走便是"天王殿"。殿面阔3间，120平方米。殿正中供奉弥勒佛像，背后供韦驮菩萨，东西两侧供四大天王像。天王殿的匾额由著名书法家沙孟海先生所题。天王殿的西面是十二生肖石雕和象征永庆寺历史见证的一棵古银杏树，距今已有八百多年。

出天王殿左边为会贤楼，面阔3间，120平方米。会贤楼的一楼设立华藏世界，中奉四面圆满报身卢舍那佛，四面镜中互相影射，成为万千佛像，是描述佛经记载"华藏世界"的情况。二楼是方丈室和文物室。会贤楼的后面是后花园和财神殿，花园内景色宜人、环境幽静、空气清新。会贤楼对面是惠风楼，面阔3间，120平方米。出山门过院子为玉佛殿，面阔3间，180平方米。殿内供奉缅甸玉佛三尊，中奉卧佛（佛祖释迦牟尼涅槃像），东西各奉释迦牟尼成道像，法相殊妙，莹白光润。

出玉佛殿的后门，首先看到的"佛"字是著名书法家武中奇先生的手笔，沿着左右两边的台阶上去为一平台。平台东为观音殿，西为三圣殿，面阔各五间，各180平方米。从平台上54级台阶便来到大雄宝殿前的露台，露台周围为花岗石栏杆，正中有一宝鼎，五层，高4.6米。殿前东侧墙上嵌有《永庆寺重修碑记》。

大雄宝殿面阔5间，260平方米。飞檐翘角，画栋雕梁，气势恢宏，建筑宏伟。"大雄宝殿"匾由赵朴初先生题写，"无上清凉"是近代高僧弘一法师的手笔，"法相庄严"是著名书坛泰斗启功先生的手笔，"调御丈夫"是中国书法家协会主席沈鹏先生的手笔。殿内柱联也是赵朴初老先生书写，正中供奉释迦牟尼佛、药师佛、阿弥陀佛三尊佛像。2002年阿弥陀佛圣像的右臂竟长出了一株灵芝，这一奇观让人惊叹不已，吸引了十里八乡的参拜者前来瞻拜，一时成为民间美谈。东西两侧供奉的是十八罗汉，北面是文殊菩萨和五百罗汉。永庆寺大雄宝殿的十八罗汉，乃唐代佛教大兴时期"塑圣"杨惠之与"画圣"吴道子所塑造，成为闻名遐迩的"江南二堂半"中的一堂。

出大雄宝殿，上135级台阶是文昌阁，台阶1/3处东西两侧有两座亭，东为般若亭，西为智慧亭。文昌阁前平台周围栏杆均为花岗石。文昌阁共三层，高26米，明清建筑风格，屋坡舒缓流畅，角翘简洁平缓，给整体增加了舒展大度的气魄，非常清新飘逸，是充分表现中国建筑美的杰作。一层中间匾为"金榜题名"，东为"高才博学"，西为"智慧如海"，二层匾为"官运亨通"，三层匾为"文昌阁"，为迟浩田书写。当山风吹过，清脆的风铃声回荡在周围的宁静中，涤濯着尘世的忧烦。站在阁畔，放眼远望，一轮夕阳缓缓西坠，晚霞的光晕笼着农家小楼和碧绿田畦，万千诗情，便会在胸中奔涌而出。相传，《水浒》作者施耐庵曾住在文昌阁楼上，白天在门口摆个测字摊，晚上便在阁楼上静心写作。永庆寺历史上最有名的是108罗汉堂，这些罗汉千姿百态，生动逼真，姿态各异，变化无穷，这108个罗汉给了施耐庵无穷的灵感，《水浒传》就是因这108罗汉而来。书中的36员天罡，就是36尊大罗汉形象，72员地煞，就是72尊小罗

汉形象。《洪太尉误走妖魔》一节中写到的"伏魔殿"，就是罗汉堂后面的生死殿。不管是何种作品，总是有着作者生活的影子，那文昌阁的一豆灯光，照亮了中国辉煌的文学史。无数后人都曾来到永庆寺找寻施耐庵生活的痕迹，他的衣冠冢在河阳山西南坡，县志上记载为明御史徐恪所建，直到1958年才被毁。至今这里仍留有洗砚池、蘸水潭等遗迹。

伽蓝殿位于大雄宝殿右前侧，殿内供奉的伽蓝菩萨圣像由香樟木精雕细琢而成，菩萨塑像手拈胡须，身穿文袍，显露于文袍外的右足则以武袍方式雕琢，显示外着文袍内藏武袍，以衣着来象征菩萨文韬武略，智勇双全。

永庆寺整个建筑群，雄伟壮观，重现了昔日风采。

四、寺院特色

一个寺庙的建筑大多一样，但如何使寺院成为一座弘扬佛教文化的道场，吸引游客和信众，就必须打造佛教文化特色，永庆寺的佛教文化苑就是彰显了这一特色。

佛教文化苑位于大雄宝殿东面，2008年6月奠基动工，历时2年，总投资近千万元，整个佛教文化苑占地8庙，分3条主线来体现佛教文化的主题：一是以三面观音、四大菩萨等为主体的佛

像群，来彰显我国佛教造像艺术；二是以丹凤朝阳、观音十二大愿等为主题，来弘扬人间佛教的净土精神；三是以弘一大师画的罗汉像和一些名家的书法为载体，来传播佛教文化的精神理念。

文化苑内弥漫着浓浓的佛文化气息。入内，6 根莲花柱上雕刻着释迦牟尼成道的故事。南面照墙中间为"九凤朝阳"的浮雕称为九凤壁，九龙壁在全国各地的庙宇建筑中可能比较多见，但九凤壁却是绝无仅有的，这主要是与凤凰山的名字相呼应，也寓意着来凤凰的人们，在今后的生活、工作中可以如凤凰一般展翅腾飞。壁两边有"心诚则灵，有求必应"8 个大字。

在文化苑广场中路塑有笑口常开的弥勒佛的生动造形，寓教于乐，给人欢喜，给人信心，给人智慧。在弥勒佛的北面塑有佛教四大名山观音、文殊、普贤、地藏王菩萨像。广场两边碑廊嵌有 60 块当代佛教大德书画，碑的上面有弘一大师画的 108 尊罗汉像石刻。上 47 级台阶东侧为五子弥勒佛像，西侧为如意弥勒佛像。再往上 7 级台阶，两边塑有观世音菩萨为普度众生而应机化现的三十二造像，正中供奉 9.9 米高的三面观音像。当你站在宁静的广场上，看白云在蓝天上悠悠地飘荡，看四大菩萨和南海观音慈爱的目光，每个人的心中都会有一朵清雅的莲花，在阳光下喜悦地开放。

五、文人诗赞

据记载，永庆寺重修时有内、外八景。内有"三潭、四井、古桧、空杨、秀峰、醴泉、丞相墓、状元台"，外有"湖下听声、坊基酒肆、港口渔歌、柴场牧唱、桑岸啼鸠、莲荡游鱼、松林落照、精舍飘幡"。绿树掩映中的精彩与难得的景致，使这座寺庙成为江南名寺之一。历代文人墨客咏凤凰山永庆寺留下了诗词数百篇，使人们还能从中体味凤凰山以及永庆寺的人文和历史。

宋代诗人李堪曾作《永庆寺》诗一首："岩扉开早凉，谷鸟分远翔；花气湿幽径，馨声清上方。云生松涧底，泉落薜池旁；我有遗荣意，移时坐石床。"

清代进士凤凰人钱朝鼎曾在他的《冬日展河阳祖茔游永庆寺》一诗中写道："萧萧风艇下寒河，古寺钟声喜再过。山拥璃楼高庙柏，泉分醴井落禅窠。千峰笋影临窗迥，万壑涛声入梦多。老我年年来此地，不堪白发坐烟萝。"又在《永庆寺》一诗中写道："绀宇丹霄外，飞势欲翔。法云凉宅久，慧日耀衢方。石凌林表，潭空湛道旁。还期一宿觉，随意坐石床。野鼠蟠经立，饥鸟就食翔。风幡心动未，庭柏日中方。梵远书台外，香扉石径旁。杜门春寂寂，花落在绳床。"

永庆寺已成为张家港市的一处佛教旅游胜地。

张家港河南禅寺

河南禅寺（旧称河南禅院），位于张家港市区小河坝西路（张家港公园西侧）。

一、历史沿革

河南禅寺历经沧桑，代有兴废，创建年代和最初庙貌，已无可考，传说始建于晋唐年间，初名"永宁庵"，为乡间一小庙。至明代嘉靖年间（1522—1566），因遭倭寇侵犯，殿堂蓁芜，法幢倾摧，钟磬绝响，香火寥落。明末一位姓周的经营木材的河南商人，运送木排途经此间，乍见狂风大作，河水徒涨，波涛汹涌，木排几被冲散，周氏遂至庙内暂避，见金容剥蚀，莲座倾圮，庙宇残破，不禁泪下，即俯身在观音像前许下宏愿：若风平浪静，生意兴旺，当重新庙宇，再塑金身。数年后周氏人财两旺，遂出巨资重建此庙，乡民因周氏系河南人，因而改称此庙为"河南庙"。

据同治年间的《杨舍城堡志稿》载：

"河南禅院在六保横河北岸，明季河南乡人周氏建，故名河南禅院。供大士像，灵迹素著。国朝自康熙迄道光，由住持僧募捐，镇人及十方善信，益以香资，历经修葺增扩，有屋六十馀楹，以山门逼河，复募捐许氏南岸隙地，移浚河身，俾北岸殿筑场基。遂与西向大路通接，于是法运昌隆，香火益盛，远及三四百里，有'小天竺'之称。"

清道光年间（1821—1850）是河南庙最为鼎盛时期，庙屋扩至六十楹。庙紧靠横河边上，山门前有片很大的广场，有一棵银杏树，直径 1 米。庙东北植有20 多米高的千年古柏树数十株。庙房分为头山门和前、中、后三个大殿，共有 300 多个泥塑金佛像。从头山门下棋门进去，夺一尊朝南端坐的弥勒佛，背面一尊 2 米高的望海观音站立在鱼背上。其身后壁塑有形态各异的小佛像数十尊。第一埭正殿中间端坐千手观音，两边有各种佛像，1940 年又增塑了四大金刚彩塑像。第二埭正殿端坐观音大士。天井中央有铁铸香炉，西侧厢房是罗汉堂，罗汉神态各异。第三埭正殿端坐如来佛，两侧亦有数十尊佛像。置放在高1米多木架上的大鼓，直径有3米，另有重达3余吨的铜钟。每逢农历初一、十五时，浑厚、悠扬的钟声响彻方圆数里。庙里主要供奉着观音菩萨，每逢二月十九圣诞，几乎年年都要举行盛大的宗教活动和一连五六天的集市，商旅云集，非常热闹。乡人信徒，凡初一、十五，总是手提着香篮，去寺庙里烧香礼佛。数十里外的香客还专程坐船来到河南庙烧香、许愿、还愿。届时，上百条船舶停靠在东横河内，十分壮观。

历经沧桑，曾几何时素有"小天竺"之称的河南庙，经咸丰年间（1851—1861）太平天国战争遭到严重损坏。民国时期，又几经大火，所剩无几。中华人民共和国成立后，在50年代部分佛像被毁，在六七十年代被全部拆除。历史上农历二月十九观音圣诞日的庙会，也于1950年废止。

千百年的风风雨雨，景迁物变，河南庙历经沧桑，仅仅剩下一块光绪二十年（1894）立的"水源木本"的匾额。20世纪80年代初开始，佛教信徒自发在原河南庙旧址上，进行佛教活动，少则数十人，多则上百人，直至90年代末活动从未停止过。

二、恢复理由

一是河南禅院历史悠久。据光绪版《杨舍堡城志稿》载，河南禅院原名永宁庵，俗称河南庙，始建于晋唐年间，建筑雄伟壮观，佛像庄严，僧众百余，可于杭州灵隐寺媲美，享有"小天竺"之称。后几经战乱，河南禅院逐步衰落，直至1966—1976年间被毁。

二是河南禅院影响之大。原河南禅院位于杨舍镇城西村，在张家港市区之腹地，历史上曾饮誉周边靖江、常熟、无锡等地，香客众多，每年农历二月十九（观音菩萨圣诞日）的3天庙会期间，每天有数百名佛教信徒前往进香。

三是要求恢复开放河南禅院呼声较高。从80年代初开始，佛教信徒自发在原河南禅院旧址上进行佛教活动，少则数十人，多则上百人，对社会安定造成了一定影响，张家港市曾多次采取措施，进行取缔，但拆了建，建了拆，活动从未停止过。张家港市佛教信徒曾写信要求正式开放河南禅院，张家港市佛教协会也鉴于市区尚未有一所佛教寺庙，向张家港市民族宗教局提出了要求恢复河南禅院的申请。

四是恢复开放河南禅院有利于社会安定。由于河南禅院多次被拆除，造成了信教群众的不满，1998年4月，有1000多名佛教信徒联名上书张家港市委、政府，要求恢复河南禅院。鉴于张家港杨舍地区尚未有一所佛教寺庙，河南禅院恢复开放后，既能满足信教群众过宗教生活的需要，又能减少社会矛盾，同时也可如同南沙香山寺、凤凰永庆寺、鹿苑东渡寺等一样纳入张家港市大旅游的规划，求得杨舍地区的发展，为张家港市的经济建设、社会主义三个文明建设服务。

2000年10月，苏州市政府下发《关于同意恢复河南禅院为一般规模的寺庙的批复》。经论证并由时任中国佛教协会副会长、江苏省佛教协会会长明学大和尚暨苏州市佛协副会长普仁、弘法、秋爽等实地考察后选定现址。2000年10月，动工恢复重建。2007年3月，登记为寺观教堂。2009年3月，河南禅院更名为"河南禅寺"。

三、建筑布局

重建的河南禅寺，坐北朝南，至2014年末，占地48840平方米，建筑面积13339平方米。从2001年大雄宝殿奠基至2014年，寺内一座座崭新的殿堂巍峨而立，楼阁重重而生。中轴线上建有牌楼、山门、天王殿、大雄宝殿、万佛楼，两边有地藏殿、文殊殿、普贤殿、观音殿、寮房等。

山门前为8000多平方米的广场，中央矗立一座宽22.6米、高9米，由6根立柱衔接而建成的牌楼。牌楼于2003年4月动工建造，时年年底竣工。牌楼正面上方中间刻有"河南禅院"，文字铁笔银钩、苍劲有力，为原中国佛教协会会长一诚老和尚题写。中间的立柱上刻有普陀山佛学院白光老和尚所书的对联："朝山礼物本性即是河南禅院，救苦寻声自心方为观音道场。"牌楼正中有"佛、法、僧"3个大字，"佛"字居中，更是遒劲有力。"佛、法、僧"为"佛教三宝"，是佛教的教法和证法的核心。牌楼背面上方"河南禅寺"4个大字，为时任中国佛教咨议委员会主席、江苏省和苏州市佛教协会名誉会长、苏州灵岩山寺方丈明学大和尚所书。中间的立柱上刻有原中国佛教协会会长传印长老所书的对联："楼阁门开圆彰法界修因事，慈悲愿普预摄龙萃证果人。"牌楼正中有"戒、定、慧"三个大字，"戒"字居中，十分醒目。"戒、定、慧"即"三无漏学"，全称为"三学"。

过牌楼，首先映入眼帘的是坐北朝南单檐歇山式的山门，面阔3间，291平方米。山门殿于2002年动工建设，时年11月竣工。高高翘起的飞檐上，四只铜铃发出阵阵清心悦耳的叮当声。黄墙、黑瓦、飞檐，显得分外庄严肃穆，山门上方悬挂"河南禅院"匾，为原镇江金山寺方丈慈舟老和尚84岁时亲笔。山门两边联："河清海晏逢盛世，南户北家都参禅。"由时任苏州市佛教协会副会长、寒山寺方丈性空长老撰文，江天禅寺首座梦初书。殿内供奉哼哈二将。

出山门，两边为钟鼓楼。2008年6月开工建设，至当年底完工。钟楼内悬挂6吨重铜钟，钟下有一圆形回音壁，可使钟声悠扬而致远。鼓楼内有直径2米多的大鼓，也为少见。

向北是天王殿，面阔3间，280平方米。2003年4月动工建造，当年底竣工。天王殿是外走廊式建筑。殿门上方悬挂"天王殿"匾，由原常州天宁寺方丈松纯大和尚所书。殿正中供奉着豁达大度、袒胸露腹、笑逐颜开的弥勒佛，座后为手执降魔杵相貌英俊的韦驮菩萨，前后佛台为黑色大理石，上面采用线雕技术雕刻了《西游记》的故事。两侧供奉雄健威武的四大天王。

天王殿后是放生池，2003年4月动工建造，当年底竣工。池内壁装有18只石雕龙头。龙头皱紧眉头，瞪大眼睛，一副行云吐水的样子。池中架积善桥，桥斜坡为山石台阶，内嵌双龙戏珠和蝙蝠石雕。南侧有"佛"字，显示来者为拜佛而来；北侧为"福"字，预示载福而归。站立桥头俯首，水清见底，游鱼可数，龟鳖浮沉，怡然自乐。

过了放生池就是大雄宝殿，2001年9月27日奠基，2002年11月竣工。殿前有300多平方米的石地坪露台，四周有精美的石栏杆，在露台的踏步中央有一块精雕细刻的二龙戏珠浮雕。殿前有3.8米高的宝鼎一座。大雄宝殿面阔5间，705平方米，殿高19.18米。殿为双檐歇山式建筑，大殿的屋面为苏式筒瓦屋面，屋脊为九瓦条滚筒，在暗亮花筒正面嵌着黑底金字的"佛日增辉"。屋脊的正中为山筛景，正面为喷水盘龙，背面为凤穿牡丹，筛景上为宝葫芦。两端为龙吻脊，巨龙吻着泥塑的鲤鱼跳龙门和荷花，饯脊上安装了天马、天龙、天狮、天虎、天狗。整个大殿古色古香，雄伟壮丽，大殿飞檐上8只铜铃，也不时发出叮叮当当的悠扬声音。

大殿殿门上方悬挂"大雄宝殿"匾，系原中国佛教协会会长赵朴初手笔。大殿的正面墙壁上嵌有两个法轮漏窗，中央装有18扇雕有如意图案的古典宫式长窗，墙壁的四周下方有细砖贴面。殿内画栋雕梁，长幡高垂。佛台各种图案精雕细琢，形态逼真，金光灿灿。殿正中供奉9米多高的释迦牟尼佛，面容丰满，目光慈祥，嘴角微笑，手势优美，衣纹简朴。左侧供奉的是消灾延寿的药师佛，右侧供奉的是极乐世界的阿弥陀佛，紧靠世尊身边侍立两旁的是阿难尊者和迦叶尊者。大殿两边是十八罗汉，或立或坐，或喜或怒，有在参禅的，有在布道的，有在降魔的，有在苦行的，有在纵目远眺的，有在沉思冥想的，千姿百态，性格分明，出神入化，栩栩如生。锦幢绣缦，钟鸣声响，香烟缭绕，梵音嘹亮，给人以庄严清新飘飘然，若已身临世外。大殿内有楹联："三宝重光看初地庄严诸天欢喜，十方大庇有慈云布护法雨沾濡。"亦为慈舟大和尚所书。背面是180多平方米的"五十三参海岛"，是以童子拜观音的情节为主体，上面塑有姿态各异、形象逼真、立体感很强的大小佛像一百多尊。海岛右上方为脚踩祥云，手持净瓶，妙相庄严，有着慈悲救世高贵品德、崇高精神，深得众生爱戴的鳌鱼观音，像高5米多。左首是善财童子，右首是龙女，神采隽永，线条优美，形象生动，工艺精湛，海岛气势之磅礴，规模之壮丽，不愧为近年来江南雕塑艺术中的精品。大雄宝殿所有佛像，均为香樟木精工雕造，亦为晚近修复中的各寺院所仅见。

从天王殿至大雄宝殿东西两侧四大殿堂别具一格，观音、文殊、普贤、地藏四大菩萨都是千手相佛，手中持有不同法器。

出大雄宝殿是2013年竣工的万佛楼，主体建筑和外装饰既保持了明清建筑风格，又具有单体建筑面积大，用材档次高、装饰考究等特色。殿堂高大敞亮，屋顶琉璃翘角，檐角高挑，气势磅礴。万佛楼为三层，顶层供奉五方佛和万尊正法名如来，二层为藏经阁，底层供奉五百罗汉。万佛楼整体布局代表佛、法、僧三宝，是河南禅寺的标志性建筑。

移地重建的河南禅寺，总体布局合理，功能设施齐全，建筑雄伟壮观，佛像庄严肃穆，寺内环境幽雅，现已成为张家港市的一处著名佛教胜地。

张家港市双杏寺

双杏寺,位于张家港市大新镇年丰古街。

一、历史沿革

史载,双杏寺始建于明朝天启五年(1625),由寺内不二和尚所植二株银杏而得名。清朝康熙十三年(1674),主持和尚在二株银杏西侧又同植一株,因相距49年,株型稍逊,故仍称双杏寺。原寺院为古典四合院建筑,西侧为张公殿,东侧为宝善堂,后排为大殿,端座如来等三尊主佛,前排殿堂间为山门,山门外是庙场。寺院规模宏大,环境清幽。旧时每年正月十五,为传统庙会节,方园百里,成千上万善男信女云集烧香拜佛,香火鼎盛。

几度风雨,几经沧桑。民国初年,双杏寺改为"春旭学堂"。中华人民共和国成立后,在"大跃进"时期,佛像被毁,寺庙被拆除,改为"年丰小学校"。只有三株银杏树得以留存,仍熠熠生辉。

中共十一届三中全会之后,党的宗教政策逐步落实,1997年经批准恢复重建双杏寺。2014年5月2日上午9时38分,双杏寺在大雄宝殿前广场隆重举行大雄宝殿全堂佛像开光暨法源法师荣膺方丈升座庆典。

2007年7月,登记为固定处所。2013年6月,经江苏省宗教事务局行政许可,场所类别变更为寺院。

二、建筑规模

双杏寺,坐北朝南,占地12206平方米,建筑面积3406平方米。从1997年建造山门到2014年大雄宝殿全堂佛像开光,历经17年。这是一座具有明清风格、古典四合院式建筑的双杏寺。中轴线上为山门、天王殿、大雄宝殿,东西两侧为偏殿。

山门上的"双杏寺"3字为中国书法家协会副会长伍灯书写。进入山门,三棵古银杏树映入眼帘。穿过古银杏树向北便是天王殿、大雄宝殿。天王殿内正中供奉弥勒像，北面为韦驮，两边为四大金刚塑像。

大雄宝殿延续明清建筑风格，重檐翘角。近2米高的屋脊上前后有四条龙盘缠，龙嘴之大可立一人。龙头昂然向前形成双龙戏珠之势。殿高19.6米，进深25米，宽33.6米，建筑面积836平方米。"大雄宝殿"匾为书法家尉天迟所写，"无上清凉"匾为近代高僧弘一大师书法。殿内正中供奉"三世佛、二弟子"，两侧供奉十八罗汉，全部为香樟木雕成。佛像每尊高9.6米，十八罗汉每尊高2.2米。背面海岛观音宽16米，高9.6米。殿前露台中间耸立五层宝鼎香炉。

寺院东侧建有城隍殿、观音殿、念佛堂、客堂和斋堂；西侧为地藏殿、济公殿等。后花园里假山奇石、小桥流水，为双杏寺增添了江南园林风采。

三、镇寺之宝

双杏寺内有一块石碑，被视为镇寺之宝。碑文如下：

正堂谭示

今将有碍河身各项开列于后，应行永远禁止，如违提究。该处圩保，若不认真查禁，一经发觉，立提究办。特示。

一不准套港岸滩壅土、巾铺、栽种花豆蔬菜等类。

一不准逼近套港岸滩排插篱、竹枝、树木。

一不准挑起河泥沿岸堆积。

一不准套港内设蟹箼、渔罾。

一不准套河停泊木排。

一不准沿套港河边砌埋坑厕。

光绪五年润三月□日示

发立年丰镇

从碑文中可以看出古人亦非常重视水塘保护，其环保意识之强可见一斑。

四、古银杏树

进山门看到高耸着三株古银杏树，已有300多年树龄，总覆盖面积3.2亩，根部延伸面积10余亩。这三株古银杏根脉相连，枝叶相通，亭亭如盖。它们呈东西向排列，株距依次为12.5米、10米左右。奇巧的是，三株银杏皆为雌性，其果实形、质、味各异。东面的呈苹果圆，性粳；中间的呈柿子扁，性糯；西边的形尖而长，性腻。三株古银杏的果实被省科研单位评为优质良种，1999年，张家港市政府将古银杏树列为"古树名木"加以保护。

这三株银杏的历史，可以追溯到明

代。万历年间（1593—1619），数百移民于长江江心洲平凝沙围垦滩田时，曾将一随江间波涛漂游而至的木偶塑为江神菩萨，并为之立"江神庙"。明天启年间（1621—1627），平凝沙滩地涨大，圩田渐广，居民日众，商贾于是逐渐在庙北侧、西侧建起"年旺街"（清末改称"年丰镇"），并将江神庙扩建。建寺住持"不二"和尚于寺前手植银杏两棵，并将庙更名为"双杏寺"，时为1625年。

既为双杏寺，又为什么有三株银杏呢？原来，事隔49年，即清康熙十三年（1674），江神庙遭火灾而焚毁。地方人士又在原庙址建成城隍庙。为纪念新庙落成，主持方丈在两株银杏西侧又种植了第三株银杏，故如今第三株银杏树身略小。

3株古银杏历尽人间沧桑。1941年5月，新四军六师师长谭震林曾在古银杏树下召开军民大会，发表抗战演说；1949年以后，寺庙改为学校，银杏树下成为学生游戏活动的场所；1998年，双杏寺复建。而今，3株古银杏郁郁葱葱，亭亭如盖，硕果累累，名闻遐迩，象征古老沙洲深厚的历史文化底蕴，也昭示着新兴港城美好的发展前景。

五、双杏寺的传说

"双杏会，节序届元宵，寺庙人潮香火盛，物资交流轧闹猛，万民齐欢腾。"这是清代朱颂芬为双杏寺庙会而作的一首诗作。每年的正月十五为当地的传统庙会节，双杏寺附近方圆百里，成千上万的善男信女云集，烧香拜佛，香火鼎盛。据悉，双杏寺庙会这一地方民俗文化已流传有200年以上历史，成为地方一大特色，同时名声在外的是双杏寺和寺中的古银杏，然而，却鲜有人知晓它们的历史渊源，零星的传说和故事只在民间悄然流传。

2007年4月，随着"双杏寺的传说"成为张家港市第一批非物质文化遗产代表之一，有关双杏寺佛道故事和当地人物的传说才再度广为流传，人们对这一盛开在民间文学园地中的奇葩赞叹不已。

树是寺的魂，寺是树的魄，寺庙因古杏而闻名，古杏也因寺庙而仙灵，双杏寺在阳光下熠熠生辉，更显庄严，更具禅意。

张家港市盘铭寺

盘铭寺，位于张家港市杨舍镇新民村。

一、寺院简史

盘铭寺，又名盘铭庵。始建于明代，据"碑记"记载，庙前"有银杏一株，亦古物也"。据留存的修葺碑记记载，清朝初期庙庵属一谭姓人掌管。至雍正七年（1729），由一徐姓人出沃田10庙，立券将寺庙作徐姓人遗产。后又捐田30庙供寺庙使用。至乾隆五十六年（1791），徐士荣经手修建大殿、偏殿及山门。前殿供奉关公像，西侧配风伯、雨师、雷公、电母、旗牌等，后殿供奉观音像。庙庵香火鼎盛时，占地30多庙，房屋百余间，每逢农历初一、十五，十方信众络绎不绝，香烟缭绕，殿宇增辉。

岁月沧桑，时有兴废。至1950年，庵内神像被毁，庙屋被改作浦塘小学。古银杏树也被毁掉，甚为可惜。

1995年之前，当地信众自发集资在汤家桥埭边（原盘铭庵旧址）兴建平房五间，开始烧香。1995年8月，批准为"乘航佛教活动点"。1996年12月，搬迁浦塘小学，将房屋归还给庙里，并颁发土地证书，面积为3619.9平方米。2000年12月，在盘铭庵旧址北征地5.43庙供建庙之用。

2001年10月，礼请上海宝山寺定慎法师到盘铭寺常住，并主持寺院工作。

2007年7月，登记为固定处所。登记名称由"乘航佛教活动点"更名为盘铭寺。2013年6月，经江苏省宗教事务局行政许可，场所类别变更为寺院。2014年11月6日，盘铭寺隆重举行全堂佛像开光暨定慎法师荣膺方丈升座庆典。

二、建筑格局

盘铭寺坐北朝南，占地面积7782平方米，建筑面积3502平方米。建有山门、天王殿、大雄宝殿等殿堂及附房。

山门殿单檐翘角，殿门上方悬挂"盘铭寺"匾，殿门两边联为"忆往昔佛门慧灯照四海，看今朝盘铭法雨润九州"，字体清秀，联文隽永，为盘铭寺住持定慎法师所撰书。

天王殿，面阔3间，建筑面积169平方米。殿内正中供奉弥勒像，北面为韦驮，两边为四大金刚塑像。在山门和天王殿之间的偏东侧建有一座六角亭，亭间立一大理石碑，定慎法师撰文刻于碑上，碑文记述了盘铭寺的历史和现状。

大雄宝殿，面阔5间，273平方米，殿高12.9米，单檐翘角。殿门上方悬挂"大雄宝殿"匾，原江苏省佛教协会副会长茗山法师题写。近2米高的正脊前后，"风调雨顺""国泰民安"八个大字十分醒目。脊顶上，双龙戏珠雕塑吞云吐雾；檐角上，各种奇兽雕塑栩栩如生。殿内经幡高悬，法器陈列规范；红漆供桌雕刻精细；铜钟大鼓安放在殿内东西两侧。殿内正中供奉"一佛二弟子"，背面为海岛观音，两侧供奉十八罗汉，文殊、普贤菩萨供奉在殿后方两侧。

大雄宝殿露台中间有宝鼎一座，高近3米，为纯铜制作。鼎角上悬挂的18只铜铃随风摇曳，发出清脆的叮叮当当声。露台前植有一棵雪松，树干粗壮，枝繁叶茂，树冠似有层雾朦胧。大雄宝殿的东侧为生活附房、观间殿；西侧有关公殿、财神殿、地藏殿、弥陀殿、药师殿和三圣殿。在财神殿的上层是水陆内坛，面积有100余平方米。四周墙壁上悬挂76幅水陆画，画面生动活泼。

三、长乐花园

在寺院山门前方建有一处花园，取名"长乐园"，占地3余庙。园中种植了银杏、香樟、桂花、垂柳、紫藤、柏树和黄杨木等名贵树种，还有许多花草，显现出自然的美。据介绍，那十几棵柏树已有百年树龄。枝条遒劲绕圈，翠叶欲滴。"烟叶葱茏苍鹿尾，霜皮剥落紫龙鳞"，就是对这一株株柏树的生动写照。园里的一棵黄杨木虽然也有百年树龄，但身段小巧玲珑，楚楚动人，惹人喜爱。

盘铭庵原址的东侧有两座桥，一座是东西走向的汤家桥，一座是南北走向的小汤家桥。由于年代久远，桥体斑驳，码头也失去了原来的意义。原址上仍保留一座小庙。庙前立有一块清乾隆年间石碑，系重建时从河里打捞上来，但碑上的字迹已模糊不清。

张家港市韩山寺

韩山寺，位于张家港市塘桥镇南京东路东端。

一、历史沿革

据史籍记载，南宋年间抗金名将韩世忠于建炎三年，公元1129年，在今之苏北盐城一带收编游散的抗金部队后，渡江进入常熟县境内。当年9月，金兵水军沿海进入长江，窥视江浙一带。抗金名将韩世忠奉命防守南京、镇江至常熟福山一带江防重地。韩山寺所在的大土堆便是当年韩世忠命令士兵堆筑的烽火墩。四面环河，是当年挑土筑墩挖成的，居史料记载为张家港十三墩之一。在东南方有座石桥，叫香花桥，是供人进出的。土墩周围约200米，高约10米，只是几百年来的风风雨雨，使它降低了。烽火墩是古代军事通信联络的设施，顶部有观察哨，观察敌情；遇有敌人来犯时，就在顶部燃烧狼烟，对部队发出迎击入侵敌人的动员令，对附近的老百姓发出警报，对友邻部队来说是一种联络讯号。以后当地老百姓为纪念这位抗金英雄名将，在烽火墩上建造了一座寺庙，因韩世忠而得名韩山寺，现韩山村也由此而得名。

据《张家港文史》第二期刊载的文章《小掌故》记载："塘桥镇东北三里许，有土墩一座，名韩墩。所《常昭合志》载，'旧名桓墩，以犯宋献陵讳易韩墩，出美梨'。韩墩周围维七百步，高百余步，昔墩顶有寺院'韩山寺'，有房屋十六间。相传清初有人意欲集资在墩顶建庙，事前雕就一尊金身木佛，暗暗埋于墩顶泥土中。木佛之下，埋有黄豆三斗地。夏天某日大雨之后，里人忽见墩顶一佛推土而出，金铫闪耀。逐奔走相告，韩山出佛。一时前往烧香念佛的善男信女云集山头。众议出佛建庙以为天意，随即化缘集资，韩山寺很快建成，殊不如，木佛之所以出土地，乃佛下黄豆遇雨后膨胀出土而已。"

当初的韩山寺，建有大雄宝殿三大

间，有粗大的红漆柱头，地上铺着见方大青砖。大雄宝殿东西两侧各有厢房，供奉有观世音菩萨，纯阳，里三间供奉其他佛像等。山门前有一块不大的空场地，场地南面坡两侧有八字形台阶，东西各有40个台级。走上台级至空场上，进入山门屋里后，往里走经过中间大庭院，再往上走8个台阶进入大雄宝殿。每月逢初一、十五日，总有许多善男信女来庙里燃香拜佛，直到20世纪六七十年代被拆除。

韩山寺历经沧桑，兴废附随。中华人民共和国成立后，韩山寺先后由维根法师、昌贤法师、澄光法师住持。1966年，韩山寺被完全拆掉。拆下来的砖木等材料建了一家粮食加工厂。

中共十一届三中全会以后，党的宗教政策逐步得到落实。1994年以后，由当地信众自发集资修建了观音殿和厢房等，开始在这里过宗教生活。1997年2月经张家港市政府批准，作为"塘桥佛教活动点"进行了临时登记。登记名称为"塘桥佛教活动点"，1998年转为正式登记。

2007年7月，由"塘桥佛教活动点"更名为韩山寺，登记为固定处所。2013年6月，经江苏省宗教事务局行政许可，场所类别变更为寺院。

二、建筑规模

韩山寺，坐北朝南，占地面积7725平方米，建筑面积4045平方米。中轴线上依次为山门、天王殿、观音殿、大雄宝殿。中轴线东侧建有斋堂、上客堂；西侧建有客堂、念佛堂、纯阳殿、顾藏殿、财神殿、寮房。

山门殿，面阔3间，建筑面积117平方米。殿门上方悬挂"韩山寺"匾，由原中国佛教协会副会长、江苏省佛教协会会长、镇江焦山定慧寺方丈茗山长老手书。殿内供奉一尊四面千手观音菩萨像。

出山门殿便是天王殿，面阔5间，建筑面积227平方米，重檐高挑。殿内正中供奉弥勒菩萨，背面为韦驮菩萨，两边供奉四大金刚像。天王殿后即是观音殿。

踏38级台阶向上，便是建在土墩上的大雄宝殿，面阔5间，建筑面积264平方米，单檐歇山。殿门上方悬挂"大雄宝殿"匾，由原中国佛教协会会长赵朴初题写，殿内柱联："净土莲花，一花一佛一世界；牟尼献珠，三摩三藐三菩萨。"殿内两侧高架钟、鼓，殿内正中供奉"一佛二弟子"，背面是海岛观音，两边是十八罗汉。

张家港市章卿寺

章卿寺，位于张家港市杨舍泗港东南章卿村。

一、历史沿革

章卿寺，始建于三国吴赤乌年间。据清光绪《江阴县志》卷二十四记载："章卿寺在章卿镇，吴赤乌间建，一名资福。"康熙三十七年（1698），江阴知县耿庆曾为章卿寺撰写碑记，称："暨阳邑治之东为章卿里，有古刹创自赤乌。"章卿寺距今已有1700余年历史，香火鼎盛时寺庙占地100多亩，有寺房1048间。其中有大雄宝殿、天王殿、佛堂、罗汉

大雄宝殿

堂等。章卿寺曾两次毁于战火。第一次是在元朝末年，在兵荒马乱中寺院被焚毁殆尽，至洪武三年（1370）才得以恢复重建。第二次是在清代咸丰年间，太平天国攻打江南，章卿寺再次遭受重创，庙宇所剩无几，仅存几间楹舍和残存的屏墙。到中华人民共和国成立前夕，章卿寺已香火寥落，仅剩废井残垣。1949年后，寺院屋舍被改作村办小学，后小学搬迁，寺屋被全部拆除。

改革开放以后，随着党的宗教政策的全面落实，章卿寺得以恢复重建。1995年8月，经张家港市宗教活动场所登记工作领导小组同意，作为"泗港佛教活动点"临时登记。2000年转为正式登记。2007年7月，登记为固定处所，并将"泗港佛教活动点"更名为章卿寺。

二、恢复重建

章卿寺于20世纪90年代恢复重建。坐北朝南，现占地7690平方米，建筑面积1887平方米。建有天王殿、观音殿、三圣殿、大雄宝殿等。

山门（天王殿），面阔3间，60平方米，单檐翘角。山门上方"章卿禅寺"四字为思静法师书写，两边联为"念佛追谁参上觉，修真养性悟禅机"，为苏州灵岩山寺原监院海晏法师书写。殿内正中供奉弥勒佛像，背面为韦驮佛塑像，两侧供奉四大金刚佛像。

出天王殿，东为观音殿，西为三圣殿，配殿为地藏殿。大雄宝殿位于中轴线北端，面阔5间，705平方米，殿高21.8米，重檐歇山顶。殿门上方悬挂"佛光普照"匾，由原中国佛教协会副会长、江苏省佛教协会会长、镇江焦山定慧寺茗山长老书写；最上方悬挂"大雄宝殿"匾，由原中国佛教协会会长赵朴初书写。

大雄宝殿建筑为明清风格，并具有典型的江南气息，屋面琉璃瓦顶，为五脊六兽结构。五脊指大脊（正脊）及四条垂脊。正脊两羢有龙吻，又叫吞兽。四条垂脊排列着五个蹲兽，加上龙统称为六兽。五个蹲兽分别为狻猊、斗牛、獬豸、凤、押鱼。镇脊之神兽在古建筑中起到吉祥、装饰和避火、防水、护脊等保护建筑的多重功能。龙吻张开巨口吞脊，正脊中间是二龙戏珠。大脊前后分别嵌有"风调雨顺""法轮常转"八个大字。大殿正中供奉三世佛，背面是海岛观音。殿内雕龙画栋，钟鼓高架，经幡高悬，法器满堂，香烟缭绕。

章卿寺，现为张家港市的一处佛教胜迹。

张家港市弘法寺

弘法寺，位于张家港市杨舍镇农联村。

一、历史沿革

弘法寺，如建年代不详，历史上曾称"孟将堂"。至 1949 年，有 4 名比丘尼常住，有三间木结构大殿，三间东厢房。1999 年大殿与东厢房被鉴定为危房。

弘法寺是张家港市 1992 年 9 月首批开放的一个佛教活动点。1995 年临时登记，登记名称为"东莱佛教活动点"，2002 年转为正式登记。2007 年 7 月，被苏州市民族宗教局甄别为佛教固定处所。登记名称由"东莱佛教活动点"更名为弘法寺。

二、重建规模

重建后的弘法寺，坐北朝南，占地 9000 平方米，建筑面积 4600 平方米。已建成山门、天王殿、大雄宝殿、西厢房、斋堂、念佛堂等殿堂和附房。

山门面阔 3 间，60 平方米，单檐翘角，气势不凡。正脊前后嵌有"正法久住""专修净业"8 个大字。山门上方悬挂"弘法寺"匾额，两边楹联"登圆通路入解脱门，诣普提场趣寂灭殿"，均由原中国佛教协会咨议委员会主席、江苏省和苏州市佛教协会名誉会长、苏州灵岩山寺方丈明学长老于 2014 年题写。

天王殿面阔 3 间，80 平方米，单檐歇山寺，红柱红门，熠熠生辉。正脊前后镶嵌"风调雨顺""国泰民安"8 个大字。殿内正中供奉弥勒佛，两侧供奉四大天王塑像，预示护佑四方，风调雨顺。背面供奉韦驮菩萨，形象为威武的武将。殿前立有一座高达 4 米的三层宝鼎；出天王殿有一座宽 3.8 米的花岗岩石桥，名为解脱桥。

走过解脱桥为廊亭，穿过廊亭为院子，迎面是香炉，绕过香炉走上台阶为大雄宝殿露台，大殿面阔 5 间，360 平方米。大雄宝殿重檐翘角，双龙吻脊，

山门

五兽蹲檐，高大雄伟。大殿上方正中悬挂"大雄宝殿"匾，由原中国佛教协会会长赵朴初手书。正脊前后嵌有"佛日增辉""法轮常转"8个大字。殿前花岗岩露台护栏上精雕细刻祥云图案，精美绝伦。回廊宽敞，绕殿一周。殿内正中供奉"一佛两弟子"，释迦牟尼佛居中，迦叶、阿难分立左右。两侧供奉十八罗汉，神采各异。背面为海岛观音。

天王殿东侧为观音堂。出天王殿，东西两侧各建有五上五下厢房。东厢房底层为药师殿、客堂、会议室，二层为念佛堂；西厢房底层为地藏殿，二层为寮房。大雄宝殿西侧的楼房，底层为妙音视听图书馆，楼上为小型念佛堂。

弘法寺雄伟壮观，环境幽静。

张家港市兴教寺

兴教寺，位于张家港市塘桥镇顾家村。

一、历史沿革

兴教寺原名兴教堂，始建于明朝天启年间，距今已有近400年历史。据史料记载，兴教寺在清朝乾隆和光绪年间有过两次大的扩建和修葺。乾隆年间，有天王殿和望海观音殿等，四周竹林满园，终年香火不息。光绪年间，又有当地信众张玉珍出面牵头助缘扩建。扩建后的寺院有房屋30间，其中20间为主房，10间为莆房，建筑面积约1000多平方米，占地约15庙。寺院的山门即是天王殿，其后为大雄宝殿，供奉释迦牟尼佛、药师佛、阿弥陀佛三尊佛像，两侧供奉十八罗汉。大殿东面为藏经殿、斋堂，西面辅房是僧人的寮房等。寺院三面环水，至今仍称之为"塔河"。当时古树成荫，鲜花遍寺；四方香客云集，信众纷至沓来。寺院东面有一座石头结构的寺

塔，塔高2.5米，占地1庙，是为纪念道光和尚弘扬佛法、治寺有方而建。道光和尚圆寂后，就安葬于此塔底下。同时还有道光和尚的塑像一尊。

至民国初年，常熟县在兴教寺开办一所小学，定名为"景韩小学"。抗日战争时期，安徽籍僧人大光法师从常熟西门外吴王庙来到兴教寺。他节衣缩食，诵经化缘，重修了兴教寺。寺内诸多佛像重新装金，并新塑60余尊佛像，还更新增添了法器。为颂扬大光法师艰苦化缘修寺善举，信众自发成立"大光莲社"，组织广大信众唱念佛经。此后寺庙相继来了存厚法师、妙莲法师和空林法师弘扬佛法。1947年，大光法师遇害后就安葬在寺塔西南道光和尚旁边，与早年入葬的清福法师墓地相对。人们称"寺塔墓地"为"和尚陵"。1948年，寺塔被拆除，石头全部运往妙桥东卢巷，修建两处"炮台"。寺塔墓地被彻底毁坏，变成一片废墟。

中华人民共和国成立后，兴教寺成

为兴教小学办公所在地，同时学校更名为"兴教小学"。抗美援朝战争爆发后，兴教寺僧人（俗名杨耀勇）自愿报名参军，赴朝鲜作战。20世纪60年代时，学校又更名为"育才小学"。至1969年，兴教寺全部拆除，木料用于建造妙桥中学、陈庄小学和顾家小学。寺内一株粗壮的古罗汉松树亦被砍倒，运往妙桥公社造船厂。

进入20世纪90年代后，当地百姓重修兴教寺的愿望越来越强烈。

1992年，在兴教寺原址上建起大殿、观音殿、地藏殿和斋堂，共计12间。1995年9月正式登记，名称为"妙桥佛教活动点"。

2007年7月，登记为固定处所，更名为"兴教寺"。

二、建筑布局

兴教寺，坐北朝南，占地面积11936平方米，建筑面积3375平方米。山门上方悬挂的"兴教寺"匾，1997年秋由原江苏省佛教协会会长、镇江定慧寺方丈茗山大和尚题写。

出山门是天王殿，殿内正中供奉弥勒像，北面为韦驮，两边为四大金刚塑像。大雄宝殿内正中供奉"一佛二弟子"，背面为海岛观音，两侧供奉十八罗汉，文殊、普贤菩萨供奉在殿后方两侧。

大雄宝殿后面是念佛堂，于2010年建造，建筑面积500平方米，念佛堂为上下两层，一层供奉观音菩萨，二层供奉"西方三圣"。2011年10月23日，隆重举行念佛堂落成暨西方三圣佛像开光庆典。

中轴线的东面是观音殿、斋堂，还有放生池和小花园；西面是顾藏殿等。

三、文物古迹

兴教寺内有4件文物古迹。一是两条年代久远的木凳，木凳的腿上写有"住持大光，民国叁拾年，一样念张"。二是一口民国时期的荷花缸，其缸是和尚坐化用的，缸面釉漆鲜亮，直径有90厘米。荷花缸表面绘有梅兰竹菊、迦陵频鸟图案和一和尚头像，缸沿上刻有"荷花"标记。三是在大雄宝殿的西南角竖有一块常熟县府光绪六年镌立的石碑，是2005年间在顾家小学的地基里发现的，这块石碑被村民当成洗衣石千锤百敲，中间已断裂，字迹残缺不全，模糊不清。大致是记载兴教寺当年的修缮历史，表彰助缘信众功德，严肃寺法寺规，保护庙产及寺庙周围环境等内容。四是一根七宝如来石柱。石柱上的刻字已模糊不清，与现代七宝如来柱不同的是它为八面体，现石柱安放在念佛堂前。这四件宝贝是兴教寺古老的历史文化遗产，也是兴教寺兴衰历史的见证。

四、书画艺术

在念佛堂一层东西两面墙上悬挂八幅条幅，系上海著名书法家郝耀庭、刘伯华先生特为兴教寺书写，书法笔酣墨饱，龙飞凤舞。东面四幅内容是对文殊、普贤、观音、地藏四大菩萨的赞文。普贤的赞文是："大行菩萨称普贤，重重愿海浩无边。端严示坐六牙像，智慧化生七宝莲。一切三昧皆自在，本来妙德尽周圆。宝威来赞娑婆化，灵感神通震大千。"西面四幅内容是苏轼、程颢等历代名人的悟道诗。苏轼《赠东林总长老》诗："溪声便是广长舌，山色岂非清净身。夜来八万四千偈，他日如何举似人。"程颢《秋日偶成》诗："闲来无事不从容，睡觉东窗日已红。万物静观皆自得，四时佳兴与人同。道通天地有形外，思入风云变幻中。富贵不淫贫贱乐，男儿到此是豪雄。"

兴教寺从 2014 年春天以来，已投入百余万元开展大规模的绿花种植，银杏、香樟、五针松等名贵树木遍植寺内，绿树成荫，别有洞天，环境幽雅，是一处寺庙园林，佛教旅游的胜地。

张家港市长安寺

长安寺，位于张家港市乐余镇东兴村北首。

一、寺院由来

长安寺原名褚太尉庙，始建于元至正十六年（1356）干支丙申年，坐地常熟市福山镇小花村，供元末淮东廉访史褚不华及次子伴哥。褚不华，字君实，世居福山，母病，曾割股以疗。在任5年，颇有政绩。元至正十六年（1356）十月，为守淮安，被敌包围，城陷被执。次子伴哥，冒刃护守，同日被杀。是年，里人建庙祭祀。越年，元赐褚公不华卫国公，谥忠肃，伴哥晋封为太尉，因名褚太尉庙。民国二十九年（1940）社会动荡，人心不古，常阴沙乡绅黄禀生视建庙为无形之法，与里人殷云生、秦和尚、沈中才等，在东界港（今四干河）口岸，资建褚太尉副庙。是时，沿江船户、渔民无不赴庙敬香，祈求保佑，香火旺盛。1958年，庙宇拆毁，仅存银杏两棵。

1998年4月，张家港市政府批准设立"乐余佛教活动点"，当地信众重建寺庙的愿望得以实现。

2007年7月，登记为固定处所。

二、建筑布局

长安寺坐北朝南，占地4662平方米，建筑面积1217平方米。山门（天王殿）飞檐高挑，殿门上方悬挂"长安寺"匾，殿内正中供奉弥勒像，北面为韦驮，两边为四大金刚塑像。

出天王殿东侧为观音殿，供奉鳌鱼观音一尊，佛面庄严慈祥，脚踩鳌鱼，手持净瓶，倒出净水，表示"普渡众生"。旁边善财童子，身挂肚兜，面向观音拱手，是为第一次参拜观音之形象。西侧褚太尉殿，供奉三尊塑像。卫国公（褚不华）端坐正中，手执毛笔案卷，态若为民司法；李先生旁于左，手持羽扇，沉吟筹措；褚太尉旁于右，轻扶玉带，静候差遣，为民除疟。殿门上方悬挂"褚太尉殿"匾，由明学大和尚手书。

大雄宝殿前广场上中间有宝鼎一座，三层，鼎的六角上铸有六条龙活龙活现。另有四角铸铁香炉一座，每个角上铸有一条龙，神态不一。香烟缭绕，福荫四方。

大雄宝殿重檐翘角，为清代建筑风格。大殿进深 18.6 米，东西宽 21.7 米，高 19.2 米，近 2 米高的屋脊正面"佛日增辉"、背面"法轮常转"，屋面由筒瓦铺设，正脊为卷尾气龙吻脊，中间嵌有金光闪闪的宝葫芦，檐角挂有铜铃，四大天王塑像立在其上，另有 6 只蹲兽嵌在檐角。殿门上方悬挂"大雄宝殿"匾，系 2005 年 3 月 16 日苏州灵岩山寺方丈明学长老参加大雄宝殿佛像开光主法时题写。

大雄宝殿内正中供奉"三佛二弟子"，释迦牟尼佛高 4 米，莲花宝座高 2.2 米，背光高 8 米，显得尊严大气，富丽堂皇。东西两侧供奉十八罗汉像，像高 2 米，雕塑逼真，表情各异。背面是海岛观音，殿后两侧供奉文殊、普贤菩萨。殿内前柱联："晨钟暮鼓警醒世间名利客，经声佛号唤回苦海迷路人。"殿内顶为天花彩绘和斗地八藻井，加上经幡高垂，法器闪光，供桌宽大，更显殿宇庄严神圣。殿内前两侧高架体积硕大的钟、鼓，晨钟暮鼓警醒着今生往世。

大雄宝殿前花岗岩铺筑的露坪台宽敞平整，有 120 平方米。两棵高大粗壮的银杏树栽种在大殿两侧，树高超 25 米，直径 50 厘米，为庙宇增添了蓊郁葱茏的景色。

张家港市永昌寺

永昌寺，位于张家港市塘桥镇妙桥金村。2007 年 7 月 20 日，被张家港市人民政府列为第三批文物保护单位。

一、历史沿革

据史料记载，永昌寺曾名潘圻庙、永昌庵，又称永昌禅院。始建于南朝梁武帝普通三年（522），"永昌"取"永恒昌盛，人民安康"之意。永昌禅堂兴建，定名为"永昌庵"，至今已有近1500 年历史。它与大慈寺、兴福寺、白雀寺、永庆寺合称常熟北门外五大寺院。也是唐代诗人杜牧《江南春绝句》中"南朝四百八十寺，多少楼台烟雨中"的四百八十寺之一。故永昌寺享有"齐梁古刹"之美称。

唐朝开国初年，历代皇帝均相信佛教，特别在武则天永昌元年（689）到唐玄宗李隆基开元年间（713 年起），永昌寺进一步扩大规模，大兴土木，建有殿宇、客堂、寮房、庖湢、廻宇、长廊等，

井然有序，香火不绝。到唐昭宗李晔、唐哀帝李柷统治时期，又恩赐古铜佛印章——"天祐钦册摄政王之印"作为镇寺之宝，印章上的"天祐"是哀帝李柷的年号，即公元 905 年。看来永昌寺非同寻常，在当时作为皇家定点寺院之一，其地位非同一般可比，堪称法会壮观，香火鼎盛。直到五代十国时期，因干戈四处，战乱世道，永昌寺被毁之一炬。

金村到了宋元两朝，古名为"太平乡潘圻村"。当时北宋统治阶级都信奉道教，在各地大兴"道庙""道馆"。金村地方上的一些贤达志士，在寺院遗址上建了一所道庙，定名潘圻庙，里面供奉潘圻丕王土地神像（丕王，谓太宰也），玉皇圣帝。远近百姓纷纷前来进香，潘圻庙的香火又兴旺起来。据金村长者口述，在金村潘圻庙东南有一座古石桥，先名为"万福桥"，后改名为潘圻桥，是与该庙同时代的古物，当时潘圻庙的山门就建在潘圻桥的北塊，由此可见，潘圻庙的殿宇、寮房、长廊足有一

里左右，建筑面积约 60 亩左右，僧食田约 60 亩。据《金氏文苑》记载：当时的潘圻庙及道家名字，神仙幽境，规模宏大，香火不绝。但是到了元末明初，由于兵荒马乱，盗贼四起，潘圻庙又在战乱中被烧为灰烬。

明朝洪武开国初年，浙江兰溪金仁山六代子孙金启明从昆山迁到常熟北门外金村后，由他的第七世孙金守贞（字体泉）牵头集资筹建潘圻庙，前后用了六年多时间，建有殿宇、寮房、长廊和望香坛等。先复名"永昌庵"，后到明朝万历二十年（1592）吴县进士范允临来该庵烧香还愿，他亲眼看到"永昌庵"四周环境优美，就当场赞叹"知庵固昔日精蓝也"，为诵唐人"曲径通幽"之句。当时因僧人要求范允临题词，他就欣然写下"永昌禅院"的匾额，从此永昌庵又名为"永昌禅院"。

到了清朝统治时期，金氏子孙不断修葺和扩建，永昌禅院名声远扬四方。特别是金氏十世孙金范（字次洪），十一世孙金日勋（字文表），十二世孙金坤元（字含光）、金培元（字绍基）等，对永昌禅院的发展付出了大量心血，做出了较大的贡献。太学生书吏金范，在康熙之十六年（1677）牵头出资，在大云福殿的西首建造了一座家庙，后为"观音殿"，里面供奉千手观音。赐进士出生的金日勋于雍正元年（1723）资助永昌禅院僧人直彻（字歧凝）亦叫政庵和尚，建"学半斋"书屋一幢。赐进士出身的金坤元资助政庵和尚修建明代遗物"竹石芦雁塔"，修好后更名为"改庵塔"。太学士金培元在乾隆三十七年（1772）于大雄宝殿之后建了"地藏殿"，该殿落成后不久他就亡故。因此他的四个儿子请直奉大夫、吏部考功清吏司主事姚大勋于乾隆四十四年（1779）撰写《永昌庵地藏殿碑记》，并邀请苗疆傣满加通判陈士林篆额。直到咸丰年间，内忧外患，太平天国农民起义烽炎波及江南四乡，永昌寺又被付之一炬。

清朝末年，同治、光绪年间，由金氏十六世孙奉直大夫金国霖等人发起，再次在原址上重建永昌寺。后来，又由末代秀才金秀山、王家桢等人逐年扩建，直到民国初年，才初具规模。到抗战时期，永昌寺内的殿宇、禅房、佛像和其他设施仍完好无损，香火仍较旺盛。全国解放后，永昌寺仍保持原状，香火不绝，但到 1958 年，所有殿宇、禅房被全部拆除，材料移作他用，寺基翻耕农田，佛教圣地逐渐在金村东皋头消失。

20 世纪 80 年代以后党的宗教政策不断落实，佛教活动场所不断开放，1996 年当地信众自发集资要求在永昌寺原址重建寺院。1998 年 9 月张家港市人民政府发文同意恢复永昌寺。

2007 年 7 月，登记为固定处所。

二、建筑规模

永昌寺坐北朝南，占地 36000 平方米，建筑面积 3323 平方米。中轴线上依次为石拱桥、天王殿、大雄宝殿等，两边为厢房。

三座花岗岩石拱桥及放生池石护栏古色古香，大气壮观。中间为大觉桥，宽 3.8 米，东面为吉祥桥，西面为如意桥，宽均为 2.8 米。石桥南面的广场约 7700 平方米。

过石拱桥，东侧为二层屋舍，一楼为斋堂，同时可供七八百人就餐。二楼为寮房。西侧的二层楼，上层为念佛堂。六角铸铁宝鼎、四角凉亭分别坐落在左右。宝鼎香烟缭绕，铜铃叮当；凉亭仿古建筑，红柱黛瓦。

天王殿面阔 3 间，殿门上方悬挂"永昌寺"匾，殿外壁上镶嵌"张家港市人民政府文物保护单位"牌匾。殿内正中供奉弥勒像，北面为韦驮，两边为四大金刚塑像。

过天王殿是三圣殿，殿前种植两棵罗汉松，树龄已有 30 余年。殿内供奉西方三圣像。

大雄宝殿前有一座仿古石桥，桥面宽 4.8 米，称之为永灵桥。大雄宝殿高近 23 米，进深 24 米，东西长 32.5 米，建筑面积约 780 平方米。大殿重檐翘角，近 2 米高的屋脊正面"佛日增辉"、背面"法轮常转"，屋面由玻璃瓦铺设，正脊两端有龙吻，脊正面中间是二龙双红，背面是丹凤朝阳图案。四条垂脊各排列着三个蹲兽和四大天王塑像。

大雄宝殿殿门上方悬挂"大雄宝殿"匾，由原中国佛教协会会长一诚长老题写。殿内正中供奉三佛二弟子，背面为海岛观音，两侧供奉五百罗汉，是永昌寺的一大特色，殿后东西两侧供奉普贤、文殊菩萨。殿内柱联为："梵宇放重光广度芸芸众生，经声腔开觉路咛翰朗朗乾坤。"殿前露台中间有一座三层的宝鼎。

永昌寺殿宇辉煌，寺院内银杏树、香樟树、雪松、白榆树、紫薇等绿树成荫，已成为张家港市一处环境优美的佛教活动场所。

张家港西章卿寺

西章卿寺，位于张家港市金港镇朱家宕村港华路西侧。

一、寺名由来

据蔡新久主编的《后塍地名志》上记述，老（西）章卿寺位于今后塍朱家宕村西黄桥北侧。据《沙洲县志》载，其建于明洪武三年（1370），距今已有600多年历史。

章卿乡原属江阴县，有两座章卿寺。老章卿寺建于明代洪武年间。到了清乾隆年间，章卿乡在建章卿镇时（章卿镇位于泗港闸上南首），又在镇南侧重建了一座新章卿寺，意欲把黄桥的老章卿寺迁到章卿镇上来。等建好后，江阴县府制一大匾，在为菩萨开光前派专船送到新章卿寺。装匾的船由东横河向东行驶到陈沟与东横河交会处时，船老大不知章卿寺在哪里，就停船问路。附近农民不知章卿镇在新建章卿寺，只知黄桥有老章卿寺，就指使该船行到老章卿寺。

老章卿寺师僧接过匾喜出望外，当即挂在寺中，足足庆贺了一个多月。远近香客信徒闻讯而至，等到县府知道匾送错了寺庙，也来不及了。佛门讲究的是随缘而遇，这样章卿镇新建的章卿寺就一直热闹不起来，而老章卿寺的香火却日渐兴旺。

据传，老章卿寺之所以名震四方，还由于该寺出了一个名僧——正性大师。他不但精通佛经，且娴熟丝竹，并有飞钹绝技（该寺的传统乐艺）。此外，正性大师的丹青、墨竹尤为精妙绝伦，驰名江浙。由于正性作品颇似郑板桥，其墨竹题句有"叶宜泼、干宜老、苏东坡、夸我好"之说，是当时文人墨客求之如获珍宝的藏品。正性中年以后，出章卿寺云游于杨舍无量庵、河南庙、砂山太清寺，曾任无锡、江阴十方庵方丈。正性和尚之传说在本地民间流传甚广。

因战乱、天灾等各种原因，两座章卿寺至中华人民共和国成立前夕已荒废，20世纪六七十年代被全部拆除。

2002 年起当地信众自发筹资重建西章卿寺。

2013 年 7 月，恢复重建西章卿寺得到苏州市民族宗教事务局行政许可。

二、建筑布局

西章卿寺，坐北朝南，占地 3895 平方米，建筑面积 1706 平方米。山门上方悬挂"西章卿寺"匾，山门两边联："救苦寻声慈悲为怀成无上道，朝山礼佛福慧庄严赐有缘人。"殿内两旁供奉哼、哈二将。

出山门为天王殿，殿内正中供奉弥勒像，北面为韦驮，两边为四大金刚塑像。天王殿与大雄宝殿之间立有三脚铸铁紫铜包皮香炉，高 1.6 米。重达 1 吨多，做工精细，三只脚为狮头状，沿边及双耳上雕有如意花纹，炉体通身雕有上百条各种雄姿的龙。另有一座三层铸铁宝鼎。天王殿东西两边是办公客堂、接待室及斋堂。

西章卿寺的大雄宝殿在整排九间房屋中占中间三间，亦是重檐翘角，双龙吻脊，筒瓦屋面。殿门上方悬挂"大雄宝殿"匾，为赵朴初手迹。殿内正中供奉"一佛二弟子"，背面为海岛观音，两侧供奉十八罗汉，文殊、普贤菩萨供奉在殿后方两侧。

大雄宝殿东面是观音殿，供奉送子观音像，佛像左前方悬挂一口铜钟，高 1.3 米，钟下供奉一尊小的顾藏菩萨像。大雄宝殿西面是大悲殿，供奉千眼观音菩萨、蚕娘娘、王母娘娘塑像。右前方架一面大鼓，直径约 1.6 米。其西面供奉观音菩萨和善财龙女塑像。再西侧为地藏殿和伽蓝殿。

三、镇寺之宝

西章卿寺至今幸存三件"镇寺之宝"：隐形石壁、荷花缸和闩柱底石。一是隐形石壁，相传三国年间吴国国太为建寺而赐两块石壁。一块不幸遗失，一块至今保存完好。二是荷花缸，荷花缸是"大跃进"年代平整土地时，从庵花墩里挖出来的，当时大多都已破碎被填入池塘内。庵花墩原来的位置在西章卿寺正北约 200 米处，占地面积约 3 亩，是专为安葬圆寂和尚之墓地。户主存的两只荷花缸中，其中一只有盖子，另一只无盖子。荷花缸缸体上花纹精致漂亮，印有和尚头像和鸟兽、花草类图案。三是闩柱底石，闩柱底石上凿有五个长方形的洞，据说表示该寺庙有一定规模。

张家港市常兴寺

常兴寺（原张家港佛教居士林），位于张家港市锦丰镇三兴办事处久生村。

一、历史沿革

常兴寺始建于民国二十四年（1935），由当地居士陆文友、何桂生等捐助土地10余亩，并募集资金在三兴镇久生村建造大殿一座，供奉四方三圣，并建有念佛堂、生活用房等16间。当时南通市广教寺月郎法师常住过，南通居士林明镜也在这里常住多年。信众遍及常阴沙各地，多达数千人，香火旺盛。宗教活动一直到1951年才停止，至1958年被拆除，改作它用。

1992年经宗教主管部门批准，在原址借用民房，恢复宗教活动，1995年9月取得了宗教活动场所登记证书，其后，来这里过宗教生活的信众日益增多，原有的场所已不适应广大居士活动的需要。1998年经市有关部门批准，在众居士的努力下，征地四亩移址重建。

2007年7月，登记为固定处所。2020年11月23日，经张家港市民族宗教事务局批准更名为"张家港市常兴寺"

二、殿堂布局

常兴寺坐北朝南，占地8357平方米，建筑面积2223平方米。

山门即天王殿，面阔三间，80平方米，单檐翘角。殿门上方悬挂"居士林"匾，由苏州市佛教协会副会长、昆山市佛教协会会长、昆山华藏寺方丈秋风法师书写。殿内正中供奉弥勒菩萨，背面为韦驮菩萨，两边供奉四大金刚像。殿内柱联："大肚能容容天下难容之事，笑口常开笑世间可笑之人"。

三圣殿，面阔五间，建筑面积281平方米。脊高12.5米，玻璃瓦屋面，重檐翘角，双龙吻脊，五兽蹲檐，十分雄伟壮观。八只铜铃悬挂檐角，发出叮叮当当响声，十分清脆悦耳。殿门上方悬挂"三圣宝殿"匾，殿门联："闻思修证

三圣殿

圆通方便，信愿行生净土资粮。"均为普陀山居士觉正书写。殿内正中供奉西方三圣，背面供奉观音菩萨。殿内经幡高悬，钟鼓高架，法器耀眼，供台巨大，香烟缭绕。殿内柱联："妙相圆融即色即心编十方而示现，法身常住无来无去历万劫以长存。"

三圣殿的西南是地藏殿，殿内供奉地藏王菩萨。东南方向是一座二层殿堂，面积为607平方米。上层为念佛堂，可同时容纳100余人念佛。底层为寮房。

张家港市常兴寺三面环水，绿树成荫，环境十分优美。

常熟市

常熟虞山兴福寺

兴福寺，位于常熟市虞山北路兴福寺路街。1983年，兴福寺被国务院列为汉族地区佛教全国重点寺院；1995年4月19日，被江苏省人民政府列为文物保护单位。2016年5月26日，被列入第二批《苏州园林名录》。

一、历史沿革

据地方文献记载，在佛教大盛的南北朝的南齐延兴至中兴年间（494—502），倪德光（曾任郴州刺史）舍宅为寺，初名"大悲寺"。梁大同五年（539）大修并扩建，改名"福寿寺"，至梁大同年间，拓建寺基时挖到了一块石头，清除石上泥土后，发现此石纹路左看如"兴"字，右看像"福"字，于是，这块

"兴福石"便保留了下来，而寺名也因此改成了"兴福寺"。

唐贞观年间，相传有黑白二龙交勇，冲进成溪，遂成破涧，故又称"破山寺"。唐代的武则天倡导佛教，但到会昌年间，武宗李炎却厌恶佛教，诏废天下寺庙，破山寺遭到了极大破坏。唐宣宗即位，佛教又得以复兴。咸通三年（862），唐懿宗特赐破山寺一口大钟。咸通九年又赐"兴福寺"匾额，于是又恢复了兴福寺原名，沿用至今。兴福寺成为江南名刹之一。

宋雍熙中（984—987），高僧晤恩创宗教院于山门之西偏。熙宁至绍圣间（1068—1098），大沙门海素更于宗教院之西建光明庵。明嘉靖中，以倭寇之乱俱废。万历二十六年（1598），钱顺时妻

唐幢

卞氏罄产倡缘，重建大雄宝殿于原址西二十余丈（即今址），子世扬、孙谦益及钱时俊等诸檀越，历时十余年，修建天王殿、地藏殿、观音殿、云会堂等；并皆重塑金身，又赎归菜园、山场，功德可比倪德光之舍宅。

清乾隆二十六年（1761），撤材重建大雄宝殿。乾隆三十七年（1772）建亭勒石，立碑在兴福寺内，至今仍完整无损。咸丰十一年（1861），太平军于寺内设难民局、留养局，又为制造火药，设吊硝厂于寺，故寺中殿堂屋舍得以保全。

同治、光绪间，略为整修，再塑金身，尚存旧观。

民国六年（1917），山主钱鹏年等延请常州天宁寺月霞、应慈为住持，筹设华严学院（法界学院）于山门东偏之救虎阁、龙神堂。1932年，住持正道改建法堂。1937年，无锡荣氏助建华严讲堂（今七处九会、五观堂），未几，值抗战起而中辍。

1949年前，兴福寺殿堂破旧，残圮不堪，岌岌可危。1949年后人民政府多次进行维修和保护，20世纪六七十年代尽毁。1981年11月起，兴福寺恢复开放得到全面维修，并交给佛教团体作为佛教活动场所恢复开放。

二、殿堂布局

1981年11月起，政府拨款60余万元，兴福寺得到全面维修，并交给佛教团体作为佛教活动场所恢复开放。历时五年，修复大雄宝殿、山门、天王殿、四高僧殿、法堂、禅堂、僧寮、云会堂、五观堂；重塑三世佛、十八罗汉、四天王、四高僧等金身，寺内外景点并修葺一新。

1985年重阳节时，兴福寺举行了盛大的开光大典，这次开光是兴福寺历史上的一次盛会。江苏、浙江、安徽、上海等省市的名山大寺、佛教界知名人士和信徒上千人兴高采烈地参加了这次盛典。

兴福寺坐北朝南，依山而筑，占地甚广。现存主体建筑为明清遗构，主轴线上，依次为山门、天王殿、三佛殿、大雄宝殿、玉佛楼。东路依次是救虎阁、龙王殿、禅堂、四高僧殿、藏经楼与偎竹楼。西路有普照堂、斋堂与五观堂。五观堂续西，还有廉饮堂、观音殿（圆通殿）、财神殿与文殊殿。

天王殿系硬山顶，外檐斗拱用四铺作，象鼻昂，每间施斗拱三朵。明间作抬梁造，四椽栿及平梁线条柔和，用材

硕大。椽底有铭文："皇明万历已未年丁丑月丙寅日癸已立，善信张拱斗喜舍，吉祥如意。"

大雄宝殿为歇山顶，广五间八架椽，四椽栿及金柱皆楠木制，外壁上嵌砌明万历间《重修破山寺记》碑一通。

三、高僧大德

寺自唐宋以来高僧辈出，虽经历了武宗灭法之劫，寺宇被拆，佛塔被毁，僧众被逐，但他们奉佛信教立志修行之心始终不渝，后来佛教中兴，他们重披迦裟，为恢复兴福寺而殚精竭虑。五代彦，出家后，严奉戒律，刻苦修行，唯善是从，有为虎拔箭疗伤劝猎户不杀生之美谈。宋晤恩慧根极深，精通佛典，演绎天台宗教义，在兴福寺建宗教院阐述佛学，弘扬佛法终身。这四位被称为兴福寺"四高僧"，墓塔留存至今，永为后世僧俗尊崇。四高僧之外，还有智宏、格庵、希鲁、无著、洞闻、道源、雪鉴、惠宗、月霞、应慈、持松等等，或以律显，或以禅称，或表天台之法，或阐华严之宗，讲席宏开，名闻遐迩，兴福古寺亦因此而跻身名刹之列。

四、名人游寺

唐代著名诗人常建《题破山寺后禅

院》诗曰："清晨入古寺，初日照高林。曲径通幽处，禅房花木深。山光悦鸟性，潭影空人心。万籁此俱寂，唯余钟磬声。"破山寺，即兴福寺。在唐代诗人的笔下已称之为"古寺"，可见它历史的久远。

文中描写到常熟兴福寺（又名破山寺），以写景表达"禅意"，独突一个"静"字。此诗抒写清晨游寺后禅院的观感，以凝练简洁的笔触描写了一个景物独特、幽深寂静的境界，表达了诗人游览名胜的喜悦和对高远境界的强烈追求。全诗笔调古朴，层次分明，兴象深微，意境浑融，简洁明净，感染力强，艺术上相当完整，是唐代山水诗中独具一格的名篇。自此古寺名声愈盛，成为江南四大名刹之一。

兴福寺自常建题诗后，名声远播，慕名来游寺者络绎不绝，其中不少名士骚客文人诗僧，或步韵题咏，或赋文作记，如唐代皎然、吴融、皮日休，宋代仲殊、李光、居简、莫俦、高翥、真山民，元代周才、张著，明代吴讷、魏冲、黄淳耀，清代钱谦益、吴伟业、陈瑚、毛晋、邵陵、钱曾、钱陆灿、汪绎、汪应铨、王应奎、邵齐熊、邵齐然、孙原湘、翁心存、翁同龢，清末民国陈三立、康有为、张鸿、杨圻、蔡寅、于右任等；为寺留墨题字的有翁同龢、康有为、陆抑非、沙孟海、田桓、朱剑芒、沙曼翁、赵朴初、陈从周、谢稚柳等。

五、园林风光

在寺路街走过两座牌坊，山离之愈近。寺院在即时，有溪自西东下，此溪便是破龙涧。涧南寺前照壁题"华严本山"，寺前破龙涧上跨明代龙涧桥、法华桥石拱桥两座，山门口涧前空地上耸立唐代大中年造及近几年建造的石刻十通。

"曲径通幽处，禅房花木深。"兴福寺是个园林式的寺院。东有空心潭，碧水一潭，有锦鲤潜，有曲桥越。团瓢有古典园林传统风格的石舫驻。而白莲池，据说有非常珍稀的千叶重萼白莲，因时季关系未见其形未识其香，但那株伸展到水面上、用木桩撑着的玉兰，虽仅剩半片残皮与土壤相连，却依然花蕾已蓄，其顽强的生命力令人感叹。更有亭与廊点缀于恰到好处之地。虽是冬季，但香樟与竹子青翠依旧，且正值腊梅花开，人在幽处，颇能联想到暗香盈袖之类的诗意。

虞山北麓三峰寺

三峰寺，位于常熟市虞山北麓。

一、历史沿革

三峰寺，旧名三峰禅院，系虞山合乌目峰、龙母峰、中峰而得三峰之名。据《全唐诗》卷一四四载常建《第三峰》诗中有"西山第三顶……寻空静余响，嫋嫋云溪钟"句，可考三峰寺为唐以前之古刹。

明嘉靖时遭倭寇之乱，僧众散去，寺亦日渐倾圮。万历时住持洞闻重建寂照堂，未几移主兴福寺。万历三十八年（1610），汉月法藏自无锡来此栖隐，主僧见其气宇非凡，遂延请住持三峰。汉月法藏禅律兼修，为士民所钦仰，赵承谦、赵用贤父子、陆尊礼、包福民等合邑善信大力护持，倡缘劝募，增扩寺基，营建殿堂寮舍，重塑金身。

自明末至清康熙间，次第建成天王殿、千华殿、大悲殿、准提阁、松演堂、禅堂、精进堂、丈室、山门，并建养生堂，茶毗窑、普同塔院，凡栖真梵修退养送葬之所毕备。汉月法藏从明高僧莲池大师受戒，后得到天童寺高僧密云圆悟和尚印证，传为法嗣。汉月法藏圆寂后，有董其昌和黄宗羲书写的塔铭。三峰禅法独特，道风大振，远近响慕，与杭州灵隐、宁波天童鼎峙，为明清时期临济一系祖庭。

康熙三十八年（1699），康熙皇帝南巡，住持超揆迎驾苏州，赐御书"三峰清凉禅寺"匾额，始改称今名。时大雄宝殿因工大费巨，至乾隆五年（1740）始克落成，后又续建地藏殿、罗汉堂、功德堂、法堂等。乾隆五十三年（1788），又请得钦颁《龙藏》全经共730函，由邑人户部侍郎蒋赐棨照例代交印刷，并建藏经阁贮藏。咸丰十年（1860），大雄宝殿、藏经阁等主体建筑毁于兵火，住持药龛联合乡民巡逻，余屋得以保全。同治十二年（1873）重建寂照堂，请帝师翁同龢书匾并撰书楹联，原件已毁，现已请其玄孙翁万戈先生重书。翁同龢晚年又将家藏元僧世殊银字《楞严经》六卷补书四册赠三峰寺保存，2007年被国务院列为国家级珍贵古籍。药龛为重建大雄宝殿，积赀劝募30余年始复旧观，并编纂《三峰清凉禅寺志》，与其入室弟子宗仰在寺内设刻经处校刊佛经。

历史上，三峰清凉禅寺全盛时有屋千余间，常住僧众及四方参学者多至千人，斋田一千七百多亩，下院四处，并管领中峰禅院、白雀寺、智林寺等属院15处，蔚为吴越间一大丛林。1949年后，仍有僧人住持，20世纪70年代初废。三峰清凉禅寺风景宜人，有著名的万松林，列入虞山十八景之"三峰松翠"和"三峰三十景"等。

2001年5月，在原址修复三峰清凉禅寺。历时五年，一期工程于2006年10月竣工，是年11月28日，举行三峰清凉禅寺佛像开光暨落成庆典。

2007年3月，登记为寺观教堂。

二、建筑规模

恢复重建新的三峰清凉禅寺，依山而建，层层递进，坐西朝东，占地90亩，建筑面积6000平方米。中轴线上有照壁、山门、天王殿、大雄宝殿、藏经楼。

从虞山北路进入三峰寺的路中部竖有牌坊，四柱三门，飞檐翘角，正面上方"清凉禅寺"四字为清康熙帝所书。

山门前的照壁，宽21米，高7.3米，为省内巨型照壁之一，正面镌刻赵朴初手书《心经》文；面对山门"大愿成满，百福庄严"八个大字，乃近代爱国高僧弘一法师所书。

山门前的台阶中间为九龙壁，上20级台阶平台上的两棵220多年楸树系寺院遗址上留下的，在楸树西的青石浮雕为虞山十八景之"三峰松翠"。再从两边上台阶为三门殿，殿门上方悬挂清代孙镐所题"三峰"匾额，两边联："举头四望海阔天空，长啸一声山鸣谷应"。

出山门殿，左右两侧为钟楼、鼓楼。天王殿前台阶两侧有两棵近500年古银杏树。天王殿面阔五间，双重檐，殿门最上悬"最上一门"匾额，乃旧迹；殿门上方"报众生恩"匾由赵朴初书。殿门两边有联。殿内正中供奉弥勒菩萨，背面为韦驮菩萨，两边为四大金刚。出天王殿两边墙壁竖有《重修三峰清凉禅寺记》《三峰清凉禅寺简介》碑。门上方悬挂三块横匾，中间为"究竟清凉"，马士达书（究竟：彻底圆满，清凉：没有烦脑），两边为"花开见佛""心包太灵"。

出天王殿到大雄宝殿的院中，矗由高锡青铜铸造的万年宝鼎，高6.2米，重约7.5吨。

绕过宝鼎，上台阶为大雄宝殿，面阔七间，1100平方米，飞檐斗拱，翘角凌空，绕以玉石回廊，流丹映碧，气势恢宏。殿门最上方悬挂"三峰清凉禅寺"竖匾，下方"大雄宝殿"匾，亦为赵朴初书。

殿门两有联。殿内正中供奉三世佛，左药师、右弥陀，释迦佛居中，庄严肃穆，慈悯安祥。大殿架构皆花梨巨木，共有红木柱子66根，最高柱子为15米，是江南地区罕见的红木结构大殿。南面不远处有旧迹"挑水潭"，为历代僧人饮水、浇菜所用，潭水清澈鉴人。

出大雄宝殿往上是依山而建的藏经楼，建筑面积3000平方米，飞檐翘角，雄伟壮观，拾级而上，登楼远望，常熟城一览无遗。

三、高僧辈出

三峰寺历代高僧辈出，最著名的当数晚明中兴三峰寺的汉月法藏禅师。汉月法藏，江苏无锡人，俗姓苏，字汉月，法藏是其号，晚年又自号天山。生于明万历元年（1573），崇祯八年（1635）圆寂，康熙朝追谥镜通禅师。汉月15岁正式投归佛门，因悟道和最初弘法皆在常熟三峰，世人多以"三峰和尚"称之。三峰汉月及门人的学说，在明末禅林中自成一家之言。汉月法藏一生中在三峰居住的时间最长，其禅法思想的基本形成也是在三峰，所以当时人们称其学说，多以"三峰学说"或"三峰禅法"称之。而"三峰宗"此一名称，正式记载则始见于清雍正所著的《御选语录》之附录中。

汉月之后三峰一系的高僧大德，明清时代有梵伊弘致、一默弘成、问石弘乘、在可弘证、顶目弘彻、澹予弘垣、剖石弘璧、具德弘礼、继起弘储、潭吉弘忍、硕机弘圣、硕揆原志、檗庵正志、贯一禅师，有与翁同龢交往密切的药龛禅师等；近现代有雪参禅师、逸溪禅师，有爱国名僧、曾支持过孙中山革命的"乌目山僧"宗仰和尚等等。

恢复重建的三峰清凉禅寺保持了明代建筑风貌，在苍松翠柏的掩映下，曲折回廊，竹林花木，幽雅清静，无上清凉。

常熟辛庄北庄寺

北庄寺，位于常熟市辛庄镇合泰村。

常熟市最南面的辛庄，这个地名出现较晚，民国元年（1912）常熟为35个市、乡（4市31乡），辛庄地区为辛安乡。此后这个地名一直延续，长期是一个乡级单位。1994年2月，经省政府批准，辛庄乡撤乡建镇，更名为辛庄镇。

据《辛庄志》记载："北庄寺始建于明末清初，距今已有300余年历史。香火鼎盛，名闻遐迩，历为各界善男信女仰慕的朝拜佛地，涉及范围有苏州、无锡、昆山、太仓、常熟5个县市数十个乡镇，人流量最多一天达2~3万人次，逢上农历正月初一，三月廿七、廿八，七月二十，总是人头攒动，热闹非凡。

中华人民共和国成立后，虽经几起几落，但香火长盛不衰。1995年11月，经常熟市人民政府、市宗教局批准，重建颇有规模的北庄寺，定为辛庄镇唯一的佛教活动场所。"

重建后的北庄寺坐北朝南，占地15亩，总建筑面积约600平方米。建有山门、天王殿、大雄宝殿、观音殿、地藏殿等，并辟有放生池。寺院的东南角建有钟楼，钟楼东有一古碑。天王殿面阔3间，120平方米；大雄宝殿面阔5间，220平方米。大殿前竖有一鼎。放生池位于寺院东面。池上建有香花桥。

2007年7月，登记为固定处所。

辛庄张桥弘福寺

弘福寺，位于常熟市辛庄镇张桥办事处。

一、历史沿革

相传南宋淳熙年间（1174—1189）僧永寿建。至明天顺、成化年间（1457—1487），已形成完整的寺院格局，共有殿堂三进，僧人30多人。据明碑《庙桥崇福兰若源流志铭》记载，当时香火较盛。至清代，崇福寺已成为常熟南乡佛教活动中心。据寺内保存之公告类清代石碑（1886）已有规定，在庙会期间，严禁赌博，严禁地痞之流扰乱百姓生活，影响生产等。1938年，该寺被日军烧毁大部。抗战胜利后，民间集资重建，规模较前大为缩小。20世纪50年代，寺院房屋改为大队办公室。1958年拆除部分殿堂，并砍伐两棵约一米直径的银杏树，为翻建农业中学作为用材，1983年拆除最后一幢殿堂，翻建为纸箱厂。

2001年，常熟市政府批准重建弘福寺，选址距原址东北500米的张桥村重建寺院。寺院坐北朝南，建有山门、天王殿、大雄宝殿、钟楼、鼓楼、观音殿、地藏殿、财神殿、东西厢房、放生池、办公用房等。总建筑面积2600平方米，总占地60亩，现围墙内占地48亩，共耗资900万元。2004年11月8日大殿开光，寺院对外开放。

二、庙会盛况

弘福寺规模较大，佛事兴盛，每年5月3日庙会和11月8日庆典之日，各方善男信女云集达一二万人之多。

庙会当天，现场人来人往，热闹非凡，各种民间玩意、热销商品、当地特产展销等深受老百姓欢迎；各种特色小吃更是吸引了大批香客，令许多人驻足品尝，丰富多彩、形式多样的庙会活动展示和传承了传统民俗文化。

在庙会上，传统舞龙、舞狮，划旱船，民族舞蹈等文艺表演将活动推至最

大雄宝殿

高潮。来自张桥的多支文艺表演队按照惯例由会场出发开始"踩街",所经过的街道都是人山人海,被挤得水泄不通,现场气氛热闹非凡。

张桥弘福寺庙会已成为当地具有浓厚历史文化底蕴、传承民间民俗文化的一大文化盛事,既可以传承中华传统文化,更有利于形成和谐、良好的社会氛围。

2007年3月,登记为寺观教堂。

辛庄杨园常明寺

常明寺，位于常熟市辛庄镇杨园办事处之湖庄。

始建于明代，供奉观音、关公、猛将等，每年农历四月初八庙会一天，农历六月抬猛将上台，意在驱除蝗虫消灾，祈求丰收。1958年被拆除。

2001年5月，常熟市人民政府批准杨园设立佛教活动点，选址在杨园镇西南学甸村。先后建大雄宝殿、天王殿、山门、钟楼、鼓楼、放生池、斋堂等。

2007年2月完成基建。共投资500余万元。

重建后的常明寺，坐北朝南。山门殿面阔3间，60平方米；出山门殿为天王殿，面阔3间，120平方米；天王殿左右两侧分别为三圣殿、财神殿，各面阔3间，90平方米；出天王殿为大雄宝殿，面阔5间，280平方米。

2008年3月，登记为固定处所。

天王殿

支塘镇褒亲禅寺

褒亲禅寺，位于常熟支塘镇长桥村，原明园寺旧址。

据《支塘镇志》记载："褒亲禅寺，在支塘镇南，原有褒亲崇惠寺，宋僧日东建。政和七年（1117）赐额'褒亲禅寺'。明永乐初，僧维敬重修。崇祯七年（1634）僧祖仰建山门。清康熙三年（1664），僧敏功重建大殿。其后僧岱峰修复西方殿，重辟山门。咸丰十年（1860）毁，光绪二十二年（1896）里人许芸瑞同僧道明募修。寺内原有宋钟，政和年造，并有古银杏树三株。"中华人民共和国成立后寺渐废，后改建为支塘邮电局。

1994年8月，常熟市人民政府批准设立佛教活动点，择址支塘西北长桥村原明园寺旧址。传该寺建于梁天监年间，后毁于明代，残留寺基。此年十一月奠基，几年来，先后建有大雄宝殿、大悲殿、观音殿、赐福殿、念佛楼、天王殿、山门和厢房、宿舍等，总建筑面积为2752平方米，寺院占地16亩。该寺现保存有"敕赐褒亲禅寺"额，木质，四周为云纹，

敕赐褒亲禅寺匾

上款有"宋政和七年四月"，下款有"清乾隆二年岁次丁巳捌月新安项善士、光绪二十六年岁次庚子年杏月主持僧真慧重修"字样，为该寺唯一珍贵文物。

2007年7月，登记为固定处所。

常熟任阳延福寺

延福寺，位于常熟市支塘镇任阳管理区。

任阳系常熟市旧镇名，2003年撤销，位于常熟市东南部，今为支塘镇任阳管理区，有"中国无纺之乡""中国无纺城"之称。

延福寺原为任阳周神庙旧址，旧日有殿宇三间，供奉周神。相传"周神"姓周名榕，明代鄞县人，诗、书、画皆工，著有《春满堂诗文集》。明亡，眷怀故国，常狂歌恸哭。有以鸿博荐者，周榕以死辞。死后被封为"忠孝王"。境内，供周神的庙计有堰角落、梧桐浜、杨家村、黄米泾、倒杀浜、三泾6处。其中三泾、杨家村等地的周神庙房舍较大。

2001年5月21日，常熟市人民政府批准设立任阳佛教活动点，选址原周神庙旧址，农历十一月初二大雄宝殿奠基，后又建天王殿、大悲殿、忠孝殿、玉皇殿、三圣殿、地藏殿、山门殿、念佛堂、西厢佛堂、放生池等，总建筑面积2285平方米。2002年正月初一正式对外开放，并命名该寺为延福禅寺。在寺内有两株银杏树，树高皆9米左右，树龄约160年，树冠均有6~7米。

2011年5月，登记为固定处所。

常熟支塘法灯寺

法灯寺位于常熟市支塘镇何市管理处的法灯村。

何市，古名桂村，距今已有 1600 多年历史。史料记载：明代嘉靖年间，因当地士绅何墨创市集，遂名何市。法灯村，在何市西北 2.5 公里，西依白茆，隔水与徐市归市为邻，有北渡桥通彼岸。北靠南港，隔港为东张。

村内有法灯庵，故名。该处旧称烟墩，传说南宋时，濒临长江，烟墩系为归帆设置之航标。后冲积成陆，遂名"烟墩"。此处原有"烟墩庵"，兴废时间不详。清光绪年间，里人鲁任关因家贫在宁波某寺院出家，临终嘱弟子性沛代他回乡建寺，以完成他未竟夙愿。性沛不负师傅所嘱，经募化，在烟墩建庙三间，供观世音佛像等，不几年，又扩建大殿和山门，并为观世音佛像重塑金身。时又有富商捐资在大殿后建楼房一幢。

民国二十年（1931），性沛坐关二年，期满各方信众云集。达万人以上。后寺又有所扩建，共有房屋 80 余间，占地 6 亩，僧众数十人。中华人民共和国成立后，寺渐废，大部分僧徒逐渐还俗归农，楼房亦废，仅存大厅一间及门前银杏一株。

1995 年常熟市人民政府批准何市设立佛教活动点，择址在烟墩庵旧址。2008 年 3 月，登记为固定处所，并更名为法灯寺。

恢复重建的法灯寺，坐北朝南，建筑面积约 2600 平方米，建有山门、圆通宝殿（大殿）、财神殿、厢房、食堂等。山门（天王殿）为重檐，面阔 3 间，60 平方米，山门上方有"法灯禅院"四字。

出山门迎面为弥勒佛雕像，像后为一鼎。圆通宝殿，面阔 5 间，220 平方米，重檐。殿门上方挂"圆通宝殿"匾，门两边联为"无我无人万法皆空明佛性，非色非相一尘不染证禅心"，殿上层悬挂"慈航普渡"匾。进大殿，正中供奉"一佛两弟子"，两边墙上为壁画。大殿东西两边建有附房，左边有财神殿。

大殿前西南树下有石碑两块。

沙家浜镇崇福寺

沙家浜，因一出样板戏《沙家浜》而闻名天下。历史上并无沙家浜镇，这里原有唐市、横泾两个古镇。现在因戏而命名镇，因戏而建成 5A 级景区。

崇福寺，原名崇福庵，俗称舍宅庵，位于常熟市沙家浜镇横泾村。

南宋嘉泰初，里人苏氏舍宅奉佛供僧，以资冥福，故名。宋嘉熙二年（1238），僧宗义重建，后由僧宗亮因旧再新。明洪武二十年（1387）僧微妙与徒道果给有户帖。永乐初，僧处琳、道勤又拓展之。宣德初至成化年间，建正殿三楹，供奉三世佛像，规制严正。正德七年（1512），工部员外郎钱仁夫撰《崇福庵佛殿记》，吴门祝允明书，立碑于寺中。清康熙二十三年（1684）里人桑氏重修。20 世纪 50 年代渐毁。1999 年 6 月，经常熟市人民政府批准重建。

恢复重建后的崇福寺，坐北朝南，占地 3500 平方米，建筑面积 1500 平方米，建有山门、天王殿、大雄宝殿、东西厢房、平安桥、放生池、碑亭、生活用房等。山门上方有"崇福寺"三字。出山门为天王殿，面阔 3 间，60 平方米。殿门东面墙上有两块铜牌，一块是国家宗教事务局监制的宗教活动场所"崇福寺"，另一块是江苏省宗教事务局颁发的"三星级宗教活动场所"。出天王殿，左右两边为观音殿、地藏殿，中间院子有一鼎，过鼎为大雄宝殿，殿面阔 5 间，180 平方米，单檐。殿门上方悬挂"大雄宝殿"匾，门两边有对联一副。

出大雄宝殿东侧有南北长方形放生池，中间有一座"平安桥"，池北建有碑亭，亭中竖有一块"崇福庵佛殿记"碑。寺内植有银杏、松柏等树木，在寺院的东部还种有蔬菜。在客堂间办公室的墙上挂有崇福寺的各项规章制度。

崇福寺东、南两面环湖，西面有高速公路。寺内环境优美，农禅并重，现为常熟市沙家浜景区的一处佛教旅游胜迹。

昆承湖红观音寺

红观音寺，位于昆承湖西路 86 号。

昆承湖又名东湖，位于常熟市区南郊，属于太湖流域水系阳澄湖湖群，南北长 6 公里，东西宽 3~4 公里，面积 18.4 平方公里，是常熟市境内最大的湖泊。

中华人民共和国成立后渐毁。十一届三中全会后，宗教政策得到落实，1997 年重建红观音堂，资金全部由信徒资助，并在 1998 年经市政府宗教事务局批准为莫城佛教活动点。2007 年登记为佛教固定处所，并更名为红观音寺。

一、寺名由来

红观音寺，原为红观音堂，位于常熟虞山莫城言里、坭桥村交界处，昆承湖畔。建造年代无考，代有兴废。民国十八年（1929）村民颜松泉等发起翻建。

二、寺院建筑

恢复重建的红观音寺，坐北朝南。建有照壁、山门、天王殿、大雄宝殿、观音殿、念佛堂、斋堂、宿舍、办公用房等 40 余间，建筑面积约 3720 平方米。

红观音寺远景

湖边竖有一块长方形的"九龙照壁"。照壁与山门之间为广场。山门上方挂有"红观音寺"匾,两边联为"晨钟暮鼓警醒世间名利客,经声佛号唤回苦海迷路人"。

进山门为天王殿,面阔3间,80平方米。殿门东面墙上铜牌是国家宗教事务局监制的宗教活动场所"崇福寺",殿门西面墙上铜牌是江苏省宗教事务局颁发的"三星级宗教活动场所"。

天王殿西面建有钟楼,钟楼的北面是2000年秋建造的面阔5间、二层计800平方米念佛堂,并于2001年11月18日举行佛像开光庆典。

出天王殿,中间有一鼎,绕过鼎为大雄宝殿,系2002年围湖填土,2003年8月21日奠基,2004年10月竣工,2005年3月18日举佛像开光。大雄宝殿面阔5间,220平方米,双重檐,青瓦黄墙,红柱朱门,匀称和谐,飞檐上有金龙金兽守望,黄墙上有金纹曲光映衬。殿前的白石阶与栏杆,久经沧桑,殿顶的"佛光普照"四字俯视生灵。"大雄宝殿"匾红底金字,气势磅礴。宝殿飞檐上吊着的小铃铛,声音清脆悦耳。

三、红观音堂传说

昆承湖西岸,一个石岸头的地方,有一座观音堂,这观音堂是怎样建起来的?传说,在唐代贞观年间,昆承湖边住着一户人家——老汉和老婆,还有两个儿子,农忙种田,农闲打鱼。

那年七八月份,台风季节,湖水汹涌澎湃。遇上这样的天气,渔民都收船进港。老汉站在湖岸上观望天气和湖水,突然发现灰茫茫的湖面上出现一个黑点,这是什么?是渔船?可有哪个渔民能在这样的天气里下湖打鱼呢?是航船?可又有哪位大胆的水手敢在这样的天气里穿湖呢?不是渔船,不是航船,那又是什么呢?老汉心里不断猜测着,可始终看不清那黑点是什么东西。等呀等!等了一个时辰,这个黑点渐渐大了,只有半里路距离了,老汉已经看清是个竹筏,竹筏上好像有座小房子。老汉拿着竹竿等待,可那个竹筏就是保持距离,不靠岸,不离去,等呀等,老汉不灰心,最后,那竹筏竟不请自到,在湖里打着旋转直冲到岸边来。老汉终于勾住了那竹筏。待把竹筏拖上岸,竹筏上果然有一座木头小红房子。打开红房子的门,撩起布幔,里面端坐着一个观音菩萨。微笑中带着慈祥,好像在感谢老汉的诚意。老汉一见这位观音菩萨,哪敢怠慢,马上将观音菩萨请回了家。老伴见老汉在雨中等了几个时辰,请回来的竟是观音菩萨,也是又惊又喜。两人马上焚香跪拜,祈祷观音菩萨祈福消灾。

几天以后,人们都知道老汉从湖中

钟楼

请到了观音菩萨，纷纷前来观看。一些菩萨的信徒更是顶礼膜拜，带来了香烛孝敬观音菩萨。老汉家成了菩萨庙。这样下去怎么行呢？老汉与老伴商量。

老汉说："信佛信到底，干脆给观音菩萨找个家造个庙吧！"

老伴说："话说得不错，可地方呢？""就选在自己家二亩地里，这里也是把观音菩萨请上岸的地方。"

"可田没了以后怎样生活呢？"

"以后就以打鱼为生吧！"

"可还有钱呢！还是与乡邻商量商量吧。"

老汉听老伴说得有理，就出去与大伙商量了。众乡邻都说好。有的捐钱，有的捐物，老汉也拿出了多年的积蓄。说干就干。老汉运来了砖瓦、石灰、木头等材料，请来泥瓦匠、木匠，造起菩萨庙堂来。

老汉挑选了上正梁的黄道吉日。那天真是好日子。晴空万里，湖平如镜。等到上好正梁时，突然，一条大鱼从昆承湖中跳出来并跃过了大梁，跌落到泥沙中，又是几个跳跃，回湖中去了。这是什么鱼？来得突然，大家没看清，鱼跃这么高，大家更没有遇到。大家都很惊讶，认为是观音菩萨显灵了。等房子造好，老汉、老伴和众乡亲把观音菩萨请到了新建的房子里，因原竹筏上的小房子是红色的，这次房子也是用红色粉饰。众人就给这座新屋起名为红观音堂。观音菩萨微笑中带着慈祥，每天接受信徒们的顶礼膜拜。

红观音寺前东南昆承湖上悠长的状元堤，寺院中清远的佛音，伴着潮水荡涤着游人的思绪……红观音寺现已成为昆承湖畔的一处佛教胜迹。

虞山巅上藏海寺

藏海寺，雄踞于虞山剑门绝巅拂水岩之上，下瞰剑门，崖壁峭立，旁临石洞，云气霏霏，是常熟地处最高的佛教丛林，也是太湖风景区内的一个著名景点。

一、历史沿革

藏海寺，宋代名"觉海庵"，明洪武四年（1371），僧道原重建，改称拂水东庵。嘉靖至万历间，僧等慈来此梵修，未几又废。崇祯十年（1637），僧涤尘、道梅从九华山卓锡驻此，募建地藏殿、观音殿，又建药师殿，未竟。清顺治初，道梅在山前烧香浜购置下院，为接待之所。

据寺志载："藏海禅院旧称拂水东庵，虽原始于宋而实创自明，洪武开山，崇祯再造。逮于玉琳国师来虞，因大慈老人之建塔迄，洪济法嗣为主庵，会上诏之叠颁，荷天恩之特敕，遂乃改庵为寺，赍赐今名，宗风大振，为三吴朝拱之地。"

玉琳被顺治帝尊礼为国师，"顺治十六年（1659），僧玉琳奉敕还山，赐金葬母，有自撰筑塔记。吏部尚书金之俊题碣曰：报恩草堂大慈老人墓。己亥三月，玉琳入京觐见，应对契上旨，供养万善殿中，时问法要，启奏别录，敕封为大觉禅师，加封为大觉普济禅师。师为葬母故，力请南归，特赐帑金，资营葬。是冬，遍择胜地，来游虞山，乐拂水岩山水清净，因卜藏海禅院之后建塔。而是院遂开法接众，屹成丛林席矣"。

玉琳筑其母大慈老人塔于藏海禅院后，命弟子德岩、洪济相续住持院务。康熙间，洪济续建药师殿、祖堂、丈室、客寮等。雍正间，住持折庵再于西门内水关桥购置新下院。后历任住持均有建树。乾隆四十年（1775），住持净明募陈士煌捐建大悲殿。咸丰十年（1860）除药师殿外，其余殿堂寮房均被焚毁。同治六年（1867），住持福清重修大悲殿，重建祖堂、客寮。光绪二十五年（1899），住持澈尘重建丈室，增建藏经楼。1934

普光明殿

年，部分殿堂毁于香火，经住持戒非竭力募修，渐复旧观。

1949 年中华人民共和国成立后，藏海寺列为常熟保留寺院，还举行过莲忍方丈升座仪式。20 世纪 50 年代末逐渐颓败，至 60 年代被夷为平地。1992 年，玅生老和尚亲主藏海寺修复工程，历时五年恢复旧观，于 1997 年重阳节举行重建竣工暨佛像开光典礼。

2007 年 3 月，登记为寺观教堂。

二、建筑布局

恢复重建的藏海寺坐北朝南，新建的普光明殿、大悲殿，金碧辉煌；新辟的东园，池廊花木，引人入胜。

现山门原为报国院之正门，为仅存的明代建筑。90 年代重修时，改为藏海寺的山门，而将报国院真武殿西移重建于今址。门额"藏海寺"三字为原中国佛教协会会长赵朴初亲题。两侧有于右任早年手书唐王维《青龙寺》联语："山河□□里；世界法身中"。笔走龙蛇，金碧辉煌。

山门内正中广场，古银杏树高耸入云，宝鼎中香烟不绝。藏海寺大雄宝殿今已题名为"普光明殿"，庄严雄伟。赵朴初为大殿题"三千觉路"匾，楹联为钱仲联撰书，语曰："自天水建庵，石劫几回经，法日重光千祀后；当赤明开纪，化城弹指现，蜀峰飞到一灯前。"

大殿之东"大悲殿"匾由赵朴初题额，东匾字由谢稚柳所题；殿内有"众善奉行"匾，启功题。茗山法师为此殿题写楹联："无我相无人相无众生相无寿者相；有悲心有慈心有欢喜心有大舍心。"

大悲殿再向东原为拂水东庵址，现辟为东园，草坪、水池、曲廊、花木，参差错落有致。乾隆年间《祖师庙归僧收管碑记》及1995年《重建藏海寺碑记》分别立于曲廊之壁。举凡寺庙沿革、历代废兴、重建经过以及景观特点、命名含义等均有概记。两件新旧文物，成为寺庙之历史见证。

三、报国院

藏海寺向西一墙之隔为报国院，院内有真武殿，殿前另有庭院和殿门。殿宇正中供奉真武神像，由信徒自发送供。左右有重翁所撰楹联："灵殿溯明清，德被严相堂前，庶民仰止；洞天揽吴越，风回尚父湖畔，尘世肃然。"

东邻藏海寺，其处原有邑人褚应韶所建真武庙。明嘉靖间吏部尚书、武英殿大学士邑人严讷，不敢将明世宗所赐真武像及里人俗称报国院为祖师庙，所在之佛水岩地为祖师山。此院规模宏大，距目睹此院盛况之明万历间邑人张应遴在《虞山胜地记略》载称，院之正殿名"大罗天"，有"大士""定光""碧霞""第君"诸殿分列左右，当时大江南北诸郡善男信女云集于此，香火不绝。万历时人李诩《戒庵老人漫笔》记其盛况曰："四方进香者以万计，殆所谓一国之人皆若狂者乎！"后渐衰败，虽经顺治间严之孙严栻、康熙间严之孙严虞惇及乾隆间严有禧屡为修葺，但已不复旧观。咸丰后该寺废圮，光绪间并入相邻之藏海寺。民国二十三年（1934）藏海寺失火，殃及该院，仅存北极行宫；后此宫亦废，1949年后仅存山门。

藏海寺在寺外剑门诸景映衬下，更显雄奇壮美。

虞山南麓宝岩寺

宝岩寺，位于常熟市虞山南路宝岩景区内。

宝岩寺始建于南朝梁代天监年间（502），初名延福禅院，距今已有1500多年的历史。禅院初建，盛极一时，与破山寺隔山呼应，交相辉映。唐代武宗灭法，在全国范围毁庙逐僧，排斥、废除佛教。延福禅院在劫难逃，未能幸免。直至五代十国时期，方有高僧希辨收拾旧庙宇，复兴禅院。高僧希辨，曾在天台上苦学大乘佛法，精于禅学，为吴越国国王钱镠重所敬重，召其至京都杭州普门寺讲演佛法。未久，希辨去而复返，仍归隐延福禅院，并将国王所施的500两黄金，用于建造佛塔。佛塔建成，延福禅院名声渐广。宋兼灭吴越国后，宋太宗赵光义仰慕希辨，下诏延请希辨到京都开封，在滋福殿亲自接见并赐法号"惠明大师"和紫罗方袍一袭，还留其在开封天寿寺弘开讲席传播佛法。

如此皇恩浩荡的崇高利益，如此金碧辉煌的京都庙堂，却不能留住希辨。

端拱二年（989），希辨求得宋太宗恩准，再次归隐延福禅院。希辨矢志不移中兴寺庙弘扬佛学的决心，使信徒民众深受感召，纷纷解囊捐资或出力流汗，共襄重建延福禅院盛举。历经五载春秋，一座亭、堂、室、院俱全的禅院初具规模，蔚为壮观，而七级浮屠更成为镇寺之宝。淳化三年（992），太宗皇帝又向延福禅院诏赐一批佛教经典，以示表彰。其中有御制《急就章》一卷和《逍遥咏》十一卷，《秘藏诠》三十卷，《太平圣惠方》一百册等，延福禅院影响日广。天禧年间，常熟地方官奏请皇帝为禅院改名，获宋真宗恩准并赐额为"宝岩禅院"。天圣年间，宋仁宗又赐铜铸之天齐仁圣帝（即东岳圣帝），像于宝岩禅院供奉。

三代皇帝或赐经书，或赐额名，或赐佛像，使宝岩禅院名声远播。宋明道至庆历年间，东京禅院名僧清鉴由开封来常熟主持宝岩寺，再次整修扩建寺院。在广大民众的热情支持与捐助下，清鉴和尚含辛茹苦十载春秋，终于完成前辈未竟心愿，建成了宏伟佛殿，使宝岩禅院成为北宋时期江南地区极有名望的佛寺，将宝岩禅院的辉煌推到了极至。后人有诗记其盛况："禅宫重构自天禧，占断虞西境界奇。地迥允宜僧定早，林深惟见日来迟。背临峻岭纡层嶂，面挹平湖跃暖曦。山水美哉佳气聚，寿藏卜筑合于兹。"

自宋室南渡，时势动荡，战乱不已，宝岩禅院盛极而衰，渐成废墟。明嘉靖后期，寺僧至昂托钵寸累，又重建山门，再造殿堂，宝岩寺复稍见生气。清代咸丰年间，宝岩寺再度毁于战乱，仅存山门内甬道及殿宇两层。至同治年间，则更只剩寺僧所居陋室两三间，寺内一片荒芜。

民国初期，我国近代著名佛教教育家月霞及应慈师兄，奉常州天宁寺名僧冶开大师之命，来常熟重兴破山寺的同时，遣其弟子潭月和尚主持宝岩寺。潭月面对寺内外遍地荆榛、断垣残壁，慨然感叹之余欣然受命，矢志复兴。在民众和信徒的输金赞助下，潭月苦心经营多年，终于陆续重新建成普光明殿、文殊普贤殿、观音地藏殿、功德堂、功行堂、玉佛楼、祖堂、斋堂、香积橱等佛教设施，并购置山地寺产，扩大寺院占地，将外山门建于尚湖边，便于泛舟而来的进香者入寺，使宝岩寺周围环境和殿宇皆为之一新。《续孽海花》作者张鸿特为此撰文并书写《重建宝岩寺记》，立碑于寺内。潭月还打算重建七级浮屠，后因日寇入侵，未能如愿。1966—1976 年间，宝岩寺更是遭到灭顶之灾，被彻底拆毁。

宝岩寺于 2000 年开始重建，2004年开光，占地 20 亩，建筑面积 6000 多平方米，现建有普光明殿、卧佛殿、观音殿、地藏殿、财神殿、碑廊等。卧佛殿内卧佛为新加坡佛教协会闻宝岩寺重修而特地捐赠，重达 11 吨，系缅甸白玉雕刻而成。

常熟东张普善寺

普善寺，位于常熟市碧溪镇东张环镇北路 10 号。

东张地处常熟市东北，三国孙吴时属虞乡（按：即常熟前身），唐《吴地记》称：东张地望分属"双凤乡"和"思政乡"。这是最早见于历史文献记载的资料。嗣后，历经双浜、白茆老市等名称嬗变。南宋渡时，有张太尉标居之，遂称白茆张家墅。元末，张士诚亲族在此依军建市，又名张家市。又因常熟西乡亦有张家市（今属张家港市），故于宣统二年（1910）定位张家乡。1993 年，撤乡建镇，东张乡改称东张镇。2002 年，撤销镇建置，成为新港镇的一个街道办事处，后改称东张管理区，现归并入碧溪镇。

据常熟《东张镇志》记载："普善庵，始建年代无考，后毁于火灾。清乾隆年间，由当地士绅、善信集资重建，有前殿、中殿、偏殿等 20 余间，中殿供三世佛像和十八尊罗汉，偏殿供城隍，故又称城隍庙。民国时已改作小学校舍。"2001年 5 月，经常熟市人民政府发文批准设立佛教活动点，并选址东张北中南村（现为环镇北路）易地重建。2002 年 2 月 1日大雄宝殿奠基，2003 年 10 月 2 日举行大殿落成暨佛像开光典礼。

恢复重建的普善寺，坐南朝北，占地面积 22 亩，建筑面积为 1322 平方米，建有山门殿、三圣殿、观音殿、大雄宝殿、八仙亭、放生池及附房。目前还在建设之中。

常熟吴市清凉寺

清凉寺，位于常熟市碧溪镇吴市南湾里 100 号。

一、吴市由来

吴市在常熟东北部长江之滨，苏通大桥穿过其境。吴市为长江水冲积而成，其成陆时间在隋唐间，所以与伍子胥"吹箫吴市"无关。

吴市唐代属常熟县思政都管辖，宋为常熟县思政乡管辖，在明形成集镇，因吴氏大族世居而取名"吴家市"又称"老吴市"。清代为昭文县管辖，是邑东四大镇之一。1949 年后长期为乡镇级区划，1999 年 6 月和碧溪镇、浒浦镇一起合并为新港镇。2008 年经江苏省和苏州市人民政府批准，更名为碧溪镇。

二、历史沿革

据常熟《吴市镇志》记载：吴市西北郊原有"最胜庵"，亦称"清凉寺"。清顺治间太仓沈仲一舍地，僧慧修建。清康熙间青雷重修。粮守道王英谋为撰记。抗战期间曾作小学校舍。日伪时，被日寇占用，关押我革命人士。抗战胜利后，改建为吴市中心国民学校。中华人民共和国成立后改建为吴市中心小学，有古银杏树一棵，高达 20 余米，身围 2.4 米。

三、恢复重建

2003 年，常熟市政府批准设立碧溪镇吴市佛教活动点，并选址三湾村重建寺院。

移地重建后的清凉寺，坐西朝东，占地面积为 17.62 亩，建筑面积为 1300.64 平方米。寺院中轴线上建有天王殿、大雄宝殿，两边有地藏殿、观音殿、三圣殿、药师殿，以及附房。

天王殿面阔 5 间，180 平方米，殿前有 2 只石狮，三门，中门上方悬挂"天王殿"匾。殿中央供奉弥勒菩萨，背后供奉手持降魔金刚杵韦驮菩萨，殿两侧

天王殿

为四大天王像，东方持国天王手拿青光宝剑，南方增长天王手执方天画戟，西方广目天王手持开山斧，北方多闻天王手托浮屠宝塔。

出天王殿，左边为观音殿，面阔5间，120平方米；右边为地藏殿，面阔5间，120平方米。从中轴线上向前上台阶，便是大雄宝殿前露台，露台前为三层高4.8米的宝鼎。绕过宝鼎就是大雄宝殿，面阔5间，300平方米，殿门上方悬挂"大雄宝殿"匾，殿内正中供奉"一佛两弟子"，两边为十八罗汉，整个大殿雄伟庄严。

出大雄宝殿，左边为药师殿，面阔3间，100平方米。大雄宝殿后空地系建造藏经楼。

吴市清凉寺，不仅殿堂建筑精美，而且环境幽雅，是吴市的一处佛教胜迹。

碧溪浒浦望江寺

望江寺,位于常熟市碧溪镇浒浦管理区浒西村。

一、浒浦由来

浒浦,亦称许浦,为常熟滨江集镇,历史悠久,原为常熟通长江的二十四浦之一。南宋范成大著《吴郡志》记载,南朝陈祯明元年(587),已在浒浦建有寿圣晏安禅院,唐会昌元年(841),建有法解寺。至南宋初,浒浦置武卫水军,立浒浦寨,驻扎水、步军防,军民互易成市,由长江边渔村小集,发展成为十字形街市。因江潮侵蚀,旧址已坍入江中,现址为后来内迁形成。

据民国期间《重修常昭合志》记载,至清末民初,浒浦集镇范围狭小,"港东西有街各一道,西南有小横街二道"。

自清末民初设浒浦乡后,浒浦集镇一直是该乡的行政中心。1949年以后设浒浦区,成为区人民政府(后称区公所)驻地,随之又成为县直属镇、浒浦人民公社、浒浦乡及浒浦镇的行政机关所在地,为浒浦的政治、经济、文化中心。

浒浦现撤并归入碧溪镇。

二、寺院规模

查阅《浒浦镇志》,历史上没有望江寺。为满足信众需求,1999年11月15日,经常熟市人民政府批准设立浒浦佛教活动点,择址浒西村汪家祠堂旧址。2000年由已故常熟市佛教协会钞生会长题名"望江禅寺"。

望江寺,坐北朝南,占地面积为15亩,建筑面积为3932.64平方米,建有天王殿、大雄宝殿、卧佛殿、三圣殿、观音殿、伽蓝殿、斋堂等建筑。

天王殿,面阔3间,80平方米。殿前有一对石狮,殿有三门,门上方"望江禅寺"四字由苏州市佛教协会副会长、常熟市佛教协会会长、兴福寺方丈慧云法师题写。殿正中供奉弥勒菩萨像,两边为四大天王像。

200 余年银杏

出天王殿，两边绿树成荫，大雄宝殿前有宝鼎，高3.8米。大雄宝殿于2000年农历十二月十五日奠基，2001年农历八月十二日举行大雄宝殿落成佛像开光典礼。大雄宝殿面阔5间，240平方米。殿门上方悬挂"大雄宝殿"匾，由原中国佛教协会副会长、江苏省佛教协会会长、镇江焦山定慧寺方丈茗山长老题写。殿内供奉释迦牟尼坐像，大殿东西两侧为十八罗汉。

观音殿在天王殿东侧，边上有假山放生池，大雄宝殿东侧建有卧佛殿，大雄宝殿西侧有古银杏树一棵，树龄为200余年，树高8米，可证原汪家祠堂亦有相当长的历史。

望江寺，环境幽静，是常熟长江边上的一处佛教胜迹。

常熟碧溪法华寺

法华寺，位于常熟市碧溪镇碧溪东路 6 号。

一、法华寺原址在虞山

法华寺原位于虞山北麓镇江门内山麓，毗邻北门出城处。据明代万历姚宗仪《常熟县私志》记载，原系明代里人张受庆始建，初名九莲庵。后屡有兴废。清咸丰十年，毁于太平军战火。清光绪十七年（1891），寺僧旧址修葺，取名小普陀禅院。

民国初，僧耀文（人称三师）来此主持，更名小普陀，持戒严末，发愿恢复。历时数年募化。遂拓展寺地达十数亩，仿普陀山庙宇殿堂，廊舍之规制而重建。寺成，香火鼎盛，时与常熟法华寺、三峰寺、普仁寺、宝岩寺并列为虞山五大寺庙。抗战前，耀文退隐，上海法藏寺兴慈法师弟子则能继任方丈。抗战中，寺趋衰落，不复旧观。后由妙生法师继任法华寺住持。中华人民共和国成立后，寺屋曾改为校房等。今常熟博物馆有民国八年（1919）夏"小普陀主持耀文募缘"铭文陶罐一件，可证其历史。

二、妙生法师定名法华寺

1995 年，常熟市人民政府批准设立碧溪佛教活动点，择原草庵旧址建寺。1999 年农历十一月初八日，礼请时任常熟市佛教协会会长、兴福寺方丈妙生长老兼任方丈一职，寺名原草庵由妙生长老定名为"法华寺"。

据资料记载，原草庵始建于清乾隆十五年（1750），原有山门、大殿、厢房、碑亭等，厢房内供十八星宿神像，普陀山法雨寺有碑文记载常熟东门外草庵的佛教盛事。此庵原为祖师庙下院，1958 年拆除。

三、法华寺的建筑格局

移建后的法华寺，坐北朝南，占地

面积达 30 亩，围墙内为 18 亩，建筑面积为 3485 平方米，中轴线上建有牌坊、山门殿、天王殿、大雄宝殿、藏经楼，两边建有观音殿、地藏殿、钟楼、鼓楼、玉佛楼及附房。

法华寺山门前建有牌坊，四柱三门，牌坊正面上方有"入佛境界"4字，背面为"万德庄严"4字，正背面两边柱上均有联。穿过牌坊，一条大道直通山门，两边空地绿树成荫。

山门面阔 3 间，80 平方米，单檐，山门前有一对石狮，山门上方悬挂"法华福地"匾，殿内供奉哼哈二将。

出山门为放生池，池中架有两座香火桥，池北有照墙，中间为"佛"字，两边为"福""寿"字。放生池东建有钟楼，西为鼓楼。

走过香火桥为天王殿，单檐，面阔5 间，220 平方米。天王殿前些有宝鼎一座，殿门上方悬挂"天王殿"匾。殿内正中供奉弥勒菩萨，背面是韦陀菩萨，两边是四大金刚东方持国天王、南方增长天王、西方广目天王、北方多闻天王。

出天王殿东西两边各建有 6 间厢房，正面为大雄宝殿。1996 年 4 月 8 日举行大雄宝殿奠基仪式，至 10 月，大雄宝殿竣工。大殿面阔 5 间，单檐，320 平方米，殿门上方悬挂"大雄宝殿"匾，由原中国佛教协会会长赵朴初手书，殿门两边有对联。殿内殿正中供奉三世佛，背面为海岛观音，两边为十八罗汉。殿后东西两侧供奉文殊、普贤菩萨像。大雄宝殿东面为大悲殿，面阔 5 间，120 平方米；西为地藏殿，面阔 5 间，120平方米。

出大雄宝殿为玉佛楼，于 1998 年建成。两重檐，面阔 5 间，580 平方米。殿门最上方悬挂"玉佛楼"匾，下方悬挂"法藏常悟"匾，两边为对联。一层殿内供奉玉佛一尊，系卧佛，二层为藏经。

藏经楼的西面为花园。法华寺内园林式的建筑，环境幽静，是一处佛教净修道场。

常熟唐市福民寺

福民寺，位于常熟市沙家浜镇唐市繁荣街2号。

一、现址原为周神庙

福民寺，原为福民庵，据唐市志载："福民庵，在河西街北端，俗称祖师堂，建于明万历年间。清康熙甲子年倪氏重建，乾隆十五年僧性礼募修改建门楼。今废。"乾隆间，僧性礼重修，嘉庆间里人重修，咸丰七年（1857）毁于兵火。此后好像并无重建的记载。

现在的福民寺，其寺址原为唐市镇周神庙。常熟多处有周神庙，又称"周孝子庙"。但是唐市的周神庙应该是"总部"祖庙，原因是"周孝子"就是唐

大雄宝殿

市人。周孝子,姓周,讳容,敕封"灵惠侯"(也有叫"忠孝王"),南宋乾道年间常熟唐市人。事父母极孝,曾割股肉做羹以待病父。父亲早丧,奉母惟勤。曾在县衙做小吏,孝道义行为人称道。比母亲先亡,降于家中告母曰:儿已成神,当护佑朝廷,尽力乡里。于是乡里立庙祭祀。曾于福山港显灵,击退敌寇,故崇奉普遍。

唐市周神庙清代称万安道院,至中华人民共和国成立前夕仍有出家道士。城中周神庙巷之庙为城内致祭之所,周孝子墓在北门外报慈里。周神是常熟地方的民间信仰,与永定公刘、忠正王李、安乐王金合称南朝门下四殿侯王尊神,也有加"烈武王高"合称五殿的。另外刘猛将、千圣小王、东平忠靖王、孚应昭烈王等都是常熟民间信仰,这类神王的庙宇遍布常熟城乡。

周神庙内尚存银杏树一棵(现在福民寺围墙外),树龄为160年左右。20世纪60年代中期,周神庙被拆除。

2001年5月,经常熟市人民政府批准设立佛教活动点。2007年7月,登记为佛教固定处所。

二、恢复重建福民寺

重建后的福民寺,坐东朝西,面向繁荣街,北面围墙外为横街。占地面积为4896平方米,总建筑面积为2000多平方米,建有山门、天王殿、大雄宝殿、观音殿、三圣殿、周神殿及附房等。

山门上方悬挂"福民禅寺"匾,进门为一小院,天王殿前有石狮一对,天王殿面阔3间,80平方米。殿门上方悬挂"天王殿"匾,殿中央供奉弥勒菩萨,背后供奉手持降魔金刚杵韦驮菩萨,殿两侧为四大天王像,东方持国天王手拿青光宝剑,南方增长天王手执方天画戟,西方广目天王手持开山斧,北方多闻天王手托浮屠宝塔。

出天王殿为大雄宝殿,2002年2月3日奠基,2003年12月22日落成暨佛像开光,并由已故市佛教协会会长纱生长老题名为"福民禅寺"。大雄宝殿面阔5间,280平方米。殿门上方悬挂"大雄宝殿"匾,殿内正中供奉"一佛两弟子",两边为十八罗汉,整个大殿雄伟庄严。

大雄宝殿南为观音殿、三圣殿。寺内现存石船,刻有"戊辰年立"字样,据推算,应是清嘉庆十三年(1808)周神庙的旧物。寺院北面围墙外有一棵175年的古银杏树。

福民寺坐落在唐市古街上,不仅满足了信众的需求,同时也是唐市一处佛教胜迹。

常熟徐市智林寺

智林寺，位于常熟市董浜镇徐市民泰路 12 号。

一、历史沿革

智林寺，原名智林教寺，《常昭合志·寺观》载："智林教寺在李墓，旧志云，寺在岗身，常熟相传钟声不闻于近而闻于李墓一方，遂徙寺于此，寺旁有径尚名寺径。"

李墓为徐市旧名，也叫里睦。据《里睦小志》载："智林教寺，唐乾元元年（758）敕建为永安寺，大观四年（1110）以犯宣祖陵名改今额，山门榜曰'智林寺'，围墙夹道而进为弥勒殿，后大雄宝殿，两旁楼屋，庭中树古桧，殿左方丈，方丈前为拈花室，殿右有柏木厅，后有石观音殿、井亭在焉。"寺院旧址及初建年代，有长庆四年（824）《唐故顾氏陶夫人墓志铭》鉴证，铭云"其年十一月四日于永安寺东一百步茔礼也"。砖铭于 1973 年 6 月沈家市岗身出土（影印件附

书末），1984 年常熟文管会征集，现藏常熟市博物馆。

梵宇历时既久，凡经兴废，志载五代周显德中（958 年前后）州得符鼎新之，明万历八年（1580）工部尚书徐栻重修建，清康熙四十九年（1710）寺僧智灯与里人花景瑞建天王殿，乾隆二十四年（1759）里信募缘再修，咸丰十年（1860）大殿毁于兵火，后寺僧募修大悲殿。寺后有东西两禅房，西禅房五代时为吴越将梅世忠别业名梅园，宋以后梅园为吴越钱氏祠堂，祠堂日常由寺僧代管；东禅房至清初坍废，县令康基田于乾隆三十一年建智林社学于此，并勒碑记事。

民国元年（1912），移建大悲殿，原址于学校扩建校舍之用。智林寺清初曾属三峰寺管辖，寺内代有高僧，宋有讲师道一，元有了通和尚，清有道源、晓青、律然（字素风）、果唯、圣通（字贯一）等。民国二十六年（1937）十月十一日晨，日机投弹炸毁大悲殿和慧照堂，

从此梵宇日趋萧条，1957年改办为徐市初级中学。旧有庙宇建筑屡经改造，已无遗迹。

1999年，经常熟市人民政府批准重建。

2007年3月，登记为寺观教堂。

二、恢复重建

智林寺于2000年奠基，坐北朝南，占地12000平方米，建筑面积为2000多平方米，中轴线上建有山门殿、天王殿、大雄宝殿，两边建有钟亭、鼓亭、高僧堂、观音殿、三圣殿、大悲殿及附房。

山门殿，2002年落成，面阔3间，60平方米，殿门前有一对石狮，殿门上方悬挂"智林寺"匾，由原中国佛教协会副会长、江苏省佛教协会会长、镇江焦山定慧寺方丈茗山长老书写。殿内供奉哼哈二将。

出山门殿两边为钟亭、鼓亭。天王殿2002年落成，面阔5间，120平方米，殿门上方挂"天王殿"匾，殿门左边挂有国家宗教事务局监制的宗教活动场所"智林寺"铜匾。殿正中供奉弥勒菩萨，背后供奉手持降魔金刚杵韦驮菩萨，殿两侧为四大天王像。

出天王殿左边为大悲殿，面阔3间，100平方米，殿门上方挂"大悲殿"匾；右边为"三圣殿"，面阔3间，100平方米，殿门上方挂"三圣殿"匾。

大雄宝殿前为露台，320平方米，露台中间有宝鼎，高4.8米，大殿面阔5间，重檐，520平方米，殿门上方悬挂"大雄宝殿"匾。

殿内正中供奉"一佛两弟子"，两边为十八罗汉，整个大殿雄伟庄严。

大殿左侧为地藏殿，面阔3间，80平方米。

在智林寺山门右侧建有"智林碑刻墙"，竖由虞山周公太撰《重建智林寺记》碑，以及《火莲记》碑、"智林社学碑""智林寺斋田碑"《唐故顾氏陶夫人墓志铭》碑，以及宋代高僧墓塔幢基座，明成化年间石井栏等文物。

智林寺，历史悠久，建筑雄伟，是常熟市一处佛教胜迹。

常熟董浜长毫寺

长毫寺，位于常熟市董浜镇北联合村境内。

一、历史沿革

长毫寺，原为长毫庙。祀总管金七，又称总管庙。相传宋康王南渡时，金七力战金兵殉于阵前，康王不忘护驾之功，封为总管，于南方州县城乡立庙祭祀。元至正年间，诏封金七父子分别为洪济侯、利济侯、随粮王。

原长毫庙分三进，头进为山门，山门外旗杆高耸，两边有辅房；二进为正殿，殿宇巍焕，数里外即可望见，供金七总管神像，正殿左右分别为毫书厅（史称曝书厅）、瘟使殿；三进殿堂供奉十殿阎罗。

长毫庙结构讲究，大殿均为石柱，筒瓦兽面，古色古香，殿门上檐有邑内才子倪钜题诗和万历己卯里人重修匾额"灵昭万古"。民间僧道难分，清末先后由少山、庆昭当家，入民国则由雪参主持（庆

昭、雪参后为山峰寺方丈）。庙内存古银杏一株，亦明初所植，民国时期，银杏树干参天，树身可倚独轮车数十辆。

明末，邑人徐继馨捐资于庙左建楼隐庵。清光绪年间，里人茂才李心庄撰联"禅堂旧筑曾楼隐，老树孤撑莫问年"语，沈显卿书之，悬于庵柱上。倪钜游长毫庙诗云："古庙临江道，孤雁此间过，平田连绿树，残雪带寒坡，云外闻僧偈，晴边听鸟歌，招寻谁是杰，片月起纤罗。"（倪钜生于崇祯年间，陈必谦《琴川志》有载，著有《滇南记乱》）几经兵燹，中华人民共和国成立初期已存房无几，庙内香火日衰。1951年土改后即废。1958年后于庙内设苏雪小学。同年锯倒银杏树，运望虞河作小铁轨料。1986年于庙址建市邮电通信设备二厂。

1995年，常熟市人民政府批准设立董浜镇佛教活动点，是年12月1日举行奠基仪式，择址镇北联合村（现称红沙村）境内。

2007年7月，更名为长毫寺，登记

为佛教固定处所。

二、民间传说

民间对金元七传说颇多，与长毫庙有关，据庞鸿文纂修《常昭合志》载：明代，沿海经常遭到倭寇侵扰，农村受害颇深，地方官吏束手无策，当地居民自动组织团练奋勇抗倭。金七父子艺高胆大，为众所服，被四乡拥戴为团练领袖。是年元宵，倭寇聚众来犯，金亲率团丁面涂乌墨，身穿彩衣，装作天神狞鬼，夜袭倭营。敌惊为鬼神出现，连夜逃窜。此后，连续数仗，倭寇都以败北而告终。故闻金之名即不战自退。未几，擢升为守军总兵。宋康王南渡时，力战金兵殉于阵前。康王不忘金护驾之功，封为总管，南方郡县城乡立庙祭祀。部下三勇士，猛悍异常，同殁于战，称为三相公，即赛会时所饰草野三将：一臂鹰，一挟弹，一荷锄（据传三勇士均好猎嗜耕）。同殉将士称"伤司"，旧时，每逢解会，伤司们斩牲沥血，披发涂面，再现当年誓师卫国悲壮场境。

元至正年间，诏封金元七父子分别为洪济侯、利济侯、随粮王。明嘉庆年间，南粮北渡黄河，夜遇暴风骤雨，堤决，浊浪翻滚，危在旦夕，忽见巨舰，灯光明亮，旗幡上书："随粮王金"前导引出险境，粮船遂得安渡。诏颁加封为安乐王。

明初有陶道敬者，与奚姓有仇，陶整理奚氏劣迹，拟疏官府。奚氏惊慌，缚陶麻袋之中，投长毫塘，陶呼"总管救命"，缚自解，见金甲尊神立于水中。归第后倾尽家资，建长毫庙。

又民间传说，明万历年间，徐市徐栻进京赶考，船过董浜西端，见山雉与赤链蛇嬉耍，遂以为龙穴之地，插银杏作记，如有腾达之期，即于此建家祠。数十年后，徐栻官升吏部尚书，遂有建祠打算。谁料长毫庙已经建树巍焕，心存不甘，遂于庙前建单孔石拱大桥，共32级，桥高1.5丈，桥面正对总管神像，农民牵牛上桥，牛力喘竭，上桥撒尿，下桥拉屎，大为不恭，百姓敢怒不敢言，徐栻官大势大，数次入讼无效，寄托神灵惩罚。后徐栻孙徐昌祚，挥金如土，拆屋烧灰卖，号称徐三败，遂有因果报应之说，此是迷信，未可信也，但可见百姓对金元七崇敬之一斑。

三、建筑格局

长毫寺，坐北朝南。占地20余亩，建筑面积4000余方米。建有山门殿、天王殿、大雄宝殿、观音殿、地藏殿、三圣殿、大悲殿、财神殿、念佛堂及附房。

山门殿，面阔3间，60平方米，殿门上方挂"山门殿"匾，殿新有一对石狮，殿门左手墙上挂由国家宗教事务局监制的宗教活动场所"长毫寺"铜牌。殿内两边供哼哈二将。

出山门殿，院中有一座高 3.8 米的宝鼎。两边东为观音殿，面阔 3 间，48 平方米，殿门上方挂"观音殿"匾，殿内供奉观音菩萨像；西为地藏殿，面阔 3 间，48 平方米，殿门上方挂"地藏殿"匾，殿内供奉地藏王菩萨像。

绕过宝鼎见一门，门上方有"长毫禅寺"四字，过门为天王殿，殿面阔 3 间，80 平方米，殿门上方挂"天王殿"匾，殿内正中供奉弥勒菩萨，背面为韦驮菩萨，两边为四大金刚像。

出天王殿，院中宝鼎高 3.8 米，三只香炉并排。两边东为大悲殿，面阔 3 间，80 平方米，殿门上方挂"大悲殿"匾。西边为济公殿，一间，20 平方米，挂"济公殿"匾；隔壁为地藏殿，三间，80 平方米，挂"地藏殿"匾；再隔壁是三圣殿，三间，60 平方米，挂"三圣殿"匾。

大雄宝殿，面阔 5 间，220 平方米，单檐翘角。1996 年 4 月 23 日（农历三月初六日），大殿上梁；1996 年 8 月 9 日（农历六月二十五日）大殿净台仪式；1997 年 1 月 14 日（农历十二月初六日）

大殿落成暨佛像开光。殿门上方悬挂 3 米长，1.2 米宽的柳木匾，上书"大雄宝殿"匾，4 个大字，苍劲遒力，殿门两边联："一片慈心至善始终怜億兆，四时法雨大悲纷沓润三千。"殿内佛台供奉释迦牟尼像，高达 3.6 米，阿难、伽叶分立两侧。佛背托起一轮光圈，乃无数彩色灯泡串联而成，光芒闪烁，象征佛光普照。佛台前供案周边，雕刻西游记唐僧师徒西天取经的故事，意味着建寺之艰辛，信徒之虔诚。大殿上方高悬大型宫灯四盏，簇拥着一盏特大琉璃灯。六扇镂花木格排门敞开，四根朱红殿柱直径均在半米以上，拔地而起。抱柱对联："长毫古刹，经声颂佛，唤回世间名利客；晨钟暮鼓，功德庄严，当警万方梦迷人。"

在寺院的山门殿前是一座园林式的庭园，分别建有念佛堂、财神殿，左侧树林里建有亭子。山门前右侧建有放生池，池中架有长寿桥，边上有曲廊相通。

长毫禅寺左濒盐铁塘，右拥岗身道，绿荫掩映，飞檐翘角，黄墙护围，古铜色琉璃瓦盖顶，绿荫掩映，环境幽静，是一座园林式的寺庙。

常熟殿山福江寺

福江寺，位于常熟市海虞镇殿山山麓。

殿山，俯临长江，与南通狼山隔江相望。因山形似覆置之铁锅，故名覆釜山、釜山；唐天宝六载（747），易名金凤山。梁乾化三年（913），改名福山；宋至和年间建东岳圣帝殿，改称殿山（一说元末张士诚拟在山上建银銮殿而称殿山）。山体由石英砂岩、粉砂岩、泥岩等构成，其间有小型断层，北西向延伸。海拔35.3米，底面积约262.5亩。

一、寺名由来

据史志记载，梁代由普明大师建寺，梁武帝萧衍赐额"法水禅院"，至太清元年（547）改名"大慈教寺"。宋大中祥符元年增拓，蔚为壮观，称有殿堂楼阁5048间。至清咸丰年间，毁于战火，仅存残迹。

又据史载，殿山原有东岳庙，俗称"圣帝殿"，居殿山之阳，始建于宋至和年间，供奉东岳大帝黄飞虎，宋代洪迈《夷坚志》曾有此庙香火活动记载。《南史》载，齐梁人王敬则曾在此祭神灭寇，并一度为王氏家庙。农历三月二十八日庙会日，江浙一带香客云集，《昆山志》曰："朝岳者此属举家，岁往常熟之福山。"历代香火旺盛。宋元符间增拓，魏邦哲撰记。福山紧靠长江，万里鲸波，为求天妃保佑，即在庙之左造天妃宫，复建方丈之室，以居司庙之人。明嘉靖毁于倭寇，仅存遗址。

清康熙五十一年（1712），有谢复等人重建，陶贞一撰记，咸丰十年（1860）复毁，至同治三年（1864）仅存殿宇三楹，甚浅隘。每年三月二十八日为东岳帝圣诞日，附近各庙神社齐集朝岳，朝圣者近万人。《昆山志》曰："朝岳者此属举家，岁往常熟之福山。"历代香火旺盛。宋元符间增拓，魏邦哲撰记。该庙代有兴废，建国后拆除，仅有树龄为200余年的银杏树一棵。

1991年，原福山镇政府在原庙基后

建聚福塔，七层八角形。1992年，于塔前庙原基建东岳圣帝殿。据此，福山原先并无福江寺，而是在福山梁代古刹法水禅院、南朝王敬则东岳庙即庙旁的天妃宫的文化基础上，在东岳庙的庙基上建起来的庙宇。

1994年常熟市人民政府批准福山设立佛教活动点，更名为"福江寺"。

2007年7月，登记为固定处所。

二、重新规划

2018年9月，常熟市佛教协会对福江寺进行了重新规划布局，主要考虑在20世纪90年代恢复时，因各种条件制约，只是建成平房殿宇几间，基础设施简陋，再加上风雨侵蚀，年久失修，多处殿堂存在砖木风化、屋面漏雨、管线老化等安全隐患，且原布局紧凑，空间狭小，服务功能不全，难以满足日益增长的需求。实施重新规划的目的是更好地解决安全隐患，给信众提供一个基础设施完善、功能布局合理的清静庄严道场。

福江寺建设分两期进行，第一期建造山门殿、观音殿、地藏殿等；第二期建造天王殿、东西配殿、大雄宝殿、藏经楼、僧寮等。总建筑面积达2300平方米。

山门殿，已建好，飞檐翘角，雄伟壮观，建筑面积150平方米，山门前台阶18级，台阶中间为龙凤图案。山门上方砖雕"福江禅寺"4字，由苏州市佛教协会副会长、常熟市佛教协会会长、兴福寺住持慧云法师题写。

根据设计，出山门为天王殿，面阔3间，231平方米，两边东为观音殿，面阔3间，96.8平方米；西为地藏殿，面阔3间，113平方米。出天王殿，东配殿面阔3间，181.9平方米；西配殿面阔3间，151.3平方米。大雄宝殿面阔5间，283.6平方米。

重新规划建成后的福江禅寺，依山而建，层层递进，真是"福江禅寺佛光普照呈吉祥，殿山福地人杰地灵万象新"。

常熟王市福海寺

福海寺，位于海虞镇王市办事处花庄路99号。

一、庙址地域

海虞这个地名早于常熟。据史料记载，东汉永建年间，置有司盐都尉，是常熟历史上最早的吏治记载。西晋太康四年（283）常熟地方属吴县虞乡，立海虞县，隶属吴郡。因境内东临沧海，故名海虞。这个"虞"字是多义字，我想应该是其中这一义项，通"娱""安乐"义。"海虞"也就是"海疆安乐"的意思，一个吉利的地名。从东晋咸康七年开始直至唐武德七年，境内的铜管山麓作为古常熟城的县治所在地，长达283年之久。

1999年6月21日，撤销王市、福山、周行三镇建制，以原三镇行政区域设立海虞镇，镇政府驻王市集镇。镇名以古县名命名。1999年6月28日，海虞镇挂牌成立。

二、寺院简况

海虞王市原无福海寺，只是在花庄原有观音殿、猛将堂、邵王庙等六间殿宇，庙外原有斋田18亩，庙内原有银杏树四棵，树龄均在200年以上。中华人民共和国成立初期，花庄小学设在庙内。1958年开凿望虞河，拆除部分建筑并砍伐古树。1993年，信徒自发建观音堂3间、猛将堂4间。

1995年5月常熟市人民政府批准设立王市佛教活动点。1996年5月29日，大雄宝殿奠基，原苏州市佛教协会副会长、常熟市佛教协会会长、兴福寺住持妙生长老题名"福海禅寺"。1998年，大雄宝殿竣工，后又建天王殿、僧房等十多间。

福海禅寺，坐南朝北，占地面积4亩。天王殿面阔3间，80平方米，殿门前有一只长方形香炉，殿门上方挂"福海禅寺"匾，由妙生长老手书。殿内正中供奉弥勒菩萨，背面为韦驮菩萨，两

天王殿

边为四大金刚像。

出天王殿，为大雄宝殿，殿前有宝鼎一座，高3.8米。殿面阔3间，120平方米，单檐。殿内正中供奉"一佛两弟子"，两边为十八罗汉。

大雄宝殿后面为三圣殿，面阔3间，80平方米。一棵古银杏树位于寺院东南角。树高约22米，胸径1.56米，树龄近300年。20世纪90年代某年，曾有多群蚊蚋聚于树顶飞舞，远看似炊烟袅袅，观众如潮。后经科技人员仔细观察调查，方知端倪。

福海禅寺于2008年3月，登记为固定处所。

常熟古里龙旋寺

龙旋寺，位于常熟市古里镇。

龙旋寺原名"龙旋宫"，距今已有八百多年的历史，香火旺盛，闻名于常熟、苏州、昆山及上海等周边地区，在抗战时期是"民抗"总部的驻地之一，庙内曾设立农民抗日学校，传播抗日思想。

2010年4月，龙旋寺在原址上兴建，占地约百亩，坐北朝南。建有牌坊、三孔桥，寺内建有山门殿、天王殿、大雄宝殿、藏经楼、念佛堂、观音殿、地藏殿、关公殿、财神殿及一些配套设施等，在建筑格局和整体风貌上都独树一帜，成为常熟市乡镇寺庙中的翘楚。

牌坊，四柱三门，原中国佛教协会会长赵朴初题写的"御龙旋隐"刻在牌坊中间。穿过牌坊，为一座三孔桥，过桥迎面是照墙，正面墙中砖刻《波罗蜜多心经》。照墙的左右两侧有两口大小"龙旋眼"。

绕过照墙为山门殿，殿门上方悬挂"山门殿"匾，由江苏省佛教协会副会长、南京市佛教协会会长、栖霞寺方丈隆相法师书写；"龙旋寺"匾由言达手书。山门前联为："花雨轻霏鹭鹟金莲开法界，云峰郁起龙天琼树现灵光。"

出山门殿东西为客堂、伽蓝殿，各三间，80平方米。中为一宝鼎，过鼎为天王殿，双檐，面阔五门，280平方米，殿门最上方悬挂"天王殿"匾，由茗山长老书写。殿内供奉弥勒、韦驮及四大天王像。

出天王殿，东为观音殿，面阔5间，160平方米。西为地藏殿，面阔5间，160平方米。过宝鼎为大雄宝殿。

大雄宝殿，面阔5间，380平方米。殿门上方悬挂"大雄宝殿"匾，匾额由原中国佛教协会会长赵朴初题写。殿内正中供奉三世佛，两边为十八罗汉。

出大雄宝殿为藏经楼，二重檐，480平方米。

2012年12月15日，常熟古里龙旋寺举行落成暨佛像开光庆典。

2011年5月，登记为固定处所。

古里淼泉净心院

净心院，位于常熟市古里镇淼泉办事处陈塘村。

一、名称由来

据《淼泉镇志》记载："佛教传入淼泉的历史很悠久，建国前，淼泉镇上有万寿庵、三元宫……南有延寿庵。民国时期孙达夫等创办静心莲社，住寺和尚有妙莲、戒修法师等。佛教活动有：善男信女利用早晚或择期上殿诵经礼佛，每逢诸佛诞辰，举行祝诞仪式；为丧家做佛事，超度亡灵。民间佛教信徒多数为中年以上妇女，一般每月逢朔望日或佛诞，到庙内烧香念佛，以祈消灾延寿。也有在家念佛诵经吃素。吃素种类有"朔望素""十斋素""观音素""长素"等。

中华人民共和国成立以后一段时期，寺庙庵堂逐渐被拆除或改建为公房，年迈的僧尼先后谢世，年轻的还俗，境内僧、尼共剩 2 人。1980 年起，佛教信徒们又开始进行烧香念佛。"

净心院的前身为 1945 年创建的净心莲社，当时借南小泾调文阁活动，即称"新庙"。创始人有孙达夫、王冠民、金定先、吴春福等。1948 至 1955 年，苏州灵岩山寺妙莲法师（本地人）曾住该庙。1971 年，调文阁改建为小学。1992 年，由金保清、张友良等 11 位居士组成念佛小组自修。1994 年筹建念佛堂，1995 年常熟市人民政府批准设立佛教活动场所，更名为净心院。

二、建筑规模

净心院坐北朝南，占地 8250 平方米，建筑面积为 2000 多平方米。

净心院前面为河，天王殿前为照壁。照壁前面正中"净心院"三字由原中国佛教协会副会长、江苏省佛教协会会长、镇江焦山定慧寺方丈茗山长老题写。

天王殿前中间为宝鼎，两边为香炉，殿前有一对石狮子。天王殿面阔 3 间，180 平方米。殿门东挂一块由国家宗教

大雄宝殿

事务局监制的宗教活动场所"净心院"铜牌；殿门西挂一块由江苏省宗教事务局颁发的"四星级宗教活动场所"铜牌。殿门上方悬挂"天王殿"匾。殿内供奉弥勒、韦驮及四大天王像。

出天王殿，东为观音殿，面阔5间，180平方米。殿门上方悬挂"观音殿"匾，殿内正中供奉观音菩萨像；西为地藏殿，面阔5间，180平方米。殿门上方悬挂"地藏殿"匾，殿内正中供奉地藏王菩萨像。

过大觉桥，便是大雄宝殿，殿前露台中间有一座高3.8米的宝鼎。大雄宝殿面阔5间，480平方米，重檐翘角。殿门上方悬挂"大雄宝殿"竖匾，由茗山长老题写。殿内正中供奉三世佛，中间为一佛两弟子，两边供奉十八罗汉像。

净心院内还建有三圣殿、讲堂、念佛堂等建筑。

古里白茆增福寺

增福寺，位于常熟市古里镇白茆红豆山庄 2 号。

一、历史沿革

增福禅寺，据记载历史悠远，香火鼎盛，距今已近八百年历史。据《（道光）琴川三志补记》有云："增福禅院，在坞丘山。有宋端平年残碑，仅存'端平二年'四字可识。院中又有贾似道'公田碑'，康熙年间，里人顾諟命掘土得之。惜二碑磨泐已甚，不可摹搨。"

《虞乡杂记》云："坞丘山，郡志作乌丘山，或作坞山，有贾似道坟。"由此看来，早在宋代端平二年（1235），坞丘山已有一个叫作增福禅院的寺庙，庙中还有贾似道写"公田碑"以及贾似道坟。

《县志寺观志》记载："原址位于白

聚福桥

苆镇南坞丘山下。该寺由僧人无暇始建于南宋理宗端平三年（1236）；明神宗万历十四年（1586）僧人圆照进行修缮；明末天启年间（1621—1627）增福禅寺遭严重破坏，至清朝顺治七年（1650）再由僧人通微予以重修；康熙二十三年（1684）重建增福大殿；光绪三年（1877）由僧人空异募捐重建禅寺，并在寺内建造'斗姥阁'；民国时期因年久失修而成废墟。"

增福禅寺有丰厚的文化底蕴，名人墨迹较多。明代苏州吴门画派首领沈周曾作《坞丘图》；清初著名文学家、戏曲家丘园于康熙二十五年（1686）撰写《增福禅寺重建大殿记》，并由程嵋刻成石碑；乾隆二十年（1755）柏谦撰写《增福禅寺饭田记》碑刻；曾居白茆的严讷（明嘉靖年间吏部尚书、宰相）也撰《公田记碑》存于寺内。据史料记载，增福禅寺中有一块《坞丘诗》刻碑，镌有沈周、吴宽（明代著名文学家，曾任礼部尚书）等人的诗作。

1999年，常熟市人民政府批准设立白茆佛教活动点，选址在红豆山庄东侧重建增福禅寺。

2007年7月，登记为固定处所。

二、建筑规模

恢复重建的增福寺，坐北朝南。占地56.4亩，建筑面积2176平方米，建筑有山门、天王殿、大雄宝殿、延寿阁、悟音楼、玉佛殿、斋堂等。

山门殿，面阔5间，160平方米。殿门上方悬挂"增福禅寺"匾，由原中国佛教协会副会长、江苏省佛教协会会长、镇江焦山定慧寺住持茗山长老题写。出山门殿，左手有一块石头刻写有增福寺简介。

过聚福桥为天王殿。天王殿面阔5间，180平方米。殿门上方悬挂"天王殿"匾，也为茗山长老书写。天王殿东为钟楼，西为悟音楼。殿内供奉弥勒、韦驮及四大天王像。

出天王殿，东为观音殿，面阔5间，220平方米。西为玉佛殿，面阔5间，220平方米。过香炉、宝鼎为大雄宝殿。

大雄宝殿，面阔5间，380平方米。殿门上方悬挂"大雄宝殿"匾，匾额由原中国佛教协会会长赵朴初题写。殿内正中供奉三世佛，两边为十八罗汉。

在大雄宝殿东北建有藏经阁，二重檐，480平方米。阁前为荷花池，池西南建有妙聚亭，池南为财神殿，面阔3间，180平方米。大雄宝殿东为念佛堂，面阔7间，二层，800平方米。

增福寺内不仅建筑雄伟，而且还有亭台楼阁、银杏古树，水色一天，绿树成荫，环境幽雅，是常熟市的一处佛教胜迹。

海虞周行弥陀寺

弥陀寺，位于海虞镇原吴宗村瞿家圩。

一、寺名由来

据《周行镇志》记载："新中国建立以前，周行境内庙宇较多，大多佛道融合，护国庵、陶舍庙、无碍庵、梵音庵、夫人庙、三官堂、曹溪庵等，既供奉佛像、观音菩萨像，又供奉道教神像。没有纯粹的佛教活动寺庙。每逢朔望日，或佛诞，或佛殿落成、菩萨开光之日，佛教徒组织举行各种佛会，诵经念佛，善男信女拈香进供，虔诚膜拜。吃素，是善男信女表示虔诚的通常清规，有进香素、朔望素、十斋素、观音素、长年素等。

中华人民共和国成立以后，境内庙宇陆续拆除，在较长一段时间内民间佛事活动停止。20 世纪 80 年代中期，在一些中老年人尤其在老年妇女中，信佛之风又渐兴起，常见他（她）们在寺庙废基上放置一只破铁锅，烧香跪拜；也有些人在原来的生产队仓库里放进几座佛像，作为烧香念佛的场所；有些人家为求佛法保佑，设坛宣卷；每年春季，有一批批人到常熟兴福寺或杭州灵隐寺、上天竺或普陀山佛寺等处，进香拜佛。

1999 年，经常熟市人民政府批准，设立周行佛教活动点，在吴宗村瞿家圩的旷地上动工兴建，

弥陀寺前身是护国庵，它位于周行老街（西街）周行桥畔西侧，面临哮塘（后称海洋泾塘）。建于元末，隶属维摩寺下院。占地面积 2000 平方米，建筑面积 600 平方米，并列 7 间。山门供关羽（关云长）坐像，左右关平捧印、周仓持刀侍立。龛后供韦驮立像。庭院植银杏 2 株，树龄在 300 年以上。两庑东奉雷祖，西奉阎王。正殿供奉高逾 2 米的如来 3 尊，端坐莲台。其东侧奉纯阳，西侧奉三官大帝。后院还有观音殿、祖师殿、僧房等。

山门殿（唐式）

二、寺院规模

恢复重建的弥陀寺，坐北朝南。占地 20 余亩，建筑面积为 2500 平方米左右。整个建筑系唐式，是常熟市批准开放的佛教活动场所中唯一的唐式建筑。

山门殿，面阔 3 间，60 平方米，2012 年农历六月十九日奠基，殿内供奉弥勒佛、四大金刚等。

大雄宝殿于 1999 年农历六月十九日奠基，一年后竣工，殿长 33.6 米，宽 26.8 米，高约 22 米。大殿雄伟高大，气势非凡。殿内供奉阿弥陀佛大佛坐像，其东侧奉观音菩萨。东北侧有一口高 1.5 米、圆径（直径）1.2 米的大钟，每逢除夕夜敲响。西侧奉地藏王菩萨。

大雄宝殿东建有生活用房 37 间（其中膳食用房 7 间，六上六下及七上七下的住宿楼各 1 栋，辅房 4 间）。西有面积 1600 平方米的长方形放生池，其四角各有一亭，与宽 2.4 米、长 214 米的长廊环绕连接。

放生池北侧还有 300 平方米的绿化林和 5 间"先祖纪念堂"。大雄宝殿北和东侧共有 12 间念佛堂。南侧也有五上五下的住宿楼 1 栋。

2001 年农历二月十九观音生日那天，弥陀寺举行了佛像开光仪式。每年农历十二月初八为弥陀生日。

弥陀寺整体建筑结构布局合理，环境优美。

常熟梅李吉祥寺

吉祥寺，位于常熟市梅李镇梅南路155号。

一、历史沿革

吉祥寺，相传建于三国赤乌年间（238—251），故又名"赤乌古刹"，为常熟最早建造庙宇之一。原有观音殿、方丈室、禅房等庙屋20多间，林木荫翳，竹径通幽。庵前有土岗一道，长约50米，高约5米，岗上树木繁茂，中有枯树一株，上刻"赤乌遗址"四字，相传孙权之母吴国太常来庵进香，曾系舟于此树。有《志》称："寺内有立关帝像一尊，极为罕见。关帝在庙中皆为坐像，却在这里是立像，可能关羽是蜀将的缘故吧！"

清道光三年（1823），里人陈敬天捐资重修，光绪二十八年（1902）里人住持优婆塞朱通莲集资累修。民国三十八年（1939）被台风吹毁。中华人民共和国成立后部分拆除，余屋曾做过梅李中学，后为生产队占用。1994年，经常熟市人民政府批准，于梅南村重建吉祥禅寺，是年12月3日奠基。

2007年3月，登记为寺观教堂。

二、建筑规模

现吉祥寺为原址东移20米。坐北朝南，占地15庙，建筑面积2000多平方米。先后建有牌坊、天王殿、大雄宝殿、观音殿、卧佛殿、厢房、食堂等。

从梅南路进入为寺院广场，广场北为牌坊，四柱三门，正门上方有"吉祥禅寺"4个字，两边联："佛法能破愚痴暗，学佛点燃智慧灯。"牌坊前有一对石狮。

穿过牌坊有宝鼎一座，高3.8米，绕过宝鼎为天王殿，面阔3间，380平方米（因原规划为大雄宝殿），比一般天王殿面积大，双重檐。殿门最上方悬挂"天王殿"匾。殿内正中供奉弥勒、韦驮及四大天王像。

出天王殿，东为观音殿，面阔 5 间，220 平方米。西为地藏殿，面阔 5 间，220 平方米。过宝鼎上台阶为大雄宝殿。

大雄宝殿，面阔 5 间，500 平方米。殿门上方悬挂"大雄宝殿"匾，两边联："吉地普度众生登觉岸，祥云重光古寺振宗风。"殿内正中供奉三世佛，两边为十八罗汉。背面为海岛观音。殿内前柱内联："慧日高悬佛光普照愿含识澈悟圆通，慈云偏复法雨均施度众生同臻解脱。"由原中国佛教协会副会长、江苏省佛教协会会长、镇江焦山定慧寺方丈茗山长老手书。殿内前柱外联："三宝重兴看初地庄严诸天欢喜，十方大庇有慈云布护法雨沾濡。"由原中国佛教咨议委员会副主席、江苏省佛教协会名誉会长、镇江金山江天禅寺方丈慈舟长老手书。殿内后柱联："随顺诸法真实教增长众生清净心，满是一切大愿力速成无上佛菩提。"弘一法师字。

出大雄宝殿东面为卧佛殿，面阔 3 间，120 平方米；西边为文殊殿，面阔 3 间，120 平方米。

大雄宝殿北面为围墙走廊，墙壁嵌有多块功德碑。寺院西北角安放有原吉祥寺砖刻碑。

三、古树古桥

位于寺院西的原吉祥寺旧址上，有四棵树龄 125 年的银杏树，古树见证了寺院百年来的变迁。

寺院的北面是梅李镇的南街，在南街的西边有座月河桥，当地人称为香火桥，是通往寺院的必经之路。月河桥始建于宋代，因跨月河塘而得名，明弘治间曾更名为紫薇桥。明弘治九年（1496）重建。为单孔石拱结构，桥面、桥墩均用武康石筑成，宽 3.43 米，长 12.80 米，矢高 4 米。两坡各设 20 级踏级。桥的拱圈由 7 节石板组成，采用分节并列式砌置法，形制极为古朴且保持有宋代风格。在拱底南端镌有铭文"紫薇桥"三字和少许荷叶图案。北端嵌砌石碑一通，上镌"典史徐让议官吕嵱监工，石工高永吉，大明弘治九年拾贰月重建"等题记数行。

吉祥寺现已成为常熟梅李地区一处佛教胜迹。

常熟大义白雀寺

白雀寺，位于常熟市大义中经村。

一、历史沿革

白雀寺，始建于梁天监二年（503），志载：建寺中有白雀来巢，寺因以名。南宋端平三年（1236），僧如瑶重建，元末毁于战火。明正德丁卯年（1507），僧明慧拓之，隆庆初再毁，僧明净再新之，不到20年又毁。万历年间，僧智海、慧秀募金重建。王世贞撰记曰："甍取其厚，材取其良，垩墍取其精坚。于是三身之座、四天之阁与十六应真之位，屹然若金刚不坏矣，壮丽亦称是。"可见当时白雀寺之雄伟！

清初又被火废。乾隆二十二年（1757）僧圣通重修。据《柳南随笔》云：长洲王雅宜（名宠，字履仁，后字履吉，号雅宜山人，工草书），尝养疴吾邑白雀寺，有《访王元肃虞山不值》诗卷，并以所书镌石，即被后人誉为王宠代表作之一的《白雀帖》，现藏于重庆市三峡博物馆。太平天国时部分殿宇被毁。清同治、道光年间，翁同龢曾为此寺书"白雀行窝"匾。

民国年间，大殿基本仍保存完好，仍有头山门等建筑。至中华人民共和国成立前一段时期，白雀寺最后一任住持为妙生法师。

建国初，白雀寺改作粮库，1971年拆迁至小墅桥建小义粮库。

二、恢复重建

1995年经常熟市人民政府批准大义设立佛教活动点，1996年1月18日奠基，1996年2月4日破土动工，1998年5月25日举行白雀寺佛像开光仪式。

白雀寺坐北朝南，占地面积7.23亩，建筑面积1550平方米。建有山门、天王殿、大雄宝殿、佛堂诸殿及辅房等。

寺内仍保留有千年古井一口。明代、清代石灰石（青石）莲花座一个、花岗岩香炉数枚。

山门

2008 年 3 月，登记为固定处所。

三、诗赞白雀

白雀寺是一座古老的佛寺，若追寻该寺的创建历史，会让许多常熟人，乃至许许多多到过常熟兴福禅寺的人为之一惊！为什么？因为白雀寺的初建历史比兴福寺还要早 34 年，其当初的历史名声比兴福禅寺还要大！

王宠著名的《白雀寺望虞山》曰："禅门吐云气，前与虞山通。大江蒸民墼，烟岚日笼葱。莲花挺秀壁，绣障罗高空。飞泉四时雨，福地千年宫。蛟蜃时出没，青天乍舒虹。是节属夏首，灌木数丰葺。莺啼紫岩曲，鹿鼜青林中。薰风荡萝茑，沃雨鲜筐丛。蹇予抱沉瘵，未得窥玲珑。还期览日出，夜半千崖红。"一曲五言诗文，既大气荡肠，又描述细致，物事相关、情真意畅，读来令人感慨万千！

除此外，还留下了明代文人陈瓒的《海虞白雀寺碑》、王世贞的《重修白雀寺记》等著名诗文。

白雀寺，已成为常熟市的一处佛教胜地。

常熟冶塘泰和寺

泰和寺，位于常熟市尚湖镇冶塘办事处北大河村。

一、寺名由来

据资料记载，泰和寺的前身是冶塘镇北大河村的泰和庵，明嘉靖年间（1522—1566）里人范氏建。寺内原有观音殿，故又称观音堂。后因战乱被毁。

1999 年 6 月，经常熟市人民政府批准，设立冶塘镇佛教活动点，选址冶塘大河北泉桥东堍，由时任常熟市佛教协会会长、兴福寺住持妙生长老定名为"泰和寺"。

藏经楼

2007 年 7 月，登记为固定处所。

二、恢复重建

重建后的泰和寺，坐北朝南，占地面积 20 亩，建筑面积 3200 多平方米。建有山门、天王殿、大雄宝殿、藏经楼（玉佛殿）、千手观音殿、地藏殿、祖师殿及食堂、宿舍、办公用房等。

山门面阔 3 间，80 平方米，山门前有一对石狮，山门上方悬挂"泰和寺"匾，山门内两边为哼哈二将。出山门为天王殿，面阔 3 间，单檐，120 平方米，殿门上方悬挂"天王殿"匾，殿内供奉弥勒、韦驮及四大天王像。

出天王殿绕过宝鼎为大雄宝殿，单檐，面阔 5 间，建筑面积 220 平方米。大殿于 1999 年 11 月 29 日举行大雄宝殿奠基仪式，2001 年初落成，时年农历二月二十四日举行大雄宝殿开光仪式。殿门上方悬挂"大雄宝殿"匾，殿内正中供奉"一佛二弟子"，两边为十八罗汉。背面为海岛观音。

大雄宝殿北面为藏经楼（玉佛殿），两重飞檐，760 平方米，上层为藏经楼，悬挂"藏经楼"匾；底层玉佛殿，悬挂"玉佛殿"匾。其他殿堂在两边，福师殿位于寺院西北角。

三、斋天庙会

泰和寺地处太河村，小集镇原有李王庙、城隍庙、东岳庙等，中华人民共和国成立后渐废。老李王庙虽已废，但为了纪念李王神像，至今泰和寺每年农历三月十四日仍然有庙会，以感激李王爷保佑，祈求来年风调雨顺，庙会期间有龙舟赛等活动，故又称龙舟节。

泰和寺环境幽静，建筑雄伟，是常熟尚湖地区的一处佛教胜迹。

常熟王庄岭村寺

岭村寺，位于常熟市尚湖镇王庄办事处北顾山东面。

顾山镇原先是一个镇级机构，撤并后划归尚湖镇。顾山因山得名。小山顾山之"顾"是"回顾"之意，因小山形似龟而回首顾望，因而得名顾山。

岭村寺，始建于同治八年（1869）。民国十七年（1928），有新樊庄王潮金、王鹤金兄弟受雇于无锡富户唐家，深得唐老夫人信任，于是由唐老夫人出资重修。又有周家宕周姓众信助田产7亩，以供僧人生活。20世纪50年代后渐废。1994年王庄信徒于岭村古刹原址之北重建寺庙，坐落于顾山东麓，南临204国道附近。1995年常熟市人民政府批准设立佛教活动点。

岭村寺，坐北朝南，占地面积5亩，建筑面积约1250平方米。建有天王殿、圆明宝殿、玉佛殿、太和殿及食堂、附房等。1996年农历四月初五日举行大雄宝殿开光典礼。

2008年3月，登记为固定处所。

常熟青莲接待寺

接待寺，位于常熟市昆承湖畔招商城南青莲村湖泾路。

一、寺院由来

接待，佛教用语。谓寺刹对挂单僧人免费供给食宿，说明这个寺院是开放性的。实际上也就是佛教徒的驿站，或者说是佛教徒的招待所。佛教徒修行是需要行脚的，这样的接待寺就是为方便行脚僧而设置的。

据《常熟县志》记载：南宋乾道年间建有"荷塘接待院"，后因年久失修，渐成废墟。明万历初，由钱兴祖、鲍金氏等与僧人怡慎法师发起募捐重修，在原址重建"接待禅寺"。现有的部分殿堂系清代建筑，至今还保留清代的碑刻、石柱、门石枕和一棵 200 多年树龄、约 16 米高的古银杏。据《常昭合志》载：寺旁原有总管庙，以祭祀"水陆利济侯总管安乐王"金元，后历经毁废。

二、恢复重建

2003 年批复为临时烧香点，先后建有大雄宝殿、天王殿、观音殿、地藏殿及念佛堂、食堂等，建筑面积达 1000 多平方米，占地 4.5 亩。2004 年 3 月 8 日，大雄宝殿开光。

2011 年 5 月，登记为固定处所。

常熟赵市福缘寺

福缘寺，位于常熟市梅李镇赵市路132号。

一、寺院由来

赵市，据说因宋太祖赵匡胤后代聚族居于此而得名，位于常熟之东北部，濒临长江，与南通狼山隔江相望。古老的盐铁塘穿境而过，海洋泾南通太湖，北入长江，为太湖泄洪道之一，冈身古道绵延其间。支福公路、常师公路在镇中十字相交，水陆交通称便。赵市长时期一直是一个镇级区划，现撤并入梅李。

赵市原有福缘庵，亦称青墩庙，相传初建于南宋。庵内原供有菩萨、周神、猛将、关爷等，有殿堂12间，1958年废。2003年，该村陆祖根等人在原庵址重建。2003年10月29日，常熟市人民政府批准设立梅李镇赵市佛教活动点。

2011年5月，更名为福缘寺，登记为固定处所。

二、寺院建筑

移建后的福缘寺坐北朝南，占地总15亩，其中寺院占地面积6亩，建筑面积700多平方米。建有山门、天王殿、大雄宝殿、观音殿、地藏殿及附房。

天王殿前古银杏树

山门，飞檐翘角，门前有一对石狮，门上方为"福缘禅寺"4个大字。进山门迎面是一字排开的四棵175年的银杏树，东面还有两棵同年龄的银杏树，一座寺院有6棵近300年的银杏树这在苏州寺院首屈一指，这亦表明了这所寺院的古老。

穿过银杏树为天王殿，面阔3间，80平方米。殿门上方悬挂"天王殿"匾。殿中央供奉弥勒菩萨，背后供奉手持降魔金刚杵韦驮菩萨，殿两侧为四大天王像，东方持国天王手拿青光宝剑，南方增长天王手执方天画戟，西方广目天王手持开山斧，北方多闻天王手托浮屠宝塔。

出天王殿，东面为观音殿，面阔3间，80平方米；西面为地藏殿，面阔3间，80平方米。天王殿与大雄宝殿中间有一鼎两炉，绕过宝鼎上台阶为大雄宝殿。

大雄宝殿面阔5间，320平方米，于2006年9月29日奠基。大殿为两重檐，殿门最上方悬挂"大雄宝殿"匾，殿门两边联："大雄大悟大圣主无垢无染无所着，佛日高悬光明界法轮大转利震宇。"殿内正中供奉"一佛两弟子"，两边为十八罗汉，整个大殿雄伟庄严。

寺院的东部三排房屋为民间信仰安置房，由寺院负责管理。

福缘寺占地不大，但环境幽雅，古树雄壮，殿堂宏伟，是常熟梅李的一处佛教胜迹。

常熟虞山福甸庵

福甸庵，位于常熟市虞山镇范家村88号。

一、寺院简况

清道光十五年（1835）建。建国前有钱二者老年出家，法名通慧，住该寺，1949年8月通慧病故，由续修接任。

续修法师，俗姓丁，字德宫，江苏省姜堰市娄庄乡丁家村人，宿植德本，十二岁发出尘之志，于苏北出家。随因顺缘。后至常熟市藕渠范家村福甸庵礼通慧法师为师，法名续修。在通慧法师亲切教导下，努力学习文化和佛典。不几年，续师能熟诵净宗、禅门诸经；钟、鼓、鱼、磬各种法器无一不专擅。在庵中，他至诚侍奉师父，遵守佛门戒律。戒行严谨德高望重的通慧法师坐化后，续师深受教育，以师为榜样，勤修戒、定、慧，身体力行，持名念佛。1958年，福甸庵被移作他用，续师移单兴福禅寺。2002年1月6日圆寂。

20世纪80年代末，由信徒自发在福甸庵原址建大雄宝殿等。1996年常熟市人民政府批准设立虞山镇佛教活动点，2008年7月，登记为固定处所，更名为福甸庵。

二、寺院布局

恢复后的福甸庵坐北朝南，占地面积为2亩多，建筑面积2000余平方米，建有天王殿、圆通殿、大雄宝殿、地藏殿、观音殿、厢房、僧寮等。

天王殿，单檐，面阔三间，80平方米。门为石圈拱门，门前有一对石狮，门上方悬挂"福甸庵"匾，由原中国佛教协会会长一诚长老书写。殿中央供奉弥勒菩萨，背后供奉手持降魔金刚杵的韦驮菩萨，殿两侧为四大天王像。

出天王殿，右手分别为财神殿、二郎神殿，左手有古树，中间有长方形香炉。绕过香炉为圆通殿，面阔三间，180平方米，殿门上方悬挂"圆通宝殿"匾，

大雄宝殿

由原中国佛教协会副会长、江苏省佛教协会会长、镇江焦山定慧寺方丈茗山长老题写。殿内正中供奉观音菩萨像。

出圆通宝殿，右手为面阔三间，120平方米的卧佛殿；左手为面阔8间，二层520平方米的附房。大雄宝殿前有高3.8米宝鼎一座，绕过宝鼎为大雄宝殿，面阔三间，320平方米，殿内正中供奉玉雕"一佛二弟子"，背面为海岛观音，两边为十八罗汉像，殿后两边供奉玉雕方殊、普贤菩萨像。

福甸庵的恢复开放满足了当地信教群众过宗教生活的需要。

虞山上小云栖寺

小云栖寺，位于常熟市虞山国家森林公园宝岩景区虞山南路 88-8 号。

一、寺院建筑

小云栖寺，坐东朝西，依山而建，寺里有个山洞，洞中有泉眼，明代，有人在小石洞旁建了佛庐草堂，清康熙间才正式建寺。乾隆二十年（1755）常熟人孙祈斥资增修，历时七年，广筑房屋五十余间，气势恢宏，取名"白云栖寺"。嘉庆年间，钱朝锦、言尚炜等人重修寺庙并在石洞上建"泉亭"。咸丰十年（1860）寺庙遭毁，之后虽略加修葺，

山门

却已不复旧观。

小云栖寺，建有山门、天王殿、大雄宝殿、观音殿、财神殿等殿堂。山门，面阔三间，60平方米，殿门上方悬挂"小云栖寺"匾，门两边有对联；出山门为天王殿，殿门上方悬挂"天王殿"匾，殿内正中供奉殿中央供奉弥勒菩萨，背后供奉韦驮菩萨，殿两侧为四大天王像。出天王殿在小石洞南边上台阶为大雄宝殿，面阔五间，殿门上方悬挂"大雄宝殿"匾，由原中国佛教协会会长赵朴初手书，殿门两边及前柱有联，殿内正中供奉"一佛两弟子"，两边为十八罗汉，整个大殿雄伟庄严。

位于大雄宝殿西南侧为财神殿、观音殿。云栖楼在寺院的西北侧，飞檐翘角。

二、古迹景点

小栖云寺虽然地方不大，但寺内还有一个"天下名泉"。泉从石坎中溢出，汇成池沼，碧水盈盈，清澈见底。泉水甘洌，故称洌泉，又名露珠泉。

小石洞洞深3米多，上窄下宽，沿石级而下，底层左侧石崖覆盖如屋，可容纳十人。唐代陆广微《吴地记》据传

说称此为"太公吕望壁纣之处"。洞四周原来有众多石刻、碑记。如乾隆间摹刻米芾"梵天游"额、赵孟𫖯书《陋室铭》，王文治书《琉球国书跋》，嘉庆孙原湘撰、吴蔚光书《小石洞创寺置田记》，道光翁雒画、钱泳撰《梅花溪居士像传》等，可惜都因岁月久远大部分都不复存在。仅"梵天游"额、《琉球国书跋》《梅花溪居士像》藏于常熟市碑刻博物馆。

小云栖寺内古树参天，即使是大夏天，树下乘凉也不会觉得热。抬头看，是满眼绿意。小石洞口的紫藤，树龄已有400多年，是明代隆庆年间孙柚所建"藤溪草堂"遗物。高约8米，分成数枝盘缠上攀。据《重修常昭合志》记载："藤溪草堂在秦坡涧下，古藤盘缠，涧壑泓然，初为孙柚所辟"。据孙柚《藤溪记》记载，这里原先藤大如斗。后来草堂新主人、万历间人顾云鸿《藤溪山居记》记载："藤盘绕于两株榆树之上，后被伐榆者砍伤"。现在的紫藤疑为万历时从老藤上移栽而来。每年紫藤花开的季节，是这里最美的时间。

如今在这小云栖寺里上三支清香，吃一碗素面，听听空谷鸟语看清静佛地，真是陶冶身心。

第九节

太仓市

太仓港区同觉寺

同觉寺，坐落于苏州市太仓长江入海口南岸太仓港区。

太仓港古称浏家港，是古代苏州地区对外通商的重要港口，历史上曾经数度辉煌。元代，被称为"六国码头"；明代，太仓港作为我国著名航海家郑和七下西洋起锚地，这在中国的航海史上留下了浓墨重彩的一页。

一、历史沿革

同觉寺，始建于明朝永乐年间，距今已有近 600 多年历史。传说当年建文帝曾避难至此，并栽植银杏树一棵，"同觉寺"的寺名也是建文帝根据其祖父朱元璋出家的"皇觉寺"而命名，因为明太祖由僧人的身份成就帝业，而建文帝也暗含了希望能从僧人身份恢复帝业的愿望。由于历史原因，几经衰落。改革开放后，随着宗教政策的贯彻落实，同觉寺于 1997 年 10 月正式对外开放。

2007 年 3 月，登记为寺观教堂。

二、建筑格局

重建后的同觉寺整体建筑按照传统的寺庙结构建造并配有现代化设备，其雄伟的古刹建筑与秀美的园林风光交相辉映，是古今建筑与寺庙文化的完美结合，也是博大精深的佛教文化艺术的经典呈现。

同觉寺既有江南园林的小桥流水、亭台楼阁、粉墙黛瓦，清雅秀丽，又有佛教寺庙的山门殿宇、晨钟暮鼓。

同觉寺坐北朝南，占地面积60余亩，建筑面积1.3万余平方米，绿化面积5400平方米，水体面积1100平方米。由照壁、牌坊、山门、钟楼、鼓楼、天王殿、大雄宝殿、藏经楼、药师殿、观音殿、宝塔等殿堂组成。

同觉寺前有条南环路，在路南建有照壁，面北中间有砖刻"佛光普照"四字。第一座牌坊竖在路北，四柱三门，牌坊上方有横匾"江尾海头第一刹"，两边联："七浦塘前潮平两岸思满万户，三乘滩上香满一堂惠及五洲。"从牌坊进入，路两旁绿树成荫，西为同觉公园。穿过第二座牌坊，过桥为山门殿，殿门上方悬挂"同觉寺"匾。

走出山门，两边为钟鼓楼，正面为天王殿，面阔5间，殿门上方悬挂"天王殿"匾，殿内供奉弥勒、韦驮及四大天王像。

出天王殿便是大雄宝殿，是整座寺院的核心建筑，也是僧众朝暮集中修持的地方。殿面阔7间，殿门上方悬挂"大雄宝殿"匾，殿内供奉着三世佛，中间为释迦牟尼佛，左边为消灾延寿药师佛，释迦佛的右边为西方极乐世界的阿弥陀佛。殿两侧供奉十八罗汉，三世佛背面为海岛观音。

出大雄宝殿有一座院子，中国佛教协会副会长、上海玉佛寺方丈觉醒大和尚题名为"净意方丈院"，一进门便是一

牌坊

块重达35吨的花岗石刻成的"无"字大碑。这块大碑的碑石是由护法善住陈若飞先生促成的因缘，从山东运来后，礼请江苏省书法家协会副主席、原南京艺术学院艺术研究所副所长郁宏达老先生，为大碑阳面书写"无"之一字。礼请陈生先生撰写《重修同觉寺碑记》一文，用于同觉大碑的阴面内容。并礼请太仓著名书法家政定荣先生为之书丹。由内蒙古篆刻名家杨鲁安的关门弟子杜峻先生，历时一个半月，手工镌刻而成。方丈院内东为指月堂，西为西来堂，正面为三层藏经楼，面积为1300平方米，底

层挂"法堂"匾,二层挂"内坛"匾,三层挂"藏经楼"匾。

大雄宝殿的西侧为放生池,池岸绿树婆娑,回廊曲折;池内碧水清波,天光云影,彩鲤成群。池南部还竖有一尊观音像。放生池的西南为药师殿,北面为观音殿。

斋堂东面建造了同觉书院,占地600平方米,著名文化人文怀沙老先生题写了"同觉书院"匾。寺院西南角建造了同觉安养院,占地2.8亩,4000平方米。

三、宝塔艺术

位于寺院放生池西侧有座慧泉塔,巍峨耸崎,直指穹窿,塔高66米,玲珑八角,重檐九级。

慧泉塔原使用不当,出现塔壁墙面剥落等情况,为了使宝塔更有文化底蕴,同时保护好寺院收藏的文物,近年来同觉寺对慧泉宝塔进行了改造,并重新进行布局,突出了文化亮点,在各层塔壁悬挂了128幅壁画,内容为释迦牟尼生平事迹图,专门邀请了敦煌研究所专家作画。对宝塔的地宫改建作为文化展厅,已举办过佛教文化展。宝塔九层天宫安放一尊高1.8米明代木雕彩绘观音像,由美国华侨徐天培先生捐赠,经考证1949年前已流入海外,原由香港私人博物馆收藏,价值500多万元人民币。宝塔各层四周慧泉塔匾,由当代高僧大德和著名书法家题写。

宝塔内还珍藏了一套价值250万元的宋代思溪藏法华经木雕版,共90多块,系手工雕刻,仅此一套。另外寺院法堂正中供奉一尊高1.7米整根金丝楠木观音像,系清朝末年雕刻而成。这两

宝塔

样现已成为同觉寺镇寺之宝。

从塔内环绕的阶梯拾级而上，登高极目，太仓港区的秀美风光尽收眼底。每到入夜，在灯光的映衬下，整座宝塔如琉璃般通澈明亮，流光溢彩。

四、同觉公园

同觉寺的西侧，有座"同觉园"，它既有江南园林的小桥流水、亭台楼阁、粉墙黛瓦，清雅秀丽，又有佛教寺庙禅意景观。园内有翠云廊、塔影亭、小长城、晴雨轩、鹫峰、碧波舫、秋月榭、古银杏等景点。

进同觉园门口向北至翠云廊，上通塔影亭，下接秋月榭。廊两边花木茂盛，宛如翠云一般，故取名为翠云廊。塔影亭在寺内慧泉塔南，九层八角的慧泉塔在阳光照射下，与塔影亭光影融和相得益彰，成为一个出神入化的景点；从翠云廊步上 20 个石级就到塔影亭，亭里面有石台、石凳。亭南有对联："暮鼓晨钟同觉寺，朝晖夕照塔影亭。"系同觉寺方丈曙提所书。亭下是平台，平台以鹅卵石铺设，台下是池水，池水周围以假山石点缀。池上建有小石桥，游人在此休闲，其乐无穷。塔影亭西下为鹅卵石堆

成长约 200 多米的城墙，逶迤曲折，直通晴雨轩。

晴雨轩北坡下有一棵银杏树，树龄已有 600 余年，同觉寺因树得名，相传当年建文帝曾避难至此，并手植银杏树一棵，因其祖父朱元璋出家寺院为"皇觉寺"而取名"同觉树"。因为明太祖由僧人的身份成就帝业，此树也也暗含了建文帝希望从僧人身份恢复帝业的理想，后同觉寺也由此得名。此树现存于同觉公园内，瞻仰此树，可回顾历史，感怀这位有着"仁明孝友"之名，却在掌控天下四年后便失去皇位的悲剧人物的生平。

红色"鹫峰"上有石刻，坐落在晴雨轩东南一座假山石上，高约 20 米，鹫峰的名意是佛国灵鹫山的山峰；从鹫峰向东过草坪便是碧波舫，其建筑格局类似苏州狮子林。石舫半在池水，半靠岸边，时有文人墨客在此挥毫泼墨作画。秋月榭西边有宽敞的平台，台下是池水。每当月夜，人们在榭前玩赏，好像置身于杭州西子湖畔的平湖秋月之境。

2010 年 10 月 2 日，同觉寺举行曙提法师荣膺方丈升座仪式。

同觉寺现也成为太仓港区的一个重要对外窗口。

太仓市南广教寺

南广教寺位于太仓市东南七公里，城厢镇新丰村，在 204 国道东侧。

一、历史沿革

据明嘉靖张寅编写《太仓州志》，及清王编写《江苏直隶太仓州志》记载：

南广教寺始建于宋绍兴三年（1133），朝奉大夫杜革建，以祀祖司徒杜衍。神像后因遭毁，元至正年间僧惟一重修，赐额"南广寿院"。明洪武二十四年（1391），清理佛教，以成丛林，定名"南广教寺"，归并寺一。明永乐三年（1405），里人陆道源重修，在嘉靖后废。据有关资料透露，明代有"东南第一名园"之美誉的弇山园荒败后，其主建筑弇山堂木料等施捐给南广教寺，盖天王殿之用。

僧通云，号石奇，出家南广教寺，遍参诸方，得法于天童圆悟，始说法于灵鹫景星，后主雪窦教席 17 年，并置饭僧田，后渐增益，清早期诗人唐孙华与里人顾陈垿俱有饭僧田碑记。清乾隆间状元、邑人毕沅有《南广寺访丽天上人》诗云："放艇刘河访定僧，潮音馨韵远相应。小窗竹影摇禽梦，破殿茶烟暗佛灯。邻有好花乘雨乞，壁逢佳句借笺眷。远公早悟无生法，怕上钟楼最上层。"

南广教寺兴盛于南宋。北宋灭亡后，江北僧人不堪忍受金人强暴统治，纷纷举迁江南。因南广教寺地处交通要道，又是鱼米桑蚕之乡，僧俗协力一心办道，官府仁人诸方助缘，数十年下来一院已初具规模。

南宋晚期，南广教寺当家师佛日法师字祖一，带众修行道风良好，有僧人敬海和尚自浙江天台山来此挂锡，常于寺中开示信众，演教弘法，继而发心宣讲《妙法莲华经》3 年，消息广传江浙两省，数百里内听经者云集，四众弟子普被法霖深受教益，至此寺院名声大振，经苏州府报呈江南按台，随辟为十方丛林。两序大众礼请圆智广慈大师为首席方丈大和尚，朝廷赐额"南广教寺"，是为传天台正宗道场。

清太仓僧寂本，字法印，钱氏子。幼年出家，为宝藏弟子。修道瑞芝庵，增建福城庵。性纯一，事亲至孝，待人至诚，劝人惟修德行善，佛法之外缄然不语。主南广方丈。退归，卒年87。有《语录》14卷。

南广教寺自南宋末至清朝中叶，鼎盛历时600余年，寺院占地115亩，有殿堂50余座，房屋3000多间，建筑面积达48000多平方米，常住僧众1250余人，享有"江南第一丛林"之盛誉。历代高僧辈出，人才济济，于各地寺院丛林任住持、执事者，数百年中不计其数。

从清朝末年，百多年来南广教寺多次毁于战火、匪患。殿堂房屋大部损坏，1958年后残存建筑几尽拆光，仅存祠堂一座、银杏树两棵，皆是清代遗物，梵音香火早已绝迹。

1993年春，南广教寺作为太仓市恢复市建的第一所佛教活动场所，经太仓市人民政府批准对外开放。

2007年3月，登记为寺观教堂。

二、恢复重建

1993年4月，礼请上海市宝山寺监院觉超法师到南广教寺主持寺务，在政府部门和各地各界人士的大力支持帮助下，他带领信众本着自力更生艰苦创业的精神，依法办道，发扬不售门票、不向外滥化缘及不搞封建迷信活动的"三不"家风，提倡"道风""学风""家风"三风并举的优良传统。每年举办数次大型讲经法会，平时经常对信众开展佛法教理的开示与介绍，对广大群众进行宗教政策和知识的宣传。数年来宗教活动和寺庙建设等工作，进行得都很顺利。

1999年春，南广教寺两序大众礼请觉超法师荣膺方丈一职，举行了升座典礼。

南广教寺，坐北朝南，占地30庙，建筑面积10000多平方米。从1993年夏天开始建成了山门、客堂、库房和僧寮，计700多平方米。1996年先后建成地藏殿、观音殿、法华楼、普贤殿等共1000多平方米；1998年建成金刚殿、上客堂，举行了"金刚殿落成及佛像开光庆典"。年底建成了迄今江苏省内最大的一座法堂。

山门殿，面阔3间，120平方米。山门前石狮两对。山门上方悬挂"南广教寺"匾，由原中国佛教协会副会长、江苏省佛教协会会长、镇江焦山定慧寺方丈茗山长老题写。出山门过门楼，为金刚殿，殿前有宝鼎、香炉，古银杏树一棵，绕过宝鼎从台阶上露台，金刚殿面阔5间，重檐翘角，殿门上方悬挂"金刚殿"匾，由太仓市佛教协会名誉会长、南广教寺住持觉超法师题写。

出金刚殿，东为观音殿，上下二层，面阔 3 间，120 平方米，一层殿内正中供奉观音菩萨像；西为地藏殿，上下二层，面阔 3 间，120 平方米，一层殿内正中供奉地藏王菩萨。从两殿中间进入是一座过街楼，底层两边供奉哼哈二将，上层供奉弥勒菩萨像。

过门楼，往西，南面建有祖师堂，面阔 5 间，150 平方米，殿内供奉南广教寺祖师像。祖师殿对面过门楼东为文殊殿，二层，面阔 5 间，220 平方米，殿门上方挂"文殊殿"匾，由觉超法师题，殿内正中供奉文殊菩萨像；西为普贤殿，二层，面阔 5 间，220 平方米，殿门上方悬挂"普贤殿"匾，由觉超法师题。

寺院的最西边为方丈院，院内东西两边各有五间平房，120 平方米。法堂坐北朝南，面阔三大间，220 平方米。悬挂的"法堂"匾，亦由茗山法师题写。

南广教寺建筑均由觉超法师自行设计，殿堂琉璃瓦屋面，明清官式建筑，气势雄伟庄严辉煌。

三、文物古桥

南广教寺是在原址上恢复重建，1998 年夏季在修筑地坪工程时，挖掘出土了 35 尊历代祖师的灵骨和一方"传天台山正宗"宗牌，经辨认是清朝宣统元年之物。

寺院东墙外为古时江申衢大道，自江阴往南直达松江府。寺南北两端有古石桥二座，现保存完好，南桥名曰"众安"。根据铭文记载：井亭桥原名"众安桥"，建于元统二年（1334），与兴福桥同龄，为南广寺（建于宋绍兴三年，今废）住持圆智广慈大师募化重修，桥孔下有镌刻碑文。此桥南北向跨于张冈门河。张冈门河东通盐铁塘入浏河塘而达长江，西至沪太公路止。井亭桥为 3 孔，长 22.3 米，桥中宽 4.3 米，主孔净跨 6.1 米。石块铺就的并不平坦的桥面，其中青石可能是古桥始建时的原物。井亭桥与太仓城厢镇的周泾桥、州桥、皋桥与南郊新丰的金鸡桥合名"太仓石拱桥"，2006 年公布为第六批全国重点文物保护单位。

南广教寺的古宗牌、古银杏树、古井亭桥，三古被称为"三绝"。

太仓市海天禅寺

海天禅寺，位于太仓市新区板桥长泾村。

一、历史沿革

海天禅寺的前身，俗称"红庙"。乡里人以寺庙创建之初有红光现瑞，及创始人陈丹外号"红脸儿"之故，遂称之为红庙。相沿至今，习以为常。

相传始建于三国时期孙吴赤乌年间（238—251），是当时经常率船队出海航行贸易的太仓大商人陈丹（人称"红脸儿"）捐资兴建。此后历代都有所增建，规模逐渐扩大。至明宣德年间（1426—1435）达于全盛，其时占地百亩，拥有六殿六堂四楼三阁，计有100余间房屋。常住僧众不下百人，香火旺盛，辐射区域除本县全境二十四庙外，还远及四府十八县（四府即江北通州，江南苏州、松江、嘉兴等）。

庙东的浏家港乃太仓门户，因其地处江海河汇流处，历来成为兵家攻守长

江口之要地。史传南宋名将韩世忠曾打败金兵于此。明代著名的航海家郑和七下西洋，由此处启碇。太平天国忠王李自成在此与清兵交战，取得"板桥大捷"。红庙因其独特的地理位置，累遭兵火，历经沧桑，后毁于1966—1976年间。

1993年6月8日，经政府批准，在红庙原址东边恢复重建。1994年4月，华东师范大学教授、80多高龄的苏渊雷先生参观了正在兴建中的红庙之后，挥毫泼墨，写下了"海水摇空绿，天花拂袂来，禅边风月好，寺傍板桥开"缘起，并命名为海天禅寺。

2007年3月，登记为寺观教堂。

二、恢复重建

海天禅寺，坐北朝南，占地百余亩。2000年岁末，太仓市佛教协会特礼请宏乘法师主持寺务工作。经过十多年建设，现已建成牌楼、山门殿、天王殿、观音殿、地藏殿、大雄宝殿等主体建筑，还兴建

了放生池、菩提桥、九曲回廊、五百罗汉堂、三宝楼、万佛宝塔、方丈楼、僧寮、安养院等。

步入太仓市海天禅寺，首先映入眼帘的是一座仿古牌坊。牌楼的基柱是由石头砌成的长方形石台，立柱以石头为材质，底部分别有夹柱，从而使立柱更稳固。整个牌楼为"五间六柱五楼"形式，每楼的斗拱和檐檩皆以木头雕刻而成，颇具古典之美。中间上方书有亚裔宗孙孟庆利先生手书"海天禅寺"4个大字。

走过牌楼便是山门殿，面阔3间，60平方米，单檐宫殿式建筑。出山门殿为天王殿，面阔3间，80平方米，重檐翘角。殿内正中供奉弥勒菩萨，背面为韦陀菩萨，两边为四大天王像。

出天王殿，左手是万佛宝塔，高13层，融合古建筑风格与现代建筑施工技术要求，雄伟秀美。

过菩提桥，迎面是大雄宝殿，面阔7间，480平方米。大殿重檐巍巍，雕梁画栋，黄墙红柱，红色玻璃瓦屋面，白石柱础栏杆，气势雄伟庄严。殿门最上方悬挂"大雄宝殿"匾，下方并排有三块匾，中间"大圆满觉"，东为"清静

庄严"，西为"光寿无量"。殿内正中供奉释迦牟尼本师佛、东方琉璃药师佛、西方阿弥陀佛；两边是普贤菩萨和文殊菩萨、十八罗汉；后殿为南海观世音菩萨。

大雄宝殿西为五百罗汉堂，2010年末奠基，历时3年竣工。整座五百罗汉堂为古典二层四合院式的建筑，单层楼面的面积近3000多平方米，楼下一层（前后殿堂及左右厢房）供奉着形态各异的五百罗汉。罗涨像均采用传统纯手工工艺用稻草和精选的泥土捏制而成，整个泥塑工程耗时一年半左右。彩绘工程也是采用传统的工艺来完成。大雄宝殿东面是三宝楼、方丈楼、僧寮、安养院等。

2010年10月23日，太仓海天禅寺举行宏乘法师荣膺方丈升座仪式。

海天禅寺是一座以佛寺为主体，从事佛学研究，发扬东方文化，融寺院、学苑、老年安养院和旅游景点于一体的著名古刹，凭着寺院秀丽的景观风光和独特的文化内涵，吸引了无数游人、香客前来敬香礼佛，或修禅休闲，或安养天年。

太仓市双凤禅寺

双凤禅寺，位于太仓市双凤 204 国道东侧盐铁塘畔。

一、历史沿革

双凤禅寺，始建于晋咸和六年（331），由河南高僧支遁（支道林）创建，初名双凤寺，位于双凤东南寺泾北侧的凤中村境内，坐北朝南。相传高僧支遁由京城建康（今南京）一路讲学，来到苏州，至梅李寻访名士瞿硎先生，晚上两人席坐谈经论道，忽见东南方有五色光闪烁。为寻此光源，支遁携其弟子一行，来到常熟南沙，遇一高地，上有两株合抱大树，师徒停下，静坐树侧，观察究竟。半夜，又见树南丈余处，五色光闪射而出。天明后，支遁率众将土掘开，下冒蒸汽，续下掘，现一石盒。开启，内藏一对神龟。远近闻讯，咸来围观。众目睽睽下，两神龟化为一对凤凰凌空飞去。支遁乃于此处，开基创寺，以"双凤"为名。此事禀报朝廷后，晋成帝特御赐"双凤寺"匾额一块，该地方圆百里皆以双凤冠名，沿用至今。

千百年来，双凤禅寺几经兴废。宋大中祥年间，更名"法轮禅寺"。明初寺废，僧至琛修。洪武中为丛林寺归并。隆庆年僧圆澄修。逮及清康熙元年（1662），浙江灵隐寺高僧普正兴法轮寺（双凤寺），规模大具，沿中轴线有山门、二门、天王殿、钟鼓楼台、大雄宝殿、法堂。东侧为圆通殿、地藏殿、延贤堂、禅堂。西侧有藏经楼、罗汉堂、水月轩、荷花池、九曲桥、湖心亭等，地广四十二亩。气度恢宏的佛教道场，吸引历代文人墨客来此进香或游览，欣然命笔，留下众多诗篇。清代诗人叶浩《双憩法轮方丈院》云："晋室偏安日，丛林开创时。井烟无风迹，木刊失虬枝。题额群推董，禅宗信系支。童年曾憩此，垂白复来兹。"

后数经战乱损毁渐趋败落。民国十七年（1928），拆建成太仓县农村师范学校。后因教育经费无着落，无奈

牌坊

于 1934 年停办。1945 年为扩建双凤小学,将农村师范余房拆至双凤小学,至 1949 年中华人民共和国成立时,该地已成一片废墟。

2000 年,双凤禅寺批准恢复重建。2007 年,登记为寺观教堂。

二、恢复重建

重建的双凤禅寺具有江南名刹气势,建筑格局既参考双凤寺原貌,又结合佛教寺庙的传统布局,充分体现佛教寺庙结构严谨和古色古香的艺术特色,同时设置较多绿化用地,营造宁静幽雅的休闲氛围。

双凤禅寺,坐东朝西,占地 1.87 公顷,建筑面积 3300 平方米,耗资 4000 多万元。双凤寺规划分二期进行,2002~2007 年第一期工程建有广场牌楼、天王殿、大雄宝殿、东西厢房等。2007 年 10 月 28 日,举行诸佛菩萨圣像开光庆典。2009 年起,启建钟楼、鼓档、正法明楼、观间殿、地藏殿、僧寮等。2012 年 9 月 30 日,举行正法明楼落成庆典暨支公纪念堂揭牌仪式。

从双凤镇向东,盐铁塘上一桥飞架,过桥在双凤寺山门前河畔建有汉白玉牌坊,四柱三门,巍峨壮观,牌坊中柱高

11.6 米，两侧镂雕龙凤石柱高 9.7 米，两边立有中华民族的图腾柱。牌坊正面书"双凤来仪"，背面书"好佛而止"；图腾柱上则是金龙绕舞，气势万千。站在牌坊下环视四周，但见：绿野大河吞吐天地之灵气；繁忙国道腾挪人间之财富。阴阳调和，承天奉运，果然好山水！

穿过牌坊，正面便是天王殿，造型别致，气势恢宏，飞檐翘角。面阔 5 间，内深 4 界，高 16.6 米。殿门前两边有一对石狮，殿门上方有"双凤禅寺"4 字。殿内正中供奉弥勒菩萨，背面为韦陀菩萨，两边为四大天王像。

出天王殿，看到雄伟壮观的大雄宝殿在露台之上。露台两边竖有石碑记叙双凤寺的历史和兴建大事记。大雄宝殿面阔 7 间，内深 6 界，高 21 米，画栋雕梁，高大恢弘，仰望大殿，让人有肃然起敬之感觉。殿内正中供奉释迦牟尼本师佛、东方琉璃药师佛、西方阿弥陀佛；两边是普贤菩萨和文殊菩萨、十八罗汉；后殿为南海观世音菩萨。

钟亭、鼓亭分列大雄宝殿两侧。大雄宝殿右侧依次为念佛堂、极乐堂、祖师堂、功德堂；左侧依次为客堂、延寿室、监院室。殿宇区东部为寺庙生活区，有正法明楼、斋堂、餐厅等。

正法明楼，位于寺院的东南，二层，建筑面积近千平方米，楼门上方挂"正法明楼"匾。楼内设有支公纪念堂，并珍藏了古石盒，外观呈长方形，分底盒、上盖两部分。底盒长 106 厘米，宽 62 厘米，高 27 厘米。上盖长 120 厘米，宽 76 厘米，高 22 厘米，壁厚 7 厘米。石盒材质为花岗岩。上盖一侧中部有一气孔，底盒中有曲形隔梁。不知何年代雕成，原在老的双凤寺（曾名法轮寺）内。民国三十四年（1945），当地政府将双凤寺余房拆至双凤小学，该石盒也随之迁移。2002 年因复建双凤寺，将石盒从双凤小学移至双凤寺。据说该石盒与双凤地名起源于两神龟化双凤的传说有关。石盒现为双凤寺的镇寺之宝。

双凤禅寺，整个建筑错落有致，不仅具有典型的江南名刹的气势，富有明清建筑艺术风格，而且具有江南园林的秀美，也是一处佛教旅游胜地。

太仓陆渡崇恩寺

崇恩禅寺，位于太仓市陆渡镇禅寺路。

一、历史沿革

据明桑悦编纂的《太仓州志》及清金鸿编修的《镇洋县志》所载：崇恩禅寺始建于梁武帝天监二年（503），由禅宗高僧道悟开山，头山门在镇老街，后殿到高家樨南，纵深一公里，宽350公尺，占地500余庙。建有佛殿、僧舍、经阁5000余间及花园、游廊等，号称东乡寺庙之首。寺沧桑几变，兴废无常。至唐开成二年丁巳（837）重建，宋庆元二年

山门

丙辰（1196）修缮，至元朝，毁于兵火。明洪武二十四年丙子（1396），僧元熹化缘重建，清乾隆四年已未（1739）又毁，1949年后改为城隍庙，1966—1976年间全毁。

又据《太仓文史》总第十八辑及苏州有关史料记载：江苏一带这一时期建造的寺庙有45所之多，如苏州灵岩山寺、寒山寺，嘉定西门护国寺，南翔的云翔寺，昆山的慧聚教寺、新安尼寺，千墩延福寺，石浦无相禅寺等。那时，崇恩禅寺属信义郡娄县惠安乡，归昆山管辖，自弘治十年（1497）成立太仓州后随属太仓管辖，而太仓的隆福寺、海宁禅寺、崇恩禅寺则是娄县惠安乡有名的三大寺院。在1958年春，陆渡渔业村一农民罱泥积肥时，在崇恩禅寺庙基的南叶泾里，罱到一块长40厘米、宽15厘米、厚4厘米的扇形砖刻，上刻"崇恩寺大佛殿"6个正楷大字，为当年佛殿墙门上的照壁残存砖刻。

2002年10月，太仓市人民政府批准恢复重建崇恩禅寺。

二、建筑格局

寺院占地13庙，建筑面积5395平方米，绿化面积1596平方米，辅助设施468平方米。建有山门、天王殿、钟鼓楼、观音殿、地藏殿、大雄宝殿，及东西二序厢房、念佛堂等建筑，功能设施基本齐全。2011年11月23日，举行了大雄宝殿落成暨诸佛圣像开光庆典。

山门，双檐翘角，山门两边有石狮一对，山门上方悬挂"崇恩禅寺"匾，由苏州市佛教协会副会长、太仓市佛教协会会长、太仓同觉寺方丈曙提法师手书。

出山门为天王殿，面阔5间，220平方米，殿门上方悬挂"天王殿"匾，殿内正中供奉弥勒菩萨，背面为韦驮菩萨，两边为四大金刚像。

天王殿两边为钟鼓楼。从天王殿到大雄宝殿东面有上下2层9间，360平方米，中间三间为观音殿，殿门上方挂"观音殿"匾，殿内供奉观音菩萨；西面也有上下2层9间，360平方米，中间三间为地藏殿，殿门上方挂"地藏殿"匾，殿内供奉地藏王菩萨。

大雄宝殿面阔5间，280平方米，重檐，殿门上方悬挂"大雄宝殿"匾，殿内正中供奉释迦牟尼本师佛、东方琉璃药师佛、西方阿弥陀佛；两边是普贤菩萨和文殊菩萨、十八罗汉；后殿为南海观世音菩萨。

大雄宝殿两边为对称的僧寮，3层，各11间，总面积1300余平方米。

2007年7月，登记为固定处所。

太仓市普济禅寺

普济寺，位于太仓市沙溪镇直塘普济街南端。

一、历史沿革

普济寺昔称"武安"。据宋代《庆元志》载：唐武后（则天）于长安三年（703）曾敕建瞿像宝塔于此，初名"武安寺"。唐肃宗，乾元三年（760），有一高僧简大师率俩弟子来游武安寺，遂栖止于寺，并扩建武安寺，易名为"宝林寺"，至宋初始改为"广安教寺"，与吴郡（苏州）的瑞光、妙严、明觉及万等寺称为江左五名寺。另据《吴门有隐》（道光版）及《直塘里志》所载：在北宋真宗祥符年间，有吴中鲁国公闵荣献助建18尊罗汉于广安教寺，其规模更是宏伟，寺中建筑飞檐相接，目不暇接。

南宋绍兴六年（1136），长老了悟大师维修广安教寺，并重行掘池建塔及募建寺前之桥，桥初名"香化"，亦称"寺前"桥，至明正德年间改为三墩拱形石桥，桥名"普济"。明兴武十五年（1382）寺庙奉诏归并，寺更名为"丛林寺"。昔时诗人崔华对古寺盛况有诗"一寺千松内，飞泉屋上行"句，描述了当时殿宇之高耸，古林森森，飞檐相接之。

明成祖永乐四年（1406），拱宸大师修建，复名"广安寺"。明嘉靖三十三年（1554），直塘受倭寇洗劫，寺院被毁大半。至清康熙初年，广安寺长云畴大师及普济益修理残寺，遂更名为"普济寺"。太仓知州白登明设讲院于寺内云香阁，并请里人陈瑚（确庵）撰写讲院碑记，碑文存于《直塘里志》中，自此香火鼎盛。清嘉庆年间重修，据《直塘里志》载：道光年尚有部分殿宇。在民国初镇上遗老秦介甫记得在光绪年间殿宇受火灾而毁，所剩无几。

纵观寺院千载历史，屡有兴废，近百年来，仅存庑屋十余间、山门及宋代石鼓墩2个、古木两株，未有修缮，仅故址遗迹尚存。1966—1976年间，被改为民宅和工厂。

1995 年 6 月，经太仓市政府批准恢复开放。

2007 年 3 月，登记为寺观教堂。

二、恢复重建

1995 年 6 月，礼请圣柱法师为该寺住持，寺内修复工作逐步开始实施。从 1997 至 2017 年，历经 20 年的建设，现今建筑规模雄伟，殿堂布局合理，小桥流水，环境优美。

普济禅寺，坐北朝南，占地 6000 余平方米，建筑面积 2000 余平方米。建有山门、天王殿、钟鼓楼、大悲殿、三圣殿、观音殿、卧佛殿、大雄宝殿等。

山门系四柱飞檐，两边有一对石狮，山门上方刻有"普济禅寺"4 字。出山门为天王殿，殿面阔 3 间，殿内正中供奉弥勒菩萨，弥勒背后为韦驮菩萨，两侧为四大天王坐像。

出天王殿过香花桥，即是大雄宝殿，1997 年 4 月开工建造，面积为 500 平方米，用 48 根柱子组合成框架结构，总高 21 米，两层飞檐翘角，前后历时 2 年 8 个月终告完成。殿内正中供奉石雕三世如来佛，高 8 米，各重 12 吨，宝相庄严，稳坐于莲台之上，东西两侧供奉 18 尊木雕罗汉，且全部装成金身，整体布局气势宏伟、金碧辉煌。殿前台阶中间为龙

凤雕刻图案。1999 年 12 月 7 日举行大雄宝殿落成庆典。

大雄宝殿最东端是卧佛殿，殿内供奉由缅甸赠送的释迦牟尼卧佛（玉佛）。最西是三圣殿，于 1999 年 8 月开工建造，约 470 平方米，历时一年半竣工，所供西方三圣立像（阿弥陀佛、观世音菩萨、大势至菩萨）皆为木雕，高 6 米。2000 年 9 月 23 日举行玉佛开光盛典、三圣殿落成典礼暨观音殿奠基仪。

2009 年 11 月 8 日，普济寺举行圣柱法师升座仪式和庆典。

三、出土文物

寺院在建造大雄宝殿的过程中，先后出土了若干文物，如古钱币 40 余枚，年代文字大多可辨，均为距地表一米左右处觅得；宋元时期陶罐 3 只，尚存完好，但造型皆粗糙，乃民窑所产；宋代八角形石鼓墩 2 个，似为建筑物的柱石；古石碑帽上篆书"重浚七丫浦记"6 字，四周饰鸟花纹，碑身不知去向，鉴定为明代遗物；出土之古井遗址有 6 处，元朝瓷器碎片无数，以上经太仓市博物馆前馆长政定荣等专业人员鉴定。

普济禅寺现已成为一处道风纯正的尼众丛林、"曲径通幽处，禅房花木深"的清静修行之地。

太仓沙溪长寿寺

长寿寺，位于太仓市沙溪镇香店路。

沙溪镇历史悠久，沙溪又称沙头，元朝时已设河泊，元末集市成镇。至明清民国年间，商市繁华，成为太仓巨镇。素有"东南十八乡，沙溪第一乡"之称誉。至今沙溪镇仍保留有沿河临水古建筑群和三里长的老街。

一、历史沿革

长寿寺，始建于元至元二十九年（1292），佛光云峰禅寺的弟子大通所建。初名"长寿庵"，故寺前石桥至今名叫"庵桥"。明永乐间大加扩建。相传以涂松华严禅院旧材移用，由巡抚周忱奏请更名为寺，属法轮下院。

邹亮有《灵宝长寿寺碑记》。嘉靖年间遭火灾，吉林老募款重建，陆之裘撰记。寺头进为山门，左右立哼哈二将，状貌威武。庭中东向为关帝阁。二进天王大殿，清初里人周象明书额。后有伽蓝殿亦东向，供伽蓝像。第三进大

雄宝殿，建筑宏伟，金身三世佛高余丈，两旁金庙十八罗汉，姿态如生，工艺精绝，尤以如来佛背面之塑海观音像最为工细，殿中悬孙柳州寿祺书"慈光普照"匾额，实为当地一带梵刹之冠。

明代诗人陈蒙有诗云："寺门流水隔尘嚣，方外高居俗事消。竹径云寒苍雪拥，蒲床风细篆烟飘。六时仙梵飞花雨，半夜溪声应海潮。新洁白莲池上约，几番乘兴不须邀。"里人周广也有诗云："放舟窥东溟，偶复接梵宇。月色浮怒涛，钟声度芳渚。洗心悦有觉，对语愁无侣。清宵了不寐，疏桐半窗雨。"正殿偏西为火神殿，前为方丈及僧房。寺旧有古钟，钟声洪亮，响彻全镇。《沙头里志》列为沙溪八景之一的"长寿钟声"者即此。

大雄宝殿于1933年因东墙下银杏树发火自焚而延烧成灰烬，殿后尚有洗心阁二层。银杏树极古，寺左旧有精舍，明时称大树轩。清初立白公讲院，继称白公祠，祀知州白登明，原有塑像。后重建楼屋3间。1949年后曾为沙溪区公

山门

所办公处。现寺址改建医院，旧貌已不得存在。

二、恢复重建

经批准，2001年长寿寺在沙溪镇北易地重建，采用唐式风格建造，古朴精致，环境优美，在苏州独一无二，在苏南地区也屈指可数。占地面积20余庙，建筑面积3000多平方米，有殿舍50余间。

山门上方有"长寿寺"三字。进门两侧为钟鼓楼，正中为大雄宝殿，面阔7间，300多平方米，斗拱飞檐，仿唐式，高约20米，古朴大方。东西两厢房分别有客堂、禅堂、文殊殿、普贤殿、地藏殿和图书室。其后为药师殿与斋堂。一排朴素的二层楼正门向西，东面黄色外墙上写着"南无观世音菩萨"的大字。楼房中间大厅上供着一尊如来佛的立像。立像站东向西，南北二边是僧人寮房。

2009年，长寿寺举行了大雄宝殿落成及全堂佛像开光典礼。

太仓鹿河圣像寺

圣像寺，位于太仓市西北部的鹿河。

一、历史沿革

鹿河原名陆河，是一座历史悠久的古镇，也是佛教传入太仓的起始点。

1700年前，就有村庄市集。据考：后汉期间，江南吴郡的陆姓是大族，权势极大，孙吴期间，他们的宗族支系分布沿江一带，由陆氏经手开凿的"陆河浦"，南通六尺沟，北入长江，陆河浦又称陆河港，陆河由此得名，清末民初始为"鹿河"。

圣像寺原址在今化纤纺织厂东隅，经考查，清嘉庆年间由王昶编写的《江苏直隶太仓州志》记载，三国期间，吴国的仆射（高级武官名）徐真"舍宅为寺"（223），晋建兴二年（314），得泛海二尊石佛像，由地方官吏奏请晋愍帝司马业批准寺额，定名为"圣像寺"，后数次遭受兵燹。宋嘉祐八年（1063）朱肱重新建造，僧重殊为之作记，后又颓废，

明洪武初（1369年左右）僧永康重修，归并院庵八座：院一，名崇寿；庵七，名福田。崇福、河涩、归云、资福、东禅、时思。其地址，远者达十公里以上。

清末圣像寺尚存庙房24间，由僧人庆惠师主持，香火法事较盛，民国初期，被地方权霸将大部分庙房拆毁，庙宇建材移作建造"公司茶馆"，或占为己有，主持僧庆惠师无法维持香火，投奔常熟县东徐市智林禅寺栖身。民国二十六年（1937）前仍有破旧庙房五间，姜娄福一家五口寄居在内，后逐渐倒坍颓废，不几年仅剩一堆碎砖瓦砾。

1994年圣像寺批准恢复重建。

2007年3月，登记为寺观教堂。

二、恢复重建

1994年4月，天王殿奠基；同年9月竣工，同年农历十二月十六日正式对外开放。

圣像寺，坐南朝北，占地37亩，建

筑面积 3000 余平方米。建有山门、钟鼓亭、天王殿、大雄宝殿、药师殿、地藏殿、念佛堂、法堂、问渡堂、方丈楼、寮房、食堂、放生池等建筑，绿化面积约为 18 亩，前后广场面积约为 15 亩。

山门占地 100 余平方米，砖石建筑，3 个门单体独立，这是圣像寺山门的特色。门楼上的砖雕有戏曲故事、花鸟走兽、吉祥图案竺。应用浮雕技法，秀丽清新，细致生动。山门前两边有石狮一对，中间门上方有砖雕"圣像寺"3 个大字。

天王殿，面阔 3 间，80 平方米。殿内正中供奉弥勒菩萨，弥勒背后为韦驮菩萨，两侧为四大天王坐像。

大雄宝殿于 2003 年 3 月举行奠基仪式；2010 年 5 月，举行大殿落成典礼。殿面阔 5 间，600 平方米，重檐翘角。殿门最上方悬挂"大雄宝殿"匾。殿内正中供奉释迦牟尼本师佛、东方琉璃药师佛、西方阿弥陀佛；两边是普贤菩萨和文殊菩萨、十八罗汉；后殿为南海观世音菩萨。

2011 年 7 月，举行佛像开光法会。

圣像寺殿宇巍巍，云塔、妙香，禅林钟声，佛国洞天，是寺、园一体的地方，又是僧众参禅、信徒进香、人民游览、名士逸居、修身养性的场所。

太仓归庄穿山寺

穿山寺，位于太仓市沙溪镇归庄凡山村穿山山基上。

据明代桑悦的《太仓州志》记载："太仓山唯穿山为天作，在州东北五十里（今太仓市归庄帆山村境内）。高一十七丈，周三百五十步，中有石洞通南北往来，相传海中岛也。"

穿山高50多米，为天目山余脉，因山有洞通往南北而得名，故名穿山（又名凡山）。在20世纪50年代前后，为了修筑公路，开始挖山取石作为建筑、修路的材料。到80年代初，穿山被移为平地，

山因名人增其名，人借名山更出名，历来如此。文徵明《穿山晚翠亭》诗："栏槛涵清瞰水流，四时交翠总芳辰，春光过眼无多日，暮景荣身有几人？绿竹苍松同晚节，落花飞絮各风尘，高情最是庭前树，应有清风万古新。"与唐伯虎、仇十洲等并列为明吴门四家的大画家沈周的咏《穿山》诗最有意思："遍观天下山多少，唯有穿山山最小，巍然一洞洞然开，

未必此中无可宝。"大画家画之犹嫌不尽兴尽意，还诗之咏之，美景动人此为例。清代大诗人吴梅村对家乡的穿山更是情有独钟，诗曰："势削悬崖断，根移怒雨来，洞深山转伏，石尽海方开，废寺三盘磴，孤云五尺台，苍然飞动意，未肯卧蒿莱。"

常言道"天下名山僧占多"，穿山有如此的自然景观、人文底蕴，僧人的慧眼能放过？据记载：旧时穿山，有大小庙宇多处，山顶有玉皇殿，山南麓有一凹进如洞的石室，名为佛龛，内有石佛，颇为玲珑。可见穿山宗教文化底蕴深厚。

2009年，经批准恢复重建穿山寺，在原穿山山基上，已建成天王殿、大雄宝殿及附房，同时保留了原观音殿、玉皇殿等殿堂建筑。

在大雄宝殿的旁边，有一块高2.5米、重约2吨的一块大石头屹立着。它是原穿山被开挖后地面上留下来的唯一的一块石头。虽穿山已不复存在，但这一块巨石，连同它的根基，仍然巍然不

奠基

动。现存的这块石头，人称"穿山石"，能保留至今却也并非容易，它可作为古穿山的历史见证。这块"穿山石"将成为穿山寺的"镇寺之宝"永远屹立在穿山寺庙中，成为已故穿山的山魂。

第十节

昆山市

马鞍山麓华藏寺

华藏寺，位于昆山市马鞍山西南麓马鞍山路 28 号。

一、马鞍山

马鞍山有东、西两峰，形似马鞍，故名；因所产昆石玲珑剔透，一称玉峰山或玉山。东西走向，主峰在西部，海拔 80.8 米。山多危岩险石，周长 1.5 公里，投影面积 0.159 平方公里。地表出露部分为灰及灰白色巨厚层状石英岩和含有雷氏三叶虫等海洋生物化石的白云质灰岩、硅质灰岩和砂岩、粉砂岩，厚度大于 261 米；属古生代寒武系（中统、杨柳岗组），距今约 5 亿年，是苏州境内出露的最古老岩石，著名的昆石即产于此地层。

历史上马鞍山堪称一块宗教圣地。慧聚寺、华藏寺、玉泉禅院、玄帝宫、三元殿、真武殿、灵官殿、关王庙、玮隍庙、山神庙……众多寺院道观在马鞍山上下呈密集型布局，一年四季宗教活动层出不穷，香火十分鼎盛。据清宣统元年太仓缪氏《会刻太仓旧志五种》之《昆山郡志》记载：大年初一昆山马鞍山华藏寺要举行"岁忏会"，"士女骈阗，车盖相属"，道路为之阻塞。

二、历史沿革

据旧志记载：华藏寺是慧聚寺的"子寺"，原名华藏教院，建在马鞍山下之东北慧聚寺地基上。教院年久坍塌，北宋宣和年间（1119—1125）重建，元大德三年（1299），僧延福、希范在山顶建塔，名"至尊多宝塔"。嘉靖《昆山县志》载："华藏寺在马鞍山顶，旧名般若，宋宣和间，信法师者易今名。本在马鞍山北麓，洪武十三年（1380）僧大雅易建于此。"明万历《昆山县志》载："永乐十年，住僧宗易建山门，内有百里楼、云卧阁……阁久颓敝，万历三年知县申思科重建，士大夫乐助其费。轩窗爽豁，概增胜。"

清康熙《昆山县志稿》："（华藏）寺居玉峰之岭……往时殿堂廊庑，金碧交辉，林木荟郁。"至尊多宝塔后来坍塌，明洪武十三年重建，当时五级（层），嘉靖末重修，增至六级，万历三十三年僧寂默又重修，增至七级，遂成"七级浮屠"。清咸丰年间宝塔遭受雷击严重损毁。民国二十三年（1934），定居于昆山的辛亥革命元老曹亚伯重修此塔，与地方人士王慰伯、柏文蔚等人到处奔走募集资金，共募得大洋2000余元，其中冯玉祥将军一个人就捐了1000元。后因淞沪战争爆发而未曾竣工。

《亭林园志》载："除中心塔柱、主干支柱，其余全部拆除重建，历三年，民国二十六年工程接近完成，红、青砖叠砌。"据老一辈昆山人回忆，加固塔身的红砖上还有英文字母，有人说，那是本地振苏窑厂的产品。至尊多宝塔究竟何时更名为"凌霄塔"，从史料的延续来分析，应该是在清代。

1958年，因"大炼钢铁"急需建造"小高炉"的砖块（也有说是因为山顶要造军用雷达），华藏寺及宝塔一同被拆除。

1992年6月，昆山市人民政府正式批准重建华藏寺。

2007年3月，登记为寺观教堂。

三、恢复重建

重建的华藏寺，选址于马鞍山南麓，当时苏州寒山寺捐资70000元，西园寺捐资70000元，灵岩寺捐资30000元。1995年8月竣工，从此，昆山的佛教徒又有了正常开展佛教活动的正式场所。

由于寺院的位置处在亭林公园范围之内的山坡上，无法扩容，且不便信众出入，经有关部门批准，将华藏寺再次搬迁到马鞍山之南麓。1999年8月20日，举行大雄宝殿奠基仪式。2001年10月，华藏寺全部工程竣工。2004年6月5日，华藏寺举行全堂佛像开光暨秋风法师荣升方丈庆典。

华藏寺坐北朝南，占地约5亩多，建筑面积3200平方米，建有天王殿、大雄宝殿、观音殿、地藏殿、钟楼、鼓楼、客堂、香斋、厨房等。重建的华藏寺系仿宋风格的古建筑群，大屋顶砖木结构。那金碧辉煌的琉璃瓦面，做工精致的梁柱、窗格，飞檐翘角，镶嵌在绿树丛中，巍峨庄严。

从马鞍山东路走过香花桥为山门（天王殿）。殿面阔五开间，重檐歇山建筑，面阔 14.4 米，进深 9 米；脊檐高为 12.18 米，屋脊高度为 13.68 米，屋脊大吻高 14.68 米；斗拱采用双四六式，下檐用单翘单昂十字拱，上沿采用无翘重昂十字拱。屋脊有"风调雨顺"4 字。重檐间玉龙竖匾额"天王殿"由性空长老所题；花边横额"华藏寺"由已故中国佛教协会会长赵朴初题；殿后中间的匾额"三洲感应"由一诚长老所书。天王殿中央供奉青石雕刻的弥勒朝南坐佛，系明朝遗物。弥勒佛前由性空长老书写的抱柱联："大肚鼓圆能容天下难耐事，满腔欢喜迎接世间有缘人。"两侧分别供奉四大天王立像，像总高 4 米。弥勒佛背面供奉护法天尊韦驮立像，总高 2 米，香樟木雕装金。

出天王殿西边为鼓楼，东边为钟楼，均系三层攒尖顶建筑。钟楼内悬挂着 3 吨重的唐式青铜大钟一口，淡古铜色，钟声圆润浑远，低频丰富，拍频明显，余音不低于 3 分钟。天王殿与大雄宝殿之间为大院落，内栽两棵银杏树。

院内东厢房为观音殿，"观音殿"匾额由程十发先生书写。殿内供奉千手千眼观世音菩萨坐像，总高 3 米，香樟木雕、装金。西厢房为地藏殿，匾额由陆家衡先生所书。殿内供奉地藏菩萨坐像，总高 3.3 米。东西厢房均为二层楼歇山顶尖式建筑。

大雄宝殿门前有青铜宝鼎一只，上有"华藏寺"3 字。宝鼎有五层镂空塔，下方为三只狮子脚。青铜宝鼎的前方有长方形青铜香炉一只，沿口有 16 朵荷花。炉壁上尚有八宝浮雕。炉身下方为 4 只狮子脚，炉身上方有 4 根龙柱，龙柱支撑着二层屋顶，四角飞檐下有风铃 8 只。

大雄宝殿，面阔 7 间，517 平方米，歇山重檐顶、仿宋砖混建筑结构。檐间有赵朴初题"大雄宝殿"匾额。下屋檐中央有"如来大觉"匾额，由扬州高旻寺德林和尚书写。大殿中央佛祖释迦牟尼金身佛像端坐在莲花座上。从基座底到佛像顶高 9 米。佛祖的背面是海岛观音像。大殿两侧是 16 尊护法神像，像总高 1.6 米。佛祖两旁的柱联为"华藏庄严等太虚而为量，遮那妙体遍法界以为身"，由杨仁凯先生书写。佛祖前面的一副柱联"四生九有同登华藏玄门，八难三途共入毗卢性海"，由冯其庸先生书写。大雄宝殿为七开间歇山重檐顶、仿宋砖混建筑结构。

华藏寺院虽占地不大，但建筑巍巍壮观，佛像庄严，钟声悠扬，是昆山市一处佛教胜迹。

昆山巴城崇宁寺

崇宁寺，位于昆山市巴城镇西南阳澄湖畔。

一、历史沿革

据《巴溪志》记载，寺为梁天监八年（509）敕建。元末时乡人丁道坚舍宅，拓地六亩建寺。入明后，丁道坚之孙丁眹等请举虎邱古铭法师住持。古铭勤于禅学，以仁善化人；戒行精严，以道德律己。三易寒暑，于明正统甲子（1444），古铭"去杭之广化，众信若失所依"。迨景泰改元（1450），丁眹又"恳延之而复住焉"。

明天顺八年（1464），古铭见寺已渐溃圮，于是建山门、天王殿、正殿、僧堂，"铸巨镛，构重屋为之楼翼"，以两庑设五百罗汉像，并盖寝息、庖库之屋又数间。旧称崇宁庵，古铭请于朝，改为崇宁寺。此后寺院屡有兴废，在日军占领时，大部分寺院建筑被日军拆毁，局部为日军驻所，寺僧星散。1949年后，原址改建小学。1983年8月巴城小学建教学大楼时，将最后所剩的后殿拆除，至此，殿宇全部毁之无存。

2000年春，崇宁寺经政府批准，由昆山市佛教协会组织易地重建。2007年3月，登记为寺观教堂。

二、移地重建

重建后的崇宁寺，坐北朝南，西临阳澄湖东岸。占地面积30亩。2002年4月，举行重建崇宁寺奠基仪式。2003年7月19日，举行崇宁寺大雄宝殿上梁仪式。2004年9月11日，崇宁寺天王殿、观音殿举行上梁洒净仪式。2005年9月25日，崇宁寺举行落成暨玉佛开光仪式。

从东面马路往崇宁寺方向走，迎面是一座气势雄伟的牌坊，四柱三门，飞檐翘角，正面上方"崇宁古寺"4字，由原中国佛教协会会长赵朴初手书，两边联为"法雨润崇宁一寺草木增秀色碧里

牌坊

观空圣界迢遥清馨远；慈云布净福十方善信沐恩兴云中雅世祥心寂静妙香高"。背面上方正中"东吴圣境"4字，外侧联为："金碧焕楼台远挑盘龙近招白鹤四面祥云拥佛座听暮鼓晨钟声声觉悟；霞色笼烟湖风来北牖亭对南薰一湾绿水空禅心观慧灯宝像面面圆光。"

山门前有放生池，桥名为觉悟桥。过桥为山门（天王殿），双檐，三门，中间门上方悬挂的"崇宁古寺"匾，由原中国佛教协会会长一诚长老题写；最上面是竖匾"天王殿"，殿内供奉弥勒、韦驮及四大天王。

出天王殿，有一香炉，上刻"风调雨顺"，过香炉，上7级台阶为大雄宝殿露台，竖有一鼎，高3.8米，绕过鼎为大雄宝殿，面阔5间，280平方米，重檐翘角，"大雄宝殿"匾也是赵朴初所书。殿门上方悬挂三块匾，中间一块为"云津宝筏"，东为"勇犯丈夫"，西为"慈悲喜舍"。殿门两边联为"坤德同天护国若勋高隆九洲吉庆；慈航普济庇民施厚泽佑四海安澜"。殿屋脊上正面嵌"佛日增辉",背面嵌"法轮长转"。殿内供奉释迦牟尼坐像,大殿东西两侧为十八罗汉。大雄宝殿后门上方悬"现身法刹"匾。

出大雄宝殿为藏经楼,"藏经楼"匾也由赵朴初题写。屋脊上有"深入经藏"4个字;"藏经楼"匾下也悬挂三块横匾,正中一块为"具足万行",东为"深入经藏",西为"智慧如海",殿门两边联为:"放大光明敢向无生说妙法;得真解脱须从华藏认如来。"边柱联为:"元始天无人无我,开觉路如去如来。"

寺院东边为观音殿、观音堂,观音殿匾额由昆山顾工所书,观音堂匾额由寒山寺性空法师所书;西边是地藏殿、太虚殿及玉佛阁,地藏殿匾额由易斋所书,太虚殿匾额"圆同太虚"由浙江何水法所书。

玉佛阁的建造是近代古典建筑的精品,是古代建筑艺术在新时期的生动展示。在总高度15.8米,宽约10米,进深有9米的建筑中,4根名贵的巴西红木立柱高擎,其间供奉近两米高的缅玉玉佛。上方屋顶是一个呈螺旋形盘旋的佛像图,层层叠叠的佛像造型共有396尊,这不但是当代工匠精湛手艺和聪明智慧的展示,也表现了佛教文化的博大精深,在江南寺院中实属罕见。

寺西侧临湖之畔,建有佛光山庄一座,馨和素雅、清朗大气,可供游客起居之用。佛光山庄那飞檐翘角的外廊、曲椽弧顶的走廊和交叉回环的窗格,展示出江南古典建筑的风韵。佛光山庄北侧有石牌坊,它的北面有秋风法师所书的楹联:"欲植净因莫向他处,思归正道且入此门。"横批为"入三摩地"。牌坊南面有程振旅所书的楹联:"娑婆有尽莲台在望,苦海无边回头是岸。"横批为"回头是岸"。

全寺东、西各主要建筑,或梁或门,都雕刻或彩绘有佛教故事,共达千余幅之多,这在全国寺院中也是绝无仅有的。古寺新韵、风景奇绝、水天一色、梵呗天乐,既显佛地之悠远清韵,也便游人之休闲怡情。

明代吴门画派著名画家沈周在《夜宿崇宁寺》诗中有云:"佛座庄严苔借碧,僧窗点缀叶留红;灯临浊酒三更月,棹倚重湖叠浪风。"描写出了崇宁古寺深夜良宵人天俱寂的幽雅风致,如今抚贤追思,犹令今人心下思慕、感慨神往。

昆山千灯延福寺

延福禅寺，位于昆山市千灯镇。

一、历史沿革

延福寺院创建于梁天监二年（503），当初千灯人王束舍宅，僧从义为开山，名曰"波若"，并建浮屠七级。五代开平二年（908）重修寺院，赐名为"延福禅院"。后晋天福二年（937），敕赐"波若寺"。宋大中祥符元年（1008）改赐"延福教寺"，重建秦峰塔。千灯人王珏，曾主县簿，年老无嗣，复舍宅，以广寺基。元末寺毁，仅存浮屠（秦峰塔）。明洪武中（1368—1398）重建寺院，塔修葺一新。明永乐二年（1404），户部尚书夏原吉治水于淞南（即吴淞江南部水域，包括千灯浦一带及其支流），曾住宿于延福教寺。明末寺毁塔圮，天启、崇祯年间，顾炎武先生之嗣祖顾绍芾（即德甫）、王旭重修浮屠。

清康熙四十四年（1705），康熙皇帝南巡经昆山、千灯，去松江。曾受康熙皇帝厚礼的元珑和尚，因年老由京城回松江后，曾住持延福寺，后于锦溪莲池禅院度过晚年。雍正年间，高僧若几，主延福、兴福（在张浦）二寺，壬子年（1732）受到雍正皇帝召见，后圆寂于昆山张浦赵陵兴福寺。雍正癸丑年（1733），雍正皇帝召见延福寺高僧止愚，赐号"悟空禅师"，后止愚住持西湖圣因寺。

民国时期，据1947年中国佛教会江苏省昆太联县支会统计，延福教寺内尚有土地1亩、房2间、佛像10尊、僧6人。1949年后和尚还俗，寺庙曾改作医院。

1997年9月，经昆山市人民政府批准，恢复延福寺佛教活动点。1998年，昆山市佛教协会接管延福教寺，并恢复佛事活动。2003年6月29日，延福寺举行重建仪式。延福教寺重新定名为"延福禅寺"。

2007年3月，登记为寺观教堂。

二、建筑格局

延福寺坐北朝南，占地25亩，建筑面积万余平方米。中轴线上建有照壁、山门（天王殿）、秦峰塔、大雄宝殿、藏经楼，两边有玉佛殿、大悲阁、僧寮、方丈室等。

照壁。在山门前鼋沱泾边建有砖雕照壁，选用的是"三滴水"的形式，壁系将横长而平整的壁画直分三段，左右两段大小对称，中段较高较宽。面南正中"延福禅寺"四字，由昆山陈兆弘所书，马家雄篆刻于方砖。

山门（天王殿）面阔3间，120平方米，2006年竣工。殿门两边有一对石狮，殿门上方悬挂隶书"延福禅寺"匾，由阎正书写。殿内正中供奉弥勒、韦驮菩萨，两边四大天王像，系香樟木雕刻而成，像高4米，威猛庄严，香气盈堂。

出天王殿，是被称为"美人"的秦峰塔。始建于南朝梁天监二年（503），与"波若寺"同时诞生。秦峰塔为砖木结构，由塔基、塔身、塔刹三大部分组成。砖木结构，楼阁形式，平面呈方形，七级，高38.7米，每层每面各设一门，出入方便。塔的檐部轮廓呈曲线形状，戗角起翘，给人以振翅欲飞的感觉。秦峰塔的塔顶，其坡度陡峭，形成一个类似伞形的骨架结构，仪态大方。塔顶在整体造型中起着重心的导向作用，显赫的地位

表现出意味深长的灵性。秦峰塔的每只翼角上都挂有铜铃，风吹铃动，叮咚作响，悠悠扬扬，播及寺外，牵曳出人们幽远的怀古之情。秦峰塔的塔壁上每层每面镶嵌两尊释迦牟尼佛像，共56尊，系不可多得的艺术珍品。外槽供信徒回拜，谓千佛饶毗卢之意。由于塔身苗条，风姿绰约，亭亭玉立，故自古以来秦峰古塔就有"美人塔"之誉，为江南所罕见。有风时，但闻塔檐铜铃一片鸣响，悠远如古乐漾动。秦峰塔历来就是延福禅院的一个重要组成部分。2013年3月，被列入全国重点文物保护单位。

绕过宝塔，西为玉佛殿，面阔5间，800平方米，重檐翘角，殿前露台中间有宝鼎。殿门上方悬挂"玉佛殿"匾，殿内正中供奉一尊玉卧佛像，长8.9米，高2.45米，宽1.35米，重约30吨。2004年，延福教寺从缅甸引进，整块白色玉石用3年开采、2年人工雕琢而成。玉佛身上镶嵌着1500颗宝石，有红宝石、蓝紫晶、翡翠等，衣纹和莲花台由24k纯黄金镏金而成，彩绘部分采用天然石色彩，如白、红、蓝色分别由白海螺、红珊瑚、绿松石研磨而成。佛像显得雍容高贵，曾荣获上海吉尼斯世界纪录。玉佛殿两边为配殿，各300平方米。2006年2月18日，玉佛殿举行奠基典礼。2009年4月26日，举行竣工暨玉佛开光庆典。

从宝塔向北便是大雄宝殿，2004年7月3日，举行上梁洒净仪式，2005年竣工。殿前为露台，320平方米。露台两侧分立两株高耸入云的古银杏树，已千年历史，古意盎然，呈现出勃勃生机。露台台阶两边有两座佛幢，高4.8米。

大雄宝殿面阔5间，480平方米，重檐翘角，殿门上方悬挂"大雄宝殿"匾，由苏州市佛教协会副会长、昆山市佛教协会会长、昆山华藏寺住持秋风法师所书。殿内正中供奉三身佛坐像三尊，面向朝南，自西向东排列为应身佛（释迦牟尼）、法身佛（毗卢遮那）、报身佛（卢舍那），传统生漆麻布脱胎，传统装金，其中佛像外露部分为传统泥金工艺；金刚宝座为香樟木雕，表面传统朱金工艺；火焰精品为香樟木精雕，传统装金局部彩绘。大殿东西侧各供六尊十二圆觉菩萨坐像。在大殿的东北角有东方三圣站像三尊，中间的是药师佛，左边为日光菩萨，右边为月光菩萨。在大殿的西北角有西方三圣站像三尊，中间的是阿弥陀佛，左边为观音菩萨，右边为大势至菩萨。在三身佛背面有向北的三面千手千眼大慈大悲观世音菩萨立像，佛像身高8.4米，香樟木雕，日本按金工艺。

出大雄宝殿为藏经楼，面阔3间，二层，两边为厢房，380平方米，2007年竣工。一层殿门上方悬挂"法堂"匾。

位于大雄宝殿与藏经楼中间西侧建有大悲阁，坐西向东，宋代风格，宽三间、进深三间，为正方形，占地300平方米，建筑面积520平方米，二层三楼歇山顶，高20.39米。

在文物碑廊内，竖有四块古碑。延福寺内千年古塔、千年古树、缅甸玉佛，为延福寺的"三绝"。

延福寺，殿堂气势宏伟、庄严，环境清静幽雅，香火旺盛，道风纯正，信徒众多，声名远扬。

昆山周庄全福寺

全福寺又称全福讲寺，位于昆山市周庄古镇南湖畔。

一、历史沿革

全福讲寺原址坐落在昆山市周庄镇之西北半里许的白蚬江滨，初名"泉福"。巍巍殿阁，层层琼楼，黄墙绿树，相映成趣，一溪环绕，佛国在水中央。寺院始建于宋元祐元年（1086），里人周迪功郎及其章夫人舍宅。南宋景定间（1260—1264），杲古行僧阐教，敕赐此额。

据《周庄镇志》记载，全福寺内梵宫重叠，楼阁峥嵘，碧水环绕，香火鼎盛。大雄宝殿曾供奉一尊高达三丈余的如来大佛，巍然盘膝而坐，大佛手掌中可卧一人。时称"江南第一大佛"。此如来大佛本苏州虎丘海涌峰云岩寺世尊大像，清顺治五年（1648），总戎杨承祖驻旌寺中，迎于寺殿。旧有"出世独尊"匾额，即杨手笔。另有清代户部右侍郎、书法家李仙根观寺院于湖光潋滟美景

中，题"水中佛国"巨匾悬山门之上，白底黑字，笔力苍迈遒劲。

清康熙十二年（1673）僧问月创建指归阁，登高远眺，水乡美景尽收眼底。春日，青枝绿叶，柳条轻拂，桃花盛开，麦浪滚滚，更有成片的金黄色油菜花。牧童在青草地牧牛，渔夫捕鱼于江湖，燕子在蓝天飞翔，蜂蝶嗡嗡。满眼春光，目不暇接。乾隆中，全福讲寺有玉山和尚（德琳），南进浙省得受云林寺巨涛和尚真印，而仁山（德立）和尚系怀浚之贤裔，亦复随巨涛和尚分承衣钵。乾隆二十八年（1763），玉山和尚为云林寺方丈。乾隆三十年（1765），玉山和尚住持云林寺兼法喜寺，乾隆皇帝临幸杭州时召见，屡次厚礼招待。乾隆三十八年（1773），僧德立募巨钟三千余斤，架悬殿东侧，声传方圆十里。故得名"全福晓钟"，列于"周庄八景"中。

时光荏苒，至1949年，全福讲寺佛事活动停止，寺僧星散，寺庙改作粮仓。1958年，寺内大佛被毁。1966—

1976年间，寺庙建筑被拆，仅剩地基。1994年，经昆山市人民政府批准易地重建全福讲寺，1995年3月18日开工建设，1996年10月竣工。2005年5月，全福讲寺交给昆山市佛教协会统一管理。

2007年3月，登记为寺观教堂。

二、移地重建

重建后的全福讲寺，坐北朝南，面向碧波荡漾的南湖，占地面积50余亩，建筑面积3780平方米。中轴线上建有牌坊、山门、钟鼓楼、指归阁、大雄宝殿、藏经楼。

牌坊四柱三门，飞檐翘角，南北面横批为"水中佛国"。两边联"菩提圣树有孙枝想见如来悟道时，愿住世间常护法百千万劫以为期"，由已故中国佛教协会会长赵朴初先生题写。两边联"劫火脱红羊问禅师何处得来飞锡却从千里外，江流回白蚬看佛国此中安在扣关非复五年前"，由原全福讲寺孤峰长老所书。

穿过牌坊为山门（天王殿），面阔3间，80平方米，门前两边有一对石狮，殿门上方悬挂"全福讲寺"匾，由原中国佛教协会副会长、江苏省佛教协会会长、镇江焦山定慧寺方丈茗山长老题写。殿内正中供奉弥勒菩萨，背面为韦驮菩萨，两边为哼哈二将。

出山门后，为放生池，一座五孔石桥架在池中间，走过桥为指归阁，面阔五门，280平方米，重檐复宇，气势庄严，四周为外廊，指归阁也即三圣殿，殿门上方悬挂隶书"指归阁"匾，由时年九十高龄的西泠石伽所书。殿内正中供奉"西方三圣"。在此登楼，居高临下，南湖万顷波光，园内亭台楼阁，尽收眼底。

出指归阁，过桥两边是钟鼓楼。钟楼内挂着高2米、直径1.5米、重2.5吨的洪钟，音质浑厚，钟声洪亮。鼓楼内架着直径约2米的大鼓。蜿蜒曲折的花廊环抱经台，经台中央矗立三层宝鼎，炉香袅袅。四周明式荷花座石雕栏杆上，刻有纤丝云纹，寓吉祥之意。经台下粼粼池水连贯着曲径花廊下的流水，锦鳞戏水，轻舟荡漾，宛入仙境。

大雄宝殿，面阔5间，320平方米，重檐，气势雄伟，飞檐翘角，轩廊环绕，屋高18米，脊上"佛光普照"4个大字闪闪发光，梅、兰、竹、菊砖雕构图别致，精细秀逸。殿门上方悬挂"大雄宝殿"匾，由原中国佛教协会副会长、上海市佛教协会会长、玉佛寺方丈明旸长老所书。殿内正中供奉高5米、重3吨的释迦牟尼铜像。殿后两侧文殊、普贤分别跨骑在雄狮、大象铜像上。殿两旁十八罗汉神态各具，栩栩如生。释迦牟尼后面飘海观音，屹立于鳌鱼背之上。全殿佛光闪耀，祥云缭绕。

出大雄宝殿藏经楼，面阔 5 间，480 平方米，三重檐。殿门最上方悬挂"藏经楼"匾，亦由明旸长老所书。殿堂宽敞，装饰精美，将荟萃古国文明之精品，弘扬神州历史之光辉。藏经楼两侧是各展风姿的大斋堂和方丈室，遥相呼应，使整体建筑错落有致，浩大壮观。整座寺院殿宇楼阁，鳞次栉比，建筑艺术美轮美奂。

三、景观文物

全福讲寺以历史人物和人文景观为背景，借水布景，巧夺天工，园林景色如诗如画。周庄八景中的"全福晓钟""指归春望""南湖秋月""庄田落雁"置于景中，其独特的寺庙园林与水乡古镇风貌融会在一起，充分体现了千年古镇和"水中佛国"的神韵。

两侧有东园和西园，西园有纪念西晋文学家张季鹰的季鹰斋、思鲈亭及曲桥、船舫等，东园有纪念唐代著名诗人刘禹锡的刘宾客舍和梦得榭等。

大雄宝殿前一棵碧绿苍翠的古树上挂满了祈福的红绸带，幽香袭人。寺内还收藏原全福讲寺遗物数宗，计有木鱼 1 只，福盆、石鼓墩各 1 个，分别为清雍正十年和乾隆三十九年所刻石碑 2 块，以及全福寺第四十四世方丈善缘法师圆寂坐化缸，是从全福寺原址出土的，是全福寺的一宝。

全福讲寺，建筑雄伟，景色如画，是周庄的一处佛教旅游胜迹。

昆山市莲池禅院

莲池禅院，位于昆山市锦溪镇。

一溪穿镇而过，夹岸桃李纷披，晨霞夕晖尽洒江面，满溪跃金，灿若锦带，由此镇名而得"锦溪"。真可谓"一溪金波玉浪，两岸繁花似锦"，而在这繁华如烟的市井红尘里，却有一方清凉净土安立其中——锦溪莲池禅院！

一、历史沿革

据记载，宋嘉泰中孝宗妃陈氏葬此，故建此院，命僧守香火。寺东有放生池。清顺治十三年（1656），寺僧通郁（字若山）自南京双忠寺飞锡陈墓莲池院，成为该寺开山。里人孙君垣捐资半千，为鼎新计。殿堂、廊庑次第告成。筑长堤、开巨沼。前后榆柳婀娜有致。名曰"阿律寺"，向有弥勒三世。大悲观音等殿旁有斗坛、方丈、三官堂、鹤来处。本斋（字大渊，一字钓雪），由通郁披剃，后于天童寺受戒于道忞。顺治十六年（1659），随道忞入都，途中接通郁函，即归陈墓阿律寺。康熙九年（1670），本斋遁迹于松江佘山普照塔院。元珑（字木堂），投本斋为师，卓锡于松江瑞光禅院。

康熙四十四年（1705），康熙皇帝南巡，途经昆山、松江等地。元珑去淮恭迎召对，向皇上献《万寿颂》《长生图》，深受皇上赞赏。沿途，元珑向皇上谈及陈墓莲池院通郁祖师开山之事，皇上甚感兴趣，问及良久。皇上赐坐、赐茶，并赐御扇一柄，扇面有康熙皇帝所题《登玉峰诗》。到松江后，皇上又接见元珑，并命十三王爷到寺拈香，又赐元珑匾"般若相"三字，楹联"总有千佛出世，曾无一法与人"，经《金刚》《药师》《心经》各一卷，俱金字。

皇上去浙江，元珑接驾于嘉兴皂林桥，又进呈《上堂法语》《谢恩纪恩诗》，并呈诗于皇太子十三王爷。皇上随赐糕饼一盒，并赐御箭一枝，令其出入自便。皇上回京，元珑送至浒关，又进画册《长生图》，送至扬州，及清水潭抵淮，皇上又传旨，唤元珑进京。元珑进京后，赏赉有加。待元珑年老归松江，曾住持千灯延福寺，因念莲池院的通郁师祖，最后去了莲池院度晚年，雍正五年（1727）于莲池禅院示寂。寺院延续到民国三十年时，有和尚 7 名，住持竹布。1952 年寺院改为陈墓中学校舍。1991 年，中学易地重建。

二、建筑格局

莲池禅院亦于原址重建，山门方向亦与原山门方向相同，即向北。寺院的南边是浩瀚的五保湖，湖中有陈妃水冢；寺院的北边是菱塘湾。山门由启功书额："莲池禅院"。

院内有文昌阁，亦称文星阁、片云阁。原建于通神道院，清乾隆三十八年（1773）移建至莲池禅院内。阁内供奉主宰文运、点派状元的文曲星，人们在此祈求神灵，保佑地方志士榜上有名。

文昌阁高 15.6 米，四面三层，呈浮屠状，黄墙朱檐，风铃叮当，拾级而上，可俯瞰全镇景致和五保湖风光。昔日是文人雅士（聚集其间）运思酬唱、切磋艺文之地。如今，阁内陈列着明代名流高启、沈周、文徵明和祝枝山为锦溪所作的诗篇。由书法家陆家衡书写"古莲池"3字。大殿南面有已枯的古柏，记录着800 多年的沧桑岁月。

2000 年，昆山市佛协申请批准重建禅院，2001 年工程告竣，基本恢复了寺院玲珑隽秀的原初风貌。2009 年6 月，莲池禅院纳入佛教协会管理。莲池禅院傍水而居，亭亭俏立，静卧碧波之上，灵秀天地之间，隐映湖光霞色，宛如仙境风光，为锦溪这座"中国博物馆之乡"再添锦绣，成为游人香客探古寻幽之佳境。

2008 年 3 月，登记为固定处所。

闽台风格慧聚寺

慧聚寺，位于昆山市开发区洞庭路。

一、历史沿革

慧聚寺原位于昆山马鞍山南，始于梁代，是历史上颇具影响力的佛教丛林，始建于梁代天监十年（511），经梁武帝恩准，由吴兴沙门慧向大师所建（慧向大师为梁武帝之师）。该寺香火旺盛信徒众多，是一座人文历史悠久、艺术文化灿烂的千年名刹。"南朝四百八十寺，多少楼台烟雨中"，其中就有慧聚寺。

康熙皇帝曾四次巡幸昆山慧聚寺，并作诗留题，诗云："万里人烟春雨浓，菜花麦秀滋丰茸，登高欲识江湖性，染翰留题文笔峰。""画龙点睛"成语典故也出自此处。南唐后主李煜曾为大殿前的经台、钟台题写匾额。唐代诗人孟郊、张祜所作的慧聚寺题咏，以及宋代王安石的和诗曾被世人尊为"山中四绝"。

1400多年来不仅是江南清净的佛门圣地，也流传着灿烂的佛法、文化、艺术和说不尽的历史佳话；惜清朝咸丰年间，该寺多次遭受雷火和兵劫，"八一三事变"爆发，又遭日机轰炸，目前仅存马鞍山西山之巅的至尊宝塔。

2005年起在政府支持、广大台商发愿、本地企业及地方人士共襄胜举、各界信士大力协助下，于年底批复于昆山开发区太仓塘南岸得风水吉地于洞庭湖路西侧移地重建。

二、建筑风格

慧聚寺坐北朝南，总占地面积达69000多平方米，建有牌坊、文化广场、山门、天王殿、圆通宝殿、妈祖殿（天后宫），东西两侧有钟鼓楼、厢廊、配殿，功能齐全，配置合理，气势恢宏。

慧聚寺依照闽台古建筑传统规制与形制，由海峡两岸古建筑名师名匠效法台湾鹿港龙山寺、泉州开元寺、天后宫等著名寺庙古建筑，精心规划，精心设计。

牌坊

慧聚寺的牌坊六柱五门，飞檐翘角，继承了中国古代建筑的殿顶传统，最高点是一颗龙珠，每个檐角都有一条彩龙，形成了舞龙戏珠的画面，中间是一个主门，门楣题有"慧聚寺"3个金字，彩纹装饰细腻，色彩明艳，旁边是相连的两个小门对称，中规中矩，门柱上雕有飞龙，门上边的对角处是一对飞仙，参考了敦煌飞天壁画的仙女形象。

穿过牌坊便是五座石拱桥，也是中轴式建筑，石拱桥下有荷花池，走过石桥，便是慈善文化广场，非常开阔。照墙中间是一个巨大的八卦梵文图，两边各有一排飞天仙女彩塑柱，彩柱上雕绘有祥云和仙女，仙女神态祥和，面带微

笑，有的抱着琵琶，有的弹奏风琴，有的神舞飞扬，色彩鲜艳，给人明朗之感。

绕过照墙，过香花桥，便是寺院主体建筑，山门、天王殿、圆通宝殿、天后宫在一条中轴线上。

山门，面阔3间，重檐歇山式建筑，16根白石柱排列成品字形，寓意才智双品。山门前地面嵌有以24节气为主题的、环抱佛教"卍"吉祥图案的青石浮雕，两侧立有石雕哼哈二将及雄狮。屋顶正脊以闽台传统剪粘和交趾陶等技法，做凤凰、牡丹、鳌鱼等吉祥装饰，前后垂脊饰以八仙过海等人物泥塑。外墙体以清水砖和泉州砻石相互交错砌筑，内墙面镶嵌有传统的青龙、白虎、

朱雀、玄武四灵图案的红砂岩浮雕，惟妙惟肖。

出山门为天王殿，面阔 5 间，加上龙虎墙壁两侧各 5 开间，实为 15 开间，分成 3 个立面，浑然一体又错落有致。屋顶以单檐硬山式及歇山式相结合作燕尾大脊，飘逸流畅。殿内有精致的木雕、石雕构造与构件，泥塑、交趾陶饰物及名家楹联，琳琅满目。天王殿正中供奉弥勒菩萨、韦陀菩萨，两侧为四大天王。殿前东西两侧有钟楼、鼓楼、楼体墙面设置的石雕蝙蝠透窗，让人耳目一新。

圆通宝殿和拜殿，殿前有宽广的景观中埕，主殿月台高出墙面 1.7 米，更显庄严宏伟。拜殿为三开间卷棚式建筑，立有 12 根形态各异的青石镂空雕龙柱，精巧的木架构与圆通宝殿贯通，一气呵成。圆通宝殿为重檐歇山式的建筑，面积 1280 平方米，面宽七开间，进深六开间，明间柱距达 8 平方米，实属罕见。宝殿脊高 23 米，总高 25 米，使用 11 架栋架，用五通七瓜木构工艺，技法精湛，

是至今海内外体量最大的纯石木结构的闽式传统建筑。殿内正中供有观世音菩萨，后背供有西方三圣，两侧供三十二应身观音像。

圆通宝殿之后是妈祖殿（天后宫），占地面积 1350 平方米，面宽 15 开间（正殿五开间），重檐歇山式结构，梁枋采用三通五瓜构造，有 3 个造型华丽的藻井，别具一格，殿中供奉海神——妈祖，塑造得惟妙惟肖，形象生动。

寺院的东面是妈祖文化园，东北角建有九层的慧聚塔，北面为小桥流水园林式建筑。整个慧聚寺集慈善、文化、寺庙、园林等功能于一体，是华东地区首创以"闽台"风格、鹿港特色规划的寺庙建筑群，汇聚两岸宗教、艺术、人文、历史、建筑精华集大成，既让人在江南水乡也能漫步于洋溢着缅怀旧时光的鹿港古街、红砖厝、红墙燕尾脊，又能体会人情味浓厚的家乡气息，安慰异乡游子的思乡忧愁。

昆山古刹东禅寺

东禅寺，位于昆山市珠江南路556号。

一、寺名由来

东禅寺古名为荐严资福禅寺。

唐天祐三年（906），吴越镇遏使、尚书左仆射刘璠舍宅创建，匡禅师开山。五代后梁开平三年（909）改名为"昆福禅院"；五代后梁贞明五年（919）重修。宋大中祥符元年（1008），敕建"慧严禅院"以奉成穆皇后香火。北宋熙宁四年（1071）主僧惟已请慧元禅师住持；元丰元年（1078）秋至元丰二年夏，建法堂、寝室共21楹；南宋高宗南渡，特为书"普照堂"3个大字，故御书有阁；参知政事范成大读书处有紫藤，称之曰"范公藤"；南宋乾道元年（1165），乃锡金字额；南宋咸淳间（1265—1274），僧道元创七石塔于寺门之外；元代文人黄溍《佛殿僧堂记》中云：平江昆山故州治之东三百步，有大伽蓝曰"荐严资福禅寺"，以居城之东隅，谓之"东禅"。"东禅寺"之名由此而来。

元泰定二年（1325）寺毁于火。元后至元四年（1338），悦堂法师希颜继为住持，首辟山门外大路，徙七石塔于官河之南，重建大殿，合邑建置尊容。释迦、文无量寿及弥勒当其阳，诸菩萨大弟子侍其侧，左右环以十八阿罗汉；其阴为文殊、普贤及观世音三大士，涌现壁间，金地砥平，绀宇山立，妙相端拱，花鬘四垂。元末复毁于兵火，惟大殿犹存。明永乐九年（1411），僧道良重修，内有毗卢阁。明正统十二年（1447），巡抚侍郎周忱因御书阁故址建毗卢阁。明正德初，知县方豪改题曰"四空阁"，后又易名曰"周公阁"。嘉靖二十五年（1546），又建东西两殿，廊庑俱全。康熙七年（1668）十月寺毁，阁尚存。

2004年，经昆山市佛教协会申请，昆山市宗教局及昆山市人民政府批准，重建东禅寺，2005年工程告竣。

2007年7月，登记为固定处所。

二、寺院建筑

东禅寺现址为移建，南面为河，坐东朝西，西面为珠江南路。寺院较小，占地只有 2500 平方米，建筑面积 4000 平方米。建有照壁、山门（天王殿）、大雄宝殿、文昌殿、地藏殿扩附房。

寺前有照壁一座，正面为"东禅古刹"四字，背面中间为"佛"字。

绕过照壁为山门（天王殿），单檐，面阔 3 间，80 平方米。殿前有一对石狮，殿门上方有"东禅寺"三字。殿内正中供奉弥勒、韦驮及四大天王像。

出天王殿，南边为地藏殿，面阔 3 间，40 平方米，殿门上方挂"地藏殿"匾，殿内供奉地藏王菩萨；北面为文昌殿，面阔 3 间，40 平方米。

大雄宝殿面阔 3 间，180 平方米，殿门上方悬挂"大雄宝殿"匾，殿内正中供奉"一佛两弟子"，两边为十八罗汉。

寺院的东北面房屋为民间信仰安置房，由寺院负责管理。

东禅寺中占地不大，但环境幽雅，是昆山市一处佛教胜迹。

昆山市观音净院

观音净院，位于昆山市玉山镇开发区衡山路 138-18 号。

观音净院前身为"一宿庵"。明朝万历四十三年，昆山曹大镛等人买地筹建此庵。据《内经》记载：出家人在桑树下不会宿三宿的，这表明出家人无住宿场所。"一宿庵"之名就是借此取义。当时有位性定和尚任庵中住持，曹大镛等人在一宿庵建成之后，又捐资买了一百多亩圩田给寺庵，其所收之粮，可以供僧人饭食及放生之用。当时县府发文知照：这一百多亩田粮，适当上缴部分给国库，其余全留在庵中，僧人的一切徭役差使全部免除。这样一来，庵中僧人不断增多，香火也更加旺盛。天启初年，皇帝下诏，将一宿庵的庵史如实编修。时任知县王忠陞，特将建庵始末编纂成册。有一位廉洁的小官，名叫葛锡璠，为此还刻了《一宿碑记》。

2004 年 4 月经昆山市宗教局批准重建，更名为观音净院。2005 年 1 月，纳入昆山市佛教协会管理。

2008 年 3 月，登记为固定处所。

观音净院，坐北朝南，占地 7500 平方米，建筑面积 300 平方米。建筑有山门、观音殿。

山门上方悬挂"观音净院"匾，由苏州市佛教协会副会长、昆山市佛教协会会长、昆山华藏寺方丈秋风法师书写。

进山门有一宝鼎，绕过宝鼎为观音殿，面阔 5 间，建筑面积 200 平方米。殿门上方挂"观音净院"匾，由书法家程振旅先生书写。殿内正中供奉观世音菩萨，以续此地众生之佛缘慧命，意在广种菩提、普结善缘、劝化世人、祥和社会。殿内柱联："三十二应尽随机谁是观音本体，百千万行皆冥妙莫非正法金身。"

观音殿东悬挂一口铜钟，观音殿前西墙边竖有一块石为原庵中和尚墓碑。

观音净院整体环境比较清静。

昆山城北百花寺

百花寺，位于昆山市玉山镇城北斜江站。

百花寺，又称百花净苑，原名百花庵。原在马鞍山附近的拱辰门外，张家港以东，现今的力量村，华正路西。

明万历三年（1575）建，后圮。（前为湧塔庵，本顾氏园亭，僧慧海改建）康熙四年（1665）僧微志重建。雍正初，僧古长修。嘉庆二十四年，邑人朱大松等重修。内有花神像。咸丰末毁于兵。

2004 年 4 月，经昆山市宗教局批准，于原址并填河扩大重建，占地面积 4.5 亩。寺内大雄宝殿供奉西方三圣。2006 年 6 月纳入昆山市佛教协会管理，2008 年 6 月举行开光典礼。

如今的百花寺，殿堂庄严殊妙，真可谓："天清地和民安康，百花净苑涌佛光。正法传承喜续薪，一体同观万德彰。"

2008 年 3 月，登记为固定处所。

昆山周市万安寺

万安寺，位于昆山市周市斜塘三千湾石桥南埭。

一、历史沿革

万安寺原名万安堂，俗称都天庙，据考查，万安堂建于清顺治年间，创建人陈瑚，主要是用于掩护抗清斗争活动。因此，堂内供奉的菩萨与众不同，特意挑选了被道家列为"水官"的骆宾王，国内三百多年来独一无二。清同治元年十二月十二日（1863年1月30日）太平天国慕王谭绍光部队数万之众，从常熟支塘冲击周市，三千湾系行军必经之地，万安堂被毁焚。稍后，因道士打醮求雨，在万安堂旧址搭坛做法事，香火重续，后又募捐集资，重建万安堂，改名为"代天巡狩都堂庙"。瓦屋结构，有山门、廊房、天井、大殿，供骆宾王为都天老爷。山门内，立庙碑，记载从"堂"到"庙"的演变过程，立碑的日期大概是同治六年（1867）。山门外开一口井，青石栏，竹吊桶，方便行人休息饮用。同时，确定每年农历三月半为庙会日。1950年，寺庙被毁。

1994年，经昆山市宗教事务局批准，在三千湾原址重建寺庙，并易名为万安寺。1998年，经申报审批，将其定为宗教活动场所。2003年9月1日，万安寺纳入昆山市佛教协会管理。

2008年3月，登记为固定处所。

二、建筑格局

万安寺，坐北朝南，占地22亩，建筑面积3000多平方米。中轴线上建有天王殿、大雄宝殿、三宝殿，两边有厢房、玉佛殿、观音殿、三圣殿及附房。

天王殿，面阔3间，宽15米、深10米，单檐。殿门前有一对石狮，殿门上方挂"天王殿"匾，殿内正中供奉弥勒，北面为韦驮，均为木雕工艺，两侧为四大天王立像，泥塑彩绘，各高3.5米。

出天王殿，两边为四合院厢房。大

大雄宝殿

雄宝殿露台中间有一座 5.8 米高宝鼎。大殿面阔 5 间，24 米，深 15.5 米。重檐歇山顶仿宋建筑，殿门上方悬挂"大雄宝殿"匾。殿内正中佛坛上供奉高 4 米的释迦牟尼坐像，北面为高 3 米的海岛观音主像，东西两侧供奉十八罗汉像。大殿内前柱内联："开正觉门无去无来浩浩独超三界外，显希有法不生不灭巍巍高登万德尊。"前柱外联："世外人法无定法然后知非法法也，天下事了有未了何妨以不了了之。"中柱联："教诸子快回头来大海茫茫终有岸，愿众生绝要想处处心了了便超生。"后柱联："圆宗因演华严愿九界众生同登道岸，极乐本归行愿俾大千佛子其入法门。"

大雄宝殿西侧为卧佛殿，面阔 3 间，60 平方米，殿内正中供奉卧佛一尊。出大雄宝殿中间为三宝殿，单檐，面阔 3 间，80 平方米；东面为观音殿，面阔 3 间，80 平方米；西面为三圣殿，面阔 3 间，80 平方米。

如今的万安寺布局层次分明，宗教文化与历史文化融为一体，寺院三面环水，林木葱翠、景致清幽，已成为昆山市的一处佛教胜迹。

第二篇

文物古迹

　　苏州佛教历史悠久，传入苏州至今已有1700多年历史。佛教文化底蕴深厚，在苏州留下了一大批文化遗产，分布广泛，种类繁多，风格各异，包括建筑、雕塑、雕刻、装饰、绘画等各种形式，有的还与自然科学相结合，具有历史、艺术及科学多重价值。

　　在苏州市已经颁布的各级文物保护单位中，关于佛教的占有一定数量。吴中区甪直保圣寺罗汉塑像、东山紫金庵罗汉塑像、苏州报恩寺塔等为全国重点文物，早已作为吴文化的符号而名扬海内外，既为苏州吴文化赢得了崇高声誉，更成为苏州人民自尊心、自信心与道德感的重要来源。据统计，至2019年底，苏州市佛教共有各级文物保护单位55处。

　　其中全国重点文物13处，江苏省级文物8处，苏州市级文物25处，县（市级）文物9处。这些佛教文物涉及范围有寺院、宝塔建筑、佛像艺术、遗址古碑等。

　　本篇第一节收录了28处各级文物保护单位，其余27处文物保护单位已在第一篇寺院中作了介绍。

第一节

佛教文物

本节介绍 28 处佛教文物，其中全国重点文物 10 处，分别为保圣寺罗汉塑像、紫金庵罗汉塑像、天池山寂鉴寺石殿、开元寺无梁殿、虎丘云岩寺塔、盘门瑞光塔、双塔及正殿遗址、震泽慈云寺塔、崇教兴福寺塔、古黄泗浦；江苏省级文物 3 处，分别为上方山楞伽寺塔、常熟四高僧墓、大觉寺桥；苏州市级文物 9 处，分别为上方山治平寺遗址、虎丘观音殿遗址、苏州圆通寺、吴中区东山法海寺、吴江区同里卧云庵、相城区妙智庵旧址、山塘街白公堤石幢、虚谷上人墓、大休上人墓；县（市）文物 6 处，分别为张家港尊胜禅院、张家港伍相庵、张家港毗陵寺井、虞山维摩寺、应慈墓、太仓市海宁寺遗址。

保圣寺罗汉塑像

保圣寺，坐落在吴中区用直镇。保圣寺罗汉塑像（包括天王殿、经幢），1961 年 3 月 4 日被国务院列为第一批全国重点文物保护单位。

一、寺院历史

保圣寺是江南一座著名的千年古刹，寺内古物馆里的塑壁罗汉相传是唐代塑圣杨惠之的作品。保圣寺原名保圣教寺，始建于梁天监二年（503），距今已有 1500 多年的历史。梁武帝萧衍笃信佛教，一做皇帝就大兴寺庙。保圣教寺即是"南朝四百八十寺"之一。但在唐会昌五年（845）唐武宗崇道灭佛，保圣寺僧散庙废。然而他的儿子唐宣宗又兴佛教，于是破落的保圣寺在大中年间得到重建。唐末大乱，保圣寺毁于战火。北宋大中祥符六年（1013）再次重建保圣寺。经一代代僧人维吉、法如、志良等人的努力，寺院及庙产不断扩大，最盛时据称殿宇有五千多间，僧众千人，范围达半个镇，甪直几乎成了和尚世界。元代书法家赵孟頫寄寓寺中，写下不少匾额和对联。可以推知那时的规模还是不小的。但到了元末便不行了。诗人高启有《过保圣寺》诗："乱后不知僧已去，几堆黄叶寺门开。"记述寺院衰颓的景象。明、清两代又做过几次整修。据寓居寺中的学者归有光《保圣寺安隐堂记》记载，明成化二十年（1487）有过一番振兴，经主持僧璇大章募修，于弘治二年（489）竣工。当时有 200 多间建筑，时称江南四大寺院之一，堪与杭州灵隐寺媲美。清咸丰十年（1860），太平军与甪直地方团练有场恶战，兵燹所及，寺院建筑大部被毁。同治年间曾对部分殿宇做过维修，到民国初年，寺内殿宇大多坍塌，废墟杂草丛生，部分寺基改建校舍。到 20 世纪 20 年代，年久失修的大雄宝殿梁断顶塌，以致殿内塑壁罗汉

毁坏。寺内现存建筑有二山门、天王殿、古物馆等。

二、建筑风格

来到保圣寺前，一座飞檐戗角的青砖门楼上镌有鎏金隶书大字"保圣寺"，门楼建得棱角分明，端庄大气。两侧为黄墙高壁，青瓦压顶，颇具江南园林色彩。门旁立有一对石狮，式样憨态可掬。石狮旁边立有一块石碑，上刻"全国重点文物保护单位：保圣寺罗汉塑像"。

二山门为拱形洞门，上有李桦题额"辅扬显秘"，背额为"法云永护"。头门与二门之间是一个天井形状的小空间，大概是进香者的缓冲空间。过了二山门是一个大院，院内本有古松数十株，风传松籁，泠泠盈耳，为"保圣听松"一景。故西侧有座小屋取名"听松轩"。可惜抗战时古松被日军伐尽，现有树木都是近年补栽的。

二山门后面一幢建筑是"天王殿"。天王殿重建于明成化二十三年（1487），数百年间累修累毁，现已基本恢复明代原貌。天王殿坐北朝南，面阔 3 间，高 11 米多，进深 7 米，气宇轩昂。石拱殿门左右各有圆花窗一轮，屋顶作单檐歇山式，屋脊两端均有鸱尾吻兽装饰，戗角起翘为立脚飞檐式，符合江南佛殿的风格。殿内原有威严的四尊天王泥塑

像，后来又移入如来佛像，可惜在抗战期间毁于侵华日军之手。现殿内设有"古代铜镜展"。天王殿后面又是一个院落。院中保存四件镇寺之宝：唐幢、宋础、石幡夹和大铁钟。青石经幢立于庭院西侧，全称叫"尊胜陀罗尼经咒石幢"。经幢是唐代创建的佛教石刻，由盖、柱、座组成，柱上刻有佛像、佛名或经咒。保圣寺经幢高 4.8 米，共 17 层，上刻尊圣陀罗经文和莲花瓣、卷云、蟠龙、菩萨、飞天等图案，造型优美，雕刻细腻，显示盛唐的石刻艺术风格。这座经幢除盖顶盖略有缺损外，幢体基本完整，但字迹已漫漶不清。唐经幢旁边，陈列有一排宋代柱础。柱础，位于古建筑落地柱底端与台基之间，其功能上可传承屋面构架的荷载，下可阻断地面返潮对柱脚的朽蚀，同时具有提高柱子壮观形态的装饰效果。陈列的柱础均为下呈方形，上面隆起的覆盆形。这些柱础都是保圣寺大殿遗物，纹饰有"铺地花""宝装莲花"和压地隐起的"童子牡丹"，是宋代石刻艺术珍品。

按照经幢的规范，应该有"竿柱高出，以种种彩帛庄严之，建于佛前，藉表麾导群生制伏魔众之意"。可是，这座经幢前没有看见"幡竿夹石"。看了介绍，才知道那对"幡竿夹石"立于天王殿前侧。经幢原先的位置也是在天王殿前的，是南宋绍兴十五年（1145）移到后边去的。

这对蟠竿夹石足有 2 米多高，是北宋遗物。从而可以想象当初保圣寺竿柱矗立、彩帛飘扬的壮丽景况。大铁钟悬搁在庭院东侧，高 1.8 米，口径 1.12 米，壁厚0.11 米。钟顶提梁为四爪龙钮，钟口外撇，呈多瓣莲花状，曲线委婉。钟身四面铸有"国泰民安""八方无灾""风调雨顺""五谷丰登"吉祥语。但这已不是宋代的钟。据考证，明代抗倭期间，江南许多寺院的大钟均被熔铸为炮。此钟已是明末清初所铸。

三、塑壁罗汉

庭院之北是在大雄宝殿原址上盖起的古物馆。古物馆门前有一个小院，拱形院门上刻的"保圣寺古物馆"横额是原国民政府主席谭延凯所题，古物馆正门前额"保圣寺古物馆"是于右任先生题写。内额"九罗汉圣迹"则是后来张仃所题，古物馆内有世界闻名的"塑壁罗汉"。

郭沫若先生生前曾对保圣寺的罗汉做过这样的评价："保圣寺罗汉塑像，筋骨见胸，脉络在手，尽管受着宗教题材的束缚，而现实感却以无限的魄力向人逼来，使人不能不感觉到一种崇高的美。"

据《吴郡甫里志》记载，原来的大雄宝殿建于公元 1013 年，殿内供奉释迦牟尼佛像，旁列罗汉十八尊，为圣手杨惠之所摹。杨惠之（713—741），吴县人氏，唐开元年间，他与吴道子一起学苏州画家张僧繇的笔法，后专功泥塑，当时有"道子画，惠之塑，夺得僧繇神笔路"的美谈。杨惠之在南北各地寺院制作过许多塑像，但由于泥塑作品不像石刻铜雕那样经久，因此其真迹很难保存下来。1918 年，顾颉刚应叶圣陶之邀到甪直，发现该塑壁和罗汉像，为之惊愕倾倒，同时感到年久失修的殿堂已岌岌可危，于是在报刊上呼救这千年艺术珍品，引起社会各界的重视，可惜当时的政府未能采取措施。1928 年大殿坍塌半边，导致半数罗汉被毁，酿成不可挽救的损失。之后，经蔡元培、马叙伦、叶楚伦和顾颉刚等人呼呈，公私合力，并由建筑专家范文照设计，于 1929 年重建了一座古物馆，由雕塑家江小鹏、滑田友将幸存的半边塑壁和 9 尊罗汉重新复原，置于馆内后壁。

复原后的塑壁虽然没有原来的宏大，但塑壁造型巨细和谐，作者恰到好处地运用夸张写实的对比手法，进行烘托、渲染，把山石塑得上大下小，倒悬空中，有欲坠而不落之感，似彩云、似火焰，变化无穷，犹入仙境一般。其设计之巧妙，塑艺之精湛，仍足以窥见北宋的艺术成就。塑壁面阔 9.5 米，进深 1.45 米，下设须弥座，高 2 米，罗汉像错落有致地分布在塑壁间。它突破了寺院造像单

尊依次排列的模式，独具匠心地将当时最盛行的画壁巧妙地移植到雕塑之中，以山水为背景，而置罗汉于其间。远观塑壁，突兀的山岩，卷舒的云气，翻滚的浪花，与神态各异的罗汉，动静交融，把千姿万态的海上仙岛和栩栩如生的洞中罗汉，浑然一体，形成了一幅古雅壮观的立体山水画。

壁画中的 9 尊罗汉塑像更为精彩。塑像均为坐像，高 90~105 厘米，宽 40~50 厘米，比例适度，刻画细腻，神态各异，具有极为生动的艺术效果。

高居正中的是禅宗始祖菩提达摩罗汉面壁 9 年修行的姿态，他结跏端坐在风呼浪啸的海岛上，闭目顿首，双手笼袖置于腿上，多皱的脸上没有任何表情，似乎进入了摒思绝虑、四大皆空、万物无碍于我的禅定境界之中，表现了禅僧无动无静的精神状态和"静处安详活毒龙"的意境。与达摩一洞之隔的是"降龙"罗汉。他圆颅大额，隆眉高鼻，络腮胡须，具有"胡貌梵相"的特征。他右手从容按膝，左手力撑岩石，双眉紧蹙，双目炯炯有神，昂首远视，把他伟岸的气质和焕发的神采表现得淋漓尽致。达摩像的西边是"袒腹罗汉"。他面容清秀，肌体丰腴，袒胸露腹，衣衫宽松，安然随意，依岩而坐，表现出温文而雅、气宇不凡的精神气质。"讲经罗汉"和"听经罗汉"处在一个和谐的画

面中。"讲经罗汉"是个清癯的老者，他前胸内吸，后背微驼，喉结突出，大嘴微张，似乎正在滔滔不绝地向幼者讲授佛经的奥秘。而"听经罗汉"则抱腹而坐、双目微合，姿态恭敬，神态专注，完全被长者的讲解所吸引，沉浸在佛的世界里。这级罗汉，一长一少，一胖一瘦，一动一静，形成强烈的对比，艺术处理恰到好处，真可谓寓动于静，静中有动、动静相映成趣的佳作。塑壁东下角的倒挂眉、络腮胡的罗汉也很具特色。他脸部表情十分丰富，似哭非哭，似笑非笑，处于不知如何是好的尴尬状态之中，他就是俗称的"尴尬罗汉"。其形神刻画真可谓惟妙惟肖，达到了栩栩如生、呼之欲活的效果。"袒腹罗汉"右上角是"伏虎罗汉"，凶猛无比，威武骠悍，粗犷豪爽，双目炯炯有神，眉宇间聚集着智慧，充分表现出要征服一切邪恶的内在威力。尽管他手臂残，但从他隆起的肌肉上仍可见力的表现。西上角是"智真罗汉"，他鼻正口方，五官端正，肌肉丰满，双眼半静半闭，仿佛摆脱了人间的一切困惑和烦恼，进入了佛门崇高的境界，给人雍容敦厚、圣洁慈悲之感。西下角的"沉思罗汉"面相丰腴，蚕眉弯曲，

秀目圆睁，在敦厚凝重的风姿中带有逸秀潇洒的气韵。

纵观保圣寺罗汉塑像，其高妙之处就在于作者捕捉了这些人类精神的一瞬间，如"降龙罗汉"的眼神、"讲经罗汉"的动态、"尴尬罗汉"的表情、"袒腹罗汉"的形体等，把它加以典型化的夸张和细腻的写实，集中溶化于塑壁中，从而创造出一尊尊形神兼备的罗汉像。据《吴县志》等地方志书记载："用直保圣寺释迦牟尼协侍阿难、迦叶及十八罗汉塑像，为圣手杨惠之所摩。神光闪耀，形貌如生，诚得塑中三昧。虽历朝粉饰，渐异原本，然古致犹存，为江南北诸郡所不能及也。"杨惠之是唐开元年间（741—813）杰出的雕塑家，与画圣吴道子同师张僧繇，分别以塑、画负有盛名，有"道子画、惠之塑，夺得僧繇笔法路"的说法。半堂罗汉是否真出于杨惠之这位唐代的杰出雕塑家之手，还须进一步考证，但这一不朽之作，虽历经千年，屡经沧桑，现存的半壁中其完整的气势和内在的精神，依然具有强烈的艺术感染力，不失为艺术史上杰出的精品。

紫金庵罗汉塑像

紫金庵,坐落在洞庭东山西卯坞内。紫金庵罗汉塑像,2006 年 5 月 25 日被国务院列为第六批全国重点文物保护单位。

一、古庵由来

据《太湖备考》载:"紫金庵,又称金庵寺,在东山西坞,相传唐时胡僧建,贞元间废。内有十八罗汉像,极工,系雷潮装塑。"明景泰三年郑杰撰《洞庭纪实》中说,"金庵在西卯坞内,昔(唐)有胡僧沙利各达耶于此结庵修道。玄宗时诏复修殿宇,装金佛像,焕然重新焉"。《东山志》载:"古紫金庵,又名金庵寺,位于镇西西坞村内。相传唐初西域僧人沙利各达耶,来此建庵修道,是为创建之始。后坍毁。至唐贞元年间(785—805)复建。后历朝均有重建或修葺,尤以明洪武间和清康熙间进行重修,使其现存建筑已看不出唐代旧貌。幸庵中嵌砌于前墙壁'唐示寂本庵开山和尚诸位觉灵之墓'的碑文,系唐代旧物,证实始建于唐。"

紫金庵始建于唐初,明初重建,清乾隆时增建,明清建筑保存至今。1972 年"吴县革命委员会"还刻了一块写有"江苏省文物保护单位紫金庵古塑罗汉像"的碑。据说,类似这样的以"革命委员会"名义告示保护的碑,目前在苏州见到的仅此一块,在全省乃至全国也绝无仅有。

紫金庵罗汉殿中的观音和罗汉像,相传为南宋雕塑名手雷潮夫妇的作品。

二、殿堂布局

紫金庵和一般的寺庙不一样,没有钟楼、鼓楼、藏经楼,原来只有两幢建筑,一座大殿,后面一座净因堂。山门面南而建,大殿和其他建筑却是坐西朝东,依山而建。

沿着一条碎石铺筑的小路往里走,就是紫金庵的头山门,山门前有一池为

大门

放生池，山门口这两只狮子是典型的南派风格，不似一般凶恶霸气的形象，反倒有点娇憨，这石狮的风格也反映着南北文化的差异。山门上的匾额上书"古紫金庵"四字，出自书法家费新我先生之手。费新我曾右腕染疾致残，遂苦练左手，书法堪称一绝。这匾额上的字就是他以左手书成。从"古紫金庵"横匾下而入，拾阶而上，便是二山门。二山门南墙上嵌有吴县革命委员会保护罗汉像碑，甚为珍贵。二山门前为 300 平方米

的平台，平台中间竖有 4.8 高的宝鼎。

进二山门便是一院落，右手（北）为三间厢房，60 平方米。左手（南）有两棵 600 余年的桂花树，桂花树南为三间厢房，60 平方米。大殿面阔 5 间，300平方米。殿门上方悬挂"妙相庄严"匾，系弘一大师书。殿正中供奉的是如来佛、药师佛、阿弥陀佛三世大佛，有前世、现世、来世的象征，也意味着过去、现在、未来。殿两边供奉十六罗汉像。殿内悬挂古钟一口，清嘉庆六年（1801）由住

持永成募铸，现挂于庵内大殿。古钟高105厘米，上口直径50厘米，下口直径83厘米。其钟声悠扬，韵飘山外。古钟上有字曰："法轮常转，声弘启上天；帝道遐昌，焚香须举撞；佛日增辉，永庆太平年；皇图永固，韵远飘西域。"

大殿后为净因堂，进入净因堂的门楣上镌有"香林花雨"四个砖雕的大字，相传是明朝吴中四才子之一文徵明写的。净因堂，俗称楠木厅，是乾隆年间的建筑，堂内陈列明式桌椅。净因堂面阔3间，240平方米。

晴川轩，位于大殿西侧。轩内有寒山拾得壁画图一幅，为当代著名画家亚明所作。图中寒山肃立请教，拾得指点迷津，题字曰："寒山问拾得，世间有谤我欺我辱我笑我轻我贱我骗我者，如何处之乎？"拾得笑曰："只要忍他让他避他由他耐他敬他不要理他，再过几年你且看他。"

听松堂，位于大殿的西首，堂内窗明几净，摆放着旧式抬椅，现为游人少憩品尝碧螺春茶好地方。推开西南面窗户：低缓的山坞里，过去净是松树成林。每当风雨季节，隔着窗户一阵阵呜呜的山风犹如千军万马奔腾而下，一阵阵嘀嘀嗒嗒渐渐沥沥的雨点，犹如清脆的木屐声时断时续。故有听松堂之名。如今山坞里已代之以郁郁葱葱各种花果树木，诸如柑橘、杨梅、枇杷、板栗，其间亦夹杂着少量松树，而风声雨声依旧壮观入耳。

三、佛像艺术

世人称紫金庵泥塑彩绘罗汉为"天下罗汉二堂半"之一堂，是我国雕塑美术史上的文化遗产。"两堂半"是指紫金庵1堂，山东济南长青县灵岩寺1堂，苏州甪直保圣寺半堂。

紫金庵以罗汉塑像与佛像神态之真闻名于世。相传为南宋雕塑名手雷潮夫妇避祸东山时所塑。每尊罗汉比例适度，容貌各异，造型逼真，姿态生动。庵中《净因堂碑记》中有"罗汉像怪伟陆离，塑出名手，余淤于苏杭名山诸大刹。见应真像特高以大，未有精神超忽，呼之欲活如金庵者"。

紫金庵大殿坐西朝东，殿内正面佛坛复莲宝座上是三尊周身饰以金装的主佛。居中为释迦牟尼佛，右边为琉璃世界消灾延寿药师佛，左边为西方极乐世界阿弥陀佛。三尊佛像并称为"释迦三世"，两侧侍立迦叶和阿难两弟子。三尊佛像形制古朴，保存了唐代塑像丰腴的特点，并具有某些女性的特征，显得端庄慈祥。头梳螺形发髻，身披褒衣博带式袈裟，服饰古朴。结跏趺坐，背衬火焰、莲花及卷草组成的舟形佛光。两手垂放腹前，掌心向上，作禅定式。嘴角微翘，温而含笑，两眼俯视。前来礼佛的人凝目注视释迦牟尼佛微睁微闭的双目中眼珠，南北来回走动，会见到慧眼如活，随人而移，令人惊叹，是同类塑像中少见的佳作，是为古紫金庵第一宝。

三尊主佛佛坛左右两壁的佛龛中，分列十六罗汉像。1. 西瞿耶尼洲宾头罗波罗堕阇第一尊者，佛经上说他原是拘舍弥城优陀延王之臣，王以其精勤，使之出家，证阿罗汉果。南北朝有个和尚道安说曾梦见他，头白眉长。塑像上原有两条长眉，直达于地，俗称"长眉"罗汉。衣服三层，褶折分明，塑工极精。2. 东胜身洲跋阇堕阇第三尊者目光专注，凝视山门，身上一只灵兽，名唤猿狖，传说能听十里内声音，俗呼"看门"罗汉。3. 南赡部洲诺矩罗第五尊者姿态自然，安详沉着，像在讲说佛法。俗呼"评酒"罗汉。4. 僧伽茶洲迦哩迦第七尊者身躯微侧，态度恳切，像在研讨佛理精微，与前一尊罗汉左右呼应。俗呼"讲经"罗汉。5. 香醉山中戍博迦第九尊者头额隆起，两手抱膝，神态清高，俗呼"抱膝"罗汉。6. 毕利飏瞿洲罗护罗第十一尊者塑像老态龙钟，面带笑容，然而法力无边，斑斓猛虎在他脚下，就像温柔的小猫，俗呼"伏虎"罗汉。7. 广胁山中因竭陀第十三尊者身披袈裟，右腿微抬，据说脚边原有一片芦叶，群众传为"过江"罗汉（其实"过江"乃禅宗第一祖达摩事迹，不在十六罗汉之内）。8. 鹫峰山中阿氏多第十五尊者盘膝而坐，专心听经，似有所悟，面露喜色。俗呼"听经"罗汉。9. 迦湿弥罗国迦诺迦伐蹉第二尊者，相传塑像左手原托宝塔一座，内藏佛舍利子，现宝塔已失。俗呼"托塔"罗汉。10. 北俱卢洲苏苹陀第四尊者屏息凝神，运气打坐，表现出六根清净、与世无争的样子。俗呼"打坐"罗汉。11. 耽设罗洲跋陀罗第六尊者面容开朗，形象淳厚，右手指心，以示对佛忠诚。俗呼"掏心"罗汉。12. 钵刺拏洲伐阇罗第八尊者表情丰富含蓄，似愁非愁，似忧非忧。俗呼"愁思"罗汉。13. 三十三天半托迦第十尊者，这是塑得最好的一尊罗汉，头型圆中带方，非常丰满，眼神静中有动，显露智慧，雕工细腻，表情真切，俗呼"沉思"罗汉。14. 半渡波山那伽犀那第十二尊者比其余塑像略高一两寸，目光炯炯，直视柱头蛟龙，左手托钵，右手作法，表现了降伏狞龙的决心，俗呼"降龙"罗汉。15. 可住山中伐那婆斯第十四尊者全神贯注看降龙，手一摊，嘴一抿，表示十分钦佩。俗呼"钦佩"罗汉。16. 持轴山中住茶半托迦第十六尊者两眼似闭非闭，斜睨柱头蛟龙，既表现了不屑一顾的样子，又露出了十分关注的神情。俗呼"藐视"罗汉。相传他们是受释迦牟尼佛涅槃时的嘱咐，住世护法的弟子。

在塑造上，雷潮夫妇以其丰富想象力和高超的艺术表现了不同年龄、性格、经历的佛门弟子皈依佛法的情况，又把现实生活中喜、怒、哀、乐熔铸于罗汉形象之中，使塑像更富人情意趣。罗汉群像大小适度，造型准确。不同于贯休的奇古，以神人化，各现妙相。塑像对比强烈，互相补充，有节奏变化，使罗汉群像成为完整呼应的整体。如第十六尊者的"愁"与第十五尊者的"笑"，第十一尊者的"温"与第二尊者的"威"，第十二尊者的"动"和第十尊者的"静"。而以蛟龙为"焦点"，把第十二尊者、第十四尊者、第十六尊者组合成一个整体。

罗汉群像装饰十分精工，全是彩色汉装，衣褶线条流转自如，层次分明。不是贯休的水纹描，近乎李龙眠的兰叶描、铁线描。雕塑手法把衬衣、中衣、袈裟三层服装交代得十分清楚，并能表现出丝绸、纻麻的质感。服装上的刻花填彩具有宋代瓷刻的风格。图案丰富多彩，有翎毛花卉、博古人物，是宋代装饰作风。

十六尊罗汉塑像中，降龙、伏虎两尊高 3 尺 5 寸，其余皆高 3 尺 4 寸。所有塑像头部前额突出，额骨圆中带方，具有西域民族丰颊高鼻、粗眉大眼的特征，且富传神之妙，具有极细致生动的表情和各自的特殊性格：慈、虔、嗔、静、醉、诚、喜、愁、傲、思、温、威、忖、服、笑、藐。

左边的第九尊者戍博迦，俗称骄傲罗汉，头额隆起，仰头侧坐，嘴唇紧抿，两眼斜瞟，双手微攘右膝，双手相搭的形态中充满骄气。神态清高中带有目空一切，鼻息中"哼、哼"之声，似乎不绝于耳。第十一尊者罗护罗，俗称伏虎罗汉。龙钟老人的形象，眉若粘霜，耷拉眼皮，满额皱纹。笑眯眯用右手向猛虎一招，那只斑斓猛虎驯顺如小猫般地靠了上来，抬起一条腿，舐着罗汉的衣裙。这种不以暴力擒取，用温和态度去驯伏猛虎，突出一个"温"字，把罗汉的本领表现得更为有力。由于左手抓衣而牵动下裙及布袜上的皱纹都十分自然，且有丝、麻质感。

右边的第十尊者半托迦，俗称沉思罗汉。头型圆中带方，脸庞丰腴，倾向一边，淡眉细眼，深沉恬静。双脚成文字绞，手搭凭几，正在凝神矜持地探索生死的奥秘，抑或人世间的烦恼。眼神静中有动，思绪万千。勾起的中指富有弹性，在全神贯注的思考中本能地弹弄着凭几上的铺兽，表情真切，既有"神"的飘逸气质，又有"人"的世俗情怀，耐人寻味，是塑得最好的一尊罗汉。

在十六尊罗汉像的上部，用仙山、浮云错落有致地托起四大天王和二十诸天像，以表现神的威严。其中一尊诸天像左手三个手指轻轻托起一块泥塑的两层绸质经盖（盖在经书上的绢帕），右手撩起经盖一角，经盖呈自然下垂状。皱褶流畅，几个婉转圆润的曲面，看上去十分轻盈柔薄，飘飘然如丝织锦绣一般。是为古紫金庵第二宝。

三尊主佛像坛背后，正对大殿后门塑有鳌鱼观音大慈大悲金身像，面容安详庄严，使人肃然起敬。双手交于腹前，神态闲适自若，姿态袅娜，表现了女性的温柔、聪颖。面庞丰圆，身躯肥腴，轻薄宽大的衣衫被和风吹拂得如水波荡漾，有唐塑"吴带当风"之势。脚下是翻滚着的波涛。头上是祥云托起的华盖，石绿的盖顶如丝绸，饰有紫红缠枝牡丹花的绛红色盖面似苏绣绸缎。疏密适当的刻纹使盖面仿佛在微风中飘动，塑法有独到之处。要从下面仰视，方见是一二厘米厚的泥塑。这精湛的艺术珍品是古紫金庵第三宝。

在大殿北壁像龛中有八尊罗汉坐像，是由明末邱弥陀增塑，其风格远不及前面的罗汉像逼真。其形态正襟端坐，目光呆滞，缺少细微的生动表情而失去传神之妙，与宋塑名手雷潮夫妇的十六尊罗汉像相比，差之远矣。

天池寂鉴寺石殿

寂鉴寺，位于苏州城西天池山坞。2006年，寂鉴寺石殿由国务院公布为第六批全国重点文物保护单位。

"寂鉴"一词源于佛学中的"寂灭鉴戒"，意思是劝人为善。寂鉴寺虽未作宗教活动场所开放，但寺中的石殿为"国宝"级。据考证，三座石屋相继建于元代至正十七年至二十三年，距今已有600

石殿

多年历史。

寂鉴寺平面呈椭圆形，山门两侧依山凿筑有仿木构石屋极乐园与兜率宫。西石屋"极乐园"，其实是在一块摩崖巨石前拱券重檐，四隅各立角柱支撑屋面，正面开门一并施阑额，下设须弥座，形成一座大型的佛龛。而佛龛正中就是在巨石上摩崖的石雕阿弥陀佛，整座佛像以浮雕形式成于岩石正面，形象生动，很具特色。山门左前方小山顶，是另一座与"极乐园"对应的东石屋"兜率宫"，这座石殿与山体结合，造型为单檐歇山，以石块垒成抱厦出檐，同样以整块山石为摩崖，凿刻一座通体身高 3 米的弥勒菩萨摩崖佛，弥勒佛造型为双手合十状，身上衣褶清晰，神态安详，其姿态十分传神。因弥勒佛居住在兜率天内，故而名为"兜率宫"。

进入寂鉴寺，在山前平地上有一座面阔 3 间的歇山单檐式石殿名为西天寺，进深二间，飞檐翘角，古朴凝重。石殿前檐柱与内柱前后相称，后檐紧贴岩石，故无檐柱，内部立柱顶上架梁，柱与柱之间有石枋攀边连接，藻井边缘是以石梁垒成的井架，石梁至藻井中心皆用石砌，尤其是明间中心的藻井，高达 11 层，底层正方，在正方的里角各有一个斜拱承托第二层，从第二层起为八角形，八角向内逐层收小到顶部正中形成圆形，从而给人以旋转错动和渐变更迭的韵律感，藻井里刻有太极图、莲瓣、如意等吉祥图案，堪称元代石构建筑的珍品。可惜这座石殿内并无与石殿连为一体的石雕大佛，这座建造于元至正二十三年（1363）题为"敕赐西天寺"的石屋确确实实是座石殿，要晚于门前的两座摩崖石刻。西天寺前竖有"全国重点文物保护"碑，道出此地这三座石殿即是吴中地区的全国重点文物了。

寂鉴寺石殿在江苏地区是独一无二的，在全国也很少见，是研究元代建筑与雕刻艺术的重要资料，具有极高的历史和艺术价值。

开元寺内无梁殿

开元寺无梁殿，位于姑苏区东大街万丽花园内。1956 年被列为江苏省文物保护单位。2013 年 5 月被国务院列为第七批全国重点文物保护单位。

一、历史沿革

开元寺初名通玄寺，三国东吴赤乌年间孙权为乳母陈氏所建。隋开皇九年（589）吴县令孙宽废寺，唐贞观二年（628）僧慧重兴。开元二十六年（738）诏令改名。大顺二年（891），孙儒占据苏州，开元寺被付之一炬。五代后唐同光三年（925），吴越钱氏迁建开元寺于盘门内现址。《吴地记》称："后唐同光三年钱镠重建开元寺于吴县（指县廨）西南三里半盘门内，后周显德中钱氏移支硎山报恩寺额于此。"《宋平江城坊考》云："同光三年钱氏更造寺于吴县西南三里半，榜曰：'开元'并其僧迁焉，即今开元寺也。"《吴郡图经续记》载："寺有别院三，曰泗州，曰水陆为禅院，曰法华为教院。"可知开元寺曾有禅院教院共三处。宋至明屡经废兴。明万历年间，重修大殿佛阁，先后建地藏殿、西方殿、藏经阁、普照塔等，为吴中名刹。清咸丰十年（1860）又毁于兵火，惟藏经阁独存。同治十二年（1873）稍事重修，未复旧观。

开元寺是姑苏名寺，香火一直延续到 1949 年左右，当时开元寺寺院呈长方形，东西长约 400 米，南北长 250 米。南垣起于梅家弄桑园里，北垣立于西半爿巷，东垣起于东大街，西垣在无梁殿向西的荷花池。1950 年，吴县政府和县委由浒关镇龙华寺陆续搬至开元寺内办公，其中县政府占用庙宇房 45 间，县委占用庙宇 24 间。随着吴县机关历年扩建办公用房，寺中建筑不断拆旧建新，两重大殿在 1979 年也被拆除，大殿拆下的木料交由吴县基本建设局（吴县市建委），曾保存于该局青旸地仓库，后不知去向。在拆建附房时发现一石函，内藏清道光活字本《开元寺志》一部四册。

20 世纪 80 年代初，寺中原有的两尊石佛，在修筑东大街时，被砸碎铺在路基下。20 世纪 80 年代末，吴县机关迁到城南长桥镇，机关用房折价转给吴县供销总社经管，后在此开办茶叶批发市场。至 90 年代末，供销总社又卖给开发商拆建成现在的居民小区。

二、建筑特色

无梁殿即藏经阁，建于明万历四十六年（1618）。原先供奉无量寿佛，又名无量殿；又以纯为磨砖嵌缝纵横拱券结构，不用木构梁柱檩椽，故习称无梁殿。开元寺的无梁殿是江苏省现存五座无梁殿中建造最迟、制作最精的一座。

殿坐北朝南，两层楼阁式，面阔 7 间，宽 20.9 米，进深 11.2 米，通高约 19 米。歇山顶及腰檐敷绿间黄琉璃筒瓦，与清水砖外墙面相映成趣。正面上下各有半圆砖倚柱 6 根，下置雕花须弥座，转角用垂莲柱。正面正中开拱门 3 个，左右各置拱形窗，在上层相对位置开拱形窗 5 个，明间是明窗，其余是假窗。柱间有刻款南无阿弥陀佛的华版及大小枋子。明间檐下是砖制斜拱，上承副檐。绕有雕刻的平座栏杆，图案十分典雅，而且雕工精细，宛如一件杰出的工艺品。

殿内上下层各分为三大间，用纵横砖砌卷筒结构，置扶梯于左面侧墙内。原先楼上藏经，楼下供佛。二层明间采用斗拱承托八角形砖制藻井的穹窿结构，四壁镶嵌明代章藻手书《梵纲经》《华严经》石刻。殿顶及腰檐覆盖绿、黄二色琉璃瓦，与青砖墙面组成和谐的色调。正脊饰以琉璃游龙，戗角雕塑四大天王立像。建筑无不工细精巧，于宏伟庄重中寓玲珑华丽之美，堪称明代建筑精品。这无梁殿在庄严中显现出玲珑秀丽之姿，充分反映了古老苏州的建筑艺术在明代已达到一个相当完美和谐的境界，故有"结构雄杰冠江南"之誉。

虎丘山云岩寺塔

虎丘云岩寺塔，位于苏州虎丘山顶。1961年，被国务院列为全国重点文物保护单位。2014年6月22日，被列入大运河遗产点。

一、云岩寺塔

虎丘风景，名冠吴中，甲于江南，四周岚翠，夹路松篁，拾级登山，举目可见山巅耸立着一座雄浑苍古的斜塔，凌霄突兀，壮观异常，这就是闻名的云岩寺塔，俗称虎丘塔。据文献记载，南朝陈代已有塔，隋仁寿元年（601）又曾在山上建塔。今塔建于五代后周显德六年，即吴越钱弘俶十三年（959），至北宋建隆二年（961）。

云岩寺塔为仿楼阁式砖木套筒式结构，塔高47.7米，塔身全砖砌，重6000多吨。该塔由8个外墩和4个内墩支承。屋檐为仿木斗拱，飞檐起翘。塔内有两层塔壁，仿佛是一座小塔外面又套了一座大塔，其层间的连接以叠涩砌作的砖砌体连接上下和左右。云岩寺塔塔身平面呈八角形，由外墩、回廊、内墩和塔心室组合而成，内墩之间有十字通道与回廊沟通，外墩间有8个壶门与平座（即外回廊）连通，设计完全体现了唐宋时代的建筑风格。由于塔基土厚薄不均，塔墩基础设计构造不完善等原因，从明代起，云岩寺塔就开始向西北倾斜。经专家测量，塔尖倾斜2.34米，塔身最大倾斜度为3度59分，被称为"中国的比萨斜塔"。

云岩寺塔自南宋建炎四年（1130）到清咸丰十年（1860），曾七次遭受兵火等破坏，失修近90年的宝塔于1956年冬开始抢修。云岩寺塔是全国最高大的一座斜塔，可与著名的意大利比萨塔媲美。

二、千年密藏

1956年在修塔时发现了一批重要文物，有秘藏千年的五代至北宋文物，其中有晶莹如碧玉的越窑青瓷莲花碗，精制的檀龛宝相和楠木经箱，以及金涂塔、铜佛塔、铜镜、锦绣经帙等；所藏经卷已碳化，但包裹经书的丝织乡花经袱是苏州传世最早的刺绣品，经卷的外包皮——"竹帙"是国内仅存的一件。另有越窑青瓷莲花碗一只，釉色明润，光泽如玉，为越窑精品。还有檀木龛宝相，是三连形佛龛中雕足莲花的观音，左右雕有飞天、协侍，眉目衣褶极为工细。此外还有木制泥刀、竹钉等，为研究北宋时期的建筑、雕刻、陶瓷、刺绣提供了实物资料，这些文物以其精美绝伦而震动国内外。

"檀龛宝相"系中国首次发现的佛教文物。1956 年 3 月，苏州虎丘云岩寺塔在加固工程中，发现了一座"檀龛宝相"。系为一段圆柱形檀香木雕刻的佛龛。主龛连座子高 19.3 厘米，阔 6.3 厘米，木质略有腐朽，佛像彩色已退，留有描金痕迹。主龛为观音立像，脚踏莲花与藕，藕左右方长出荷叶与莲蓬，莲蓬上蹲着善财童子，头部仅如绿豆大小，而眉目清楚。扉龛高仅 16 厘米，阔 4 厘米。雕的是"飞天"和"协侍"，姿态、表情各异，栩栩如生。据专家鉴定，根据云岩寺塔的建造时间，这件"檀龛宝相"的制作年代，至迟不会超过建隆二年（961）以前，从佛像衣冠服饰来分析，很可能是晚唐时期作品。"檀龛宝相"这

云岩寺塔（全国重点文物、中国大运河遗产点）

一名称，最早见于文字记载的是，初唐诗人卢照邻诗篇中有《乐相夫人韦氏造檀龛宝相赞》。唐宪宗元和元年（806），日本僧空海和唐宣宗大中元年（847）日本僧圆仁，在中国学成归国，携带的宗教文物中都有"檀龛宝相"的记载。由于木雕材料易燃易朽，故传世稀少。现日本高野山金刚寺珍藏一座"檀龛宝相"，据说即当年空海带回日本的原物。在普门院和平岛神社，也有类似文物。在美

国奈尔逊艺术博物馆,据说也有一座。而在中国已很难见到。现在虎丘云岩寺塔发现"檀龛宝相",在国内尚属首次。这是值得我国考古学界引起重视的一件大事。它为我们研究唐代苏州佛教的传播和雕刻工艺发展的历史,提供了极其珍贵的实物资料。

1956年5月,一件五代(907—960)越窑青瓷莲花碗在虎丘云岩寺塔第三层壁中被发现,通高13.2厘米,碗高8.9厘米,口径13.8厘米,分碗与托两部分。碗表饰莲瓣三叠,托盘为仰覆莲须弥座式,整个器形如一朵盛开的莲花,端庄凝重,优美秀丽,构思巧妙,匠心独运,在国内现存越窑青瓷器中独一无二。托座中心有"项记"两字。莲花碗胎薄质细,表里青釉明净,晶莹如玉,光泽如镜。釉色青翠滋润,通体一色,细腻和润,有薄如纸、明如镜、声如磬的特点。正如唐代诗人陆龟蒙在《秘色越器诗》中所云:"九秋风露越窑开,夺得千峰翠色来。"看了莲花瓣,可知名不虚传,反映了越窑青瓷的艺术水平已达到登峰造极的境地。难怪所有见到此莲花碗的中外专家和爱好人士,无不叹为观止。五代越器盛行,贡品数以万计,其中秘色瓷尤为珍贵,但传世却极稀少,连几片碎片都当作珍品保存。此五代越窑青瓷莲花碗,如此完美精湛,在越窑青瓷器中实属罕见,堪称海内稀世瑰宝。

中国迄今发现的最早的苏绣实物——五代刺绣经袱于1956年3月在虎丘云岩寺塔第二层内发现。其中一幅紫绛罗地彩绣,图案中间为一宝相莲花,四周侧莲与枝叶缠绕。四面对称,古朴典雅。针法为苏绣传统的戗针、散套、集套、接针等,纤细工致。色彩施金黄,莲瓣配淡绿宝相,浅蓝莲叶,间以绿色染枝,浓妆艳抹,富丽明快。其他四幅有凤穿牡丹、宝相莲花等,图案均为中间一组菱形主花,四角有对称的四组角花,是唐代的传统风格。色彩用三蓝加白,即深蓝、中蓝、淡蓝三色,用白色调和,作品清秀明丽,为苏绣配色常用。苏绣相传始于春秋,然未有实物传世,此绣为现存苏绣中最早的代表佳作。

苏州盘门瑞光塔

瑞光寺塔，位于姑苏城西南盘门三景内。1956 年被列为江苏省文物保护单位，1988 年被国务院列为全国重点文物保护单位。

一、历史沿革

瑞光禅寺始建于三国吴赤乌四年（214），康局国僧性康来苏州，吴帝孙权为他建寺，名普济禅园。赤乌十年（247），孙权为报母恩又建十三层舍利塔于寺中。后历经修建，至宋宣和年间，朱勋出资重建，改为七级，因塔屡放五色，易寺名为瑞光禅寺。明代周永年在咏瑞光寺诗中有"佛事浩浩著潮生，人如磨蚁香如雾"之句。当年香火之盛可以想见。寺院历经毁修，塔曾于南宋淳熙、明洪武、永乐、天顺、嘉靖、崇祯，以及清康熙、乾隆、道光年间修葺。清咸丰十年（1860）遭兵燹，寺毁塔存。

二、建筑特色

瑞光寺塔为七级八面砖木结构楼阁式，砖砌塔身由外壁、回廊和塔心三部分构成，外壁以砖木斗拱挑出木构腰檐和平座。每面以柱划分为三间，当心间辟壶门或隐出直棂窗。底层四面辟门，第二、三两层八面辟门，第四至七层则上下交错四面置门。内外转角处均砌出圆形带卷刹的倚柱，柱头承阑额，上施斗拱。外壁转角铺作出华拱三缝，补间铺作三层以下每面两朵，四层以上减为一朵。全塔腰檐、平座、副阶、内壁面、塔心柱以及藻井、门道、佛龛诸处，共有各种木、砖斗拱 380 余朵。修复后通高约 53.6 米，底层外壁对边 11.2 米。层高逐层递减，面积也相应收敛，外轮廓微呈曲线，显得清秀柔和。入塔门，经过道即回廊，回廊两壁施木梁连结，铺设楼面，第二、四层转角铺作上有月梁联系内外倚柱，廊内置登塔木梯。一至五层回廊当中砌八角形塔心砖柱，底层作须弥座式，第六、七两层改用立柱、额枋和卧地对角梁组成的群柱框架木结构，对角梁中心与大栌上立刹杆木支承塔顶屋架和刹体。塔身底层周匝副阶，立廊柱24根，下承八角形基台，周边为青石须弥座，对边23米，镌有狮兽、人物、如意、流云，简练流畅，生动自然，堪称宋代石雕佳作。基台东边有横长方形月台伸出，正面砌踏道。

此塔砖砌塔身基本上是宋代原构，第六、七两层及塔顶木构架虽为后代重修，但其群柱框架结构在现存古塔中并不多见。第三层为全塔的核心部位，砌有梁枋式塔心基座，抹角及瓜棱形倚柱、额枋、壁龛、壸门等处还有"七朱八白""折枝花"等红白两色宋代粉彩壁塑残迹。1978年发现秘藏珍贵文物的暗窟——"天宫"也在该层塔心内。底层塔心的"永定柱"做法，在现存古建筑中尚属罕见，从而为研究宋"营造法式"提供了实物依据。瑞光寺塔建造精巧，造型优美，用材讲究，宝藏丰富，是宋代南方砖木混合结构楼阁式仿木塔比较成熟的代表作，是研究此类古塔演变发展及建筑技术的重要实例。

瑞光塔自清朝咸丰以来100多年间从未修整过。1987年至1990年，苏州市政府为保护这座古塔，组织文物建筑人员对古塔进行了全面整修。2013年9月26日又进行大规模修缮。现展现在你

瑞光塔（全国重点文物）

眼前的这座宝塔，美轮美奂，浓妆叠彩，风貌一新，千年古塔重现昔日风彩。

三、佛教文物

瑞光塔还是一座藏宝之塔。所藏佛教文物是1978年4月的一个夜晚由两个顽童发现的，内中最珍贵的有宋天禧元

年（1017）入藏的中国早期刻本《妙法莲华经》7卷、《佛说阿弥陀经》和墨书《佛说天地八阳经》等珍贵文物；另有集木雕、描金、玉雕、穿珠、金银细工等多种工艺于一体的"真珠舍利宝幢"一座，特别是宝幢内木函上的彩绘四天王像，具有明显的吴道子遗风，为罕见的宋画精品。可惜的是愚昧无知的两顽童，在暗的塔心窖中，竟将刻本经卷点燃照明，烧去了经书的第六卷，并在搬运中将"真珠舍利宝幢"严重拆毁，幸而在周围群众的教育下，他们迅速将文物送交苏州博物馆，才使这批价值连城的佛教文物得到保护和精心修复。

北宋真珠舍利宝幢。原藏于瑞光塔第三层塔心内，通高122.6厘米，以楠木雕刻。宝幢上下分须弥座、佛宫、刹顶三部分。须弥座呈八角形，朱红漆雕，贴有人物、牡丹等图案，四周置神态各异的银狮8只，上有平阶，亦有8只彩色木狮。底座中间束腰，上为平台，描金勾栏。内有木雕须弥海、须弥山，海中盘旋一条银丝穿珠九头龙，海面祥云冉升，上立四天王、四侍女，人物形象活泼生动，有唐代风格，刀工精细，苍劲有力。须弥座通体描绘金色几何图纹，细如纤毫。须弥山巅置佛宫，中为碧地金书八角经幢，内藏舍利、经咒。四周八根金丝编结的宫柱，穿珠挂落，金缀斗拱，上为八角飞椽出戗的金丝宝石宫顶，宫顶设朱漆木龛，内藏镂花金瓶。龛上华盖如重檐，8条金龙俯冲为脊，昂首成翘角。上为塔刹，刹顶一水晶球火珠，四周垂有8条珠宝银练，节节垂珠璎，层层挂流苏，通身珠光宝气，重重叠叠琳琅满目，美不胜收，令人目不暇接。宝幢集木雕、玉雕、漆雕、描金、嵌宝、穿珠及金银细工之大成，技艺之精，用材之贵，造型之美，叹为观止，仅珍珠就有四万多颗，堪称我国的稀世珍宝。"北宋真珠舍利宝幢"，系我国迄今在古塔中发现的最精美的佛教工艺品。

北宋泥塑观音像。苏州泥塑在唐代即已誉满三江，杨惠之是苏州最早的泥塑名家，其艺术与吴道子齐名。瑞光塔三层塔心窖穴内发现的两尊北宋泥塑观音像，高约30厘米，其制法以正反双模灌注泥浆拼合而成。泥浆中掺有麻丝，犹如纸浆，胎壁薄而细腻光润，且较坚固，上面加彩。色彩淡雅，面部丰满，姿态生动，有唐代风格。唐宋苏州盛行"泥美人"，宋代吴县木渎人袁遇昌是抟植泥美人的一代名手，惜无实物传世。瑞光塔的北宋塑观音，是唐宋泥美人的杰出佳作，是现在最早的模制苏州泥人。

《妙法莲华经》。中国唯一有历史纪年的唐代碧纸金书《妙法莲华经》是1978年4月在瑞光塔第三层塔心窖穴内发现的，共7卷。卷纵27.6厘米，横43.5厘米。卷轴装，卷首画有牡丹图案；

每卷首引绘有经变故事，线条精工流畅，经文楷书抄写，书法工整凝重，一笔不苟，光耀炫目，庄严肃穆。卷轴两端有铜质錾花轴头，更显华丽高贵。经卷第一卷末书"常州建元寺长讲法华经，大德知口记"文字。卷二末书"大和辛卯（931）四月二十八日修补记"。卷七末书有"时显德三年（957）岁次丙辰十二月十五日，弟子朱承惠特舍净财，收赎此古旧损经七卷，备金银及碧纸，请人书写"等字名。这时经卷已是"古旧"，足已说明此经卷距离显德三年的年代已很遥远，至少是唐代晚期。此经卷自唐至五代几经收藏、修复、流传，有年代可考，堪为珍贵的文物精品。

四、民间传说

对于瑞光塔，民间有许多动人的传说。一说在历史上，瑞光塔每修缮一次，塔上就会放出五色霞光，灿烂明丽，非常神奇，瑞光塔之名也由此而来。又说每当这种霞光出现时，一切生物都会自动聚集，一起对着它顶礼膜拜。所以更有传说，太湖渔民每年总会发生一条鱼也捕不着的日子，原因是这一天鱼类等生物都被瑞光塔的光芒罩住了。还有人说，瑞光塔外檐损坏后，塔刹却相对完好，犹如一名老渔翁戴着笠帽，而神奇的瑞光就是这位仙翁发出的。此外，还传说高僧圆熙禅师说法时，堂上法鼓自鸣，池中白龟出听，庭下竹生合欢枝，与塔上霞光共名为"四瑞"。而一些旧文人，因瑞光塔身躯瘦削，好像是个清细的女子，形容它如亭亭玉立的美人。清末民初，又曾发生红衣女郎在塔上出现的奇闻，于是又说这座塔是神女的化身。传说种种，众说纷纭，给这座千年古塔增加了一层神秘的色彩。

古老的宝塔，与高耸的吴门桥、雄伟的古盘门，相映成趣，形成古城苏州西南隅的盘门三景。

双塔及正殿遗址

罗汉院双塔及正殿遗迹，位于苏州凤凰街定慧寺巷 22 号。1956 年公布为江苏省文物保护单位，1996 年晋升为全国重点文物保护单位。

一、历史沿革

双塔禅寺为唐咸通二年（861）盛楚捐建，初名般若院，五代吴越钱民改为罗汉院。北宋太平兴国七年（982）至雍熙中，王文罕兄弟捐资重修殿宇，并增建砖塔两座。至道二年（996）更名寿宁万岁禅院，成为江南一大丛林。塔曾于南宋绍兴五年（1135）、明嘉靖三十九年（1560）、崇祯九年（1636）、清康熙年间、乾隆二十六年（1761）、道光二年（1822）几度维修，其中以重修相轮居多。寺院殿宇更是几经兴衰。到了明永乐十一年，僧侣重建寺院，以双塔命寺，叫双塔禅寺，至今一直沿用此名。1000 多年中，双塔禅寺饱受风霜和兵燹战火的摧残，经过数次毁修的历程。咸丰十年（1860）

至同治二年（1863），寺院毁于战火，仅存双塔及正殿遗迹。其后从未修建，直至 1954 年秋，因东塔顶刹倾斜，葫芦跌落，相轮摇摇欲坠，遂先行抢修，并清理正殿遗迹。1957 年继续整修西塔。自 1980 年起，再次维修塔体、正殿台基，并移建厅堂门楼，构筑碑廊院墙。1988 年至 1990 年又拓建西部塔院。

二、双塔雄姿

在寺后院前半部分，矗立着两座塔形结构完全相同的双塔，素有"姑嫂塔""姐妹塔"之称。东为舍利塔，西为功德塔，互相对峙。双塔是两座比肩而立的七层八角楼阁式砖塔，形式、结构、体量相同，底层墙表相距仅 15 米，塔高约 33.3 米，底层对边 5.5 米。双塔是东西比肩而立的两座七层八角楼阁砖塔，形式、结构、体量相同，底层墙表相距仅 15 米，高约 33.3 米，底层对边 5.5 米。双塔形制模仿木塔，二层以上施平座、腰檐，腰檐微翘、翼角轻举，逐层收缩，顶端锥形刹轮高8.7米。约占塔高1/4，整体造型玲珑秀丽，旧时喻之为两支笔。腰檐以叠涩式板檐砖和菱角牙子各三层相间挑出，上施瓦垄垂脊。各层外壁表面隐出转角倚柱、阑额、斗拱，均仿木结构式样。平座亦以叠涩砖及砖砌栌斗、替木构成。座上原有栏槛，今已无存。底层原有副阶周匝，早已倾圮，仅存角梁和砖石台基。塔壁每层四面辟壶门，另四面隐出直棂窗。进壶门经过道导入方型塔室（仅第五层为八角形），内无塔心柱。方室逐层错闪45度，各层门窗方位也随之上下相闪，不但外观参差错落，富于变化，且使塔壁重量分布较为均衡，避免导致纵向开裂。塔室内敷设木楼板，上墁地砖，并有木梯可登塔。楼板以木制斗拱及棱木承托。内壁施砖砌角柱、额枋等。第六七层方室中央立支持刹轮的刹杆，下端以大栿承托。

具有千年历史的双塔有不少动听的传说，如双塔玲珑挺拔，恰似两支插着的毛笔，直至青天，另具风韵；塔前原有三间平屋，夕阳西下，塔影斜卧屋面，屋如笔架；塔东面的四方形五层塔——文星阁（钟楼），酷如一锭粗墨。故有"双塔为笔，钟楼为墨"之说，美丽的传说更增添了古迹胜地的情趣。

三、正殿遗址

正殿故基在双塔之北，距离塔心21米，南向。其中轴线较双塔中轴线偏西3.5米。根据柱础排列位置可知，正殿面阔与进深皆为三间，东、西、北三面绕匝副阶，总面积18.4米，总进深18.2米，属正方形平面，明间有露台向南伸展。若根据宋《营造法式》复原，此殿应为单檐歇山式。现存四周石制檐柱16根，大多完好，高约4米，上端有安木枋榫头的卯槽。造型有雕花圆柱、瓜棱柱、八角柱3种。石柱础30个皆为覆盆式，檐柱础的盆嘴形均与柱形相配。前檐六柱及础为圆形，通体浮雕牡丹、夏莲、秋葵等缠枝花卉婴戏纹饰，构图典雅，线条流丽，堪称宋代建筑石雕艺术精品。此外，尚有石门槛、石罗汉、石须弥座、石狮等遗物，惜残损者居多。

正殿遗迹经清理复位，为江苏目前唯一作为文物保护的宋代建筑遗迹，所存宋代石雕柱、础之精美亦属罕见。

吴江震泽慈云塔

慈云寺塔，位于吴江区震泽镇慈云寺内。1957年被江苏省人民政府列为全省重点文物保护单位。2013年5月3日被国务院列为第七批全国重点文物保护单位。

一、古塔建筑

慈云寺塔在寺院中，进门便见塔，仰视塔顶，巍巍古塔矗立云天。"寺塔一体，塔城居中"显示出古代宫殿建筑的庄严雄伟。此塔城初建于吴赤乌年间（238—251），是一座砖身木檐楼阁式塔，结构坚固，清咸丰十年（1860）寺毁于兵燹，唯塔独存。慈云塔于明万历五年重修。清代康熙、雍正、乾隆三朝及道光十六年（1836）多次修复。同光之交（1874—1875）里人醵金修塔。民国十五年（1926）秋，大风吹坍第五层屋面，声震四方。时适已故邑绅吴江旅沪同乡会会长施子英入祠，其子玉声捐资千元为倡，由里人募款，于民国十七

年（1928）修塔。1937年11月遭日军炮击，被击去第四层的飞角廊柱。

慈云寺塔，岿然独存，但年久失修。被炸毁的塔屋廊柱依旧。塔上屋瓦被顽童攀登捕捉麻雀，翻得体无完肤，飞檐翘角残缺不全，翘角中的弯形铁板和角端吊挂的铜铃，被人盗卖殆尽。自此，古塔风铃声绝，鸟雀不惊，蝙蝠孳生，游人止步。

1954年，重修慈云寺塔。上自塔刹、相轮、覆钵整修加固，安上避雷针。添瓦筑漏，修补飞檐，重新配置檐马。风铃声声，静中有动，生机盎然，古塔从沉睡中苏醒了。加涂朱漆廊柱，绿饰栏干，粉墙画壁，焕然一新，雄姿不减当年。1982年再修，1998年再度重修，2011年又再重修。

慈云寺塔为六面五级，伞盖型为宋代建筑艺术风格，楼阁式砖木结构，龙角飞檐，造型精美。塔高通称11丈，实高38.44米。塔由外廊、内廊、塔心组成。塔中第三层有一抱粗楠木塔柱，

直至塔顶。顶端一米高铁葫芦直刺云空。塔刹由刹柱、覆钵、相轮、铁链、葫芦结顶等金属铸件组成，系合金体通称白口生铁，不锈不腐。塔刹约重数十吨，据说一条铁链重一吨。铁链分系六角，角端挂有铜铃，风过铃响，叮当之声宛如仙乐。

二、宝塔传说

关于慈云寺塔建造有两个传说：一是三国时孙权设美人计，假将其妹嫁于刘备，弄假成真而后悔莫及，后将妹骗回东吴，不准回蜀。孙夫人尚香思念丈夫，在震泽建塔，登塔盼望丈夫，因称"望夫塔"。另一说是北宋时金兵掳去徽钦两帝，徽宗的女儿慈云公主避难震泽，重新修建此塔，望北祈祷盼望父亲南归。从此，慈云塔之名流传至今。两个传说流传千年，使人们在瞻仰古塔之余更添一种恋乡怀人的眷眷情愫。塔内青石为基，兰砖铺地。底层宽敞，原供佛像地藏王菩萨。有石阶数步上第二层。层层内有木梯迂回拾级而上，外有围廊供游人观赏风光。每于春秋佳日，夕阳红照之际，达其第五级，北望洞庭，南瞰麻溪，令人心旷神怡，谓之"慈云夕照"。清乾隆《震泽县志》卷首绘图震泽县八景之一"慈云塔影"配诗云："四面湖光绕，中流塔影悬。荻塘西去路，蚕事胜耕田。"生动地描绘了一幅美丽的图景。

慈云寺塔，系吴江区唯一的宝塔，也是震泽镇最古老的建筑物，成为震泽镇的标志。宝塔的幸存使震泽人感到骄傲，如今来震泽参观、旅游的人络绎不绝，都把登慈云寺塔视为赏心乐事。慈云寺塔更备受电影、电视导演的青睐。电影《林家铺子》、中日合拍的《一盘没有下完的棋》等影片，都取景于慈云古塔和禹迹古桥。宝塔又成为工商企业产品的专利商标。旅居海外的震泽籍华侨、华裔，港、澳、台同胞，都以古塔牵动思乡之情，或经邮传，或在归国探亲时依塔留影，对故乡表现出深深的眷恋。

常熟崇教兴福寺塔

崇教兴福寺塔，位于常熟市古城区大东门方塔公园内。2006年5月25日被国务院列入第六批全国重点文物保护单位。

中国一般的建筑形式，塔多半建于寺庙中，方塔园原址应有"兴福寺"，但于清咸丰间，寺毁而塔幸存。据志载，此塔兴建于南宋建炎四年（1130），后因筹建僧人去世而未能竣工。至咸淳年间（1265—1274），才将塔原构拆去，重建九层塔。此时塔侧有崇教兴福寺，塔遂属于寺。寺已几经兴废，唯塔存至今。因塔平面为方形，故有"方塔"之称，寺一度也随塔名称"方塔寺"。塔自创建以来，历经沧桑，仅明清二代就经历地震达18次以上，曾遭雷击、兵燹等不下数十次，除塔顶有些斜欹外，均安然无恙，这显示了古代建筑艺术的高超，同时也给后世留下了宝贵的实物资料。抗日战争时被日机轰炸，受损严重。1949年后人民政府曾多次维修，1963年又集资大修，将倾斜47厘米的塔尖、重15吨的铁塔刹拨正过来。经重修，使古塔恢复了青春。

塔为四方九层，砖身木檐楼阁形式，总高69.14米，底层原有木构外廊，现仅存石础与台座；塔身每边宽5.25米，原四面辟券门，清乾隆年间重修塔时置石碑，遂将北门堵封。其他各层皆四面开门，门两侧隐出直棂穿，转角置半圆角柱，柱间阁枋子、斗拱承挑出檐，再荷上面的平座，座周绕有几何纹样的栏杆，每面分三扇间立"擎檐柱"，直支檐下，层顶覆盝形，顶中套金属覆钵和相轮七重等刹件。塔外轮廓为柔和的抛物线，翼角萦绕，造型清秀。塔室底层作八边形，与二层间做有隔层，一层正中有"宫井"与底层连通，原供四面千手观音立像，现已废。井口暂作天花隔封，自二层起，室平面改为方形，每层置有木扶梯，可登顶层。

1987年时任中国佛教协会会长赵朴初为之题额"崇教兴福寺塔"。

张家港古黄泗浦

古黄泗浦遗址（即鉴真东渡起航处），位于张家港市杨舍镇庆安村与塘桥镇滩里村交界处的东渡苑。1984年3月17日，被沙洲县人民政府列为文物保护单位；2011年，被江苏省人民政府列为第七批全省文物保护单位；2013年5月3日，被国务院列为全国重点文物保护单位。

一、遗址概况

古黄泗浦为江南大港，位于唐朝石塔寺旁，港口水激底深，外狭内宽，是天然良港，港边有尊胜禅院，为有名大寺，唐鉴真和尚第六次东渡日本（753）曾在这里出海起航。1963年，为纪念鉴真和尚逝世1200周年，全国纪念委员会、省文管会委托常熟县文管会在古黄泗浦树立石制经幢一座。1966—1976年间遭到破坏。石幢移地两处，深埋河塘内。1978年由文化馆修复，周围加六个石柱及铁链相环。1986年又重修水泥通

道20米，周围绿化。1994年，张家港市人民政府于遗址地修建鉴真纪念馆、诗碑亭、东渡桥等，全部规划占地15公顷。2004年张家港市政府重修鉴真纪念馆，对原馆、诗碑亭、东渡桥等建筑全面修缮，并增建广场、照壁、门阙、弘济亭以及馆内两侧长廊等建筑。

二、遗址景点

整个东渡苑主要由牌楼、东渡寺庙区、东渡纪念馆、东渡桥、碑亭和经幢等建筑组成，占地约100亩。以纪念经幢为中心的古黄泗浦，是以鉴真东渡纪念馆的山门和正殿之间的中轴线展开的。东渡苑的入口处是写着"东渡苑"3个大字的古牌楼，它是由苏州寒山寺性空方丈书写的。

鉴真东渡纪念馆，由山门、正殿、回廊组成，占地面积2400多平方米。正殿建在高高的石台阶基上，坐西朝东，面阔3间，门柱之间构成宽敞的走

廊，由斗拱合成单檐庑殿顶。正殿面积385平方米，建筑风格仿日本奈良唐招提寺金堂，造型庄重典雅，令人肃然起敬，并从中得到艺术的享受。正殿上方悬挂着原全国政协副主席、中国佛教协会会长赵朴初亲笔题写的"鉴真东渡纪念馆"匾额，走进门厅便是一座屏风，上面镌刻着中日友好协会会长孙平化题写的"东渡沧桑"。正殿建筑风格仿日本唐招提寺金堂，殿正中是一座弥坛，上面供奉着扬州大明寺赠送的鉴真铜像一尊，像高 2.16 米，重 380 公斤。鉴真大师跏趺闭目，神态凝重。殿内有七幅壁画，记录了鉴真大师六次东渡日本的艰难行程、鉴真生平简介和东渡线路图。正殿后面墙壁上挂有 6 块木刻书屏，内容为《东征传》节选，计 1342 字，记载了鉴真第六次东渡日本的经历。书屏的下面陈列了许多文物，展出了鹿苑徐家湾及许庄新石器时代遗址出土的石器、陶器、红烧土等实物，同时也展出了有关鉴真和尚的一些资料、书籍、照片及日本友人赠送的纪念品。

正殿后门有仿唐风格的"东渡桥"，横跨黄泗浦两岸。桥东西走向，为单拱石桥，长 18 米，宽 4.8 米，高 5.2 米，单孔直径 6 米，东西各 21 级台阶。黄泗浦两边是石驳岸，总长 700 米，桥墩的东西两侧，各有一座碑亭，碑身为青石。南面碑亭内树立的石碑上刻有唐代日本友人阿倍仲麻吕在黄泗浦起航时的题诗："万里长空色绀青，举头一望起乡情。遥怀今夕旧日野，叁笠山巅皓月升。"北面碑上刻有郭沫若为鉴真大师圆寂1200周年纪念的题诗："鉴真盲目航东海，一片精诚照太清。舍己为人传道艺，唐风洋溢奈良城。"东渡桥西侧有一座8柱歇山式亭子，内有石经幢一座，莲花底座，六边形，莲花帽顶，经幢高1.98米，建于20世纪60年代，正面篆刻由原中国佛教协会会长赵朴初亲笔题写的四个大字"古黄泗浦"，右侧为"唐鉴真和尚第六次东渡起航处"，左侧落款为"鉴真和尚逝世一千二百年纪念委员会1963年"。

三、鉴真和尚

唐玄宗开元年间，当时佛教在日本也很流行，日本政府为了加强对佛教寺院和剃度僧尼的管理，准备取法中国，建立施戒剃度。日本僧人荣睿、普照入唐后，积极访求中国高僧到日本去完成这项使命。他们终于访到了一位适当的人选，这就是扬州大明寺住持，著名的律学大师鉴真和尚，经荣睿、普照的恳切礼请，鉴真慨允东渡日本。鉴真俗姓淳于，武则天垂拱四年（688）出生于广陵郡江阳县，即今扬州地区江都县，

十四岁出家，在扬州大云寺为沙弥。青年时代到长安、洛阳游学求师，究学三藏，钻研律宗，兼通天台，在佛学上很有造诣。回扬州后，担任大明寺住持。唐天宝元年（742），鉴真决定东行，历经五次东渡，历尽千辛万苦，终未成功。鉴真的多年夙愿，终于在天宝十三载（754）实现了。这一年，鉴真66岁，带领他的弟子思托、日僧普照和其他僧尼、工匠20余人，乘日本使臣的归舟，于11月16日从张家港市的黄泗浦出发，经过1个多月的航行，于12月20日顺利到达日本，在九州秋骑屋浦登陆。鉴真抵日后，受到日本政府和俗僧群众的热烈欢迎。第二年春，鉴真在奈良东大寺建筑戒坛，传授戒法，从而成为日本律宗的创始者。鉴真住奈良，直至辞世的10年间，所作所为，影响深远。他不仅筹划建造唐招提寺（此寺后被日本尊为国宝），讲述经法，弘扬释教，并将中国的建筑、雕塑技艺以及汉语声韵文字、印刷术、医药学等介绍到东瀛（其衣钵弟子记录整理的《鉴真上人秘方》就是一部极有价值的医药学文献）。鉴真身体力行，为中日两国文化交流做出了卓越贡献，从而受到日本朝野的推崇和中日两国人民世代相承的由衷景仰。

鉴真成功东渡日本是中日文化交流史上的重要里程碑。

上方山楞伽寺塔

楞伽寺塔，位于苏州上方山巅。上方山，又名楞伽山。楞伽寺塔，1982年被江苏省人民政府列为文物保护单位。

一、历史记载

楞伽塔又名上方塔。据塔铭记载：楞伽塔建于隋大业四年（608），银青光禄大夫、吴郡太守李显因："树因之最，无过起塔。崇福之重，讵甚建幢。"故在楞伽山顶建塔七级："以九舍利置其中，玉瓶外重，石椁周护。留诸弗朽，遇劫火而不烧，守诸不移，漂劫水而不易。"在建塔之时，山下已有楞伽寺，即今日治平寺，当时名楞伽寺。因塔与塔院建于山巅，称之"上方寺"，以后山以寺名"上方山"。隋代始建之塔当为木构。唐会昌五年（845），寺和塔毁于武宗皇帝李炎的灭佛运动。北宋太平兴国三年（978）重建。李根源《吴郡西山访古记》载："民国十五年（1926）四月二十七日……塔，隋大业四年创建，宋

太宗时重修，塔砖正书阳文曰'大宋太平兴国三年戊寅岁重建楞伽宝塔'字体极刚健。"今塔体中尚可见带有"戊寅重建""楞伽宝塔"等铭文的塔砖。明万历二十八年（1600）五月十四日，"雷火大作，楞伽塔自级中发炽焰三昼夜，寸木皆毁，而砖甓独存，灰烬中得一木匣，中藏经一卷"。崇祯九年（1636）九月再次兴修，崇祯十三年（1640）二月张世伟撰《重修上方宝塔碑记》，寒山居士赵宧光书额，僧通微书丹，勒石镌碑，以垂永久。残碑现嵌于塔院前壁。乾隆二十二年（1757），高宗皇帝第二次下江南，登上方。题上方佛殿匾"水精法界"，观音殿匾"香云应现"。题观音殿联："风吹呗梵声闻寂，月照优昙色相空。"题关帝殿匾："神佛贤豪"。题关帝殿联："丹心自比午日炯，浩气常存寰宇周。"

二、建筑风格

楞伽寺塔是一座7层8面仿木构楼

阁式砖塔，塔高约 28 米，底边长 24 米。底层原有副阶，毁于太平天国时期，台基、柱础尚存。二层不见腰檐平座。三至七层以板檐砖与菱角牙子各三层相间叠涩，挑出腰檐平座，上施瓦垅，转角处垂脊起翘。塔壁转角砌成半圆形倚柱，上横额枋两道。檐下额枋上有一斗三升斗拱 16 朵隐出。塔壁每层辟壶门四座，另四面在壁产隐出壶门。壶门内过道顶部有叠涩藻井，中心为塔心室，一、二层为八角形，三层以上四方形，且每层变换 45 度，四壁壶门也随之变换。塔内楼梯、楼板均毁，底层可望见顶层，四、五层间有横木，原为承托刹柱的柎梁。该塔属典型单筒宋塔，建造年代仅晚于虎丘塔，为苏州第二古塔。

由于多年未实施大修缮，楞伽寺塔的塔身局部破损严重，据《楞伽寺塔保护现状勘察调研报告》称，塔底层原有副阶周匝均已损毁，各层腰檐和屋面有不同程度的损坏，内外粉刷层由于自然风化侵蚀而脱落严重，塔心木朽烂，塔刹残缺。为了保护文物和游客安全，根据省文物局的相关批复，从 2011 年 7 月起至 10 月，对楞伽寺塔开展保护性修缮，修复原来的宋式额枋、间柱、支条构件等，使宋塔风貌更加明晰。特别是楞伽寺塔顶端的塔刹在民国时期便已破损，此次对旧有塔刹进行修补、重铸和防锈蚀处理，使其恢复宋朝修建时的原貌。

楞伽寺塔（江苏省文物保护单位）

三、楞伽塔院

楞伽塔院在 1966 年前，曾长期祀奉五通神，庙非佛教、道教，而是神教，信众颇多，但历朝均当作封建迷信而打压。1966—1976 年间，楞伽塔院由于长期无人居住管理，年久失修，拆去危房五间，由当地生产队暂管。1986 年，开始整修塔院。1987年初，以塔园为景点开放。现塔院分前后两进。大门朝东，第一进正殿硬山五间。东、西两侧间有板壁隔断。屏门前挂一幅中堂《福寿长春图》，楹联两副，一为八五叟吴进贤书："辟邪辟佞，景仰前朝汤巡抚。多福多寿，祈求南极老仙翁"。另一副是丁卯新秋王西野撰，程质清书："串月入归，村坫争酤新郭酒。行春社散，旗事传唱石湖间。"殿前天井两侧各有偏殿三间。后殿也是硬山五间，中三间连，东、西两侧间断。后殿前过道，有石级可登临山巅之塔下。塔院内祀奉太姆和三老爷、三太太。大殿中悬二匾。其一为大业七年李显："泽被一方"。其二为大观四年徽宗御笔，墨浪子书："认真为神"。楹联为光绪廿五年秋松禅老夫撰书："楞伽夕照，塔溯唐宋，山翠万里看三州。石湖晨唱，水分吴越，浪涛千古评五圣。"楞伽寺塔耸峙于上方山巅，下临石湖，玲珑塔影与明山秀水相映，有画龙点睛之妙。

四、名人咏诗

乾隆四十九年（1784）第六次南巡，再登上方山，并作《上方山楞伽寺》诗一首："寺据上方山，楞伽额久颜。登来极顶表，游趁一朝间。谁解三乘义，难参八见还。太湖万顷碧，只在俯临间。"

龚自珍在他的《己亥杂诗》中也有一首咏上方山七绝："拟策孤筇避冶游，上方一塔俯清秋。太湖夜照山灵影，顽福甘心让虎丘。"

明代王世贞有诗云："客语上方胜，藤萝手自攀；归云初半塔，过雨忽分山……"诗中提到的上方塔，一塔凌空，笑傲湖山，风姿秀美动人。

明代高启《姑苏杂咏楞伽寺》："夕阳西下嶂，返照东湖水。来寻古寺游，枫叶秋几里。叩门山猿惊，维马林鸟起。钟声出烟去，半落渔舟里。楞伽义未晓，尘累方自耻。欲打塔铭碑，从僧乞山纸。"

常熟市四高僧墓

四高僧墓，位于常熟市虞山北麓兴福寺东、寺路街南侧，系兴福寺四位高僧唐代常达、怀述，五代后梁彦俦，宋代晤恩墓地。1982年列为常熟县文物保护单位，2006年列为江苏省文物保护单位。

一、志载墓址

据明弘治桑瑜《常熟县志》载：高僧常达塔在兴福寺东南三百步，怀述塔在常达塔东北，彦俦塔在兴福寺东，晤恩塔与彦俦塔相近，总称四高僧墓。崇祯间程嘉燧《破山兴福寺志》载：四高僧墓，去寺两二百步，向入于民家，万历某年僧如子募侍郎钱公赎归于寺。民国《破山兴福寺志》又载：唐高僧常达塔，塔在兴福寺东南三百步，颍川陈言撰塔铭，邑大夫汝南周思辑为檀信，乾符四年立碑焉。唐高僧怀述塔，邑志在常达塔东北，字体如戒行不下常达。

梁高僧彦俦塔，塔在兴福寺东。宋高僧晤恩塔，塔与彦俦塔相近，有石存焉。

宋释居简《破山高僧塔》诗云：寺倚四僧传，僧今已蜕蝉。

二、墓址建筑

四高僧墓，保存基本完好，细部石刻较为精美。现存四墓塔，均坐西朝东，1979年修复，占地2000余平方米。四墓塔，最高的约2.5米，造型别致，细部雕刻有蟠龙、僧人、缠枝花卉、莲花等装饰图案。墓园四周植松柏，外设围墙，北壁以单间冲天式石坊作墓门，坊额上镌刻神兽等图案装饰，坊柱上镌刻有坊联"异代并成罗汉果，空山时落曼陀花"，为钱谦益撰。

三、高僧传略

释常达（801—874），唐代高僧，江苏常熟人。字文举，俗姓顾。发迹于常熟河阳山大福寺，游学江淮诸名刹，专讲南山律钞，通涅盘。唐天宝十二年（753），高僧鉴真和尚最后一次东渡日本，应永庆寺住持常达邀请，行前参礼此寺，再从黄泗浦登船东渡日本。会昌间武宗灭佛之劫，寝然山栖。咸通中，佛教中兴居破山寺（今江苏常熟虞山兴福禅寺）以复寺弘法为己任，江南佛学界一代名僧。工诗、书，有《常达诗集》。今江苏张家港市永庆寺留有古迹"高僧常达拜经堂"。他作的《破山山居》八咏（其一）："身闲依祖寺，志僻性多慵。少室遗真旨，层楼起暮钟。啜茶思好水，对月数诸峰。有问山中趣，庭前是古松。"（其二）"晚望立虚庭，心心见祖情。烟开分岳色，雨霁减泉声。远树猿长啸，层岩日乍明。更堪论的旨，林下笋新生。"

释怀述（生卒不详），唐代高僧。苏州人。字体如，学涅盘伊字沙门。驻锡吴郡虞山破山寺。经历武宗（841—846）灭法之劫，寺毁遭汰，但奉佛信教立志修行之心始终不渝。大中间（847—860）仍复僧衣，被誉为"凌雪青松"。

释彦俦（821—920），梁代高僧，江苏常熟人。姓龚氏。吴郡常熟人也。揭厉戒津锱铢尘务，勤求师范唯善是从，末扣击继宗记主得其户牖，乃于本生地讲导，同好鸠聚律风孔扇，号为毗尼窟宅焉。先是海隅巫咸氏之遗壤，招真治之，旧墟古寺周围不全堁垣而已。尝一夜有虎中猎人箭，伏于寺阁哮吼不止。

俦悯之，忙系鞋秉炬下阁言欲拔之，弟子辈扶遏且止者三四，伺其更阑各睡，乃自持炬就拔其箭。虎耽耳舐矢镞血。顾俦而瞑目焉。质明猎师就寺寻虎，俦告示其箭，悛心罢猎焉。武肃王钱氏知重，每设冥斋召行持明法。时覆肩衣自肱而堕还自塔上，或见鬼物随侍焉，所谓道德盛则鬼神助也。贞明六年六月终于山房。年99岁云。事迹见载宋《高僧传》卷第十六·梁苏州破山兴福寺彦俦传。

释晤恩（911—986），宋代高僧，天台宗山外派代表人物。江苏常熟人。字修己。姑苏常熟人也。姓路。母张氏尝梦梵僧入其家而妊焉，及稚孺见沙门相必起迎迟。年13闻诵弥陀经，遂求出家，亲党饶爱再三阻之，乃投破山兴福寺受训。后唐长兴中受满分戒，登往昆山慧聚寺学南山律。晋天福初从檇李皓端师听习经论，悬解之性天然，时辈辄难抗敌，后微闻天台三观六即之说，冥符意解。汉开运中造钱唐慈光院志因师，讲贯弥年通达《法华经》《金光明经》《止观论》。咸洞玄微，号为"义虎"。寻施覆述，出弟子相次角立，阐述《金光明经玄义发挥记》，引发天台宗山家、山处之争。

雍熙三年八月朔日，恩于中夜睹白光自井而出明灭不恒，谓门人曰："吾报龄极于此矣。"乃绝粒禁言一心念佛。次梦拥纳沙门执金罏焚香三绕其室，自言祖师灌顶来此相迎。"汝当去矣。"梦觉呼弟子至，犹闻异香。至25日为弟子说止观旨归及观心义，辰时端坐面西而化。享年75。僧腊55。其夜院僧有兴文偃等，皆闻空中丝竹嘹亮，而无鞉鼓且多铃铎，渐久渐远依稀西去。迨9月9日依西域法焚获舍利青白，圆粒无算。

恩平时谨重一食，不离衣钵不畜财宝，卧必右胁坐必加趺。弟子辈设堂居亦同今之禅室，立制严峻日别亲视。明相方许净人施粥，曾有晚饮薯蓣汤者，即时摈出黉堂，每一布萨，则潜洒不止，盖思其大集满洲之言耳，偏诲人以弥陀净业救生死事，受教得生感祥可见者往往有之。凡与人言不问贤不肖，悉示以一乘圆意。或怪不逗机者，乃曰与作毒鼓之缘耳。不喜杂交游，不好言世俗事，虽大人豪族，未尝辄问名居，况迁趋其门乎。先是天台宗教会昌毁废文义残缺，谈妙之辞没名不显，恩寻绎十妙之始终，研核五重之旨趣，讲大玄义文句止观20余周，解行兼明目足双运。使法华大旨全美流于代者，恩之力也。又慊昔人科节与荆溪记不相符顺，因着玄义文句止观金光明论科总三十五帖，见行于世。吁河汉中有鱼溯流而上者何，潜泳有所取故。恩公不宽乘戒，而出弟子十有七人，求解而行行耳。

事迹见载《高僧传·宋杭州慈光院晤恩传》卷七、《释门正统·荷负扶持传》卷五、《佛祖统纪·晤恩传》卷十。

大觉寺桥在车坊

大觉寺桥，位于苏州市吴中区用直大姚村大觉寺遗址前。1995 年 4 月，被江苏省人民政府公布为文物保护单位。

据资料记载，大觉寺桥始建于北宋庆历七年（1047），元至正十一年（1351）重建。梁式石桥，面为武康石，基础为青石，其金刚墙以块石错缝累迭而成。宽 2.70 米，长 5.15 米。桥面由五块略带拱势的长石条组成，中间三块较宽，两侧各有一块略高，组成沿口。沿口石侧面雕饰精美图案，东侧为二龙戏珠，西侧为宝珠、蝙蝠、仙人、天马等。梁头雕捧钵金刚力士，形象十分古朴。

有钱九成《大觉寺桥诗二首》："（一）大姚宝刹化尘沙，遗迹无存徒叹嗟；楼殿已随烟草没，劫灰何处有莲花！（二）大觉寺桥卧碧流，迄今几百历春秋；良工巧琢栏杆曲，艺事高标出一头。"

大觉寺桥是研究宋元财运雕刻艺术和建桥技术的宝贵实例。

从大觉寺桥往东走 60 米，有一座东西向的桥，叫"香花桥"，没有文物碑，经查，"香花桥"属省级文保"大觉寺桥"保护范围内，是不可多得的江南宋代武康石古桥的实例，保存完好，雕刻精细，具有极高文物价值。

香花桥始建于宋，清嘉庆戊辰年（1808）重建。桥为武康石、青石与花岗石混构单孔梁桥，全长 15.7 米，中宽 3.08 米，高 2.3 米，跨径 4.2 米。桥墩南侧设武康石立柱两根、北侧一根，中间为青石金刚墙叠砌。

桥面桥梁石 4 块，花岗石质，长 6.2 米，最宽的为 0.68 米。桥栏石 2 块，武康石质，两侧阳刻浮雕缠枝牡丹图案，有长系石 2 根。东引桥长 4.2 米，桥堍宽 4.4 米；西引桥长 4.25 米，桥堍宽 4.36 米。各设踏步 9 级。东侧桥墩内侧有花岗石刻一块，阴刻"重建香花桥，大清嘉庆戊辰年十月□姓重建，张天林"。

香花桥桥坡于 2006 年重修。

苏州治平寺遗址

治平寺遗址，位于苏州上方山东麓，东临石湖。1982 年 10 月 22 日，被苏州市人民政府列为文物保护单位。

根据《横溪录》记载："治平寺左带石湖、越来溪，右绕横山群峦，背负茶磨屿，前临上方山。"南北朝梁天监二年（503）僧法镜所建，初名楞伽寺。宋治平元年（1064）改为治平寺。嘉靖元年（1522）寺僧智晓曾在寺内的环翠轩、深秀堂、湖山堂、竹亭、石湖草堂遍

治平寺遗址

植海棠。石湖草堂、竹亭由同时期的苏州文人唐寅、文徵明、王守、王宠、汤珍等倡议重修，曾珍藏著名画家巨然的名画和苏东坡手帖等。嘉靖三十六年（1557），寺中曾建"五贤祠"祭祀纪念。清乾隆二十四年（1759），陈抚院请句容宝华山慧居寺方丈选戒僧润恒来主持，翌年重立寺。乾隆南巡时，又盖行宫宝座，修筑御道等建筑。太平天国驻苏时期，治平寺和石湖草堂均毁。同治九年（1870），由僧大愚再募款修建。民国初期，李根源一度曾借宿于寺内读书考古，当时润恒塔、大愚墓尚存，五贤堂基已作尼众坟场。他在澄碧楼南重建湖山堂，张一麐出资修澄碧楼。民国十六年（1927）孙元庆、谷钟秀来访，作《湖山堂记》。

1956年，在治平寺遗址发现有古文化层暴露，曾进行小范围试掘，出土并采集到铜镞、红衣陶、细泥红陶、印纹硬陶片等新石器时代至春秋时代遗物。1957年，上方山开辟果园，寺舍成了果园办公室和社员宿舍，寺前的两棵300年历史的银杏树，也被砍伐一棵。仅剩的一棵高24米，有四人合抱之粗。1996年，陆续对治平寺加以整修。

进入寺中，沿中轴线依次为天王殿、大雄宝殿，殿西侧的长廊里有乾隆《游治平寺》御诗碑，范成大石湖诗等碑刻。最引人注目的是廊外的一口大井，这便是相传为春秋时所开凿的越公井，也称吴王大井。相传春秋时所凿，据《吴地记》记载，"隋开皇九年（589），越国公杨素移郡及县于横山东五里"。隋灭陈后，江南动乱，杨素领兵平乱，以原城池"非设险之地"为由，在石湖上方山一带建新郭。杨素对原井加以浚治，以供军民饮用，故名越公井。根据《吴门表隐》记载："（此井）上径一丈有八，石栏如屏。"至今井水充沛，泽及一方。越公井四方的井台由青砖铺成，每边长2.2米，低于地表1.1米。井台中有青石制的井栏，井栏外面每一面均雕成"回"字形，内壁呈正圆形，直径为50厘米，井圈上有30余道井绳的勒痕，最深的可达3厘米，可见年代久远。水面距井口不足3米，井内长满了厚厚的青苔和蕨类植物，井内直径2米有余。寺内有一古银杏树，树龄达300年以上，高20余米，蓊蓊郁郁。廊壁书条石是当代书法名家补书的历代名人咏题治平寺的诗文，回廊尽头是根据拓片重刻的清乾隆帝的御制诗，这些都昭示着昔日的繁华。

治平寺历史上名僧辈出，如南山律宗千华派第八世理筠性言，于雍正九年（1731）从第七世福聚受具足戒，被委以院事，并协助其于法源寺弘戒，回宝华山后，分席于天隆寺。乾隆二十五年（1760），应江苏巡抚陈公之请，重兴姑苏治平寺。二十七年及三十年高宗两度南巡时，赐联额。福聚殁后，嗣继宝华山法席，寂于乾隆三十四年。

治平寺还和许多历史事件联系到一起。如，明初朱元璋死后，燕王朱棣发动了争夺皇位的"靖难之役"。攻占南京后，他的侄儿建文帝却下落不明。《明史》记载："都城陷，宫中火起，帝不知所终"；"或云帝由地道出亡。自后，滇、黔、巴、蜀间，相传有帝为僧时往来迹"。而成书早于《明史》80多年的《明史纪事本末》则记为：建文帝从地道出逃，一些随从人员从水关出城。鉴于多人聚集多有不便，只留3人在建文身边。传闻明成化年间，浙江松阳县人王诏闲游吴中治平寺，听到寺内转轮藏上有窸窣声，遂上去查看，原来是几只老鼠在啃一本旧书，翻开一看，里面载有随建文帝出亡的二十几位旧臣的轶事。王诏怜其孤忠，在每人事迹之前各加数句赞语，题名为《忠贤奇秘录》，刊行于世。

再如，清乾隆皇帝六次南巡，六至石湖，治平寺是他驻足小憩之地。乾隆二十七年（1762），乾隆第三次南巡，题大雄宝殿匾"水观澄因"，赐楹联二副，

其一："户外一峰秀，阶前众壑深。"其二："峰顶香云凝妙鬘，湖心宝月印摩尼。"并题诗《治平寺》曰："上方策骑下山行，小憩精蓝喜治平。傅弈当年知此义，空桑萧蹄不闲评。"

宋代田园诗人范成大云："凡游吴而不至石湖，不登行春，则与未始游者无异。"文人墨客喜山水之趣，于是石湖畔的治平寺便成为他们歇脚、聚会的所在。如，沈周《春日游治平寺》、文徵明《中秋登治平寺澄碧楼》、王世贞《雨中公瑕邀游石湖登治平寺作得来字》、徐祯卿《登治平寺》、王宠《庚寅岁九月十六日寓治平寺高斋纪事》、张凤翼《宿治平寺与慧公话旧》等。

苏州民间有在重阳节登高之俗，有的人在重九登范蠡墓，眺漕河风帆；或至浒墅，夜半登阳山浴日亭望海中日出，云霞五色，千奇万变，为一大景致；有的则是时开笼赌斗蟋蟀，俗称"秋兴"。而游治平寺，则为苏州的三大奇事之一，袁中郎诗云："苏人三件大奇事：六月荷花二十四，中秋无月虎丘山，重阳有雨治平寺。"

虎丘观音殿遗址

石观音殿遗址，位于虎丘山千人石西、冷香阁北。2009年7月10日，被苏州市人民政府列为全市文物保护单位。

一、石观音殿传奇

据乾隆年间《虎阜志》记载：宋庆历年间（1041—1048），湖洲臧逵侍亲秀州（今嘉兴），不幸得了瘵疾，就是现在说的痨病，发愿日日吃斋，诵观音经，寄望于大慈大悲、救苦救难观音菩萨能助他解除病痛、脱离苦海。一夕梦白衣人以针刺其耳，自此病体竟渐渐痊愈，臧逵极为感激，暗暗寻思这白衣人大概是观音菩萨化身吧！他知恩图报，发愿要为观音造一尊像，供人膜拜。他擅长绘画，所以他祈望能够梦见观音菩萨，再依照这梦中观音的模样来造像，觉得只有这样做才最能表达出自己的一瓣心香。虽然俗话说"日有所思，夜有所梦"，其实真要祈梦得梦，岂能随心所欲。斗转星移，直到十年之后他终于梦见了观音行道相。臧逵一醒来，赶紧磨墨濡毫，凭着娴熟的画艺和残梦中的记忆，手写心追，勾勒皴染，须臾间一幅观音行道相跃然纸上。其后又在太湖洞庭山觅得一块质地极佳的青石，它温润如玉，叩之有磬，高八尺有余，然后叫擅长雕刻的弟弟臧宁依此画像雕刻一尊与真人大小的观音。

石观音雕成后，须建设一座寺院供奉，而臧逵、臧宁兄弟生计拮据，无力承担，于是从秀州到杭州，又到苏州，四处化缘。苏州人乐善好施，更得到缙绅钟离智鼎力相助。熙宁七年（1074）九月初一，终于在虎丘第三泉南侧建成了以武康石铺地坪的石观音殿，又称应梦观音殿。从祈梦得梦到寺院落成，功德圆满，谁料想经历了30度寒暑，实属得之神奇，成之艰难。元代徐恪作《石像大士记》，以记其异。一般的观音瑶冠璎服，慈容丽质，能画的人不少，唯独这尊观音由梦感心得，如有所授而又不自知，精美绝伦，独擅胜场。

（据《虎阜志》卷五寺院元代徐恪撰《石像大士记》）

虎丘石观音殿奇异的来历，精美的造像，以及拜佛的灵验，很快香火旺盛，遐迩闻名，也引起了官员的重视。当年有人提议联络上至公卿大夫，下至全国各地州县官员，以正楷合写《大乘妙法莲花经》中的《观世音普门二十品》，每人写一行，落款各具官衔、姓名，共92行刻成15块，嵌于三面石壁上。为首者是左仆射兼门下侍郎平章事曾公亮，其中之一还包括大家熟悉的《梦溪笔谈》的作者沈括。在当时交通联络极为不便的时代，竟然有如此众多的官员通力合作，纷呈墨宝，勒之于石，成为轰动一时的大事。（据《虎阜志》卷二石刻"石室观音经 曾公亮等书"）

北宋通州紫衣僧契适，因病日久，药石无效，乃冥心发愿作《观音》诗七律十首，以求菩萨保佑，才及六首，夜梦观音降临蓬庐中，慈光烁人，病由此而愈。然而他仍旧殚精竭虑，把其余四首诗全部著成，益知大悲愿意力，如山谷应声，应念救苦，至诚所恳。苏州雍熙寺僧广慈得知此事后抄录了这十首《观音》诗，于元丰四年（1081）让人刻在石观音殿之壁，以流通胜事。（据《虎阜志》卷二石刻《石像大士赞并序》）

元末明初，常遇春攻打苏州张士诚，石观音殿和尚见大军驻扎虎丘，恐生骚扰，为求得太平，他把镇寺之宝臧递画的观音像真迹和铜香炉献出。常遇春没有接纳，画像却被手下人偷偷取去，后为常州范某所得，但他已不知是虎丘原物了。范某之母夜梦一女子要求"送我还"。母问还到何处？说是虎丘。第二天早晨，展开画卷，上面果然题目有"虎丘"，不禁大惊，心知有异，马上派人把画像送还。却说船工到浒关，忽为小偷窃去，有买得此画的人当夜也梦见女子说："我家虎丘，送我还。"那人是信佛的，不敢怠慢，就把那幅流落江湖几经转辗的应梦观音画像送还到虎丘。（据《虎阜志》卷十杂记）

明末，虎丘遭受火灾，四周石壁爆裂，唯独石像完好如故，愈见神奇，人们踊跃募材构殿。雍正四年僧立山倾资重修，为殿三楹。咸丰十年又遭太平天国焚毁，同治四年刘启发重修。

民国年间，李根源寓居苏州时访古虎丘到石观音殿，在石碑阴面见有"释迦文佛"4大字石刻，字之方寸与"虎丘剑池"4大字相等，为北宋政和甲午（1114）僧子英书，并落款为3行，分刻于二石。他高度评价这书法："雄浑冲和，有非虎丘剑池可及，当为虎丘榜书之冠。"（据李根源《虎阜金石经眼录》）

那么子英又是谁呢？北宋人，俗姓怀，号觉印，15岁出家，20岁游历四方。一夕梦白衣大士以琉璃瓶中的水给他喝，顿如醍醐灌顶，智慧豁然。他曾九次在大法会上登坛讲经，虎丘是他最后的驻锡之地。宋《吴郡图经续记》的作者朱长文称赞他的诗文"深造精微"，其相貌顾秀深静，须发长数寸，目光炯然，如古画中的老僧，世寿72，结跏而逝。（据《虎阜志》卷八名僧）

1966年夏，虎丘技校红卫兵上山破"四旧"，砸毁了断梁殿中的"哼哈"二将，焚毁了香樟木雕刻的千手观音，捣毁了洪状元等名人题写的厅堂匾额，虎丘曾被改名为"大庆公园"。而石观音殿因年久失修，1949年后一直被封闭，躲过了当时的冲击，但1969年被虎丘园林部门全部拆毁，佛像、佛经、石刻等统统被毁。

二、发现遗址

2005年11月，虎丘园林管理处因基建，拆除了茶室，在原址清理时发现了武康石铺成的石观音殿地坪、莲花座和同治年间重修记碑。经苏州博物馆考古专家考证，原石观音殿建于北宋熙宁七年，距今900多年，虽屡毁屡建，但建筑基址保存完整，因其基础及"四围石壁"为武康石建筑，而称之为石观音殿。这一石制殿式建筑，是目前江南所见较早的一处，在虎丘山内年代仅次于虎丘塔，其文物价值较高。

据有关史料记载，石观音殿经过多次毁坏与重建。在宋熙宁七年"觅美石造像，覆以石室"后，该殿于明初被毁，明中期又加以修建，并进行扩建，明末又被毁，清初又修，咸丰十年前后再毁，到同治年间又加以重修，才形成此次挖掘出的遗址所反映的前后三进格局。石观音像碎片的出土层位、质地以及留下的"金箔"等遗痕，都是十分重要的佐证。依据发掘出的出土文物与文献记载考证，考古人员还考证出原石观音殿及其屋顶的形式，石观音殿基础与壁（墙）为武康石结构，屋顶则为木结构悬山顶。

三、保护遗址

石观音殿是一处石制殿式建筑，是目前江南所见较早的一处。按照文物专家的要求，该遗址按原状进行了露天保护，同时以遗址为中心建起了一个轩式建筑。遗址周边建有东西向、长方形的闭合院落，其中最东面是门厅，上有刻着"古石观音殿"的砖细门楼，门厅内设陈列橱，陈列挖掘出来的宋代石观音像的手指、脚趾等文物；西部、北部有碑廊和碑亭，内置观音石像、《石像大士赞并序》等碑刻；南部墙壁放置由6块碑刻组成的"应梦观音连环画"。为了再现石观音殿的历史渊源，在遗址建筑的南面墙壁上安上一组石刻连环画，以一个个故事的形式向游客介绍石观音殿的历史和典故。该石雕作品长 9 米余，高近 1.6 米，在画面的周围还嵌以回纹雕饰。画面主要由 9 幅图组成，每一幅图是一个故事，依次表现了"藏逵侍亲""瘵疾缠身""茹斋诵经""观音针耳""石观音殿"等历史传说中的场景，通俗易懂地讲述了宋代熙宁年间，藏逵、藏宁兄弟二人在虎丘山上建观音殿的缘由。

2006 年 10 月 1 日，石观音殿遗址正式对外开放。

四、遗址碑记

大千佛刹，应缘而现。罹乱以废，逢治而兴，石观音殿亦然焉。稽志乘，宋熙宁七年，湖州臧逵应梦于观音而疾逾，由是造像了其愿，且覆以石室，洎今九百余年矣。惜屡毁于火也，宣德重建之，雍正修废之，同治举坠之，终遭"浩劫"而文物尽毁。嗟夫！观者怅立，思者兴叹，奚不感慨系之哉！

兹逢盛世，百废俱兴，虎丘景区不欲胜迹久湮，拟复旧貌。乙酉仲冬，始鸠工清理焉，于原址掘得宋时石坪与同治重修碑存。于是乎，以存遗为本，以复旧为宗，石坪厝于原址，周匝壁、廊，规制仍旧，营构精丽，灿然可观。且于廊庑嵌刻名家所书《普门品》与《石像大士赞》，雍雍矩度，奕奕清辉，观者称美也；又延耆宿崔公护绘应梦观音像，镌斫石上，置于正中之廊壁，穆穆然，闿闿然，堪称佳构也；复于左壁刻观世音应梦之连环故事，由谢君友苏精绘，周君大男镌刻，得形神兼备之妙也。吁！历时一载，厥工告成，旧观得以复兴，遗存得以保护。山花为之解笑，岩壑为之生风，洵一代之盛举，足与云岩之塔并峙于千古也！首事者嘱予作记，敢辞不文，敬撰是记，略述其缘由耳。丁亥春月邑人潘振元撰并书。

苏州圆通寺建筑

圆通寺，位于姑苏区阔家头巷。2014年6月30日，被苏州市人民政府列为第七批文物保护单位。

一、历史沿革

据记载，圆通寺始建于南宋淳熙年间（1174—1189）。原名圆通庵，僧原净创立。清代光绪二十九年六月，古刹又重建，改名为圆通寺。全寺格局为朝南三路四进。东路以放生池居中，黄石叠岸，五开间水榭临池而筑。中路第二进为大殿，硬山顶，面阔3间11.1米，进深12.5米，高约6.5米，前置船棚轩，青石覆盆加鼓墩柱础。末进为藏经楼，观音兜山墙高耸。历史上的圆通寺，从南端的阔家头巷一直延伸到北端的十全街。1966—1976年间，圆通寺佛像被毁，寺房一部分做了文化系统仓库，一部分住了居民。

二、建筑格局

圆通寺在修复过程中，还发现了明嘉靖五年《长洲县地字二图社》碑和清顺治九年《钦命督理苏州等处织造范公德政碑记》碑。碑体完整，碑文基本清晰，现安置在大殿前廊的东、西墙上。两块碑具有极大的历史价值。另外还出土了两件经幢，也分别是明代和清光绪之物。

寺门外，竖起一根六角形石经幢。两口古井井栏为内圆外六角，材质为花岗岩，井水清洌甘甜。贴巷朝南两座建筑粉墙黛瓦，西面为哺鸡脊，中塑葫芦图。东西为龙吻脊，中塑蝙蝠图。对开大门镶兽面形铜门环，一对抱鼓石侧立。

过门厅为一座庭院。六角形的青石柱上，坐落一尊铜鼎，鼎身铸有《圆通寺重修记》。幽雅的院落内，错落有致点缀各类小型石构件，有柱础、佛像等。一口水井，井栏为圆形。一个石臼内，金鱼摆尾显生机。一道花墙将庭院隔成东西两院。花墙上开月洞门。门两侧置一对青石兽。粉墙上嵌有圆形麒麟砖雕图，栩栩如生立体感强。花木、书带草、湖石等园林小品散列其间。当年张大千居士礼佛处，现已修复对外开放。大门正中六扇落地长窗，两侧各四扇托墙半窗。入内，正中题额"日晖月华"。

三、传奇故事

圆通寺内，演绎过不少文人雅客的传奇故事。传奇之一：张大千虔诚礼佛。20世纪30年代，著名国画大师张善孖、张大千昆仲居住于网师园。当时，善孖在园内饲有一头幼虎名"虎儿"。两人曾合作画虎十二幅，题为《十二金钗图》。作画之余，张大千常去网师园隔壁的圆通寺，与寺僧切磋佛经，顶礼膜拜。焚香叩拜之余，张大千还替虎儿礼佛，让其"立地成佛"。虎儿在园内蓄养多年，竟然与猫狗鸡等动物和睦相处，也堪称"礼佛"一奇。

传奇之二：叶恭绰吟诗唱和。当时，著名文人叶恭绰和张氏昆仲一起，也住在网师园内。不久，叶氏与圆通寺僧人熟悉起来。寺内僧人中，有的精通琴棋书画四雅，被称为"文僧"。其一僧名为风月上人，以善诗能词著称，另一僧人名栖谷，以通琴精棋著名。叶恭绰来圆通寺参禅后，常与这些文僧吟诗唱和，一时传为美谈。

传奇之三：肖退庵隐居觅趣。肖退庵（1875—1958），常熟人，原名守忠，改名嶙，早年字盅孚、中孚，号蜕庵、退庵、蜕公、在家僧等。肖退庵幼秉家学，博通经史，又善医理，工书法，曾参加同盟会和南社，以文字鼓吹革命。1937年起定居于苏州，不久又迁居圆通寺内的僧寮，在这里度过了他的最后20年。

肖退庵是著名的书法家，其性格"一生耿介，守穷居约，不同流俗"。他擅长各种书体，其特色是浑圆苍劲，敦厚俊挺，特别是篆书，方扁并施，最为精妙。其书名远播海内外，遍及日本和东南亚一带。他对权贵和势利场中人更不肖一顾。汪精卫来苏州开寿宴，伪省长李士群欲扬其好，将肖退庵请来求取笔墨。被肖氏断然拒绝。但对无名青年请教书法，他却热情辅导。同时，肖退庵还利用一技之长免费为穷人治病。其著述甚丰，主要有《文字探原》《小学百问》《书读百法》《劲草庐文》等，其大量篇幅均写于圆通寺。

传奇之四：众诗僧护经。1966年前后，苏州也出现"破旧立新"运动。一些寺庙佛像被毁，佛经被抄。圆通寺内，藏有不少珍贵的佛教经卷。为了防止红卫兵前来查抄经书，寺僧们巧妙地将经卷伪装后，连夜偷运至受国务院保护的西园寺，在寺内妥善存放。

吴中东山法海寺

法海寺殿，位于吴中区东山镇莫厘峰西坡下法海坞中。1986年3月25日，被吴县人民政府列为文物保护单位，现升格为苏州市文物保护单位。

一、历史沿革

法海寺，相传为隋朝莫厘将军舍宅而建。后梁乾化年间（911—915）改称"祗园"。宋朝祥符五年（1012），寺僧进京断臂请封，宋真宗赐名法海寺。明洪熙元年（1425），寺内置以铜钟和铜观音像。天顺六年（1462），东山进士吴惠所撰《重建法海寺记》碑竖于山门内。明万历年间，寺重建天王、弥陀两殿，称为"丛林寺"，清乾隆年间毁于大火，仅余僧舍、小殿20余间。现有前后两进殿屋，为民国年间重建，规制矮小，远逊旧观。寺前有镇山石狮、石凳、碑碣，以及青白两泉，并有山道河通莫厘峰。

二、故事传说

法海寺所处地理位置在莫厘峰之下，三面环山，一面出口，所处地形极佳，相传当年前后左右共有三个360间房屋，合计1080间。前山门在平岭脚下，可见其庙貌之大。法海寺环境幽绝，殿宇宏大，香火鼎盛，文人墨客多有吟咏。明人吴桥《冬日同王少溪重游法海寺》一诗抒发了自己睹物思人、感叹世事沧桑的感伤情怀，诗曰："欢聚忆当年，笙歌到梵筵。今来人已老，僧寺亦萧然。古木荒烟外，寒山落照前。不知方外月，能更几回圆。"清代程思乐《法海寺》诗曰："薄宦甘藏拙，常年举步艰。自今来净土，从此破愁颜。绕阁层层树，开窗面面山。莫厘知在望，不惮一登攀。"

相传法海寺后有"龙宫"遗址，寺前有青、白两泉，为"龙眼"。龙宫已无遗址可寻，青、白两泉至今犹存，青泉清而明，白泉浑而厚，为东山五大名泉之一。寺僧饮水皆取于此。名人葛一龙

法海寺香花桥

《咏青泉》诗曰：两泉同一寺，青白各自好。鬶寒人汲稀，寂寂山花照。两泉之下，有碧水一泓，上架青石小桥，名"香花桥"，系明代所建。

南宋初期，太湖草莽英雄杨虎曾据东西两山。以东山法海寺为山寨，西山为屯粮之地。岳飞奉命招抚杨虎，杨虎明大义，识大局，痛恨金兵犯境，毅然归顺岳飞麾下，参加抗金队伍，纵横于大江北岸，恢复大片国土，保卫南宋半壁江山，屡立战功。时太湖仍为抗金战略要地，法海寺中所有殿宇、僧寮驻满宋军。为长期抗击金兵，准备在法海坞，从太湖底挖隧道，南至宜兴山区，北抵江阴长江边。如此，在军事上进可以攻，退可以守；又利运输粮草、军械。终因规模太大，工程过巨，兼之朝中奸臣当道，主和者得势，钳制主战者，致未实现。但至今尚传法海寺有地道通长江之说。

三、文物珍品

自唐宋以来，法海寺中多藏佛教文物珍品。据山明王季重（思任）《游洞庭两山记》中云：从翠峰右肩逾至法海寺，积叶封山，足音四响，饭于芝台上人之榭。万木枝窗，秋声荡鏊，意颇冷之。芝台出唐画随喜，乃《如来示寂图》也。

广三十尺，修益之。宝相福严，解脱自在。而一时天女龙神，悲顿皇惑，眉号口哆之态，俱无丝毫遗憾，可谓其死也哀矣！此北宋以前第一手，恐阎立本、赵千里辈不能办也。又据《红兰逸乘》载：“《陀耶入泥洹》画像，在东山法海寺。赵居士宦光偕黄山习远，游洞庭东山法海寺，见殿东栋间悬一巨篋，讯之老衲云：轴子在内，自入教以来，三十年矣，未有开展，不知何轴。居士使数人百计开展，乃是《陀耶入泥洹》画像也。天龙八部，人非人等，皆号啕躄踊，悲惨莫可名状。图方广二丈余，一幅素为之。题‘平江府造’四字，而无岁月。鉴定为宋政和（1111—1118）时物。于是率同游作礼于庭草间。叹未曾有！”

四、莫厘将军

莫厘峰是东山最高的山峰，因莫厘将军而命名。这说明在当时莫厘将军应该是东山显赫一时的人物。可是至今为止，有关莫厘将军的身世，可以说是空白。为纪念莫厘将军，东山有关史书有过多次记载，莫厘峰便是其中之一。东山又称莫厘山，但此称呼可不出名。东山新庙，日旧有圆极宫前大榆树下，有隋朝莫厘将军墓。《重建法海寺记》由明时宣德丁未年（1427）进士、亚中大夫三品广东承宣布政使司右参政、东山人吴惠所撰，文中有这样一段记载：“寺居苏之吴县洞庭东山莫厘峰之下，山势秀拔，群峰下绕，茂树长林，弯深奥邃，一尘不到。而有清白二泉之灵异，寺独据其胜焉。考寺之始创于隋义宁中，相传莫厘将军捐宅为寺。”这里关键是“始创于隋义宁中”。据查隋义宁为隋朝晚年流亡小朝廷，是恭帝杨侑的年号（617—618），即正史中的大业十三、十四年。由此可见，莫厘将军是隋朝人，是在隋朝期因战乱不断而迁到东山。

吴江同里卧云庵

卧云庵，位于吴江区同里镇上元街。1997 年 9 月 15 日，被吴江市人民政府列为文物保护单位，现升格为苏州市文物保护单位。

卧云庵俗称土地堂。据清嘉庆年间刻印的《同里志》记载，该庵"初建无考，东为观音殿，西为土地祠（俗称土地堂即由此而来），祀同里社主（指土地神），相传唐太子敕封里域明王"。这"明王"，旧时指社神的封号，佛家也有"明王"的称号，如有不动明王、大威明王等，"明"的意思为光明，"以有智力摧破一切魔障之威德"，故曰"明王"。卧云庵内既有土地祠，又有观音殿，因此，这"明王"不管是指社神，还是指佛家，都是适合的。关于卧云庵明清时期的沿革，清嘉庆《同里志》也说得比较详细："明万历中（1573—1619）重建堂庑，国朝（指清朝）乾隆三十二年（1767）里人陆国珍增建观音殿、山门……嘉庆初，里人朱光震、僧自诚募修土地后殿，十四年（1809）里人陈佳锡、范显锜、严泰来、僧真性募建二堂，修葺观音殿，十五年（1810）里人顾怀慈捐本圩田二分扩基址，庞保元捐建山门。另据卧云庵东厢房后墙内镶嵌的碑刻记载，该庵现存建筑初建于明嘉靖年间（1522—1566）。

卧云庵正如其名"卧云"，颇为清静。卧云，旧谓隐居，如唐代大诗人白居易有诗词云："不作卧云计，携手欲何之。"现存建筑共有两进十四间，占地 591 平方米，建筑面积 207 平方米，其中大殿面阔 14.92 米，进深 7.76 米，该殿露明三间，硬山顶，前后七檩，明、次间为减七檩，较为罕见。大殿屋顶平缓，出檐较深，柱头及檐口飞椽均有收杀，脊檩上有彩绘，童柱呈方形，结点上均有斗拱联结，步柱粗矮，具有独特的明代建筑风格。随着同里进一步合理利用文物、发展旅游业，卧云庵这座明代建筑定会走出"深闺"，让世人所识。

湘城妙智庵旧址

妙智庵旧址，位于相城区阳澄湖镇湘城人民街后弄后山嘴。2009 年 7 月 10 日，被苏州市人民政府列为第六批文物保护单位。

一、妙智庵由来

妙智庵初名法华寺，始建于梁天监二年（503），是著名的"南朝四百八十寺"之一。北宋宣和年间重建后定名为"妙智禅院"，俗称妙智庵，后成为著名的相城八景之一"妙智古刹"。至元末时，殿宇颓败香火冷清。明永乐十二年六月，在永乐帝发动"靖难之变"中论功第一而获封资善大夫、太子少师的姚广孝衣锦还乡。他目睹妙智庵的凄凉后，捐资重建了寺院，并于次年完工，寺院因此焕然一新。在庵内大雄宝殿西面，因为长年征战而不能在父辈前尽孝的姚广孝特别为其祖、父母设立了一座祠堂。永乐十六年（1418）姚广孝病逝于北京后，被追封为荣国公，并建少师祠堂于庵中，

堂内立其遗像，并将两位帝王的纪念文字勒石刻碑为证。

妙智庵最后一次修整是在清光绪年间。民国期间，妙智庵成为区、镇公所驻地及第一国民小学校址。1954 年改建为粮库，今仅存大雄宝殿一座，面宽三间，106.8 平方米左右，从大殿梁架、斗拱等构筑形制判断，当为清代建筑。由于妙智庵一直用作公共建筑，故整体保存状态较好。

二、庵内御碑

在第三次全国文物普查中，妙智庵旧址内发现了两块古碑，碑高约 90 厘米，宽约 40 厘米，相距约 2 米。两块碑中的"皇帝祭文"碑，又称明御祭姚广孝文碑，是永乐十六年三月，姚广孝在北京去世后，永乐帝特派镇远侯顾光祖到苏州姚氏故里镌刻了一块重要的纪念碑。碑文内容，记录了姚广孝辅佐朱棣夺得天下的人生轨迹。其中"识察天运，

言屡有验，一德一心，弘济艰难，辅成家国，其绩居多"等用词，传达了朱棣对这位谋僧的感激之情。

另一块碑则是朱棣之子明仁宗朱高炽的"与姚广孝书信"碑。在朱棣诸子争夺皇位的过程中，姚广孝一直支持皇太子朱高炽。史书记载，"（永乐）帝往来两都、出塞北征，广孝皆留辅太子于南京"。为人忠厚的朱高炽当然铭记在心，碑文显示，朱高炽在继位已定之际，写了一封情真意切的书信慰问患病的老师，还随信"特赐亲用良剂拾枚"。

这两块明碑均为楷书、阴刻，主体部分字迹保存良好。

三、姚广孝身系建文帝逃亡

在姚广孝退出朝廷多年去世后，为什么朱棣父子仍然以极高的规格褒扬这位八旬老僧？除了知恩图报的心态之外，姚广孝在家乡饱受诟病的尴尬也许让两位帝王觉得皇家大张旗鼓的恩宠应该让更多人知道。

据史书记载，荣归故里的姚广孝因为以方外之人的身份参与战争有违戒律，且朱棣在苏州地区大肆屠杀招致民怨，结果父母早亡后与他相依为命的姐姐不能原谅他的所作所为；另一位知己王宾也对老友来了个避而不见，深受刺激的姚广孝由此决心退隐山林。而且据传他甚至参与了保护建文帝的工作。

据《明史》记载，永乐十六年三月，已经重病缠身的姚广孝突然赶到北京请求面见永乐皇帝，在朱棣回忆为"朕往视之，与语极欢"的这场谈话中，姚广孝向皇帝提出了唯一请求——释放被怀疑藏匿了建文帝的和尚溥洽。聪明的皇帝读出了姚广孝的潜台词，在溥洽因为此事获罪入狱多年这段时间里，建文帝极有可能被姚广孝转移至朱棣赐给他的佛地吴县穹窿山中保护了起来。与青灯古佛相伴了16年，建文帝已无任何复国可能，姚广孝希望皇帝网开一面。关于此事，《苏州府志》中的《吴县志》有明确记载，"皇驾庵，相传明建文帝逊国于此……"在众多关于建文帝逃亡的猜测中，有一条他藏匿于吴县穹窿山的说法，而那时穹窿山上最有能力保护他的人正是姚广孝。

山塘白公堤石幢

白公堤石幢，位于阊门外山塘街775号的五人墓旁。1982年，被苏州市人民政府列为文物保护单位。

白公堤即山塘街，自阊门至虎丘，傍山塘河，长约七华里，号称七里山塘，为唐代诗人白居易出任苏州刺史时所筑。后人为纪念白居易，遂又称山塘街为白公堤。明万历三十八年（1610），白公堤因年久失修多处被水冲塌，木铃和尚发愿募化修堤，精诚所至，苏州官绅士商千余人捐资助修。大功告成后，范允临、王稚登各写了一篇《重修白公堤记》，分别勒石立于青山、绿水两桥之间，前者为碑，后者为幢。时隔几个世纪，如今碑已下落不明，幢则于1981年文物调查中在甘露律院遗址被重新发现，1983年迁移到五人墓旁建方亭加以保护。

白公堤石幢俗称方碑，作方柱体，由基座、幢身、幢顶三部分组成，通高3.16米。幢身正面镌有《重修白公堤记》，明万历三十九年（1612）王稚登撰文，文从简书丹，正楷，字迹大部分可辨认。碑文有"记"和"铭"两部分，叙述万历三十八年至三十九年重修白公堤的经过，赞颂木铃和尚发愿募化修堤的精神和长洲县知县韩原善带头捐俸助修的善举。背面上镌木铃和尚所画线描大势至菩萨像，下刻木铃长跋行及捐助修堤功德人姓名，有申时行、张凤翼、文震孟、冯时可、刘弘道等千余人，然字迹现已模糊，大部分已难以辨认。左侧面为五百尊者线刻像，题刻"弟子周廷策拜写，木铃衲子勒石"。左侧面镌薛明益所画寒山、拾得像，上方有陈元素和薛明益所书寒山子诗。幢顶中心立雕弥勒佛坐像，四边各浮雕坐相佛四尊。基座雕饰须弥山和卷云纹。

白公堤石幢造型独特，雕刻精致，内容丰富，撰文、书丹、画像、题诗及捐助修堤者多为当时吴中名士，是一处珍贵的具有佛教色彩的明代文物，也是记载白公堤（山塘街）历史的重要古迹。

画僧虚谷葬石壁

在光福蟠螭山永慧禅寺畔，有一座虚谷上人墓，1986年3月25日，被吴县人民政府列为第二批文物保护单位。现升格为苏州市文物保护单位。

一、虚谷其人

虚谷（1824—1896），清代著名画家。俗姓朱，名怀仁，一名虚白，号紫阳山人，别号倦鹤，室号觉非庵，出家后用虚谷名。安徽新安（今歙县）城南紫阳观人，后移居江苏扬州。其画有苍秀之趣，敷色清新，造型生动，落笔冷峭，别具风格。他的特色是夸张描写动物的特点，而以战劲的线条来描其形状。性情孤僻，非相处情深者不能得其片纸。他一生过着相当清苦的日子，光绪二十二年（1896）在上海城西关帝庙里过世，还是他的释门弟子苏州狮林寺方丈恬宣来沪，才把他的灵柩运回苏州光福安葬。

他曾做清朝参将，后因不愿奉命打太平天国而出家为僧。虚谷"不茹素，不礼佛"，也"从不卓锡僧寺"。同治、光绪年间寓居上海，常往来于上海、苏州、扬州一带，以卖画为生，自谓"闲来写出三千幅，行乞人间作饭钱"。与任伯年、高邕之、胡公寿、吴昌硕、倪墨耕等海上名家友善。他书画为全才，早年学界画，工人物写照。擅山水、花卉、动物、禽鸟，尤长于画松鼠及金鱼。亦擅写真，工隶书。他继承新安派渐江、程邃画风并上溯宋元，又受华新罗等扬州画家影响，作画笔墨老辣而奇拙。运用干笔偏锋，敷色以淡彩为主，偶尔亦用强烈对比色，风格冷峭新奇，隽雅鲜活，无一带滞相，匠心独运，开具一格，海派大师吴昌硕赞其为"一拳打破去来今"。

二、绘画风格

虚谷的绘画师法弘仁、程邃清脱苍劲一路，好用于笔画线，很多几乎是白描起稿，然后敷以淡彩。运笔清劲利落，具有节奏感。他善用侧笔逆势，行线秀劲并见,犹如刀削而下,刚健而不流滑。虚谷这种清脱苍劲的用笔方法,不单表现在山水画里,也运用在花鸟画的创作上,给花鸟画一种崭新的格调。虚谷的画有海派画家所共有的笔墨清新的一面,然而最可宝贵的还在他表现物象形体的敏感上。无论垂柳、秋林,或是松鼠、金鱼,往往能抓住对象最为本质的体态和表情。对象的形象动态在他画里不是如实反映,而是经过艺术创造上一种美的处理。他吸取前人观察事物和如何表现的长处,继承了弘仁的清劲、新罗的技巧、金农的朴实。虚谷画的许多蔬果花卉,幅式都很小,造型极为简略。但他的用笔设色细腻动人,既注意物性又注意画面的节奏和章法上的新颖,因而他的画能够超然象外,耐人寻味。虚谷对物象形体的处理,很近似欧洲现代绘画之父塞尚,很注意对象的体积感,不同的是他的意匠具有东方艺术的性格特色。固然,形式是绘画艺术表现的关键,但它必须来自画家在客观具象世界真实的新感受,笔墨因人而异,当随时代而新。因循守旧也是形式主义创作方法的一种表现。

虚谷的人物造型奇特,章法与众不同。他善于调理把握章法的中、偏、正欹、平奇、虚实、轻重、藏露与布白。使画

虚谷上人墓

面空灵，有强烈的空间感。这在长条画幅上表现尤为明显，横斜排列巧妙，气势浩大，敢于突破常规。平中求奇，从而达到静中有动，虚实相生，生意盎然。

虚谷的画富有趣味，善于巧妙的夸张，变形是他的一大创造。同时我们还可以从真、舍、直三方面来赏析他的艺术。"真"就是在对本质的东西把握基础上又能加以大胆的主观夸张，以达到更传神的高超的艺术境界。"舍"就是对造型的大胆取舍，虚谷的舍，来得狠，舍得妙，手法高明。"直"又是虚谷用笔用线的一个明显特点，其简练的线条凝重，见直方组合，做到神似、传神，而不是形似。他作画行笔用线是宁方勿圆，顿中见力，见棱见角，下笔肯定，有着强烈的个性。

虚谷的艺术实践，证明了对生活的探索感受是艺术形式能够发展的关键，他画的一花一木，给人清新的形式美。这里有对传统的理解，更有对客观自然真实的会心之处。精花鸟动物，所作金鱼、松鼠、仙鹤、花果活泼清新，富于动感，简练夸张，极富个性和装饰趣味，在海派中独树一帜。

三、绘画成就

他携笔墨、着僧装，"闲中写出三千幅，行乞人间作饭钱"，云游四海，清贫于世却笔墨人间，他行程之广、画作之多，已为当时罕见。他承古创新，另辟捷径，广集素材，勤奋垦作，终成一代巨擘。早年学界画，其代表作如《瑞莲放参图》《重建光福寺全景图》等，尤其是他为南海普陀山中的昔济寺画十二帧写实山水册页，是界画、传统画融合的神品。这些与受益徽州家乡的古代艺术遗产不无关系。

后以擅画花果、禽鱼、山水著名。风格冷峭新奇，绣雅鲜活，无一笔滞相，匠心独运，别具一格。亦能诗，有《虚谷和尚诗录》。传世作品有《梅花金鱼图》《松菊图》《葫芦图》《蕙兰灵芝图》《枇杷图》等，还有《春波鱼戏图》《松鼠伏砚图》《猫》《游鱼戴花》《松鼠跳踯图》《梅花金鱼图轴》《猫菊纨扇》等。

虚谷亦擅诗，如《冬梅》诗，曰："满纸梅花起偶然，天成寒眉任周旋。闲时写出三千幅，行乞人间作饭钱。"三千幅并非夸张之词，是他对艺术热爱的肺腑之情。他临死前，还写过一首《除夕》诗："几声爆竹隔邻家，户户欢呼庆岁华。明日此时新岁月，春风依旧度梅花。"等等。痛苦之中依然倾吐炽热的生活留恋之情。他的书法伟峻高格，冷峭中洋溢着刚毅的气息，亦喜用焦墨干笔，虚实札生见神采，景如其人，著有《虚谷和尚诗录》。

天马山腰大休墓

大休上人墓，位于无隐庵后的天马山半山腰，环抱在一处扇形巨石中。2014年6月30日，被列入苏州市文物保护单位。

一、大休其人

大休（1870—1932），四川仁寿县人，俗姓鄢，法名演章，与德清演彻禅师，即虚云大师，同属临济宗演字派。大休少有宿慧，启蒙学儒；13岁时，入峨眉山青玄宫学道；17岁那年皈依佛门，受戒于成都新都县宝光寺。七年后，始出蜀地，以"大休"之号行世，开始他"湖海逍遥放浪吟，行踪难定鹤来寻"的云游生涯。苏州诸家瑜、戈春男著《蜀僧大休》里说，大休"从光绪十九年（1893）至宣统元年（1909）初，历时16年左右，足迹遍历16省区"。四十岁后，先后驻锡杭州云居山圣水寺、富阳天真山天中寺、西湖孤山照胆台、姑苏城里龙池庵、寒山寺、太湖西山包山寺，

流连在苏杭山水之间，主持多个名刹的修建，广交文人雅士，所谓"五岳游来不复游，吴头越尾度春秋"（大休诗），最后隐栖苏州天平山西天马山麓之无隐庵，自营生圹，趺坐念佛而逝，时在1932年12月8日（农历11月11日），世寿六十有三，僧腊四十有六。

二、修复大休墓

大休上人墓，由戈春南发现修复。20世纪90年代初的一天，他在木渎天平村范家场，意外发现到一块刻有"大休"等内容的残碑。几年后，在复刻《包山寺重修记》等几块碑时，知道了大休上人生平简介和圆寂之地的介绍，于是实地考查了被当地乡民称为"和尚坟"的大休墓地，并将残碑运往了包山寺。之后每逢过年，春南总要去墓地瞻仰大休上人。平时，有文化名人或有好朋友来访，也总要领他们去那里瞻仰一下。同时，他还曾向社会和有关部门呼吁，

希望能予以抢救修复，却一直没有得到回应。2008年秋，大休墓地遭人亵渎，净地狼藉一片，春南目睹之，非常气愤和心酸。为了维护大休上人的尊严，保护这方"干净地"，他萌生出一个念头：自掏腰包，修复"大休墓"。寒山寺秋爽大和尚得知后，深受感动，决定由寺院出资，邀春南鸠工庀材，整修恢复旧观。最后，春南执意各出一半。2009年下半年，修复工程付诸实施。春南怀着一颗虔诚的心，修葺诸迹，忙得不亦乐乎；摩刻剜却污秽，除祛泥苔；架小桥铺路面，平整山地；新配供案香炉，构筑墓栏；修复"塔志铭"碑，重建灵塔……他的独子张弘，在随父学艺、自主创业的同时，也为修复工程倾注了全部精力。2010年5月4日，整个修复工程以"圆满、完美"而告竣。至此，大休佛骨重见，佛光普照。

重修后的大休上人墓占地20平方米左右，面东背山。花岗石雕凿的墓塔上，正面镌刻着近代名人李根源所题写的"大休息处"四个隶书大字。墓左之《大休上人灵塔重修记》碑，公元二零一零年五月苏州寒山寺立，潘振元书；墓右之《苏州寒山寺疗住持大休大师墓志铭》碑，民国二十有二年六月立碑。墓周有大休、李根元等人摩崖题刻五处，题刻内容颇具禅意。"人弃则我取，人取则我弃，人我两俱空，百事皆如意。大休书""乾净地""大休在""止矣休哉"，以及李根源手书的大休和尚墓志铭："止矣休哉，大休和尚！前于包山营生圹，特题'大休息处'四字。今和尚爱无隐之胜，移锡来住，重治圹基于寺之右，属余题之。大休，四川仁寿人，披剃峨眉。能诗，善画，工琴。腾冲李根源识。"

从2013年起每逢清明节，苏州寒山寺方丈秋爽法师都要带领寒山寺两序大众为大休上人扫墓祭祀。通过扫墓祭祀来表示对上人的尊敬与怀念。

张家港尊胜禅院

尊胜禅院遗址，位于张家港市杨舍镇庆安村。2009年6月23日，被张家港市人民政府列为第四批文物保护单位。

尊胜禅院，始建于梁大同二年（536），兴盛于唐、宋，至清中期逐步荒废。2008年11月，张家港市博物馆文物普查组在鉴真东渡纪念馆附近进行文物普查时，了解到乘航街道东北曾有较大的古庙宇遗址。12月5日，南京博物院和张家港博物馆考古专业人员组成联合考古队，对古黄泗浦庆安遗址进行初步试掘。试掘地点位于张家港市骏马农林科技园1号大棚内，截至2009年1月10日，共发掘探方8个，发掘面积300多平方米。发现了南朝至隋唐时期的水井1口、灰坑2个、墓葬4座，

另外清理了唐宋时期的砖砌墙基和排水槽各4处。出土了陶器、青瓷器、酱釉器、瓦当、石佛像背光以及白瓷、影青瓷、黑瓷等200多件标本。器物年代跨越两晋、南朝、隋唐、宋、明、清，主要以隋唐遗存为主。

尊胜禅院遗址的发现将张家港开埠史最早推进至公元3世纪。从试掘的成果显示，遗址存在的时间、内涵、性质与文献记载中的尊胜禅院极为相符，由于濒临古黄泗浦，尊胜禅院很可能是鉴真东渡的最后一个落脚点。考古的发掘，不仅可以为鉴真东渡增添新的历史信息，提供新的实物资料，而且将进一步丰富张家港的文化内涵，是张家港市第三次全国文物普查的重大成果。

张家港市伍相庵

伍相庵，位于张家港市塘桥镇牛桥村。2009 年 6 月 23 日，被张家港市人民政府列为第四批文物保护单位。

据《常昭合志》记载：伍相庵由僧修纶于元大德八年（1304）所建。该庵坐北朝南，正殿 7 间，殿堂高大雄伟，内供如来佛、观世音、望海观音、猛将诸神像及十殿阎王，西首 3 间朝东辅房为和尚生活用房。1944 年孔林和尚为住持时重修，四方求神拜佛者络绎不绝。60 年代神像被毁，庙宇改作村小学教室。据村中老人讲，该庵外观虽历经多次修缮，但内部结构从未做任何改变。

张家港毗陵寺井

毗陵寺井，位于张家港市香山北麓的金港镇长山村。1984 年，被沙洲县人民政府列为沙洲县文物保护单位，现为张家港市文物保护单位。

据《江阴续志》卷十八记载，位于香山、凤凰山、长山 3 山之间的古毗陵寺，始建于东汉末年，据考有 1001 间禅房，为江南有名古庙。庙内有井 7 口，供寺内使用。

关于毗陵寺井的来历，据史料记载：西汉时期，大将军彭越东征，率大军途经今金港镇长山村，将士干渴难忍，遂掘淤泥为井，这就是毗陵寺井的雏形。到了东汉，江南兴建寺庙，在毗陵寺井处建立了毗陵寺。后来毗陵寺香火渐旺，一口水井不够用了，于是主持方丈泓祖率领众僧拓井 9 口，其中以毗陵寺井最大，用黄石砌成，呈六角形。也有人称毗陵寺井为泓泉。9 口井中有 2 口是干井，用来储存水果蔬菜。后来，随着岁月的变迁，9 口井就剩下了一口最大的。毗陵寺井又名瞿家井、泓泉，是古南沙胜景之一。

至 1949 年后尚有古井 3 口，后两口已淤塞，仅剩现在 1 口。井口直径丈余，口大底深，水清味甘。内壁石砌，井底铺木槽，上有青石井圈，呈六角形，旱年不涸，其水位比周围河水高 2 市尺，终年不枯，久用不浅，这口默默流淌了两千多年的古井，以其涓涓而出的井水滋润了一方人。

常熟虞山维摩寺

维摩寺，位于常熟虞山辛峰亭以西约 1.5 公里之箬帽峰。1982 年 11 月 17 日，被常熟县人民政府列为第一批文物保护单位。

维摩寺，始建于南宋隆兴元年（1163），本名石屋维摩庵，因在虞山北坡的石屋涧之上，故名。至南宋淳熙三年（1176）时，右丞相兼枢密使、邑人曾怀（字钦道）奏请为功德院，孝宗赐"显亲资福禅院"额。明宣德四年（1429）始改名"维摩寺"。因寺院布局坐西朝东，每当日出，层林尽染，景色绚丽。明嘉靖时贡生、邑人陈儒曾有"满空晴旭照山林，翠竹丹枫画可评"的诗句赞之。

寺中有"望海楼"，又称望江楼，回廊曲折，颇具幽趣，昔时文人雅士常结伴夜宿于此，清晨登楼观日出，云蒸霞蔚，极其壮观，向有"维摩旭日"美称，为"虞山十八景"之一。楼中昔悬有明清之际江南奇女柳如是所撰楹联："日毂行

天沧左界；地机激水卷东溟。"清乾隆三十年（1765），景州知州、邑人屈成霖出资重修寺宇，并于寺后辟建园林，营建泉池台榭。山门悬楹联"大观江海合，杰构宋梁余"，原为曾怀撰书，清末由陆懋宗重书。清咸丰十年（1860），因太平军与清兵在虞山激战，寺毁于战火。清光绪时重建，屈氏后人亦助修望海楼等，并于楼内塑有屈成霖像，悬长联曰："钟磬定山声，昔有白云投刺史；棂栏接海气，远持红日照维摩。"1949 年中华人民共和国成立后，乏人管理，寺院荒芜，殿宇房屋逐渐破败。

维摩寺现有天王殿、弥陀殿、大殿、望海楼、葫芦池、钵盂泉、山门等建筑。1983 年修缮，并更名"维摩山庄"。客居此寺，晨起观日出最佳，"维摩旭日"系虞山十八景之一。踞"望湖岩"可南览尚湖，登"望海楼"则能北眺长江。寺四周绿茶匝地，松郁竹秀，风景宜人。

常熟虞山应慈墓

应慈墓，位于虞山北麓破龙涧西南侧，距兴福寺约 200 米。2011 年 5 月 30 日，被常熟市人民政府列为第八批文物保护单位。

一、应慈法师（1873—1965）

释应慈，俗姓余，名锋，号振卿，出家后法名显亲，字应慈，自号华严座主，晚年号拈花老人。原籍安徽歙县，上代侨寓江苏，清同治十二年（1873）出生于江苏省东台县。

余家世业盐商，家资富有。他幼年读家塾，学八股文，聪慧异常，曾经中过秀才。清季末年，盐政改制，家道中衰，不得已弃儒学商，又以亲属变故，感觉到生死无常，乃生起离俗出家的念头。

光绪二十四年，应慈 26 岁，于朝礼普陀山时，遇到明性禅师。相谈契合，坚定了他出家的意志。明性禅师乃为他剃度，命名显亲，字应慈。应慈出家后，随明性禅师到了南京三圣庵，研习经典。

他饱读儒书，故进步甚速。短时间内即读诵研习了《维摩经》《法华经》《楞伽经》等大乘经典，由此发心参究禅宗的明心见性之学。

应慈出家的第二年，到宁波天童寺受具足戒。时，八指头陀释敬安为天童寺住持，做了应慈的传戒师。以后他就到处参学，访谒尊宿。他先在镇江金山寺，依大定禅师学禅，继之到扬州高旻寺随月朗法师参究，最后到常州天宁寺参谒冶开禅师，从之学习禅法。冶开门风峻肃，对门人不稍宽假。应慈于数年之中，受益者深，颇有领悟，以此受到冶开的器重。到了光绪三十二年（1906），与师兄月霞同受记别于冶开，为临济宗第四十二世。

宣统元年（1909），江苏省僧教育会，在南京三藏殿开办"僧师范学堂"，聘请月霞、谛闲二法师主持，应慈乃随同师兄月霞到了南京，在僧师范学堂襄助教务。当时在学的僧青年，有太虚、仁山、观同、智光等。月霞于应慈为师兄，长应慈 15 岁，而应慈敬事如师，始终不懈。由同到南京僧师范学堂起，此后 12 年间，他随侍月霞，为月霞的得力助手。

南京僧师范学堂办了两年余，以辛亥革命爆发而停办。月霞赴上海参与出版《佛学丛报》，应慈一度到安庆迎江寺、武昌宝通寺、汉阳归元寺参访。民国三年（1914），月霞在上海筹办"华严大学"，应慈乃到上海襄助。

上海的"华严大学"，是英籍富商哈同的夫人罗迦陵资助创办的。月霞时在上海，以佛教居士狄楚青的推荐，到哈同花园讲经。时，康有为亦在上海，他劝请罗迦陵发心弘扬佛法，因而有华严大学的设立，并由月霞主持。学校分正科、预科，各三年毕业。民国三年（1914）正科开班，全国最优秀的学僧，如常惺、持松、戒尘、慈舟、智光、了尘、妙阔、惠宗等，都在校就读。开学未及三月，因有异教徒从中破坏，月霞不得已把学校迁到杭州海潮寺，持续三年，圆满毕业，造就了一批日后中兴佛教的人才。在这件事情上，应慈辅佐月霞，投入了无限的心力。

民国六年（1917），月霞奉冶开老和尚之命，分灯常熟兴福寺，在兴福寺兴办"法界学院"，应慈随月霞到常熟，辅佐办理。是年十一月，月霞在杭州玉泉寺圆寂，兴福寺法界学院的责任，就由应慈一肩挑了起来。到了民国八年（1919），

兴福寺住持和法界学院院长的职位，由他的门人持松继任，他就到杭州西湖的菩提寺闭关潜修，专究贤首一宗的典籍，使他对华严教理有了高深的造诣。

到了民国十四年（1925），常州清凉寺住持静波和尚，想创办一所"清凉学院"，造就僧才，乃亲到杭州菩提寺，请应慈出关主持其事。应慈乃提出两个条件：一、学僧不参加经忏佛事，以讲经授课为主；二、学僧日必三时坐香，不上早晚殿，而以发普贤十愿代替。静波和尚均予接受，应慈乃出关到常州主讲于"清凉学院"。当时入学的学僧 20 余人，食宿一切均由学院供给。所授课程，由《四十二章经》《大乘起信论》讲起，而《弥陀经》《楞严经》《楞伽经》《法华经》，以及《五教仪》《华严教义章》《教观纲宗》等。每入冬结七，实施丛林教育制度，为学僧奠定下禅教的基础，弘一律师及蒋维乔居士，对这种真参实学的教育，都极为称扬。

国民革命军北伐期间，江浙发生战事，学院迁到上海的清凉寺下院，应慈此时开讲《华严经》，后来学院因故再迁常州永庆寺、无锡龙华庵，而应慈始终如一，在三迁之中将《华严经》讲完。

学院结束后的数年之中，他往返于上海、无锡、苏州、常熟、宁波、福州等地讲经弘法，并数次朝礼五台山。民

国二十八年（1939），上海佛教界名流居士蒋维乔、李圆净、黄妙悟等，发起组织"华严大疏钞遍印会"，推举应慈为理事长，主编清凉国师的《华严大疏演义钞》，以 20 余种版本互相校勘，历时 6 年而竣其事。与此同时，他在上海设立了一所"华严速成师范学院"，培育弘扬华严教理的僧才。

此后他仍在各地讲经弘法，晚年安居于上海慈云寺之印月禅室，仍以弘扬华严为职志。1949 年，在法云寺讲华严初祖杜顺的《法界观门》，并一度到南京讲《华严经》。1954 年，当选"上海第一届人代会代表"，并以后各届连任。同时也被推选为上海佛教协会名誉会长。1957 年，以 85 岁的高龄，在上海玉佛寺讲《华严经》全部。同年，他又当选为中国佛教协会副会长。1962 年，在中国佛协的第三届代表大会上，他被推举为佛协的名誉会长，并兼任中国佛学院副院长。1965 年 8 月 31 日，病逝于上海慈云寺，世寿 93 岁，僧腊 67 年。

应慈毕生以弘扬《华严》为志愿，以参禅为心宗，他曾倡刻《三译华严》《贤首五教仪》《楞严》《法华》《楞伽》等诸经疏，并刊印《华严经探玄记》等，对《华严》典之弘传，毕生不懈。遗留的著述，有《心经浅说》《正法眼藏》《八识规矩颂略解》等。

二、墓塔建筑

墓塔坐南朝北，为墓塔群内南起第二座，系花岗石筑，平面成六边形，底边长 0.7 米，高 2.6 米，正面镌"传讲三议华严座主南岳下第四十六世天字法显兴福分灯应慈亲禅师之塔"，后刻"师生于同治十二年夏历二月初五日午时，寂于公元一九六五年夏历八月初五日丑时"。墓塔外设罗城，墓道长约 30 米，道口设三间冲天式石坊一座，坊额嵌"人天共仰"，坊柱上镌楹联"祖德巍巍高建法幢接引后辈，悲心切切深入苦海善济舍灵"。

太仓海宁寺遗址

海宁寺遗址，位于太仓市城厢镇太仓弇山园内，系 2003 年太仓弇山园改造过程中发现的。2013 年 3 月 29 日，被太仓市人民政府列为第六批文物保护单位。

据目前可查阅的史料记载，有关太仓海宁禅寺的资料，最早记载于宋朝凌万顷（宋淳祐十一年，1251 年刻）的《玉峰志》中，"广法教院在（昆山）县三十六里"。之后明代弘治年间桑悦的《太仓州志》卷四、明代延德年间王鏊的《姑苏志》卷三十、明代嘉靖年间张寅的《太仓州志》卷十、清代康熙年间张大纯的《姑苏采风类记》卷九、清代嘉庆年间王昶的《直隶太仓州志》卷五十一、清代宣统年间王祖畬的《太仓州志》卷二等地方志都有相关记载。王祖畬编撰的《太仓州志》卷二第 83 页："太仓州境之在城者有海宁禅寺，在武陵桥西北，宋建炎四年郏承直舍地，僧善能建庵，曰妙莲。绍兴二年改名广法教院，元大德间，朱清督海运，奏改今额。延祐二年重修，赵孟頫撰碑云：海宁禅寺，梁天监年中尼妙莲故址也，尼以矢节得度，荼毗日烟中皆现莲状，乡人因以名庵。建炎间地属郏承直复施僧设庐，则妙莲庵乃始于梁，非始于宋也。历明至国朝，屡次修建，咸丰十年兵燹毁。"

1315 年四月初八浴佛节，赵孟頫为太仓海宁禅寺题写碑文："余州娄东海宁禅寺，创梁天监中，盖尼妙莲故址也。"此碑原物仍立在太仓弇山园墨妙亭西侧，迄今已有 695 年，属弇山园的镇园之宝。

第二节

寺院古迹

苏州的一些古老寺院，虽然没有批准为开放寺院，也没有列入文物保护单位，有的只有遗址，但在历史上曾是某一地区的著名古刹。本节收录了上方山石佛寺、花山翠岩寺、东山翠峰寺、天平山白云寺、渔洋山清华寺、吴中藏书紫泉寺、无隐庵遗址、寒山寺庵、阳澄湖畔圆通寺、安养院（大庙）等10处寺院。

茶磨屿麓石佛寺

茶磨屿俗称茶磨山，和上方山一样，是吴山山脉，也就是历史上所称的横山山脉东面的余脉，是一个极小的小山包，高仅32米。茶磨屿极小，但却是名胜古迹密集的地方，足可令游人驻足。石佛寺位于茶磨山东麓，尽管规模不大，却是上方山石湖景区的一座名刹，至今已近八百年的历史。

一、历史沿革

越过四柱三门的"吴中胜境"石牌坊，向右经过行春桥，就来到了石佛寺。斗转星移，沧海桑田。石佛寺名称多变，又名潮音寺、海潮寺、潮音禅院、妙音院、妙音禅院等。莫震《石湖志》：石佛寺又名潮音寺、妙音禅院，在茶磨屿下，傍依范成大祠堂。寺面临石湖，就岩石凿观音像一尊，名"观音岩"，上盖一亭，高丈六，下为涧水一泓，"下视沉沉，静深莫测，跨石为桥，长二丈许，护以扶栏，过者股栗视眩。左右绝壁巉岩，寒藤古木蔽空掩映，清气洒然，殆非人境，俗呼为'小普陀'"。《横山志略》："宋淳祐中（1241—1252），由尧山主开山。"利用地形，依茶磨山边的岩石造型，凿就一尊观音佛像，立于山崖裂隙间，俗称"石佛"，寺名由此而来。石观音像高达一丈有六，神态自然逼真。于是，这堵山崖也"因佛而名"，被称为"观音岩"。前有佛殿山门，临通衢有僧房数间，寺院规模虽小，却甚得佳境。元代诗人陈基到此游览，有《登观音岩》诗云："普陀山枕海波宽，古洞谁移此地安。岩下碧潭常侵日，云根瑶草不知寒。楼篁鹦鹉呼人语，伏涧蜿蜒听法蟠。山兀石桥方广路，也须一虔姿盘桓。"

明洪武年间（1368—1398）重修。置"石湖佳山水"匾额。嘉靖十四年（1525），苏州郡守胡缵宗到此游览，觉得此处风光极好，遂提笔挥毫，在崖石上题"崖石涧"3字。因有石观音像尊立于岩下，有人又题为"小天台"。崇祯四年（1631），由郡绅司马申用懋重建大殿。大殿倚山构阁，设计巧妙，以山崖之势盘折而下，造成一殿，殿虽不大，但小巧玲珑，如悬于半空之中，殿外围以朱栏。游人登阁，倚栏下望，恍若仙境。

其时，游人纷至沓来，十分热闹。乾隆二十三年（1758），乾隆皇帝南巡至苏州，安排去石湖游览，他见了石佛寺，大有好感，即兴挥毫，题了"普门香梵"的匾额，又题了一副对联：愿力广施甘露味；闻思远应海潮音。由于皇帝题了匾额、对联，石佛寺一时名声大振，前来进香的、游赏的人络绎不绝。在上方山的"五圣"祠兴起后，此地的香火逐渐冷落，故民间有"上方饱欲死，石佛饥不生"之语。民国初年，磨盘山前平地原有大殿，殿前4棵古银杏，殿四周围墙。民国十三年（1924），吴县曾按照宋时的基础加以修建，后被火毁。1966—1976年间，石佛寺遭到破坏，寺阁、盘道、石梁均被砸毁，观音石像被砸成三段，落入涧内。20世纪80年代，为恢复石湖风景名胜，开辟旅游，由政府拨款，着手重修石佛寺。疏浚涧中淤泥，将石观音像从涧中捞出，清洗干净，请石匠艺人拼装补修，恢复原貌。整修后的观音石像高2.4米。1987年观音洞顶部做加固处理，并重建门厅、回廊、院落。

二、建筑风格

现在的石佛寺，仍依山而建。古寺山门与范公祠祠门合为一体。南侧粉墙上，嵌有玻璃覆盖的大理石两方。其中一方为楷书"古石佛寺"，由明代嘉靖三

石佛寺摩崖

年祝允明书。进入大门，是一个开敞的庭院。中间，是一条用扁砖侧砌成人字形花纹的甬道。

西面，一堵峥嵘的陡耸石壁，和崖顶上的参天古木相映成趣，绵亘在茶磨山山麓，为观音殿围出一道天然的绿色屏障。来到观音壁前，但见古藤密密攀，织出一张巨大的绿网。其间的明清摩崖石刻已模糊不清，记下了时代的沧桑。岩壁下，一泓山涧碧波荡漾。水中的游鱼摇头摆尾，正嬉弄着蓝天白云。那条镌有"梵音胜迹"的石梁，横越涧水，连接着古刹的昨天和今天，在水中投下明日的憧憬。池北岸，一条不规则的石矶浸入水中，延伸出一方天然钓台。在此垂钓，油然而生濠濮之感。石矶的上方，是一处嶙峋黄石，棱角分明，是庭院和园林叠山理水的重要石材。石台下凿出一方平面，上刻3字隶书"小天台"。其旁落款两行，分别注明出处。原来，"小天台"最早由明代都穆题刻。毁损后，由当代吴中著名书画家吴进贤补书。小天台的台壁上，从石缝内斜出两棵老树，有鸟在枝间筑巢鸣唱。

坐西朝东的观音殿，黄墙黛瓦，背靠茶磨山临涧而筑，独擅形胜。它是一座硬山式两层小屋，玲珑雅致。有趣的是，进观音殿必须绕池而过，从北侧小天台沿石阶拾级而上。这就是崇祯年间郡绅司马申用慭就岩间砌以巧石的遗址。如今用整齐的花岗岩条石叠砌。条石尽头，错落的石级忽又改为卵石甬道。路面上，铺砌出蝙蝠等讨口彩的图案。欣赏脚下铺地，自有一番乐趣。

推开一扇狭窄的木门，便进入观音殿底层。观音殿又称观音阁、观音堂。殿内面积不大，20平方米不到。阴暗的光线，逼仄的空间，给人以一种进入时光隧道的感觉。地面上针脚砌着俗称"金砖"的青灰色方砖。两侧花岗石柱上刻有当年乾隆皇帝为潮音寺所题楹联："愿力广施甘露味，闻思远应海潮音。"观音殿的正面崖壁间，凿有一个长长的莲花型石龛。莲花用两条形花岗岩条石贴砌，进深约1.60米。石龛中的观音像立在莲花座上，神态自若，宝相庄严。

从观音殿底层退出，沿另一条石径登临而上，就到了紧邻的茶磨山房。山房建在高约5米的小天台顶端，门前有一石板铺砌的平台，四周围以花岗岩石栏。茶磨山房为硬山式，三开间大殿，现已辟为茶室。入内，两侧圆柱上挂一幅抱对联："湖波弥望自足莼羡，石佛为邻常听松籁。"

毗邻茶磨山房北侧，有轩屋三楹。屋内墙壁上嵌有两方珍贵的石碑，其一为《重修石佛寺记》，里人于民国十三年集次修而立碑。碑为青石，高1.30米，宽0.5米。碑额浮雕云鹤纹饰，并镌刻一方"海潮古寺工程信章"。另一块为乾隆御书《观打鱼歌》碑，碑高1.55米，宽0.75米。《观打鱼歌》前有一段小序云："地方大吏备观打鱼，因事已成，略观辄罢之，而作是歌。"原来，乾隆游石湖时，官府曾组织渔民打鱼，请乾隆观看。乾隆写了《观打鱼歌》，并留下御书，由官府刻碑留念。

如今石佛寺，松涛阵阵，山雨淋淋，山寺寂寂，梵音清流洗去俗世的喧嚣，而唯有人们心中的那份宁静才是永远的佛陀。

花山山中翠岩寺

苏州的山，以古城西郊的最为奇特，大多深藏固密，一山一胜，胜胜相形。位于古城西部的花山（亦作华山），有苏州西部第一佳境之美誉。山高海拔 169 米。《吴郡图经续记》载："或登其巅者，见有石如莲华状，盖亦以此得名。或云晋太康中，曾生千叶莲花也。"清归有光曾赞："花山固吴中第一名山，盖地僻于虎丘，石奇与天平，登眺之胜，不减邓尉诸山。"老子在《枕中记》曾写道：吴西界有华山，可以度难。太古传说，女娲补天采炼昆仑五彩石，不慎遗落三块彩石：一块为红楼梦中贾宝玉的通灵宝玉；一块落在花果山上，诞为齐天大圣；这第三块便化为花山，所以花山有"山种"之美称。山道陡峭，长松夹径，十分幽静。

山顶上的莲花峰，为花山之顶峰。清乾隆十八年刻本《花山书》记载，花山又名华山，海拔约 176 米。《吴地记》中记载："吴县华山，晋太康二年（281）生千叶石莲花，故名。"其实山顶巨石仅有三块，高数丈，上宽下窄，兀立危如累卵。因其状似莲花，故称莲花峰。莲花峰被誉为吴中第一峰，形成于亿万年前，有几块巨岩矗立山巅，远观似出水莲花，盛开天穹，似含苞欲放的花蕾，其旁之石似一位身着袈裟、驼背膜拜的老僧。

坐落在莲花峰下半山腰的翠岩寺，经岁月浸淫、风霜层染而成花山著名佛教胜迹。

翠岩寺，初名华山寺。东晋时高僧支遁（314—316）曾隐居此开锡道场。南北朝时期光禄大夫张裕也曾隐居于此，后舍宅为寺。元朝末年，寺毁于大火。明永乐年间（1403—1424）重建。万历年间，华严寺巨匠汰如、苍雪法师在此讲经说法，轮流主讲《华严疏钞》。万历末，僧鹿亭结茅于此，天启间中峰寺方丈汰如、苍雪续建殿于华山寺，大雄石柱宝殿就在这时期建成。《吴县志》中还录有清初钱谦益《华山讲寺新建讲堂记略》，详细记载了翠岩寺的兴衰沿革历史。

山门

古刹自东晋高僧支遁（314—366）开山以来，法脉传承，延绵不绝，且历代名僧辈出。自元代以来，许多高僧曾在那里设立道场。如元代有师梵，明代有麓亭、雪良、憨山、中孚、咸然、巢松等，清代汰如、苍雪亦在那里道经说法，轮流主讲《华严疏钞》。清代，是翠岩寺最为鼎盛时期。顺治年间，翠岩寺住持僧鉴作为一代高僧，通晓诗画，精于佛法，声名远播。弟子敏膺，经营院事不遗余力，曾住持白鹤寺、南翔寺，还为皇家主持过隆恩法会，名声播传遐迩。康熙十五年（1676），巡抚慕天颜题名为"泖潭禅院"。康熙三十八年（1699），康熙第三次南巡，御书"翠岩寺"额。乾隆帝南巡，六次临幸，曾赐联额，联为"秀挺莲峰观空悟华藏，清延松径叫法演潮音"，额为"莲界云岑"，还亲笔挥毫书写"清远"二字赠送寺僧。近代，广慧法师住持翠岩寺后，曾重修了西园的戒幢律寺。因此，翠岩寺一直被戒幢律寺奉为祖庭。民国时，翠岩寺为戒幢律寺的下院。翠岩寺原有建筑与至今保存的寂鉴寺相同，它的石柱、石屋、石鼎均从自山采材。大殿建于南宋，其独特构建屈指可数。李根源《吴郡西山访古记》记载 1931 年的翠岩寺，还是皇家色彩浓重的：达翠岩寺，旷然平夷，可数十亩。入大雄殿，殿前有崇祯十年翁彦登母造香炉一，清高宗书"清远"二字石刻，殿中悬清圣祖题额，字脱灭，玺存。殿内悬清高宗"莲界云岑"额，联"秀挺莲峰观空悟华藏，清延松径叫法演潮音"。咸同兵燹后，仅遗此殿，余烬矣。左清行宫故址。

翠岩寺是佛教禅宗临济正宗的道场，寺内铜钟、铁佛、石门槛为"三绝"。1966 年大雄殿毁于"破四旧"，木构件被拆到山下建礼堂，铁佛与铜钟被回收金属，唯石佛台、石柱与石门槛幸存下来。

从花山鸟道拾级而上至翠岩寺天王殿门前，抬头有民国元老李根源先生题字"华山翠岩寺"，时过境迁斯人已逝，饱经沧桑物依旧在，其字苍劲有力，犹似根老风骨。天王殿面阔 3 间，80 平方米。出天王殿为一院子，古树参天。正面为大雄宝殿遗址，面阔 5 间，约 400 平方米。遗址上 22 根金山石柱高高耸立，呈现出当年十分雄伟的大殿气势。石柱为正方形，边长 45 公分。石门槛位于大雄宝殿。旧时，用石料做门槛的极少见。石门槛长约 4 米，高 0.25 米，石条上凿有榫头，原装有 6 扇大门。遗址被人称作苏州的圆明园。

遗址前右侧建有山神殿，殿面阔 3 间，60 平方米。山神殿匾为钦瑞光书。遗址左侧建有观音殿，面阔 3 间，120 平方米。观音殿匾由潘振元书。观音殿内供奉五尊观音像，正中供奉观音菩萨立像。出观音殿为财神殿，面阔 3 间，80 平方米。

为保护好遗址，新建的大雄宝殿位于遗址前左侧。上 13 阶台阶为一平台，平台中有香炉一只。再上 11 级台阶为大雄宝殿，殿前有宝鼎一座，五层、高 3.8 米。殿面阔 5 间，300 平方米。殿门上方"大雄宝殿"匾由王健生书。

翠峰坞中翠峰寺

翠峰寺位于东山莫厘峰下东南麓第一个山坞翠峰坞。

一、翠峰寺位置

翠峰坞里的翠峰寺曾是东山的第一大丛林，当时建筑雄伟、规模极大，1966年前规模尚存，1966—1976年间被全部拆毁，寺基已成桔林，现在自然化为乌有了，只有古桥、古井还坚守岗位，见证翠峰寺的兴衰。明朝时翠峰寺有很多有名的和尚还有文人前来，如唐伯虎等，留下了不少游翠峰寺的诗篇。

翠峰坞在东山莫厘峰东南麓，山丘三面隆起，东南面对太湖，中间半山间一块宽大的平地，山虽不高，因苍松翠竹四季碧绿苍翠而得名。翠峰寺即藏其间，寺以坞得名。唐广明元年（880），武威上将军席温避战乱看中了这块风水宝地，即从武山迁移到翠峰坞，建宅定居，一个江南望族从此开

始一千一百年的光辉业绩。翠峰坞直通山下一条大路分成上席、中席、下席三段，成三组家族的居住区。经过若干年后，可能觉得生活不方便，将坞中住宅舍宅为寺，只把一小块地作为建祠之用，以后在山坞建起了一所规模宏大的寺庙，曰翠峰寺。后历代又先后在坞中修建了古雪居、藏经阁、天衣禅院、药师殿、远翠阁、大悲坛、微香阁、仙人洞、悟道泉（井）、香花桥、饮月亭（又名六角亭）等，使之成为了古代一处著名的旅游胜地。宋元明清历代文人墨客为翠峰寺写下了许多诗篇。清叶松《咏翠峰寺》句云：一峰生众坞，一坞一庵存。分却诸天去，终推古寺尊。泉谁曾悟道，法恐或多门。且与尝香茗，同寻碧涧源。近人王守悟《吊翠峰寺附近荒墓有感》诗云：残碑断碣叹消沉，岁岁风霜雨露侵。荒草萋萋人去后，斜阳空照故山林。两首诗鲜明的对比，道出了翠峰寺古今的兴衰史。

二、史载翠峰寺

据《百城烟水》记载："翠峰禅寺，在翠峰坞。（山有九坞合流，循寺门而行。）唐天资间，席将军温舍宅建。（白乐天题诗翠峰寺，有"笙歌画船"之句。）宋初明觉显禅师说法于此。（淳熙戊申元日建普同塔，迪功郎盛章落成之。）明成化间修，嘉靖中再葺，万历十四年僧良瑞募修大雄殿及天王殿。（翁遵仰及席某助之。）三十三年僧复初建藏经阁。（有方外士张籹碑记，今所存只西一房。）

据《东山志》记载："翠峰寺，位于东山翠峰坞内。唐广明元年（880），武卫将军席温定居东山，舍宅建此寺。明万历十四年（1586）修天王殿。三十三年建藏经阁。清代建古雪居、饮月亭。原规模极大，头山门在"平盘"上汤家场。有屋舍千间，傍晚寺僧关山门，需骑马完成。寺上方半山腰有'仙人洞'，长百米，传说可达太湖底。其额'翠峰寺'三字为明代董其昌所书。清咸丰十一年（1861），其寺毁于兵乱，被焚烧大半。光绪初由席氏裔孙重建山门，额为朱廷选所书。1966—1976年间被拆毁大部，剩下少量僧房因年久失修，于1989年坍塌殆尽。今翠峰寺废墟仅存'悟道泉''香花桥'和约300年树龄的古银杏一株，及通往山下的3里长青砖侧铺山道。"

据李根源《吴郡西山访古记》卷五记载："过古雪居，地极幽邃，陶文毅、彭刚直极赏之。刚直有'山色湖光吸一楼'之句，为此庵生色不少。山坳六角亭，陶文毅以清宣宗书'印心石屋'石刻嵌之壁间。下注紫泉，清甘适口，僧云：'雪窦禅师降龙于此。'旁有薇香阁已废。至翠峰寺，寺毁于兵，瓦砾榛莽，不堪入目，惟默祝雪窦、天衣诸大师作再来人以振兴之耳。白居易、李弥大、范成大、吴宽、陈霁、徐祯卿、文徵明诸公，均有《游翠峰诗》，近人席某正书，悬之古雪居壁。旁建唐武卫将军席温祠，翠峰宣德钟卧阶下，虬柏一株、鸭脚二株，各大四五围。出翠峰松径宋元时长松夹道，故名。"

三、古井"悟道泉"

翠峰寺遗址上现有一口很大的井，井圈呈方形，这就是历史上有名的"悟道泉"，为东山五大名泉之一。据说古时候有一位高僧在寺内讲经，井内有一条龙也出来听讲而得道，唐寅、祝允明、范成人、王庞等为"悟道泉"留下了许多诗篇。

明吴恪《酌悟道泉》诗云："久踏翠峰路，今尝悟道泉。淡中偏有味，妙处欲生莲。石鼎谁联句，松根手自煎。堪嗟陆鸿渐，未喻雪公禅。"吴宽《谢吴东磵惠悟道泉》句云："试茶忆在廿年前，抱瓮倾来味宛然。踏雪故穿东涧屐，迎风遥附太湖船。题诗寥落怀诸友，悟道分明见老禅。自愧无能为水记，遍将名品与人传。"沈周《和前诗韵》云："彭亨一器置堂前，思此泠泠久缺然。借取白云朝帻瓮，载兼明月夜同船。小分东磵聊知味，大吸西江亦喻禅。纱帽笼头烟绕髻，煎茶有法是庐传。"蔡羽《吴东磵品悟道泉》诗云："青霞翳岌嶂，绿竹迷重关。岂知天籁灵，千古封潺湲。取供学佛人，一饮通圣顽。吴公我舅氏，心与泉石闲。品水得方法，胜事传人间。白鹿一朝去，妙韵不可攀。至今苍岩下，屐齿生苔斑。松杉掩寒磵，惟有云月还。阿戎亦佳士，吟咏兴不悭。欲觅旧茶灶，同子卧东山。"唐寅诗云："自与湖山有宿缘，倾囊刚可买吴船。纶巾布服怀茶饼，卧煮东山悟道泉。"文徵明诗云："空翠夹舆松十里，断碑横路寺千年。遗踪见说降龙井，裹茗来尝悟道泉。伏腊满山收桔柚，蒲团倚户泊云烟。书生分愿无过此，悔不曾参雪窦禅。"王宠《酌悟道泉》诗云："名泉真乳穴，滴滴渗云肤。白石支丹鼎，青山调水符。灵仙餐玉法，人世独醒徒。长啸千林竹，清风来五湖。"张本诗云："法井渫浮青玉瀫，山风香拂紫霞纹。客来试汲莲花水，僧自开关扫白云。"

四、坞中香花桥

翠峰寺香花桥，因其旁有翠峰寺别院而得名。香花桥为单孔拱桥，桥身材质为青石，拱圈为五条圈石并列分节筑成，无桥名额，无建造重修纪年落款和建桥人落款，故建造年代和重修年代不详。桥面用花岗石条横筑而成。此桥除桥孔第一列卷石有点开裂外，桥身尚算牢固。

五、诗咏翠峰寺

翠峰寺原为一名寺，宋代范成大、李弥大，明代唐寅、文徵明、祝允明、沈周、徐祯卿等数十位名人雅士，均留下了游翠峰的诗篇，成为吴文化宝库中的财富。

宋李弥大《游洞庭山》曰："昔日乐天为姑苏太守，游洞庭山题诗翠峰寺，有笙歌画舟之句。绍兴壬子，弥大守平江，阅月而罢，片帆来游，首访翠峰，追怀古昔，拟乐天体，聊继其韵，时异事别，各遂所适之乐尔。诗云：山浮群玉碧空沉，万顷光涵几许深。梵刹楼台嘘海蜃，洞天日月浴丹金。秋林结绿留连赏，春坞藏红次第吟。拟泛一舟追范蠡，从来世味不关心。"

宋范成大《咏翠峰寺》诗云：来从第九天，桔社系归船。借问翠峰路，谁参雪窦禅。应真庭下木，说法井中泉。公案新翻出，诸方一任传。"

明吴怀诗云："野服乘春到梵宫，上方佳境似崆峒。藤萝翠插千峰雪，芦卜香传一殿风。闲听磬声知定起，静依潭影觉情空。清时未许投簪绂，此意还应问远公。"吴宽《入翠峰寺》诗云："步转然峰路豁然，梅花丛里见青天。青泥不污登山履，又过长松啜冷泉。"陈霁诗云："白云幽谷访禅宫，绝磴回峦有路通。涧响乍惊林麓雨，松声长带石楼风。泉深古湫龙应伏，碑新荒基塔已空。闻说南宗留影在，欲将心法问休公。"徐祯卿诗云："香灯间照古堂室，日午桐阴上井迟。尝桔客求藏瓮法，煮茶僧乞啜泉

诗。听经犹剩当年鹿，好事谁攀宿草碑。陈迹半销何处问，令人空忆翠峰师。"

王琬《翠峰寺》诗云："翠峰拥出太湖东，峰上楼台架碧空。曾拂丰碑读文字，将军第宅改禅宫。"吴伟业《翠峰寺遇友》诗云："卧疾峰腰寺，敧危脚步劳。松声侵殿冷，花势拥楼高。薄俗诗书贱，空山将吏豪。不堪从置酒，白发自萧骚。"清叶松《咏翠峰寺》诗云："一峰生众坞，一坞一庵存。分却诸天去，终推古寺尊。泉谁曾悟道，法恐或多门。且与尝香茗，同寻碧涧源。"近人王守悟《吊翠峰寺附近荒墓有感》诗云："残碑断碣叹消沉，岁岁风霜雨露侵。荒草萋萋人去后，斜阳空照故山林。"

天平山麓白云寺

白云寺，位于苏州市吴中区木渎天平山东南麓。

唐宝历二年（826），僧人永安修建，初名白云庵，以白云泉得名。

北宋庆历四年（1044），赐额"功德禅院"，成为范氏功德香火院，又称天平寺。清同治年间，重建硬山式大殿三间及院门两重。民国八年（1919），再次重修。

"白云古刹"庚申四月（1921）吴郁生题。吴郁生（1854—1940），吴县人。为嘉庆戊辰科状元吴延琛之孙。光绪三年（1877）授翰林，曾为内阁学士，兼礼部尚书、四川督学，主考广东。戊戌政变，六君子被戮，西太后因康有为出其门而不用吴郁生。及至西太后死，乃任邮传部尚书，军机大臣。吴郁生晚年避居青岛，购置豪宅，终老青岛。

"有唐梵宇"庚申四月（1921）邹嘉来题。邹嘉来（1853—1921），吴县人。应科举，中翰林，累迁至外务部尚书兼会办大臣。民国元年后，袁世凯聘其为外交高等顾问，不受。避居青岛以遗老自命。张勋复辟，授弼德院顾问大臣。事败，再度遁走。著作有《怡若日记》《遗盒日记》，编《光绪壬午科顺天乡试朱卷》。

天平山白云禅寺重兴碑，高 1.8 米，宽 0.79 米，明洪武二十五年（1392）姚广孝撰文，滕用亨书丹篆额。

白云古刹的大殿台基及莲瓣绕联珠覆盆式青石柱础年代较早。

渔洋山上清华寺

渔洋山上有座清华寺，尽管没有批准为佛教活动场所，但清华寺有一点名气。

渔洋山位于苏州太湖国家旅游度假区中心区域，三面临湖，东接胥口古镇，北对光福邓尉、玄墓、大小贡山，南望东洞庭山，西扼西洞庭山，太湖大桥如长虹卧波，串联起西山、叶山、长沙诸岛。

渔洋山是伸向湖心的一个半岛，山势绵延，形如鳌首，景观丰富，拥有湖荡、山坞、岛屿、溪水、森林、古井、清泉、奇石、珍稀动物等多种生态资源。

渔洋山由渔洋、法华、钵盂、黄茅诸山以及姚家岭、谢家岭、马公山、野猫涧、昙花坞、法华坞、清华坞等组成，总面积约 11 平方公里，主峰高 171 米。

清华寺，其遗址位于苏州太湖国家旅游度假区渔洋山之西南，正南望太湖大桥和西山诸岛，太湖波光粼粼，湖中长沙岛如莲花盛开，叶山、西山诸岛如层层莲叶依次排列，使人顿觉心旷神怡，身处极乐之境。据《香山小志》记载，唐代高僧释贯休、诗僧皎然曾在此驻锡，百仗禅师曾在此禅修。法华寺最盛时，这里梵宇琳宫遍布，僧房众多，应是"南朝四百八十寺"的其中之一。据说即使在抗战前，僧寮（居士）房都可容百余人挂单禅修。现仅存的殿堂是附近村民于 20 世纪 90 年代募资新建。

吴中藏书紫泉寺

紫泉古寺，位于吴中区木渎镇穹灵路1888号银泉山庄东北侧。

一座寺庙古不古，仅凭嘴上讲是没有依据的，最关键的是要看历史上是否有记载。经查阅资料，记载紫泉古寺的有：

一是清代顾震涛编撰《吴门表隐》载：紫泉庙在塘湾伏龙岗，宋乾德二年建。神姓步名骘（吴丞相，传载《长洲县志》，列祀复旧祠）封至德乡土神。门内有古柏，门外有古井，不盈不竭，水可治病，即名"紫泉"。一在三里村，名新兴庙，顾震涛题联曰："相业炳孙吴，考著江东，名高甄冑，一代功勋齐陆顾；神威司至德，泉开古社，柏荫新祠，千秋湮祀配樊孙。"

二是民国元老李根源撰《吴郡西山访古记》载："（民国十五年丙寅）初七，阳历十八日，晴。……出坞，经御道，复至紫泉古庙。（是日庙中会期，烧香人甚盛，庙祀吴步骘。建康熙甲子丁丑两碑。）过庙湾有居心庵废址，存大井一口。乡

宝鼎

人云：即陈白五湖四舍遗迹。虽荒蔓而花源柳坳、鸭栏鹤圃仿佛犹有存者。凭吊久之，墓何所从无从求矣。"

三是《藏书镇志》载："紫泉庙，唐代，地址在马巷，占地一庙七分，住持喜见，有3名和尚。"

四是《话说藏书》载："紫泉古寺始建于唐代，占地八亩。时有喜见法师在此驻锡并弘扬正能量佛法，香火极旺，德被方圆百里，惠及周边七十二村落。每逢初一十五，诸位善男子、善女人纷纷虔诚前来，烧香念佛，祈求风调雨顺，国泰民安。"

五是百姓传说。唐贞观年间，皇子出巡，迷失于姑苏城外荒川之间，人困马乏之极，忽现紫泉古刹，饮紫泉之水复出，数月，帝使者赠匾"紫色甘露，感恩之源"。紫泉之上建一亭曰"感恩泉"。可惜，亭毁，匾亦下落不详。后来百姓常来庙里为父母长辈、恩人贵人祈福，流传至今。

综上所述，紫泉古寺确实是一座古庙。据载，甲申之变明亡后，天寥道人叶绍袁与几位儿子隐遁于吴郡西部的山水间，他路过紫泉庙时看到了3棵千姿百态的古柏，简直与司徒庙的"清、奇、古、怪"古柏不相上下；当时他就感慨地说，为什么不见地方志记载呢？

由于历史变迁的原因，现只存当时所遗留之古紫色碎石七块，以做往昔古寺辉煌以及普法之印证。

紫泉古寺，坐北朝南，现占地面积13亩，建筑面积1600余平方米，建有大雄宝殿、念佛堂、韦陀殿、斋堂等。

苏州无隐庵遗址

无隐庵，位于苏州天平山与灵岩山之间的环山路旁。

一、无隐庵历史

据《木渎镇志》载："无隐庵，在天平山西鸡笼山南。明崇祯间，履中和尚开山，清僧唯然重建。左右皆山，依山结屋。中为问梅堂，堂前老梅，花时秀雪盈庭。左为飞云阁，阁处古藤，老木翳荟荫森。其旁曰静观室，室外聚石为台，泉出石间，曰瓢丰泉，泉流曲折，行于石间，曰泻雪涧；汇而为池，曰金莲池。旁有小轩，曰涌月轩，乔松百尺，山风时至，飒飒风作海潮音。松下有静宜，曰清籁寮。修竹一林，回廊绕室，曰倚壁廊，唯然于此刺血，书《华严经》全部。嘉庆初，天台古风公重修，咸丰十年圮，同治中僧鹿苑重建。"

无隐庵又名无隐禅院，坐落在苏州城西天平山西南数百米的天马山麓。天马山，旧称马鞍山，又名仰天山，四周尚有羊肠岭、焦山、赤山、鸡笼山等丘峦，石怪林密，山泉充沛，颇有泉石之胜。当时是个非常幽僻、人迹罕至的地方。即使在今天，庵东面的上沙村已拆迁，被围入木渎中学新校区，几百米外，已有了车水马龙的灵天路，但因丘峦林木茂密，山道迂曲，站在无隐庵遗址上，仍让人顿生"四围山色中"的感觉。历史上，无隐庵的人文意义是相当深厚，引人注目。

据载，无隐庵创建于明代崇祯年间（1628—1644），由履中和尚开山。但不过数传，即"鞠为茂草"（清僧今澈《无隐庵记》）。清乾隆年间（1736—1795），唯然和尚重予修葺；嘉庆中，天台风公主持重修无隐庵；道光、咸丰年间，涵虚和尚（即今澈）又住持该庵多年。咸丰十年（1860），寺庵圮于战乱；同治年间（1862—1874），名僧鹿苑重建。民国初期，无隐庵一度成为苏州报恩寺下院。民国十六年（1927）前后，由闻达法师住持。无隐庵全毁于 1966—1976 年间，据考，1966年前无隐庵的最后一任住持为慧海和尚。据清代苏州状元石韫玉《无隐庵记》载，庵内主要建筑与"岁寒三友"极有关系，庵左右皆山，中为"问梅堂"，堂前有老梅，花时香雪盈庭，问梅用的就是"马祖问梅"的禅宗公案。山泉汇成的沼池名金莲池，池旁有小轩，曰涌月轩，乔松百尺，山风时至，飒飒作海潮音，又有修竹一林，回廊绕立，曰倚碧廊。儒家的岁寒三友，在无隐庵就处于相当突出的地位。另据李根源《吴郡西山访古记》所记，旧时庵内有韩葑题联"佛即是心，梅子熟；吾无隐尔，木樨香"，更是将禅宗公案演

绎得入木三分。正因为无隐庵的文化意像，周围又如前文所述，多文化名人遗迹，所以"其地遂为吴中名胜之区，士大夫游西山，必过而访焉"。

如今，在其遗址的西北部，还有旧时寺庵的围墙断垣，东部的一部分连同原上沙村，均已纳入木渎中学新校区，但西南部，实处于天马山麓，山体林木都依然保持着旧时风貌。李根源当年探访无隐庵录下的许多摩崖及石砌石刻，如石韫玉所题的"无隐"，梅花溪居士（钱泳）引用苏东坡的名句所题的"空山无人，水流花开"以及其他著名石刻，如"入清净界""缘玄圆""鱼乐""鹿野苑"等，均保存完好。山泉溪道隐约可见，几处岩边池塘虽为枯枝败叶所掩，但池形尚存，只须稍加清理，便可现一汪清泉。

二、大休隐居无隐庵

无隐庵还出了不少文化高僧，特别是清代的唯然和尚、近现代的大休和尚与闻达和尚，他们不仅为无隐庵的建设费尽精力，也为当时的文化建设做出了贡献。

清僧唯然重建无隐庵时，名士彭绍升（号尺木，系乾隆时大臣彭启丰状元之四子）多所赞助。唯然曾在庵中刺血书《华严经》全部（八十一卷），在苏州轰

"无隐"石刻

大休石刻

动一时。李根源《吴郡西山访古记卷二》云：“吴中血写《华严》，见之著录，惟圣寿寺善继本、无隐庵唯然本两部。”圣寿寺善继本指虎丘半塘圣寿寺的善继血书《华严经》，另一部即指无隐庵唯然血书的《华严经》。这在苏州宗教史上具有重大的象征意义。闻达（1906—1951），原籍江苏兴化，中学毕业后，南来至苏州定慧寺，拜乾海和尚为师，精修佛法。民国十六年（1927），名闻江浙的大休和尚，从寒山寺来到包山寺住持，当时已为无隐庵住持的闻达慕名前往，追随大休。民国二十年（1931）春夏之际，大休离开西山隐居苏城，包山禅寺住持由闻达接任。民国二十一年（1932）夏，闻达又接替其师“兼主苏州龙池庵”。在随师的几年中，他结识了许多苏州文人，且与之交住甚密。卢沟桥事变后，抗战全面爆发。闻达配合江苏省立苏州图书馆馆长蒋吟秋，为保管古籍善本及重要文卷做出了极重要的贡献。由于闻达曾师从大休，精于文墨诗画，对保存书籍富有经验。他定期将藏于寺中复壁的书籍通风日晒，故八年之中书籍无一出现受潮或霉变。闻达等护书有功的千秋功绩，在我国抗战史及藏书史上，至今还作为传奇受人传颂。

大休作为一代名僧、一代奇僧，云游天下几十年，卓锡杭州，做过几座名刹的住持，在苏州又先后做过寒山寺、包山寺、龙池庵住持。大休住持苏州龙池庵时，无隐庵属苏州报恩寺下院，报恩寺住持昭三知晓大休喜爱无隐庵，也知晓大休有终焉之志，便将无隐庵后一丘赠与大休，大休就毫不犹豫隐居到无隐庵，并决定以无隐庵后山丘为其安息之处。

大休是性情中人，非常关注自己的生死大事，特别是对圆寂的时间、地点，十分在意。他在 60 岁那一年（1929），已在包山寺住持多年，在山后筑好生塘，并自题"大休息处"四字刻于摩崖上。该年六月初，挚友李根源来访，见大休有灭度之志，便慨然为之题"湖山供养"四字，并款署"诗僧大休寿藏"。谁知这么一题，大休恍若有所触动，即刻写四首绝诗以谢之，其中第四首末二句有"欲识百年身后果，湖山供养一诗僧"，于是这一次"示寂"终于作罢。1931 年春夏之际，大休卸去包山寺住持一职（由闻达接任其职），回住苏州城内龙池庵，该年重阳节，又欲示寂，经他的弟子周冠九再三恳留，又复作罢。

但此番，在无隐庵后筑生塘，大休是认认真真做了准备，例如忙着抓紧造石龛，又于重阳节那天（1932 年 10 月 8 日），写了《自述》《自祭文》，结果因石龛未及造好，又无法圆寂，乃叹为"又令我多留时日，重择佳期，皆有定数"，最后赋诗两首，灭度之事再次作罢。然后，他毕竟自知大限将至，又于该年 11 月 20 日（民国二十一年农历十月廿三日）带着自己亲笔撰写的短文，赴小王山李根源处，请李书写，文章是这样写的："止矣休哉，大休和尚，前于包山营生塘，特题'大休息处'四字，今和尚爱无隐之胜，移锡来住，重治塘基于寺之右，属余题之。大休四川仁寿人，披剃峨眉，能诗善画工琴。腾冲李根源识。"李根源似乎还要挽留，未予书写。大休乃于 11 月 28 日又去李处"面领书页"，并请工匠镂刻于生塘崖壁上，这就是至今保存完好的李根源题识。诸事作毕，大休才于 12 月 8 日圆寂。

大休云游天下，看惯了娑婆浊世，极乐奢华，回头偏爱幽寒的地方，正是一种人性的回归。大休对无隐庵的喜爱，某种意义上讲，就是对无隐庵的文化认同。大休正是以这样的眼光，观视无隐庵，喜爱无隐庵。大休的最后岁月是在无隐庵度过的，特别是行将圆寂的最后几天，干脆住在生塘旁的茅舍内，料理身后诸事，如夜以继日地作画，分送给各地好友及当地农民朋友，甚至已在极度衰竭之时，还写了长达 2700 字的《说道》，对道家学说做了深刻的批判和扬弃。文章题目中注明该文是在"无隐灯下"写就的，说是无隐灯，几乎就相当于今日所谓的"无影灯"了。没有遮隐，说大白话，直奔主题，这只能是了悟人世、了悟人生的高僧大德才有此大无畏、大智慧。

阳澄湖畔圆通寺

圆通寺，原名圆通庵，位于相城区阳澄湖北部湾。

据《阳澄湖镇志》载：圆通庵，在小溇村大溇，建于明崇祯元年（1628），占地 10 余亩，庵内房屋 30 余间。历史上曾有过多次鼎盛时期，每逢农历六月廿六日杨太太（杨戬）生日，举行庙会，时间前后 3 天。庙会上有舞狮子、打莲湘、挑花担、摇荡湖船、唱戏、宣卷等活动，观瞻者众多，且涉及地域很广。

圆通庵历经 300 余年，几经兴废。清光绪二十七年（1901）为护庵而立碑。至民国二十一年（1932）农历三月十六日遭受兵灾，全庵大部分房屋、佛像被纵火焚毁，僧众散尽，圆通庵名存实亡。民国三十二年（1943）由村里人许田良等人筹资，在原址重建，至翌年底完工，一度再兴。

建国后，破除迷信，僧众还俗，寺庵荒废。1956 年因建公房，庵房悉被拆除。1999 年 4 月由民间自发筹资重建圆通庵前殿 3 间（约 150 平方米）及东房 2 间（约 60 平方米）。2000 年 5 月，又筹资建后殿 3 间（约 150 平方米）及东西围墙 50 余米。筹资者除少数当地人外，多为上海、苏州、昆山、常熟等地人士。至今庙景初步形成：前殿正中塑有杨戬坐像，东首有观音塑像，殿后正中神龛内供奉韦陀塑像，后殿正中有观音等神像。

从 1985 年起，圆通寺始恢复每年一次的庙会活动。参与者半是当地人，半数自上海、苏州、昆山、常熟等地而至。外地人自费租乘轮船或汽车于农历六月廿五日凌晨至，到廿六日傍晚时分散归。

苏州寒山的寺庵

400 年前，明代赵宧光打造了一座山地园林"寒山别业"。也就是我们今天看到的位于天平山北的寒山，想当年，这山上亭台楼阁，风光无限，连乾隆皇帝来苏都住在这山里。

赵宧光著的《寒山志》上记载着有空空庵、化城庵、法螺庵等三座寺庵。那么，这三座寺庵究竟在寒山的哪个位置呢？

一、三座寺庵的位置

1. 空空庵。据《寒山志》载："稍下有空空庵，为涅盘岭门户，二石坎，曰阳阿，即奇不逮瀿露，而与幽宅相前后也。"即现在的法螺寺东位置（原址已被开挖毁）。庵中清初建有平云阁，后为乾隆皇帝行宫宫门旧址。

赵宧光取名"空空庵"，来自"心经"："色不异空，空不异色；色即是空，空即是色。"他作《空空庵》诗："世界浩茫茫，云端可仿佛。无佛不现前，谁是庵中物。"赵宧光对佛学颇有研究，他在寒山上筑一个小庵命名为"空空庵"，这是他对人间甘苦的独特见解，庵之"空空"二字，用今天的话来说，就有了穿越时空的感觉了。世事浩茫，倘若你被其所惑，终生难解，到了皮囊留在世上，灵魂脱离躯壳的一天，你的灵魂也是飞升不了的。只有以超然的心态对待眼前五色缤纷、五味杂陈的世界，你才能去妄心，存真心，打造出一颗被佛所接受的纯洁的灵魂来。谁是庵中物？无非就是这么一颗灵魂吧！

现在寒山仍能见到当年空空庵的袖珍小桥，金山石雕，长仅一米，由东至西陈列，真让人叹为匠心独具。

2. 化城庵。《寒山寺》载："复有功德池，则化城庵左浸也。"化城庵原址在千尺雪景点西面，原旧址有小径向东通往千尺雪。

3. 法螺寺。《寒山志》载："旁水大石坡，曰斜阳阪，阪下转曲转深，皆菱荷莙藻。至最幽处结庵，曰法螺，禅师震溟，即题塔仁公也。"《寒山留绪》载："在寒山。旧为庵，山径盘纤，从修篁中百折而上，势如旋螺，故名。径旁涧水潆洄，石梁跨之，名津梁渡。寺中精舍数椽，四山拱翠。庭前树石，皆潇洒有致，位置天成。明天启间，凡夫公筑圹于天平山之北，买地二百余亩，建寺于法螺，延僧居住以守坟茔。"法螺寺原址在御道往龙池方向有一池南山坳里。

二、三座寺庵的功能

终观这三座寺庵，确实不像通常所见的庙宇那样雄殿崇阁、层院叠进，而是庭院式的，典型的江南民居常式，跟寒山别业的整体风格十分协调，组成了寒山别业有机的一部分。

赵宧光如此安排寺庵的基调，说明他搭到了佛教"中国化"的脉搏。大家知道，建于东汉明帝永平十一年（68）的洛阳白马寺，有"祖庭""中国第一古刹"之誉，事实上它最初只是一座官署改建的，中国的官署都是庭院式的，由此可知"中国化"佛教在建筑上的表现，庭院格局是其本。后来的寺庙无论规模多大，其实仍是庭院的克隆，多一个庭院为两个、三个乃至更多个庭院式空间，这些庭院在大雄宝殿主殿左右两侧，通过侧门进入另立的庭院式佛殿。

当时赵宧光所建的寺庵，还不需要那样的"克隆"，因为所派用场不同。《寒山志》里有这样一段话：有定公者，若行头陀，因割西山为袈裟地，净室草就，尚未卒功。此僧入山时，当我开山之日，语我云："适求卓锡，来入此山，而居士先我矣。沙门事法，居士事亲，原力故自有浅深耳，亦复何恨？"遂他求，得古天峰院址于此山之阴，尤称邃谷，而芜没益甚，垒石为窟，岑坐三年，而山主有楚王刻印之疾，且路僻山空，檀波罕至。余感其言，特为之化城焉耳，宝所不在是也。

据此分析，头陀定公被赵宧光安置在化城庵，可见寒山别业的寺庵主要功能并非道场，而是让僧人静心修行。赵宧光得闲，就去与庵僧谈禅，以此为题的一首诗，再次让我们看到了寒山别业寺庵的风格："傍壑幽栖小，听泉引兴长。"庵不是很大，只有几间平房而已，不过，有泉可听，应该是一个坐禅的好地方。

寒山别业寺庵的另一个功能是供周围乡亲使用。古代寺庙的功能除了作为宗教场所、佛门学府，还是百姓的文化中心。赵宧光建这三所寺庵，除收留僧人修行，还十有八九也考虑到了为乡亲们提供这样一个活动地方。赵宧光这个思想体现了孟子曰："独乐乐，不如与人乐乐；与人乐乐，不如与众乐乐。"

吴江圣地安养院

圣地安养院,位于吴江区同里镇西北的籍字圩。

一、历史沿革

圣地安养院原址系大庙,始建于南宋嘉定十三年(1220),里人叶宣捐地建造。宝祐元年(1253),赐额为希。元至正七年(1347),改名为玉清洞真观,道士黄中一增建玉皇殿,里人章中塑像。

明洪武十七年(1384),朱守墨增建佑圣殿。宣德初(约1427)住持真静重建,吴骥撰记。九年,章中儿子仲弘重塑神像,何源撰记,里人李永真重建佑圣殿,吴骥记,后毁。万历初(约1574)里人陈王道重修玉皇殿。崇祯初(1629)王道曾孙绍文捐僧田10亩,归常住,僧恒修建观音殿,陆云祥撰记,里人孙承恩筑石驳岸。

清乾隆五十六年(里人王世珍、顾廷阶、僧思诚、徒世昌等募捐重建东岳殿,增建玉皇阁及两侧厢房时,有神蛇显异,

半体白章,三月乃伏,里人任麟撰记。嘉庆元年(1796)里人铸前殿宝鼎一座。八年,里人改观音殿为雷尊殿,顺鼎元建门额,又改后殿为观音殿,里人王履重建头门。十三年,郡人叶某募捐装饰观音殿,重修石岸。十四年,里人严泰来、梅廷镐、袁学健在后殿铸宝鼎一座,里人朱定安、僧道兴等募修东岳殿后。

20世纪50年代后,大庙破坏严重,成为危房。60年代,大庙作地方粮库贮存稻谷,旧时庙宇殿堂无存。2003年,大庙经批准更名为"吴江圣地安养院",恢复重建。

二、建筑格局

重建后圣地安养院(大庙)坐北朝南,三面环水,占地面积20亩,建筑面积5000多平方米。建有山门、弥勒殿、观音殿、地藏殿、念佛堂及附房。

山门朝南临河,正门高阔,左右边门较窄,既对称又有起伏,参差有致。

山门上方"安养院"三字由原中国佛教咨议委员会主席、江苏省和苏州市佛教协会名誉会长、苏州灵岩山寺方丈明学长老所题。山门东西两边是照壁墙，墙上有福寿图，图案中间是仙鹤寿桃，四角是四只蝙蝠。照壁墙外侧各有边门，门上额分别题写"圣境"和"觉林"。山门前有一平台。平台上植有两棵高达15米的银杏树。

走进山门是天王殿，又称弥勒殿，殿内正中供奉弥勒菩萨像，北面是韦驮菩萨像，两边是四大天王像。殿后门悬挂"三洲感应"匾。

出弥勒殿为放生池，东西向长方形，池上建有三座石桥，中间是拱桥，名渡众桥，两边是平桥。放生池左边为观音殿，右边为地藏殿。走过石桥有一座三层六角形万年宝鼎，宝鼎每层铸有佛字，上层是"如意门""吉祥门""风调雨顺""国泰民安"，中层是"佛光普照""净土法门""九品咸令登彼岸""无欲无求"。宝鼎六角挂有风铃，稍有风吹，就会发出叮叮当当的响声。

绕过宝鼎是念佛堂前平台，长18.5米，宽6.5米，台基高0.9米，台周栏石浮雕云纹，栏杆望柱，柱头雕作复仰莲，有浓厚的佛教色彩。

念佛堂面阔7间，建筑面积280平方米，重檐翘角。殿门最上方悬挂"念佛堂"竖匾，殿内正中供奉阿弥陀圣像，高4.8米，下有莲花座、金山石佛台，阿弥陀佛像背面是千手观音像。

念佛堂与斋堂附房之间是一片菜地。斋堂附房二层，面阔七间，2000平方米。西北面建有三层，面阔七间，建筑面积3000平方米，为老人安养房间。

吴江圣地安养院殿堂建筑雄伟，环境幽静，确是一处老年居士理想的安养之处。

第三篇

非物质文化遗产

　　非物质文化遗产深深根植于民间，融入老百姓的生产生活中，体现了中华民族独特的生活方式、道德观念、审美情趣和艺术风格。它是确定民族文化特性、激发创造力、增强历史认同感的重要因素；它与物质文化遗产共同承载着人类生活的文明，是世界文化多样性的体现；它在不同文化相互宽容和相互协调中起着至关重要的作用。

　　至 2019 年底，苏州市佛教非物质文化遗产，共有 12 项进入各级"非遗"保护名录。这些非物质文物遗产分布广泛，种类繁多，风格各异，涉及民间音乐、民间信仰、民间文学、民俗节庆、民间习俗等，如寒山寺听钟声活动，已历时 42 届，成为苏州市的民俗节庆项目。

第一节

非物质文化

本节介绍的佛教非物质文化遗产有：寒山拾得传说、双杏寺的传说、寒山寺听钟声、光福圣恩寺庙会、太湖平台山庙会、圣堂寺庙会、金村庙会、香山庙会、河阳庙会、白雀寺庙会、福山庙会、兴福寺蕈油面。

寒山拾得传说

寒山拾得传说，2009年6月20日，江苏省人民政府公布为第二批省级非物质文化遗产名录项目。

寒山寺内供唐代高僧寒山、拾得像，至今已有1500余年历史。在苏州民间传说中，寒山、拾得传说是一个重要组成部分。

寒山、拾得的传说在民间广泛流传，不仅在苏州市，而且在其下辖的常熟、太仓、昆山、吴江和张家港等市（县）的城镇乡村及周边的无锡、上海、浙江北部等地区均有流传。寒山寺所在的枫桥镇紧靠京杭大运河，是南北航船往来的必经之地，往来人员较多，寒山拾得的传说由此也传播到全国。由于日本国也有寒山寺，寒山、拾得的传说在日本国也有流传，可见其流域范围之广。

传说之一："和合二仙"。"和合二仙"是我国民间的爱神。他们手持的物品，件件都是有讲究的。那荷花是并蒂莲的意思，盒子是象征"好合"的意思，而五只蝙蝠，则寓意着五福临门，

寒山拾得

大吉大利。实际上和合二仙本是肉身凡胎，并非仙人，他们都是唐代人。他们的名字，一位叫寒山，另一位叫拾得，寒山和拾得都是僧人。寒山是个诗僧、怪僧，曾隐居在天台山寒岩，因名寒山。寒山的诗写得很美，而脾性又十分怪癖，常常跑到各寺庙中望空噪骂，和尚们都说他疯了，他便傻笑而去。他在国清寺曾当过厨僧，与寺中的拾得和尚相见如故，情同手足。拾得是个苦命人，刚出世便被父母遗弃，抛弃在荒郊，幸亏天台山的高僧丰干和尚化缘路过其处，他慈悲为怀，把他带至寺中抚养

成人，并起名"拾得"，在天台山国清寺将他受戒为僧。拾得受戒后，被派至厨房干杂活。当时寒山还没到国清寺，但拾得常将一些余羹剩菜送给未入寺的寒山吃，他俩真谓贫贱之交。国清寺的丰干和尚见他俩如此要好，便让寒山进寺和拾得一起当国清寺的厨僧，自此后，他俩朝夕相处，更加亲密无间。寒山和拾得在佛学、文学上的造诣都很深，他俩常一起吟诗答对，后人曾将他们的诗汇编成《寒山子集》三卷。这两位继丰干以后的唐代高僧，于唐代贞观年间由天台山至苏州好利普明塔院任主持，此院遂改名为闻名中外的苏州寒山寺。我国民间珍视他俩情同手足的情意，把他俩推崇为和睦友爱的民间爱神。至清代，雍正皇帝正式封寒山为"和圣"，拾得为"合圣"，和合二仙从此名扬天下。

姑苏城外寒山寺是和合二仙"终成正果"之处，其间的寒拾殿中至今供奉着寒山拾得精美的木雕金身雕像。寒山寺大雄宝殿的后壁嵌有扬州八怪之一的大画家罗聘所绘的寒山拾得写意画像石刻。佛殿的后壁嵌有寒山诗31首，每年的除夕之夜有大批的日本客人到寒山寺听钟声，拜和合二仙。

传说之二：寒山寺钟声。一日，寒山寺门前漂来了一口大钟，这大钟已修炼千年，要漂到西方去朝佛。寒山叫小

和尚捞上来，挂在钟楼内。在敲钟时，大钟很不愿意，发出"懊恼来！"的声音。所以，苏州人有句歇后语："寒山寺的钟声——懊恼来！"另一传说是：寒山叫拾得去捞钟，拾得用竹竿一撑，跳到了大钟内，大钟没捞上岸，继续向西漂去。拾得急了，在钟内喊寒山，寒山在岸上喊拾得。但大钟依然向西漂去，一直漂到了日本，拾得就在日本念佛传经。寒山想念拾得，就仿照漂去的大钟铸了一口钟，挂于钟楼，钟声响起，传到了日本，拾得听到了，也敲响大钟，两边钟声相应，称为"和合之音"，传播着中日友谊。有关此说的传说《寒山寺钟声》，1992年收进《中国新文艺大系》。

传说之三：迎接唐僧取经。寒山寺门是朝西开的，为何呢？寒山知道唐僧从西天取经回来，要经过苏州上空，庙门朝西开，表示一片诚心迎接他们，果然，唐僧师徒经过苏州，见庙门朝西，随即落下云头，在寒山寺内歇息，并赠寒山《华严经》《金刚经》等佛经，寒山非常高兴。现在，寒山寺拾得殿的屋脊上，塑有唐僧师徒四人的取经塑像，就是为了纪念他们。

寒山、拾得的传说内容非常丰富，历史悠久，源远流长，具有广泛的群众性。而且自唐迄今，代代相传，经久不息，历代书籍均有记载。据不完全统计，自唐宋的《寒山子诗集》《太平广记》

寒山寺寒拾遗踪

和《宋高僧传》始，至今已有200多种书籍记载他们的传说。

寒山、拾得传说从伦理、文化和民俗等诸方面，都有一定的价值。首先，对民俗民情产生重大影响。苏州民间将"和合二仙"作为"和谐合好"的象征。许多人家挂"和合二仙图"，取"和好吉利"之意。新婚之日，厅堂内挂上"和合二仙"的像，称为"喜轴"，祝福新婚夫妻百年好合，白头偕老。其次，是民间工艺的重要题材，如桃花坞木版年画、国画、漆画、砖雕、核雕、剪纸和玉佩等，均将"和合二仙"作为主要题材。寒山手持荷花，拾得手持果盒，两人笑嘻嘻的，十分和好。民间作为吉祥物，十分珍爱，既是民间艺术品，又极有观赏价值。此外，从民俗学、宗教学、心理学、社会学和美术学等学科去研究，也有一定的科研价值。

由于时代变迁，不少民间故事手相继谢世，寒山拾得的传说面临失传的境地。为不使寒山拾得传说失传，有关方面采取了积极的保护措施：寒山寺将寒拾塑像专门供奉在寒拾殿内；苏州市文联民间文艺家协会发动广大会员深入采风，搜集、整理寒山拾得传说；计划编写《寒山拾得传说大全》《寒山拾得文化论文集》《"和合二仙"与民俗生活、民间工艺美术》和《"和合二仙"与中国人"和合"文化》等书籍。

双杏寺的传说

双杏寺的传说，2007 年 5 月 15 日，张家港市人民政府公布为第一批非物质文化遗产名录项目。

一、传说的内容

1996 年双杏寺庙重建后，考虑到对佛教文化的弘扬和对民间文化的保护，1998 年，地方政府发起并组织了当时镇上 10 多名文化工作者，开始对双杏寺的传说进行搜集和整理，通过查阅多方史志资料，写作、整理、修改，耗时 3 个多月，1999 年，一本收录了 50 多则双杏寺传说故事的《双杏寺的故事》结集出版。

《双杏寺的故事》主要内容有：《苍天赐福地》《殷明圩与江神庙》《不二和尚》《双杏寺》《双杏寺的山门偏西南》《双杏寺藏二宝物》《神奇的古银杏》《祈雨》《飞煌不落平凝沙》《瘀司"活佛"》《水龙宫》《正月半上庙场》《戏说城隍》《城隍出会》《贼偷菩萨"心"》《自食恶果成哑巴》《魏总督进香双杏寺》等。

如《神奇的古银杏》传说是这样描述的："在大新镇双杏寺前宽广的院场上，高耸着三株雄伟壮观的古银杏，为国家三级保护文物。这三株银杏已有 300 多年树龄，总覆盖面积 3.2 亩，根部延伸面积 10 余亩，堪称港城一绝。古银杏始植于明朝天启年间。其时，江心平凝沙开始围垦良田。一天，从长江上游漂来一段菩萨木偶身，有人说这是江神菩萨。于是，村民们将木偶打捞上岸，塑成栩栩如生的江神菩萨，置于江神庙大堂供奉。由于传说江神只管江河，不管陆地，因此，寺庙住持不二和尚决心在江神庙旁建造一座规模更大的寺院。经过数年努力，终于筹集到建寺银两，于天启五年（1625）建成新庙。佛像开光之日，不二和尚在寺前广场手植银杏两株，并将寺庙题名为双杏寺。既为双杏寺，又为什么有三株银杏呢？原来，事隔 49 年，即清康熙十三年（1674），江神

银杏树

庙遭火灾而焚毁。地方人士又在原庙址建成城隍庙。为纪念新庙落成，主持方丈在两株银杏西侧又种植了第三株银杏，故如今第三株银杏树身略小。"三株古银杏历尽人间沧桑。1941 年 5 月，新四军六师师长谭震林曾在古银杏树下召开军民大会，发表抗战演说；1949 年以后，寺庙改为学校，银杏树下成为学生游戏活动的场所；1998 年，双杏寺复建，古银杏和寺庙又作为张家港特有的旅游景点，年接待参观者 2 万余人次。而今，3 株古银杏郁郁葱葱，亭亭如盖，硕果累累，名闻遐迩，象征古老沙洲深厚的历史文化底蕴，也昭示着新兴港城美好的发展前景。

二、传说的特色

"双杏会，节序届元宵，寺庙人潮香火盛，物资交流轧闹猛，万民齐欢腾。"这是清代朱颂芬为双杏寺庙会而作的一首诗作。每年的正月十五为大新镇当地的传统庙会节，双杏寺附近方圆百里，成千上万的善男信女云集，烧香拜佛，香火鼎盛。据悉，双杏寺庙会这一地方民俗文化已流传有 200 年以上历史，成为地方一大特色，同时名声在外的是双杏寺和寺中的古银杏，然而，却鲜有人知晓它们的历史渊源，零星的传说和故事只在民间悄然流传。

双杏寺的传说特色为：

1."传说"是民间精神的集萃。"……明朝天启元年，平凝沙围垦沙田与江南陆地接壤，人们开始在江神庙周围建房开店、设摊，于1642年形成年旺街。明朝天启五年，寺庙住持不二和尚又在江神庙东侧建造起一座规模更大的寺院，在寺前广场手植银杏两株，并将寺庙题名为双杏寺……"据称，双杏寺的传说，产生与流传已有300多年历史，是数百年来大新人民的口头创作，深深扎根于民间，具有广泛的群众性和民间传承性，富有地方特色和民族特色。许多传说故事情节生动，人物形象鲜明，具有较高的审美价值和珍贵的民间文学价值。传说的传播以大新镇为中心，周围乡镇及江阴等地域，都有流传。双杏寺传说故事都是民间广为流传的世风民俗、佛教文化、地名、人名等神话传说、民间故事和地方掌故，它包含了惩恶扬善、褒美刺丑、因果报应等思想内容，具有民间特色和民间风味。

2."传说"的价值无穷。双杏寺的传说流传有300多年历史，经过数代人的口头流传至今，宣扬大新人勤劳、善良的美德，弘扬惩恶扬善的民间力量，一度被大新人民视为精神瑰宝。双杏寺的传说价值无穷，除了人们普遍认同的民间文学价值，双杏寺的传说还具有珍贵的历史价值。传说中，诸如《苍天赐福地》《殷明圩与江神庙》等，叙说了江心宝岛平凝沙的形成，双杏寺庙会、段山浮翠等山川景物古迹，可作地方志的补充、修史者的参考资料。此外，传说中的很多故事涉及当地民风民俗、岁时节令，是研究长江下游沙洲地区民俗的重要资料。

寒山寺听钟声

寒山寺听钟声，2007年6月12日，苏州市人民政府公布为第三批市级非物质文化遗产名录项目。

一、寒山寺的钟

说到寒山寺的钟声，必然要谈及寒山寺的钟。

唐代张继诗中提到的寒山寺那口铜钟，据说是"炼冶超精，云雷奇古，波磔飞动，扪之有棱"。据说此钟"遇倭变，销为炮"；一说流传至日本，致使后来又有了日僧寻钟、铸钟、送钟之事。相传日本明治年间，有日僧山添润，两度访华，挂单寒山寺，与寺僧相处十分融洽，后来听说古钟失落的情况，发愿要找回此钟，归还原主，并自更名为山田寒山。归国后遍访日本列岛，寻钟无踪。于是发心募化重铸，又请日本首相伊藤博文作铭文。大正三年（1914）六月底，新梵钟从神户港经上海港送到苏州寒山寺。这口钟现仍悬挂在寒山寺的大雄宝殿。

1986年，美籍华人南阳叶晨辉来寒山寺观光之后，发大心施资造巨型铜钟一口，重五吨，用料考究，材料由施主从美国运来，委托南京青铜研究所设计，国营芜湖造船厂铸成。此钟造型凝重，音质浑厚，现悬挂于钟房。寒山寺钟房现存有大小铜钟百余口，样式不一，各具特色，其中有很多都是重要的佛教文物。

现在，寒山寺每年听钟声活动中所用的那口钟，是光绪三十二年（1906）江苏巡抚陈夔龙重修寒山寺时，为保存古迹仿旧钟所铸，铁质，高度和口径长均为1.2米，重两吨。此钟造型古朴，因传用料含有乌金成分，故钟声洪亮，声闻数里，经久不息。现悬挂于寒山寺钟楼内。而二层六角阁楼式钟楼亦为寒山寺一景，为陈巡抚铸钟同时所建，砖木结构，造型精巧典雅，而每位来寒山寺的游客，都有机缘上楼敲钟祈福。

为了继承和弘扬寒山寺古钟文化，

寒山寺秋爽法师发愿铸造 108 吨仿唐大铜钟。经过多方募化，众缘和合，这口 108 吨仿唐铜钟于 2007 年 8 月 14 日在武汉重工铸锻有限责任公司浇铸成功，并于 2008 年 12 月 30 日，与华夏第一诗碑一起圆满建成。这口仿唐铜钟用料考究，音质浑厚，造型古朴典雅，余音悠长。该钟高 8.5 米，钟口直径达 5.188 米，钟面铭文为一卷 7 万余字的《妙法莲华经》，钟底为九部飞天图及六铣口裙边，是一件反映当代中华文化的艺术珍品。这口新铸造的大铜钟是目前国内最大的铜钟，号称"华夏第一法华钟"，目前这口大钟与诗碑一起安放于寒山寺钟苑内，均已入选吉尼斯世界记录。

钟是寺院报时、集众所敲打的法器，具有警醒睡眠、消除烦恼的作用。又寺院鸣钟以一百零八下为准，象征破除百八烦恼，所以称为百八钟。寒山寺的钟声因为张继的《枫桥夜泊》诗而受到世人更为广泛的关注。

二、听钟声缘起

寒山寺听钟声迎新年活动的创意产生于 1979 年盛夏，当时苏州市旅游局局长吴增璞先生与时任日本池田市关西国际旅行社负责人藤尾昭先生（先后兼任日本池田市日中友好协会副会长、会长），在苏州南园宾馆吴中谊宫策划，由中国国际旅行社苏州支社、苏州市人民政府外事办公室、苏州市旅游局组织，寒山寺僧众积极支持，1979 年 12 月 31 日首次在苏州寒山寺举行"祈祷世界和平法会"，参加者来自海外的主要以日本人为主。此后发展成为海内外民众广泛参与，延续至今的富有鲜明的佛教文化特色和浓厚的苏州民俗风情的一项专项特色旅游项目。这是延续中日传统友谊的象征，是进行中日文化交流的桥梁，是打开苏州观察世界的窗口，是彰显苏州建设成就的一张精美名片，是凝聚人心向往的精神寄托的家园。这项活动产生的和合因缘：

一是寒山寺有深厚的历史文化底蕴。始建于梁天监年（502—519）的寒山寺，至今已经有 1500 年悠久的历史，在博大精深的佛教文化的传承与发展过程中，寒山寺钟与钟声表现出佛教文化的深厚底蕴。由梁天监年所建的普明塔院，变迁到唐代希迁禅师题额的寒山寺以来，有寒山、拾得是文殊、普贤菩萨化身的美妙传说；有流传世间的 313 首寒山子诗作；有拾得乘漂来的巨钟东渡东瀛日本，寒山铸钟传递友情的民间传说；有在日本影响深远的唐代诗人张继的《枫桥夜泊》诗，选入日本高中课本，尽人皆知；唐代鉴真和尚东渡日本时，带去了寒山诗作及听钟声的典仪；还有日本人田中米舫访问中国与寒山寺僧众的交往缔结的深厚友谊，日本明治维新时代越后（今新泻地区）高僧山田润云游中国，入寒山寺为住持，法号"寒山"，回日本后，择伊豆半岛之长冈拟重建寒山寺，惜染疾仙逝，未曾遂宏愿，后由日本闻达田中米舫继山田遗志而于1930年在青梅市郊建有一座寒山寺；有名闻遐迩的寒山寺古钟与钟声，明治三十八年四月（1905）日本石刻师山田寒山在日本国寻钟与募捐铸钟及赠钟的事迹，小林诚义等工匠精心仿制两口姐妹青铜乳头型钟，一口专程送达苏州寒山寺，另一口留在日本馆山寺；特别是在中国有寒山、拾得中华"和合"二仙的民间传说；还有清·雍正皇帝御封的寒山、拾得为"和合二圣"，并立有《寒山子诗序》御制碑"的史实；寒山寺内建有"寒拾殿"，将寒山、拾得当成寺庙祖师来供奉，成为包括日本人在内的社会大众祈求家庭和睦的朝圣之地；寺内有保存完好的佛教经典和历代碑刻字画。

寒山寺已经成为中华和合文化象征之地，以寒山、拾得为形象的和合二圣，深入人心，渗透到日本民众心目之中的和合吉祥的象征，这些无不显示寒山寺深厚的文化底蕴，钟与钟声、诗韵意境成为寒山寺魅力独具的灵魂。

二是能够促成这项活动的开展，有千载难逢的对外长期交流的际遇。1. 清末辛亥之夏，程德全修寒山寺事毕，曾以专车迎外宾于沪渎以落成之。其盛况是"五洲冠盖，聚于一堂"。唐张继《枫桥夜泊》"东邻三尺童子能诵之"。叶昌炽编辑《寒山寺志》载，日领事"白须直君手栽樱花于寺，以永嘉树之誉"。寒山寺内的种种记录，表达了日本人对中国寒山寺情有独钟的不解之情结。2. 改革开放政策的贯彻落实，促成了寒山寺对外开放。1976年4月10日，日中友好爱媛县各界代表团到中国访问，并在寒山寺大雄宝殿前两侧花基栽下6棵日本五叶松树苗。后移植至"寒拾亭"侧。五叶松是日本著名尖细针状的松树，通常是地栽或盆栽，人工培育，点缀园林，观赏价值较高。1978年党落实宗教政策，性空法师等被苏州市委统战部请回寒山寺，参与接待一些外国客人，他们仍然坚持佛教信仰，显示佛教强大的生命力。同年，中国佛教协会赵朴初会长到寒山寺视察并指导恢复工作，并题过"霜天清响"四个字。1978年5月1日，寒山寺经过整修后恢复对外开放。3. 充分发挥《枫桥夜泊》诗在日本的深远影响，开展清代国学大师俞樾手书的《枫桥夜泊》诗碑的拓碑工作，深受中外游客特别是日本人的欢迎，这既丰富了寒山寺服务社会的内涵，也大大改善了寒山寺的经济来源。4. 寒山寺法师们穿起袈裟，接待外国客人，大大地扩大了寒山寺在国际上的影响。1978年11月17日，寒山寺僧净持、果丰、法忍和性空穿起僧装，按照中国佛教仪轨，隆重接待以前田洪范为团长的"日本社会教育友好访华团"一行僧尼17人；1978年12月，寒山寺性空法师参加接待柬埔寨国家元首西哈努克亲王一行，当亲王看到寒山寺保护得很好，佛教事务活动也在恢复之中，他感到很高兴。5.书画结因缘，寒山寺净持、性空、楚光等法师的书画在日本深受民众喜欢。首次来寒山寺听钟声的日本客人中，以佛教徒为主，以书画家居多。"种如是因，感如是果。"这为促成迎新年寒山寺听钟声活动打下了坚实的基础。

三是促成这项活动的开展，是由众多人物推动的机缘巧合。1.藤尾昭和吴增璞同游寒山寺时突发奇想。1979年盛夏，当时苏州市旅游局局长吴增璞先生陪同来自日本池田市关西地区的藤尾昭先生游览寒山寺时，他们讲到寒山拾得传说、寻钟赠钟故事，特别是中日传统友谊，联系日本人迎新年的习俗，说明中日两国人民的友谊源远流长。特别是在中国改革开放的大好形势的鼓舞下，藤尾昭认为如果能够抓住时机推出一个活动，吸引和组织更多的日本旅游者辞旧迎新之夜到寒山寺听钟声，不是很有意义的事情么？这一主意立即被吴增璞先生接受。他们俩无心继续浏览，驱车返回藤尾昭所下榻的南园宾馆，详

细探讨了活动方案，就这样迎新年苏州寒山寺听钟声参拜旅游项目就在南园宾馆吴中谊宫产生。回国后，藤尾昭先生又及时寄来了日本国民迎新年之夜供桌布置的照片，还托人捎来了供桌上需摆放的象征吉祥如意的年糕、海带、柿饼、橘子等等物品。期间还两次飞抵苏州，亲自安排活动细节。这个策划内容，自始至终获得了苏州市外事办公室的大力支持。

2.吸引了日本的佛教徒和书画家积极参与。藤尾昭先生马不停蹄地进行宣传和组团活动，日本大阪成立了以时年73岁的金子二郎、63岁的梅舒适为正副团长的日中友好迎春访华团，他们偕夫人与近120人专程从东京赶来苏州，冒着蒙蒙细雨，顶着严寒，来到寒山寺聆听了性空法师撞钟，之后也兴致勃勃地轮流敲响了寒山寺的吉祥钟声。日本著名的书画家梅舒适，信笔挥毫，书写了"雪柏霜篁千岁寿"，以祝愿中日友谊万古长青。苏州市佛教协会秘书长安上法师，即兴吟诗一首："一夜连双岁，五更分二年；钟声传蓬瀛，中日友谊长。"

3.获得了苏州市委、市政府的大力支持。特别是当时苏州市委书记贾世珍先生，身披一件旧大衣，抽空赶来听性空法师敲钟，以后并多次嘘寒问暖，给性空法师很大的鼓舞。方明市长到医院看望生重病住院的性空法师，并多次视

察寒山寺，为寒山寺的恢复与发展呕心沥血，促进了寒山寺的快速恢复，并在接待外宾中发挥了重要作用，提升了寒山寺在国际上的影响。

4. 顺乘了发展旅游事业的强劲东风，开拓了国际旅游市场。冬天一般来说是旅游的淡季，因开展这样的活动以后，让苏州的旅游市场形成一个新的高潮。

5. 获得了寒山寺僧俗两序大众的广泛支持，为开展这项活动创造了天时地利人和的良好环境，也促进了寒山寺的发展。寒山寺僧众为了美化亮化寒山寺，每年都花大量的人力物力装饰寒山寺；1980 年来寒山寺参观的人数就达到 10 万人之众，寒山寺首次实现了经济自足并略有盈余，这为寒山寺进一步发展打下了坚实的基础。

三、听钟声内容

人们等候聆听寒山寺钟声的过程充满诗意。夜凉满天如霜，任思绪漂浮在江枫飒飒、渔火点点、姑苏冷月的恍惚间，不知不觉就沉浸在了唐诗的意境中。当钟声终于响起，天地霎时归于沉寂，仿佛都在聆听这有金属般穿透力的钟声，让游人豁然开朗，郁结的烦恼被钟声带向了九霄云外。活动内容随着组织形式的变化，发生了阶段性的变化，主要内容分为四个形式。

形式之一：是单纯的寒山寺内部的佛教法务和听钟声活动（1979 年首届到 1982 年第四届）。这主要是苏州市政府宴请年夜饭和寒山寺内的活动，饭后，客人们来到寒山寺休息，由于寒山寺院落尚未完全恢复，过于窄小，相邻的枫桥小学成了容纳客人最多的地方。苏州市领导也来参加活动，但没有一个正规化的活动仪式。

形式之二：是增加庙会活动（1983 年第五届到 1984 年第六届）。1983 年首次采用庙会活动形式，在寒山寺区域内设立锣鼓队迎宾，安排多项地方特色表演，销售苏州特色商品等等，充实节日气氛。寒山寺在"寒拾殿"前搭起一个简单的观礼台，作为举行仪式的场所，寒山寺法师可以在此致欢迎词，市领导也能够在此致新年祝辞。特别是简单庙会活动的开展，促进了寒山寺院落的恢复工作，也对枫桥景区建设进行了策划。

形式之三：是"三步曲"（1985 年第七届到 1994 年第十六届）。寒山寺逐步恢复到位，枫桥小学外迁，用电问题逐步解决，寒山寺的环境有了改观，为丰富活动内容打下了坚实的基础。第一步，18:30~20:10 分别在各饭店举行年夜饭，席间举行文艺演出的抽奖活动，市领导分别出席并致词、祝酒。第二步，21:30~22:30 在公园会堂等大礼堂中举行专场文艺演出。第三步，23:00 起，参加者进入寒山寺，看大雄宝殿内僧侣做佛事活动，听寒山寺住持致欢迎词并为听众祈福，聆听寒山寺吉祥钟声后，市长致新年贺词，寒山寺成了苏州市长向全市人民和海内外朋友发表新年祝辞的重要场合。客人们于元旦凌晨陆续返回饭店吃年越面、休息。

形式之四：是"二步曲"（1995 年第十七届至今）。由于枫桥景区建设完成，充实和完善了寒山寺周围及枫桥景区的文娱活动，枫桥景区及寒山寺周边的庙会活动内容更加丰富多彩，仍然采用原来的"三步曲"形式已经不合时宜。由于寺外活动内容丰富，寺内活动增多，游人驻足流连时间延长，就显得时间不足。为此，取消在礼堂观看文艺演出。于是，采用吃年夜饭后，直接到寒山寺参加庙会及听钟声活动，从而形成"二步曲"的活动新方式。

寒山寺内活动主要内容为：民众最迟于 23:00 左右进入寒山寺。寒山寺沉浸在香烟缭绕、烛光摇曳、梵音回旋的庄严肃穆的气氛之中。以 1996 年第 18 届寒山寺听钟声活动（二步曲）为例，体现出深厚的佛教文化底蕴。

1. 普明宝塔对海外游客代表、国内嘉宾和抽奖产生的幸运者开放。22:10 大雄宝殿内开始做佛事。寒山寺内充分利用各庙堂，由和尚做书法表演及安排其他适合寺庙的观赏性项目。藏经楼前挂"苏州市第十八届寒山寺除夕听钟声活动，暨苏州 '97 中国旅游年开幕式"的横幅。

2. 23:30，停止一切寺内活动，客人到钟楼下静观听钟声。23:35 性空法师在钟楼上为来宾祈福。身披袈裟的寒山寺方丈性空法师说："我代表寒山寺全寺僧侣对各位嘉宾到寒山寺表示热烈欢迎，愿寒山寺吉祥的钟声给大家带来好运，祝新年愉快，阖家幸福！"

3. 23:42:10，寒山寺方丈性空法师开始敲钟。第一声钟声响起，全场顿时肃穆静默，一种庄严肃穆之感油然而生。在 17 分 50 秒的敲钟过程中，全场大众都在默默祈祷祝福，秩序井然。当第 108 响钟声响起，正是新年的零点，爆竹震地、锣鼓喧天。在藏经楼前，苏州市市长代表市委、市政府向中外宾客发表新年献辞。他说，借助寒山寺钟声的福音，给各国朋友带来吉祥如意，并向大家拜年，祝大家新年好。在刚刚过去的一年里，全市人民奋发努力，各项事业获得了很大发展；我们的根本宗旨是让老百姓过上幸福日子，一年比一年好，并将继续为此付出努力。同时，他宣布 97' 苏州中国旅游年活动开幕。

4. 客人离开寒山寺，敲锣打鼓欢送。人们说："送鼠年，迎牛年，但愿新年牛气冲天！"客人返回饭店吃热气腾腾年越面，此时灯火通明，喜气洋洋，感受到春天般的温暖。

伴随着寒山寺浑厚深沉的钟声，人们进入诗一般梦一样的境界。"古钟敲，新年到，寒山寺，度良宵，钟声伴君驱烦恼，钟声祝君新年好，有缘来年再相会，年年相逢在枫桥。"这成了聆听寒山寺悠扬、洪亮、吉祥钟声，留在人们心中的美好心愿，持久而绵长！

四、听钟声文化特征

寒山寺听钟声活动从 1979 年开始至今每年举办，它具有鲜明的文化特征：

（一）历史文化、风俗的传承与发展。日本文化与中华文化有着千丝万缕的关系，寒山寺对日本民众有着深刻的影响。有诗曰："月夕霜晨时，犹有余韵飞。一水尚万里，梵音共一诗。"咏叹的就是寒山寺的钟声与《枫桥夜泊》诗。历史文化、风俗的传承与发展突出体现在寒山寺文化，是寒山寺听钟声活动生存与发展的根基，为寒山寺听钟声活动持久开展并焕发出勃勃生机发挥了核心作用。寒山寺文化是以特色鲜明的吴文化为命脉的，是以历史悠久的传统中华文化为载体的，是以缘起性空的佛教文化为基础的，是融合了多种文化的文化成果，突出表现以和合文化为核心，以实物彰显、以意象弘扬、以精神传承，既有显著的地方特色，也博采众长，又有广泛的国际声誉，传播广泛并影响海内外，传承与发展了 1500 余年，具有强大生命力，以寺庙文化为特征的多元文化。融合了多元优秀文化成果的寒山寺文化，既是寒山寺听钟声活动民俗化能够发芽、生根、开花、结果的种子，也是其生存的肥沃的土壤。寒山寺文化正是吴文化历经岁月的洗礼，融入了中华传统文化，承载着外来的佛教文化，吸纳了当代最新的时代文化精髓，形成了融合的多元文化的结晶。

（二）时代气息的苏州风情。各饭店举行富有日本特色的年夜饭招待晚会。时间安排在 18:30~20:45，各饭店院内悬挂"热烈欢迎参加寒山寺除夕听钟声活动的来宾"横幅。迎新春联、彩灯彩旗、贡品桌、盆景摆放进行不断创新。招待会采用圆桌形式，席间穿插文艺节目、抽奖活动，节目丰富多彩，气氛热烈。宴会厅内悬挂着红横幅，上书"寒山寺除夕听钟声晚会"，都写有届次。席间播放中日名曲和轻音乐。制定适合客人口味的菜单，餐食原则上十小碟、四调味、五热菜、一份六生火锅、三道点心，另备有饮料和江苏老酒。寒山寺周边及枫桥景区活动，体现了时代气息的苏州风情，由文化局组织主办，苏州国际旅行社协助。客人在 21:00 左右陆续出发，到达寒山寺景区后，自停车场经枫桥大街东口进入活动区域江村桥（悬挂 17 只宫灯）——铁岭关——枫桥大街及寒山寺内。枫桥大街东口，设鼓号队夹道欢迎，并有"跳加官"表演；枫桥大街上，有大型锣鼓队、腰鼓队、京剧、越剧、昆剧、杂耍等表演；寒山寺照壁前河旁列龙灯原地舞动，江村桥边的河上停"洞庭号"游船；寒山寺弄和枫桥大街上的茶馆、书场、商店和小吃铺夜间营业。各店门口张灯结彩，灯火通明，有戏剧表演、评弹演唱、民间工艺表演、杂技表演、抛吉祥物等活动，有饭店、酒店、旅游公司设特色商品摊位，提供小吃、名特土产品；铁岭关前空地安排荡湖船、狮子舞表演，热闹非凡。文娱活动体现民俗文化氛围。景区由文化局群艺处组织具有苏州地方特色的戏曲、舞蹈、音乐等多种形式的传统文艺节目，适于客人参与的游艺活动，雕刻、泥塑、书法、绘画等观赏性表演。客人自由品尝特色小吃，购买特色旅游商品。枫桥大街上安排有高跷队、大头娃娃巡回表演和抛香袋等吉祥活动，增强气氛。庙会活动极大地展现了富有时代气息的苏州风情。

（三）佛教文化的深厚底蕴。钟声远扬！寒山寺的钟、钟声确实非同凡响，有着深厚的佛教文化底蕴。钟在中国古代原是乐器的一种。我国寺院的钟，一般有大钟、殿钟和僧堂钟三种。"钟"对于修道，有大功德。《敕修百丈清规·法器》章云："大钟，丛林号令资始也。晓击则长夜警睡眠，暮击则充衢疏昏昧（晓击即破长夜，警睡眠，暮击则觉昏衢，疏冥昧）。"又经典中说："洪钟长声觉群生，声遍十方无量土。"又《增一阿含经》说："若打钟时，一切恶道诸苦，并得停止。"在寺庙做佛事，丛林集众时，都得用钟。因为"钟"有这许多的功德，所以佛教徒应该尊重它。因此，凡是敲钟的人必先默诵"愿偈"（即"钟声偈"）。杂喻经"偈"云："所在闻钟声，卧者必须起。"古德也说："闻钟声不起，护法善神嗔；现前灭福慧，后世堕蛇身。"这样渲染出浓厚的佛教氛围，树立对钟声应有的虔诚之心，更有利于祈求成真。现在，寒山寺的古梵钟，已经成了举行重大佛教事务活动的法器；寒山寺听钟声活动的仪式，已经演变成祈福求祥的有国际影响的活动。以杵撞钟，钟声浑厚，洪亮悠扬，余音清扬，依依袅袅。佛教仪轨，传承了佛教文化的特色。22:10 大雄宝殿内开始做佛事。拈香内容："戒定真香""忏悔文""药师佛延寿王大赞""拜愿"和"三皈依"。敲钟寄托了喜庆吉祥的美好愿望。23:42:10 开始敲钟。第一声钟声响起，全场顿时肃穆静默，一种庄严肃穆之感油然而生。在 17 分 50 秒的敲钟过程中，全场大众都在默默祈祷祝福，秩序井然。寒山寺法师在"撞钟偈"中鸣响 108 响钟，最后一响钟声响起正好是新年的到来。当第108响钟声响起，正是新年的零点，爆竹震地、锣鼓喧天。人们伴随着寒山寺浑厚深沉的钟声，进入诗一般梦一样的境界。这成了聆听寒山寺悠扬、洪亮、吉祥钟声，留在人们心中的美好心愿，持久而绵长！

（四）听钟声活动已成苏州"品牌"。寒山钟声经久不衰，已成为苏州一个品牌形象。在上海、南京、无锡等周边城市，在洛阳等内地城市，类似的听钟声活动也已经迈动了"追随者"的步伐。

在古诗带来的盛名之外，听钟声活动的举办让寒山寺名气更响。寒山寺是一个面积不大的寺庙，兜兜转转的空间并不很大，而如今寒山寺每年的游客接待量已经从过去的数万人次发展到如今超过100万，与虎丘、拙政园、苏州乐园等规模相当。而寒山寺不仅成为苏州一日游的主要景点之一，而且也是到苏散客常常光顾的地方。近年来寒山寺听钟声活动都吸引了数千人在岁末亲临，而且其中不少外国人、外地人都是携家人数度光顾，到寒山寺听钟声已经成为不少人岁末年初的"固定节目"。

在寒山寺借听钟声活动进一步扩大影响的同时，该活动也成为苏州旅游节庆活动的重要组成部分和知名的旅游活动项目。翻开苏州多年旅游接待的资料可以发现，日本游客一直占据着该市接待海外游客总量的最大份额，在年末听钟声之外，寒山寺还成为了平时到苏州旅游的日本客人的必到之地。而对于以古园、古城、古镇和太湖这"三古一湖"为品牌打造形象的苏州来说，寒山寺听钟声活动不仅是每到岁末苏州旅游的当然亮点，也让古城苏州在展示园林文化之外可以充分展示古寺、古塔、古桥、古关与古运河组合而成的不同风貌。

寒山寺的钟声里孕藏的是吉祥之音，是和平友谊之音！

光福圣恩寺庙会

光福圣恩寺庙会，2007 年 4 月 20 日，吴中区人民政府公布为第一批非物质文化遗产名录项目。

在新年习俗里，还有为动物过生日的习俗。相传女娲造人时，在正月一日创造了鸡，二日创造了犬，三日猪，四日羊，五日牛，七日人，八日为谷日，九日为天日，十日为地日。这些动物都与人类社会生活和生产密切相关，是人类生存不可或缺的朋友和伙伴。

如今在苏州民间，正月初九天生日还是颇受重视，在光福的圣恩寺有盛大的庙会。相传，正月初九为帝释天（玉皇）诞辰，俗称"天生日"，自古以来，苏城有"斋天"习俗。圣恩寺的"斋天法会"自康熙三十八年（1699）诏建"万寿道场"始，由来已久，古语有云"酬愿者骈集，观者如堵"。

每年天生日庙会，庙里新年初七就有居士来到庙里做庙会的准备工作，他们是自愿做服务工作的，诸如后勤食宿的安排、寺庙的清洁卫生工作等等；更多的香客是在初八来到庙里。晚间香客们就团团围坐在大殿里祈福诵经，称之为"焐佛脚"，为天生日的到来"暖寿"。待到子夜时分，便是"烧头香"的时间。无论是住在寺里的香客，还是周边赶过来的善男信女都在此时纷至沓来，里里外外挤满了整个圣恩寺，十分热闹。焚香叩头献礼，人人争先恐后，唯恐老天爷的福分恩情降不到自己的头上。做好礼拜后一定要吃碗"福寿粥"，香糯可口的米粥真是增加了虔诚祈祷后的幸福感，期盼神仙早日降临福泽。

香客云集的圣恩寺，庙会前自然成市，香烛蜡扦、糕团饼果俱摆摊设点，三天庙会期间各路商家纷纷云集，尤以当地农民和周边商贩为多。农民们还将自己生产制作的糖桂花、杨梅干、金桔饼、糖水青梅、白果、腌金花菜、水果和茶叶等等拿出来兜售，以备游客选购土产带之回家。

圣恩寺"天生日"庙会之所以能吸引众多的信徒和游客的另一个重要原因，

是它天然独具绝佳的自然风景。其边上有光福邓尉山香雪海的梅花，是香客烧香之后早春踏青游玩的绝美之选。清代康熙和乾隆二代帝王南巡期间也因此地旖旎风光多次到来，清代何广生《光福后竹枝词》中所记："康熙二十八年春，邓尉曾邀翠辇巡。梅是吾家山上好，胜游如梦付香尘。"祖孙皇帝的巡游"圣迹"无疑为其增添了无限的神秘魅力，吸引四方游客纷至沓来，圣恩寺的香火更是日隆不绝。清代周宗泰《姑苏竹枝词》中的"天生日"条云："观中拜佛与烧香，橄榄摊头买画张。独有几人忙不了，卖婆孩子老亲娘。"

太湖平台山庙会

光福太湖平台山庙会，2007年4月20日，被吴中区人民政府公布为第一批非物质文化遗产名录项目。

一、太湖中平台山

太湖之美，美在太湖中的岛屿。号称3万6千顷水面，约2300平方公里的太湖，共有大小岛屿50座左右，大的有吴中区的西山岛、三山岛、漫山岛。无名岛屿也有无数，其中有一个小岛——平台山岛，由于地理位置特殊，一直被人们关注。岛上地势平坦，故称为平台山岛，占地0.2平方公里，海拔5.6米，据说，无论太湖水位多高，平台山岛还没有被淹没过的记录。属苏州市吴中区光福镇管辖。

二、平台山禹王庙会

平台山上有座夏禹王古庙，渔民视为不可侵犯之圣地，历来香火为盛。

旧时每年正月和清明，太湖渔船集中在平台山举办禹王庙会，祈求丰收、平安。传说正月初八是禹王的生日，渔民认为在庆贺禹王诞辰的同时，祭鳌避祸，祈祷禹王方能保佑平安。祭祀期间，以"带"为单位，每一"带"祭祀一个昼夜。为了祭鳌求福，每"带"渔民准备纸马、香烛和供品。纸马包括纸元宝、"钱粮"、纸幕。供品则较为丰富，有荤供有素供。在祭祀期间，一"带"船户们需要准备三天的集体伙食，所有费用皆由各船户分摊结算。

祭祀仪式按照先人流传下来的程序依次进行。首先，渔民们将供品用两条舢板送抵平台山。上岸后两人在前鸣锣开道，余众抬着供品至禹王庙正殿，交由庙祝布置。仪式开始后，祭祀活动按照发符、请神、送神等顺序进行。整个仪式由担任司祝的"太保先生"主持完成。在请神阶段，司祝穿戴类似道袍道巾的着装，并将太湖里面及沿岸的一百多位大小众神名号依次高唱一遍，并通

太湖平台山风光

过"筊笤"的方式检验众神是否已经到场。否则，司祝吩咐助手继续焚化纸元宝，直至请到真神。在一声"佛馭祭祀恭对，神案炉前跪拜"的呼喊之后，便进行献香、献烛、献茶、献酒等"四献"仪式。"四献"之后，宴神暂告一段落，此时渔民便与神同乐，男性渔民喝酒，女性渔民喝红糖茶，同时聆听太保先生高唱赞神歌曲。神歌七字为一句，用吴侬软语育唱。其内容常常离不开赞美诸神生平业绩，夸耀诸神法力。为了增加现场气氛，司祝先生每唱一节，渔民们便要接一句副歌，以娱众神。在宴神仪式里，

唱神歌时间长达十多个小时，最后，渔民通过焚化纸元宝、纸马、"钱粮"，燃放鞭炮、敲锣，高唱《送神歌》，并敬酒磕头，恭送诸神回府。

除了太湖渔船外，还有浙北、上海等地的渔船参加。平时肃穆冷清的孤岛，届时千船云集，岛上人头济济。整个祭神活动从正月初八开始，大约持续半月之久。可以想象，在短时间内，数量之众的船老大们都想"烧头香"，以飨诸神，其间定然人来人往，热闹非凡。

现平台山庙会已恢复举办。

相城圣堂寺庙会

圣堂寺庙会，2013年8月，被苏州市人民政府公布为第六批市级非物质文化遗产名录项目。2016年1月被列入江苏省非遗名录。

相城区湘城镇境庵观寺庙甚多，民间信仰佛教亦为普遍，道教次之。1949年后，和尚、尼姑、道士相继还俗，寺庙庵堂改作他用。1966—1976年间，宗教活动停止。1989年以后，宗教政策逐步得到落实。2000年末，复建圣堂庙，重新定名圣堂寺，各类宗教活动随之兴旺。

圣堂庙会是历史上流传于阳澄湖地区的民俗活动，自明初圣堂庙建成以来的每年农历三月二十八日为玉帝生日，从三月二十六开始各路神司相继解饷到圣堂庙玉皇殿祝寿，称"上朝"。为期3天，史名"春会"。湘城周围的油泾、太平、渭塘，常熟横泾、辛庄，昆山巴城等地庙神都用大轿抬出来，排成队伍，称"道子"，俗呼"出会"。前导是"起马牌"（即庙衔行牌）马夫和两面大锣（对锣）

鸣锣开道，紧跟着一对对"十禁牌""肃静""回避""万民伞""銮驾""执事""旗伞""灯幡"等，接着由丝竹音乐班边走边吹奏"行街""梅花三弄""中花六板""柳春阳"等古乐曲，后面即是各种会班、民间文艺队伍，有舞龙灯、打莲湘、臂锣、托香、小拜香、担花篮、荡湖船、台阁小轿等，还有一色黑衣密扣，手执红棍的"武松班"，脚踩木棍的"高跷班"，手擎铁索、拶指（夹指刑具）的"阴皂隶班"等等，在吹打弦乐声中缓缓而进，边走边演，沿路两旁观众成千上万。庙会期间，摊贩云集，各种商品应有尽有；饮食小吃，花样繁多；卖艺、杂耍、卖膏药、拔牙、相面算命五花八门，热闹非凡，即使大雨倾盆也不更期。

1949年后，庙会即停。20世纪90年代后期，东岳庙会逐年恢复，冠以"文化节"雅称。主要保留舞龙、莲湘、挑花篮、军乐队、丝竹班、扇子舞、托香、小拜香等民间文艺演出活动。各路文艺队先集中圣堂庙（寺），排成"道子"，在

圣堂寺庙会

主要街道走演一圈，还到圣堂庙（寺），集中会演其他文艺节目，为期3天，热闹非凡。

圣堂庙会已逐渐演变成阳澄湖地区一项重要的民俗民间文化活动，现每年从三月二十六开始，第二天上午进入高峰期，来自阳澄湖镇岸山、枪堂、圣堂、十图、陆巷等村以及度假区、太平乃至跨塘等地的民间文艺会班队伍一清晨就纷纷出发，抬着各路土地神踩街巡演经湘陆路、湘园路、城中路、凤阳路等进入圣堂寺朝拜并进行传统民俗文艺活动，各支队伍都各显看家本领，调龙灯、挑花篮、打莲湘、敲腰鼓、唱渔歌、传统戏曲等民间文艺表演应有尽有，各地群众也纷纷驻足观看，热闹非凡。整个庙会可谓是一个原汁原味、充满浓郁乡土味的传统民俗文化节。

张家港金村庙会

金村庙会，又名永昌庙会。2014 年 7 月 24 日，国务院公布为第四批国家级非物质文化遗产名录项目。

塘桥镇金村，位于张家港市东南。这里早在晋代已成村落，明代开始逐步形成集镇。唐宋时金村旧称永昌里。区域内宗教文化底蕴深厚，建有齐梁古刹永昌寺、老总管庙和小总管庙等寺庙道观。

金村庙会最早始于宋代，迄今已有

金村庙会出巡

近千年历史。旧时的金村庙会每年农历四月初七至初九举办，共3天，初八为正日，这一天是佛祖释迦牟尼的生日，故金村庙会的最早由来是与释迦牟尼的生日密切相关。明朝嘉靖三十七年（1559），金村当地屡受倭寇侵扰，当地民族英雄金七带头抗倭壮烈牺牲，朝廷下旨封金七为一方总管，金七部下三勇士封为三相公，立庙祭祀。由此，金村庙会在原先朝拜佛祖的单一内容上又增加了祭祀先贤的意义，每年农历四月初八，金村地方的百姓自发组织起来举办永昌庙会，目的是不忘先人抗倭杀敌报国的英雄事迹。

金七是金氏七世孙，原名金宁智，字湖泉。明代嘉靖三十七年元宵节，倭寇来犯金村一带，金七召集村民积极防范，并与部下三勇士身穿彩色衣服，面涂朱黑色，化装成天神狞鬼，带头击杀倭寇，使来范倭寇大惊失色，以为神灵显现，不战而散。同年四月初八早晨，大股倭寇再次来范金村，金七再用此法与倭寇作战，终被识破而力战身亡。地方上的百姓、官员不忘金七的功劳，报奏朝廷，朝廷下旨封金七为"一方总管"，"立庙祭祀"。妙桥、金村、恬庄、港口和福山的总管庙由此而来。

金村庙会主要靠金氏等地方乡绅和各村社头联手出资举办，由于金氏家业兴旺，金村庙会日益隆重。明代，金七的堂兄金氏七世孙金守贞重建永昌寺和总管庙，并开始在庙会中增加"出会"的形式。以后庙会节日逐年增加，内容不断丰富。清代乾隆年间，金氏第十二世孙、贡士金坤元和太学生金培元精心组织金村庙会，场面壮观。清初明末，金氏十七世孙名医金兰升和末代秀才金秀山等人出面组织金村庙会，轰动一时，但与乾隆年间相比已稍有逊色。20世纪40年代，金氏十八世孙金锡庵、金村符等人组织庙会，人气尚足。

金村庙会自宋代开始一直是金村当地一大盛事，到明清两代达到极盛，从1957年至1994年中断过30多年，1995年又得到恢复，并一直延续至今。

一、金村庙会形式

金村庙会，是张家港塘桥金村一带每年农历四月初七至初九连续3天举办的一个庙会。以金村为中心，东到常熟市海虞镇的福山、郑桥，南到谢桥、大义，西至凤凰港口、恬庄，北至妙桥、西旸等地区，涉及区域约40平方公里。每年庙会期间，区域内的居民都要到金村观看庙会盛况，顺便走访亲朋好友。

早先的金村庙会一般只包括在金村集镇前街、后街上腾龙舞狮、调花篮、摇荡湖船、打湘莲、坐太保轿等民间习俗文化节目表演，庙里有浴佛仪式、吃寿面等节目，内容主要是围绕庆祝佛祖生日来进行。直到 1559 年以后，为了纪念抗倭民族英雄金七，庙会增加了"出会"的形式，变得异常隆重。"出会"在金村周边的乡村大道和前街、后街等地进行，场面壮观，非常热闹。1946 年的金村庙会，为了庆祝抗日战争的胜利，会办得极其盛大，参加"出会"的人数有近 500 人，"出会"时的民间习俗文化节目表演多达近 40 种。据称，这种场面盛大、通常参加人数多达 300 人以上的"出会"形式一直延续到 1957 年才终止。

而除了一些民俗文化节目表演，金村庙会还有一个重要的内容便是商品贸易集会。金村庙会期间，商品贸易的内容在庙会始兴的宋代便已有之，后来随着庙会的日益兴盛，商品贸易也自是红火。据金村当地的人们说，庙会当天，金村街上沿街设摊物资交流的商贩极多，商品齐全，花色繁多。到 1995 年庙会恢复，这种形式就演变成了物资交流会，一直延续至今。

除了朝拜、祭祀以及商品贸易，金村庙会的传统内容还包括了民间曲艺表演，这一天，特邀剧团或地方曲艺团都会登台演出，京剧、锡剧、越剧、昆剧、评弹等传统优秀曲艺节目精彩纷呈，此外还有热闹的马戏团、武术团等卖艺表演。民间文化在金村庙会这样的盛会中

可谓演绎到了一个极致。

庙会结束后，农历每月初二、十二和二十二的节场是金村庙会的延伸和继续。会上也有丰富多彩的节目表演，节目内容大多积极向上，形式灵活多样，反映民众的生活，为群众喜闻乐见。

二、金村庙会特点

金村庙会具有鲜明的特点和文化价值：

金村庙会也是浴佛等佛教仪式，但更有自己的特殊内容——祭祀当地抗倭英雄金七。金村庙会又与当地的大族金氏有关，金氏出于对先祖的崇敬和怀念，积极操办庙会，这和当地群众对英雄的怀念和祭祀产生了和谐共振，从而推动了金村庙会的发展。庙会的表演，如金七亮相、杠头、昆曲和评弹等极具地方特色。

金村庙会是民间信仰活动和儒道相结合的典型，他们共处一庙，香客各取所需，和谐相处。金村庙会既有精彩的方式文艺表演，又有宗教内涵，它在满足人们审美享受的同时，又以佛道行善积德和儒家精忠报国的思想教育广大民众。金七亮相等独特的表演，实质在进行民族精神和爱国主义教育；赛马等赛事和对金七的祭祀活动相结合，几乎可看作是当时的一种国防教育；戏曲评弹

等曲目，也大都有教化作用，娱乐和教化水乳交融。金村庙会，从一般的宗教活动发展成为一个以祀纪念抗倭民族英雄为主要内容的大型民俗活动，其历史发展过程具有相当的典型性，而金氏家族对庙会的发展又起了很大的作用，这些对于地方史、抗倭史和家族史等都是重要的研究素材，彰显出金村庙会具有很高的历史价值。

金村庙会，儒释道相融，娱乐教化相兼，赛马、杂技、戏曲和工艺制作等多种技艺交织，长期以来为广大人民群众所喜爱，这是一个非常奇特的文化现象，对民俗学、宗教学、文艺学等都有极大的研究价值。

三、金村庙会祭文

维公元 2012 年 4 月 28 日，农历四月初八，岁逢壬辰，节届孟夏，万物茂盛，夏收在望。金村儿女，共襄盛会，缅怀先贤，共祭金七，传承道德，激励后代。谨曰：

大江滔滔，英雄流芳。金氏历宗，自古贤良。耕读传家，道德为先。七世贤孙，排行七房。人称金七，字号湖泉。自幼好读，文武全能。曾入武贡，展露雄才。嘉靖年中，倭寇来犯。金七奋起，学仿继光。率众操兵，号令一方。抵御外侮，跃马当先。历战倭夷，血洒疆场。报家卫国，忠心赤丹。民奏朝廷，旨封总管。立庙祭祀，世代缅怀。斗转星移，沧海桑田。欣逢盛世，河清海晏。天翻地覆，神州巨变。告慰我祖，百业永昌。笑看古地，满眼春光。公祭我祖，追思绵绵。民族精神，薪火相传。秉承遗风，奋发图强。高扬旗帜，兴我乡邦。同舟共济，再创辉煌。公祭我祖，共祈和谐。护我万民，福寿安康。景仰圣德，永赐吉祥。祭礼告成，伏惟尚飨。

张家港香山庙会

香山庙会，2007年5月15日，张家港市人民政府公布为第二批非物质文化遗产名录项目。

香山庙会是张家港市境内二十多种庙会中有代表性的一种。源自唐宋，每年农历三月十五，依托香山寺庙举办盛大的香会，前后三天，除举行有关佛道的宗教仪式外，还间以民间歌舞、曲艺、武术、杂技等巡街展演。

每年农历三月十五是正日，也是最

山门

热闹的一天。这一天，远远近近的人，男男女女，老老少少，或乘车，或坐船，或徒步，从四面八方来到香山，或烧香拜佛，或念佛诵经，或交易购物，或白相赏景。山顶寺庙耸立，香烟缭绕，佛号喧天。从早到晚，山上山下，人山人海，摩肩接踵，漫山遍野，人声鼎沸，热闹非凡。

热闹之时，自然少不了节日活动。香山地区三月半的节日活动主要是香山庙会。庙会上有香会的"拜香"，菩萨出行及表演技艺。

1949年前，香山周围有10道香会，远一点有20道香会。以自然村为单位，自愿组合成一道香会。拜香时以大锣开道，接着是"戳"（一根长竹竿，上面挂一灯笼，竹下端削尖，可插入泥土中），"戳"后面跟着一队拜香的人，不快不慢地走着，一路念唱叩拜，逢庙进香，遇殿拜佛。几十道香会，按照确定的顺序，从东山土地堂拜到西山玉皇殿。

菩萨出行就是将菩萨坐在轿子里，由8~12个壮汉抬着游行。4个刀斧手在前面开路喝道，接下来是"回""避""肃""静"4块头行牌，由4个大人捐着。再接下来是由16个人组成的各式队伍，有"銮驾队""高帽队""彩旗队""高跷队""乐器队"等等，一路浩浩荡荡，热热闹闹，观众数不胜数。菩萨抬到规定的地点后，达官富绅就组织拜祭，祈求菩萨保佑。

技艺表演是香山地区三月半的又一道风景，主要表演有"扎肉香""踩高跷""茶酒担""骑轮车"，还有武术表演，拳术、刀术、棍术、鞭术；有单打、双打、对打。其娴熟的技艺，精湛的武功，令人阵阵喝彩，赞不绝口。

随着时代的发展，三月半的香山庙会，约于1951年以后就销声匿迹。山巅上的香山寺自1994年建成后，三月半的香山庙会已恢复昔日的景况。

张家港河阳庙会

河阳庙会，2007 年 5 月 15 日，张家港市人民政府公布为第二批非物质文化遗产名录项目。

一、历史悠久

说起农历三月二十二河阳山庙会，大凡在河阳地区的人都知晓，只因其历史渊源已久，盛况空前，影响深远。

河阳庙会的形式是有基础的。据记载，历史上的河阳山（凤凰山）地区是虞西河川较多的地区和唯一的高地区，自南梁起，先后建有永庆寺、关帝庙、刘神堂等儒释道三教建筑，此为形成庙会的基础，庙会又是朝山进香、求神拜佛、游山玩水的理想形式；传这种形式以河阳山为中心，被周边民众接受并传承。

农历三月二十二河阳山庙会风俗与佛教寺院以及道教庙观的宗教活动有着密切的关系，同时它又伴随着民间信仰活动而发展、完善起来。生活在河阳地区的老百姓通常认为，河阳庙会与祭祀两位历史人物密切相关，一位是港口高圣堂庙所供的高老爷高怀德，另一位是恬庄河阳刘神堂庙所供的刘老爷刘锜，两人都是宋朝名将。旧时河阳境内庙会较多，有农历三月初六程墩庙会，三月二十一湖下刘神庙会，三月十六恬庄庙会、西张李太会，三月十九恬庄、河阳山刘猛将张小王拜玉帝庙会，三月二十二港口、河阳桥高神、刘神巡视河阳山庙会，等等。按其规模和影响面的大小，可分为三类：其一是只在庙宇内活动，善男信女到庙内向神像顶礼膜拜，随缘施舍财帛而已；其二是神像离庙出巡，但活动范围较小，仪仗队伍也不多；其三是参与的神像较多，出巡距离较远，影响也大。三月二十二河阳庙会属于第三类，堪称庙会规模大、范围广、影响远之典型，在周围地区颇具影响力。

二、庙会内容

在凤凰镇境内，人们最热闹的节日除了春节外，便数农历三月廿二庙会了。每当过完春节，当地的人们便开始着手准备，盼着三月廿二的到来。

凤凰三月廿二庙会规模大、范围广，在周围地区颇具影响力。庙会既是隆重的祭祀活动，又是凤凰当地重要的集市交易活动。因此，三月廿二那天，凤凰境内家家户户都要准备丰盛的菜肴，大摆宴席，招待来自四乡八村的亲朋好友，少则一二桌，多则六七桌，远在数十里外的人也会千方百计赶来，观看难得一见的盛大庙会。

庙会一般是下午开始，出行叫作"起会"，起会的地点在港口高圣堂庙的庙场上，庙场很大，能容纳几千人。当人们将庙里的高老爷（高老爷名高怀德，祖籍山东，官至宋朝都督，封武烈王）抬起时，起会就正式开始了。起会时用铳声作礼炮，共有 10 把铳，每铳放 4 响，10 把铳齐放，共 40 响。铳声结束，乐队开始奏乐，当乐声响起，仪仗及人众依次行进。

走在最前面的是身着礼服的 10 个扛铳人，他们英姿飒爽、步伐稳健，象征着当年两位老爷叱咤疆场的场面。紧跟着的是 20 多个脸上涂着彩绘的丧师，他们身着短装，腰束武带，似拼搏疆场的战士。紧接着的是锣鼓队，身着传统服装的锣鼓队员一个个精神饱满，挥动鼓槌，十分卖力地敲打着锣鼓，锣鼓喧天，威风八面，锣鼓声声为出行队伍营造了雄壮豪迈、红火热闹的气氛。

跟在后面的是彩车队，当时没有车，所以人们用一块大木板下面结着两根竹杠，前后各两人抬着当车。这种人工彩车当地人称之为"杠头"，杠头多则六七杠，少则二三杠。杠头上的戏曲扮演者都是化了妆的孩子，大多表演"吕纯阳三戏白牡丹""小青青与白娘娘""梁山伯与祝英台"等戏文，他们在杠头上做着各种造型。

彩车队后面跟着的是高跷队，高跷队由二十多人组成，高跷当地人叫作"长脚"，因为这种高跷特别高，人的脚离地有三四尺，扮演者的两脚紧紧绑在高跷杆上，站在高跷上真的是威风凛凛。

跟在高跷后面的是香社，手里提着一根木棍，木棍的一头系着一个香炉，另一头结着一个布袋，里面摆放的是香。香炉不是用手提着，而是用铁钩直接勾扎在手臂的皮肉里，称作"臂香"。臂香又分为两种，一种是挂木香炉的：把木香炉用三根细线穿挂起来，上面与一个铁丝勾连在一起，木香炉里面放的是圆的盘香，当点燃盘香后，铁丝钩直接刺进人手臂的皮肤里面，用人的皮肤吊着木香炉。另一种臂香挂的方法与上面的相同，不同的是后一种挂的是锡做的香炉，这种锡做的香炉比木香炉重了许多，一般的有3~4斤重。香社的人数不定，一般有10多人，多至20余人。

在香社后面走的是臂锣，臂锣与臂香一样，把一面大锣用细线串起来，细线上面也有一个铁丝钩，铁丝钩也直接刺入人手臂的皮肉内，大锣就挂在臂锣人的左手臂上。这些臂锣人不仅要挂着沉重的大锣，还要一边走一边使劲地敲锣。"锵……锵……"锣声阵阵，声音远传数里开外，吸引了无数行人前来观看助威。

臂锣后面跟着的是彩旗队，彩旗有大有小，形状也各不相同：有长方形的，有三角形的，这些彩旗色彩斑斓，分外夺目，在风的吹动下"呼啦"作响，为庙会增添热闹的气氛。彩旗队人数较多，一般有二十多人。

跟在彩旗队后面的是一群威风凛凛的"皂吏"，他们一个个身着清朝官吏服装，手提竹片，嘴里使劲吆喝着"威武"，一看这阵势，人们就自然想起古时候大官出巡的场面。

"皂吏"的后面出现了几顶华丽的宝盖大伞，凤凰人称这种伞为"罩头伞"，"罩头伞"比一般的伞大许多，在出行的队伍里独具一格，伞面图案鲜明，富丽堂皇，具有皇家的气派，令观瞻者肃然起敬。

大型乐队就紧跟在宝盖大伞的后面。乐队人数众多，乐器种类也比较多，他们按乐器的种类整齐划一地排列起来，前面是比较小的乐器，长号跟在最后面，乐队不像现在需要时间去彩排，因为他们吹奏的都是一个音符，所有的乐器都发出"哄……"的声响，象征威严。

出行队伍最壮观的是走在最后的八人大轿，大轿上坐着高老爷的塑像。这种八人大轿为凉轿，没有顶盖，没有轿衣，形状如一张大的靠背椅。抬轿的八人，前面4人，后面4人，他们都是经过精心挑选的身强力壮的年轻小伙，虽然抬着沉重的神像，但他们依然步伐稳健，一副轻松自在的样子。高老爷的神像稳稳地端坐在大轿上，神态安详，长须随风摆动，再加上一身华贵的服饰，让行人自内心产生一种敬畏之感。

出行队伍一路浩浩荡荡、前呼后拥自港口向恬庄进发，沿途引来了无数的善男信女与喜欢热闹的观望者，他们自发地跟在队伍的后面，路上的队伍越来越长，声势也越来越大。

过了恬庄，出行队伍来到了河阳桥刘神堂庙，前行的扛铳人开始整齐地排列两边，出行队伍跟在后面，整齐地排在刘神堂庙的庙场上。当队伍全部停下，这时的刘神堂庙开始忙碌起来，人们开始把刘老爷（刘老爷名锜，乃宋朝著名抗金英雄）的神像抬上另外准备好的大轿上，8位抬轿人员各就各位，做好出行的准备。当高老爷与刘老爷的佛像会合后，队伍又开始行进，放铳的人又像起会时一样，一齐举起铳齐放40响。

出会队伍向凤凰永庆寺行进，一路上随行的队伍不断壮大，数以千计。队伍沿河缓行，穿过山沟，来到了河阳山脚下的永庆寺前。出行队伍一直行进到永庆寺前的东岳殿广场停住。东岳殿供奉的是东岳大帝。到了东岳殿前，出行队伍整齐排列两侧，两顶大轿并排缓行，在轿夫的齐场喊威声中，16名轿夫一起向前抖动三下，以示两位老爷拜见东岳大帝。拜见仪式结束后，出行队伍开始分散自由活动。

出行的大部分人开始烧香拜佛，寺院内香烟缭绕，经声不绝。也有的人陆续走向集市贸易场所。当时的集市贸易场所在河阳山与小山的交界处，当地人称之为"山弄"。山弄内摊位分左右两边摆开，摊位上摆放的商品种类不多，有甘蔗、荸荠等水果，其他有农具及一些生活用品。

到了下午4点左右，出行的人开始陆续汇聚起来，出行队伍又开始按起会时的顺序排列，随着四十声铳声响起，人们又踏上返回的路程。出行队伍先抵达河阳桥刘神堂庙，护送刘老爷进刘神堂庙后又向港口走去，直至将高老爷安置到高圣堂庙后，仪式全部结束。

赶庙会的人们开始陆续返回，相约明年再来观看规模盛大、一年一度的河阳庙会。

三、民俗文化盛会

现今，每年农历三月廿二，是凤凰镇河阳庙会开锣的日子。上午，凤凰镇恬庄古街锣鼓喧天，热闹非凡，一场弘扬河阳地区民俗文化的盛会在此拉开帷幕。

这一天，四邻八乡的民众都会聚集在一起，场面热闹非凡。民俗风情展演是河阳庙会的主要内容之一，它还原咸丰二年高中榜眼的杨泗孙衣锦还乡并奉旨完婚的场景。40多人组成的表演队伍从恬庄牌坊出发，沿着恬庄古街一路巡游，直到进入榜眼府拜堂成亲。活动中，成千上万名市民一路跟随，大家都想瞧一瞧本地传统的婚嫁习俗到底是怎样的。

河阳庙会不仅仅是一种简单的民间风俗，它的内容包罗万象，反映了特定时期的特定社会现象，反映了民间技艺的文化魅力，也反映了民间祈福消灾的美好意愿以及崇文尚义的良好品德。其农耕物质交流会对于当地农耕文化的研究也颇具价值。

常熟白雀寺庙会

白雀寺庙会，2011年6月10日，苏州市人民政府公布为第五批苏州市级非物质文化遗产名录项目。

庙会又称"庙市"或"节场"，自东汉时期佛教传入我国，至唐宋时期佛教发展达到鼎盛，期间出现了名目繁多的宗教活动，各派宗教在每年的特定日子把神佛塑像装上车在城乡巡行，称为"行像"，后来又增加了舞蹈、戏剧表演、杂技等内容，促进了商业贸易交流，成为附近百姓的盛大节日。

常熟的白雀寺庙会，在大义寺基原是祭祀小王老爷神位的，在明朝佛教非常盛行的一个时期，庙会也由此而开始。白雀寺庙会在每年农历三月的十三、十四这两天，村民们自发进行"行像"，即把各路的佛像从社中抬出，集中汇集到寺基白雀寺进行一定的宗教活动，所以也称为"寺基庙会"，这在地方志中有记载。

白雀寺庙会是中国古代传统农本思想的产物，为研究江南水乡的农耕文化提供了范例，同时也是佛教思想日常渗透的一个标本。白雀寺庙会的独特之处在于：抬各社神像必须经过香花桥，谁先到谁就占到"仙气"，并且占据看戏好位置；村民们赶集进行物质交换和买卖，开展各种民间娱乐表演和体育竞技。

白雀寺庙会从明朝开始，历经清、民国，到1949年左右，一直兴盛不衰。1966年后停办，1997年经常熟市人民政府批准重建白雀寺后恢复举办，每年庙会时各地香客、商贩云集，热闹非凡，成为大义周边最重要的民俗活动之一。

常熟市福山庙会

福山庙会，2006年6月7日，常熟市人民政府公布为第一批非物质文化遗产名录项目。

一、庙会由来

福山"三月廿八"庙会始于宋代，庙会主要为纪念两位历史人物。一位是黄飞虎，据传他是西周时人，为推翻商纣王的统治立下汗马功劳。逝世后，姜子牙封他为"东岳圣帝"，统管中界各路神仙。北宋至和时（1054—1056），官府在福山城西侧的殿山建东岳庙，别称东岳行宫，中有圣帝殿，供圣帝像。

福山东岳庙古有"吴下丛祠之冠"之誉。楼宇参错，规模壮观，名闻吴会。至康王南渡，金兵劫掠东南沿海，诸郡县岳庙大多被毁，而福山之庙犹存，故吴人更加崇敬之。农历三月廿八日，是圣帝诞辰，旧时每逢此日，远近诸庙神社都要去朝拜。

另一位是褚伴哥，其父褚不华，祖籍福山褚家田头（现为海虞镇幸福村）。元至正间，父子俩同守淮安，后遭叛军围困，奋勇抵敌，终因粮尽援绝而壮烈牺牲。元朝廷追封褚不华为"卫国公"，谥"忠肃"；伴哥追封为"太尉"，后人称"褚太尉"。当地居民称"褚老大人"或"褚太太"。相传伴哥殁后为河神，阴诩海运，船户遇险，祈之，能转危为安。故每年渔民出江或出海前，都要到太尉庙祭祀。而三月廿八日又正好是褚氏父子的忌日，人们为纪念这两位英烈，便举行迎神赛会。而前往祈告酬愿的人更是数以万计。

"三月廿八"庙会之盛，规模之大，人数之众，是任何其他县郡所不能相比的。据《昆山郡志》载：庙会当天，"朝岳者比屋发达地居家，岁往常熟之福山"。

早在廿七日，外地的香客、渔民、商贾都已提前到了福山城。从上海、崇明、吕泗、舟山、通州等地赶来还愿进香的渔民早将渔船停泊在福山港里。这

福山塘以马桥为界，往北，塘口呈喇叭形，外连长江，这里水面开阔，是个天然渔港。庞大的海洋渔船挨挨挤挤地停泊在这里，樯桅林立，望不到边；往南，直到福山古城南门，这里水道较窄，大船不能驶入，却泊满了无数的烧香船、生意船、运输船和网船。入夜，桅顶和船棚四周挂满了灯笼和桅灯，河面上灯烛辉煌，一片通明，犹如一条地上银河。酬愿的渔民组成各类"社团"，在渔船上设了"社棚"祭神。棚内平几板上摆两张八仙桌，上供 36 个纸马神像，"褚老大人"父子居中。桌前焚香点烛，供品以"三牲"为主，供鱼大多用蒲扇大的鲨鱼翅，另有果品之类。"社团"人员在供桌前盘膝而坐，彻夜咏唱，祈求神灵保佑：航海平安，捕鱼满仓。其调为" | 662—— | 226—— |"。直至天明。

本地的还愿者也自发组成各种社团，廿七日晚，在社头或其他成员家里设坛祭神，其形式与渔民大体相仿。祭神也好，行会也好，社内所有费用均由本社成员分摊。

二、福山庙会形式

三月廿八日当天，各庙神像按其生前官衔的高低或殁后封号的大小依次到殿山东岳庙朝见东岳大帝。褚太尉父子居诸神之首。

褚太尉庙位于福山塘港口东 2 里许，与塘西龙王庙遥遥相望。庙前山门两侧各塑 2 匹彪悍壮马，4 个马夫各牵 1 匹，伫立两旁。后面大殿里坐 3 尊神像，居中是卫国公褚不华，左侧是太尉褚伴哥，右侧据传是褚伴哥的老师——白面黑须的李先生。

太尉父子朝圣时的穿戴视抽签而定，据说若穿红袍，预示当年天旱；若穿绿袍，则兆示当年水多。

出行时坐"八抬大轿"，抬轿的分"东轿班"和"西轿班"，每年轮值，每班有青壮轿夫数十人。当班的轿夫一律穿黄马甲，他们先将轿框档安装在神像的座椅上，即成大轿。为便于神像"视察"和游人观瞻，一律不蒙轿衣。轿两侧穿两根红漆粗杠，两端各有横担，前后各 4 人抬轿。放过爆竹，高宣"起轿"，子在前，父居后，便相继出了门。

轿往西过"丁家弄堂"，直到"渡口"。这渡口是临时的，因为从港东到港西，平时行人都从马桥上过，而褚太尉是管水之神，故先从水路进发。港里早有两艘渔船泊好。船主们都以能为"褚老大人"当差而感到荣幸。船上仓棚早已拆除，仓面铺上平几；两船相并，头尾上下各横两根"巴杆木"夹住，联成一体，使船身稳当不晃。船舷到码头搁 4 块长跳板，足供 8 位轿夫行走。8 点 40 分左右，港口开始涨潮，此时开渡，众人前呼后拥，将太尉父子抬上渡船。船头船尾站满了人。船主抽板解缆，以篙撑船，渡船徐徐往港西移去。港两侧看摆渡者人山人海，水泄不通。约半个小时，船稳稳过了港，到了龙王庙场码头。泊好船，轿夫抬轿起岸。场上早已搭好一个高敞的大帐篷，众人簇拥着"老大人"入内休息。

当太尉父子休息的时候，城中大庙里的城隍老爷已上轿出巡。他是当方土地，大街小巷巡视过后，便到圣帝殿前的庙场落座，迎候诸神到来，以尽地主之谊。

太尉父子休息片刻，即又登程，从龙王庙场起轿出发，经江界桥、黄泥湾、铜坝桥、新桥，然后进福山东城门，过东门街往西到双忠庙，出北城门，过护桥，沿北街一直到殿山下的御道上山。

太尉出行，阵容庞大，仪仗威武，队伍络绎几华里。

走在最前头的是"十炮手"，他们是报讯的使者。10名炮手皆穿黑衣，头裹白毛巾，手持4眼乌铁铳，每个铳眼里装有火药，用尖头杨树榫塞住敲紧；铳眼里有火药线通出，炮手们每到一个空旷地，只需点燃药线，"砰"的一声巨响，"炮弹"就会激射而出，每人放4炮，10个人就是40炮，10铳齐发，"砰砰——砰砰——"震耳欲聋，硝烟弥漫。

第二列是"清道飞虎"。两名皂隶身穿黑衣，各执一面方旗，上面各书"清道""飞虎"2字，在前头喝道开路。

第三列是"金龙纛旗"。龙旗大如三角帆，蓝底上绣一条五爪金龙。旗杆是一根粗长的毛竹，长4至5丈，行会时因街道狭窄，旗手暂时将龙旗卷在杆上，两个人抬着走。待出了北街，到了空旷处，将旗展开，竖起旗杆，因旗特大，杆太重，所以需两名旗手面对面地擎着；杆顶垂下4条长索，俗称"朗风索"，由4名护旗手往4角斜拉着，与擎旗手同步前进。杆顶大龙旗在风中猎猎飘扬。与龙旗同时行进的还有一杆大白旗，旗上绣着"卫国公褚"4个大字，极其醒目。其擎旗及行进方式与龙旗同。

第四列是"提炉托香"。提炉者手攥一根圆棒，棒上系3条铜链，分别系在一只香炉的三侧，内点檀香，提着行走；托香者手托香炉，炉内也燃檀香。两人平行，一路上香烟缭绕，异香扑鼻，用以驱除行道上的污秽瘴气。

以上四列人马专司开道，为先遣队。紧随在他们后面的是浩浩荡荡的"还愿"者队伍。还愿的不分男女老少，组成各种"社"，每社人数不等，少则几人，多则上百。一社接着一社，一队连着一队，络绎不绝，没有尽头。外地来的社队，昨夜已敬过神，做好了一切准备，一早就等候在龙王庙场或"行会"道旁，"褚老大人"起驾的时候，他们就随在开路队伍的后面。

第一社队是"臂锣社"。社中成员为表对神灵的虔诚，一个月前就斋戒素食。当天先往太尉庙焚香礼拜，然后跪在神像前捋出左臂，露出小臂外侧，由"社头"为他喷上冷水。用 7 枚大铜钩并排钩在臂皮里；钩下连一块长方形铜牌，牌下有 2 个圆孔，孔里系绳，下挂一面团匾大的铜锣。这种携锣形式称作"臂锣"，据说臂锣者因还愿心诚，所以扎钩时既不觉疼，更不会流一滴血。臂锣社少则十几人，多则几十人，他们平举着左臂，臂上掩一块湿毛巾，边走边敲，其节奏为三、三、七："噹——噹——噹——；噹——噹——噹——；噹噹噹噹噹噹噹——"声震行云，在几里路外就能听到。

第二社队是"香案社"。此社与臂锣社相仿，只是还愿者臂上挂的是锡香案或锡烛台。香案状如小桌，四脚粗而短，重83斤，比铜锣重得多，所以臂上须扎11枚钩；案两侧系有绳子，另有二人提携着，以减轻臂案者的负重。

第三社队是"开面社"。所谓"开面"，就是化妆。还愿者化妆成古今各种人物，边表演边行进。有扮"八仙过海"的，有扮"武松打虎"的。比较典型的是扮"三相公"：其一扮棉农，头戴草帽，足蹬草鞋，肩扛锄头，边走边做"踩棉花"状。其二是扮猎人，身穿短袖紧身衣，手捏钢叉钢枪，枪头挑着野兔。也有的边走边做盘钢叉的表演，叉两端串有铜片，钢叉从左臂盘到右臂，又从后背旋到前胸……发出"忽亮亮"的声音，博得阵阵喝彩。其三是扮"读书郎"，左手托白板，右手执笔，作写字状。也有扮"五道七煞"的。扮"七煞"者面涂异彩，扮相怪异凶恶。

第四社队是"高脚社"。"高脚"即是踩高跷。该社规定只能有 8 人参加，旨在扮演"八仙过海"，酬愿者在两小腿上各绑一支 2 米多长的木棍，上端有横档，脚踩其上，在街上慢慢行走。木棍下端点在石板上，发出"骨笃、骨笃"的声响。堵道时，站着累了，可以靠在房檐或窗槛上休息一会再走。

各种社队名目繁多，"勤劳社""猎户社""篾缆灯"……数不胜数。

三、福山庙会祈福

除了各种的"社"以外，还有其他许多酬神祈福的形式。

扮"犯人"。这些"犯人"，大多是当地的农民，也有外地的渔民，他们在平日的生活中因为治病、避祸、消灾、纳吉或为出海捕鱼保平安而许下了"愿"。"犯人"分"轻犯"和"重犯"，扮犯人时大多穿便衣，也有穿囚衣的。"轻犯"只戴木枷，双手合在胸前；"重犯"除戴枷锁外，脖颈里还戴铁链，连同木枷一同锁住。"囚犯们"深怀"忏悔""赎罪"之心，一步一叩首地随社队上山。待"老大人"朝圣过后，他们才被"释放"，有专候在山上的亲友为他们开锁，使其重获自由。这种扮犯人还愿的仪式一般要连续3年，一批人刚"刑满释放"，另一批人又加入了"犯人"行列。故每年的"犯人"总是成群结队，有增无减。

坐"太保轿"。坐"太保轿"的都是小孩子，他们曾因生病，父母到附近庙里向神祈求保护，并将自家儿女寄名给该"老大人"，认其为"寄爷"，故称"太保"。每到三月廿八，"寄爷"行会，寄儿、寄女便要陪同前往，以尽"孝心"。这天孩子沐浴更衣，梳妆打扮，面抹脂粉，涂口红，眉心点红记，然后上轿。轿分两类：贫穷的人家租用青布小轿；富裕人家则租用丝绸彩轿。小孩端坐其间，前面搁板上放置"黄篮头"。黄篮头用竹篾编成，有塑料淘米箩大。底衬荷叶，内置各色糕点、糖果或水果。上面再覆荷叶、红纸，用篮盖扣住。

孩子身轻，太保轿只需两个人抬。孩子可以从黄篮头里任意挑食糖果糕点。看会的熟人也可撮取品尝。据说吃了"太保"的点心，能祛病延年，得福平安。

除了坐轿还有骑马的。这种马经过专门训练，驯服而善良，小孩骑在它背上，稳稳当当。大人牵着马在前头走，

马后跟着一个挑夫，挑着一对丝篮，篮里放着"黄篮头"，供孩子做点心。

清客串。所谓清客串，实际是民间的丝竹乐队，由20~30人组成。每件乐器上都装有漂亮的珠花、锦缎披饰，边走边奏，形式优美，音色悦耳。曲牌主要有"行街""三六板""梅花三弄""狮子滚绣球""柳青娘"等。

扮戏名。用放大的敞口彩轿，由8个壮汉前后抬着，两边还有扶扛的人；有的装上轮子，可以推着走。上面坐着少男少女扮成各种戏名。如"凤仪亭""梁山伯与祝英台""童子拜观音""西厢记"等，非常招眼。

扮"看马"。看马以真马装扮，马身上披着彩色网络，周围垂着流苏。脖颈里围一圈马铃，头上挂着红绿绒球和彩带。这种马身躯高大，步履矫健，扮相漂亮，主人牵着它随队行走，专供观赏，故称"看马"。

荡湖船。用绸布扎成彩船，由一女青年化妆后在船中边走边摆。船尾紧随一男青年，手操彩橹做推拉摇船状，与船中女青年摆船动作相协调。两人亦步亦趋，动作优美引人。

此外，还有许多游艺节目，如舞狮、舞龙、挑花篮、打莲湘、跳加官、跳财神……凡所应有，无所不有，直叫人看得眼花缭乱，目不暇接。

卫国公父子的大轿走在最后，据说，

这一方面是为表他们的"爱民"之心，同时也为观赏前面各社还愿者的精彩表演。大轿前后有5道侍从。

第一道是"吆锣"，共2面，大如竹匾，4个人二前二后地分抬着。后者手持锣槌，也按"三三七"的节奏敲打，锣声洪亮而悠远，与远处的"臂锣"遥相呼应。

第二道是"行事执事"。由2人各执一块行牌，上书"回避""肃静"；另一人执一块大行牌，上书"卫国公褚"。"执事"2人。1人托铜脸盆，内盛清水，1人托红漆小木盘，内放新毛巾，供太尉父子洗手擦脸。

第三道是乐队。4人齐吹唢呐，高奏《大福门》或《将军令》。唢呐腔小而音高，与锣声交织在一起，尤显热闹。

第四道是护身警卫，俗称"拖毛竹爿"。左右2人，头戴尖顶竹篾帽，帽外罩黑布或黑油纸；身穿紧身衣。其中一人拖一片5尺长的毛竹片，另一人拖一条5尺长的铁链，并行前进。口里轻喝着"哦——"声音低沉而威严。

第五道是华盖障扇。轿后3人，1人举华盖，2人交叉着举障扇，用以遮蔽烈日和尘埃。

神像端坐轿内，轿侧站着1人，称"抱轿"，当大轿上山或下山时，为防神像倾侧，"抱轿"者就在后面抱护。

轿过"香花桥"，上了御道，前头便是殿山了。

殿山形如覆釜，虽不算高，但满山苍翠，古木参天。山巅耸着一座七级古塔——聚福塔，金顶黄墙，在阳光下熠熠生辉。

塔西是"三猫宫"，南坡是东岳庙，庙、塔、宫都掩映在古木荫中。庙内外香烟缭绕，钟声悠扬。

大轿到了殿山，轿夫顺御道石阶拾级而上，到了山门，所有仪仗社队一律留在外面，唯有轿夫才能抬着褚氏父子入内参拜。

值殿司仪高宣："朝圣起阅——"大轿抬至殿前。"叩首——叩首——再叩首——"随着唱礼声，前轿夫双膝打曲，身微躬，轿向前三倾，神像作三叩首状。"抱轿"双手搂着神像，不使外倾。

"升——""回——"

轿夫站直，抬轿歇至殿侧。

"钦赐御酒三杯，金花两朵，红巾一条——"

另有值殿用红漆托盘递上酒壶酒盅，抱轿者分三次斟酒，送到老大人嘴边敬饮。然后将两朵金花插在银冠两侧，红巾围于头上，两端垂下双肩。

朝圣毕，退出大殿，到西侧"朝房"落座休息。

褚太尉父子朝圣过后，接着是寺前界宇庙的高老大人父子三人（神像）进山朝拜。父高行周，子怀德、怀亮，居民称"高家爷儿仨"。

高家父子出行，仪仗、规模与前者基本相仿，但与其他神社相比，多了一个特别的仪式——马打站。

出行前，12名武士打扮的骑兵各骑骏马，在福山城内"双忠庙"场待令。哨声一响，骑士将长鞭一挥，12匹快马便如离弦之箭，飞一般地出了北城门，过北街，越殿桥，上御道，径向殿山冲去。这一仪式，据说是飞马报讯，也有人说是赛马，是表演给神看的节目。

四、福山庙会观社

福山城内外，共有32座庙、堂，供奉着几十尊神像。此日挨次上山朝圣，各路队伍从四面八方赶来，他们都有规模不等的仪仗和各类社队。为了表达酬愿者的诚心，在表演节目时，竭尽所能，不遗余力。阵容一社比一社庞大，服饰一社比一社漂亮，节目一社比一社精彩，演艺一社比一社高超。这就是盛大的赛会场面。大街小巷，城内城外，山上山下，到处都是朝圣的队伍、涌动的人海、蔽日的旌旗和喧天的锣鼓。乡贡进士昆山人魏邦哲在宋政和七年（1117）撰写的《重修岳庙记》一文中，盛赞福山庙会之盛大："立为别庙，多矣。然未有盛于姑苏之福山也……江淮闽粤，水浮陆行者，各自其所有，以效岁时来享之诚。

上祝天子万寿，且以祈丰年，以后保其家，凡有求必祷焉。卒以类至号曰会社，箫鼓之音，相属于道，不知几千万人。不及之乎太山，则之福山焉。"

庙会也是生意人赚钱的好机会，四郡八乡的店家、商贩、车装马驮地云集到福山。街巷两侧、庙场四周、大道旁、山坡上……到处有临时搭建的篷帐和设下的货摊。南北干货、日杂用品、各类小吃、儿童玩具、竹木家什、农耕工具……另有卖拳的、唱"小热昏"的、套泥人的、看相算命的、捏糖模面人的、编草叶虫鸟的、搭甘蔗牌楼的……还有卖"歼光荸荠"和"冰糖葫芦"的，将一串串圆果插在竹柄柴靶上，扛在肩上，吹着小喇叭，边走边卖。可谓千姿百态，形形色色，无所不有。

是日，各地的香客、游人、亲友也从四面八方赶来"看会"，大人带着孩子，儿女扶着老人，红男绿女，或挑或负、或搴或偻，成群结队，络绎不绝。福山城内外成了人的海洋。

入夜，彩灯高悬，山上山下，城内城外，港东港西，一片通明，如同白昼。东岳庙前的广场上，彩台高搭，箫鼓悠扬。民间艺人表演舞狮舞龙、踩高跷、打莲湘、跑旱船、挑花担等文艺节目，各显其能，热闹非凡，吸引了无数民众观看。这里的"小京班"正在为神演出社戏，圣帝偕诸神"与民同乐"。此时的福山城又成了不夜城。明代武英殿大学士顾鼎臣曾赋诗《福山观社》一首，极赞其盛大：

游人如蚁事如麻，街巷喧阗好物华。本藉神功能捍御，岂缘财力竟豪奢。威容赫奕开生面，供奉分明学内家。灯火满城歌吹沸，夜深林有未栖鸦。

神像回庙时穿街过巷，一路上，献技、献艺、献诚心的人群载歌载舞，前呼后拥。街衢两侧，有富户、乡绅或店家设下祭坛，置酒食菜肴果蔬，款待过路诸神。据说神像到此若落轿"赏光"，该富户或店家就能大吉大利，兴旺发达。因一路上敬神者颇多，而神轿所到之处须一视同仁，留步赏光，故行路较慢，回至"府"上，往往已过半夜，甚至天明。

还愿的社队回至各自的社棚，焚化昨夜的神像纸马，磕过头，酬愿遂告结束。至此，福山庙会方进尾声。

五、今日福山庙会

从 1996 年开始，由福江禅寺牵头，每年于三月二十八日在殿山脚下举办传统佛道结合的庙会活动，民间自发组织的数十支近千人的表演队伍一起参与巡游活动，福山周边乡镇学校、企事业单位都要放假 1 到 2 天，游人如蚁，摊贩云集，总计参与人数往往超过 10 万。

作为当地一个重要的地方盛会，不仅人气旺，集市里的货品更是琳琅满目。同时作为常熟市第一批非物质文化遗产的代表之一，福山庙会更有划时代的意义。现在，各地方都在大力推进非物质文化遗产保护和宣传，福山庙会是旧时代遗留给新生代的精华，经过沧桑巨变，这富含地方特色和人文底蕴的盛会也被众多群众所接受。现在的福山庙会在保留传统烧香、祈福的同时，更多了些商业气息，但对于当地人来说，这是一份无法磨灭的情怀，正因为有了庙会，他们可以自由交易和买卖；也正因为有了庙会，可以在人山人海中感受最纯真的地方文化，这是时代赋予的一种人文气息和变化，也造就了福山庙会的长盛不衰。地方群众还会自发组织民间表演，舞龙灯、踩高跷、扭秧歌最为常见。做买卖的吆喝声、敲锣打鼓声以及一浪高过一浪的讨价还价声都让这样的集会变得异常有趣和特别。

兴福寺蕈油面

兴福寺蕈油面，2008 年，被常熟市人民政府公布为第二批非物质文化遗产名录。

蕈者，菌蘑者也。面极普通，香源自菌蘑，诱惑也在于那种略带些涩，但纯乎泥土的气息。蕈都是由虞山中觅得，大多是山中料木上自然生长的真菌蘑菇，采集得来后，熬得油，作为制作汤料的主要成分，下面后，浇上一些金黄的汤。

蕈油的做法虽然讲究，却并不复杂。先将生姜块拍松后投入纯正的农家菜油中，等油锅烧到冒青烟时，锅离火口，慢慢放入八角、丁香等佐料，接着将蕈放入油锅中爆透，再加酱油、盐、糖等，

兴福寺蕈油面

烧至水分挥发即成。

兴福寺蕈油面,别称兴福寺"吃蕈油素面、品虞山绿茶"。原是该寺僧侣为满足自身生理需求和待客之道的饮食行为。在历史的进程中,逐渐向香客、游客推开,并移植民间,演绎成一项广大民众踊跃参与的民俗活动,具有深刻的历史文化价值、精神传承价值、科学研究价值和社会和谐价值等,成为常熟百姓日常生活中不可或缺的一部分。

明清以来,兴福寺内僧侣多"食蕈面、品绿茶"。其以独特的传统技艺制作的松树蕈油有"素中之王"之美誉。清末民国间,王四酒店、觉林素食处沿用寺内香积橱的传统技艺精心制作的松树蕈油,享誉吴中。两朝帝师翁同龢,外贸部长李强等先后品尝蕈油为浇头的素面,对此赞不绝口。1947年10月19日,宋庆龄、宋美龄姐妹游罢兴福寺,在寺外林中野餐。一碗兴福蕈油面上桌,清香扑鼻,色泽诱人,宋氏姐妹品尝后赞不绝口,连声道:好、好、好,想不到小地方有这么好吃的菜和面。兴福寺僧侣品茶修性及以茶待宾的行为方式是常熟茶文化的重要内容。其以卢法程序礼仪品虞山绿茶,七碗香盈,为邑中名士所仰慕,催生和影响了民国时古城虞山脚下石梅、读书台虞山公园一带"挹辛庐、望山轩、栗里、环小筑"等茶室的形成和发展,且首开常熟地区用玻璃沏茶之先河,流风遗韵影响深远。

20世纪五六十年代,兴福寺妙生上人等僧在寺内开设小型面、茶馆,向社会开放,使寺庙生意盎然。1966—1976年间,林场接管兴福寺,经营面茶馆。改革开放后,场部在与寺一墙之隔的兴福园林内投巨资建望月楼素菜馆、茶苑,并随形势的发展开辟特色蕈油面馆,成立休文化中心,传承发展这一民俗活动。兴福寺"吃蕈油素面、品虞山绿茶"体现了宗教文化和饮食文化的结合。随着时代推移,影响力和著名度日益提高,参与者与日俱增,现民俗风貌。中央领导在视察常熟兴福寺时曾观看过此民俗活动。

2007年5月,时任中国艺术研究院院长、中国非物质文化遗产保护中心主任的王文章等领导来常熟专程赴兴福寺考察这一民俗活动,王文章称此民俗活动可作为特有的"文化空间"申报非物质文化遗产代表作,冲刺省甚至国家级名录。

冲山的佛像雕刻

冲山佛雕，2015年被列入《江苏省非物质文化遗产保护名录》。

一、冲山一绝

在苏州吴中区西部的太湖之滨，坐落着一个传统而又传奇的江南古镇。这里兼具江南水乡之神韵、山区林峰之秀美，更以"精、巧、细、灵"的刀尖绝活而名扬四海、享誉中外，这便是著名的"中国工艺雕刻之乡"——光福。光福冲山村有百十来户人家，祖祖辈辈以雕刻佛像为业，已有上百年的传承历史，木雕佛像在国内也占有一席之地，被称为"冲山一绝"。

佛像一般都是用樟木雕刻而成，其中不乏采用数百年的古樟树。传统佛雕有着严密的工艺步骤，从选材、修坯、磨光、粉土到上漆线、装饰，无一不透露出工匠们的专注匠心。雕刻师傅基本都是从年少起就师承父母，从最初的原木剖板材，到加工、搭架子、雕刻等每

个环节都烂熟于心，这些执着的雕刻师坚守着祖辈留下的手艺，并且不断寻求新的突破。雕刻师傅工具的箱子很引人注目，每把造型奇特的刻刀都有不同的用途，每个刻刀都抚摸得油光锃亮。他们身边没有尺寸精细标注的图纸，没有做参照的佛像，仅凭几十年练就的技艺，就能将粗粝的木头雕刻成精美的佛像。平刀刻画佛身上的纹饰，无须借助外力捶打，全凭腕力控制平刀将轮廓粗狂的原木雕琢成慈眉善目的佛像模样。

二、非遗传承人李进荣

一进冲山村，就看到一座牌坊，牌坊中间由原中国佛教协会副会长、江苏省佛教协会会长、镇江焦山定慧寺方丈茗山长老题写"冲山工艺佛像雕刻街"。这条雕刻街和很多风景旅游区的商业街不同，这里不是给游客买旅游纪念品的，连路都还是土路。不走进去，你甚至会以为这里就是一排破旧的厂房。走进去

后你会发现，冲山最精巧的技艺就集中于此，那就是冲山佛雕，一个传承了近百年的技艺。

"冲山佛雕"代表性传承人李进荣，1961年2月出生于光福太湖平台山上的一个书香门第中，自幼展示的艺术天赋较高，得到了父亲的喜爱，在众多子女中重点对他进行教育和培养，19岁时就随长兄学习木雕佛像技艺。也正在这个时候，李进荣的艺术天赋得到了淋漓尽致的发挥，雕塑技艺得到了飞速地发展，并逐渐开始崭露锋芒。25岁时与陈翰彪大师的小女陈金妹喜结连理，自此就开始跟随陈翰彪大师进行佛像雕塑创作的历程。由于自身所展示的佛雕技艺和艺术天赋得到了陈翰彪大师的充分肯定，所以也得到了大师毫无保留地倾囊相授，逐渐理解掌握了苏式雕塑的精髓，并在此基础上通过自己的不懈努力、创新，大大提高了雕塑技艺，不断地尝试创新。曾先后参与了上海龙华古寺、沉香阁、城隍庙等寺庙的大型佛像、神像的制作，所创作的作品得到了佛教、道教专业人士的认同和赞赏。

2000年，抱着对作品的尊重、艺术的追求，致力于每个作品的精雕细琢，发扬苏式雕塑精髓的抱负，李进荣创建了苏州佛缘雕塑艺术工艺厂，他结合泥塑和木雕的优点，采用了新的雕塑工艺——脱胎，所创作的作品色彩分明，栩栩如生，更加生动和庄严，受到了广大佛教、道教人士的一致称赞。精湛的技艺、有口皆碑的声誉以及良好的经营理念，使得李进荣获得了社会各界的一致肯定。2012年被吴中区文体局评为吴中区非物质文化遗产"冲山佛雕"代表性传承人称号；2013年被江苏省广播电视总台（集团）评为江苏省优秀民间雕塑艺人称号；2014年又被江苏省广播电视总台评为江苏省当代杰出雕塑名家称号。

李进荣说："佛雕是个精细活，一点都偷不得懒，而好的佛雕作品应该是有生命的，看起来栩栩如生。"

吴江区松陵佛雕

松陵佛雕，2010 年，被吴江市人民政府公布为第三批吴江市级非物质文化遗产名录项目。

佛雕有泥塑和木雕之分，也有泥塑和木雕合而为一的，都与民间信仰密切相关。早在明清时期，吴江城乡的小型木雕，相当多见，尤其是观音、财神等木雕神佛寄托吉祥富贵心愿，许多民宅都要供奉，按时上香，顶礼膜拜。1966—1976 年间，佛雕这门传统工艺受到重挫，以致后来工匠锐减，后继乏人。改革开放后，民间风俗和宗教信仰重新活跃起来，吴江各地被毁的寺庙陆续复建，重塑重雕佛像，被冷落了多年的木雕又获得新生。

松陵佛雕以巧妙的结构和精美的雕琢并结合传统技法，刀法细腻，人物表情生动。佛像雕刻必须精雕细琢，费力费时。设计好佛像后，首先要把香樟木锯成圆段，再锯成方形毛坯，然后用修光刀凿雕琢成形，用木砂纸打磨、石膏填缝，直至平整光滑，上第一道油漆。待油漆阴干，用起子全面修整、木砂纸再次打磨，随后上第二、第三次油漆。最后一道工序是"开相"，即为佛像五官和着装绘彩，有些需要贴金的佛像则调制铜金粉涂刷，或用铜铂、金铜贴制，也可以用调金油调和黄金粉与香蕉水合成喷涂。因此，完成一尊佛雕少者一星期，多则数月，不仅时日较长，还得有耐心。

木雕是民间雕刻的一种，在它几千年的发展历程中经历了由实用到观赏、由简单到复杂、由幼稚到成熟、由技艺到艺术的提升，最终成为中华民族民间艺术大家庭中的一员。松陵佛雕因其自由独特的工艺风格，在江南一带成为佼佼者。巧妙的结构、精美的雕琢并结合传统的技法，融民间信仰与民间美术于一体，保持了其永恒的文化与较高的艺术价值。

第二节

控制保护建筑

苏州市与其他城市有所不同，这座二千五百多年的古城除了国宝、省保、市保外，还有很多控制保护单位。这些保护单位散落在各个角落，虽称不上景点，也谈不上名声，但却是苏州古城的组成部分，是那些被列为世遗、国保、省保、市保的陪衬。它们作为一个城市的基础，陪伴古城走过了数百个春夏秋冬，如今，它们或作为民居、或作为单位、或被当成学校，还在为这个城市发挥着自己的贡献。本节介绍苏州佛教的控制保护建筑，分别为：瑞莲庵、佛慧庵、天宫寺、昭庆寺、海宏寺、真觉庵、报恩禅寺、观音阁等 8 处。

姑苏星桥瑞莲庵

瑞莲庵，位于姑苏区齐门路星桥巷13、14、16、18、20、22、22-1 号。1983 年，被苏州市人民政府列为控制保护建筑。编号：06。

瑞莲庵又名大悲庵，始建于明代崇祯九年（1636），至今已有 370 余年历史。清代道光七年（1827），画禅寺退院僧如本重建。民国二十一年（1932），僧修文（镇江人，市佛教协会会长）又重建。僧宏开法师在庵内主持佛事。现在的瑞莲庵，已散为民居。

古庵坐北朝南，共四路三进，有大殿、佛堂、卧室、东西厢房等建筑。西路第二进为大殿，系庵内主要保护建筑物，清代大学士潘世恩记勒石。古庵北部为后花园，凿有荷花池，池沿叠湖石为岸，池中架设九曲桥。园内花木扶疏，植有香樟、丹桂、黄杨等。荷花厅、观荷亭、船厅等建筑错落其间。1949年前后瑞莲庵逐渐荒圮，园内种起菜蔬。1950年，庵内多尊佛像和九个佛台迁入西园。公私合营前，庵内办起私人布厂，厂主名周治海（音）。厅堂内放置脚踏织布机，约有40台。1966年，在"破四旧"热潮中，庵内佛像全部被损毁。荷花池和九曲桥等被苏州阀门厂拆填后建造职工宿舍楼多幢，占地约15亩，其余为苏州染织厂和新苏丝织厂宿舍。

现在的瑞莲庵已沦为民居，尚存旧貌。13号为原新苏丝织厂宿舍，现已有多户本地和外地居民入住。从门口的一条备弄进去，尚见二楼厢房内的旧木梯、残缺的木格窗和方砖地。14号亦为苏州新苏丝织厂宿舍，备弄南段可见木窗骑楼；第二进为木窗堂楼，黛瓦破损，电线密布。令笔者眼前一亮的是：在一座小天井内，有一口水井，井栏材质为青石，内圆外六角。井内有水，但水质较差已不用。户主在天井内放置盆景，有月季、蜡梅、铁树、美人蕉、滴水观音等，绿意盎然显生机。水井在有关资料中未见记载，值得引起重视。

16号大门上，钉有"控保建筑"标志牌。第一进为平房，硬山式。小天井

内的铺地，用小青砖侧砌，可见当时痕迹。院内有花岗岩鼓形柱础，甚为古朴，疑为古庵原物。18号大门上，亦挂有"控保建筑"标志牌。这里原为庵内供香客所居之所，后为染织三厂宿舍。现在仅有一位老妇所居。室内方砖铺地，花格木窗上有黄铜拉手。居室用十二扇落地长窗相隔成四部分，抬头可见粗大的木梁。

22号为瑞莲庵西路，钉有"控保建筑"标志牌。石库门上有花岗岩条石门框，两侧开八字墙，檐瓦上有花边滴水。住宅内尚存一处长方形小庭院，走廊铺砌长条形花岗石。廊柱为木质方柱，柱间的葫芦状图案挂落，甚为古朴。鲜为人知的是：在备弄墙壁上还嵌有珍贵的书条石。书条石原有三方，其中一方在1966—1976年间被染织三厂宿舍内的职工取走，后被厂保卫科追回，但现在下落不明。尚存的二方，被住户围在卫生间内。所幸墙上贴瓷砖时，没有把书条石覆盖。笔者听说后，特意前往实地察看。

两方书条石呈南北横向排列。北石规格约72×28厘米，行书阴刻竖行，内容大致为"穹传和尚"一事。落款有二：其一为"监中昇道人识"；其二为"吴门王凤章勒石"，均镌方形钤印。南石规格约66×25厘米，楷体阴刻竖行，内容为"金刚般若波罗蜜经"的摘录。

与后石皮弄相邻的22-1号，也钉有

"控保建筑"标志牌。瑞莲庵西路第二进的正殿，就在这里。大殿为硬山式，塑哺鸡脊。正脊中间塑圆框万年青图案。"佛日增辉"和"法轮常转"字样已模糊不清。大殿面阔3间11.2米，进深12.2米，圆作梁，前翻轩。粗大的楠木梁至今保存完好，弥足珍贵。大殿前设有台基，砌长条形花岗岩条石。一排木构落地长窗和殿内的方砖铺地，仍保留古朴原貌。如今，大殿已分隔成多个独立空间，供6户人家居住。可惜屋顶上所开的老虎气窗，已破坏了原有风格，值得有关方面重视。

瑞莲庵在历史上，曾经是古城齐门的一处赏荷胜地。庵内疏池为荷塘，塘中有荷亭，两端连接一座曲桥。荷池又名七星池，池底凿有七口水井，保证水源清活不死。池内广植荷莲。其中不乏名种，传说是从西域移植来的异种，品牌有五色、并蒂、重楼等。文人称其为瑞莲，庵名由此而得。夏日莲花弥望，色香胜绝。这里离拙政园和狮子林很近。民国时期，有不少居士都是文人骚客。他们来此参禅后，雅集于荷花厅和荷亭。吸引这些文人的，除了能观赏五色莲大饱眼福，还能饮极品茶和品尝美食。其中，还有一段鲜为人知的趣闻。

民国时期，古城城南的圆通寺内，隐居着一位传奇文人，名肖退庵。有一次，肖退庵偶然从朋友口中得知，瑞莲庵内有与众不同的香茗和美食，便欣然而来。眼见为实，果然名不虚传。庵内使用的茶具，都是江西景德镇官窑所产的细瓷，古色古香，质地上乘。庵内窨制的"极品茶"，肖退庵了解后便亲自制作。他从随身携带的茶叶罐内，取出一只白色绢包。包内放有少许碧螺春新茶。但见他走到池内曲桥上，弯下身来，将绢包小心翼翼放入含苞待放的荷花内窨制。第二天，他才赶到庵内，取出花瓣中的绢包。吸足荷花清香的茶叶，沏出来清香滋润，别有一番境界。手托白瓷茶壶细品，肖退庵对着同来友人连声喝彩："好茶，真正的好茶！"

对瑞莲庵内由僧人制的茶食素点，肖退庵也情有独钟，多次前来品尝。其主要品种有：薄荷扁豆糕、玫瑰酱袋粽。尤其令人叫绝的，是脍炙人口的口蘑汤和口蘑汤面。这种蘑菇产于张家口，小得很，又叫"口钉"。大小与从前钉鞋底的铁钉差不多，鲜嫩无比。这种蘑菇身份显赫，早在清代已成为贡品。其鲜味不用味精，调味全凭原汁原汤原香。用料考究，色清而不淡，味美而不腻，绝不亚于荤点。在姑苏美食谱中，瑞莲庵茶点应该占有一席之地。

瑞莲庵现在已沦为民居，住有几十户人家。私自乱接乱拉的电线裸露在外，收购的废品杂物随意堆放，极易引起火患。这一切，都应该引起有关方面的高度重视。

姑苏齐门佛慧庵

佛慧庵，位于姑苏区齐门内平家巷15~17号。1983年，被苏州市人民政府列为控制保护古建筑。编号：011。

佛慧庵又名福来庵。僧法亮奉敕建于元大德十年（1306），称北禅寺子院，后为家庵。清康熙七年（1668），复归北禅寺。道光三十年（1850）重修。同治四年（1865）浚放生池，重建殿宇（同治府志）。光绪十一年（1885）修建。清末民初，成为陈锡杭家庵，僧富印持院。

民国二十一年（1932），僧春松邀宝光寺宏开僧做佛事，香火很盛。后因陈锡杭在沪黄金交易失利，以300元银洋将庵产售给普陀山道真和尚。道真不务佛事，以变卖佛产为生。1958年由新苏丝织厂每月付30元租用。1959年改租给立大布厂。1960年改租给半导体厂。1964年改租给苏州电视机厂。西路硬山顶大殿及配殿结构完好，朝南，面阔3间11.7米，进深12.7米。部分民居。

菉葭巷内天宫寺

天宫寺,位于姑苏区菉葭巷 10、11 号,天宫寺巷 1、3 号。1983 年列为苏州市古建筑保护单位至 1999 年。编号 : 072。

菉葭巷西起临顿路,东至横跨平江河的通利桥,长 415 米。南侧原有河,1958 年填没。原名陆家巷,因巷内有陆姓大户得名。后根据吴语谐音,雅化为菉葭巷。《吴县志》:"陆家巷,今菉葭巷。"菉豆,即绿豆 ;葭,初生的芦苇。

天宫寺由唐光禄大夫许台舍宅建,初名武平院,创自东晋末。明正统间僧弘演发地得铁像二,因创设法堂。景泰二年(1451),建大殿。状元宰相申时行为天宫寺撰写了碑铭。万历十四年(1586),僧通泉从万寿寺移居并于寺旁东北建万寿善财院。清康熙间,僧豫则重修寺。僧戒律精严。咸丰十年(1860),佛像被毁,仅存殿宇。同治十年(1871)先后修建。"《吴门表隐》载,原天宫寺门前直街名初春巷,南口有天宫坊,寺前桥底有古井。山门有脱沙圣帝,裸裎周将军,骑牛金刚。寺内有紫砂夹石(此即名刹插旗,以

集禅徒)、竹叶宝塔、拜垫石、卸甲韦驮,皆宋时物。大殿铁药师佛,明正统间,僧宏演垦土所得,旁列十二药叉大将。万历十四年,僧通泉所塑。归继登有《七高僧传》,记明代诗文著名僧人听源、月江、印宗、水知、慧川、万峰、玄若。现存朝南一路,第二进为单檐歇山顶大殿,面阔 3 间 9.75 米,进深 8.5 米,高约 7 米。前后檐柱皆为抹角方石柱。南口有天宫坊,寺前桥底有古井,寺内善财房的淡泉,据《红兰佚乘》记载,可与天平山的白云泉相提并论。

天宫寺内,如今还依稀可见民国六年(1917)由临平市民公社集资修理后遗留下来的痕迹。当时曾由吴县知事公署警察厅备案保存古迹的"天宫古刹"碑而今依然存在,苍劲的笔锋像永不磨灭的历史一样耐人寻味。

1985 年时有大殿,三开间歇山式,花岗石柱,廊后有翻轩,墙壁立天宫禅寺碑刻,尚完整。现为菉葭小学。

姑苏大儒昭庆寺

昭庆寺，位于苏州姑苏区大儒巷38号。控制保护建筑编号：082。

一、历史沿革

据载，昭庆寺为元代天历（文宗）元年（1328）宣政院（元王朝的国家行政机关）佥事（官衔）僧人阿咱剌（人名）所建造。阿咱剌是蒙古贵族子弟，早在元成宗皇帝时，皇姐鲁大长公主遣其跟随国师的大徒弟沙蓝和尚削发为僧，元武宗皇帝时，公主又请皇帝授其饶州路僧（即吃皇粮的和尚），皇庆元年（1312）仁宗皇帝又赐给其吴郡（苏州）之良田并免征赋税。为了报答皇帝、师父的恩德，阿咱剌在苏州买地建造昭庆寺，并得到了公主的赞赏和厚施，此寺于天历元年建成。前大门供奉四大天王，中大殿供奉三世如来佛、观世音、文殊、宝利之像，大殿前有象征长寿的两个石塔，大殿后是法堂及方丈室。二廊东有如伽蓝神祠、库房、厨房，西是云堂、天台智者大师

与诸佛祖之祠。皇帝还专发玺书以保护该寺并派使者送宝香至寺里以庆贺寺的建成，后又赐大藏经五千余卷，皇后并赐大量金银以置买寺田，寺里香火旺盛，僧人每天念经祷告祥瑞增寿。当时该寺规模宏大实为吴中一大刹。

元至正九年，阿咱剌又在大殿后建造旃檀阁，安妥地供奉旃檀佛像，旁有文殊、普贤二菩萨，墙壁上图绘万佛及五台山，贝函完大藏经循壁排列，下置普陀落伽山观世音菩萨像。此旃檀阁有四十四根柱子共三间，最高为56尺，最宽为16尺，重檐、步柱、窗、翻轩都很粗壮，而且金碧辉煌，内外都非常庄严。

昭庆寺于明代洪武初并归北禅寺，后废败为王姓庭园，明崇祯末年僧人养素（名）重新赎买为寺。清代康熙二十四年重建大殿，咸丰十年毁（李秀成入苏州城），仅存山门。同治十年，僧人启宗（名）又重建。光绪三十三年因住持和尚不守戒律被官府封锁充公，后来在此设立元和县高等小学堂。

门厅

1951 年易名为苏州市大儒中心小学校，1985 年学校迁走。

二、重新整修

2005 年，昭庆寺进行修缮，在修建时增设了半亭、圆洞门、曲廊、假山等园林建筑，整修后的建筑群融重楼华宇、殿阁回廊与园林胜景于一体，最大限度地保存了其历史文化信息，又因地制宜布置了园艺绿化、庭院小品，使历史悠远的古建筑群得到有效的保护，也使其整体环境变得更加清雅宜人。

这座古建筑从寺庙到学校，从学校到文化中心，历经数百年沧桑，保留至今。如今走进中心，就能感受到那份吴越特有的淡淡透出的一股朴素与宁静，能让你身在其中感悟到她的清秀深处的韵致。大殿里的文化茶座、戏曲沙龙，引来了定期进行的评弹、昆曲等表演和书画摄影、藏品等专题展览，为行人和周边居民带来一份文化大餐。

昭庆寺现为平江文化中心。寺庙的建筑群融重楼华宇、殿阁回廊与园林景致于一体。

姑苏城中海宏寺

海宏寺位于姑苏区海红坊 4 号、6 号，俗称海红寺。控制保护建筑编号：112。

元代楼子和尚创建，清顺治年间重建。同治六年（1867）僧人苇江修而居之。同治十二年（1873），吴县知县将不守戒律的苇江逐出，寺院没收为官署。光绪初年为督粮通判署，后改为法政学堂。民国及日伪时曾为律师公所。1949 年后，设海红小学，现为姑苏区培智学校。现存大殿曾由学校投入 50000 元整修，相传金圣叹世居于此。

姑苏钮家真觉庵

真觉庵，位于姑苏区钮家巷27号，控制保护建筑编号：131。

真觉庵建于清道光年间。坐北朝南两路，西路两进为韦驮殿、大雄宝殿。东路有三进，末进为楼。共占地面积975平方米，建筑面积726平方米。大雄宝殿为硬山顶，山墙做博风，面阔3间8.7米，进深9.6米，前置船棚轩，外檐设桁间斗拱。殿前有道光十一年（1831）双面门楼。

真觉庵砖雕"得大自在"

山塘街报恩禅寺

苏州敕建报恩禅寺，位于姑苏区山塘街 728 号。控制保护建筑编号：190。

敕建报恩禅寺是清代康熙十三子怡贤亲王祠（乾隆十三年诏赐"敕建报恩禅寺"，俗称"十三阿哥行宫"），为市控制保护建筑。现保存之山门，临街面河，为砖砌三楼一拱门牌坊式样，翼以八字砖墙，雄伟壮观。怡亲王允祥，贤是谥号。与雍正最为友善，竭心辅助，总理户部。薨后，雍正大为悲恸，并"诏奉天（沈阳）、直隶（北京）、江南（苏州）、浙江（杭州）务为王立祠"，为皇亲国戚中"振古未有之荣"。

山门

山塘街上观音阁

观音阁，位于姑苏区山塘街578号。控制保护建筑编号：186。

肃穆而雅致的观音阁，粉墙黛瓦、楼角飞翘，周围林木茂密，绿水萦迴，环境优美。它面临气势恢宏的拱形石桥——桐桥。阁、桥交融，光、影交辉，相得益彰。往南穿越桐桥，"撑出桐桥野水宽"，即为"七里笙歌长不断"的山塘河。傍临桐桥圩，圩北通十字洋，直达运河，桐桥圩波光涟滟，清澈明净，曾是游船鳞集之处，"桐桥两岸丝丝柳，多少浓荫覆画船"。

观音阁拥有前后二幢相连的楼阁，如同走马楼，中有天井，二厢为单坡顶，前楼歇山式，后楼硬山式，正门为石库门，横楣"观音阁"三字砖额。据现任主持能明大师介绍，该字为民国以前所刻，故字迹已模糊，但还隐约可辨。在砖额上面为五排褐红色格子窗，每排二扇。从屋檐下至室的上面为照墙板，从而使楼阁更显明媚精巧。

进入大门，原为门厅，在墙的东面镶嵌一块至今仍保存的砖刻警示碑，系长方形，面积不大，长度仅为一公尺左右，为清道光十五年九月初一所立。据能明大师回忆，当时曾有游手好闲之辈、流氓成性之徒，对附近摊贩和香客进行敲诈勒索，当时衙门为维护地方治安，立了此碑，现此碑字迹已较难辨认。在东面厢房镶嵌着一块"重建胜安桥记"石碑（桐桥原名胜安桥），为明弘治十二年立，该碑是否在观音阁于民国扩建时围人还未有查证。

前楼楼阁，原为佛堂，庄严而静谧，正中佛龛内安放观音菩萨，慈眉善目、妙相庄严，身处莲花座，一手持净瓶，一手持柳枝，两侧侍立的善财和龙女神态优美，佛龛上悬华盖，二侧挂有胜幡，供台上烛光高照，香火缭绕，信徒们就在这里顶礼膜拜，这里也是大师们做功课的场所。

后楼楼下是会客之处，其他房屋用作厨房、居室等。

该阁年代久远，建于宋咸淳四年，

明弘治十二年进行了维修，至民国三十年，老当家昌年长老以自筹资金给予扩建，该楼阁一直使用至今，已有60年历史，1983年被定为市级文物控制单位。

自观音阁在民国时期扩建前后，昌年长老（号攀运）即为住持，他在1963年即78岁时圆寂，接着由隆一大师（号得道）主持。隆一大师于1908年出生，27岁出家，1984年圆寂，之后由现在尚在的能明大师主持。能明大师16岁出家，今年74岁，仍坚持每天做功课2小时，不论寒冬腊月，还是盛暑酷夏，每天早上4点左右就开始，从不间断。

观世音菩萨在传说中是普渡众生、救苦救难、大慈大悲的化身，历代以来，一直受到广大善男信女的虔诚敬奉，因此，该阁从宋代开始代代相传，不绝香火，特别在观音菩萨农历二月十九日诞辰，六月十九日得道，九月十九日涅槃之际香火更旺，当时船上人来烧香的也较多，祈求平安。

在1966—1976年间，所有菩萨连同佛经基本上都被付之一炬，所剩无几，房屋大部分归公，今仅存东面厢房一楼一底由能明大师居住。他在楼下设置了小佛堂，所供奉的是一尊男相观世音，体形不大，传说现在的女相观世音是由男相观世音演化而来。供桌上供着一对大蜡烛，烟雾袅袅，供桌为榉木，还有一只方凳，系观音阁仅存的明朝遗物。墙的两面挂有昌年长老和隆一大师遗像，目前仍有香客前来烧香，虽已稀少，但仍络绎不绝。

随着岁月的流逝，历经沧桑，桐桥已失，桐桥圩已堵，惟观音阁仍宁静地兀立在白公堤旁。

第四篇
文化撷零

苏州地处长江三角洲，素以历史悠久、风物清嘉、人文荟萃著称，曾长期是江南的政治、经济、文化中心，成为我国东南的一大都会。几千年来，吴文化得到了长足的发展，在光辉灿烂的中华民族文化中，吴文化占有重要的地位，而苏州的宗教文化又是吴文化的一个重要方面。

苏州佛教拥有众多的古建筑，它是宗教遗产的精华之一，这些建筑体制严整，风格古朴典雅，融宗教固有风貌与艺术于一炉，具有江南建筑艺术特色，众多的佛教古建筑构成苏州一大景观。巍峨耸立的苏州古塔，既是这座历史文化名城的丰厚基石，又是一道美丽的风景线和轮廓线。苏州古城宝塔之多，居全国之冠，人称宝塔之城。虎丘云岩寺塔、瑞光塔、罗汉院双塔、报恩寺塔、灵岩山寺多宝佛塔等，凌空摩苍，风云吐纳，千姿百态，各尽其妙，充分反映了古代劳动人民智慧的博大精深。

苏州佛教寺院还保存着大量的经典著作。西园寺、寒山寺、灵岩山寺的藏经楼上珍藏有宋元明清各个历史时期的木版本经书10万余卷，包括《法华》《百喻》《般若》《大藏经》等，品种之富，版本之全，冠绝东南，载于全国。此外，苏州还有唐宋元明历代用金、银、血和墨手书的各种经藏，亦为他处所罕见。

苏州的佛教文化内涵丰实，留给古城的痕迹比比皆是，比如地名中的定慧寺巷、佛兰弄、观音弄、祥符、狮林寺巷等，那一个个古意盎然的街巷名称，就是古城一首首动人的诗篇。

一千多年来，作为吴文化之一的佛教文化为古城的发展做出了贡献。

苏州佛寺的藏经

苏州佛寺的藏经，始于南宋孝宗乾道年间（1165—1173）的碛砂（今吴中区）延圣寺，由住持法音等发起劝募开雕，其所刻印的《碛砂藏》（又称《延圣寺藏》）历时91年，刻成后全藏590函，6392卷（册）。目前，苏州寺庙收藏的佛教藏经典籍有元、明、清木刻本和宋以后的铅印、影印等16种版本计14万余卷之多，品种之富、版本之全冠绝东南。其中古代木刻本有明《南藏》（又称《永乐南藏》）、清《龙藏》（全称《乾隆大藏经》）均为全套善本，在善本经书中最为珍贵的是国内孤本——元代《普宁藏》。该书由余杭普宁寺住持道安等募缘，自元世祖至元十四年（1277）讫至元二十七年（1290），历时14年刊成，以思溪、福州二藏雕版校勘付印，是现存较为齐全的元刻大藏经。此外，苏州还有唐宋元明各代用金、银、血、墨手书的多种经卷，以及藏文经书、巴利文贝叶经，亦为他处所罕见。

灵岩山寺藏经楼收有藏经47000余册，其中属国家级文物善本藏经两万多册。大藏经有10种版本，如影印的宋刻《碛砂藏》，元刻《普宁藏》，明刻《南藏》《北藏》（又名《永乐北藏》）、《嘉兴藏》（又名《径山藏》），清刻《龙藏》，民国刻《频伽藏》，日本刻《弘教藏》《大正藏》《续藏》，虽大部分是残本，但弥足珍贵。此外，还藏有一部血书《华严经》，这是该寺常明、丰廉两位法师怀虔诚之心，于1933年7月至1934年12月，以破舌之血写成，这部血经在1966—1976年间被毁10多页，殊为可惜。

著名的律宗道场西园戒幢律寺藏经8万余册，其中仅清刻《龙藏》就有四部，一部完整、三部略有残缺。全藏724函、1669部，每函10卷（册），乾隆时删除73册，现每部连同目录则为7173卷（册）。该寺存有这么多的《龙藏》，是省内寺庙中唯一的，有一部为本寺住持广慧老和尚于清宣统三年（1911）晋京恭请而来的。1966—1976年间，在周恩来总理和迟浩田将军的保护下，该寺所藏的 800 余尊古佛像和 6 万余册经籍才得以幸存。其中，元代高僧善继血书的 81 卷《大方广佛华严经》，字径 17 毫米见方，字体端正，笔画圆润，颇见功力。自明代宋濂至清朝康有为，先后有 400 余名家为其题跋，为所有藏经之中的珍品。善继曾是虎丘前山塘法华院的和尚，他根据佛经上所谓"折骨为笔，刺血为墨"的说法，发誓用自己的血抄写一部《华严经》，寒来暑往，他每天咬破舌头，滴血在笔尖上，一笔一画，经历了 10 多个春秋，一部卷帙浩繁的血书《华严经》终于告竣。而善继和尚却因劳累过度，在完成后不久就圆寂了。善继和尚书写的这部血经，法华院特建"毗卢阁"珍藏，后又移藏至"龙善山房"，"龙善山房"被毁后，血经移至西园寺保存至今。

除灵岩山寺、西园寺所藏血经外，还有一部血经现藏于吴中光福司徒庙。这是明光福玄墓山圣恩寺的当家和尚为证明自己是佛门的"正知见"，刺破自己的舌尖，将血挤在酒盅里，请人蘸着用蝇头小楷抄写出来的。这部血经内容也是《华严经》，但只写了 6000 多字。

而位于太湖之中的岛镇——洞庭西山的包山禅寺，寺中藏有许多经籍，有《碛砂藏》《龙藏》《频伽藏》《大正藏》《普慧藏》等，其中最具文物价值的是刻于明万历年间的《径山藏》，也称《嘉兴藏》。这是我国最早一部完整的方册本版式及装帧的刻本大藏经，改变了以前所刻大藏经携带、阅读不方便的缺陷，利于佛经的传播。它是明万历十七年（1589）经幻余、真可、法本等人筹划，在山西五台山开刻，4 年后南迁至浙江余杭径山寺续刻，并在嘉兴楞严寺印刷流通。全藏分正藏、续藏、又续藏 3 部分，共 352 帙（函），收经 2141 部 12600 余卷（册），为我国历代刻本之最。明崇祯 12 年（1639），包山寺僧人德幢前往杭州化缘，有佛教徒王懋官久闻包山寺的名望，便出资为包山寺捐请《径山藏》一部。1970 年 8 月，因包山寺藏经楼面临拆除，根据当时江苏省革命委员会政治工作组的意见，由当时的石公公社、吴县文教局将大藏经移交给南京博物院保存。移交时，大藏经尚存 344 函，2586 册。其中正藏 211 函、1434 册，续藏 90 函、790 册，又续藏 43 函、362 册；其他佛经 1300 多册。至今仍藏于南京博物院。

还带裴度纪念馆

吴中区胥口还带寺，经过 10 多年建设，寺院面貌焕然一新。还带寺的由来始于唐朝裴度还带的故事。该寺住持明诚法师为了感恩裴度，决定设立裴度纪念馆。

吴中还带寺，地处苏州市绕城高速西山出口处的香山嘴，北靠香山山脉，南临太湖之滨，东邻古镇胥口，西邻苏州太湖国家旅游度假区。

唐代有一个少年书生裴度，游览香山寺曾拾宝带三条，后将宝带归还失主。裴度其人文武兼备，位至司空，封晋国公。历任唐四朝元宰，卒后谥文忠，自此以后，"香山寺"改名为"还带寺"。京剧"还带记"就是讲的唐朝裴度还带的故事。民国元老李根源题写了"还带观潮"四个字。

一、设立"裴度纪念馆"意义

为了打造裴度文化，苏州还带寺住持明诚法师以裴度文化为切入点，提出设立"裴度纪念馆"，他的这一设想得到了区有关部门的重视与关心。

设立"裴度纪念馆"意义深远：

1. 还带寺全国仅此一庙。裴度，山西人，裴度还带故事发生在我区还带寺，以还带寺命名的寺院仅此一家。裴度（765—839）字中立，河东闻喜人（今山西省闻喜县礼元镇裴柏村），是唐代中晚期杰出的政治家、军事家、文学家，德宗贞元五年（789）裴度擢进士第。裴度一生历相宪、穆、敬、文宗四朝，官至上柱国司徒、中书令，爵封晋国公。一生主要功绩是削平藩镇割据，维护国家统一。他在文学上主张"不诡其词而词自丽，不异其理而理自新"，反对古文写作上追求奇诡，著有《裴晋公集》二卷。

2. 裴度还带精神与社会主义核心价值观吻合。党的十八大曾首次以"富强、民主、文明、和谐、自由、平等、公正、法制、爱国、敬业、诚信、友善"这 24 个字来高度概括社会主义核心价值观。裴度还带的故事许多人都知道，用现代的话说，那是反映了裴度拾金不昧的精神，用古代的话说是积了阴德。总之，说明裴度这个人见财不贪，而且见义勇为。

3. 设立裴度纪念馆，弘扬裴度文化创新精神，可以培养人们谦让友爱的高尚道德情操。通过参观裴度纪念馆，可以使人们深切感受到人生中应具有的真善美品质，对广大儿童青少年具有广泛深刻的现实教育意义。裴度纪念馆建成后，可挂爱国主义教育基地牌子。

4. 裴度纪念馆的设立可吸引裴氏家族以及国内外游客来吴中区胥口太湖旅游考察。据书中记载，在中国历史上，裴家先后出过59位宰相，59位大将军，当代将军11人。正史立传与载列者，600余人；名垂后世者，不下千余人；七品以上官员，多达3000余人。更值得注意的是，在这3000多名官员中，居然没有出过什么贪官污吏，这在封建社会中是难以想象的。

5. 裴度纪念馆的设立可提高吴中区的知名度。裴度纪念馆设立后，通过开展各类纪念、研讨活动，可以进一步打造裴度品牌，提高吴中区的知名度。

二、"裴度纪念馆"的布馆内容

按照前期策划、项目论证、方案设计、工程建设、装修布馆、征集资料等步骤稳步推进。裴度纪念馆项目从2014年8月正式启动，至2016年6月已基本结束。

裴度纪念馆位于还带寺大雄宝殿西侧文化苑一楼，面阔3间，建筑面积为500平方米，殿正中供奉裴度像，周围主要以雕塑群为主，共分7个部分：

1. 裴度出生。唐代宗广德二年（765）甲辰三月初三午时，在山西省闻喜县裴柏村裴家老宅里诞生了一名婴儿，全家人喜气洋洋，邻里纷纷上门道贺。其父裴溆据儒家中庸思想，为爱子取名"度"字"中立"。

2. 香山还带。裴度少年时，家道中落。有一老僧说他"面有锁口纹，日后必当冻饿而死"。后于香山寺抄写经文，吃斋念佛，于寺中栏杆上拾得三条宝带，裴度自思，"此乃他人遗失之物，我岂可损人利己，坏了心术"，乃坐而守之，他等到天色已晚，仍不见失主。第二天，他又去香山寺寻访失主，见有一妇人啼哭而来，对裴度说："老父蒙冤入狱，借得三条玉带前去京城搭救，在寺中拜佛上香之时遗失于此。"裴度听闻此言遂将玉带交还妇人。妇人拜谢而去。他日，裴度又遇见了那位老僧，老僧大惊道："足下骨法全改，非复向日饿殍之相，得非有阴德乎？"裴度辞以没有。老僧云："施主试自思之，必有拯溺救焚之事。"裴度乃言还带一事，老僧云："此乃功德无量

裴度纪念馆前"唐平淮西碑"

之事,他日必得大福报,可预贺也。"后来,裴度果然进士及第,位至宰相,寿至耄耋,全始而终。

3.平定淮西。元和九年(814),淮西节度使吴少阳卒,其子吴元济自称留后,并发兵四出,震动东都,天下骇然。在如何对待吴元济问题上,大多数朝臣主和,而以宰相武元衡、御史中丞裴度为主的大臣力主平叛,于是武元衡、裴度成为叛贼的暗杀对象。时年六月,宰相武元衡上朝时遇刺身亡,同时上朝的

裴度也遇刺身负重伤。事发后,宪宗皇帝严令缉捕刺客,并力排众议擢升裴度为宰相,赐给节符,通天玉带,全面负责淮西事宜。在宪宗皇帝的全力支持下,裴度亲到前线视察,取得了将士们的信任,并采取了一系列的政策。从元和十二年八月全面对淮西用兵,十月活捉吴元济,平淮西大捷,裴度因此爵封晋国公。

4.赦免战俘。平淮西后,度令废除吴元济制定的一切不合理的制度,淮西

民众始有生民之乐。又下令淮西州县百姓，给复二年，近赋四州免来年夏税，官军阵亡者，皆为收葬，给其家衣粮五年，因战伤残者，终生给其衣粮。在对待三万五千名战俘问题上，皇帝欲全部诛杀，并令中使梁守谦持尚方宝剑前往淮西蔡州监斩。而此时的裴度已对战俘进行了赦免，愿归为农者，皆从之，并赐以耕牛、粮种，和淮西民众享受一样的待遇，梁守谦以圣旨阻之。度将此情况上报朝廷审议，宪宗对裴度的处理办法甚是满意，赞赏有加。佛云："救人一命，胜造七级浮屠。"裴度救三万五千人性命乃大功德也。故裴度后裔子孙绵绵，福寿双享。

5. 堂开绿野。晚年，裴度退居洛阳，在集贤里筑宅，又于午桥创别墅，花木万株，中起凉台，名曰"绿野堂"，引甘水贯其中，酾引脉分，映带左右，度视事之隙，与诗人白居易、刘禹锡酣宴终日，高歌放言，以诗酒琴书为乐，当时名人皆从之游。

6. 文种勿绝。开成四年三月初，裴度临终，对子孙曰"吾辈当令文种勿绝"，又命人取来平淮西时宪宗皇帝赐给的玉带，对子裴识说："此物宪宗皇帝所赐，不能随我葬于地下，待我去后，可上交朝廷，归于秘府。"三月四日晚，司徒中书令裴度薨于私第。文宗皇帝闻之，震悼久之，亲笔撰写御诗、御札，派人置于裴度灵前，册赠太傅，谥"文忠"，辍朝四日，赠赙加等，诏京兆尹郑复监护丧事，所需皆官给。出殡日遣兵部尚书李德裕代帝致祭文。武宗会昌元年，加赠太师。宣宗大中初，配享宪宗皇帝庙廷。

7. 千年荣显。"千年荣显"是毛主席1958年在中央召开的成都会议期间率领与会代表游览武侯祠，观看裴度撰写的诸葛武侯祠堂的碑文时，对站在他身边的原山西省委书记陶鲁笳谈的一段话中说的。他说："你在山西做父母官，可知道裴度是谁？"没等陶鲁笳回答，他便说："裴度是唐朝的宰相，是你治下的闻喜县人。闻喜县是中国历史上出宰相最多的县，出自闻喜的宰相多是裴氏家族。裴氏家族千年荣显，是历史上最有名的家族。"

苏州还带寺率先在全国寺院中设立裴度纪念馆，充分体现了宗教与文化的融合，文化与旅游的结合，佛法与文明的有机结合。

法螺寺摩崖展馆

"赵宦光暨寒山岭摩崖石刻展示馆"位于法螺寺西面的文化苑内,坐西朝东,面阔 3 间,150 平方米。展示馆北面为"寒山别业"遗址,西北方向山岩上有乾隆御碑。展示馆上方悬挂"赵宦光暨寒山岭摩崖石刻展示馆"匾额,由原苏州市文化局局长周文祥书,门联:"山涌一泓故迹欣长润,雪飞千尺法螺喜不遥。"乾隆撰,周文祥书。馆内主要以摩崖石刻拓片为主,分为三个部分:一是赵宦光的生平和书写的摩崖石刻;二是乾隆皇帝书写的摩崖石刻;三是李根源、申时行等人的摩崖石刻。另外,陈列实物展示柜,内有龙瓦、砖石等。

吴中区法螺寺大雄宝殿

摩崖石刻（乾隆书）

设立"赵宦光暨寒山岭摩崖石刻展示馆"主要鉴于三方面考虑：

一是可以有效地保护和展示摩崖石刻文化。寒山岭上的摩崖石刻有30多处，大多分布在山岭岩石边上，有的地势较险峻，有的在溪塘边上，有的在草丛中，部分摩崖石刻存在着表面水迹严重、覆满苔藓地衣、字迹模糊不清甚至消失等严重问题。保护好寒山岭摩崖石刻，不但能够提高吴中旅游文化品位，丰富我区"山水吴中"文化内涵，有利于我区打造"美丽吴中"，更是实现我区旅游文化业可持续发展的迫切需要。因此展示馆将这些摩崖石刻有关的资料（如拓片、照片）展示出来，一方面有利于更好地保护和研究这些珍贵的历史资料；另一方面，开发和利用这些珍贵的历史资料，

也能增加吴中的文化内涵，提升寒山岭及法螺寺在国内外的知名度。

二是赵宦光的孝道精神与弘扬光大中华优秀传统文化相吻合。赵宦光夫妇在寒山岭守孝几十年，体现了中华民族的传统美德。孝道文化在历代都受到尊重和弘扬，在当前加强文化建设，建设和谐社会的新形势下，通过参观展示馆，以启迪人们更加孝敬父母、尊老爱幼、尊重他人、忠于国家、办事诚信、邻里和睦、济世救人，大力传承孝道文化。

三是赵宦光暨摩崖石刻展示馆的设立可提高吴中区的知名度。赵宦光暨摩崖石刻展示馆设立后，可通过开展各类纪念、研讨、书画等活动，进一步打造寒山岭文化品牌，提高吴中区的知名度。

石公海灯博物馆

石公寺，地处吴中区金庭镇石公山北麓。

石公寺三面环湖，占地面积 3000 平方米，建筑面积 2000 平方米。石公寺的出名与一代高僧海灯法师是分不开的，海灯法师一生爱国爱教，精研教理，开教救人，文武双修，集武佛文医于一身。他历尽坎坷，饱尝忧患，以诗赋志："露冷风凄心似柏，韩霄从翠不求知。"充满着传奇色彩。他俭朴真诚，平易谦虚，勤奋精进，为中华武术和佛教事业的发展做出了贡献。

为了传承海灯法师禅武文化精神，弘扬中华民族优秀传统美德，在海灯法师圆寂 29 周年之际，石公寺住持觉生法师提出了以海灯法师禅武文化为切入点，加快实施"海灯法师博物馆"项目的设想。

一、现实意义

设立"海灯法师博物馆"主要鉴于三方面考虑：

1. 有效地传承禅武文化，打造吴中宗教文化资源。海灯法师声名远播，利用石公寺三面环太湖的绝佳地理位置，在寺内打造海灯法师纪念馆，不但能够提升吴中宗教文化品位，丰富我区"山水吴中"文化内涵，有利于我区打造"美丽吴中"，更是实现我区宗教文化产业可持续发展的迫切需要。纪念馆将海灯法师的有关资料和文物（如拓片、照片）展示出来。一方面有利于更好地保护和研究这些珍贵的历史资料；另一方面，开发和利用这些珍贵的历史资料，也能增加吴中宗教文化内涵，提升海灯法师及石公寺在国内外的知名度。

2. 海灯法师的禅武精神与弘扬光大中华优秀传统文化相吻合。海灯法师是少林高僧、武术大师，以二指禅、童子功、梅花桩三大绝技名扬天下。禅武文化符合现代人对于强身健体、延年益寿的追求。游客和信众今后可在寺庙内参禅礼佛，亦能欣赏禅武的独特韵味，文武合璧，相得益彰。

3.海灯法师纪念馆的设立可提高吴中区的知名度。海灯法师纪念馆设立后，可通过开展各类纪念、研讨等活动，进一步打造禅武文化品牌，提高吴中区的知名度。

二、布局设想

海灯文化博物馆，位于寺院大雄宝殿后面，坐南朝北，北靠山岩，面向太湖。整幢建筑共五层，高为25米，建筑面积达1680平方米。第一层为万佛殿；上36级台阶第二层为海灯文化博物馆，建筑面积为580平方米，馆前为海灯法师灵骨塔，高6.9米，博物馆布馆内容为法师生平、法师轶事、习武场景、少林禅宗文化、太湖石公山文化等部分，在博物馆的东西两侧分别为文殊、普贤殿，建筑面积各为80平方米；第三层为内坛，建筑面积为280平方米，将悬挂72幅壁画，中间可供居士抄经；第四层为禅修，建筑面积280平方米；第五层为藏经阁，建筑面积180平方米。

三、禅武文化

1956年，少林寺高僧海灯法师云游西山，见这里风景秀丽，人杰地灵，就此落脚，在石公寺里当了一名住持。这一住就是10年，期间被推选为吴县政协委员。直到1967年，被迫离开石公山。在寺其间，海灯法师除了习武弘法以外，也热心为本地农民抓药治病，深得当地人好评。时隔20年后，1987年冬，海灯法师故地重游，特地在石公山住了10天，并在此处竖立了梅花桩。1989年春初，海灯法师辞别人世，终年87岁，在圆寂之前立下遗嘱，要"归骨石公"。石公寺后山建有海灯法师灵骨塔。现任住持觉生法师经过精心策划和筹备，决定在原海灯法师灵骨塔处建造海灯文化博物馆，这一设想得到吴中区民宗局、吴中区金庭镇政府、石公山管理处的大力支持，工程已竣工，目前正在布馆之中。

觉生法师系海灯法师嫡传弟子，为仰宗第十二代传人。

天池花山的佛迹

苏州西部的天池花山，自东晋支遁（314—366）开山，历有名僧高士就隐超然世外，被称为"吴中第一净地"。

天池花山（亦作华山），位于苏州高新区与吴中区接壤处。

一、天池花山风光美

苏州的山，以古城西郊的最为奇特，大多深藏固密，一山一胜，胜胜相形。位于古城西部的天池花山（亦作华山），有苏州西部第一佳境之美誉。山高海拔169米。《吴郡图经续记》载："或登其巅者，见有石如莲华状，盖亦以此得名。或云晋太康中，曾生千叶莲花也。"清归有光曾赞："花山固吴中第一名山，盖地僻于虎丘，石奇与天平，登眺之胜，不减邓尉诸山。"老子在《枕中记》曾写道：吴西界有华山，可以度难。太古传说，女娲补天采炼昆仑五彩石，不慎遗落三块彩石：一块为红楼梦中贾宝玉的通灵宝玉；一块落在花果山上，诞为齐天大

圣；这第三块便化为天池·花山，所以天池·花山有"山种"之美称。山道陡峭，长松夹径，十分幽静。

山顶上的莲花峰，为天池花山之顶峰。清乾隆十八年刻本《花山书》记载，花山又名华山，海拔约176米。《吴地记》中记载："吴县华山，晋太康二年（281）生千叶石莲花，故名。"其实山顶巨石仅有三块，高数丈，上宽下窄，兀立危如累卵。因其状似莲花，故称莲花峰。莲花峰被誉为吴中第一峰，形成于亿万年前，有几块巨岩矗立山巅，远观似出水莲花，盛开天穹，似含苞欲放的花蕾，其旁之石似一位身着袈裟，驼背膜拜的老僧。

"姑苏名山无多少，唯有天池形势好。四面山光施彩色，松柏常被白云绕。"清代诗人王珏的一首七言绝句，是对天池山的最好演绎。天池为天池山一"宝"。它是半山腰间长年积蓄着的一泓澄波盈盈的池水，由钵盂泉、洗心泉、盈盈泉等涓涓细流汇集而成。池水氤氤氲氲，

如烟似雾。水中映出白云、绿树、青山，另有一番天地。池水边岩石上刻有"水底烟云"4个大字，点出了天池的意境。天池水甘洌、纯净，用它泡的茶水甜中含涩，涩中漂香；用它酿的酒醇香奇特，回味深远。

莲花峰下的花山，自东晋高僧支遁不远千山万水来到这方静土，在潺潺的流水、悠悠的鸟鸣、风中树叶"淅淅"声中感悟禅机，参研要理，开场布道，以行教化。宋张廷杰曾隐居此地，营墓立宅。晚明高士赵宦光寻着先人的足迹，衣袂飘飘地来了，一眼就钟情于这连绵山峦，满目的青翠草木、幽深篁竹，从此结庐青山，寄情山水，听飞瀑如雪，怡情古卷，享无穷诗意。千古一帝御驾亲临，五十三参、御碑见证了这位帝王的踪迹。

在无限悠长的时光里，在浩瀚辽阔的天地间，文人隐士亦有李根源之类，帝王卿相如乾隆、申时行、文震孟等，他们共同编织了一段锦绣，折叠在天池花山历史深处，任春去秋来，花开花落，云卷云舒，光华灿然。

如今天池花山更是清静幽深，丛林密集，浓荫蔽日，山泉潺潺，林间飞鸟盘旋，山坡上摩崖石刻耸立。从东晋的泉井到宋代的摩崖，从元代的大佛到明代的塔林，从清代的御碑到民间的诗篇，无一不透露出其诱人的历史底蕴，充满着古朴和佛教灵气。

二、支遁隐居开道场

东晋咸和、咸康年间，有位高僧叫支遁（314—366），字道林，来到吴地，他先隐居在余杭山（阳山），潜心研究《道行般若》等经典。后来移居支硎山。山也因他的到来而得名。支遁"随其所至"开辟道场，天池花山便是他开辟的道场之一。花山上的"支公洞"，是他修炼成道的地方。支遁喜欢放鹤，喜欢养马，所以这一带的"支津""支硎""白马涧"……都因他而命名。支遁当年传授的主要是安世高所传的小佛教。汉时印度佛教刚刚传入中国不久，人们还将佛教看作"方术"。因为魏晋时代，以老子和庄子为代表的玄学十分流行，大多数人对佛学思想还不能理解和接受。

支遁初到天池山时，着破衣烂衫，吃糙米烂饭，"以草木为食以泉为饮，放浪尘寰之外"，过着十分清贫的苦行僧生活。后来，他曾到剡地（今浙江县）游访，道经会郡时，与王羲之会面。王羲之请他住灵嘉寺。由于他精通佛理，能诗善文，两人成为了好朋友。在游访过程中，他又结交了王蒙、殷融等许多名士，并受到竹林七贤，特别是向秀的影响，开始主张"名教"与"自然"的统一，主张儒、释、道合一，使支遁成为一名典型的杂糅老释的僧人。晋哀帝时，支遁应诏进京，在东安寺讲道。他对《庄子》有独到的见解，对《庄子·逍遥游》篇尤能独抒己见。他的佛学思想，在一定程度上就是针时人认为的"方术"和"神异"上升为"定学"，把佛教与《庄子》的逍遥、超绝、斋戒、长生和成仙融合起来，赋予佛教以中国化的形式。他的佛学思想，曾得到当时名士王羲之等许多人的欣赏，以至于改变了佛教在当时中国人心目中的形象，使佛教在社会上层中的传播成为可能。

支遁晚年，请辞回到吴地。"晋帝嘉其志，拨内帑十万缗为之开辟道场，以行教化。"天池花山应该是支遁主要住持和传道的地方。这里处处体现着他晚年"天理自然"的人生观。从名称到建筑，无不留有支遁糅佛道于一体的思想痕迹。天池山的命名，正是支遁这种思想的具体体现。

支遁开山，当在东晋成帝咸康至哀帝兴宁年间（335—365）。从时间上看，天池花山的寺庙创建和道场开立，要比梁武帝广建寺庙、菩提达摩来到东土开创禅宗的时间更早；比吴地许多知名古寺精舍，诸如保圣寺、灵源寺、光福讲寺等至少要早一百四五十年。天池花山被称为"吴中第一净地"，实至名归。

晋太和元年（366），支遁圆寂，年53岁。民间传说：支遁最后是骑马而去的。唐人陆广微《吴地记》就有"晋支遁，字道林，尝隐于此，后得道，白马升云而去"的记载。

据文献记载，约于公元343年，支遁曾在花山附近的土山墓下举行了"八关斋"。"八关斋"为佛教规仪，即"八关斋戒"，简称"八戒"。是佛教为在家教徒（居士等）制定的八项戒约：不杀生、不偷盗、不淫欲、不妄语、不饮酒、不眠坐高广华丽之床、不装饰打扮及听歌观舞、不食非时之食（即过午后不食）。前七项为戒，后一项为斋，故亦称"八关斋戒""八斋戒"。斋戒期间，信徒的生活应如出家的僧人。花山"八关斋"，据其《土山会集诗序》曰："间与何骠骑期（按：何充此时领扬州刺史，镇京口）当为合八关斋，以十月二十二日集同意者在吴县土山墓下。三日清晨为斋。始道士（僧人）白衣（信众）凡二十四人，清和肃穆，莫不静畅。"至四日期，众贤各去。八关斋会，实际上是一种高僧与名士自由争鸣的讨论会，它预示着佛教中国化发展新阶段的到来。支遁存有登临抒怀描摹山水的《八关斋诗三首》，诗中有"逸想流岩河，朦胧望幽人""芳泉代甘饮，山果兼时珍""近非域中客，远非世外臣"，渴望返本归真、恬静淡薄的生存状态，又期待"倾首伫灵符"，有机遇降临、出处兼有的思想，表现了名士与名僧兼备的支遁的独特风采。可惜今已难觅花山附近的土山即八关斋所在地的踪影了。

三、晋代两刹藏山中

"天下名山僧占多"，但凡山明水秀，松映竹遮，风景称绝之处，总会修寺建庙宇。自从佛教传入中国后，就逐渐与山水结下不解之缘。山林幽深，云雾缭绕，寺庙坐落在这样的地方，更显出佛的尊严和神秘，同时也适合佛徒修心养性。佛因山而显赫，山以佛而著名，正所谓"山因寺而名，寺为景增色"。

开山祖师支遁圆寂后，天池花山的寺庙几经兴衰。六朝刘宋时期（420—479），天池花山一度成为会太守张裕的私第所在，寺庙变得很小，但仍有镜法师于此著书。南宋乾道年间（1165—1173），这里又成为秘书监张廷杰的别墅，并在此建筑亭馆。

元代至年间（1264—1294），有僧师梵卓锡花山，开始修复花山寺。寺中旧有的石钵盂上镌有"至元午岁（1294）孟冬，华山住持师梵识此"等字样，即为当年师梵留下的遗物。较师梵到花山稍晚，元至正年间（1341—1368），天目山中峰国师慕天池花山之清奇，曾设席谈道于此。住持僧道在天池山重建寂鉴禅寺。寺内石屋、石造像均在此期间落成。

这些事在明洪武二年（1369）释克新所撰《天池寂鉴寺记》中有所记载。当年所建的花山寺、寂鉴寺，已基本奠定了如今的格局。天池花山的石屋、石佛像等，就是这一时期留下的珍贵遗物。

晋代两刹藏山中，一是天池山寂鉴寺，二是花山翠岩寺。

四、翠岩寺中和尚塔

寺庙的方丈、住持、高僧……生为佛事奔忙，死仍皈依佛法，随葬寺旁。翠岩寺中有三处墓塔。

1. 中孚普同塔。位于花山翠岩寺山门外右侧山坡上的中孚亭，亭中有中孚普同塔。中孚和尚是明代翠岩寺高僧，俗姓张，名道翔，在花山修行了30多年，殁于万历二十六年（1598）。普同塔残高2.02米，花岗石造，四方形，须弥座束腰上刻3个菱形环套的备用锦，上下枭饰仰伏莲。塔身高0.86米，前和左、右三面雕刻坐相如来，背后刻"本山和尚中孚翔公普同塔"，并有"万历廿六年四月"纪年铭刻。

2. 晓青佛塔。晓青，苏州吴江县人，朱姓，字僧鉴。《华山书·高僧传》："晓青，苏州吴江县人，朱姓，字僧鉴。父天相，有孝行。晓青幼皈竺氏，颖悟警绝，其师授以经谒，目过辄不忘。比长，于三教典籍无不究览。时弘储以道行闻州里,将葬亲由天台之苏,旋值兵阻钱塘,郡人士乃留主灵岩,晓青往师之,得悟大乘旨要,居闲与人论说经义及应答翰札,盈或数千言,少或一二语,悉中窾的,同衣咸惮敬之。为人英特放逸,颇通当世,略蓄积不得展,乃大肆力于诗篇,时抒所见以自娱。其诗委迤望复,淡荡清和,得风骚遗意。吴中缙绅王时敏、徐元文辈,咸与之友,交相誉之。晓青初受经于中峰,继学道于灵岩,后工诗于华山。华山,支遁故居,其能诗有以也。康熙已己岁,上南巡驻苏,闻晓青名,召见行在,命赋即事诗一章,大加奖宠。其事具载志录。明年秋七月,晓青卒于华山,时年六十有二。徐元文铭其塔。康熙已卯岁,上复南巡,狩幸华山,其徒敏膺奏请谥,敕赠'高云禅师'。有诗文集十六卷、语录三十卷行世。"康熙皇帝对晓青非常赏识,称:"朕年来阅僧颇多,未曾轻与片言只字,昨见汝道品端庄,诗才隽拔,不矫饰,不疏慵,朕觉胸中畅然,知僧家固有人也。"这是极高的赞誉。

晓青在支硎山、灵岩山、花山都待过。62岁在花山圆寂。

3. 禅师塔林。翠岩寺,原为佛教禅宗临济正宗的道场,西园戒幢律寺下院。大殿遗址后面,就是禅师塔林,有着临济宗31、32、33、34、35、36、37、38数代高僧。

塔院以凿光的花岗石砌筑圆环形院墙。东向设门,门左右两侧的檐墙上,各镶嵌四块雕凿精细的花岗石板。院墙门前有长方形花岗石铺筑的露台,外缘有"包袱锦"立柱和座栏。广慧德禅塔,位于塔院中央,青石筑成,塔高3.3米,单层四方形。塔基平台边长1.9米,上面分别置须弥座、塔身、塔檐和塔刹。须弥座高1.1米,圭脚上雕凿海浪、卷云纹样。下枋饰舒卷的萱草,下袅为伏莲,束腰收身很深,上袅饰缠枝灵芝,上枋饰佛教建筑常用的"万"字纹饰。上枋的边长为1.02米,形成了一方正平台,上轩塔身。塔身边长0.6米。四面磨凿光滑,正面正中楷书"临济三十六世中兴戒幢第一代广慧德禅师塔"21字。塔身上覆塔檐,檐之四角安置饰有莲花图案的戗角,中间置二层累叠的馒首状塔刹。整座塔端重庄严,塔上的纹饰清细规正,体现了清康、乾时代的建筑装饰特点。广慧塔的左右前侧,分别建有隆安缘禅师塔和印真铭禅师塔,两塔犹若孪生,花岗石造。塔高2.75米,单层六边形,须弥座高0.75米,上枋边长0.39米,上下袅混部位均饰仰伏莲花。塔身高0.7米,正面正中分别镌"临济正宗三十七世中兴戒幢第二代隆安禅师塔"和"临济正宗三十八世戒幢常上第三代印真铭禅师塔"字样。塔尖作宝珠状,形态简洁。

七塔组成的塔林，位于广慧塔院右侧。塔院以凿光的花岗石砌筑圆环形院墙。东向设门，门左右两侧的檐墙上，各镶嵌四块雕凿精细的花岗石板。院墙门前有长方形花岗石铺筑的露台，外缘有"包袱锦"立柱和座栏，可供祭扫墓塔者歇息。七座塔近年由西园戒幢律寺迁移过来，正中为"戒幢律院开山第一代茂林祇律师塔"，中正西为"临济三十三世中兴戒幢第四代天资和尚塔"，中正东为"临济三十四世中兴戒幢第五代远维和尚塔"，前西为"戒幢堂上圆寂住持明开老和尚塔"，前东为"戒幢堂上圆寂住持安上老和尚塔"，后西为"戒幢律院第二代戒初律师塔"，后东为"戒幢律院第三代不二同律师塔"。

翠岩寺中这些佛塔造型庄严秀美，各不相同，有极高的艺术、建筑、文化价值。

五、石刻胜迹与佛语

天池花山的摩崖石刻是历史的瑰宝，1986年3月25日公布为苏州市文物保护单位。

天池花山石刻历史悠久，字体书写有楷书，有阴文也有阳刻，还有不少的篆文，引人入胜。如"撞山""隔凡""出尘关""宿坠""凌风栈""华山鸟道""倒梯""三转坡""百步潺溪""铁壁关""透关者经过""龙虎关""穿云栈""息坡""邀月台""福地""佛光着照""莲花洞"，点出了各地形胜。刻着"龟头""蛇头""落帽""夜叉""菩萨面""磨砣""且座""石床"的石块无不因形象形。"天洞""支公洞""观音洞""五十三石参"，都因自然岩石略加整凿而成。"观音洞"边题刻较多，其中有"诸恶莫作，众善奉行"题刻。

入花山可见"花山鸟道"四个篆体大字，为苏州枫桥人、明代隐士赵宧光所题。字体成反书，尤其山字写似一朵莲花，借以讽世。旁有落帽一石，亦为赵宧光所书。赵宧光擅长书法，篆书精绝，志趣不凡，人称为"高士"。上山碎石古道边不时有千年来历代文人骚客的笔墨丹青。一路沿花山鸟道拾级而上，隔凡、洞天、穿云栈、云屏等数百余处历代名人手迹掩映在翠林丛中。这些石刻，让今天的我们与数千年中先贤古人时空相印证花山曲径通幽的妙境。站在凌风栈前，眼前仿佛定格在四百年前，一位高士秉烛夜游，清风明月相伴，以一首即兴五言绝句"鸟道萦行上，深林更几盘，支公此消夏，五月晚独寒"寄情。

山体卧佛。位于天池山南北走向的山岭之间，有一块巨大的石质山体，其形其状其貌，宛如一尊卧佛。这尊天然山体卧佛，长约百余米，高约50余米。呈东西朝向侧卧，挺拔魁伟，其头部天庭饱满，闭目垂帘，表情似抿嘴含笑，形态十分逼真。头部以下的纵横状自然石纹，好像卧佛身披袈裟。天池山"山即是佛，佛即是山"的自然景观形成从佛祖诞生至圆寂的完整勾连。

《般若波罗蜜多心经》石。为佛涛上人手书。花山因镌刻此书而三显佛光。在崖石未选定之前，七彩佛光曾在支公洞旁巨石上闪现，遂选定在此镌刻。《心经》全文石刻全部完工之际，再次出现七彩大圆满佛光。此"心经"石刻占地60多平方米，为苏州地区单幅面积石刻之最。

"佛手"石。天池花山有两处"佛手"石。一处在天池山山门石径之上，桃花涧旁，长约8.7米，宽约3.8米，为20世纪90年代初发现。另一处位于花山"元代接引佛"花山大佛阁至翠岩寺遗址的山径上。这块奇石原为整石，长约4.3米，宽约1.7米，经年累月风化成"佛手"，手掌自然下伸，指端下垂，掌心向外，舒五指而仰掌向下流注甘露水。在佛教文化中，这样的手势被称作"与愿印""施愿印"或"满愿印"，属于释迦五印之一，意指布施、赠予、恩惠、接受之印，象征着佛菩萨顺应众生的祈求所作的印相，具有慈悲之意。

弥勒石。形似弥勒，憨态可掬，其肚上刻"皆大欢喜"，让人喜不自禁。

花山翠岩寺大雄宝殿遗址

普渡岩。相传此石亦自南海普陀随观音同来花山，普渡众莲花洞。天然巨石堆落而成，自成奇巧，如莲花般圣洁无华，静心休息之圣地。

观音洞。通达此洞山路陡峭，传说观音菩萨由南海普渡来花山修道，足踏千叶莲花留峰顶成莲花峰。

六、吴中第一大石佛

大石佛，在花山山腰间，名为花山大接引佛。石佛造于元代至正年间（1341—1368）。能接引念佛人往生西方净土，所以称接引佛。大佛依山就势，取整块山岩刻凿而成，头部耳大脸方，衣纹系带简练粗犷，体魄浑厚，法相庄严。嘉庆十一年（1806），大佛建有佛殿，用长方条石叠筑，佛殿于清同治年间毁塌。大佛乃花山的镇山之宝，被誉为"吴中第一大佛"。

据考证，此大佛也是元代文物，佛高约有10米以上，左手平托于胸前，右手自然下垂为触地印，大佛双眼微微下垂，披袈裟，呈微笑状。整座大佛雕成于整块巨石，不知当年如此耗大之工程如何在此花山成就。民国李根源《吴郡西山访古记》载："道右摩崖'大接引佛'四字，又隶书'礼佛坪'三字。至吕祖殿，奉石刻孚佑帝君像。登接引阁，接引佛像就岩石造成，高三丈余，宽丈

五，端正圆满，吴中第一巨制也。壁砌《接引佛殿记》，嘉庆十一年王锦撰。"

大石佛在1966—1967年期间，有几位周围农民为表忠心，使用炸药将整块大佛岩石炸成了8块，将一件无比珍贵的江南孤品肢解在草丛之中。幸亏石块不散失，重新拼接起了完整的大佛，1990年为其盖了一座大佛阁，保护其不再暴露于风吹雨打之中。

七、名人诗赞佛胜迹

天池花山自古以来就是佛教胜地，自东晋支遁法师来此开山，历有名僧大师在此结庐修行，弘扬佛法。文人雅士来此或踏青，或探幽，或访古，或赏月。在赏景悠游之余，用纯熟的笔触、精琢的词藻，写下了赞美佛教胜迹的好诗。

宋代苏舜钦《题华山寺壁》："寺里山因花得名，繁英不见草纵横。栽培剪伐须勤力，花易凋零草易生。"明代释读彻《天池寺》："殿门封断草连生，华表参天树化城。寺废一朝难复问，池留千古自知名。峰莲出水浑无色，石鼓悬空久不鸣。最是禅床推倒后，夜深山月为谁明？"明代郑敷教《华山讲院》："寺以峰形胜，青莲结翠微。云门松乱偃，涧道鸟轻飞。佛性空香得，春声薄暮稀。山僧皆旧识，茶话久忘机。"

天池花山，真是苏州一座佛教名山。

虎丘山上的佛迹

中国很多地方都是"深山藏古寺"，虎丘与众不同，是"山藏古寺中"。明代诗人高启有这样的诗句："老僧只恐山移去，日落先教锁寺门"。一把铜锁，把尘世的繁华和喧嚣都锁在门外，这是虎丘山、寺的独特性。虎丘山不高，但它是苏州的一座佛教名山。虎丘山，位于苏州城西北7里，享有"吴中第一名胜"之称，山海拔34.3米，面积为282.3亩。虎丘始盛于春秋，为吴王游乐宫苑，据《吴越春秋》记载：吴王阖闾在吴越之战中受伤死去（前496），其子吴王夫差将其父葬于此，葬后三日，有"白虎蹲其上"，故名虎丘。

云岩寺位于姑苏城北的虎丘山上，云岩寺塔及云岩寺的建筑，1960年国务院公布为第一批全国重点文物保护单位。

一、云岩禅寺

据《吴地记》记载：东晋时司徒王珣和弟司空王珉曾在此营造别墅（327），舍宅为东西两寺，称"虎丘山寺"，寺宇颇为壮观，为东南一大名刹。唐代虎丘因避高祖"李虎"讳，寺名改为"武丘报恩寺"。会昌五年（845），佛寺被废毁，五代末年建塔。北宋至道间重建寺宇，称"云岩禅寺"，塔亦名云岩塔。金兵南侵，寺毁，南宋绍兴年间重建，寺院规模宏伟，琳宫宝塔，重楼飞阁，列为"五山十刹"之一。南宋末，寺又毁，元至正间再建。明永乐、正统间又重建，明末再次被毁。清康熙时再建，改名"虎阜禅寺"。自宋至清末，云岩禅寺被火焚烧七次，现存古建筑除虎丘塔、二山门，大都是清同治、光绪年间建造的。在民国七年，云岩禅寺重修山门，抗日战争时期，逐渐衰落，中华人民共和国成立后，山上殿宇才获得重修。可是，1966年，寺庙又遭受厄运，佛像被毁，和尚被逐。

虎丘云岩禅寺依山势而筑，"古塔出林杪，青山藏寺中"，为其一大特色。一般来说，"深山藏古寺"，而唯有虎丘则"山藏古寺中"。宋文学家王禹称登虎丘诗云："寺墙围着碧屃颜，曾是当年海涌山。尽把好峰藏院里，不教幽景落人间。"明初诗人高启更为有趣地用"老僧只恐山移去，日落光教锁寺门"的诗句来形容山藏寺中的特色，不禁令人叫绝。

云岩禅寺历代有许多著名高僧在此寺住持，名僧竺道一、竺道生、昙谛、炎法师等，都曾入山讲经。梁僧隋若、智聚、诏僧慧严、僧瑗、齐翰等，也曾住过此寺内。宋代之后，高僧绍隆经常来往，一时众僧云集，道声大扬，逐渐形成禅宗之一派——虎丘派。虎丘派以绍隆为祖，与以宋杲为祖的大慧派并立，在佛教界影响颇大。绍隆不仅名重宇内，而且在国外也受尊敬。元以后，绍隆派流传日本，称虎丘派，日本禅宗四十六派中，出于绍隆有三十六，现日本使者来到中国必到虎丘拜谒。绍隆圆寂于南宋绍兴元年（1311），建塔于虎丘的东山庙西松径后，塔前竖一石坊，题为"临济正传第十二世隆禅师塔"，俗称隆祖塔。

禅风蔚然千年的云岩禅寺，产生了璀璨独异的佛教文化，其显赫历史地位，亦为吴中之冠。"生公说法，顽石点头"之成语，早已名扬中外。说的是晋宋年间，高僧竺道生（355—434）来虎丘云岩寺讲经说法。因其新见迭出，说理透彻。不仅僧俗听众额首称是，席下顽石竟亦欣然点头。故虎丘山至今留有"点头石"之胜迹，传其盛事。自虎丘建寺后，从此高僧名士，相继住锡吟咏；骚人墨客，酬唱书画不已。直到清康熙帝六次巡幸江南，六次皆登虎丘；而乾隆六下江南，竟也六度游览虎丘。且二帝均有题匾题诗留存至今。康熙第四次（1707）重游虎丘时，还亲书"虎阜禅寺"的匾额赐给庙里。

二、二山门建筑

云岩寺二山门，位于苏州阊门外三塘街虎丘内，为云岩寺塔主要附属古建筑，1956年被江苏省人民政府列为全省重点文物保护单位，1961年被国务院列为全国重点文物保护单位。

二山门，俗称断梁殿。初建于唐，毁后重建于元顺帝至元四年（1338），历经明嘉靖、天启及清道光年间修缮。单檐歇山顶，面阔3间约13米，进深五檩约7米，自台基外现有地坪至脊吻顶部高约10.5米。翼角自当心间平柱即开始反翘。檐柱柱头铺作置海棠形栌斗，正面出华拱一跳，上施令拱；背面出华失一跳，承月梁；正心施泥道拱、慢拱，承柱头枋。补间铺作当心间两朵，次间及山面各为一朵，栌斗正面出跳同柱头铺作，背面出华拱两跳，第二跳拱心起挑斡，跳头施令拱与素枋，托于下平槫之下，即"若不出昂而用挑斡者"的古制。内部梁架分配承袭宋《营造法式》所录"四架椽屋分心用三柱"原则。

入殿仰望，可见中间主梁是用两根圆木拼接而成，结构特殊，故又名梁双殿。殿内原有顾野王书"大吴胜壤"匾与康熙皇帝书"路接天阊"匾，均已毁失。现"大吴胜壤"匾为补书，跋文：虎阜有始祖希冯公书大吴胜壤匾乾隆时失咸丰十一年曾寿辟兵黄埠见村肆败壁上有此四字而大吴字已蚀过半因有意补全制匾置寺中聊存一千四百余年旧迹焉 光绪三年三月 四十三代孙曾寿重立。殿北悬"含真藏古"匾，由现代学者梁漱溟书写，跋文：顾恺之序略记虎丘山水语含真藏古体虚穷元因书四字为胜迹存真 乙丑年十一月。殿两侧原有频那、耶迦两位金刚的塑像，今为毁后于2010年重立。殿后现仍完好地保存着元、明时期的大青石碑4座，分别为元代的《虎丘云岩禅寺修造记》和明代的《虎丘云岩禅寺重修记》《苏郡虎丘寺塔重建记》《敕赐藏经阁记》，它们是记载虎丘历史和云岩寺塔修建情况的重要文献。二山门除门扉、连楹、屋顶瓦饰及局部斗拱系后世修补外，主体结构尚属元代遗物，保留宋代建筑法式的特征较多，用材规格大，斗拱雄健，时代特色明显，是南方不可多得的一座元人木结构建筑。二山门曾于1953年、1957年两度维修。

1992年又发现部分梁架斗拱朽蚀，1993年1月至5月进行了落架大修。

据苏州民间传说，元代的时候，皇帝下了一道圣旨，要苏州地方官吏限期在虎丘建造一座殿门。当各项工作准备就绪而打算上正梁时，工匠们突然发现，原本作为正梁的大木料被当作顶梁柱而一锯成两截。由于限期已经临近，无法再另外寻找正梁的木料，老工匠"赛鲁班"想方设法建造了这座断梁殿，总算按期竣工。

当然，这只是一则民间故事，经不起推敲和考证。因为，仅仅在苏州地区，元代建造的断梁殿就有两处：一处是虎丘二山门，另一处是东山轩辕宫（重建于元代至元四年，即1338）。也就是说，不可能两处建筑工地的工匠，都把正梁锯错了。仔细分析起来，在这座断梁殿的建筑手法上，采用了菩萨顶、棋盘格、琵琶吊、斗拱等工艺，起到了顶力和吊力的作用，分担了屋顶对大梁的压力。虽然是对接的两段栋梁，但仍然十分坚固。这座山门，反映了古代劳动人民的聪明才智和高超技艺。

三、山上佛迹

虎丘山上，有很多引人入胜的佛教传说故事。

当你登临虎丘山，走进云岩寺山门，

俗称头山门。原山门只有中间一门，清乾隆二十二年（1757），寺僧祖善主持开了两侧门。清乾隆五十五年（1790），僧人祖通主持建造了隔河照墙。咸丰年间，山门在战乱中全毁。民国七年（1918），住持中照重修头山门。1979年和1982年，头山门落地翻修。1981年，重修照墙。如今，照墙上嵌中照题写的"海涌流辉"，门前有古井两口，名双泉。山门共三间，左右门额分别题为"山清""水秀"，内悬康熙皇帝的御笔"虎阜禅寺"竖匾。门内有关于虎丘的古碑多方，嵌于墙中。

漫步"海涌桥"，即可见"断梁殿"（又称"二山门"），穿过断梁殿，上山路两侧可见古井"憨憨泉"，井栏圈上和井后壁上都刻有"憨憨泉"3字，为宋代大书法家吕升卿所书。据说，当年梁代高僧憨憨，为寻找水源，用手刨挖，感动苍天，终于找到泉眼，清泉喷涌，泉眼通海，四季不涸，故又名海涌泉。

位于剑池旁的千人石。相传南朝，梁代高僧"生公"说法于此。唐代陆广微《吴地记》："（虎丘山）池（剑池）边有石可坐千人，号'千人石'。"宋代叶廷珪《海录碎事·政事·冢墓门》："虎丘涧侧有平石，可容千人坐，谓之'千人石'。"这千人石相传晋代高僧竺道生云游到虎丘，在此讲经说法，有千人列坐听经，遂取名'千人石'。"竺道生为

生公是我国晋代著名高僧，当时他主要阐述涅槃经，宣扬"苦海无边回头是岸，放下屠刀立地成佛"和"一切众生，悉有佛性"，但是为旧学所不容，遭到北方士大夫排挤，将他贬出京城，于是他到处云游来到虎丘，在这里讲经，当时听他讲经的人很多，大约有1000多个人就围坐在这块石头上，所以我们在这4个绿字的旁边可看到3个蓝色的字"千人坐"，这3字是明代胡缵宗所书，但是他的这个观点同样也遭到南方士大夫的排挤，于是他们将这些听经人全部赶走不准再来听经了，但是生公对此并不灰心，对着听经人留下的块块垫坐石讲经，他讲了3天3夜，口干舌燥，当他讲到一切恶人皆能成佛时，其中有一块石头突然之间向他微微点头示意，意思仿佛是说我懂了，这块石头就是我们在池中所看到的点头石，当时正直严冬，但池中的白莲花却竞相开放了，池水也盈满了，所以有"生来池水满，生去池水空""生公说法，顽石点头，白莲花开"的说法。

五十三参位于虎丘白莲池东，53级台阶，均由花岗石砌成，台阶前置石狮一对。民国《虎丘山小志》和《旅苏必读》的主编陆璇卿云，系取佛经中"五十三参，参参见佛"之意，台阶又称走砌石和玲珑栈。乾隆南巡时，两次在题咏中提到五十三参，一曰"石梯

五十三",一曰"其磴五十三"。

虎丘历史上有两座著名的经幢,分别位于千人石上和白莲池旁。1966年前后,经幢被砸成碎石。1980年,按老照片仿制,按拓片复刻的经文。千人石上的经幢,为五代后周显德五年(958)十一月高阳许氏建。正书:"下元甲子,显德五载,龙集戊午,日躔南至,高阳许氏建。"八面刻字,每面8行,高约3尺5寸,并盖顶座全高约1丈3尺。白莲池东的金刚般若波罗蜜经幢,为明万历二十年(1592)壬辰仲夏十九日,钦差苏杭等处提督织造司礼监太监孙隆跋,住持净杵、通密赞缘,善男子章藻书并刻。幢身方柱形,高0.9米、宽0.7米。上覆四角攒尖顶,下承四方须弥座。通高约3米。四面镌字,分3层,每层刻30行,经后跋语计130余字。

五十三参上面的大雄宝殿,原为天王殿,云岩禅寺毁坏后,一直作为"大雄宝殿"供奉佛祖,是虎丘云岩禅寺现存唯一的一座佛殿。2014年1月10日重修后开放,重现了历史上"山在寺中"的盛景。现殿内有药师佛、释迦牟尼像和阿弥陀佛塑像,旁边还有二弟子立像。大殿左右供奉十六罗汉塑像,佛前陈列大磬、鼓、钟、木鱼等法器。主佛后背供鳌鱼观音像,善财、龙女在其左右。大殿的背后,左右分供文殊、普贤菩萨。佛像均采用传统生漆脱胎工艺精心制

作,神态生动,气势恢宏。

隆祖塔院原位于虎丘万景山庄万松堂西侧。绍隆祖(1077—1136),宋代临济宗高僧,安徽含山人,九岁入佛慧院,精研律藏。宋建炎四年(1130),绍隆曾寓居在虎丘云岩禅寺,当时虎丘禅风大盛,逐渐成为禅僧们的修行道场,那时虎丘僧众云集,道声显扬,绍隆祖师被世称虎丘绍隆,久而久之形成了禅宗一派,即虎丘派。宋绍光六年(1136),绍隆法师圆寂后,曾建塔于虎丘之东山庙西松径后,塔前竖有一石牌坊,题额为:"临济正传第十二世隆禅师塔"。俗称"隆祖塔"。有宋代徐林为其碑撰文,后被毁。元至大二年(1309),由赵孟頫重书碑文。李根源《虎阜金石经眼录》载:"隆祖塔院坊,正书,在短簿祠西;临济正传第十二世隆禅师塔,正书,绍隆为有宋,虎丘高僧坐化于绍兴六年五月初八日,司农少卿徐林撰铭此塔碣,无年月权次于此,志载塔铭经赵孟頫重书余至塔之四周,访求数次均无获。"1953年,虚云法师来虎丘重建塔亭,重刻碑文,并于正文后附文述其缘起,落款"岁次癸巳后裔虚云谨志"。1966—1976年间,塔亭均被毁,遗迹仅存甬道。后来,修建万景山庄时重建一亭于原址。

虎丘山是苏州的一座名山,虎丘山是苏州的一座佛山。

支硎山佛教概述

支硎山，位于苏州高新区枫桥以西七八里观音山路西。

据《苏州山水志》载："晋高士支遁（号支硎）曾隐居于此，故名；因山上曾有报恩寺，一名报恩山；因报恩寺原为观音禅院，故又称观音山。位于虎丘区枫桥街道西南部，支硎山东为支英村，南为天平山，北端为高景山。走向北北东，长约 2.8 公里，海拔 147 米，山体由花岗岩构成。"

支硎山上有天然平台，石盘薄而平广，如磨刀石，故名"硎"。支遁因此改

中峰寺牌坊

自己的名为"硎",于是这座山也从此称为支硎山。支硎山不高不峻不险,此山的最终魅力自然不因为山水,而是佛教。佛教传入苏州就从这座山开始,所以说支硎山的佛教文化源远流长。卢熊《苏州府志》载:"山中有楞伽院,即古报恩寺基。吴越时观音院也。又天峰院,即唐支山院,五代南峰也,及中峰、北峰院,皆在焉。"《姑苏志》又载:"山有南峰寺及中峰、北峰二院。'北峰',宣德间移于鸡窠岭。'中峰',在寒泉上,又名楞伽院。'南峰',一名天峰,即唐支山院也。"又《百城烟水》载:"东麓有观音寺,唐大中十二年,僧侣清赟募刺史卢简求重建,宋乾元二年僧文谦修。"

支硎山有南、中、北三峰,最著名的寺院有四座:中峰寺、南峰寺、北峰寺、观音寺。除外,还有各色小庵:吾兴庵,旧名善英庵,在支硎山下,有钟楼"法音庵",又名"何亭",在支硎山

东南,曾是殿屋幽邃,为山中胜境;来鹤庵,在支硎山东;寒山禅院,在支硎山西,明高士赵宧光葬父于此,便结庐住下,釜石疏泉,穷极幽邃,他去世后,便改为禅院,也称"报恩寺";化城庵,在支硎山西,原是赵宧光隐居处,寺内石壁峭立,水溅石上,日夜不绝声,于是被称为"千尺雪";又有空空庵,也是赵宧光的隐居处;等等。可见,当年支硎山山上山下,几乎是一峰数寺,古刹众列,十分壮观。

支硎山佛教名胜千百年来多次起落,几度兴废,可谓历尽沧桑。著名的南峰寺、北峰寺早已不复存在,在20世纪60年代,中峰寺只留下残垣一片,观音寺只留下一个石观音的头颅。20世纪90年代初,支硎山的佛光又普照,中峰寺、观音院于1994年开始修复。

今天的支硎山佛光依然,诗韵依然。

三山岛佛教文化

太湖三山岛，位于苏州城西南 50 余公里的太湖之中。

一、三山岛概貌

三山岛，古称蓬莱，明代始称小蓬莱，又称笔架山、金龟山。三山岛因北山、行山、小姑山三峰连缀而得名，面积 1.6 平方公里。北山为三峰之首，海拔 83.3 米。三山岛虽无高峻巍峨之态，却有层峦叠嶂之姿。逶迤铺展，舒起缓伏，山水契默和谐，情致衍逸。故清代诗人吴庄有这样的赞美："长圻龙气接三山，泽厥绵延一望间。烟水漾中分聚落，居然蓬莱在人寰。"行山西坡的板壁峰，是一块宽约 20 米、高约 10 余米的峭岩奇石。岩石陡峭如斧劈，纹理纵横如刀刻，青苔斑驳，藤蔓攀附。小树花草生于石缝之间，山雀野鹰舞于峭壁之上，景致美妙怡人。三山的石质都是青石，暴露在地表的石头几乎都有太湖石瘦、漏、透、皱的特征。叠石、金鸡石、香炉石、牛背石、十二生肖石，似器似物，各擅其美。

太湖三山，其湖光山色，动静并存，壮悠兼备，是饱览吴中山水、太湖景色的仙境；是太湖中的一颗璀璨的明珠，它是苏杭天堂丽境中唯一的群岛风光游览区。

二、寺庙文化

三山岛最具代表性，在 1.6 平方公里范围内有十座寺、庙、庵、堂。有春秋时的吴祀祠——娘娘庙，唐朝、咸通九年和十三年的中峰寺和三峰寺、新南寺，每 0.16 平方公里一座寺庙（240 亩一座）。应该说佛教从东汉明帝永正十年（67）流传至今已有 1900 余年，她的以慈为本，深入民心。

从现存的宗教文化遗物：晋代的铁佛首像、唐代的透雕青石香炉座、宋代的弥勒佛、元代的石敢当及明、清二代的石雕、石碑、石牌、石础等遗物的精美程度和巨大形制来看，当年寺庙确具有相当规模。仅凭史料所载，在这仅仅1.6平方公里的小岛上，就星罗棋布10余座寺庙，其密度在国内罕见，更何况其中有2座寺庙（中峰寺、三峰寺）均有着1000多间的建筑规模。在一个四面环湖的小岛上，僧侣人口数倍于村民，这是相当反常的。可见史书赞其为"水上佛国""蓬莱""小蓬莱"确实不假，如无赫赫声望及鼎盛的香火和众多的信徒，这些寺庙一年也支撑不了，然而实际上却偏偏存在了1000余年。

三、现存佛迹

三峰寺，位于苏州太湖三山岛，始建于唐懿宗咸通十三年（872），僧真诠开山。明代重建，易名三峰禅寺。宋代为佛法弘扬及住众最盛时期，原有殿堂及僧寮千余间。1966年前尚存殿堂及僧寮百余间，住持为六度和尚。此时仅存的20余间，毁于1966年，片瓦无存。2004年恢复重建，现在的三峰寺精致典雅，清净庄严，寺内僧人注重静修学习，保持出家人传统古朴形象。

娘娘庙。此庙是吴王阖闾为爱女胜玉所建的吴祀祠，俗称娘娘庙。初建于唐，明嘉靖重修。此庙香火之盛，为三山诸庙之最，娘娘菩萨被岛民们视为他们的保护神。

一线天。一线天位于娘娘庙后山——行山上，由两块巨岩对峙形成一条狭窄的缝隙，仅一人勉强通过。一共有53个台阶，意为佛教中53参，参参见佛。岩壁两旁设置铁环，供游客上下攀爬拉扶。台阶有几折，每阶呈60度以上角度，行至中间，可见岩壁上书"云梯"二字，沿阶向上是佛屋，及到达一个平台，内供三座佛像，呈三角之势。

宁邦寺碑刻条石

宁邦寺,位于穹窿山二茅峰,始建于梁代,四周森林茂密,古树参天,竹林成片。至今寺内尚有明代石刻二方,其一残碑《穹窿山宁邦寺重修记》,其二《山辉川媚》。

一、残碑《穹窿山宁邦寺重修记》

《穹窿山宁邦寺重修记》碑的上半部已毁,由天启辛酉竺坞文震孟篆,寒山赵宧光篆额,延陵吴邦域书丹。

吴邦域是苏州人,官至句容教谕,工书法。名字前的延陵是古邑名,延陵郡是“吴”姓的郡望。

残碑是指《穹窿山宁邦寺重修记》碑的上半部已毁。毁于何时,估计毁于1966—1976年间的可能性比较大,因为此前宁邦寺尚有香火。既然已经残了,人们或许认为价值不高了。恰恰相反,此碑是宁邦寺的镇寺之宝。

此碑是竺坞山长文震孟〔文徵明曾孙。天启二年(1622)状元。文震孟生

明代残碑

前喜欢竺坞,死后埋骨竺坞,故自称竺坞山长〕篆文。寒山赵宧光(是宋太宗赵炅第八子元俨之后,宋王室南渡,留下一脉在吴郡太仓,便有了晚明时期吴郡充满人文色彩的赵氏一族。作为王室后裔,赵宧光却一生不仕,只以高士名

冠吴中，偕妻陆卿隐于寒山，读书稽古，精六书，工诗文，擅书法，尤精篆书，夫妇皆有名于时。他兼文学家、文字学家、书论家于一身。经营的"寒山草堂"引来乾隆皇帝六次驾临篆额。延陵吴邦域（《皇清书史卷五》转自《江宁府志》记载："吴邦域，苏州人，官句容教谕，工书法。"）书丹。吴邦域能够进入清代书法史，肯定是书法家无疑。

由此可见，《穹窿山宁邦寺重修记》由状元撰文，文字学家、书论家撰额，书法家书写，集一时人文之粹，确实是块宝啊！

二、《山辉川媚》题刻

《山辉川媚》刻石位于穹窿山宁德邦寺山门前露台上。为明末高士徐枋题刻，由明国李根源附跋。《山辉川媚》是徐枋手书，题语出自晋陆机《文赋》："石韫玉而生辉，水杯珠而川媚。"比喻风景非常优美。

徐枋（1622—1694）字昭法，号俟斋，秦余山人，吴县人。殉节官员徐汧之子，明末清初画家。明末举人。入清，遵父遗命不仕异族，隐居于天平山麓"涧上草堂"，自称孤哀子。书擅行草，长于山水画，取法董源、巨然、荆浩，关仝，亦宗倪瓒、黄公望，与杨无咎、朱用纯并称"吴中三高士"。终身不入城市，卖画自食，例不书款，与宣城沈寿民、嘉兴巢鸣盛称"海内三遗民"。

李根源附跋，隶书："俟斋先生讳枋，字昭法，文靖公汧字。崇祯壬午（1642）举人。弘光乙酉（1644）六月，文靖殉国，先生遵嘱遁迹山林，终身不履城市。与宣城沈寿民、嘉兴巢鸣盛，称'海内三遗民'云。穹窿宁邦寺为先生游咏之所，旧奉先生栗主，今得此帧，模勒上石，悬之寺中。民国十五（1926）年七月后学李根源。"

鉴真东渡苑胜迹

东渡苑，位于张家港市塘桥镇区域 204 国道和 338 省道交汇处，是公元 753 年唐代高僧鉴真大师第六次东渡日本成功起航处，古称黄泗浦。整个东渡苑由东渡寺、鉴真纪念馆、东渡桥、碑亭和经幢等建筑景观组成。

一、东渡纪念馆

鉴真东渡纪念馆，位于张家港市塘桥东渡苑中部。

鉴真东渡纪念馆是东渡苑中的又一主要建筑，仿唐风格，宏伟庄严，整个纪念馆由山门、正殿、回廊组成，占地面积达 1700 多平方米。正殿建在高高的石台阶基上，坐西朝东，面阔 3 间，门柱之间构成宽敞的走廊，由斗拱合成单檐庑殿顶。正殿面积 385 平方米，建筑风格仿日本奈良唐招提寺金堂，造型庄重典雅，令人肃然起敬，并从中得到艺术的享受。馆门上方悬挂着原全国政协副主席、中国佛教协会会长赵朴初亲笔题写的"鉴真东渡纪念馆"匾额，走进门厅便是一座屏风，上面镌刻着中日友好协会会长孙平化题写的"东渡沧桑"。背面刻有"鉴真纪念馆记"。两边走廊里挂有赞颂鉴真东渡的诗篇。院中种植树木，从中间往西，为占地 900 多平方米的正殿。

正殿建筑风格仿日本唐招提寺金堂，殿正中是一座弥坛，上面供奉着扬州大明寺赠送的鉴真铜像一尊，像高 2.16 米，重 380 公斤。鉴真大师跌跏闭目，神态凝重。殿内有七幅壁画，记录了鉴真大师六次东渡日本的艰难行程、鉴真生平简介和东渡线路图。正殿后面墙壁上挂有六块木刻书屏，内容为《东征传》节选，计 1342 字，记载了鉴真第六次东渡日本的经历。书屏的下面陈列了许多文物，展出了鹿苑徐家湾及许庄新石器时代遗址出土的石器、陶器、红烧土等实物，同时也展出了有关鉴真和尚的一些资料、书籍、照片及日本友人赠送的纪念品。

鉴真，唐武后垂拱四年（688）出生于扬州，俗姓淳于，14岁出家，18岁受菩萨戒。709年，随道安禅师入长安，在实际寺受具足戒。在长安期间，鉴真勤学好问，不拘泥于门派之见，广览群书，遍访高僧。除了佛经之外，在建筑、绘画，尤其是医学方面都具有一定造诣。715年，他回到扬州大明寺修行，733年成为当地佛教领袖、大明寺方丈，受其戒者前后有四万余人。时人誉其"江淮之间，独化为主"。晚年受日僧礼请，东渡传律，履险犯难，双目失明，终抵奈良。在传播佛教与盛唐文化上，有很大的历史功绩。

二、碑亭与经幢

据《沙洲县志》载："唐高僧鉴真东渡日本连续五次失败后，第六次于黄泗浦口起航东渡成功。"1963年，鉴真大师逝世1200周年纪念委员会在黄泗浦口设石质经幢一座，以志纪念。常有日本友人前来瞻仰。

在东渡苑鉴真纪念馆正殿后门，一座"东渡桥"横跨黄泗浦两岸，桥长18米、宽4.8米、高5.2米，单孔直径6米，东西各21级台阶。

桥的东西两侧各有一座碑亭，南面碑亭上刻唐代日本友人阿倍仲麻吕在黄泗浦起航时所创作的一首诗："万里长空色绀青，举头一望起乡情；遥怀今夕旧日野，叁笠山颠皓月升。"北面碑亭内刻有郭沫若同志为鉴真和尚圆寂1200年纪念题诗："鉴真盲目航东海一片精诚照太清舍己为人传道艺唐风洋溢奈良城"。

东渡桥西边有一座八柱歇山式亭子，内有石经幢一座，建于20世纪60年代，正面篆刻由原中国佛教协会会长赵朴初亲笔题写的4个大字"古黄泗浦"，右侧为"唐鉴真和尚第六次东渡起航处"，左侧落款为"鉴真和尚逝世一千二百年纪念委员会 1963年"。

张家港市黄泗浦的鉴真东渡纪念经幢和碑，均是中日友谊的最好见证。

附录

一、苏州市佛教寺院一览表

地区	寺院名称	地址	类别	备注
姑苏区	西园戒幢律寺	留园路西园弄 18 号	寺观教堂	全国重点寺院
	寒山寺	寒山寺弄 24 号	寺观教堂	全国重点寺院
	北塔报恩寺	人民路 1918 号	寺观教堂	
	报国寺	穿心街 38 号	寺观教堂	
	定慧寺	定慧寺巷 118 号	寺观教堂	
	文山寺	文丞相弄 30-1	寺观教堂	江苏省重点寺院
	伽蓝寺	娄门桥东南堍	固定处所	
	普福禅寺	山塘街 780 号	固定处所	
	佛教居士林	菉葭巷 31 号	固定处所	
吴中区	灵岩山寺	木渎镇灵岩山巅	寺观教堂	全国重点寺院
	包山寺	金庭镇梅益村	寺观教堂	
	圣恩寺	光福镇玄墓山坎上村	寺观教堂	
	明月古寺	木渎镇山塘街	寺观教堂	
	永慧禅寺	光福镇潭东村	寺观教堂	
	铜观音寺	光福镇下街 38 号	寺观教堂	
	司徒庙	光福镇香雪村	寺观教堂	
	还带寺	胥口镇香山村	寺观教堂	
	灵源寺	东山镇陆巷上湾村	寺观教堂	
	观音寺	金庭镇绮里坞	寺观教堂	
	雨花禅寺	东山镇雨花坞	固定处所	

地区	寺院名称	地址	类别	备注
吴	寒谷寺	东山镇陆巷村	固定处所	
	昙花庵	度假区渔洋山墅里村	固定处所	
	清隐寺	甪直镇甫港村	固定处所	
	水月禅寺	金庭镇堂里村	固定处所	
	宝华寺	经济开发区旺山村	固定处所	
	三峰禅寺	东山镇三山岛	固定处所	
	心田寺	东山镇心田村	固定处所	
	湖嘉寺	临湖镇湖桥村	固定处所	
	宝寿寺	临湖镇采莲村	固定处所	
	般若禅林	光福镇香雪村	固定处所	
中	云峰寺	光福镇冲山村	固定处所	
	乾元寺	木渎镇七子山	固定处所	
	石公寺	金庭镇石公山	固定处所	
	白云寺	经济开发区东湖村	固定处所	
	夏禹王古庙	光福镇冲山村	固定处所	
	资庆寺	金庭镇堂里村	固定处所	
	保安古寺	东山镇槎湾村	固定处所	
	延圣寺	甪直镇	固定处所	
区	罗汉寺	金庭镇秉常村	固定处所	
	天平寺	木渎镇天平村	固定处所	
	白马寺	胥口镇香山村	固定处所	
	净社精舍	香山街道舟山村	固定处所	
	长贤寺	长桥街道新南村	固定处所	
	金月寺	光福镇香雪村	固定处所	

地区	寺院名称	地址	类别	备注
吴中区	葑山寺	东山镇涧桥村龙头山	固定处所	
	张陵寺	甪直镇张林村	固定处所	
	宝祥寺	光福镇福利村	固定处所	
	同安寺	香山街道舟山村	固定处所	
	法螺寺	木渎镇寒山岭	固定处所	
	义金寺	横泾街道	固定处所	
	宁邦寺	穹窿山	固定处所	
	东山寺	东山古镇老街东首	固定处所	
	慈云庵	东山莫厘峰巅	固定处所	
	实积寺	金庭镇淀紫山麓	固定处所	
	明月寺	金庭镇明月湾	固定处所	
	东吴寺	郭巷街道浮桥村	固定处所	
	古观音寺	石湖景区	固定处所	
	崇福寺	郭巷街道	固定处所	
高新区	中峰寺	枫桥街道支英村	寺观教堂	
	兰风寺	浒关开发区新民村	寺观教堂	
	凤凰寺	浒关开发区阳山东	寺观教堂	
	云泉寺	通安镇树山村	固定处所	
	莲花寺	通安镇金墅村	固定处所	
	白鹤寺	枫桥街道高景山	固定处所	
	万佛寺	镇湖街道西京村	固定处所	
	甄山寺	浒关大真山东	固定处所	
	文殊寺	大阳山国家森林公园	固定处所	
	白龙寺	高新区鸿禧路阳山环路青年公园内	固定处所	
	观山寺	高新区经济开发区境内	固定处所	

地区	寺院名称	地址	类别	备注
相城区	觉林寺	北桥镇	寺观教堂	
	皇罗禅寺	阳澄湖镇捻浜村	寺观教堂	
	圣堂寺	阳澄湖镇湘城凤阳路 106 号	寺观教堂	
	白马寺	黄桥街道	固定处所	
	太平禅寺	太平街道北浜北岸利民桥堍	固定处所	
	普渡寺	开发区澄阳路西	固定处所	
	北雪泾寺	渭塘镇湘渭路	固定处所	
	樊店寺	北桥街道灵峰村	固定处所	
	兴国寺	黄埭镇	固定处所	
	药师庙	阳澄湖莲花岛	固定处所	
	迎湖禅寺	望亭镇迎湖村	固定处所	
工业园区	重元寺	阳澄半岛	寺观教堂	
	积善寺	娄葑街道群星二路东端	固定处所	
常熟市	兴福寺	寺路街 148 号	寺观教堂	全国重点寺院
	三峰清凉禅寺	虞山中路三峰街	寺观教堂	
	藏海寺	虞山中路剑门景区	寺观教堂	
	吉祥寺	梅李镇梅南路 155 号	寺观教堂	
	法华寺	碧溪东路 6 号	寺观教堂	
	崇福寺	沙家浜镇横泾村	寺观教堂	
	智林寺	董浜镇徐市民泰路 12 号	寺观教堂	
	弘福寺	辛庄镇张桥张家桥村	固定处所	
	白雀寺	虞山镇中泾村	固定处所	
	宝岩寺	虞山林场生态观光园	固定处所	
	红观音堂	虞山镇昆承湖西路 86 号	固定处所	
	福甸庵	虞山镇范家村	固定处所	

地区	寺院名称	地址	类别	备注
常 熟 市	弥陀寺	海虞镇吴宗村	固定处所	
	福江寺	海虞镇福山村殿山麓	固定处所	
	福海寺	海虞镇王市办事处花庄路 99 号	固定处所	
	泰和寺	尚湖镇冶塘北大河村	固定处所	
	岭村寺	尚湖镇王庄办事处	固定处所	
	福民寺	沙家浜镇繁荣街 2 号	固定处所	
	净心院	古里镇淼泉办事处陈塘村	固定处所	
	增福寺	古里镇白茆红豆山庄 2 号	固定处所	
	褒亲寺	支塘镇长桥村	固定处所	
	延福寺	支塘镇任阳管理区	固定处所	
	法灯寺	支塘镇何市法灯村	固定处所	
	长毫寺	董浜镇北联合村境内	固定处所	
	望江寺	碧溪镇浒浦管理区	固定处所	
	清凉寺	碧溪镇吴市南湾里 100 号	固定处所	
	普善寺	碧溪镇东张环镇北路 10 号	固定处所	
	北庄寺	辛庄镇合泰村	固定处所	
	常明寺	辛庄镇杨园湖庄	固定处所	
	福缘寺	梅李镇赵市路 132 号	固定处所	
	接待寺	招商城青莲村湖泾路	固定处所	
	龙旋寺	古里镇	固定处所	
	小云栖寺	虞山景区	固定处所	
昆 山 市	华藏寺	玉山镇马鞍山路 28 号	寺观教堂	
	崇宁古寺	巴城镇阳澄湖度假区	寺观教堂	
	延福禅寺	千灯镇东脚门 6 号	寺观教堂	
	全福讲寺	周庄镇南湖园	寺观教堂	

地区	寺院名称	地址	类别	备注
昆山市	东禅寺	昆山开发区珠江南路 556 号	固定处所	
	慧聚寺	昆山开发区洞庭路	固定处所	
	莲池禅院	锦溪镇	固定处所	
	观音净院	昆山开发区衡山路 138-18 号	固定处所	
	百花寺	玉山镇城北斜江站	固定处所	
	万安寺	周市镇斜塘村	固定处所	
吴江区	圆通寺	松陵镇体育西路	寺观教堂	
	震泽慈云禅寺	震泽镇宝塔街 111 号	寺观教堂	
	平望小九华寺	平望镇小九华寺路 1 号	寺观教堂	
	汾湖泗洲禅寺	汾湖开发区芦墟镇新友路	寺观教堂	
	同里观音寺	同里罗星洲	固定处所	
	静思禅院	吴江云梨路 919 号	固定处所	
	横扇报恩寺	横扇叶家港村	固定处所	
	七都双塔寺	七都镇双塔桥	固定处所	
	桃源普慈寺	桃源镇铜罗社区	固定处所	
	八都宝觉寺	震泽镇八都社区曹村	固定处所	
	梅堰秋泽寺	平望镇梅堰社区秋泽村	固定处所	
	盛泽明庆寺	盛泽镇坛清风北弄 1 号	固定处所	
	佛教居士林	盛泽镇目澜湖南	固定处所	
	盛泽圆明寺	盛泽镇	寺观教堂	
	庙港老太庙	七都庙港	寺观教堂	
张家港市	东渡寺	塘桥镇鹿苑东渡苑	寺观教堂	
	香山寺	金港镇香山	寺观教堂	
	永庆寺	凤凰镇凤凰山麓	寺观教堂	
	河南禅院	杨舍镇张家港公园西侧	寺观教堂	

地区	寺院名称	地址	类别	备注
张家港市	永昌寺	塘桥镇金村	固定处所	
	韩山寺	塘桥镇南京东路东端	寺观教堂	
	章卿寺	杨舍镇章卿村	固定处所	
	双杏寺	大新镇年丰村	寺观教堂	
	弘法寺	杨舍镇农联村	固定处所	
	居士林	锦丰镇	固定处所	
	兴教寺	塘桥镇顾家村	固定处所	
	盘铭寺	杨舍镇新民村	寺观教堂	
	长安寺	乐余镇东兴村北首	固定处所	
	西章卿寺	金港镇朱家宕村	固定处所	
太仓市	海天禅寺	太仓新区板桥长泾村	寺观教堂	
	南广教寺	城厢镇南郊新丰村	寺观教堂	
	同觉寺	浮桥镇南环路	寺观教堂	
	普济寺	沙溪镇直塘普济街	寺观教堂	
	圣像寺	璜泾鹿河	寺观教堂	
	双凤寺	双凤盐铁塘东	寺观教堂	
	崇恩禅寺	陆渡禅寺路	固定处所	
	长寿寺	沙溪镇香店路	固定处所	
	穿山寺	沙溪镇归庄凡山村	固定处所	

二、苏州佛教文物保护单位名录

名称	级别	时代	地点	公布日期	范围	备注
云岩寺塔	国家	五代	姑苏区虎丘	1961年3月4日	包括云岩寺其他建筑	国务院公布为第一批全国重点文物保护单位。2014年6月22日,作为大运河苏州段遗产点列入世界文化遗产保护目录。
保圣寺罗汉塑像	国家	唐宋	吴中区甪直镇	1961年3月4日	包括天王殿、经幢	国务院公布为第一批全国重点文物保护单位
瑞光寺塔	国家	北宋	姑苏区盘门景区内	1988年1月13日		国务院公布为第三批全国重点文物保护单位
罗汉院双塔及正殿遗址	国家	北宋	姑苏区双塔巷	1996年12月15日		国务院公布为第四批全国重点文物保护单位
紫金庵罗汉塑像	国家	宋~明	吴中区东山镇	2006年5月25日		国务院公布为第六批全国重点文物保护单位
寂鉴寺石殿佛龛及造像	国家	元	吴中区天池山	2006年5月25日		国务院公布为第六批全国重点文物保护单位
报恩寺塔	国家	宋~清	姑苏区人民路报恩寺内	2006年5月25日		国务院公布为第六批全国重点文物保护单位
崇教兴福寺塔	国家	南宋	常熟虞山镇大东门内	2006年5月25日		国务院公布为第六批全国重点文物保护单位
聚沙塔	国家	宋~明	常熟市梅李镇	2013年5月3日		国务院公布为第七批全国重点文物保护单位
秦峰塔	国家	北宋	昆山市千灯镇延福寺内	2013年5月3日		国务院公布为第七批全国重点文物保护单位

名称	级别	时代	地点	公布日期	范围	备注
开元寺无梁殿	国家	明	姑苏区东大街	2013年5月3日		国务院公布为第七批全国重点文物保护单位
慈云寺塔	国家	明	吴江区震泽镇慈云寺内	2013年5月3日		国务院公布为第七批全国重点文物保护单位
万佛石塔	国家	宋	高新区镇湖街道万佛寺内	2013年5月3日		国务院公布为全国第七批重点文物保护单位
戒幢律寺	江苏省	清重建	姑苏区留园路西园弄18号	1982年3月25日		江苏省政府公布为第三批全省文物保护单位
寒山寺	江苏省	清重建	姑苏区寒山寺弄24号	1982年3月25日	包括江村桥、枫桥	江苏省政府公布为第三批全省文物保护单位
楞伽寺塔	江苏省	北宋	苏州上方山	1982年3月25日		江苏省政府公布为第三批全省文物保护单位
大觉寺桥	江苏省	宋	吴中区车坊街道	1995年4月19日	包括香花桥	江苏省政府公布为第四批全省文物保护单位
光福寺塔	江苏省	宋	吴中区光福镇	1995年4月19日	包括寺前桥	江苏省政府公布为第四批全省文物保护单位
楞严经石刻	江苏省	明	吴中区光福镇司徒庙内	1957年8月30日	包括金刚经石刻	江苏省政府公布为第二批全省文物保护单位
兴福寺	江苏省	宋明清	常熟市虞山	1995年4月19日		江苏省政府公布为第四批全省文物保护单位
四高僧墓	江苏省	唐~宋	常熟市虞山	2006年6月5日		江苏省政府公布为第六批全省文物保护单位
灵岩山寺	苏州市	宋至民国	吴中区木渎	1982年10月22日		1957年，宋建多宝佛塔曾被列为省级文物保护单位。苏州市政府公布为第二批全市文物保护单位
定慧寺	苏州市	清重建	姑苏区定慧寺巷188号	1982年10月22日		宋始建。苏州市政府公布为第二批全市文物保护单位

名称	级别	时代	地点	公布日期	范围	备注
报国寺	苏州市	民国	姑苏区穿心街38号	2019年8月23日		苏州市政府公布为第八批文物保护单位
文山寺	苏州市	清重建	姑苏区文承相弄30-1号			苏州市政府公布为第四批全市文物保护单位
治平寺遗址	苏州市	新石器	苏州石湖西	1982年10月22日		苏州市政府公布为第二批全市文物保护单位
虚谷上人墓	苏州市	清	吴中区光福潭东蟠螭山	1986年3月25日		原为吴县第二批文物保护单位
圣恩寺	苏州市	明清	吴中区光福玄墓山	1960年3月17日		原为吴县第一批文物保护单位
蟂山寺	苏州市	明	吴县东山镇龙头山	1986年3月25日		原为吴县第二批文物保护单位
宁邦寺	苏州市	清	吴中区穹窿山宁邦坞	1986年3月25日		南宋始建。原为吴县第二批文物保护单位
石壁永慧寺	苏州市	明清	吴中区光福潭东蟠螭山	1960年3月17日		原为吴县第一批文物保护单位
法海寺	苏州市	民国	吴中区东山镇法海坞	1986年3月25日		南朝梁始建。原为吴县第二批文物保护单位
司徒庙	苏州市	清	吴中区光福镇	1960年3月17日	包括古柏	原为吴县第一批文物保护单位
石嵝庵	苏州市	明清	吴中区光福弹山	1986年3月25日		原为吴县第二批文物保护单位
昙花庵	苏州市	清	吴中区胥口渔洋山	1986年3月25日		原为吴县第二批文物保护单位
禹王庙	苏州市	清	吴中区金庭镇用里村	1986年3月25日		原为吴县第二批文物保护单位

名称	级别	时代	地点	公布日期	范围	备注
明月寺	苏州市	清、民国	吴中区金庭镇明月湾	2014年6月30日		苏州市政府公布为第七批全市文物保护单位
观音殿遗址	苏州市	宋	虎丘山门内	2009年7月10日		苏州市政府公布为第六批全市文物保护单位
妙智庵旧址	苏州市	梁	相城区阳澄湖镇湘城人民路后街	2009年7月10		苏州市政府公布为第六批全市文物保护单位
大休上人墓	苏州市	民国	灵岩山与天山之间的天马寺	2014年6月30日		苏州市政府公布为第七批全市文物保护单位
卧云庵	苏州市	明	吴江区同里镇	1997年9月15日		原为吴江第三批文物保护单位
小九华寺地藏井	苏州市	明	吴江区平望小九华寺内	2009年		原为吴江第五批文物保护单位
汾阳王庙	苏州市	清	吴江区桃源镇铜罗普慈寺内	2009年		原为吴江第五批文物保护单位
刘猛将军庙	苏州市	清	吴江区平望镇溪港村	2009年	包括东林桥	原为吴江第五批文物保护单位
施相公庙	苏州市	清	吴江区横扇镇四都村	2009年	包括邑宁桥	原为吴江第五批文物保护单位
毗陵寺大井	张家港市	汉	张家港市南沙镇	1984年3月17日		张港市第一批文物保护单位
香山寺	张家港市	东汉	张家港市金港镇香山	2007年7月20日		张港市第三批文物保护单位
永昌寺	张家港市	梁	张家港市塘桥镇金村	2007年7月20日		张港市第三批文物保护单位

名称	级别	时代	地点	公布日期	范围	备注
永庆寺	张家港市	梁	张家港市凤凰镇凤凰山	2007年7月20日		张港市第三批文物保护单位
尊胜禅院遗址	张家港市	梁	张家港市杨舍镇庆安村	2009年6月23日		张港市第四批文物保护单位
伍厢庵	张家港市	元	张家港市塘桥镇牛桥村	2009年6月23日		张港市第四批文物保护单位
维摩寺	常熟市	清	常熟市虞山中峰	1982年11月17日		常熟市第一批文物保护单位
应慈墓	常熟市	近现代	常熟市虞山镇破龙涧西南	2011年5月30日		常熟市第八批文物保护单位
海宁寺遗址	太仓市	元	太仓城厢镇弇山园内	2013年3月29日		太仓市第六批文物保护单位

后　记

　　2015 年 9 月我正式退休，退休后做啥？足足考虑了一周，最后决定还是做自己原来爱好的事，即挖掘苏州的宗教文化，目标明确，制订计划，决定用五年时间对苏州市经批准开放的 160 余处佛教寺院走访一遍，形成一本专著，据我了解苏州还没有出版过一本完整介绍苏州寺院的书籍。苏州的佛教寺院，历史悠久，文化底蕴深厚，不仅是信教群众过宗教生活的场所，而且大多又是文物保护单位及旅游胜地。

　　从 2015 年 9 月至 2020 年 9 月，整整 5 年，我走遍了苏州每一座经批准开放的寺院，可以称走遍苏州寺院第一人，通过参访、收集、挖掘到一批珍贵的佛教史料，更正了一些寺院记载的史实。尤其在参访中全方位了解了每一座寺院的地理位置、占地面积、建筑面积、历史沿革、建造情况、殿堂布局、文物景观、文化设施、管理保护等情况。如此史海钩沉寻寻觅觅，梳理纠偏反反复复，可用"苦不堪言"来表达，但自有"苦中作乐"的情趣，至少完成了自己的一个心愿，做了一件功德无量之事！

　　我原先的书名是《苏州佛道文化》，长岛先生看了我的书稿后，建议将佛教寺院单独成书，并将苏州佛教的文物保护单位全部放在书中，我感到这个建议很好，故定名为《苏州寺院名胜》。

　　《苏州寺院名胜》一书的内容主要分四个部份，一是截止 2020 年 9 月经批准开放的寺院，二是没有批准的文物古迹寺院，三是佛教非物质文化遗产，四是佛教控制保护建筑，这是一本集佛教文化、历史文化、民俗文化、建筑文化、文物古迹等于一体的重要读本。

感谢苏州寒山岭文化艺术研究院、苏州法螺寺、苏州湖嘉寺、苏州市觉心佛教文化艺术馆、苏州叶芝传媒文化有限公司、文物出版社对本书的出版给予大力支持。

由于苏州寺院历史悠久、文化底蕴深厚，尽管我在宗教部门工作了30多年，积累了一些资料，但由于自己读的是理科，文字功底不深，文中一定还有不少差错，表达上也有不到位的地方。为此，敬祈专家、学者和广大读者不吝指正。

2020 年 10 月于搁楼书屋